COMPTABILITÉ INTERMÉDIAIRE

Analyse théorique et pratique
Questions • Exercices • Problèmes • Cas

4e édition

Daniel McMahon
Jocelyne Gosselin
Nicole Lacombe
Sylvain Durocher

Chenelière
Éducation

Comptabilité intermédiaire
Analyse théorique et pratique
Questions • Exercices • Problèmes • Cas
4e édition

Daniel McMahon, Jocelyne Gosselin,
Nicole Lacombe, Sylvain Durocher

© 2006, 2002, 1997 Les Éditions de la Chenelière inc.
© 1993 McGraw-Hill, Éditeurs

Éditeur : Sylvain Ménard
Éditeur délégué : Pierre Frigon
Coordination : Frédérique Grambin
Révision linguistique : Guy Bonin
Correction d'épreuves : Pierra Vernex
Conception graphique : Michel Phaneuf Designer inc.
Infographie : Alphatek
Conception de la couverture : Michel Phaneuf Designer inc.

**Catalogage avant publication
de Bibliothèque et Archives Canada**

Vedette principale au titre :

Comptabilité intermédiaire : analyse théorique et pratique.
Questions, exercices, problèmes, cas
  4e éd.

ISBN 2-7651-0432-8

1. Comptabilité – Problèmes et exercices. I. McMahon, Daniel,
1956- .

HF5642.C654 2005 Suppl.   657'.044   C2005-941435-9

**Chenelière
Éducation**

7001, boul. Saint-Laurent
Montréal (Québec)
Canada H2S 3E3
Téléphone : (514) 273-1066
Télécopieur : (514) 276-0324
info@cheneliere-education.ca

ISBN 2-7651-0432-8

Dépôt légal : 1er trimestre 2006
Bibliothèque nationale du Québec
Bibliothèque nationale du Canada

Imprimé au Canada

1 2 3 4 5 A 09 08 07 06 05

Nous reconnaissons l'aide financière du gouvernement du Canada
par l'entremise du Programme d'aide au développement de l'industrie de l'édition (PADIÉ) pour nos activités d'édition.

Chenelière Éducation remercie le gouvernement du Québec de
l'aide financière qu'il lui a accordée pour l'édition de cet ouvrage
par l'intermédiaire du Programme de crédit d'impôt pour l'édition de
livres (SODEC).

DANGER

LE
PHOTOCOPILLAGE
TUE LE LIVRE

Les auteurs

Daniel McMahon, M.Sc., F.C.A., est président et chef de la direction de l'Ordre des comptables agréés du Québec depuis le 1er janvier 2004. Auparavant, il a été professeur de comptabilité financière pendant près de 25 ans à l'Université du Québec à Trois-Rivières et vice-recteur à l'administration et aux finances de cette même université de 2001 à 2003. Lauréat du Prix d'excellence en enseignement de l'Université du Québec en 1995, il est auteur et coauteur de plusieurs ouvrages de comptabilité financière. Soucieux de la qualité de l'enseignement, il est aussi très engagé dans son milieu tant au point de vue économique et politique que social.

Jocelyne Gosselin, D.Sc.Gest., F.C.A., C.M.A., est professeure de comptabilité financière à l'Université du Québec à Trois-Rivières ; et elle porte un intérêt particulier aux questions liées à l'apprentissage. Instigatrice du cabinet virtuel au programme de DESS en sciences comptables, elle s'est méritée avec ses collègues le Prix Alan Blizzard, décerné par la Société pour l'avancement de la pédagogie dans l'enseignement supérieur. Outre ses réalisations à titre d'auteure ou de coauteure d'articles, de volumes et de matériel pédagogique, Jocelyne Gosselin a participé à de nombreux comités, dont ceux de l'Ordre des comptables agréés du Québec, de la Société des comptables en management du Canada et de l'Association des comptables généraux licenciés du Canada.

Sylvain Durocher, Ph.D., C.A., est professeur de comptabilité financière à l'Université du Québec en Outaouais depuis 1988. Il a obtenu son baccalauréat de l'Université du Québec à Hull, puis sa maîtrise et son doctorat de l'Université du Québec à Montréal. Il a travaillé au sein d'un cabinet d'experts-comptables pendant cinq ans avant d'entreprendre une carrière universitaire. Sylvain Durocher s'intéresse particulièrement à la normalisation comptable, aux besoins des utilisateurs des états financiers, aux problèmes de mesure et de présentation de l'information financière dans les rapports annuels des sociétés, des régimes de retraite et des sociétés en nom collectif, ainsi qu'à la pédagogie universitaire.

Nicole Lacombe cumule une formation de deuxième cycle en éducation (didactique et psychopédagogie) à une formation initiale de comptable agréée. Elle a obtenu son baccalauréat en sciences comptables de l'Université du Québec à Chicoutimi en 1984. Avant de se dévouer à l'enseignement, elle a travaillé comme experte-comptable chez Laliberté, Lanctôt, Coopers & Lybrand, à Québec. Par la suite, elle entreprend sa carrière d'enseignante en tant que professeure associée en comptabilité financière à la Faculté d'Administration de l'Université Laval et en tant que chargée de cours dans diverses autres universités. Par ailleurs, Nicole Lacombe est actuellement formatrice en pédagogie universitaire auprès des chargés de cours de l'Université Laval. Elle-même y enseigne à titre de chargée de cours en psychopédagogie et en didactique au Département d'enseignement et apprentissage. Son expertise est de plus en plus liée au développement de la pensée critique et du jugement professionnel chez les étudiants. En outre, elle est consultante en modélisation graphique comme support à l'enseignement. Elle a aussi mis au point de nouvelles méthodes pédagogiques et a élaboré des outils d'enseignement axés, entre autres, sur l'émergence de l'attitude et du jugement professionnels dans le cadre de la résolution de problèmes complexes.

Le défi de l'enseignement des sciences comptables réside dans la façon de répartir de manière adéquate le temps de formation entre l'acquisition des connaissances et le développement des compétences nécessaires à l'obtention d'un diplôme universitaire et, ultimement, à la réussite des examens donnant accès à la profession comptable au Canada. Cette édition de *Comptabilité intermédiaire* se propose de relever ce défi dans le cadre d'une analyse théorique et pratique des normes de comptabilisation et de présentation de l'information financière relatives à la plupart des sujets abordés dans les cours de comptabilité financière intermédiaire. Cet ouvrage s'adresse donc à toute personne possédant déjà une formation minimale en comptabilité.

Les trois volumes composant cette édition de **Comptabilité intermédiaire**

Cette édition de *Comptabilité intermédiaire* se compose des trois volumes suivants :

Comptabilité intermédiaire – Analyse théorique et pratique
Ce manuel est présenté dans une reliure à anneaux, ce qui permet de procéder à une mise à jour annuelle.
Comptabilité intermédiaire – Questions, exercices, problèmes, cas
Ce recueil renferme une grande variété de questions de révision, d'exercices, de problèmes de compréhension et d'analyses de cas.
Comptabilité intermédiaire – Recueil de solutions commentées
Ce recueil est le complément indispensable à la formation de l'utilisateur ou de l'utilisatrice.

Les caractéristiques innovatrices de **Comptabilité intermédiaire** – Questions, exercices, problèmes, cas

Cette édition de *Comptabilité intermédiaire – Questions, exercices, problèmes, cas* se distingue par les caractéristiques suivantes :

- Cet ouvrage original de comptabilité intermédiaire est le premier à être rédigé par une équipe d'universitaires québécois (MGLBD).
- Les questions de révision, les exercices, les problèmes de compréhension et les analyses de cas sont très variés.
- Le temps alloué pour résoudre les problèmes et les cas et le degré de difficulté correspondant sont indiqués.
- Les sujets sont intégrés d'un chapitre à l'autre, notamment pour ce qui est des problèmes regroupant les sujets abordés dans plusieurs chapitres.

Comptabilité intermédiaire – Questions, exercices, problèmes, cas

L'acquisition des connaissances de base et le développement des compétences requièrent un travail individuel important. Dans le but d'aider l'utilisateur ou l'utilisatrice de cet ouvrage à parfaire sa formation, cet ouvrage comporte une grande variété de questions de révision, d'exercices, de problèmes de compréhension et d'analyses de cas.

Les questions permettront de passer en revue les notions les plus importantes discutées dans chaque chapitre. Les exercices ont été conçus de manière à s'assurer que les connaissances de base ont bien été assimilées.

Les problèmes de compréhension et la majorité des analyses de cas font appel à l'exercice du jugement professionnel. Avant de faire étalage des connaissances acquises, l'utilisateur ou l'utilisatrice doit faire preuve de discernement dans l'analyse de chaque situation.

Pour ce qui est des problèmes de compréhension et des analyses de cas, le temps alloué et le degré de difficulté (facile, moyen ou difficile) sont indiqués. Ainsi, la mention « 25 minutes – moyen » signifie que le problème ou le cas dont le degré de difficulté est moyen doit être résolu en 25 minutes. Le temps estimé pour résoudre un problème ou un cas est celui que prendrait une personne possédant les connaissances de base requises et faisant preuve d'un jugement éclairé. Au cours de la résolution des premiers problèmes ou cas d'un chapitre, il est tout à fait normal de ne pas respecter le temps alloué. Vous constaterez une nette amélioration au fur et à mesure que vos connaissances de base augmenteront et que votre sens critique se développera.

Il est déconseillé de consacrer plus de 25 % du temps alloué à la solution d'un problème ou d'un cas. Plutôt que de s'acharner et de perdre un temps précieux, il est préférable de revoir brièvement les concepts étudiés, de discuter la situation avec un collègue ou de consulter votre professeur.

Remerciements

Sans porter préjudice aux personnes et aux organismes qui ont fait l'objet de remerciements plus détaillés dans l'avant-propos de *Comptabilité intermédiaire – Analyse théorique et pratique*, les coauteurs remercient l'Institut Canadien des Comptables Agréés, l'American Institute of Certified Public Accountants, l'Association des comptables généraux licenciés du Canada, l'Institut Canadien des Comptables Agréés, l'Ordre des comptables agréés du Québec et la Société des comptables en management du Canada pour l'autorisation d'utiliser certains problèmes des examens antérieurs de ces corporations professionnelles.

Commentaires

Comme vous le constaterez, des milliers d'heures ont été consacrées à la rédaction, à la révision et à la publication de ces ouvrages, sans compter les fonds considérables investis dans le potentiel universitaire québécois. N'hésitez pas à faire parvenir au soussigné les commentaires, les critiques, les suggestions et même les corrections qui permettront d'assurer le maintien de la qualité de cet ouvrage. À ce jour, nous sommes convaincus d'avoir donné le meilleur de nous-mêmes. À vous de nous aider à mieux vous servir ! Merci de votre précieuse collaboration.

Daniel McMahon, M. Sc., F.C.A.
Président et chef de la direction
Ordre des comptables agréés du Québec
680, rue Sherbrooke Ouest
18ᵉ étage
Montréal (Québec)
H3A 2S3
Courriel : d.mcmahon@ocaq.qc.ca

TABLE DES MATIÈRES

TABLE DES MATIÈRES
(Suite)

PREMIÈRE PARTIE

L'environnement évolutif de la comptabilité et les états financiers

La profession comptable et le cadre théorique de la comptabilité générale

1. Plusieurs agents ont exercé et exercent encore une influence sensible sur la formulation des principes comptables généralement reconnus. Nommez ces agents. Expliquez en quoi la situation canadienne est différente de la situation américaine sur ce point.

2. Pourquoi les normes comptables édictées par le Conseil des normes comptables de l'I.C.C.A. ont-elles un caractère quasi juridique? Trouve-t-on cette même situation aux États-Unis?

3. Avant qu'une norme comptable soit inscrite dans le *Manuel de l'I.C.C.A.*, elle doit franchir plusieurs étapes. Lesquelles?

4. Le Conseil des normes comptables de l'I.C.C.A. a énoncé l'objectif principal des états financiers. Décrivez brièvement cet objectif. ✳

5. Quelle est la qualité la plus importante de l'information comptable, telle qu'elle a été édictée par le Conseil des normes comptables de l'I.C.C.A.? ✳

6. Pour être utile, l'information comptable doit être pertinente et fiable. Dans quelle mesure trouve-t-on ces qualités dans les prévisions financières et dans l'état des résultats? ✳ Expliquez votre réponse.

7. En quoi la prudence est-elle une qualité de l'information comptable? Expliquez votre réponse.

8. De quelle façon l'importance relative influe-t-elle sur la qualité de l'information comptable?

9. Il y a lieu, dans certains cas, de faire un compromis entre la pertinence et la fiabilité d'une information comptable. Expliquez votre réponse. Donnez un exemple.

10. Pour être utile, l'information comptable doit être compréhensible. De qui et de quelle façon doit-elle être comprise?

11. Quelles sont les caractéristiques de la pertinence?

12. Quelle différence existe-t-il entre la fiabilité, la vérifiabilité et la neutralité?

13. Pourquoi est-il important que l'entreprise qui adopte une nouvelle pratique comptable indique ce changement dans ses états financiers?

14. « Selon le principe de la permanence des conventions comptables, toutes les entreprises appartenant à un même secteur d'activité doivent adopter les mêmes pratiques comptables. » Que pensez-vous de cette affirmation?

15. Qu'entend-on par « principe de bonne information » ? Donnez quelques exemples de renseignements qu'une entreprise doit fournir dans ses états financiers.

16. « Celui qui pose l'hypothèse que le pouvoir d'achat du dollar est stable devrait vite consulter un médecin. » Commentez cet énoncé.

17. Quelle est la position du Conseil des normes comptables de l'I.C.C.A. quant à l'emploi de bases de mesure telles que le coût de remplacement, la valeur de réalisation et la valeur actualisée ?

18. Qu'est-ce qu'une incertitude relative à la mesure ? De quelle façon peut-on reconnaître qu'une incertitude est importante et, si tel est le cas, quelles informations doivent être divulguées ?

19. Qu'entend-on, en comptabilité, par « continuité de l'exploitation » ? De quelle façon ce postulat influe-t-il sur l'évaluation des éléments d'actif ? Dans quelles circonstances ce postulat ne s'applique-t-il pas ?

20. Le principe de réalisation est intimement lié à celui du rapprochement des produits et des charges et au postulat de l'indépendance des exercices. Justifiez votre réponse.

21. Primo ltée a fait l'acquisition d'un équipement en échange de 20 000 actions émises à cet effet et ayant une valeur nominale de 10 $ l'action. De quelle façon doit-on inscrire cette opération en conformité avec le principe de la valeur d'acquisition ?

22. Certains comptables pensent qu'il est important de tenir compte de l'efficience du marché des capitaux lors du choix d'une convention comptable ou de la formulation d'une nouvelle norme comptable. Qu'en est-il exactement ?

23. Les principes comptables généralement reconnus ont, semble-t-il, des liens. Sous forme schématique, illustrez les liens qui existent entre les postulats et les principes comptables.

24. Au moment de choisir ses conventions comptables, une entreprise doit d'abord consulter les sources premières de P.C.G.R. Quelles sont ces sources premières ? Quel est leur niveau d'autorité respectif ?

Exercices

E1. Les qualités de l'information comptable

Dans la liste suivante des qualités de l'information comptable, relevez celle qui s'applique à chacune des phrases présentées ci-dessous. Une qualité peut être relevée plus d'une fois.

- La compréhensibilité
- La pertinence
- La fiabilité
- La comparabilité
- La valeur prédictive
- La valeur rétrospective
- La rapidité de la publication
- La fidélité de l'image
- La vérifiabilité
- La neutralité
- La prudence

a) Pour être utile, l'information comptable doit être disponible au moment d'une prise de décision.

b) L'information comptable doit pouvoir influer sur la prise de décisions.

c) L'information comptable ne doit pas privilégier un groupe d'utilisateurs au détriment d'un autre groupe.

d) La notion de permanence des conventions comptables est une conséquence de cette qualité.

e) Pour être utile, l'information comptable doit aider à corroborer des évaluations faites antérieurement.

f) La présentation des opérations comptables dans les états financiers concorde avec les opérations et les faits réels sous-jacents.

g) L'information comptable peut aider un actionnaire à prévoir les dividendes qu'il recevra d'une société.

h) Démontrer que quelque chose est vrai en étudiant les preuves et les faits réels.

i) La stricte recherche de cette qualité peut causer une sous-évaluation exagérée du bénéfice net.

E 2. Les postulats et les principes comptables

Voici quelques affirmations relatives à la comptabilisation et à la présentation de l'information comptable. Identifiez le postulat ou le principe comptable qui se rattache le mieux à chacune de ces affirmations.

a) Joutec amortit son matériel de fabrication selon sa durée estimative de vie utile.

b) Une entreprise ne peut pas changer de méthode comptable chaque année pour déterminer le coût de ses stocks de marchandises.

c) Un jeu d'états financiers est habituellement présenté pour chaque période de 12 mois.

d) ServiPlus enregistre ses produits d'exploitation au moment de la vente.

e) Couche-tard & Lève-tôt est un dépanneur ouvert 24 heures sur 24. En juillet, le propriétaire a payé, à même la caisse, un compte Visa de 749 $. Cette somme ne figure pas à l'état des résultats du commerce, puisque ce sont des dépenses personnelles.

f) Les Entreprises Constructax ont acquis les actifs d'un concurrent à un prix nettement inférieur à leur juste valeur. Toutefois, l'acquisition a été enregistrée selon le prix payé.

g) La municipalité de Cap-Enville a récemment donné un terrain à Manutech ltée. Le terrain figure dans les livres de Manutech à sa juste valeur de 305 000 $.

E 3. Choix multiples

Pour chacune des questions suivantes, choisissez la réponse qui convient le mieux.

a) À quel principe ou postulat comptable est conforme la constatation d'intérêts sur certains éléments de l'actif et du passif ?
   1° Le principe de la valeur d'acquisition.
   2° Le principe de prudence.
   3° Le principe de la permanence des conventions comptables.
   4° Le postulat de l'unité monétaire stable.
   5° Aucune de ces réponses.

b) En vertu de quel postulat ou principe comptable peut-on présenter dans les états financiers, à sa valeur actualisée, une promesse de recevoir de l'argent dans le futur ?
   1° La personnalité de l'entreprise.
   2° L'importance relative.
   3° La continuité de l'exploitation.
   4° L'objectivité.
   5° Aucune de ces réponses

c) Selon le Conseil des normes comptables de l'I.C.C.A., lequel des éléments suivants est une contrainte à la formulation des normes comptables ?
   1° L'équilibre avantages-coûts.
   2° La prudence.
   3° La rapidité de la publication.
   4° La vérifiabilité.
   5° Aucune de ces réponses.

d) Selon le Conseil des normes comptables de l'I.C.C.A., la pertinence et la fiabilité sont deux qualités fondamentales qui rehaussent l'utilité de l'information comptable. La valeur prédictive d'une information est-elle essentielle à :

	la pertinence ?	la fiabilité ?
1°	Non	Non
2°	Non	Oui
3°	Oui	Oui
4°	Oui	Non

e) Une des premières notes complémentaires aux états financiers s'intitule « Énoncé des conventions comptables ». Parmi les éléments suivants, lequel doit figurer dans cette note ?
   1° Le montant du loyer annuel.
   2° La date d'échéance des dettes à long terme.
   3° La méthode d'amortissement des immobilisations.
   4° Les diverses composantes des immobilisations.
   5° Aucune de ces réponses.

1

f) Lequel des postulats ou principes suivants sous-tend l'existence d'une société de capitaux qui par essence est quasi infinie, à moins d'indication contraire ?
  1° Le postulat de la personnalité de l'entreprise.
  2° Le principe de la permanence des conventions comptables.
  3° Le postulat de la continuité de l'exploitation.
  4° Le principe de la primauté de la substance sur la forme.

g) Laquelle des qualités suivantes de l'information comptable est essentielle à la fiabilité ?
  1° L'importance relative.
  2° La vérifiabilité.
  3° La valeur rétrospective.
  4° La compréhensibilité.

h) À quelle fin comptabilise-t-on certains coûts pour les amortir par la suite ?
  1° Pour réduire les impôts exigibles.
  2° Pour aider la direction à prendre des décisions.
  3° Pour rapprocher les coûts capitalisés et les produits réalisés.
  4° Pour faire preuve d'objectivité et de prudence.

E 4. L'utilité d'une note aux états financiers

Le bilan de Luxor ltée comprend le poste suivant :

Stocks (**Note 1**)   910 000 $

> **Note 1. Énoncé des principales conventions comptables.** Le stock est évalué au prix coûtant (méthode de l'épuisement successif) ou à la valeur de marché, selon le moins élevé des deux.

Cette note est-elle utile au lecteur des états financiers ? En quoi ?

E 5. L'utilité des notes aux états financiers

Les postes suivants figurent au bilan de Granite ltée au 31 octobre 20X5.

Encaisse (**Note 1**)   15 900 $
Clients (**Note 2**)   89 200

> **Note 1.** Ce poste comprend de l'argent déposé dans deux comptes de banque, un fonds de petite caisse et de la monnaie d'appoint.
> **Note 2.** Ce poste comprend une somme de 22 900 $ représentant le prix de vente de marchandises envoyées en consignation que le consignataire n'a pas encore vendues au 31 octobre. On estime que toutes ces marchandises seront vendues à brève échéance.

Les notes 1 et 2 sont-elles vraiment nécessaires ? Justifiez votre réponse.

E 6. Les postulats et les principes comptables

Voici quelques affirmations relatives à la comptabilisation et à la présentation de l'information comptable. Identifiez le postulat ou le principe comptable qui se rattache le mieux à chacune de ces affirmations.

a) En plus de l'état des résultats, du bilan et de l'état des flux de trésorerie, les entreprises publient dans leurs états financiers des notes complémentaires et des tableaux explicatifs.

b) Minex ltée amortit le coût de ses équipements selon la méthode de l'amortissement linéaire, alors que la société se dote d'une provision pour épuisement de son gisement minier déterminée à l'aide de la méthode de l'amortissement proportionnel à la quantité de minerai extraite.

c) La juste valeur d'un terrain acquis en 20X2 est de 90 000 $. Toutefois, le terrain figure au bilan de l'entreprise à une valeur de 65 000 $.

d) L'expert-comptable porte un soin particulier aux opérations effectuées en fin d'exercice et à celles qui ont une incidence sur plus d'un exercice.

e) On peut modifier une convention comptable. Mais cette situation est peu fréquente.

f) L'expert-comptable accorde plus d'importance à la réalité économique inhérente à une opération qu'à son apparence. Ainsi, même si la propriété légale d'un équipement ne sera effective que dans cinq ans en vertu d'un contrat de location, le bien en question sera tout de même inscrit à l'actif de l'entreprise si celle-ci assume les risques et bénéficie des avantages inhérents à la propriété de l'équipement.

E 7. Les postulats et les principes comptables

Pour chacune des situations décrites ci-dessous, indiquez le postulat ou le principe comptable auquel on a dérogé.

a) Le teneur de livres d'un important concessionnaire d'automobiles amortit le coût des poubelles de plastique sur une période de cinq ans.
b) Durant la construction d'un ensemble résidentiel qui sera terminé sous peu, Construitout a inscrit la juste valeur des appartements en copropriété en construction dans un compte d'actif et a reconnu immédiatement le bénéfice escompté sur leur vente.
c) Une entreprise a l'intention d'abandonner un important secteur d'activité ; ce projet n'est pas mentionné dans les états financiers.
d) Le coût d'achat d'une machine conçue à la demande expresse de l'entreprise est passé en charges sous prétexte que la machine n'aura aucune valeur de récupération si l'usine devait cesser ses activités.
e) Une petite société aérienne n'amortit pas ses avions, car ils sont si bien entretenus qu'on les considère comme neufs.

Problèmes de compréhension

P 1. Les qualités de l'information comptable, les postulats et les principes comptables
(15 minutes – facile)

Voici une liste de quelques pratiques comptables couramment utilisées lors de la comptabilisation et la présentation de l'information comptable.

a) Les stocks de marchandises sont évalués à leur valeur minimale, c'est-à-dire au montant le moindre entre leur coût et leur juste valeur.
b) Les produits sont comptabilisés lorsqu'ils sont effectivement gagnés, tandis que les charges sont comptabilisées une fois les coûts engagés.
c) Le coût des immobilisations est capitalisé et amorti sur la période pendant laquelle on escompte en tirer des bénéfices.
d) Les éléments de l'actif et du passif d'une société de capitaux ne comprennent pas les actifs et les dettes de ses actionnaires.
e) Au cours de leur exercice financier, plusieurs sociétés de capitaux publient des rapports financiers intermédiaires.
f) Afin qu'on puisse comparer les états financiers d'une entreprise d'un exercice à l'autre, il n'est pas fréquent d'effectuer une modification des conventions comptables.
g) La juste valeur des éléments d'actif n'est généralement pas divulguée.
h) L'expert-comptable doit faire des estimations lors de l'établissement de l'état des résultats. Le choix d'une convention comptable ne doit pas mener à une surévaluation du bénéfice net.
i) Le choix d'une convention comptable ne doit pas mener à une sous-évaluation délibérée du bénéfice net.

Travail à faire

Identifiez la qualité de l'information comptable, le postulat ou le principe comptable qui soutient le mieux les pratiques comptables énoncées ci-dessus.

P 2. Les pratiques comptables conformes aux P.C.G.R.
(35 minutes – facile)

Voici 10 pratiques comptables conformes aux principes comptables généralement reconnus. Identifiez, à partir de la liste de la page suivante, les postulats et les principes comptables qui justifient ces pratiques. Discutez également de la relation existant entre chaque pratique et le postulat ou le principe sur lequel elle repose.

1

Postulats et principes comptables

- La continuité de l'exploitation
- La personnalité de l'entreprise
- L'unité monétaire stable
- La réalisation
- La permanence des conventions comptables

- La bonne information
- L'importance relative
- La prudence
- L'objectivité
- Le rapprochement des produits et des charges

Pratiques comptables

a) Le paiement d'une prime d'assurance pour une durée de deux ans est porté dans un compte d'actif, même si la société d'assurance refuse tout remboursement en cas de résiliation du contrat d'assurance.

b) De petits outils d'un coût minime sont passés en charges lors de leur acquisition, même si on prévoit les utiliser pendant plusieurs années.

c) L'amortissement sur trois ans d'un matériel de fabrication est parfois acceptable pour déterminer le revenu imposable, mais on se garde de faire de même dans les états financiers destinés aux investisseurs.

d) Une note indique que l'entreprise fait l'objet d'une poursuite judiciaire, même si cette poursuite a été intentée après la date de fin de l'exercice.

e) Le bilan d'une société immobilière renferme des maisons non vendues, évaluées au prix coûtant plutôt qu'à leur prix de vente estimatif.

f) La vente au prix de 65 000 $ d'un terrain ayant coûté 60 000 $ a donné lieu à la comptabilisation d'un gain de 5 000 $, et ce, en dépit d'un accroissement marqué des prix durant la période de détention du terrain.

g) Lors de l'acquisition d'une machine, on estime sa période d'amortissement, et c'est sur cette durée que le coût de la machine est réparti.

h) Les biens personnels du propriétaire ne figurent pas dans le bilan de l'entreprise, même si ces biens suffisent à garantir le remboursement de la totalité des dettes de cette entreprise.

i) Lors de l'estimation des créances douteuses, on préfère comptabiliser une charge plus élevée que trop faible.

j) On décrit dans les notes complémentaires les méthodes d'évaluation des stocks et d'amortissement des immobilisations.

P 3. **Les pratiques comptables conformes aux P.C.G.R.** (50 minutes – moyen)

Dans chacun des cas ci-dessous, indiquez le postulat ou le principe comptable auquel on a dérogé et expliquez brièvement la nature de la dérogation. Dites si l'opération décrite est conforme aux principes comptables généralement reconnus et justifiez votre point de vue.

a) Motel du repos enregistre les revenus de location de chambres à la date de la réservation. Pour la saison estivale, les clients effectuent souvent leurs réservations plus d'un an à l'avance.

b) Au cours des dernières années, Régal utilisait la méthode de l'amortissement dégressif à taux constant pour calculer à la fois son bénéfice imposable et son bénéfice comptable. En 20X4, la direction a décidé d'utiliser la méthode de l'amortissement linéaire pour les états financiers destinés à la banque.

c) Le passif de Cartech excède considérablement le total de son actif. Pour éviter que le bilan laisse une impression défavorable, le propriétaire y a inclus ses biens personnels, notamment la valeur de son compte en banque, de son automobile et de sa résidence.

d) Le 9 janvier 20X1, une tornade a sérieusement endommagé l'usine de Galtech qui, en conséquence, devra fermer ses portes en 20X1. Les états financiers, établis en janvier pour l'exercice terminé le 31 décembre 20X0, ne mentionnent pas cette information, car le sinistre est survenu après la fin de l'exercice.

e) Latech, société immobilière, a réévalué les terrains sur lesquels elle construira plus tard des immeubles en copropriété. L'excédent de la valeur d'expertise sur le coût d'acquisition des terrains a été porté au crédit du compte Plus-value d'expertise de terrains.

f) Artec a acheté une machine ayant une durée de vie et de vie utile de 10 ans. Comme cette machine est ancrée dans le béton, le contrôleur pense qu'elle n'a aucune valeur de récupération, et il a porté le coût entier de la machine à l'état des résultats de l'exercice.

g) Dans le bilan de Calbec figurent, parmi les immobilisations incorporelles, les coûts (salaires, fournitures, dotation aux amortissements, etc.) engagés pour forer un puits de pétrole. Les sommes ainsi capitalisées sont amorties proportionnellement au pétrole tiré de ce puits.

h) Mme Paule Lajoie est présidente-directrice générale de Lanbec. Au cours de l'exercice, les géologues ont estimé que la quantité de minerai extrait d'une mine dépassera les prévisions. Mme Lajoie demande alors à son comptable de porter dans les livres un fonds commercial de 2 000 000 $, somme représentant la valeur estimative de la quantité excédentaire du minerai. Le crédit correspondant a été porté dans un compte de produit.

i) Probec présente dans son bilan les immobilisations à la valeur de liquidation et ne comptabilise aucun amortissement. Chaque année, on détermine la valeur de liquidation des immobilisations et, si cette valeur a diminué, on enregistre une perte ; si elle s'est accrue, on enregistre un gain.

P 4. Les méthodes de constatation   (25 minutes – facile)

Au début de 20X0, Pavages Bitumex a appris que le gouvernement avait accepté sa soumission de 24 000 000 $ pour la construction d'une section d'autoroute. Les travaux ont commencé en 20X0 et devraient se terminer 27 mois plus tard, soit en avril 20X2.

Le contrat stipule que l'entrepreneur recevra 6 000 000 $ par année pendant quatre ans à compter du 2 janvier 20X0. Il est aussi convenu que les sommes non payées une fois les travaux terminés porteront intérêt au taux annuel de 12 %. Pavages Bitumex prévoit que le coût des travaux s'élèvera à 16 000 000 $ et qu'il devrait se répartir comme suit : 6 000 000 $ en 20X0, 8 000 000 $ en 20X1 et le reste en 20X2.

Mme Nadine Mercier, contrôleure, estime que l'on peut comptabiliser les produits découlant de ce contrat de différentes façons. On a le choix, pense-t-elle, entre la méthode de l'avancement des travaux exécutés en 20X0, 20X1 et 20X2, la méthode de l'achèvement des travaux en 20X2, et la méthode de constatation en fonction des encaissements.

Travail à faire

a) Présentez, dans un tableau, le bénéfice auquel ce contrat donne lieu pour les années 20X0 à 20X2 inclusivement, en utilisant chacune des trois méthodes proposées. Posez l'hypothèse que les coûts réels engagés ne sont pas différents des coûts prévus. (Ne tenez pas compte des intérêts sur les sommes impayées à la fin des travaux.)

b) Dites laquelle est la meilleure méthode dans les circonstances et expliquez pourquoi les deux autres méthodes sont moins appropriées.

P 5. L'acquisition de biens en échange d'actions   (15 minutes – facile)

Corbec ltée a été constituée par MM. Gilles Corbin et Jean-Marie Béchard en vue d'exploiter une mercerie. Chacun a investi 30 000 $ en numéraire en échange de 1 500 actions ordinaires. M. Corbin a aussi prêté 100 000 $ à la société contre un billet à ordre venant à échéance dans deux ans et portant intérêt à 12 % l'an. Peu après, la société a émis 1 800 actions ordinaires pour acquérir un terrain et un bâtiment. Une expertise a démontré que la juste valeur du terrain était de 15 000 $.

Travail à faire

a) Déterminez le coût du terrain et du bâtiment acquis en échange des actions de Corbec. Justifiez votre réponse.

b) Après deux années d'exploitation, la situation financière à court terme de Corbec est excellente, mais ses bénéfices non répartis ne s'élèvent qu'à 40 000 $. Dites si la société aurait intérêt à rembourser le billet de 100 000 $ dont M. Corbin est le bénéficiaire. Expliquez.

P 6. Le choix d'une méthode d'amortissement   (20 minutes – facile)

Mmes Rita Lafleur et Gilberte Lacombe ont constitué Gita ltée pour exploiter un autocar pour touristes. Chacune a investi 45 000 $ en argent en échange de 9 000 actions ordinaires. La société a aussi émis 3 000 actions pour acquérir un autocar d'occasion sur lequel le vendeur avait encore une dette de 60 000 $. Au moment de l'achat, la société a accepté de prendre en charge cette dette.

L'autocar a été acquis au prix de 135 000 $ et, au moment de la vente, il avait une valeur comptable de 85 000 $ après avoir été amorti au moyen de la méthode de l'amortissement linéaire.

Travail à faire

a) Déterminez le coût de l'autocar acquis par Gita ltée en échange des 3 000 actions émises. Expliquez en détail.

b) Dans quelle mesure la direction de Gita ltée doit-elle, au moment de choisir une méthode d'amortissement, tenir compte de la valeur comptable de l'autocar d'occasion et de la méthode d'amortissement utilisée précédemment ? Expliquez votre réponse.

P 7. L'encaisse ne cesse d'augmenter. Pourquoi ?   (35 minutes – moyen)

Voici deux bilans de Subec ltée établis respectivement au 31 mars 20X0 et au 31 mars 20Y0.

SUBEC LTÉE
Bilan
au 31 mars

Actif	20Y0	20X0
Encaisse	1 720 000 $	50 000 $
Clients	65 000	
Stocks	300 000	
Gisement pétrolier (coût non amorti)	1 500 000	3 000 000
Installations	600 000	600 000
Amortissement cumulé	(300 000)	
Total de l'actif	3 885 000 $	3 650 000 $
Passif et capitaux propres		
Passif à court terme	235 000 $	θ $
Capital-actions	3 650 000	3 650 000
Total du passif et des capitaux propres	3 885 000 $	3 650 000 $

La présidente de Subec ltée vous informe que la politique du conseil d'administration est de déclarer et de distribuer un dividende annuel égal au bénéfice net, ce qui n'empêche pas l'encaisse de croître comme en font foi les bilans ci-dessus.

Travail à faire

Expliquez à la présidente les raisons qui justifient l'accroissement de l'encaisse. Analysez en particulier les changements survenus dans les postes du bilan au cours de la période du 31 mars 20X0 au 31 mars 20Y0.

P 8. Les modifications de conventions comptables   (60 minutes – difficile)

Depuis plusieurs années, Corresbec, maison de vente par correspondance, utilise la méthode de l'épuisement à rebours pour déterminer le coût de ses stocks, et la méthode de l'amortissement dégressif à taux constant pour amortir ses immobilisations. Le coût des catalogues est passé en charges dès leur impression. Au cours de 20X5, la direction de l'entreprise a décidé d'adopter la méthode de l'épuisement successif, d'amortir linéairement les immobilisations et de ne radier le coût des catalogues que lors de leur distribution.

1

Les données ci-dessous sont tirées des registres comptables de Corresbec.

	20X5	20X4	20X3
Chiffre d'affaires net	500 000 $	400 000 $	350 000 $
Achats nets	300 000	220 000	200 000
Stocks de clôture (épuisement successif)	50 000	45 000	40 000
Stocks de clôture (épuisement à rebours)	30 000	28 000	25 000
Amortissement dégressif	27 500	30 000	35 000
Amortissement linéaire	20 000	20 000	20 000
Autres charges	120 500	93 000	80 000
Coût des catalogues inclus dans les charges mais imputable aux exercices futurs	18 500	8 000	5 000
Bénéfice net, selon Corresbec	100 000	60 000	37 000

Le 31 décembre 20X5, le comptable de Corresbec a établi les états sommaires des résultats ci-dessous pour 20X5 et 20X4 dans l'intention de les présenter à la banque, qui devait se prononcer sur une demande de prêt.

CORRESBEC
Résultats
pour l'exercice terminé le 31 décembre

	20X5	20X4
Chiffre d'affaires net	500 000 $	400 000 $
Coût des marchandises vendues*	278 000	217 000
Bénéfice brut	222 000	183 000
Frais d'exploitation	122 000	123 000
Bénéfice net	100 000 $	60 000 $

* Méthode de l'épuisement à rebours en 20X4
et méthode de l'épuisement successif en 20X5.

Le préposé au service des prêts d'une institution financière a besoin d'aide pour analyser les résultats d'exploitation de Corresbec.

Travail à faire

a) Dressez un état plus détaillé des résultats pour 20X4 et 20X5. Présentez les calculs effectués pour déterminer le coût des marchandises vendues et la dotation à l'amortissement de chaque exercice. Dites si les états que vous avez établis sont conformes aux principes comptables généralement reconnus et précisez quels seront les effets, en dollars, sur le bénéfice net de la dérogation à l'un ou l'autre de ces principes.

b) Établissez l'état des résultats de 20X4 et 20X5 en utilisant d'abord les pratiques comptables en usage au cours des années antérieures, puis les pratiques comptables que la direction désire adopter à l'avenir.

c) Quel est l'intérêt des états financiers dressés en b)? Discutez des tendances que révèlent ces états financiers et comparez ces tendances avec celles que révèlent les états sommaires dressés par Corresbec.

Analyses de cas

C 1. Les postulats comptables

(20 minutes – facile)

Nous avons mis l'accent sur l'environnement changeant dans lequel évolue la comptabilité. Malgré les bouleversements économiques des dernières années, les postulats comptables sont demeurés au cœur de l'évolution des normes comptables.

Travail à faire

Discutez brièvement des cinq postulats comptables sur lesquels repose la formulation des normes comptables. Votre discussion doit comprendre une description précise de chaque postulat et indiquer en quoi chacun de ces postulats influe sur la comptabilisation et la présentation de l'information comptable.

C 2. Les qualités de l'information comptable (45 minutes – moyen)

Après avoir discuté avec le président de la Jeune Chambre de commerce de votre localité, vous avez accepté de donner une conférence sur les qualités de l'information comptable. Puisque votre auditoire se compose de jeunes gens d'affaires qui ne se sont pas familiarisés avec le jargon et les techniques comptables, le président vous demande d'utiliser des termes simples et, si possible, de faire appel à des exemples.

Travail à faire

Rédigez le texte de votre conférence, laquelle ne doit pas durer plus de 15 minutes.

C 3. L'utilisation de l'information comptable (25 minutes – moyen)

L'information comptable joue souvent un rôle dans le processus décisionnel des investisseurs, des créanciers, des employés et de l'État, pour ne citer que ceux-là.

Travail à faire

De quelle façon l'information comptable peut-elle être utile à ces divers types d'utilisateurs ?

C 4. La nature des produits et des charges (20 minutes – facile)

Dans un cours d'introduction à la comptabilité, trois étudiants discutent de la nature des produits et des charges. Le premier, Charles Lussier, affirme que les produits et les charges sont des éléments qui modifient les capitaux propres d'une entreprise. Selon le deuxième étudiant, Louis Chouinard, Charles a tort : « Les produits, dit-il, représentent un accroissement des éléments d'actif, et les charges, une diminution de ces éléments. » Enfin, le troisième étudiant, Maurice Doyon, affirme : « Les produits et les charges sont des éléments dont on tient compte pour déterminer le bénéfice net. »

Travail à faire

Jouez le rôle du professeur et portez un jugement sur les affirmations des trois étudiants.

C 5. Le choix d'une convention comptable (30 minutes – moyen)

Les membres du conseil d'administration de Broubec ltée ne s'entendent pas sur le choix de la convention comptable relative à l'amortissement d'un camion. Mme Paule Naure affirme que la méthode d'amortissement linéaire permet de tenir compte de la durée d'utilisation estimative du camion. Selon M. Pierre Larocque, il faut plutôt utiliser la méthode de l'amortissement dégressif à taux constant, méthode recommandée par les autorités fiscales. Enfin, M. Jean Sérien croit que l'on devrait utiliser une méthode d'amortissement proportionnel à l'utilisation du camion selon les kilomètres parcourus chaque année. Certains administrateurs voudraient que le bénéfice net soit sensiblement égal d'un exercice à l'autre, alors que d'autres estiment que les états financiers seront plus acceptables si on utilise des conventions comptables reflétant la prudence.

Après un long débat, le président du conseil d'administration téléphone au service de la comptabilité et fait part de la discussion au contrôleur de la société. Il lui demande de se présenter à la séance du conseil d'administration après la pause-café, soit 30 minutes plus tard.

Travail à faire

En tant que contrôleur, analysez brièvement la situation et formulez un avis que vous soumettrez aux membres du conseil d'administration.

C 6. Les éléments des états financiers (30 minutes – moyen)

Le grand livre de Cinextra, société qui produit et distribue des émissions de télévision, renferme les comptes suivants (page 13) au 31 décembre 20X1, soit à la fin de l'exercice courant.

Comptes	Solde débiteur
Le Beau et la Bête	47 000 $
Le Guerrier de l'émergence	40 000
Les Héritiers du vampire	14 500
La Petite Maison de Laprairie	7 000
Aménagement du studio	4 500

Une analyse des contrats et des registres comptables vous a permis de réunir les renseignements suivants :

- Les soldes des deux premiers comptes représentent le coût total de deux émissions produites et diffusées en 20X1. Selon les conditions du contrat, l'émission *Le Beau et la Bête* sera rediffusée en 20X2, moyennant une redevance égale à 50 % de celle qui a été reçue lors de la première diffusion. Le contrat relatif à la première diffusion a généré une redevance de 300 000 $. Dans le cas de l'émission *Le Guerrier de l'émergence*, le commanditaire peut, s'il le désire, rediffuser l'émission au cours de la prochaine saison moyennant une redevance qui équivaut à 75 % de celle qui a été versée lors de la première diffusion.
- Le solde du compte *Les Héritiers du vampire* représente le coût d'une émission-pilote terminée en 20X1 et pour laquelle Cinextra cherche encore des commanditaires.
- Le solde du compte *La Petite Maison de Laprairie* représente le coût partiel d'une émission dont on a abandonné le projet en 20X1, faute de commanditaires sérieux.
- Le compte Aménagement du studio représente le versement initial remis à une firme d'ingénieurs pour l'élaboration d'un rapport portant sur la gestion plus efficace du studio et des équipements existants.

Travail à faire

a) Identifiez les comptes qui doivent être considérés comme éléments de l'actif de Cinextra. Justifiez votre réponse.

b) De quelle façon chacun de ces comptes doit-il être présenté dans les états financiers de Cinextra ? Expliquez votre réponse.

C 7. L'identification de la meilleure pratique comptable à suivre
(45 minutes – moyen)

Dans le cadre d'un cours de comptabilité intermédiaire, les étudiants doivent résoudre un cas de session en équipe. Lors d'une discussion, Pat Dinamic affirme que les comptables ont souvent recours à des pratiques qui tendent à sous-évaluer le bénéfice net et l'actif d'une entreprise. Jesuy Kraintif estime que le comptable a raison d'être prudent. Selon lui, il faut présenter des états financiers dans lesquels ne figure pas un bénéfice net exagéré susceptible d'induire en erreur les investisseurs et de nuire à la réputation de la profession comptable.

Après plusieurs rencontres, Pat et Jesuy sont toujours indécis quant au traitement comptable à adopter dans les cinq cas suivants.

a) Les produits de l'entreprise sont vendus avec une garantie de un an. Jesuy suggère de comptabiliser le coût des garanties et la dette correspondante au moment même où les produits sont vendus, alors que Pat pense qu'il faut plutôt inscrire ce coût une fois que les pièces défectueuses sont réparées ou remplacées.

b) L'entreprise a affecté une somme de 75 000 $ (c'est-à-dire 5 % de son chiffre d'affaires annuel) à la recherche de nouveaux produits. Ces efforts n'ont encore donné aucun résultat concret, mais la direction estime que, si l'on persévère, on finira par découvrir de nouveaux produits. De plus, la direction croit qu'il est nécessaire de mettre de nouveaux produits sur le marché, car les produits actuels perdront leur attrait au cours des prochaines années. Pat suggère de faire figurer au bilan la somme de 75 000 $ à titre de « Frais de recherche reportés », tandis que Jesuy estime qu'il faut immédiatement passer cette somme en charges.

c) L'entreprise a complètement redécoré ses locaux 8 ans après le début d'un bail de 10 ans. Selon les conditions du contrat de location, les améliorations locatives appartiendront au propriétaire du centre commercial à la fin de la durée du bail. Il est possible, mais non certain, que le propriétaire accepte de renouveler le bail. Jesuy pense qu'il faut immédiatement passer en charges le coût des nouvelles améliorations locatives alors que Pat estime qu'il faudrait capitaliser ce coût.

1

d) Les stocks comprennent une grande quantité d'articles désuets. Jesuy estime qu'il faudrait radier le coût de ces articles, mais Pat s'y oppose parce que les articles en question ne peuvent se détériorer et que, selon lui, les clients peuvent s'y intéresser de nouveau.

e) Les conditions de règlement des comptes clients sont « net 60 jours ». Jesuy pense qu'il faut radier le compte de M. Gérard Failli, parti sans laisser d'adresse en séjour prolongé en Asie. Ce client doit une forte somme depuis plus de huit mois. Pat s'oppose à cette radiation parce que M. Failli, qui avait déjà eu un compte en souffrance trois ans plus tôt, avait fini par le régler dès son retour de Madagascar.

Travail à faire

Quel est votre avis sur chacun des problèmes précédents ? Justifiez votre réponse.

C 8. Les normes comptables

(25 minutes – difficile)

Au cours d'une récente conversation, CA, vérificateur de la société, a mentionné au contrôleur une nouvelle recommandation du *Manuel de l'I.C.C.A.* Ce dernier s'est alors exclamé : « Encore une de vos normes comptables ! Vous, les CA, passez votre temps à publier des règles que nous devons suivre alors qu'il n'y en pas 1 sur 10 qui nous soit utile ! L'information est une denrée économique : si on laissait faire les choses, le marché déterminerait quelle information est nécessaire, comme il le fait pour les autres denrées. Autrement dit, vos normes viennent contrecarrer le libre jeu du marché. Vous avez tant de règles, et elles coûtent si cher que cela dépasse les bornes. Les entreprises canadiennes et l'économie en général ne pourront plus en supporter le coût très longtemps. »

Source :
Examen final
uniforme de 1985
de l'O.C.A.Q. –
Épreuve IV,
question 1

Travail à faire
Discutez des questions soulevées par le contrôleur.

C 9. Le choix de conventions comptables

(15 minutes – facile)

Technolab inc. est une société fermée. Elle compte faire un appel public à l'épargne d'ici deux ans et vise à établir des liens d'affaires aux États-Unis et en Europe au cours des cinq prochaines années. Vous venez d'être embauché au service de la comptabilité de cette entreprise et vous discutez des pratiques de la société en matière de choix de conventions comptables. Le chef comptable, qui sera bientôt à la retraite, vous fait part de sa vision des choses à ce sujet. « On ne doit pas trop s'en faire avec le *Manuel de l'I.C.C.A.* Tant qu'une directive n'est pas en italique, elle n'est pas obligatoire. De plus, les notes d'orientation et les positions du C.P.N. ne sont que des suggestions, mais elles s'avèrent parfois utiles. Nous sommes chanceux au Canada d'avoir autant de latitude. De plus, avec cet accent sur l'harmonisation des normes à l'échelle internationale, si jamais une norme internationale ou américaine nous convenait mieux que les conventions que nous utilisons présentement, nous pourrions très bien l'adopter, d'autant plus que nous ferons des affaires d'ici quelques années avec des clients étrangers. »

Travail à faire
Discutez des questions soulevées par le chef comptable.

1

Le traitement de l'information à travers le cycle comptable

Remarque : les questions de révision, les exercices, les problèmes de compréhension et les analyses de cas précédés d'un astérisque (*) se rapportent au sujet traité en annexe dans le manuel.

Questions de révision

1. Le processus comptable doit, pour être efficace, aider l'entreprise à remplir certaines tâches. Lesquelles ?

2. Donnez quelques exemples de formulaires commerciaux. Quelle est leur utilité dans le cycle comptable ?

3. Lors de l'inscription d'une opération, quelle exigence impose la comptabilité en partie double ?

4. De quelle façon les termes « débit » et « crédit » sont-ils liés à l'équation comptable ?

5. Dites si les comptes suivants sont des comptes de valeurs ou des comptes de résultats.

   a) Madame X – Capital
   b) Provision pour créances douteuses
   c) Ventes
   d) Intérêts à recevoir
   e) Assurances payées d'avance
   f) Madame X – Retraits
   g) Publicité
   h) Caisse
   i) Amortissement
   j) Entretien et réparations

6. Dites ce qu'est le cycle comptable et dressez une liste de ses différentes étapes.

7. Qu'est-ce qu'une opération ? Donnez deux exemples d'opérations effectives et deux exemples d'opérations implicites.

8. Plutôt que d'enregistrer toutes leurs opérations dans le journal général, plusieurs entreprises ont recours à des livres-journaux. Quels avantages en retirent-elles ?

9. Dites pourquoi le report dans les grands livres est une étape utile.

10. Quels sont les avantages des comptes collectifs et des grands livres auxiliaires ?

11. Quelle est l'utilité de la balance de vérification ? Dites si, en établissant la balance de vérification, on peut découvrir les erreurs suivantes. Pourquoi ?

   a) Un achat de marchandises a été porté au débit du compte Ventes.
   b) Un achat de marchandises a été porté au débit du compte Entretien.
   c) Une écriture de journal n'a pas été reportée dans le grand livre général.
   d) Le débit d'une écriture de journal a été reporté deux fois dans le grand livre général.
   e) Une erreur d'addition s'est produite dans le compte Caisse du grand livre général.

12. Quel est l'objectif des écritures de régularisation ? Décrivez brièvement les différentes sortes d'écritures de régularisation et donnez un exemple pour chacune d'elles.

13. Quelle distinction y a-t-il entre une écriture de correction et une écriture de régularisation ?

14. À la fin de l'exercice, le comptable a omis de régulariser le compte Assurances payées d'avance. Quels sont les postes de l'état des résultats et du bilan qui sont faussés ? S'agit-il d'une surévaluation ou d'une sous-évaluation ?

15. Quelle est l'utilité de la balance de vérification régularisée ? Dans quel cas n'est-il pas nécessaire de l'établir ?

16. Qu'entend-on par « états financiers » ? Quelle relation existe-t-il entre eux ?

17. Pourquoi les écritures de clôture sont-elles nécessaires ? Quels sont les comptes du grand livre général qui n'ont pas à faire l'objet de telles écritures ?

18. Qu'est-ce qu'une écriture de contrepassation et dans quelles circonstances passe-t-on ces écritures ?

19. Quelle est l'utilité du chiffrier ? En quoi le chiffrier d'une entreprise commerciale diffère-t-il de celui d'une entreprise industrielle ?

20. Quelle est l'utilité du chiffrier pour une entreprise qui désire produire des rapports financiers intermédiaires ?

21. Parmi les étapes du cycle comptable, l'une d'elles exige une plus grande compréhension des principes comptables généralement reconnus. Pourquoi ?

22. Quels avantages le service de la comptabilité d'une entreprise peut-il retirer d'un système de traitement informatisé de l'information ?

23. Quelles sont les étapes du cycle comptable qui peuvent facilement et avantageusement faire l'objet d'un traitement comptable informatisé ? Quels sont les domaines où ce traitement convient le mieux ?

*24. Quelle différence y a-t-il entre la comptabilité de caisse et la comptabilité d'exercice ? Le bilan et l'état des résultats établis selon chacune de ces deux méthodes sont-ils fidèles et conformes aux principes comptables généralement reconnus ?

*25. « La comptabilité de caisse est nettement meilleure que la comptabilité d'exercice. » Commentez cet énoncé.

Exercices

E 1. Le cycle comptable

Voici, dans le désordre, la liste des étapes du cycle comptable traitées dans le chapitre 2.

- L'établissement des états financiers
- La collecte et l'analyse de l'information
- La régularisation et la correction des comptes
- La passation d'écritures de contrepassation
- L'établissement de la balance de vérification après clôture des comptes

- Le report dans les grands livres
- L'établissement de la balance de vérification
- L'enregistrement des opérations
- La clôture des comptes

Les descriptions suivantes peuvent servir (ou non) à résumer l'objectif poursuivi lors de la réalisation de chacune des étapes du cycle comptable. Pour chacune de ces descriptions, dites à quelle étape du cycle comptable elle se rattache ou indiquez « aucune » si elle ne correspond à aucune d'elles.

2

a) Ramener le solde des comptes de résultats à zéro afin de pouvoir enregistrer les opérations d'un nouvel exercice.

b) Réunir les informations et les évaluer à la lumière des principes comptables généralement reconnus.

c) Transcrire les données des livres-journaux aux grands livres.

d) Inscrire en ordre chronologique les données dans les journaux à partir des documents commerciaux.

e) Permettre de s'assurer de l'exactitude et de l'intégrité des comptes du grand livre général.

f) Permettre la comptabilisation, de la façon habituelle, d'opérations ayant nécessité, à la fin de l'exercice précédent, la passation d'écritures de régularisation.

g) Permettre de s'assurer que le grand livre général est toujours en équilibre après la clôture des comptes.

E 2. Vrai ou faux

a) Le bénéfice net représente un accroissement de la valeur nette de l'entreprise.

b) Un des objectifs du système comptable est de fournir aux personnes intéressées l'information sur le rendement de l'entreprise.

c) La différence entre les produits d'exploitation et les charges d'exploitation donne le bénéfice d'exploitation.

d) Les produits d'exploitation sont les sommes encaissées au cours d'un exercice pour des biens vendus ou des services rendus au cours du même exercice.

e) L'amortissement représente une somme versée durant l'exercice et imputée aux résultats de manière à répartir systématiquement le coût d'un bien sur sa durée de vie ou de vie utile.

f) La balance de vérification régularisée est un état financier très utile aux décideurs.

g) Les comptes de valeurs sont clôturés en virant leur solde dans le compte Sommaire des résultats.

h) Un compte de produit se clôture en virant le solde au crédit du compte Sommaire des résultats.

i) Le compte Retraits se clôture en virant le solde au débit du compte Sommaire des résultats.

E 3. Choix multiples

Pour chacun des énoncés suivants, choisissez la réponse qui convient le mieux.

a) Une entreprise utilise un système d'inventaire périodique et recourt à une écriture de clôture pour enregistrer le stock du 31 décembre. Si le stock s'élève à 41 900 $ au 31 décembre, alors qu'il était de 22 800 $ en début d'exercice, l'écriture de clôture requise pour inscrire le stock du 31 décembre doit être la suivante (omettre les explications) :

1°	Stock (1er janvier)	22 800	
	Stock (31 décembre)		22 800
2°	Stock (31 décembre)	19 100	
	Stock (1er janvier)		19 100
3°	Stock (31 décembre)	41 900	
	Sommaire des résultats		41 900
4°	Sommaire des résultats	41 900	
	Stock (31 décembre)		41 900

b) Bombex enregistre les loyers non encore gagnés dans le compte de passif intitulé Loyers reçus d'avance. Le 31 octobre 20X1, avant les écritures de régularisation, le solde du compte Loyers reçus d'avance était de 5 000 $. Une analyse des sommes reçues d'avance nous indique que le solde devrait être de 3 500 $ au 31 octobre 20X1. L'écriture de régularisation requise est la suivante (omettre les explications) :

1°	Caisse	3 500	
	Honoraires de gestion reçus d'avance		3 500
2°	Produits de location	3 500	
	Loyers reçus d'avance		3 500
3°	Loyers reçus d'avance	1 500	
	Produits de location		1 500
4°	Aucune de ces réponses.		

2

c) Parmi les étapes suivantes, laquelle ne fait pas partie du cycle comptable ?
   1° La clôture des comptes.
   2° Le report dans les grands livres.
   3° L'établissement de documents commerciaux.
   4° La régularisation des comptes.
   5° Aucune de ces réponses.

d) Une police d'assurances, couvrant une période de trois ans, a été payée le 2 janvier 20X1. Si le paiement a été porté au débit d'un compte d'actif et qu'aucune autre écriture n'a été inscrite, de quelle façon les éléments suivants seront-ils touchés en 20X3 ?

	Actif	*Charges*
1°	Inchangé	Augmentation
2°	Inchangé	Inchangé
3°	Diminution	Inchangé
4°	Diminution	Augmentation

E 4. La détermination du coût des produits en cours

Le total des frais généraux de fabrication de Papex ltée a été de 501 800 $ en 20X4, et le coût des produits fabriqués au cours du même exercice s'est élevé à 506 250 $.
Calculez le coût du stock de produits en cours au 31 décembre 20X4, alors qu'en début d'exercice il était de 59 750 $.

E 5. L'utilisation de journaux auxiliaires

Canabec ltée utilise les journaux suivants : journal général, journal des achats, journal des ventes, journal des encaissements, journal des décaissements et journal des salaires. Dans quel journal doit-on enregistrer chacune des opérations suivantes ?

a) L'achat de marchandises au comptant.
b) La mise de fonds initiale du propriétaire en argent.
c) L'enregistrement des intérêts courus à payer.
d) Le paiement d'un effet à payer.
e) Le calcul du salaire net à verser aux employés.
f) L'achat de matériel au comptant.
g) La vente de matériel au comptant.
h) L'emprunt d'une somme de 10 000 $ à la banque.
i) La vente de marchandises à crédit.
j) La perception d'un compte client.
k) Le remboursement de l'emprunt de 10 000 $.
l) L'enregistrement de l'amortissement du matériel.

E 6. L'utilisation du compte collectif Fournisseurs

Le solde du compte collectif Fournisseurs (compte n° 204) était de 185 300 $ au 1er janvier 20X6. À la fin de janvier, le journal des achats (page 201) révèle que les achats à crédit se sont élevés à 99 100 $, tandis que le journal des décaissements (page 187) indique que les sommes versées aux fournisseurs s'élevaient à 115 000 $, déduction faite des escomptes de caisse de 2 100 $.

Présentez le compte collectif Fournisseurs pour le mois de janvier 20X6. Utilisez la forme de compte dans lequel le solde est calculé après chaque écriture.

E 7. La détermination du chiffre d'affaires

La marge bénéficiaire brute de Oxel inc. a été de 93 000 $ en 20X1, tandis que le coût des produits fabriqués s'élevait à 436 000 $. Le stock initial de produits en cours et celui de produits finis étaient de 19 000 $ et de 54 000 $ respectivement, alors que le stock final de produits en cours est de 27 000 $ et celui de produits finis de 39 400 $.

Calculez le chiffre d'affaires pour l'exercice 20X1.

E 8. L'inscription initiale et la régularisation subséquente

La société Codex ltée a effectué les opérations suivantes en décembre 20X3 :

1ᵉʳ déc.   Codex a emprunté la somme de 12 000 $. Le billet porte intérêt à 10 % l'an, et il viendra à échéance dans 90 jours.

15 déc.   Achat au comptant de fournitures de bureau au prix de 36 000 $. Le comptable a alors débité le compte de charges Fournitures de bureau utilisées. Le 1ᵉʳ décembre, le compte d'actif Fournitures de bureau avait un solde de 3 000 $. Le coût des fournitures en main le 31 décembre est de 7 500 $.

Passez les écritures de journal requises pour inscrire les opérations décrites ci-dessus et, au besoin, pour régulariser les comptes au 31 décembre 20X1. (Omettre les explications.) Codex ltée ne fait aucune écriture de contrepassation.

E 9. L'immobilisation et l'amortissement

Le 1ᵉʳ octobre 20X0, la société ABC inc. a acheté un immeuble et un terrain pour un prix total de 103 000 $. On évalue le terrain à 12 000 $, et la banque a consenti un prêt de 80 000 $ remboursable par versements mensuels égaux de 4 000 $, payables à la fin de chaque année. Les intérêts calculés au taux de 9 % par année sont payables le 1ᵉʳ octobre et le 1ᵉʳ avril. Les dirigeants de la société estiment que l'immeuble a une durée de vie et de vie utile de 32 ans et que sa valeur résiduelle sera d'environ de 7 800 $.

Passez l'écriture de journal nécessaire à l'enregistrement de l'opération du 1ᵉʳ octobre 20X0, ainsi que les écritures de régularisation requises au 31 décembre 20X0, date de fin de l'exercice financier de l'entreprise.

E 10. Les écritures de régularisation

Le contrôleur de Pentel inc. affirme que les éléments suivants requièrent la passation d'écritures de régularisation au 31 mars 20X3.

a)   Fournitures de bureau utilisées, 1 390 $. Tous les achats de fournitures de bureau sont portés au compte d'actif Fournitures de bureau.
b)   Produits de location reçus d'avance, 12 600 $. Toutes les sommes reçues des locataires sont portées au crédit du compte Produits de location.
c)   Pentel inc. a emprunté 60 000 $ le 16 mars 20X3. Le billet porte intérêt au taux de 18 % et il viendra à échéance dans 60 jours.
d)   L'utilisation d'un brevet d'invention a permis à Pentel inc. de gagner des redevances de 4 800 $ en mars. Celles-ci n'ont pas été comptabilisées puisqu'elles n'avaient pas encore été encaissées le 31 mars.

Pour chacun de ces éléments, passez l'écriture de régularisation requise au 31 mars 20X3 (omettre les explications), sachant que Pentel inc. procède à des écritures de contrepassation.

*E 11. La détermination du solde de certains postes de l'état des résultats

Les données suivantes sont tirées des livres de Martex ltée au 31 mars 20X2 :

	1ᵉʳ mars	31 mars
Clients	15 500 $	22 000 $
Stock de marchandises	45 000	51 000
Fournisseurs (relatifs à des marchandises)	19 900	17 200
Bénéfices non répartis	84 000	99 300
Dividendes déclarés et versés		15 000

2

Les sommes recouvrées des clients s'élèvent à 128 000 $ en mars, alors que les achats nets de marchandises se chiffrent à 56 000 $. L'entreprise ne comptabilise aucune provision pour créances douteuses, et aucun compte n'a été radié en mars. Les seules écritures ayant un effet sur le solde du compte Bénéfices non répartis proviennent de la clôture du compte Sommaire des résultats et du compte Dividendes.

Calculez les éléments suivants pour le mois de mars 20X2.

a) Le chiffre d'affaires net.
b) Le coût des marchandises vendues.
c) Les sommes versées aux fournisseurs.
d) Le bénéfice net.
e) Les frais d'exploitation (autres que le coût des marchandises vendues).

E 12. Les écritures de régularisation

Pour régulariser les livres de Pipex ltée, vous avez réuni les informations suivantes au 31 décembre 20X2, c'est-à-dire à la fin du premier exercice financier de l'entreprise.

a) Le 1er juin 20X2, Pipex ltée a contracté un emprunt hypothécaire de 60 000 $. Les intérêts sont payables trimestriellement à compter du 1er septembre 20X2 au taux de 9 % l'an. Aucun versement en capital n'est exigible avant juin 20X3.
b) Le 1er octobre 20X2, l'entreprise a versé 2 700 $ pour un contrat d'assurance d'une durée de trois ans. Le compte Assurances payées d'avance a été débité sur-le-champ.
c) Le 1er novembre 20X2, un locataire s'est acquitté de son loyer pour les six prochains mois. Un compte de résultats a été crédité de 4 800 $.
d) Le 1er mai 20X2, Pipex ltée a acquis 20 000 $ d'obligations à leur valeur nominale. Ce placement permettra à l'entreprise de recevoir des intérêts au taux de 12 % l'an payables les 1er avril et 1er octobre de chaque année.
e) Le 31 décembre 20X2, un classement chronologique des comptes clients a permis à Pipex ltée de constater que des créances totalisant 4 000 $ deviendront probablement irrécouvrables. Le solde créditeur non régularisé du compte Provision pour créances douteuses est à cette date de 900 $.

Passez les écritures de régularisation nécessaires au 31 décembre 20X2. La note explicative qui suit une écriture de régularisation doit comprendre tous les calculs requis.

E 13. Les écritures de régularisation

Les données suivantes sont tirées des livres de Combo enr. au 31 mai 20X6 :

		Solde non régularisé		Solde régularisé	
a)	Provision pour créances douteuses	3 600 $	débit	4 000 $	crédit
b)	Amortissement cumulé	26 000	crédit	36 000	crédit
c)	Salaires à payer	29 900	crédit	34 250	crédit
d)	Produits reçus d'avance	6 700	crédit	9 200	crédit
e)	Intérêts sur emprunt	400	débit	1 200	débit
f)	Produits d'intérêts	6 500	crédit	6 585	crédit

Présentez les écritures de régularisation que le comptable a enregistrées le 31 mai 20X6.

E 14. Les écritures de régularisation

L'assurance payée d'avance représente la partie non expirée des primes de trois polices reportées de l'exercice précédent, à laquelle on a ajouté les primes de renouvellement versées en 20X0 aux mêmes taux que les années antérieures.

N° de la police	Partie non expirée au 1er janvier 20X0		Primes payées	Total	Partie non expirée au 31 décembre 20X0
1	5 mois	500 $	1 200 $	1 700 $	5 mois
2	9 mois	600 $	2 400 $	3 000 $	33 mois
3	18 mois	1 500 $	θ	1 500 $	6 mois

Régularisez les livres au 31 décembre 20X0, s'il y a lieu.

E 15. Les écritures de contrepassation

Milex ltée clôture ses livres à la fin de l'année civile. La semaine de travail est de cinq jours, et le vendredi les employés reçoivent leur paye hebdomadaire qui s'élève à 5 000 $. Le lundi 31 décembre 20X0, une écriture de régularisation a consisté à inscrire les salaires courus de 1 000 $. Milex n'a pas enregistré d'écriture de contrepassation. Le 4 janvier 20X1, on verse la paye habituelle aux employés et on enregistre le salaire selon la procédure habituelle, en débitant le compte Salaires et en créditant le compte Caisse d'un montant de 5 000 $.

Les registres comptables de Milex sont-ils exacts au 31 décembre 20X0 ? Au 4 janvier 20X1 ? Expliquez, de deux façons différentes, comment Milex aurait pu procéder pour que ses registres comptables soient exacts au 4 janvier 20X1.

*E 16. La détermination du produit de location

Loutout inc. est propriétaire d'un petit édifice commercial. Les contrats de location passés avec les locataires prévoient que ceux-ci feront des versements à l'avance, qu'ils soient mensuels ou annuels. Malheureusement, certains locataires tardent à payer leur loyer. Au cours de 20X1, Loutout inc. a reçu 30 000 $ de ses locataires. Le grand livre de la société renferme les informations suivantes :

	1er janvier 20X1	31 décembre 20X1
Loyers à recevoir	3 600 $	4 650 $
Loyers reçus d'avance	12 000	9 000

Calculez le produit de location de l'exercice 20X1 selon la comptabilité d'exercice.

*E 17. La détermination du décaissement relatif à des contrats publicitaires

Le responsable des registres comptables de Éditex ltée inscrit tous les paiements concernant les contrats publicitaires au compte Publicité payée d'avance et, une fois par mois, il impute aux charges d'exploitation la portion absorbée par voie de régularisation. En 20X2, les soldes des comptes concernés sont les suivants :

Publicité payée d'avance :	
1er janvier 20X2	30 000 $
31 décembre 20X2	35 000
Publicité, au 31 décembre 20X2	175 000

Calculez le montant des sommes versées en 20X2 par Éditex ltée pour ses contrats publicitaires.

*E 18. La détermination des redevances gagnées

Cinémax inc. confie les services de restauration de ses salles de cinéma à des concessionnaires. Certains contrats prévoient que Cinémax percevra des redevances au début de chaque mois, alors qu'en vertu d'autres contrats les redevances ne sont exigibles que 10 jours après la fin de chaque mois. Au cours de 20X3, la société a reçu des chèques de 500 000 $ de redevances. Le grand livre de la société renferme les informations figurant à la page suivante.

2

	1er janvier 20X3	31 décembre 20X3
Redevances à recevoir	*75 000 $*	*70 000 $*
Redevances reçues d'avance	*28 000*	*12 000*

Calculez les redevances gagnées au cours de l'exercice 20X3 selon la comptabilité d'exercice.

*E 19. La détermination des frais d'exploitation

Les décaissements de Langlex ltée pour ses charges d'exploitation au cours du mois de mai 20X1 s'élèvent à 29 210 $. Les charges payées d'avance et les charges courues à payer sont les suivantes :

	1er mai 20X1	31 mai 20X1
Charges payées d'avance	*2 140 $*	*2 960 $*
Charges courues à payer	*2 330*	*2 450*

Calculez les frais d'exploitation du mois de mai 20X1 selon la comptabilité d'exercice.

*E 20. La comptabilité de caisse ou d'exercice ?

Lequel des énoncés ou des éléments suivants peut être associé à la comptabilité de caisse ?

a) Les états financiers dressés conformément aux principes comptables généralement reconnus.
b) Un système comptable réduit à sa plus simple expression.
c) Le report, à une date ultérieure, du produit correspondant à une somme reçue d'avance.
d) Les déclarations d'impôt sur le revenu des particuliers.
e) Une entreprise dont le stock de marchandises est élevé.
f) Les produits sont comptabilisés lors du recouvrement des comptes.
g) Un système comptable complexe.
h) Une petite entreprise ne tient des registres comptables que pour recueillir l'information dont elle a besoin pour établir ses déclarations d'impôt.
i) Les frais d'exploitation ne sont pas toujours comptabilisés au moment où ils constituent effectivement des charges.
j) Le comptable établit un point d'arrêt des comptes à la fin de chaque exercice.

*E 21. La détermination du montant de la publicité payée d'avance

Les frais de publicité inscrits dans l'état des résultats de Lido ltée, qui utilise un système de comptabilité d'exercice, s'élèvent à 35 460 $ en 20X7. Les frais de publicité payés d'avance se chiffrent à 4 820 $ à la fin de l'exercice, et les sommes versées à des agences de publicité au cours de l'exercice se sont élevées à 36 680 $. Lido n'a aucune dette envers les agences de publicité, aussi bien au début qu'à la fin de l'exercice en cours.

Quel est le montant des frais de publicité payés d'avance au début de l'exercice 20X7 ? Présentez vos calculs.

Problèmes de compréhension

P 1. Les écritures de régularisation et de clôture (25 minutes – facile)

Voici, dans le désordre, la liste des comptes de Pavages Durand enr. au 31 août 20X3.

Placements	*25 000 $*	
Fournisseurs		*29 000 $*
Pierre Durand – Retraits	*11 000*	
Produits – Pavages		*74 000*

Clients	41 000	
Effets à payer		15 000
Amortissement – Équipements	5 000	
Effets à recevoir	50 000	
Intérêts	1 200	
Intérêts à payer		400
Charges diverses	3 100	
Salaires	31 000	
Produits d'intérêts		1 100
Caisse	23 000	
Équipements	50 000	
Amortissement cumulé – Équipements		10 000
Pierre Durand – Capital		136 100
Loyers	14 000	
Publicité	7 000	
Assurances	4 300	
	265 600 $	265 600 $

En révisant les registres comptables, les éléments suivants ont attiré votre attention :

- Un contrat de pavage d'une valeur de 4 300 $ n'a pas encore été comptabilisé, bien que les travaux soient entièrement terminés.
- Une facture d'électricité de 400 $ n'a pas été inscrite aux livres.
- Les salaires courus au 31 août 20X3 couvrent une période de cinq jours, et les salaires quotidiens sont estimés à 220 $.

Travail à faire

a) Passez les écritures de régularisation requises.
b) Passez les écritures de clôture au 31 août 20X3.

P 2. Les écritures de journal et de régularisation (20 minutes – facile)

Pour chacune des opérations décrites ci-dessous, faites l'inscription au journal général et, s'il y a lieu, la régularisation des comptes au 30 avril 20X0, date de la fin de l'exercice financier de Durex ltée.

2 avril : Paiement d'une police d'assurance de 6 000 $. Celle-ci couvre une période de six mois à compter du 1er avril 20X0.

12 avril : Réception d'un chèque de 40 000 $ pour des services de consultation dont 15 % seront effectivement gagnés en avril.

16 avril : Achat de 1 500 $ de fournitures de bureau au comptant. Le 30 avril, un décompte physique révèle que des fournitures ayant coûté 1 350 $ n'ont pas été utilisées.

21 avril : Le président de l'entreprise, M. Simon Larochelle, emprunte 5 000 $ à la caisse populaire afin de rembourser une dette de jeu.

27 avril : Réception de 2 020 $ de M. Yvan Dubois en règlement d'un billet d'une valeur nominale de 2 000 $, plus les intérêts courus et non encore comptabilisés.

P 3. Les écritures de clôture (15 minutes – facile)

On trouvera ci-dessous les chiffres figurant dans la section « Résultats » du chiffrier de Bilbec ltée établi pour l'exercice terminé le 30 juin 20X2.

	Débit	Crédit
Stock (système d'inventaire périodique)	35 700 $	34 100 $
Ventes		918 000
Rendus et rabais sur ventes	8 800	
Escomptes sur ventes	16 500	
Achats	622 000	
Rendus et rabais sur achats		14 000
Escomptes sur achats		10 900

Salaires	*94 500*
Loyer	*36 000*
Publicité et frais promotionnels	*42 400*
Impôts sur le bénéfice	*19 900*
Autres charges d'exploitation	*36 500*
Bénéfice net	*64 700*
	977 000 $ *977 000 $*

Travail à faire

Passez les écritures de clôture au 30 juin 20X2.

P 4. Les écritures selon un système d'inventaire périodique

(30 minutes – facile)

Panamax ltée, qui utilise un système d'inventaire périodique, a effectué les opérations suivantes en 20X6 :

a) Ventes à crédit, 35 000 $.

b) Comptes clients radiés, 195 $. Panamax ltée utilise le compte Provision pour créances douteuses et, à la fin de l'exercice, fait une estimation du montant des créances qu'elle ne pourra recouvrer.

c) Argent recouvré des clients, 21 600 $ (déduction faite des escomptes de caisse de 290 $).

d) Achat de marchandises, 21 650 $. Conditions de règlement, 2/10. (Inscrivez les achats au prix net.)

e) Transport sur achats payés comptant, 305 $.

f) Les achats dont il est question plus haut ont été réglés avant l'expiration du délai d'escompte.

g) Achat d'un terrain et d'un bâtiment au prix de 450 000 $. Valeur du terrain constatée par expertise, 240 000 $. La société a payé comptant la moitié du prix d'achat et a contracté une hypothèque portant intérêt à 10 % l'an pour régler le solde.

h) Le bâtiment n'a servi que six mois en 20X6. La durée de vie et de vie utile de cette immobilisation sont de 25 ans, sa valeur de récupération estimative est nulle, et l'amortissement est calculé au moyen de la méthode de l'amortissement linéaire.

i) Vente au comptant au prix de 900 $ d'une machine qui avait coûté 6 900 $ et dont l'amortissement s'élevait à 5 200 $.

j) Renvoi au fournisseur de marchandises défectueuses achetées à crédit au prix net de 560 $. Le fournisseur a accordé une note de crédit pour la totalité de la somme.

k) Lors de l'achat de fournitures, on a débité un compte de charges. Le compte Stock de fournitures a un solde non régularisé de 930 $, et le coût des fournitures non utilisées dénombrées au 31 décembre 20X6 est de 1 050 $.

Travail à faire

Passez les écritures pour enregistrer les opérations précédentes et régulariser les comptes au 31 décembre 20X6.

P 5. Les écritures selon un système d'inventaire permanent

(30 minutes – facile)

Goldorax ltée, qui utilise un système d'inventaire permanent, a effectué les opérations suivantes en 20X2 :

a) Ventes à crédit, 47 000 $. Prix coûtant des marchandises vendues, 31 700 $.

b) Comptes radiés, 400 $. Goldorax ltée utilise le compte Provision pour créances douteuses et, à la fin de l'exercice, fait une estimation du montant des créances qu'elle ne pourra recouvrer.

c) Argent recouvré des clients, 41 600 $ (déduction faite des escomptes de caisse de 300 $).

d) Achat de marchandises, 27 650 $. Conditions de règlement, 2/10. (Inscrivez les achats au prix net.)

e) Transport sur achats payés comptant, 550 $.

f) Les achats dont il a été question précédemment ont été réglés avant l'expiration du délai d'escompte.

g) La société a acquis un terrain et un bâtiment au coût de 430 000 $. Elle verse comptant 130 000 $ et prend une hypothèque de 279 000 $ portant intérêt à 11 % l'an. La valeur du bâtiment constatée par expertise est de 300 000 $.

h) Le bâtiment n'a servi que quatre mois en 20X2. La durée de vie et de vie utile de cette immobilisation sont de 25 ans, sa valeur de récupération estimative est nulle, et l'amortissement est calculé au moyen de la méthode de l'amortissement linéaire.

i) Vente au comptant au prix de 9 000 $ d'un matériel qui avait coûté 45 000 $ et dont l'amortissement cumulé est de 37 000 $.

j) Renvoi au fournisseur de marchandises défectueuses achetées à crédit au prix net de 900 $. Le fournisseur a accordé une note de crédit pour la totalité de la somme.

Travail à faire

Passez les écritures pour enregistrer les opérations précédentes et régulariser les comptes au 31 décembre 20X2.

P 6. L'état du coût de fabrication et les écritures de clôture

(35 minutes – facile)

Broubec ltée utilise un système d'inventaire périodique. La balance de vérification régularisée provient du grand livre général de l'entreprise au 30 juin 20X1 :

BROUBEC LTÉE
Balance de vérification régularisée
au 30 juin 20X1

	Débit	Crédit
Caisse	51 100 $	
Clients (nets)	311 000	
Stocks au 1er juillet 20X0 :		
Produits finis	218 000	
Produits en cours	34 500	
Matières premières	38 200	
Charges payées d'avance	8 000	
Matériel de fabrication	990 000	
Amortissement cumulé – Matériel de fabrication		300 500 $
Fournisseurs		120 600
Charges courues à payer		54 200
Impôts sur le bénéfice à payer		116 000
Emprunt hypothécaire		150 000
Capital-actions (sans valeur nominale)		400 000
Bénéfices non répartis au 1er juillet 20X0		375 700
Dividendes	44 000	
Ventes nettes		2 000 000
Achats de matières premières	424 000	
Transports sur achats	29 500	
Main-d'œuvre directe	200 500	
Frais généraux de fabrication	703 700	
Frais de vente	180 000	
Frais d'administration	160 500	
Impôts sur le bénéfice	116 000	
	3 571 000 $	3 571 000 $

Le dénombrement effectué le 30 juin 20X1 a permis d'établir les résultats suivants :

Produits finis	200 500 $
Produits en cours	36 200
Matières premières	40 200

Travail à faire

a) Passez les écritures de clôture au 30 juin 20X1.

b) Dressez l'état du coût de fabrication pour l'exercice terminé le 30 juin 20X1.

P 7. Les écritures de régularisation

(30 minutes – moyen)

Voici la balance de vérification non régularisée de l'Agence de location Beauséjour enr. au 31 décembre 20X4.

AGENCE DE LOCATION BEAUSÉJOUR ENR.
Balance de vérification non régularisée
au 31 décembre 20X4

	Débit	Crédit
Caisse	*400 $*	
Assurances payées d'avance	*13 600*	
Fournitures de bureau non utilisées	*3 400*	
Mobilier	*27 000*	
Amortissement cumulé – Mobilier		*4 000 $*
Bâtiment	*500 000*	
Amortissement cumulé – Bâtiment		*50 000*
Fournisseurs		*37 000*
Loyers reçus d'avance		*36 000*
Pierre Beauséjour – Capital		*151 400*
Produits de location		*342 400*
Salaires	*54 800*	
Publicité	*4 600*	
Entretien et réparations	*900*	
Téléphone	*3 000*	
Fournitures de bureau utilisées	*8 600*	
Assurances	*4 500*	
	620 800 $	*620 800 $*

Autres renseignements

a) Le 1er avril 20X4, l'entreprise a acheté un mobilier pour une valeur totale de 7 000 $. On ne prévoit aucune valeur de récupération pour le bâtiment et le mobilier. L'amortissement se calcule selon la méthode linéaire au taux de 20 % pour le mobilier et de 10 % pour le bâtiment.

b) Le solde du compte Fournitures de bureau non utilisées est celui du 31 décembre 20X3. Au cours de l'exercice, l'entreprise a acheté pour 8 600 $ de fournitures, et ces achats ont été portés au compte Fournitures de bureau utilisées. Les fournitures non utilisées dénombrées le 31 décembre 20X4 s'élèvent à 2 400 $.

c) Le 28 février 20X4, l'entreprise a renouvelé, pour un an (20X4.02.28 au 20X5.02.28), une police d'assurance-incendie d'un montant de 12 000 $. L'année précédente, la prime s'élevait à seulement 9 600 $. Le 31 juillet 20X4, une nouvelle police de un an est entrée en vigueur. La prime de 4 500 $ qui a été versée est la seule opération portée au compte Assurances en 20X4.

d) Le 30 juin 20X4, un locataire a versé 36 000 $ à l'entreprise en paiement de son loyer des 12 prochains mois. De plus, au 31 décembre 20X4, deux locataires n'ont pas payé leur loyer de novembre et de décembre. Selon le bail, tous deux doivent payer un loyer mensuel de 2 500 $.

e) Le plombier a effectué des réparations en décembre, mais n'a pas encore envoyé sa facture. Un appel vous apprend qu'il enverra le compte (4 800 $) vers le 15 janvier 20X5.

Travail à faire

Passez les écritures de régularisation requises au 31 décembre 20X4. Fournissez tous les calculs et toutes les explications pertinentes.

P 8. Les écritures de régularisation

(20 minutes – moyen)

Le compte Taxes payées d'avance s'élève à 1 600 $ au 31 décembre 20X3. Ce montant représente les taxes scolaires pour l'année scolaire se terminant le 31 août 20X3. Bien qu'il n'ait pas encore reçu son compte de taxes scolaires pour l'année 20X3-20X4, le comptable estime que le montant devrait être environ 3 000 $.

Quant aux sommes reçues d'avance, la politique de la société est de créditer le compte Produits reportés – Loyers. Une analyse de ce compte au 31 décembre 20X3 révèle que le 30 septembre 20X3, on a porté un montant de 6 000 $ au compte pour un loyer payé jusqu'au 31 mars 20X4. De plus, nous avons découvert qu'un locataire dont le loyer mensuel est de 450 $ n'a pas encore payé le loyer des deux derniers mois de 20X3.

Travail à faire

Passez les écritures de régularisation requises au 31 décembre 20X3.

P9. **La relation entre les divers comptes du grand livre**   (30 minutes – moyen)

La liste ci-dessous reproduit au 31 janvier 20X3 le solde de tous les comptes du grand livre général de Rocquet ltée, à l'exception du compte Bénéfices non répartis dont le solde remonte au 1er janvier. Des dividendes de 24 000 $ ont été déclarés et versés en janvier.

Fournisseurs	111 000 $
Clients	96 000
Amortissement cumulé	222 000
Capital-actions (valeur nominale de 10 $ l'action)	660 000
Caisse	100 000
Dividendes	24 000
Stock	192 000
Immobilisations	870 000
Bénéfices non répartis au 1er janvier 20X3	231 000

Travail à faire

a) Calculez le bénéfice net réalisé en janvier par Rocquet ltée. Dressez un bilan au 31 janvier dans lequel figurent le solde des bénéfices non répartis au 1er janvier, l'augmentation ou la diminution qui s'est produite durant le mois et le solde de ce poste au 31 janvier.

b) Quel est le chiffre d'affaires de janvier si le solde du poste Clients était de 108 000 $ au 1er janvier et si les sommes recouvrées des clients durant le mois ont été de 480 000 $? Présentez tous vos calculs.

c) Déterminez le prix coûtant des marchandises vendues en janvier si le stock d'ouverture était de 174 000 $ et si les achats effectués en janvier se sont élevés à 330 000 $.

d) Calculez le montant des charges d'exploitation (autres que le coût des marchandises vendues) de janvier. Présentez vos calculs.

e) Déterminez le montant des sommes versées aux fournisseurs en janvier si le solde du compte collectif Fournisseurs était de 114 000 $ au 1er janvier et si les achats effectués au cours du mois (achats à crédit seulement) s'élevaient à 330 000 $.

P 10. **Les comptes collectifs et les grands livres auxiliaires**   (45 minutes – moyen)

Robec ltée tient un grand livre auxiliaire des clients et un grand livre auxiliaire des fournisseurs. Voici la liste des comptes des clients et la liste des comptes des fournisseurs au 31 décembre 20X9 :

ROBEC LTÉE
Comptes clients
au 31 décembre 20X9

Paul Piché	2 800 $
Denis Savard	8 400
Robert Talbot	(1 050)
Doris Veilleux	18 900
Solde du compte collectif Clients	29 050 $

2

ROBEC LTÉE
Comptes fournisseurs
au 31 décembre 20X9

Roger Aubé	882 $
Fernand Falardeau	(855)
Normand Lussier	12 075
Bernard Parent	3 495
Solde du compte collectif Fournisseurs	15 597 $

Robec offre les conditions de règlement 2/10, n/30 à ses clients et inscrit les ventes au prix brut. En revanche, elle comptabilise les achats au prix net parce qu'elle a l'habitude de bénéficier de tous les escomptes qui lui sont offerts. Lorsque Robec ne réussit pas à régler ses comptes avant l'expiration du délai d'escompte, le comptable débite un compte intitulé Escomptes de caisse perdus.

Les comptes des clients qui ont un solde créditeur et les comptes des fournisseurs qui ont un solde débiteur continuent de figurer respectivement dans les grands livres auxiliaires des clients et des fournisseurs, mais ces soldes sont présentés au passif du bilan dans le premier cas et à l'actif, dans le second.

Voici les opérations effectuées en janvier 20Y0 :

1. Chèque de 18 522 $ reçu de Mme Veilleux en règlement de son compte avant l'expiration du délai d'escompte.
2. Marchandises achetées à M. Aubé, 16 500 $. Conditions de règlement, 2/10, n/30.
3. Chèque de 12 075 $ émis à l'ordre de M. Lussier avant l'expiration du délai d'escompte.
4. Marchandises vendues à M. Talbot, 32 200 $. Conditions de règlement, 2/10, n/30.
5. Chèque de 6 300 $ reçu de M. Piché, y compris une somme de 3 500 $ payée d'avance.
6. Chèque de 17 070 $ émis à l'ordre de M. Aubé pour régler le compte qui lui est dû. À la suite d'une négligence, le solde du compte de M. Aubé au 31 décembre 20X9, provenant d'une facture de 900 $, fut réglé après l'expiration du délai d'escompte.
7. Marchandises achetées à M. Aubé, 19 800 $. Conditions de règlement, 2/10, n/30.
8. Chèque de 5 488 $ reçu de M. Savard en règlement partiel de son compte. Robec ltée accorde à M. Savard l'escompte auquel il a droit sur la partie du compte qu'il a réglée avant l'expiration du délai d'escompte.
9. Chèque de 6 195 $ émis à l'ordre de M. Parent, y compris une somme de 2 700 $ versée d'avance. Le compte de M. Parent a été réglé avant l'expiration du délai d'escompte.
10. Marchandises achetées à M. Lussier, 7 000 $. Conditions de règlement, 2/10, n/30.

Travail à faire

a) Inscrivez les soldes du 31 décembre 20X9 et les opérations précédentes directement dans les comptes du grand livre des clients et du grand livre des fournisseurs, ainsi que dans les comptes collectifs correspondants du grand livre général. Il n'est pas nécessaire d'ouvrir le compte Caisse, Achats, Ventes et autres comptes. Utilisez des comptes qui permettront de calculer les soldes après chaque écriture.

b) Vérifiez l'exactitude des registres en dressant une balance des comptes des clients et une balance des comptes des fournisseurs, puis assurez-vous que le total de chacune de ces balances est égal, d'une part, au solde du compte collectif Clients et, d'autre part, au solde du compte collectif Fournisseurs.

c) Identifiez les comptes clients qui ont un solde créditeur et les comptes fournisseurs qui ont un solde débiteur. Expliquez la façon de présenter ces comptes dans le bilan.

P 11. Les écritures de régularisation

(35 minutes – moyen)

Leriche enr., constituée le 1er janvier 20X0, loue des outils à des entrepreneurs en construction et aux bricoleurs. Voici les comptes de Leriche enr. au 31 mars 20X0, date de fin de l'exercice financier de l'entreprise.

Caisse	12 000 $
Clients	2 000
Assurances payées d'avance	1 200
Fournitures de bureau	500
Terrain	10 000
Bâtiment	72 000
Équipement	12 000
Matériel roulant	6 000
Fournisseurs	8 000
Billet à payer	24 000
Emprunt hypothécaire	60 000
Sylvain Leriche – Capital	18 200
Produits de location	12 000
Taxes municipales	1 200
Fournitures de bureau utilisées	300
Salaires	5 000

Autres renseignements

a) La durée de vie et de vie utile estimative du bâtiment sont de 20 ans, celle de l'équipement de 5 ans et celle du matériel roulant de 3 ans. M. Leriche croit qu'au terme de la durée de leur vie utile ces biens devront être mis au rebut.

b) Le contrat d'assurance est en vigueur du 1er février 20X0 au 31 janvier 20X1.

c) Le compte de taxes municipales, couvrant la période du 1er janvier au 31 décembre, s'élève à 2 400 $. Un premier versement de 1 200 $ a été effectué le 23 mars 20X0.

d) Les salaires quotidiens sont de 100 $, et les employés ont été payés jusqu'au 24 mars 20X0. L'entreprise est ouverte du lundi au samedi inclusivement, et le 31 mars 20X0 est un samedi.

e) Le dénombrement des fournitures de bureau effectué le 31 mars indique la présence de 625 $ de fournitures.

f) Le billet à payer, daté du 1er mars 20X0, porte intérêt au taux annuel de 12 %.

g) Le terrain et le bâtiment ont été acquis le 2 janvier 20X0 alors que l'équipement et le matériel roulant l'ont été respectivement le 31 janvier 20X0 et le 1er mars 20X0.

h) L'emprunt hypothécaire a été contracté le 2 janvier 20X0 au taux de 10 % par année.

i) M. Leriche projette investir un montant supplémentaire de 20 000 $.

Travail à faire

Pour chacun des éléments précédents, passez les écritures de régularisation requises. Si aucune régularisation n'est nécessaire, justifiez votre décision. De plus, donnez tous vos calculs.

P 12. Les écritures de régularisation et de contrepassation

(35 minutes – moyen)

Bravito inc. régularise ses comptes et les clôture à la fin de chaque année civile. On trouvera ci-après les données portant sur la régularisation des comptes de cette société au 31 décembre 20X5.

1. Le 1er mars 20X5, Bravito a emprunté 75 000 $ moyennant un billet échéant dans trois ans et portant intérêt au taux de 10 % l'an payable trimestriellement. Les intérêts ont été payés aux dates convenues, c'est-à-dire le 31 mai, le 31 août et le 30 novembre 20X5.

2. Des obligations ont été acquises à titre de placement le 1er avril 20X5. Ces obligations ont une valeur nominale de 40 000 $ et elles portent intérêt au taux de 12 % l'an payable le 1er avril et le 1er octobre.

3. Le 1er juillet, on a débité un compte de charges lors de l'achat de fournitures de bureau de 4 200 $. Le 31 décembre 20X5, le coût des fournitures de bureau non utilisées est de 3 250 $.

4. Le 1er juillet 20X5, Bravito a reçu 9 400 $ à titre de loyer pour un an à compter du 1er juillet. La somme reçue a été portée au crédit d'un compte de produit (Produits de location).

2

5. Le 1er septembre 20X5, le comptable a porté au débit du compte Assurances payées d'avance le paiement d'une prime d'assurance de 1 800 $. Le contrat d'assurance a une durée de deux ans à compter du 1er septembre.

6. Le 15 décembre 20X5, Bravito s'est engagée par contrat à livrer des marchandises le 16 janvier 20X6 à Cartex inc. Le prix de vente convenu est de 19 500 $ alors que le coût de ces marchandises est de 11 500 $.

7. Le bâtiment que possède Bravito a coûté 75 000 $. Sa durée de vie et de vie utile prévue sont de 20 ans, et on estime que sa valeur de récupération sera nulle à la fin de cette période. L'amortissement est calculé selon la méthode de l'amortissement linéaire.

8. Un classement chronologique des comptes clients révèle que les créances douteuses s'élèvent à 3 600 $. Avant de tenir compte de cette estimation, le compte Provision pour créances douteuses avait un solde débiteur de 410 $.

Travail à faire

a) Passez les écritures de régularisation. (Donnez toutes les explications requises ainsi que vos calculs.)

b) Passez les écritures de contrepassation le 1er janvier 20X6 en tenant compte que Bravito ne passe ces écritures que pour éliminer les comptes de valeurs dont elle ne se sert pas durant l'exercice.

P 13. Le chiffrier d'une entreprise commerciale, les écritures de clôture et de contrepassation (60 minutes – moyen)

La Parfumerie Sibelle inc. utilise un système d'inventaire périodique, et son exercice se termine le 31 décembre. Voici la balance de vérification non régularisée de cette société au 31 décembre 20X2 :

PARFUMERIE SIBELLE INC.
Balance de vérification non régularisée
au 31 décembre 20X2

	Débit	Crédit
Caisse	1 000 $	
Clients	10 000	
Stock de marchandises (au 31 décembre 20X1)	18 000	
Terrain	20 000	
Bâtiment	120 000	
Amortissement cumulé – Bâtiment		9 000 $
Matériel	30 000	
Amortissement cumulé – Matériel		6 000
Fournisseurs		11 000
Emprunt hypothécaire (10 %)		60 000
Capital-actions		25 000
Bénéfices non répartis au 31 décembre 20X1		9 000
Dividendes	5 000	
Ventes		509 000
Achats	209 500	
Salaires	143 500	
Frais de vente, à l'exclusion des salaires	34 000	
Frais d'administration, à l'exclusion des salaires	35 000	
Intérêts	3 000	
	629 000 $	629 000 $

Le 1er janvier 20X2, on a passé des écritures de contrepassation pour solder les comptes Intérêts à payer et Salaires à payer pour lesquels on avait passé des écritures de régularisation le 31 décembre 20X1.

Autres renseignements

1. L'entreprise amortit ses immobilisations selon la méthode de l'amortissement linéaire. Le bâtiment et le matériel ont une durée de vie et de vie utile prévue de 40 et 15 ans respectivement, tandis que leur valeur de récupération estimative est nulle.

2. Le coût des articles stockés au 31 décembre est de 25 000 $.

3. Le classement chronologique comptes des clients révèle qu'il y a lieu d'établir une provision pour créances douteuses de 800 $.
4. Les intérêts sur l'emprunt hypothécaire sont payables semestriellement le 30 juin et le 31 décembre. Le premier versement en capital aura lieu seulement en 20X5.
5. Les salaires à payer au 31 décembre s'élèvent à 1 500 $.
6. Les impôts sur le bénéfice de l'exercice s'élèvent à 21 000 $.
7. Le 29 décembre 20X2, un client, M. Senty Mental, a acheté un certificat-cadeau de 1 000 $ à sa femme. Cette dernière a acheté une bague sertie d'un diamant le 3 janvier 20X3.

Travail à faire

a) Établissez le chiffrier de l'entreprise pour l'exercice terminé le 31 décembre 20X2.
b) À l'aide du chiffrier, passez les écritures de clôture. (Il n'est pas nécessaire d'utiliser un compte distinct pour le coût des marchandises vendues.)
c) Passez les écritures de contrepassation se rapportant aux salaires et aux intérêts.

P 14. L'établissement d'un chiffrier   (45 minutes – moyen)

Vous venez d'être engagé comme contrôleur de Régulex enr. Voici, dans le désordre, les soldes des comptes au 31 décembre 20X0 avant régularisations.

Fournitures utilisées	500 $
Caisse	10 000
Assurances	1 500
Loyer	2 000
Intérêts	500
Honoraires perçus d'avance	2 000
Salaires	1 500
Assurances payées d'avance	1 000
Terrain	10 000
Bâtiment	100 000
Taxes foncières	1 000
Honoraires gagnés	82 500
Amortissement cumulé – Bâtiment	20 000
Clients	10 000
Taxes payées d'avance	1 000
Effet à recevoir	5 000
Matériel de bureau	5 000
Amortissement cumulé – Matériel de bureau	800
Paul Régul – Capital	43 700

Autres renseignements

1. Le billet à recevoir est daté du 30 novembre 20X0 et porte intérêt au taux de 10 % l'an.
2. La société a acquis pour 1 000 $ de matériel de bureau le 30 juin 20X0.
3. Les taxes foncières s'élèvent à 2 000 $ pour la période du 1er janvier 20X0 au 31 décembre 20X0 et de 2 600 $ pour la période du 1er janvier 20X1 au 31 décembre 20X1. Le premier versement de 20X1 sera effectué le 15 janvier 20X1.
4. La société ne détient qu'une seule police d'assurance générale, renouvelée le 1er octobre 20X0 pour 1 500 $.
5. Le bâtiment et le matériel de bureau sont amortis selon la méthode linéaire sur une période de 20 et 5 ans respectivement.
6. Le 31 décembre 20X0, la société a en main des fournitures ayant coûté 150 $.
7. Les honoraires perçus d'avance au 31 décembre 20X0 sont de 500 $.

Travail à faire

Établissez le chiffrier au 31 décembre 20X0. Pour chacune de vos régularisations, veuillez fournir tous vos calculs.

P 15. Les écritures de régularisation

(30 minutes – difficile)

Le président de la société Leblanc ltée vient de recevoir les états financiers établis le 30 septembre 20X5. Il se pose plusieurs questions sur la justesse de ces états financiers. En fait, ceux-ci ne comportent aucune charge pour les taxes foncières, et les charges d'assurances sont très élevées si on les compare à celles de 20X4. Votre analyse vous permet de découvrir les éléments suivants :

1. Les achats de fournitures de bureau de l'exercice ont été comptabilisés par erreur dans le compte Assurances. Les achats s'élèvent à 2 000 $, dont un montant de 500 $ aurait dû figurer à l'actif pour tenir compte des fournitures en main au 30 septembre 20X5. La société n'avait aucune fourniture en main au 30 septembre 20X4.
2. Le solde du compte Assurances est de 8 000 $ au 30 septembre 20X5, comparativement à 4 200 $ au 30 septembre 20X4. Outre 2 000 $ provenant de l'achat de fournitures décrit en **1.**, le solde du compte Assurances correspond aux montants payés lors du renouvellement des polices d'assurance. Voici les détails des renouvellements qui se sont produits au cours de l'exercice :

N° de la police	Description	Date du renouvellement	Durée	Montant
1	Automobile	30 juin 20X5	24 mois	2 000 $
2	Équipement	1er novembre 20X4	12 mois	1 200 $
3	Responsabilité générale	1er mars 20X5	18 mois	1 800 $
4	Responsabilité professionnelle	1er janvier 20X4	12 mois	1 000 $

Le solde du compte Assurances payées d'avance est de 1 500 $ selon les états financiers établis le 30 septembre 20X5.
3. Aucune charge n'a été comptabilisée en ce qui concerne les taxes foncières. Selon le relevé municipal, les taxes pour la période du 1er janvier au 31 décembre s'élèvent respectivement à 2 400 $ et 2 800 $ pour les années 20X4 et 20X5. Le compte de taxes de 20X4 a été entièrement payé d'après le trésorier de la municipalité. De plus, un premier versement de 50 % a été reçu le 1er avril 20X5 pour l'année civile 20X5. La société a comptabilisé ce versement dans le compte Taxes foncières payées d'avance. Au 30 septembre 20X5, le solde du compte Taxes foncières payées d'avance au bilan est de 2 000 $.

Travail à faire

Passez les écritures de régularisation manquantes afin de pouvoir dresser des états financiers révisés.

P 16. Le chiffrier d'une entreprise industrielle, les écritures de clôture et de contrepassation

(60 minutes – difficile)

Le comptable de Cambec ltée a dressé la balance de vérification ci-dessous au 31 décembre 20X0. Des écritures de contrepassation ont été passées le 1er janvier 20X0 relativement aux salaires et aux intérêts à payer.

CAMBEC LTÉE
Balance de vérification non régularisée
au 31 décembre 20X0

	Débit	Crédit
Caisse	17 860 $	
Clients	95 000	
Provision pour créances douteuses		240 $
Stocks au 1er janvier 20X0 :		
Matières premières	14 400	
Produits en cours	67 200	
Produits finis	96 000	
Charges payées d'avance	10 800	

2

Terrain	60 000	
Bâtiment	548 400	
Amortissement cumulé – Bâtiment		65 760
Matériel	480 000	
Amortissement cumulé – Matériel		144 000
Fournisseurs		84 000
Emprunt obligataire, 12 %		240 000
Capital-actions (sans valeur nominale)		684 000
Bénéfices non répartis au 1er janvier 20X0		57 230
Dividendes	20 000	
Ventes nettes		1 200 400
Achats de matières premières	370 000	
Main-d'œuvre directe	351 480	
Frais généraux de fabrication	144 000	
Frais de vente	114 000	
Frais d'administration	62 400	
Intérêts	24 090	
	2 475 630 $	2 475 630 $

Autres renseignements

1. Le solde du compte Provision pour créances douteuses doit être porté à un montant égal à 1,5 % du solde du compte collectif Clients.
2. Charges payées d'avance (les assurances doivent être incluses dans les frais d'administration) :

	1er janvier	31 décembre
Primes d'assurance non absorbées (deux ans à courir à compter du 1er janvier)	4 320 $	2 160 $
Fournitures de fabrication	6 480	8 400
	10 800 $	10 560 $

3. Coût de matières premières achetées non encore comptabilisé, mais inclus dans le stock de matières premières au 31 décembre 20X0, 15 000 $.
4. L'amortissement est calculé selon la méthode de l'amortissement linéaire. Voici les données relatives au calcul de l'amortissement :

Biens	Période d'amortissement	Valeur résiduelle	Pourcentage de ventilation	
			Usine	Administration
Bâtiment	50	8 400 $	75 %	25 %
Matériel	10	5 %	90 %	10 %

5. Les intérêts sont payables semestriellement aux obligataires le 1er mai et le 1er novembre.
6. Le compte de 3 900 $ d'électricité pour le mois de décembre n'a pas encore été comptabilisé. Il s'agit de l'électricité consommée à l'usine.
7. Les frais de main-d'œuvre directe impayée au 31 décembre s'élèvent à 2 500 $.
8. On estime que les impôts sur le bénéfice s'élèvent à 5 700 $.
9. Les stocks au 31 décembre s'établissent comme suit : matières premières, 22 000 $; produits en cours, 65 000 $; et produits finis, 90 000 $.

Travail à faire

a) Établissez le chiffrier de Cambec ltée pour l'exercice terminé le 31 décembre 20X0. Omettez la section Balance de vérification régularisée.
b) Passez les écritures pour régulariser les stocks et pour comptabiliser le coût des produits finis ainsi que celui des produits vendus. Vous n'êtes pas tenu de solder les comptes de produits et de charges.
c) Passez, le 1er janvier 20X1, les écritures de contrepassation afférentes aux salaires et aux intérêts à payer.

2

P 17. Les journaux auxiliaires

(45 minutes – difficile)

Ronéo est une entreprise prospère de vente au détail dont le plan comptable comprend les comptes suivants :

Caisse	10	Ventes	60
Effets à recevoir	14	Rendus et rabais sur ventes	62
Clients	16	Escomptes sur ventes	64
Fournitures	17	Achats	70
Assurances payées d'avance	18	Rendus et rabais sur achats	72
Matériel	26	Escomptes sur achats	74
Effets à payer	30	Transports sur achats	76
Fournisseurs	32	Salaires	80
Emprunt hypothécaire	40	Fournitures utilisées	84
Bernard Poulin – Capital	50	Assurances	86
Bernard Poulin – Retraits	52	Gain sur disposition de matériel	90
		Intérêts	92

Les soldes des comptes clients et des comptes fournisseurs étaient les suivants au 31 octobre 20X0.

Liste des comptes clients au 31 octobre 20X0		Liste des comptes fournisseurs au 31 octobre 20X0	
Acmé	20 800 $	Durabec	30 000 $
Contrabec	8 750		
Total	29 550 $		

Ronéo a effectué les opérations suivantes en novembre 20X0 :

1er nov. Achat de marchandises à Durabec, 28 000 $. Date de la facture : 1er novembre ; conditions de règlement, 2/10, n/30. Ronéo enregistre ses achats au prix brut.

2 nov. Vente de marchandises à Acmé, 16 000 $. Numéro de la facture : 428 ; conditions de règlement, 2/10, n/30.

5 nov. Achat de fournitures au comptant, 1 875 $.

6 nov. Ventes de marchandises au comptant, 6 000 $.

7 nov. Somme versée à Durabec pour régler un achat effectué le 7 octobre, 30 000 $.

10 nov. Achat de marchandises à Talbec, 32 500 $. Date de la facture : 9 novembre ; conditions de règlement, 1/10, n/30.

10 nov. Somme reçue d'Acmé en règlement du solde dû au 31 octobre (le client n'a droit à aucun escompte) et de la facture n° 428 moins un escompte de 2 %.

12 nov. Vente de marchandises à Rotac, 21 750 $. Numéro de la facture : 429 ; conditions de règlement, 2/10, n/30.

14 nov. Paiement des frais de transport afférents aux marchandises achetées à Talbec, 2 050 $.

14 nov. Vente au prix de 22 000 $ d'un matériel neuf ayant été acheté récemment au coût de 20 000 $. Le prix de 22 000 $ a fait l'objet d'un versement comptant de 1 500 $ et de la remise d'un billet pour le solde.

15 nov. Note de crédit n° 38 émise en faveur de Rotac qui a retourné des marchandises qui lui avaient été vendues au prix de 1 000 $.

19 nov. Versement de 1 425 $ pour acquitter le coût d'un contrat d'assurance-incendie d'une durée de un an.

19 nov. Achat de marchandises au comptant, 7 625 $.

19 nov. Somme versée à Talbec pour régler la facture du 9 novembre, compte tenu d'un escompte de 1 %.

20 nov. Vente de marchandises à Valtech, 13 650 $, moyennant un billet à 30 jours ne portant pas intérêt. Numéro de la facture : 430 ; conditions de règlement, 2/10, n/30.

22 nov. Achat de marchandises au comptant, 4 050 $.

22 nov. Vente de marchandises au comptant, 4 675 $.

23 nov. Vente de marchandises à crédit à Vulcain, 9 950 $. Facture n° 431 ; conditions de règlement, 2/10, n/30.

24 nov. Somme reçue de Rotac en règlement de la facture n° 429, compte tenu de la note de crédit émise le 15 novembre et d'un escompte de 2 % pris par le client.

26 nov. Achat de marchandises à Waltech, 26 500 $. Date de la facture : 23 novembre ; conditions de règlement, 2/10, n/60.

2

26 nov. Note de débit n° 42 d'un montant de 2 125 $ envoyée à Waltech pour des marchandises facturées mais non livrées.

27 nov. Achat d'un matériel au prix de 60 000 $, moyennant un versement comptant de 10 000 $ et un billet à ordre de 50 000 $.

30 nov. Paiement des salaires du mois de novembre, 14 800 $.

30 nov. Paiement du versement hypothécaire de 3 000 $; cette somme comprend des intérêts de 1 020 $.

Travail à faire

Inscrivez les opérations de novembre dans les journaux suivants, sans tenir compte des taxes :

- Journal général.
- Journal des ventes à une colonne.
- Journal des achats à une colonne.
- Journal des encaissements à six colonnes.
- Journal des décaissements à six colonnes.

P 18. Les écritures de correction et de régularisation   (50 minutes – difficile)

Mlle Pécay Géhair vient d'être engagée en qualité d'experte-comptable de la société MéliMélo. En parcourant les comptes en T du grand livre, vous avez constaté que trois comptes semblent poser un problème. Vous trouverez ci-dessous les détails de ces comptes :

Actifs divers		Description des montants portés au débit et au crédit du compte en T
22 000		Solde au 1er janvier 20X3. Ce solde se compose des deux éléments suivants :
		• Portion non absorbée d'une police d'assurance-incendie contractée le 1er juillet 20X2 au coût de 20 640 $ et ayant une durée de quatre ans ;
		• Portion non absorbée d'une taxe spéciale d'amusement versée le 1er octobre 20X2 pour une période de six mois.
14 000		Achat de fournitures de bureau
	4 000	Somme reçue d'un client et déposée le 31 décembre 20X3 pour des services rendus le 15 janvier 20X4.
32 000		Solde au 31 décembre 20X3.

Fournitures utilisées		Description des montants portés au débit du compte en T
7 000		Achat de fournitures de bureau.
7 000		Solde au 31 décembre 20X3.

Charges diverses		Description des montants portés au débit et au crédit du compte en T
6 000		Achat de fournitures de bureau.
	3 200	Services rendus à un client, M. Krack Pot, durant l'exercice.

2

3 000	Assurance-vandalisme d'une durée de six mois contractée le 1er mars 20X3. Cette assurance était renouvelable automatiquement à l'échéance au même tarif. Aucune inscription n'a été faite lors du renouvellement, bien que le paiement ait été effectué à la date prévue.
12 000	Assurance-responsabilité d'une durée de 12 mois contractée le 1er février 20X3.
4 000	Versement du loyer annuel couvrant la période du 1er octobre 20X3 au 30 septembre 20X4.
21 800	Solde au 31 décembre 20X3.

Autre renseignement

Un décompte physique au 31 décembre 20X3 a permis d'évaluer les fournitures de bureau en main à 8 000 $.

Travail à faire

Un rapide coup d'œil vous permet de conclure que les montants inscrits dans les comptes Actifs divers et Charges diverses doivent être redistribués de façon appropriée, tout en tenant compte des fournitures de bureau en main au 31 décembre 20X3. Après avoir analysé ces trois comptes, on vous demande de jouer le rôle de Pécay Géhair et de régulariser les registres de l'entreprise en affectant les comptes appropriés. Vous devez soumettre tous vos calculs.

*P 19. Les résultats selon la comptabilité de caisse et la comptabilité d'exercice

(40 minutes – moyen)

Voici un sommaire des résultats d'exploitation de Grotech ltée pour l'exercice terminé le 31 décembre 20X2 :

Argent reçu des clients	232 000 $
Argent versé aux fournisseurs	123 700
Frais d'exploitation réglés au comptant	35 400

Les données suivantes sont extraites des bilans établis respectivement au 31 décembre 20X1 et au 31 décembre 20X2 en conformité avec la comptabilité d'exercice.

	31 décembre 20X1	31 décembre 20X2
Clients	25 200 $	24 300 $
Stock	39 500	32 800
Charges payées d'avance	1 400	5 900
Fournisseurs	17 000	27 400
Charges à payer	1 900	2 100
Amortissement cumulé (aucune cession d'immobilisations en 20X2)	30 000	49 000

Travail à faire

Établissez l'état des résultats de Grotech pour 20X2 en conformité a) avec la comptabilité d'exercice et b) avec une comptabilité de caisse. Donnez vos calculs et ne tenez pas compte des impôts sur le bénéfice.

2

*P 20. La détermination des produits de location et des sommes versées en publicité

(25 minutes – moyen)

Parbec ltée tient une comptabilité d'exercice. La société possède des biens immobiliers qu'elle loue. Les loyers encaissés en 20X3 se sont élevés à 305 500 $. Voici le montant des loyers à recevoir et des loyers payés d'avance établi respectivement au 31 décembre 20X2 et au 31 décembre 20X3 :

	31 décembre 20X2	31 décembre 20X3
Loyers à recevoir	9 600 $	10 900 $
Loyers reçus d'avance	3 200	240

Parbec annonce ses produits dans divers médias. Les frais de publicité passés en charges en 20X3 ont été de 125 100 $. Voici le solde des postes Publicité payée d'avance et Publicité à payer au 31 décembre 20X2 et au 31 décembre 20X3 :

	31 décembre 20X2	31 décembre 20X3
Publicité payée d'avance	15 310 $	16 300 $
Publicité à payer	21 190	14 780

Travail à faire

a) Calculez les produits de la location d'immeubles en 20X3.
b) Calculez le montant des sommes versées pour la publicité en 20X3.

*P 21. La détermination des intérêts versés et des loyers gagnés

(25 minutes – moyen)

Greco ltée émet fréquemment des billets à la suite d'emprunts provenant de différentes sources. Parfois, l'entreprise doit verser des intérêts d'avance. (Posez l'hypothèse que la notion d'intérêts payés d'avance est acceptable.) Greco tient une comptabilité d'exercice. Voici les données relatives aux intérêts figurant dans le bilan de la société établi à deux dates différentes sachant que les intérêts débiteurs de 20X1 se sont élevés à 19 600 $:

	31 décembre 20X0	31 décembre 20X1
Intérêts payés d'avance	1 800 $	700 $
Intérêts à payer	1 900	2 400

Greco possède plusieurs propriétés qu'elle loue à différentes personnes. Certains locataires paient leur loyer d'avance. Les loyers encaissés en 20X1 se sont élevés à 86 200 $. Voici le solde des postes Loyers à recevoir et Loyers reçus d'avance à la fin de 20X0 et de 20X1 :

	31 décembre 20X0	31 décembre 20X1
Loyers à recevoir	7 300 $	6 100 $
Loyers reçus d'avance	6 300	3 900

Travail à faire

a) Calculez le montant des intérêts versés en 20X1.
b) Calculez les produits tirés de la location d'immeubles en 20X1.

2

Analyses de cas ///////////

C 1. La comptabilité d'exercice : relation entre les produits et les encaissements

(35 minutes – difficile)

Mme Nancy Lemay, propriétaire d'une petite entreprise désignée sous la raison commerciale de Importations de l'Inde, a accepté un emploi à l'étranger, et elle tente de vous convaincre d'acheter son entreprise. Elle parle des résultats d'exploitation en ces termes :

> « L'entreprise n'existe que depuis 18 mois et pourtant elle a déjà pris beaucoup d'expansion. Il suffit pour s'en convaincre d'étudier les chiffres ci-dessous. »

	Argent recouvré des clients
Premier semestre	*120 000 $*
Deuxième semestre	*160 000*
Troisième semestre	*180 000*

> « Je pense que vous admettrez que ces chiffres font ressortir la croissance rapide de mon entreprise », conclut Mme Lemay.

Vous lui demandez alors si les ventes ont été effectuées au comptant ou à crédit. Elle vous répond :

> « Au début, je vendais au comptant et à crédit. Au cours du premier semestre, mon chiffre d'affaires a été de 200 000 $, dont 70 % à crédit. À la fin de ce semestre, les sommes à recouvrer des clients s'élevaient à 80 000 $.
>
> Au cours du deuxième semestre, j'ai réduit mes ventes à crédit parce que je voulais simplifier ma tenue des livres et que certains clients étaient lents à régler leur compte. Au cours de cette période, les ventes à crédit se sont élevées à 70 000 $ seulement, et les sommes à recouvrer des clients à la fin de ce semestre n'étaient que de 60 000 $.
>
> Durant le troisième semestre, toutes les ventes ont été effectuées au comptant. Malgré cette nouvelle pratique, j'ai réussi à recouvrer toutes mes créances de sorte que mes clients ne me devaient plus rien à la fin du troisième semestre. »

Travail à faire

a) Pour vous aider à prendre une décision, inscrivez les données requises dans un tableau portant les rubriques suivantes :

	(1) Ventes à crédit	(2) Sommes recouvrées des clients	(3) Sommes à recouvrer à la fin du semestre	(4) Total des sommes recouvrées des clients	(5) Ventes au comptant	(6) Chiffre d'affaires (1) + (5)
Premier semestre				120 000 $		
Deuxième semestre				160 000		
Troisième semestre				180 000		

b) Dites si les sommes recouvrées des clients illustrent bien la croissance réelle de l'entreprise et précisez ce qu'il faut penser des explications données par Mme Lemay.

C 2. La relation entre encaisse et bénéfice net (40 minutes – difficile)

M. Arthur Sanchagrin secouait la tête désespérément en s'exclamant :

> « Je ne peux m'expliquer ce qui s'est passé. Ça fait presque un an que je m'occupe de ce commerce et j'ai beaucoup plus de clients que je ne l'avais anticipé. J'ai dû engager un commis pour établir les factures de ventes et pour tenir compte de l'argent reçu de mes clients. Ce sera bientôt Noël et je n'ai pas assez d'argent pour acheter à ma femme le manteau de fourrure que je lui avais promis. Je me demande vraiment ce qui ne va pas. »

M. Sanchagrin s'est lancé en affaires au début de janvier 20X0. Il a investi 23 000 $, a loué un magasin, acheté des marchandises chez un grossiste et engagé un commis. Le magasin est bien situé. M. Sanchagrin a une excellente réputation et ne vend que des marchandises de première qualité à des prix raisonnables. À mesure que l'année avançait, sa clientèle augmentait, et il dut engager un nouveau commis.

Au cours de l'année, il a acheté des étagères pour y placer ses marchandises. Il ne se souvenait pas d'avoir acquis d'autres immobilisations au cours de l'exercice. Il lui semblait cependant que, plus ses affaires s'amélioraient, moins il avait d'argent en banque.

M. Sanchagrin avait confiance qu'il aurait les fonds requis à la fin de décembre pour payer son personnel. Malgré tout, il lui est resté moins d'argent qu'au début de l'année. Cela l'ennuyait, et il disait :

> « J'ai investi tout ce que j'avais dans cette entreprise, j'ai abandonné un emploi intéressant et j'ai consacré tout mon temps à mon commerce. Si je devais n'en rien retirer, j'aimerais le savoir le plus tôt possible. Je m'empresserais alors de liquider mes affaires et je me chercherais du travail ailleurs. J'ai fait de nombreux sacrifices au cours de l'année qui vient de s'écouler et j'aimerais savoir si cela en vaut réellement la peine. »

M. Sanchagrin parlait ainsi à M. Louis Chabot, un expert-comptable auquel il s'était adressé. M. Chabot lui répondit qu'il faudrait d'abord établir des états financiers qui résumeraient les résultats de l'année et établiraient la situation financière au 31 décembre 20X0.

Travail à faire

a) Dans quelle mesure la baisse de l'encaisse indique-t-elle le succès ou l'insuccès de l'entreprise pour 20X0 ? Quelles sont les causes de cette baisse ? Comment évalueriez-vous les résultats d'exploitation pour l'année ?

b) Si vous étiez à la place de M. Sanchagrin, quels renseignements aimeriez-vous avoir avant de prendre la décision de poursuivre ou de cesser l'exploitation ? Énumérez les renseignements que M. Chabot pourrait communiquer à M. Sanchagrin.

c) Si M. Sanchagrin décidait de demeurer en affaires et s'il avait besoin de contracter un emprunt bancaire, quels renseignements le banquier désirerait-il obtenir avant de lui consentir un prêt ? Ces renseignements seraient-ils les mêmes que ceux dont M. Sanchagrin a besoin ?

C 3. La dissolution d'une entreprise (40 minutes – difficile)

Le 31 mars 20X1, des événements imprévus ont amené les associés du restaurant Cafébec à dissoudre leur société et, par le fait même, à établir le bilan de cette dernière ce jour-là.

Les associés étaient M. François Robitaille, sa femme Mme Hélène Samson et Mme Georgette Hallé. La société avait été établie le 1er novembre 20X0. Le capital d'apport investi en numéraire par chaque associé était de 9 000 $, ce qui, pour M. Robitaille et Mme Samson, représentait à peu près toutes leurs économies. Quant à Mme Hallé, la somme investie provenait des biens que lui avait légués son mari décédé en 20W9.

2

Le 1er novembre 20X0, la société loua pour une durée de un an l'immeuble dans lequel Cafébec allait s'établir. Le loyer mensuel prévu dans le bail était de 1 100 $. Cet immeuble offrait plusieurs avantages, car il a permis notamment à M. Robitaille et Mme Samson de louer un appartement au deuxième étage.

La société contracta un emprunt bancaire de 11 000 $ et utilisa cette somme plus 21 400 $ du capital d'apport pour acheter du matériel coûtant 30 600 $ et un stock de nourriture et de boissons alcoolisées dont le prix était de 1 800 $. La société paya 430 $ pour obtenir son permis d'exploitation valide pour un an et elle acheta une caisse enregistreuse au prix de 900 $. Le reste de l'argent qu'avait reçu la société fut déposé à la banque.

Cafébec commença son exploitation le 1er novembre 20X0. M. Robitaille s'improvisa chef cuisinier tandis que Mmes Samson et Hallé servaient les clients. Mme Samson avait aussi la responsabilité de la caisse enregistreuse, de l'émission des chèques et du renouvellement des stocks de nourriture et de boissons alcoolisées.

Le restaurant est demeuré ouvert tout l'hiver 20X0-20X1, mais les affaires n'étaient pas très florissantes. En se levant le 31 mars 20X1, Mme Samson a découvert que son mari s'était enfui avec Mme Hallé, emportant tous leurs biens ainsi que la caisse enregistreuse et son contenu. M. Robitaille n'avait toutefois pas emmené ses vêtements parce qu'il n'aurait pas pu le faire sans éveiller les soupçons de sa femme.

Mme Samson estima alors que la société était dissoute et décida de continuer seule l'exploitation du restaurant. Elle savait qu'il fallait faire le point le 30 mars 20X1 et elle demanda à M. François Vachon de l'aider dans ce travail.

M. Vachon apprit alors que la caisse enregistreuse contenait ce soir-là la somme de 198 $ et que le solde du compte en banque était de 662 $. Comme on permettait à un certain nombre de clients de payer mensuellement, les sommes à recouvrer s'élevaient à 517 $. En revanche, Cafébec devait 943 $ à ses fournisseurs. Mme Samson estimait que la charge due à l'amortissement du matériel s'élevait à 1 440 $. Le stock de nourriture et de boissons alcoolisées avait, le 30 mars, une valeur de 1 450 $.

De novembre à mars, les associés ont fait des retraits d'un montant convenu dans le contrat de société. Les vêtements que M. Robitaille n'avait pas pu emporter avaient une valeur de 540 $. En janvier, la société avait remboursé 900 $ à la banque.

M. Vachon expliqua alors à Mme Samson qu'il dresserait une liste des biens et des dettes de Cafébec. La différence constatée entre le total de l'actif et le total du passif représenterait les capitaux propres de la société. Chaque associé aurait alors droit, selon lui, de recevoir le tiers de ce montant.

Travail à faire

a) Établissez le bilan de Cafébec au 2 novembre 20X0.
b) Établissez le bilan de Cafébec au 30 mars 20X1.
c) Dites si les associés ont effectivement reçu le montant des capitaux propres établis au 30 mars 20X1. Justifiez votre point de vue.

*C 4. L'établissement d'un état des encaissements et des décaissements
(80 minutes – difficile)

Le comptable de G. Décaissé enr. vous remet la balance de vérification après clôture présentée ci-après.

Débits	1er janvier 20X0	31 décembre 20X0
Encaisse	40 000 $	18 700 $
Clients	60 000	70 000
Intérêts à recevoir	1 000	1 500
Stock de marchandises	64 000	73 500
Fournitures de bureau	3 000	2 000
Assurances payées d'avance	1 000	3 500

Loyer payé d'avance	2 000	2 800
Placements à long terme	104 000	60 000
Terrains détenus pour la revente	40 000	
Terrains utilisés par l'entreprise	50 000	55 000
Bâtiments	200 000	215 000
Équipements	148 000	143 000
Brevets d'invention	2 000	3 000
	715 000 $	648 000 $
Crédits		
Fournisseurs	90 000 $	40 000 $
Commissions à payer	6 000	2 000
Salaires à payer	4 000	3 000
Produits de location reçus d'avance	5 000	4 600
Amortissement cumulé – Bâtiments	60 000	80 000
Amortissement cumulé – Équipements	50 000	47 000
Emprunt bancaire	150 000	10 000
Capital	350 000	461 400
	715 000 $	648 000 $

De plus, il vous est permis de consulter l'état des résultats suivant :

G. DÉCAISSÉ ENR.
Résultats
de l'exercice terminé le 31 décembre 20X0

Chiffre d'affaires		598 800 $
Coût des marchandises vendues		361 000
Marge bénéficiaire brute		237 800
Frais d'exploitation		
Commissions des vendeurs	25 700 $	
Salaires	71 200	
Frais de vente	30 000	
Fournitures de bureau utilisées	1 500	
Assurances	1 000	
Loyer	10 000	
Amortissement – Bâtiments	20 000	
Amortissement – Équipements	5 000	
Amortissement – Brevets d'invention	500	
Total des frais d'exploitation		164 900
Bénéfice d'exploitation		72 900
Autres produits et charges		
Intérêts sur placements	4 000 $	
Produits de location	1 500	
Gain sur aliénation de placements	4 000	
Gain sur aliénation de terrains	6 000	
Perte sur aliénation d'équipements	(3 000)	12 500
Bénéfice net		85 400 $

Autres renseignements

1. Il n'y a eu aucune acquisition de placements à long terme au cours de l'exercice.
2. Le 3 janvier 20X0, de l'équipement ayant coûté 20 000 $ a été vendu à perte. La perte sur aliénation figure à l'état des résultats.
3. Au cours de l'exercice, le propriétaire a investi une somme additionnelle de 50 000 $ et a effectué certains retraits.

Travail à faire

M. G. Décaissé ne peut comprendre qu'un bénéfice de 85 400 $ se traduise par une diminution de l'encaisse. Il vous demande donc de préparer un état des encaissements et des décaissements pour l'exercice terminé le 31 décembre 20X0. Donnez tous vos calculs.

2

La constatation des produits, des gains, des charges et des pertes

3

1. Expliquez ce que sont les produits, la constatation des produits et le processus de réalisation.

2. Quelle différence y a-t-il entre un produit et la constatation d'un produit ?

3. Le président d'une grande société estime que les produits devraient être comptabilisés au fur et à mesure plutôt qu'à un moment précis. Qu'en pensez-vous ?

4. Quels sont les trois critères de constatation des produits ?

5. Décrivez brièvement le rôle d'une documentation probante, des estimations et du jugement professionnel lors de la constatation des produits et des charges.

6. Les dirigeants d'entreprises dont les titres sont négociés à la Bourse subissent parfois des pressions en vue de hâter la constatation de certains produits. Qu'en est-il exactement ?

7. Donnez deux raisons qui justifient de constater les produits au moment de la vente.

8. Supposons que les produits sont généralement constatés au moment de la vente. Indiquez la nature des problèmes particuliers auxquels il faut faire face dans chacun des cas suivants :

   a) L'envoi de marchandises en consignation.
   b) La vente de marchandises avec droit de retour pour une période de 120 jours.
   c) La vente de marchandises assortie de modalités de paiements échelonnés.

9. Lors de la dernière réunion de la commission de crédit d'une institution financière, un nouveau membre a formulé les propos suivants : « Notre activité principale consiste à autoriser des prêts. Puisque l'octroi d'un prêt constitue l'événement primordial et essentiel de nos activités, les intérêts sur prêts devraient être constatés en entier au moment où on attribue le prêt. » Que pensez-vous de cette affirmation ?

10. Lorsqu'une vente survient et que la constatation du produit n'est pas immédiate, à quelle autre étape du processus de réalisation peut-on constater ce produit ?

11. Dans quelles circonstances est-il opportun 1) de constater un produit au cours de la production des biens commandés 2) d'attendre à la fin du processus de production des biens commandés ?

12. Décrivez brièvement en quoi consiste la méthode de la constatation des produits selon l'avancement des travaux.

13. Plusieurs méthodes ont été proposées afin de constater certains produits avant la date de livraison. Parmi celles-ci figurent la constatation à la date effective de la production, la constatation à certaines étapes de la croissance, la constatation au moment de la découverte, la constatation au moment de la réception de la commande, la constatation au moment de la facturation et la constatation au moment de la réception d'un dépôt. Décrivez brièvement chaque méthode. Dites si elle respecte les P.C.G.R.

3

14. *a)* Dans quelles circonstances peut-on envisager de constater les produits uniquement lors de l'encaissement?

   b) Qu'est-ce que la méthode de constatation en fonction des encaissements et la méthode de constatation en fonction du recouvrement des coûts?

15. *a)* Dites ce qu'est une opération de services.

   b) Décrivez brièvement les quatre méthodes de constatation des produits utilisées par les entreprises de services.

16. Le produit tiré d'une redevance initiale doit être constaté uniquement lorsque le franchiseur s'est acquitté de l'essentiel de ses obligations envers le franchisé. De quelle façon reconnaît-on que l'essentiel des obligations a été rempli?

17. Précisez l'influence qu'exercent les éléments suivants sur la constatation des produits :

   a) Redevance initiale et approvisionnement à prix de faveur.

   b) Redevance initiale et option d'achat de l'établissement du franchisé.

   c) Redevances périodiques.

18. Certains critiquent le mode de constatation des produits découlant d'un contrat de location-vente. Qu'en est-il exactement? Qu'en pensez-vous?

19. Un de vos amis vous explique qu'il a peint les locaux d'un bureau de notaire en échange de la passation d'un acte notarié. Cet échange de services doit-il être comptabilisé, et dans l'affirmative, de quelle façon?

20. Paule Futay est présidente d'une petite société par actions. Pour augmenter la rentabilité de son entreprise en fin d'exercice, Paule a procédé à la vente d'un terrain détenu pour une expansion future. Ce terrain, au coût de 20 000 $, a été vendu au prix de 45 000 $ le 20 décembre 20X1, générant ainsi un gain sur disposition de 25 000 $. Le 25 janvier 20X2, Paule a procédé au rachat du même terrain sur lequel sera érigé un entrepôt. Au moment de vérifier les états financiers de l'exercice terminé le 31 décembre 20X1, que pensez-vous du traitement comptable qu'a adopté l'entreprise?

21. Quelle différence y a-t-il entre 1) un produit d'exploitation et une économie, 2) une charge d'exploitation et une perte, 3) des coûts incorporables et des coûts non incorporables?

22. Quels sont les trois critères de constatation des charges? Décrivez-les brièvement.

23. Quelles sont les trois catégories dans lesquelles on peut regrouper les charges d'une entreprise?

24. *a)* Dans une entreprise de services, qu'est-ce que les frais initiaux directs, les frais directs et les frais indirects?

   b) De quelle façon doit-on traiter les frais énumérés en *a)* si une entreprise constate ses produits lors de la prestation effective des services, à l'achèvement de la prestation des services, selon le degré d'avancement de la prestation des services ou selon les sommes recouvrées?

25. Jonathan « Capi » Chaîné est propriétaire d'un bateau de pêche connu sous le nom de *La Morue déchaînée*. L'exercice financier de son entreprise se termine le 31 octobre. Le 25 juillet 20X0, Capi a vendu à l'avance 250 tonnes de morue au prix de 1 000 $ la tonne à la société Les Pêcheurs unis ltée. Cette vente correspond au total des prises escomptées de la première sortie en mer de *La Morue déchaînée* en août 20X0. Puisque le succès de cette première sortie est raisonnablement certain, Capi demande à son comptable de constater le produit de la vente dès le 25 juillet 20X0 de même que les coûts estimatifs de l'expédition : coûts évalués à 215 000 $, comprenant évidemment la part de l'équipage de *La Morue déchaînée*.

Êtes-vous d'accord avec le traitement comptable proposé par Capi? Expliquez votre réponse.

26. Dans certaines situations, bien qu'il y ait transfert de propriété, il convient de traiter une opération comme un accord de consignation. Quelles sont ces situations?

27. Plusieurs facteurs doivent être pris en considération au moment d'établir s'il est possible d'estimer les rendus. Quels sont ces principaux facteurs?

28. Sous certaines conditions, il peut être acceptable de constater les produits découlant de la vente de biens avant que la livraison n'ait eu lieu. Quelles sont ces conditions?

29. Certains échanges commerciaux impliquent simultanément la vente de plusieurs produits ou services. Aux fins de la constatation des produits, doit-on considérer distinctement chaque prestation composant de tels échanges?

E 1. Choix multiples

Pour chacun des énoncés suivants, choisissez la réponse qui convient le mieux.

a) Conformément à la méthode de constatation en fonction des encaissements, le bénéfice brut réalisé sur les ventes à tempérament est constaté :
1° au moment de la vente ;
2° au moment de l'encaissement du dernier versement ;
3° au moment où les sommes encaissées correspondent au total des coûts engagés ;
4° en proportion des sommes encaissées ;
5° aucune de ces réponses.

b) Une cliente se présente dans une boutique de vêtements et achète un certificat-cadeau pour son conjoint. Ce dernier pourra échanger le certificat contre de la marchandise d'une valeur maximale de 500 $. Sur réception de l'argent, la boutique doit :
1° augmenter un compte de produit reporté ;
2° diminuer un compte de produit reporté ;
3° augmenter un compte de produits ;
4° diminuer un compte de produits ;
5° aucune de ces réponses.

c) Une entreprise utilise la méthode de constatation des produits à l'achèvement des travaux relativement à un contrat de construction à long terme. D'un commun accord avec le client, l'entreprise procède à une facturation progressive. Conséquemment, elle constate les produits :

	Lors de l'enregistrement de la facture	Lors du recouvrement du montant facturé
1°	Non	Oui
2°	Oui	Oui
3°	Oui	Non
4°	Non	Non

d) Lors du transfert de la marchandise au consignataire, les frais de transport engagés par le consignateur doivent être :
1° passés en charges par le consignataire ;
2° passés en charges par le consignateur ;
3° incorporés au compte de stock du consignataire ;
4° incorporés au compte de stock du consignateur ;
5° aucune de ces réponses.

e) Dans le cas d'une entreprise manufacturière, au cours de quel événement suivant la constatation des produits est-elle la plus fréquente ?
1° Lors de la production des biens.
2° À l'achèvement du processus de production des biens.
3° Lors de la vente et de la livraison des biens aux clients.
4° Lors du recouvrement des sommes découlant de la vente des biens.
5° Aucune de ces réponses.

f) On détermine le bénéfice net d'une entreprise à partir des opérations qui se sont produites au cours d'un exercice. Cette affirmation est reliée :
1° au principe de bonne information ;
2° à l'application de la méthode de la comptabilité d'exercice ;
3° à l'importance relative ;
4° au principe de la permanence ;
5° aucune de ces réponses.

g) Lequel des éléments suivants ne requiert pas la constatation immédiate d'une charge ?
1° Les coûts engagés au cours de l'exercice ne sont pas susceptibles de générer des avantages futurs.

3

2° Les coûts capitalisés à titre d'éléments de l'actif dans les exercices précédents ne génèrent plus de bénéfices.

3° Les coûts assumés la première année d'un contrat de construction à long terme en vertu duquel les produits seront constatés à l'achèvement des travaux.

4° La répartition des coûts, sur les produits ou les exercices concernés, est difficilement réalisable ou est considérée comme inutile.

5° Aucune de ces réponses.

h) La société Les Constructions Probec utilise la méthode de constatation des produits selon l'avancement des travaux. Au cours de 20X2, Probec commence les travaux d'un projet de 1,5 million de dollars devant être terminé en 20X3. Les renseignements suivants sont extraits des registres comptables :

	20X2	20X3
Facturation des clients	475 000 $	1 025 000 $
Coûts engagés	450 000	910 000
Recouvrement des créances	400 000	1 055 000
Coûts estimatifs pour terminer les travaux	900 000	

Quel est le montant des produits devant être constatés en 20X2 ?

1° 400 000 $.

2° 450 000 $.

3° 475 000 $.

4° 500 000 $.

5° Aucun de ces montants.

E 2. La constatation des produits selon l'avancement des travaux

Constrex utilise la méthode de constatation des produits selon l'avancement des travaux. Au cours de 20X7, Constrex a entrepris les travaux de construction d'un complexe hôtelier de 20 millions de dollars. Au 31 décembre 20X7, on dispose des renseignements suivants :

Coûts engagés au cours de l'exercice	2 400 000 $
Facture transmise à La Société immobilière Transbec	3 440 000
Sommes reçues de La Société immobilière Transbec	2 000 000
Coûts estimatifs pour terminer les travaux	9 600 000

Quel est le montant des produits qui doivent être constatés en 20X2 ?

E 3. Les produits d'exploitation et les encaissements

Lors de la vente d'équipement de magasin, Digitik offre à ses clients des contrats de services de deux ans pour l'entretien périodique des caisses enregistreuses électroniques. Les sommes ainsi reçues sont portées au crédit du compte Montants perçus d'avance sur contrats de services, alors que les frais d'entretien relatifs à ces contrats sont débités au compte Charges relatives aux contrats de services lorsqu'ils sont engagés. La constatation des produits se fait progressivement sur la durée des contrats. Les renseignements suivants portent sur l'exercice terminé le 31 décembre 20X5 :

Montants perçus d'avance sur contrats de services au 1er janvier 20X5	120 000 $
Encaissements provenant de la vente de contrats de services	196 000
Montants perçus d'avance sur contrats de services au 31 décembre 20X5	144 000
Charges relatives aux contrats de services	104 000

Calculez les produits effectivement gagnés en 20X5.

E 4. La constatation des produits lorsqu'un droit de retour existe

Distribution Bêta vend des films sur cassettes VHS à des magasins spécialisés et à des associations de clubs vidéo. Ces associations peuvent retourner les cassettes invendues contre un remboursement intégral dans un délai de deux mois suivant la date de l'achat. Au cours de

20X1, Distribution Bêta a vendu 75 000 cassettes au prix de 20 $ l'unité tandis que leur coût d'acquisition était de 9 $ chacune. Distribution Bêta ne fait aucune vente à crédit et utilise un système d'inventaire permanent.

Travail à faire

Pour chacune des hypothèses suivantes prises individuellement, passez les écritures de journal requises pour enregistrer les opérations survenues en 20X1.

a) Le nombre de cassettes retournées varie d'un exercice à l'autre sans pour autant être significatif. Au cours de l'exercice, seulement 300 cassettes ont été retournées à Distribution Bêta.

b) Le nombre de cassettes invendues et retournées est relativement stable d'un exercice à l'autre. Au cours des quatre derniers exercices, il s'est élevé en moyenne à 5 000 cassettes. Au 31 décembre 20X1, 4 500 cassettes ont déjà été retournées à Distribution Bêta.

c) Le nombre de cassettes retournées est non seulement important, mais il varie considérablement d'un exercice à l'autre, ce qui rend toute prévision hasardeuse. Au cours du dernier trimestre de 20X1, 20 000 cassettes ont été vendues, tandis que 30 000 cassettes ont été retournées au cours de l'exercice terminé le 31 décembre 20X1.

E 5. La constatation des produits en fonction des encaissements et lors du recouvrement des coûts

Canadex a adopté la méthode de constatation en fonction des encaissements parce qu'elle ne peut faire une estimation raisonnable des sommes qui seront effectivement recouvrées sur ses ventes à tempérament. Les renseignements suivants sont extraits des registres comptables de Canadex pour les exercices 20X2 et 20X3 :

	20X2	20X3
Ventes à tempérament	500 000 $	580 000 $
Coût des marchandises vendues à tempérament	400 000	493 000
Recouvrement des créances sur ventes de 20X2	280 000	100 000
Recouvrement des créances sur ventes de 20X3		310 000

Travail à faire

a) Calculez le bénéfice brut réalisé sur les ventes à tempérament en 20X2 et en 20X3.
b) Déterminez le solde du bénéfice brut reporté au 31 décembre 20X3.
c) Supposons maintenant que Canadex utilise la méthode du recouvrement des coûts. Calculez le bénéfice brut réalisé en 20X2 et en 20X3.

E 6. Les différentes méthodes de constatation des produits

Fermbec inc. est une entreprise agricole qui, la première année d'exploitation, a produit les éléments suivants :

	Prix de vente par boisseau
9 000 boisseaux de blé	2,40 $
6 000 boisseaux d'avoine	1,40

Au cours de l'exercice, Fermbec a vendu les deux tiers de sa production et a encaissé les trois quarts du montant total de ses ventes, le solde devant être perçu en parts égales au cours des deux prochaines années. À la fin de l'exercice, on dispose aussi des renseignements suivants :

Capitaux propres au début de l'exercice	100 000,00 $
Capitaux propres à la fin de l'exercice	115 000,00
Amortissement des biens de production	3 000,00
Autres frais de production (payés au comptant)	4 500,00
Frais administratifs divers	3 600,00
Frais de vente et de livraison (engagés et payés au moment de la vente) par boisseau	0,10
Dividendes versés aux actionnaires	10 000,00

3

Le contrôleur de Fermbec se montre très enthousiaste à l'idée de rapprocher convenablement les produits et les charges. Il souhaite pousser cette idée à l'extrême allant même jusqu'à vouloir rapprocher des produits non seulement toutes les charges directes, mais aussi toutes les charges indirectes, telles que les frais administratifs.

Travail à faire

Quel serait le bénéfice net de la première année d'exploitation de Fermbec :

a) si les produits étaient constatés à la date effective de production tout en respectant l'objectif de rapprochement des produits et des charges formulé par la société ?
b) si les produits étaient constatés au moment de la vente ?
c) si les produits étaient constatés en fonction des encaissements ?

E 7. La constatation des produits et des gains

Dites, pour chacun des cas suivants, si un produit d'exploitation ou un gain a été réalisé. Justifiez votre réponse.

a) L'entreprise a reçu d'un client un chèque pour des services qu'elle lui a rendus.
b) On a planté des asperges dans un terrain détenu à titre de placement. Si la récolte est bonne, et si la demande se maintient, on estime que les sommes encaissées excéderont de 35 000 $ les dépenses engagées. Les asperges sont déjà à moitié mûres.
c) On a vendu pour 450 $ de certificats-cadeaux que leurs bénéficiaires pourront échanger contre des marchandises au cours de l'exercice suivant.
d) Les ouvriers d'une entreprise ont construit une nouvelle usine au coût de 940 000 $. La direction de l'entreprise avait refusé les soumissions de deux entrepreneurs qui auraient fait le même travail pour 975 000 $ et 990 000 $ respectivement.
e) Un terrain acquis au prix de 75 000 $ il y a deux ans a actuellement une valeur d'expertise de 100 000 $.
f) L'entreprise a vendu à tempérament une marchandise ayant un coût d'acquisition de 2 400 $. Le client paiera immédiatement 300 $, c'est-à-dire 10 % du prix de vente, et le solde au moyen de versements répartis sur 24 mois. La vente est assortie d'une clause de réserve de propriété selon laquelle le vendeur demeurera propriétaire du bien vendu jusqu'au recouvrement de tous les versements exigés.
g) Un client qui devait 23 000 $ à l'entreprise depuis plus d'un an a acquitté sa dette en remettant des titres négociables ayant une juste valeur de 26 000 $.

E 8. Les différentes méthodes de constatation des produits

Géniex ltée est une petite entreprise manufacturière ne produisant que le GL 500. Le tableau suivant résume une partie des résultats d'exploitation de la société pour les exercices 20X4, 20X5 et 20X6.

	20X4	*20X5*	*20X6*
Unités produites (coût moyen de 2 100 $)	*8 000*		
Unités vendues (3 500 $ l'unité)	*6 000*	*2 000*	
Sommes recouvrées des clients ('000)	*12 800 $*	*11 200 $*	*4 000 $*

Travail à faire

Calculez le bénéfice net de chacun des exercices si Géniex constate ses produits :

a) à la date effective de production ;
b) au moment de la vente ;
c) en fonction des encaissements ;
d) selon la méthode du recouvrement des coûts.

3

E 9. La constatation des produits d'une entreprise de services

Le 2 juillet 20X4, Peinturalo ltée a commencé à exécuter un contrat de 35 000 000 $ en vertu duquel la société s'est engagée à rénover l'extérieur de plusieurs immeubles. Les frais directs du contrat (y compris le coût des travaux exécutés par des sous-traitants, du jet de sable pour polir les surfaces à peindre, de la peinture et de la main-d'œuvre) sont estimés à 28 000 000 $ au 31 août 20X4. Le contrat comporte en fait une série de travaux. Peinturalo a engagé des frais pour un total de 19 600 000 $ en 20X4 se rapportant à environ 90 % de l'ensemble des travaux à exécuter.

Déterminez le bénéfice brut réalisé en 20X4 par Peinturalo ltée.

E 10. La constatation des produits lorsqu'un droit de retour existe

Publications jeunesse ltée (PJL) se spécialise dans la distribution de livres destinés aux enfants de 6 à 12 ans. Les livres sont distribués dans toutes les librairies de l'est du Canada. Un libraire peut retourner à PJL jusqu'à 25 % des invendus dans un délai de trois mois à partir de la date de réception des livres. Au cours des 10 dernières années, les livres retournés par les libraires ont atteint en moyenne 20 % des livres distribués.

Au cours de l'exercice terminé le 31 décembre 20X2, PJL a distribué 4,2 millions de livres à 4 $ chacun, chaque exemplaire ayant coûté 3 $. Au 31 décembre 20X2, 19 % des livres distribués en 20X2 ont effectivement été retournés à PJL tandis qu'environ un million de livres pourraient plus tard être retournés dans le cadre de la politique de retour des invendus.

Au 31 décembre 20X1, 900 000 livres distribués en 20X1 pouvaient être retournés dans le cadre de cette politique. Pour ceux-ci, PJL a recouvré la somme de 3 000 000 $ au cours des trois premiers mois de 20X2, et 175 000 livres lui ont été retournés.

Travail à faire

a) Sachant que PJL utilise une provision pour invendus, passez les écritures de journal requises pour enregistrer :
   1° le recouvrement qui s'est produit au début de 20X2 pour les livres vendus en 20X1 ;
   2° le retour des livres provenant des ventes de 20X1 ;
   3° les ventes de livres et le coût des marchandises vendues en 20X2 ;
   4° le retour des invendus en date du 31 décembre 20X2 ;
   5° l'ajustement de la provision pour invendus au 31 décembre 20X2.
b) Déterminez la marge bénéficiaire brute de l'exercice terminé le 31 décembre 20X2.

E 11. Les ventes à tempérament

Les renseignements suivants portent sur les ventes à tempérament effectuées par Tempérex ltée :

| | 31 décembre | | |
	20X7	20X6	20X5
Créances à recevoir à tempérament – 20X5	5 000 $	15 000 $	35 000 $
Créances à recevoir à tempérament – 20X6	20 000	50 000	
Créances à recevoir à tempérament – 20X7	250 000		
Ventes à tempérament	350 000		
Bénéfice brut sur ventes à tempérament	58 %	56 %	54 %

Tempérex ltée a adopté la méthode de constatation en fonction des encaissements parce qu'elle ne peut faire une estimation raisonnable des sommes qui seront effectivement recouvrées.

Déterminez le montant du bénéfice brut réalisé sur les ventes à tempérament pour l'exercice terminé le 31 décembre 20X7.

3

E 12. Les ventes à tempérament

Au cours de sa première année d'exploitation, La Mère du meuble (LMM) a effectué toutes ses ventes à tempérament. Celles-ci se sont élevées à 900 000 $, et la marge bénéficiaire brute anticipée a été fixée à 45 %. LMM a recouvré 150 000 $ de ses ventes à tempérament. Les achats de marchandises ont totalisé 450 000 $, et le stock de marchandises en main au 31 décembre s'élève à 120 000 $. LMM utilise un système d'inventaire périodique, et elle a adopté la méthode de constatation en fonction des encaissements.

Travail à faire

Passez les écritures de journal requises pour enregistrer :

a) le coût des marchandises vendues à tempérament et le stock de clôture ;
b) les ventes à tempérament et les sommes recouvrées ;
c) le bénéfice brut reporté ;
d) le bénéfice brut réalisé au cours du premier exercice.

E 13. La constatation de redevances de franchisage

Le 3 janvier 20X2, la société Repas léger ltée (RLL) a vendu au comptant une franchise à Yobert inc. pour la somme de 50 000 $. Cette somme n'est pas remboursable ; toutefois, RLL s'est engagée à fournir une assistance technique dès l'ouverture de la franchise et au cours des deux premiers exercices financiers. Les activités commerciales de la franchise ont commencé le 1er septembre 20X2. En analysant la quote-part de 70 % correspondant aux services que RLL estime devoir rendre à compter de cette date, on note ce qui suit :

Services à rendre au cours des 12 premiers mois	*45 %*
Services à rendre au cours des 12 derniers mois	*25 %*

Calculez le montant des produits qui doit être constaté au cours des exercices terminés les 31 décembre 20X2, 20X3 et 20X4.

E 14. Les franchises

Formes idéales ltée (FIL) vend des franchises. La redevance totale, d'un montant de 75 000 $, prévoit un versement initial de 20 % suivi de cinq versements annuels égaux portant intérêt au taux de 10 % sur le solde impayé. En vertu du contrat de franchisage, la société doit fournir des services d'assistance en matière de choix de l'emplacement, de l'obtention du financement, de la formation du personnel et de l'administration générale de la franchise sur une période maximale de cinq ans. Le premier versement annuel est encaissable seulement un an après la signature du contrat de franchisage, soit à la date prévue du début de l'exploitation commerciale de la franchise.

Travail à faire

Passez les écritures de journal requises dans les registres comptables de FIL pour enregistrer la redevance initiale, le premier versement annuel comprenant les intérêts pour chacune des situations suivantes prises séparément :

a) Lors de la signature du contrat de franchisage, on évalue à 10 % la valeur des services initiaux déjà rendus au franchisé. On estime que les services supplémentaires à rendre au franchisé se répartiront uniformément au cours de la période de cinq ans. Le recouvrement de la redevance totale ne fait aucun doute.
b) Lors de la signature du contrat de franchisage, le franchisé reconnaît avoir reçu tous les services promis par FIL. Le recouvrement des versements subséquents ne fait aucun doute.
c) À la date de la signature du contrat de franchisage, FIL n'a rendu aucun service au franchisé. Toutefois, environ 90 % des services prévus au contrat ont été rendus à la date du premier versement annuel. Le recouvrement de la redevance totale ne fait aucun doute.

3

E 15. Les ventes en consignation

Voiles expertes ltée (VEL) offre en consignation des planches à voile dans plusieurs boutiques d'articles de sport. Chaque planche à voile coûte 800 $ à VEL, et le prix de détail suggéré est de 1 200 $. Voici un sommaire des opérations réalisées avec un consignataire au cours de l'exercice 20X3 :

a) Envoi de 50 planches à voile en consignation.
b) Paiement par VEL des frais de livraison de 750 $.
c) Réception du rapport suivant du consignataire concernant les ventes de l'exercice :

Planches à voile reçues	50
Planches à voile en main	(5)
Planches effectivement vendues	45
Prix de vente unitaire	x 1 200 $
Ventes nettes	54 000 $
Moins : Commissions (20 %)	(10 800)
Publicité	(450)
Sommes dues à Voiles expertes ltée	42 750 $
Sommes versées à Voiles expertes ltée en 20X3	38 750 $

Travail à faire

Passez les écritures de journal requises dans les registres comptables de VEL pour enregistrer les opérations décrites ci-dessus.

E 16. Les ventes en consignation

Sculptures indiennes du Grand Nord (SIGN) est un regroupement d'artistes autochtones qui envoie des sculptures en consignation dans plusieurs boutiques spécialisées. Au cours de l'exercice 20X0, SIGN a expédié 100 sculptures à la boutique La Cadoterie enr. (LCE). Le coût de chaque sculpture est de 45 $, et son prix de vente, 150 $. Les frais de livraison se sont élevés à 200 $. Il est convenu que LCE recevra une commission de 30 % sur chaque sculpture vendue, et que SIGN remboursera LCE pour toute somme engagée pour favoriser la vente jusqu'à concurrence d'un montant correspondant à 5 % du prix de vente.

Au cours de 20X0, LCE a vendu 80 sculptures. LCE a remis la somme convenue à SIGN, déduction faite de 250 $ de frais remboursables.

Travail à faire

a) Déterminez le montant reçu par SIGN.
b) Déterminez le bénéfice net réalisé par SIGN sur les ventes en consignation de LCE.

E 17. La constatation des charges et des pertes

Dites, pour chacun des cas suivants, si une charge d'exploitation ou une perte doit être constatée. Justifiez votre réponse.

a) Un entrepôt appartenant à une entreprise a été détruit lors d'un incendie. La compagnie d'assurances a versé un chèque de 175 000 $ tandis que la valeur comptable de l'entrepôt était de 200 000 $.
b) Le 30 novembre 20X1, l'entreprise a versé 5 000 $ pour la publication de 10 annonces publicitaires. Au cours de l'exercice terminé le 31 décembre 20X1, seulement cinq annonces ont été publiées.
c) Les coûts d'une grève survenue en 20X1 s'élèvent à 75 000 $.
d) Une semi-remorque, achetée au début de l'exercice au coût de 135 000 $, a parcouru 320 000 kilomètres en 20X1. L'entreprise a l'habitude de mettre au rancart une semi-remorque après qu'elle a parcouru 1 600 000 kilomètres.
e) Au cours de 20X1, l'entreprise a versé 499 700 $ en frais de main-d'œuvre indirecte.

E 18. La constatation des produits dans des situations particulières

Dans chacune des situations suivantes, expliquez les raisons qui motivent la constatation ou la non-constatation des produits.

a) Germanex livre de la marchandise chez Olivex. Olivex devient légalement propriétaire des biens reçus. Les conditions de vente précisent qu'Olivex peut retourner la marchandise en tout temps et qu'un paiement ne sera exigible qu'au moment de la revente des biens par Olivex. Germanex désire constater les produits découlant de cette vente au moment de la livraison.

3

b) Un fabricant de pièces d'équipement livre un composant devant être installé sur la chaîne de production de son client. Le client devient propriétaire du bien dès sa réception. Le composant a été réalisé selon les spécifications du client en ce qui a trait aux dimensions et à la performance. Le client a 30 jours pour mettre à l'essai le composant. Le fabricant ne peut démontrer objectivement que la pièce d'équipement respecte la spécification relative à la performance. Il désire constater les produits découlant de la vente de ce composant au moment de la livraison.

c) Une nouvelle entreprise aurifère désire constater ses produits au moment de l'extraction puisque la vente de toute la production est garantie.

d) Un concessionnaire vend une automobile à un client pour une somme globale qui comprend le service d'entretien pour trois ans. Ce service est aussi offert aux clients qui n'achètent pas leur voiture chez ce concessionnaire. Le concessionnaire désire constater immédiatement une partie du produit de la vente qui se rapporte à l'automobile. Il est impossible pour le client de retourner la voiture s'il est insatisfait du service d'entretien.

Problèmes de compréhension

P 1. Les ventes en consignation

(30 minutes – moyen)

L'exercice financier de Rénovex ltée (RL) se termine le 31 octobre. Lors de votre mission d'examen des états financiers de l'exercice terminé le 31 octobre 20X3, les faits suivants ont attiré votre attention :

1. Au cours des deux derniers mois, RL a expédié des marchandises en consignation à plusieurs quincailleries afin de pouvoir tester la réaction des consommateurs concernant une nouvelle perceuse rechargeable, la Perfecto 900. Selon les conditions de ces ventes en consignation, chaque perceuse doit être vendue au prix de 180 $. Le consignataire recevra une commission de 25 % sur chaque perceuse vendue, en plus de recevoir un remboursement intégral de tous les frais engagés lors de la vente de la Perfecto 900.
2. Au moment de l'envoi des marchandises en consignation, RL débite le compte Clients – Consignation et crédite le compte Ventes en consignation d'un montant de 120 $ pour chaque perceuse en consignation. Ce montant représente la somme habituellement reçue par RL et correspond au prix coûtant majoré de 20 %.
3. Toutes les sommes reçues des consignataires sont créditées au compte Clients – Consignation.
4. L'ensemble des opérations de ventes en consignation se résume ainsi :
   * Nombre de Perfecto 900 envoyées en consignation, 140.
   * Nombre de Perfecto 900 invendues et en consignation au 31 octobre 20X3, 60.
   * Frais d'emballage et de livraison payés par RL, 84 $.
   * Frais de transport engagés par les consignataires, 230 $.
   * Sommes recouvrées des consignataires, 9 970 $.

Travail à faire

Passez les écritures de journal requises pour comptabiliser les opérations de l'exercice et celles qui sont requises pour régulariser les livres de RL en fin d'exercice.

P 2. La constatation des produits au moment de la vente

(60 minutes – moyen)

Distribution laser ltée (DLL) a été constituée au début de 20X1. Ses activités se résument à acheter et à distribuer des disques au laser. Elle est dirigée par deux anciens réalisateurs de Musique Extra. Voici un sommaire des opérations survenues au cours de la première année d'exploitation :

1. Achat de 20 000 disques doubles des derniers succès des vedettes de la chanson québécoise. Le prix moyen des disques est de 12,50 $.
2. Tous les disques sont vendus à crédit au prix de 35 $. La société accepte tous les retours sur invendus au cours du trimestre qui suit la vente. Selon les statistiques disponibles dans l'industrie du disque, 10 % des disques vendus seulement devraient être retournés à DLL par les détaillants. Voici les ventes effectuées en 20X1 de même que le nombre de disques effectivement retournés par les clients de DLL relativement aux ventes de chaque trimestre :

	Nombre de disques vendus	Nombre de disques retournés
Premier trimestre	1 500	120
Deuxième trimestre	3 000	350
Troisième trimestre	9 000	880
Quatrième trimestre	4 500	100

3. Une garantie est insérée dans la pochette de chaque disque. Ainsi, le consommateur peut, dans les trois mois qui suivent la vente, retourner tout disque jugé insatisfaisant. Dans cette industrie, le coût moyen de la garantie est de 3,50 $. Au 31 décembre, les frais de garantie de DLL se sont élevés à 48 000 $.

4. DLL a recouvré la somme de 456 750 $ de ses clients, et une créance de 3 500 $ a été radiée à la suite de la faillite d'un client. DLL utilise le compte Provision pour créances douteuses.

5. DLL estime qu'au plus 2 % des comptes clients, déduction faite des retours sur invendus estimatifs, deviendront effectivement irrécouvrables.

6. Les autres frais d'exploitation (215 000 $) ont tous été réglés au comptant, à l'exception de l'amortissement des immobilisations (25 000 $).

Travail à faire

a) Passez les écritures de journal requises pour enregistrer les opérations décrites précédemment, de même que les écritures de régularisation au 31 décembre, sachant que DLL utilise un système d'inventaire permanent.

b) Dressez l'état des résultats de la première année d'exploitation de DLL.

P 3. La détermination du bénéfice net selon diverses méthodes de constatation des produits (40 minutes – moyen)

Les Antennes paraboliques du Québec inc. (APQI) fabrique et vend des antennes paraboliques au prix de 600 $ chacune. Voici les opérations qui se sont produites au cours des cinq premiers mois d'exploitation :

Mois	Opérations
1	Début de la production de 1 500 antennes. Coûts engagés de 225 $ l'antenne. Coûts estimatifs pour terminer la production, 135 $ par antenne.
2	Coûts engagés pour terminer la production des 1 500 antennes entreprise le mois précédent, 225 000 $.
3	Vente à crédit de 600 antennes et recouvrement de 150 000 $ des clients.
4	Vente à crédit de 750 antennes. Recouvrement respectif de 60 000 $ et 240 000 $ sur les ventes effectuées au cours des troisième et quatrième mois.
5	Vente au comptant des 150 dernières antennes et recouvrement total des créances relatives aux ventes effectuées antérieurement.

Travail à faire

Déterminez sur une base mensuelle le bénéfice réalisé par APQI selon les méthodes de constatation suivantes :

a) Selon l'avancement des travaux.
b) Au moment de la vente.
c) En fonction des encaissements.
d) Lors du recouvrement des coûts.

P 4. La constatation des produits selon l'avancement des travaux (50 minutes – difficile)

Construction Beauchesne ltée (CBL) a mis en chantier trois contrats au cours de l'exercice 20X6. Voici le sommaire des opérations :

	Alpha	Bêta	Oméga
Contrat à prix fixe	1 340 000 $	625 000 $	1 840 000 $
Coûts engagés en 20X6	252 000	568 000	1 480 000
Coûts à engager pour terminer le contrat en 20X7	1 008 000	θ	120 000
Facturation effectuée en 20X6	300 000	625 000	1 600 000
Recouvrement des clients	300 000	550 000	1 650 000

Travail à faire

a) Dressez un tableau comparatif illustrant la détermination du bénéfice brut réalisé pour chacun des contrats en 20X6, sachant que CBL utilise la méthode de constatation des produits selon l'avancement des travaux.

b) Supposons que le président de CBL vous informe que le recouvrement final relatif au contrat Bêta fasse l'objet d'une grande incertitude. Cette information modifie-t-elle la constatation des produits de CBL ? Justifiez votre réponse.

3

P 5. Les ventes à tempérament

(40 minutes – facile)

Dosila inc. vend des instruments de musique assortis d'un programme de paiements échelonnés. Les renseignements suivants vous ont été fournis :

	20X0	20X1	20X2
Ventes	250 000 $	300 000 $	625 000 $
Coût des marchandises vendues	150 000	195 000	437 500
Marge bénéficiaire brute	100 000 $	105 000 $	187 500 $
Sommes recouvrées des clients sur les ventes de :			
20X0	100 000 $	137 500 $	12 500 $
20X1		150 000	35 000
20X2			450 000

Travail à faire

a) Déterminez le montant du bénéfice brut réalisé au cours de chacun des trois exercices, sachant que Dosila inc. utilise un système d'inventaire permanent et la méthode de la constatation en fonction des encaissements.

b) Passez les écritures relatives aux opérations survenues au cours de l'exercice 20X2.

c) Déterminez le montant du bénéfice brut qui aurait été réalisé au cours de chacun des trois exercices si Dosila inc. avait utilisé la méthode du recouvrement des coûts.

P 6. Les ventes à tempérament

(45 minutes – moyen)

Tempérex ltée (TL) vend des marchandises assorties d'un programme de paiements échelonnés. Voici le solde des comptes Créances à recevoir au début et à la fin de 20X9 :

	1er janvier 20X9	31 décembre 20X9
Créances à recevoir à tempérament – 20X7	24 020 $	0 $
Créances à recevoir à tempérament – 20X8	344 460	67 440
Créances à recevoir à tempérament – 20X9		410 090

Lors du recouvrement des créances, TL débite le compte Caisse et crédite le compte Créances à recevoir à tempérament approprié. Au cours de l'exercice 20X9, à la suite du défaut de paiement d'un client, TL a repris possession de marchandises ayant une valeur de revente estimative de 1 400 $. La vente avait été faite en 20X8 pour la somme de 5 400 $ et, jusqu'à ce que le client n'honore plus sa dette, TL avait recouvré la somme de 3 200 $. La reprise des marchandises a été enregistrée par TL en débitant le compte Stock de marchandises saisies et en créditant le compte Créances à recevoir à tempérament – 20X8.

Les ventes de TL et le coût des marchandises vendues sont les suivants :

	20X7	20X8	20X9
Ventes (montant net)	380 000 $	432 000 $	602 000 $
Coût des marchandises vendues	247 000	285 120	379 260

Travail à faire

Passez les écritures de journal requises au 31 décembre 20X9 pour constater les produits de l'exercice et tenir compte des ajustements nécessaires selon les renseignements qui précèdent. Fournissez les explications détaillées de chacune de vos écritures de journal.

P 7. La méthode du recouvrement des coûts

(45 minutes – moyen)

Le 3 janvier 20X3, Granite ltée a vendu une vieille machine à Nabec ltée au prix de 350 000 $. Cette machine a coûté 600 000 $, et l'amortissement cumulé s'élevait à 350 000 $ au moment de la vente. En vertu du contrat de vente, Nabec a versé 50 000 $ comptant et a signé un billet de 300 000 $ portant intérêt au taux annuel de 10 %. Le billet est remboursable en trois versements de 50 000 $, 100 000 $ et 150 000 $ exigibles respectivement les 3 janvier 20X4, 20X5 et 20X6. Le billet ne comporte aucune garantie. Granite a choisi de faire appel à la méthode du

3

recouvrement des coûts pour comptabiliser cette opération, car la situation financière de Nabec rend le recouvrement du billet incertain. Au fil des ans, Nabec a effectué les versements suivants en capital et intérêts :

Date du versement	Capital	Intérêts
1er juillet 20X4	50 000 $	45 000 $
31 décembre 20X5	100 000	37 500
1er avril 20X6	150 000	18 750
	300 000 $	101 250 $

Travail à faire

a) Passez les écritures de journal requises pour enregistrer les opérations précédentes en ayant recours à la méthode du recouvrement des coûts. Utilisez le compte Gain reporté sur cession d'une machine pour inscrire la quote-part non réalisée du gain en cause, et le compte Produit de financement reporté pour inscrire la quote-part non réalisée du produit en cause. Tenez pour acquis que le gain sur cession est recouvré avant que les produits de financement ne soient constatés.

b) De quelle façon devrait-on présenter l'effet à recevoir au bilan de Grovex au 31 décembre 20X5 ?

P 8. L'entreprise de services
(30 minutes – moyen)

Bachotage Expert-Comptable (BEC) a vu le jour au début de 20X5. Elle est née de la volonté des universités de regrouper leurs forces pour donner aux candidats de meilleures chances de réussir l'examen de l'Ordre des experts-comptables du Canton. Les frais d'inscription de ce bachotage uniformisé ont été fixés à 1 600 $, ce qui comprend le matériel didactique, les frais d'organisation des cours, et 10 séances de simulation et de correction personnalisées de cas et de problèmes d'examens antérieurs. Les frais d'inscription sont élevés afin de motiver davantage les candidats. Un candidat ayant subi un échec peut toutefois reprendre sans frais les cours offerts lors du bachotage suivant. Voici les renseignements pertinents touchant les deux premières années d'exploitation de BEC :

	20X5	20X6
Inscriptions à une première tentative :		
Examen de mars	900	1 800
Examen d'août	1 350	2 400
Inscriptions à une seconde tentative :		
Examen de mars		270
Examen d'août	175	350
Coût direct par inscription	375 $	450 $
Salaires des personnes-ressources	2 000 000	3 500 000
Frais généraux (location de locaux, frais de déplacement, etc.)	275 000	525 000

Travail à faire

Dressez l'état comparatif des résultats de BEC en tenant pour acquis qu'un maximum de 20 % des candidats inscrits à une première tentative reprennent effectivement le bachotage une seconde fois.

P 9. Un peu de franchise dans les franchises !
(60 minutes – moyen)

Mme Jeannine Bourassa a mis sur pied un programme d'entraînement physique axé sur le contrôle du poids par l'exercice. Le 2 janvier 20X6, après avoir exploité avec succès le concept pendant près de trois ans, elle décida de former une société distincte, Bourrelets fondants inc. (BFI), afin de vendre des franchises et d'apporter aux franchisés la formation et le soutien nécessaire. Chaque franchise se vend 75 000 $. Le franchisé doit verser 21 000 $ dès la signature du contrat et 18 000 $ par année pendant trois ans. Le premier versement de 18 000 $ n'est exigible que un an jour pour jour après la vente. Aucune autre somme n'est exigée des franchisés.

BFI doit fournir de nombreux services aux franchisés lors de l'ouverture de chaque studio et au cours des trois premières années. Ces services comprennent notamment la conception du matériel publicitaire, la mise sur pied du système comptable et sa mise à jour, ainsi que la formation continue du personnel. La société considère que le versement initial de 21 000 $ couvre les frais initiaux directs reliés à la signature du contrat ainsi que le droit d'utiliser le nom « Bourrelets fondants », tandis que les trois versements de 18 000 $ couvrent les services rendus annuellement aux franchisés.

Au cours de 20X6, le taux d'intérêt sur le marché s'est maintenu à 15 %, ce qui signifie que la valeur actualisée des trois billets de 18 000 $ reçus d'un franchisé était d'environ 41 094 $ à la date de la vente d'une franchise. En dépit de cela, le comptable de BFI enregistre chaque contrat de vente d'une franchise en débitant les comptes Caisse et Effets à recevoir de 21 000 $ et 54 000 $ respectivement, tandis qu'il crédite le compte Redevances initiales de 75 000 $. Le recouvrement des effets à recevoir ne fait aucun doute.

Au cours de 20X6, BFI a vendu 60 franchises. Voici la répartition de ces contrats au fil des mois :

Date du contrat	Franchises vendues
28 février	4
31 mai	10
1er juillet	15
31 août	6
1er novembre	25
	60

Les frais engagés par BFI en 20X6 pour la vente et les services rendus aux franchisés ont totalisé 741 200 $.

Travail à faire

a) Calculez le bénéfice avant impôts de l'exercice 20X6 en employant la méthode utilisée par le comptable de BFI.

b) Que pensez-vous de cette méthode ? Au besoin, recalculez le bénéfice selon ce que vous considérez être en conformité avec les P.C.G.R. Arrondissez les calculs au dollar près.

P 10. La constatation des produits de divers contrats de franchises

(60 minutes – moyen)

Granola ltée (GL) vend des franchises selon deux types de contrats. Ainsi, un franchisé peut opter pour le plan A en vertu duquel il peut utiliser le nom « Granola » pour une période de cinq ans, moyennant une redevance initiale de 30 000 $. Selon ce type de contrat, GL n'a aucun service subséquent à rendre à un franchisé. Le franchisé peut aussi opter pour le plan B. Contre une redevance totale de 60 000 $, le franchisé peut non seulement utiliser le nom « Granola », mais il bénéficie également de l'assistance de GL en matière de financement, de gestion et de promotion pour une période de cinq ans. Les services rendus par GL se répartissent uniformément sur toute la durée du contrat.

Les deux types de contrats de franchisage prévoient un versement initial de 50 % comptant et quatre versements annuels égaux, plus des intérêts au taux annuel de 10 %, le tout payable le 31 décembre de chaque année. Afin d'assurer une saine croissance de l'entreprise, tous les nouveaux contrats sont signés au cours de la première semaine de chaque année. La direction de GL estime que cette pratique favorise le recrutement de franchisés plus sérieux et qu'elle permet d'assurer aux anciens franchisés des services convenables.

Vous trouverez à la page suivante les informations recueillies relativement aux opérations qui se sont produites en 20X3 et en 20X4.

3

	20X3	**20X4**
1. Nombre de franchises vendues		
Plan A	*30*	*36*
Plan B	*12*	*18*
2. Nombre de franchises dont le recouvrement des quatre versements annuels subséquents est jugé incertain lors de la signature du contrat		
Plan A	*6*	*9*
Plan B	*0*	*1*
3. Frais d'exploitation, à l'exception des créances douteuses	*205 000 $*	*275 000 $*

4. Abstraction faite de l'information **2.**, GL estime que 2 % des créances seulement deviendront définitivement irrécouvrables. Au 31 décembre 20X4, GL avait encaissé tous les versements prévus aux divers contrats.

Travail à faire

Dressez l'état comparatif des résultats de GL. Vous devez fournir tous vos calculs.

P 11. L'analyse de la constatation de produits et de charges

(60 minutes – moyen)

Les données ci-dessous ont été extraites de la balance de vérification non régularisée de Servec ltée (SL) au 31 décembre 20X0 :

Ventes	*1 250 000 $*
Coût des marchandises vendues	*937 500*
Escomptes sur achats	*10 000*
Stock (inventaire permanent)	*290 000*
Produits afférents aux contrats de services	*88 750*
Coûts engagés afférents aux contrats de services	*65 000*
Frais reportés relatifs aux propositions de contrats de services rejetées	*2 500*

Autres renseignements

1. Les produits relatifs aux contrats de services de SL sont constatés à l'achèvement de la prestation des services ; toutefois, les coûts afférents à la prestation des services sont passés en charges dans le compte Coûts engagés afférents aux contrats de services. Une analyse de ces contrats révèle qu'un contrat de 15 000 $, pour lequel 75 % des coûts ont été engagés, devrait être comptabilisé selon le degré d'avancement de la prestation des services.

2. Des frais initiaux directs et des frais directs concernant les contrats de services en cours, et qui totalisent 1 500 $, devraient être constatés à l'achèvement de la prestation des services. (Débitez le compte Coût des services en cours.)

3. SL a reporté certains coûts concernant des propositions de contrats qui se sont avérées infructueuses, et elle se propose de répartir ces coûts sur un certain nombre d'exercices au cours desquels des contrats de services importants seront exécutés.

4. Les ventes comprennent une somme de 25 000 $, correspondant à un envoi de marchandises en consignation chez Consigne ltée (CL). Le coût de ces marchandises est de 17 000 $ et figure dans le coût des marchandises vendues. La créance à recevoir de CL est toujours de 25 000 $ puisque celle-ci n'a pas encore vendu de marchandises à ce jour.

5. Les ventes comprennent également une somme de 10 000 $ représentant le prix de vente d'un envoi spécial de marchandises démodées à Commodités Jacob ltée (CJL). Le coût de ces marchandises est de 9 500 $ et est inclus dans le coût des marchandises vendues. CJL a le droit de retourner la totalité des marchandises. De plus, CJL peut ajuster le prix de vente de celles-ci en fonction de sa capacité de les vendre et d'en obtenir un prix raisonnable. Aucune marchandise expédiée à CJL n'a été vendue à ce jour.

6. Un dépôt de 4 000 $ reçu d'un client, qui envisage de passer une commande importante chez SL, a été porté au crédit du compte Ventes. Aucun coût des marchandises vendues n'a encore été comptabilisé à cet égard.

7. Les stocks et les ventes englobent un montant de 25 000 $ correspondant à la juste valeur de vieux produits découverts dans le grenier de l'entrepôt qui n'avait pas été ouvert depuis sept ans. Ceux-ci ont été acquis à cette époque pour la somme de 10 000 $. Compte tenu de l'engouement manifesté par certains jeunes avant même la mise en vente, SL estime vendre le tout en moins de cinq jours, soit au cours de la prochaine semaine.

8. Les escomptes sur achats sont enregistrés à titre de produits lorsque les factures d'achat sont payées avant l'expiration du délai d'escompte. Du solde actuel du compte, 25 % se rapporte à des éléments en stock au 31 décembre 20X0 et 75 %, à des éléments qui ont été effectivement vendus. Le contrôleur de SL estime que ces escomptes ne sont pas des produits, mais qu'ils correspondent plutôt à une réduction des coûts.

Travail à faire

a) Déterminez, à partir des renseignements supplémentaires que vous avez obtenus, le solde exact de chaque poste figurant à la balance de vérification non régularisée.

b) Passez les écritures de journal requises pour corriger ou régulariser les registres comptables de SL au 31 décembre 20X0.

P 12. Les opérations d'échange   (40 minutes – moyen)

L'Association du libre échange ltée (ALEL) a été constituée le 2 janvier 20X3. C'est une entité juridique distincte qui sert d'intermédiaire entre les individus et les sociétés qui désirent échanger des biens et des services. Voici un résumé des principales clauses régissant les opérations d'échange :

1. Une cotisation initiale de 200 $ est exigée de tous les membres de l'Association. Cette cotisation n'est pas remboursable ; toutefois, la moitié de cette somme peut être appliquée à toute opération d'échange où la valeur des biens cédés par un membre est inférieure à la valeur des biens reçus en retour. ALEL estime que les membres feront appel aux services de l'Association pendant quatre ans en moyenne.

2. Les membres apportent les biens qu'ils désirent échanger à l'entrepôt de l'Association. La valeur de ces biens est évaluée par le personnel de l'Association à partir d'une liste des prix établie par un comité de surveillance de neuf personnes. Lors d'une opération d'échange, la différence entre la valeur des biens cédés à l'Association et celle des biens reçus par le membre peut être réglée au comptant, s'il y a lieu (voir **1.**).

3. L'Association perçoit sur chaque opération des frais de service de 5 % de la valeur des biens échangés. Ces frais doivent être réglés au comptant au moment de l'échange.

Les renseignements suivants portent sur la première année d'exploitation de l'Association :

Cotisation initiale	*800 000 $*
Portion de la cotisation initiale appliquée à des opérations	
d'échange au cours de l'exercice	*280 000*
Juste valeur des biens acceptés des clients	*1 200 000*
Juste valeur des biens remis aux clients	*1 120 000*
Produits divers (boissons gazeuses, croustilles, etc.)	*36 000*
Frais d'exploitation	
Achats de boissons gazeuses, croustilles, etc.	*5 000*
Location de l'entrepôt	*16 000*
Salaires	*48 000*
Autres frais (électricité, publicité, téléphone, etc.)	*17 600*

Travail à faire

a) Déterminez le montant des frais de service réalisés par ALEL en 20X3.

b) Passez les écritures de journal requises pour comptabiliser les opérations effectuées par l'Association en 20X3.

c) Dressez l'état des résultats de l'Association pour sa première année d'exploitation.

3

Analyses de cas

C 1. Les méthodes de constatation des produits (30 minutes – facile)

A. Zar ltée fabrique et vend un jeu de société connu sous le nom de « La Piastre ». Bien que la société ne soit en exploitation que depuis le début de 20X4, la popularité de son seul et unique produit est indéniable, et ce, surtout depuis que les regroupements de consommateurs lui ont octroyé la plus haute cote. Vers la fin de l'exercice 20X4, A. Zar ltée a reçu une commande importante de 60 000 jeux qui devront être produits et livrés au plus tard le 30 septembre 20X5. La production des jeux pour cette commande a commencé vers la fin de 20X4 et s'est achevée le 15 juillet 20X5.

Travail à faire

Pour chacune des situations suivantes prises isolément, discutez brièvement de la façon proposée de constater les produits d'exploitation de A. Zar ltée.

a) Constatation des produits lorsque la production est terminée. Des frais importants devront être engagés lors de la livraison, et il est impossible de pouvoir les estimer dès maintenant, car le client a des points de vente partout au Canada et aux États-Unis.

b) Constatation des produits le 30 septembre 20X5. Le client paiera comptant à cette date, mais conservera le droit de retourner tous les jeux invendus pour remboursement intégral jusqu'au 31 décembre 20X5. C'est la première fois que A. Zar ltée transige avec ce client ; il est donc impossible d'évaluer l'importance des retours.

c) Constatation des produits le 30 septembre 20X5. A. Zar ltée permet au client de payer la facture par versements périodiques mensuels débutant le 31 octobre 20X5. La probabilité de recouvrement est excellente, et une légère provision pourrait être établie au besoin.

d) Constatation des produits lors de la réception de la commande. Tous les coûts de fabrication sont identifiables, et ils demeureront inchangés au cours de la période de production. Le bon de commande du client est accompagné d'un chèque couvrant la totalité des jeux commandés. Ce chèque n'est pas remboursable.

C 2. L'application des critères de constatation (20 minutes – facile)

Productions super action ltée (PSAL) se spécialise dans la production d'émissions de télévision destinées au marché nord-américain. Lorsqu'un permis de diffusion d'une nouvelle série est octroyé à un réseau de télévision québécois, PSAL constate le produit au début de la période d'exploitation, dès que l'ensemble des conditions suivantes sont respectées.

1. Le prix de vente de la série est connu.
2. Le coût total de la série est connu ou peut faire l'objet d'une estimation raisonnable.
3. Le recouvrement du produit de la vente est raisonnablement certain.
4. La série télévisée a été acceptée par le réseau de télévision en conformité avec les clauses du contrat de vente.
5. La série est disponible pour être livrée au réseau de télévision selon les modalités prévues au contrat de vente.

Travail à faire

Évaluez la pertinence de chacun des critères de constatation utilisés par PSAL. Votre discussion doit tenir compte des critères de constatation des produits énoncés par le C.N.C.

C 3. Les différentes méthodes de constatation des produits (30 minutes – moyen)

Les activités des Entreprises Quenneville ltée (EQL) sont regroupées en quatre divisions : Quenneville – Division construction, Quenneville – Division publications, Quenneville – Division systèmes d'alarme et Quenneville – Division échange. Chacune des quatre divisions tient ses propres registres comptables et décide de ses propres critères de constatation des produits.

Quenneville – Division construction (QDC). Au cours de l'exercice terminé le 30 novembre 20X9, QDC n'avait en chantier qu'un seul projet de construction à long terme. En effet, le 19 juin 20X9, QDC s'est vu octroyer un contrat de 12 000 000 $ pour la construction d'un complexe communautaire dans la municipalité de Richeville. Selon les documents internes de QDC, les coûts totaux de construction devraient être de l'ordre de 10 000 000 $, échelonnés sur une période de deux ans. Les travaux ont débuté dès le 2 août 20X9 et, au 30 novembre 20X9, les coûts engagés s'élèvent à 3 000 000 $ alors que le montant des factures transmises à Richeville, établies selon la facturation progressive, est de 3 300 000 $. Une révision des coûts de construction effectuée le 30 novembre 20X9 révèle que, en raison de la conjoncture économique défavorable dans le secteur de la construction, le coût des matériaux diminuera de façon importante. Cela permet à QDC d'estimer que le total des coûts à engager pour terminer la construction du complexe communautaire sera de 6 000 000 $. QDC utilise la méthode de constatation des produits selon l'avancement des travaux.

Quenneville – Division publications (QDP). QDP vend un nombre considérable de livres (romans, nouvelles, essais, etc.) à un nombre restreint de distributeurs qui ont un vaste réseau de distribution au Canada. QDP autorise les distributeurs à lui retourner jusqu'à 30 % des livres commandés, et les distributeurs offrent les mêmes conditions aux libraires canadiens. Bien que la quantité des livres retournés à QDP varie considérablement d'un titre à un autre, les retours des distributeurs ont été de 20 % en moyenne au cours des cinq derniers exercices. Les ventes totales de QDP au cours de l'exercice terminé le 30 novembre 20X9 s'élèvent à 4 000 000 $. À cette date, la politique de retour des invendus s'applique encore pour une période de six mois à 1 500 000 $ de livres. Le solde des ventes de 2 500 000 $ a donné lieu à des retours de 21 %. Au 30 novembre 20X8, le solde des créances de QDP était de 2 000 000 $. Celles-ci ont été recouvrées au cours de l'exercice 20X8-20X9, déduction faite des retours de 18 %. QDP comptabilise la vente de ses livres selon la méthode de constatation des produits lorsqu'un droit de retour existe.

Quenneville – Division systèmes d'alarme (QDSA). Plusieurs représentants sillonnent les routes du Canada pour offrir les produits de la division des systèmes d'alarme. Les commandes ainsi que les versements initiaux sont acheminés par les représentants à QDSA qui expédie la marchandise, F.A.B.– QDSA, directement aux clients (habituellement des services de police et des agences de sécurité). Les clients reçoivent également une facture détaillée comportant le prix de vente, les frais de livraison et le solde dû, déduction faite du versement initial. Au cours de l'exercice terminé le 30 novembre 20X9, QDSA a reçu des commandes totalisant 3 000 000 $. Les versements initiaux se sont élevés à 300 000 $ tandis que les marchandises expédiées et facturées se chiffrent à 2 500 000 $. Des frais de livraison de 50 000 $ ont aussi été facturés en 20X8-20X9. Les représentants ont reçu une commission de 10 % du prix de vente, et celle-ci leur a été versée lors de l'envoi des marchandises aux clients. Toutes les marchandises vendues par QDSA sont garanties pour une période de 90 jours à compter de la date d'expédition. Les frais de garantie ne représentent que 1 % des ventes. Les produits de la division sont constatés au moment de la vente.

Quenneville – Division échange (QDE). QDE a été mise sur pied pour distribuer les produits et les services des trois autres divisions à diverses entreprises en échange de produits et services requis lors des activités d'exploitation des divisions QDC, QDP et QDSA. Ainsi, au début du dernier exercice, QDE a acquis des systèmes d'alarme de QDSA. Ceux-ci ont été livrés à une agence de sécurité qui, en retour, s'est engagée à assurer un service de protection des installations des trois autres divisions de EQL pendant un an. De plus, QDE a supervisé les travaux de construction d'une salle d'exposition pour un concessionnaire d'automobiles. Les travaux ont été exécutés par QDC. QDE a obtenu du concessionnaire le droit d'utiliser un parc de véhicules mis à la disposition de toutes les divisions de EQL.

Travail à faire

a) Décrivez chacune des méthodes de constatation suivantes et indiquez dans quelles circonstances leur utilisation est conforme aux P.C.G.R.
   1° Au moment de la vente.
   2° À la fin du processus de production.
   3° Selon l'avancement des travaux.
   4° En fonction des encaissements.
b) Déterminez les produits nets réalisés pour l'exercice terminé le 30 novembre 20X9 par les divisions QDC, QDP et QDSA.
c) Identifiez les éléments à considérer lors de la constatation des produits de la division QDE.

C 4. La réalisation des produits d'exploitation et la détermination de la valeur des stocks

(30 minutes – moyen)

Au début de 20X5, Ferme Jean Houle ltée, une entreprise agricole de l'Ouest, n'avait aucun stock de céréales. Au cours de l'année, l'entreprise a récolté 8 000 décalitres de fèves de soja, 10 000 décalitres d'orge et 16 000 décalitres de seigle. Elle a vendu la moitié de chaque récolte, au prix de 9,00 $ le décalitre de fèves de soja, 4,50 $ le décalitre d'orge et 3,25 $ le décalitre de seigle. Jean Houle, unique propriétaire de l'entreprise, s'informe chaque jour du prix courant des céréales. Ces prix, au 31 décembre, sont de 9,50 $ le décalitre de fèves de soja, 4,75 $ le décalitre d'orge et 3,50 $ le décalitre de seigle.

Les frais de production totaux s'élèvent à 6,00 $, 3,00 $ et 1,50 $ respectivement pour le décalitre de fèves de soja, d'orge et de seigle. Les frais de vente et d'administration s'élèvent à 30 700 $. M. Houle estime que les frais de vente et de livraison des céréales entreposées s'élèveront à 0,50 $ le décalitre. Ces frais sont inclus dans le total de 30 700 $ des frais de vente et d'administration.

Travail à faire

a) Établissez l'état des résultats de l'exercice terminé le 31 décembre 20X5. Expliquez la façon dont vous avez déterminé les produits d'exploitation de l'exercice.

b) Au moment de déterminer le bénéfice net de l'exercice, dites si l'on doit tenir compte de la probabilité que le prix des céréales varie entre le 31 décembre et le moment où elles seront vendues.

C 5. Les franchises

(60 minutes – moyen)

Crevette-O-Bec vend des franchises à des propriétaires indépendants. Le contrat type renferme les clauses suivantes :

1. La redevance initiale est de 25 000 $. Le franchisé doit verser 5 000 $ à la signature du contrat et rembourser un billet de 4 000 $ à la fin de chacun des cinq premiers exercices. Les billets ne comportent aucun intérêt.
2. Le versement initial de 5 000 $ est remboursable par Crevette-O-Bec, et les billets sont annulés si le franchisé ne peut commencer l'exploitation, et ce, quelle qu'en soit la raison.
3. En retour de la redevance initiale, Crevette-O-Bec s'engage à assister le franchisé dans le choix d'un emplacement, à négocier la location du terrain, à obtenir le financement et à aider à élaborer les plans du bâtiment, à superviser la construction, à établir les systèmes comptables et, enfin, à fournir des services-conseils pendant cinq ans en matière d'embauche et de formation du personnel, de contrôle de la qualité et de publicité.
4. En plus de la redevance initiale, le franchisé doit verser une redevance périodique de 2 % du chiffre d'affaires pour la planification des menus, la création de nouvelles recettes et pour avoir le privilège d'acheter tous les ingrédients directement du franchiseur à un prix égal ou inférieur au prix du marché.
5. La direction de Crevette-O-Bec estime que la valeur des services rendus à un franchisé au moment de la signature du contrat s'élève au moins à 5 000 $. À ce jour, tous les franchisés ont commencé leur exploitation à la date prévue lors de la signature du contrat, et tous les billets émis par ces derniers ont été honorés à la date d'échéance.

Une analyse du crédit de l'ensemble des franchisés révèle que ces derniers pourraient facilement obtenir un prêt au taux d'intérêt annuel de 10 %. Ainsi, la valeur actualisée d'une série de cinq versements annuels égaux de 4 000 $ s'établit à 15 163 $.

Travail à faire

a) Discutez des choix qui s'offrent à Crevette-O-Bec pour comptabiliser la redevance initiale.
b) Compte tenu de la teneur des contrats, quand Crevette-O-Bec devrait-elle constater la redevance initiale et les redevances périodiques ?
c) Supposons que Crevette-O-Bec vende plusieurs franchises au prix de 35 000 $ comprenant une charge de 10 000 $ pour la location d'équipements dont la durée d'utilisation estimative est de 10 ans ; supposons également que, de ce montant, la somme de 15 000 $ doive

être réglée comptant à la signature du contrat et qu'un billet de 4 000 $ doive être remboursé à la fin de chacun des cinq premiers exercices ; que les billets ne comportent aucun intérêt ; que la somme de 10 000 $ de location ne soit pas remboursable, ni en totalité ni en partie, et que Crevette-O-Bec conserve la propriété des équipements. De quelle façon devrait-on comptabiliser la portion locative de la redevance initiale de 35 000 $? Justifiez votre réponse.

C 6. La constatation des produits d'une entreprise de services

(30 minutes – facile)

Puce et Octet ltée (POL) est une jeune entreprise qui se spécialise dans l'informatisation de dossiers de patients en milieu hospitalier. Un groupe de 15 hôpitaux fait appel aux services de POL pour élaborer et implanter un dossier médical informatisé. Le dossier requis devrait contenir tous les renseignements relatifs à l'accueil du patient, au diagnostic et au suivi médical, aux archives radiologiques et à la consommation de médicaments. Le contrat prévoit que POL dispose de deux ans pour achever les travaux d'élaboration et d'implantation. POL a obtenu ce contrat de 3 000 000 $ par voie de soumission. Il va sans dire que l'obtention de ce contrat est importante pour POL qui a ainsi la chance de faire une percée dans le milieu hospitalier après avoir engagé plusieurs milliers de dollars en frais de développement et de représentation.

Travail à faire

a) Décrivez les quatre méthodes de constatation des produits que POL pourrait employer, de même que le traitement des frais initiaux directs, des frais directs et des frais indirects selon chacune de ces méthodes.

b) Quelle méthode de constatation des produits et des charges recommanderiez-vous à POL ? Justifiez votre réponse.

C 7. La consignation

(15 minutes – facile)

Délice-O-Lèvres inc. (DOLI) est une petite entreprise qui fabrique des confiseries et qui se sert de la vente en consignation pour faire connaître ses confiseries. Chaque boîte de confiseries coûte 3 $ à DOLI et est vendue au détail à 7,50 $. Une commission de 1 $ par boîte est accordée aux détaillants.

La présidente de DOLI pense que les produits devraient être constatés à la livraison des boîtes de confiseries, puisqu'à ce moment-là le prix de vente, le coût et la commission seraient connus. De plus, les détaillants sont tenus de vendre la totalité des boîtes de confiseries qu'ils ont accepté de recevoir en consignation. De l'avis de la présidente, l'envoi des marchandises constitue l'événement important devant guider la constatation des produits.

Travail à faire

Rédigez, à l'attention de la présidente, une note de service décrivant la nature des ventes en consignation et précisant le moment où les produits découlant de la vente des boîtes de confiseries devraient être constatés.

C 8. La constatation des produits

(20 minutes – moyen)

Le conseil d'administration doit approuver les états financiers de Pressier ltée présentés par P.C. Géhère de la firme comptable Leconte Hantay et associés. M. Ino Cent, membre du conseil d'administration, demande la raison pour laquelle l'état des résultats est fondé sur l'hypothèse que les produits d'exploitation sont gagnés en fonction des numéros publiés. Il estime que le bénéfice réalisé dépend plutôt de l'encaissement du prix des abonnements et que la seule raison qui justifie la comptabilisation des produits en fonction des numéros publiés est le désir de niveler les bénéfices.

Travail à faire

Jouez le rôle de P.C. Géhère, C.A., représentante de Leconte Hantay et associés, et répondez aux propos de M. Ino Cent.

3

C 9. Les relations existant entre l'évaluation des actifs, la constatation des produits et le rapprochement des produits et des charges

(35 minutes – difficile)

Les bénéfices d'une entreprise proviennent de la conversion continuelle de biens et de ressources en d'autres biens et d'autres ressources. Par exemple, grâce à sa main-d'œuvre et à son matériel, une entreprise convertit des stocks de matières premières en d'autres éléments d'actif : des comptes clients et de l'argent. La valeur des nouveaux actifs ainsi créés s'appelle « produits », celle des biens et ressources consommés porte le nom de « charges », et l'augmentation de la valeur s'appelle « bénéfice ». On peut donc faire valoir qu'il y a des relations entre l'évaluation des actifs, la constatation des produits et le rapprochement des produits et des charges. On peut citer notamment les relations suivantes :

a) Le choix de la méthode d'évaluation des actifs a une incidence sur la constatation des produits.

b) La théorie retenue pour constater un bénéfice a une incidence sur l'évaluation des actifs concernés.

c) Le choix du moment de la constatation des produits et des charges est lié à la nature des opérations.

d) Lorsque les objectifs de l'évaluation des actifs et ceux de la constatation du bénéfice sont contradictoires, on est amené à retenir soit la méthode d'évaluation des actifs que l'on juge préférable, soit la méthode de constatation du bénéfice que l'on juge la meilleure.

Source :
Examen final de
l'O.C.A.Q. de
1982 – Épreuve II,
question 4

Travail à faire

Discutez de chacune des quatre relations énoncées ci-dessus.

C 10. Plusieurs unités de comptabilisation

(20 minutes – moyen)

M. Tranchemontagne exploite un hôpital vétérinaire à Mont-Joy depuis 10 ans. Au cours de l'exercice 20X0, il a instauré une nouvelle pratique commerciale. En effet, il s'est lancé dans la vente d'aras. Chaque perroquet lui coûte 2 500 $. Ces oiseaux peuvent être achetés à un seul autre endroit au Canada, soit en Colombie-Britannique. Dans cette province, le prix de vente s'élève à 3 700 $. Un tel volatile nécessite des consultations mensuelles chez le vétérinaire. Très peu de ces spécialistes s'y connaissent en la matière étant donné la rareté de ces oiseaux au Canada. M. Tranchemontagne estime en moyenne à 1 000 $ par animal le coût des consultations de base annuelles, excluant toute intervention chirurgicale ou traitement particulier. Le vétérinaire a pu se procurer 10 de ces oiseaux rares qu'il a revendus aux conditions suivantes. Le prix de vente s'élève à 5 000 $. Il comprend le service de consultation de base pour les deux premières années au cours desquelles le client possède l'animal. Cette somme est non remboursable, même en cas de décès de l'oiseau. De plus, aucun droit de retour n'est consenti aux clients.

La vente des oiseaux a eu lieu au comptant au cours du mois de mai 20X0. La fin de l'exercice de l'Hôpital vétérinaire de Mont-Joy est le 30 mai.

Travail à faire

Expliquez comment il convient de constater les produits découlant de la vente des aras.

C 11. La constatation des produits – problèmes particuliers

(40 minutes – moyen)

Système X inc. (SXI) est spécialisée dans le domaine de l'informatique. Mme Vachon, directrice générale de la société, reçoit une prime calculée sur le bénéfice avant impôts. Les produits de SXI proviennent de la vente de matériel informatique et de logiciels. Cependant, en 20X6, SXI a diversifié sa gamme de produits et services.

Vous avez récemment été embauché par le cabinet comptable L'Heureux et associés. SXI est un client de longue date du cabinet. Vous êtes affecté à l'examen des états financiers de SXI. L'exercice de SXI se termine le 30 juin. Le bénéfice avant impôts s'élève actuellement à 900 000 $, soit le double de l'année dernière. L'entreprise fait appel à un système d'inventaire permanent. Nous sommes le 15 juillet 20X6. Les opérations suivantes attirent votre attention.

1. SXI a développé un nouveau logiciel, SXI-Antivirus, au coût de 600 000 $. SXI a expédié le logiciel le 25 juin 20X6 à tous les clients qui en ont fait la demande. Les clients ont payé par carte de crédit, et les produits totaux s'élèvent à 850 000 $. Les clients disposent de deux mois pour faire l'essai du logiciel. Ils peuvent le retourner avec plein remboursement s'ils n'en sont pas satisfaits. Un code de réactivation est nécessaire pour faire fonctionner le logiciel au bout de deux mois. Ce code sera transmis à tous les clients qui n'auront pas retourné le logiciel le 25 août 20X6. C'est la première fois que SXI explore le marché des logiciels antivirus. Les produits et les coûts relatifs à ce logiciel ont été constatés en juin 20X6.

2. Le 30 avril 20X6, SXI a installé un système Réseau chez un nouveau client, La Gendarmerie nationale du Bouganda. Les coûts totaux engagés par SXI pour la mise au point et l'installation du système s'élèvent à 300 000 $. Le prix de vente s'établit à 380 000 $ et est payable 30 jours après la livraison. SXI a reçu le paiement le 30 mai. La Gendarmerie nationale du Bouganda dispose d'une période d'essai de trois mois pour tester l'ensemble des fonctions du système et vérifier si celui-ci répond parfaitement à toutes les spécifications originalement adressées à SXI. Le client peut exiger un remboursement complet si ces spécifications ne sont pas respectées. C'est la première fois que SXI installe ce type de système. Puisque SXI n'a reçu aucune plainte du client au 30 juin, les produits découlant de la vente du système Réseau ont été entièrement constatés en 20X6.

3. En 20X6, SXI a décroché un nouveau contrat lié à l'élaboration d'un système de gestion des réservations pour une nouvelle chaîne d'hôtels québécoise. Le contrat, d'une valeur de 750 000 $, comprend le système et la formation de tous les employés. Des systèmes semblables sont offerts sur le marché au prix de 700 000 $. De plus, des concurrents de SXI seraient en mesure d'offrir la formation pour la somme approximative de 60 000 $. SXI a testé le système et peut objectivement démontrer qu'il répond aux spécifications. La société s'est aussi engagée à fournir des séances supplémentaires de formation tant que le personnel ne sera pas complètement à l'aise avec l'utilisation du système. Le système a été livré à la fin du mois de juin 20X6, mais la formation ne sera fournie qu'au cours des deux dernières semaines de juillet. Les produits totaux de 750 000 $ ont été constatés. Les coûts de développement du système, d'un montant de 680 000 $, ont aussi été imputés en charges. Le client a déjà payé la moitié du montant en cause. La différence est exigible le 31 juillet 20X6.

4. Au cours de 20X6, SXI s'est portée acquéreur de la totalité des actions d'un fabricant de logiciels spécialisés dans les jeux pour enfants. Ce concurrent avait l'habitude d'accorder à ses clients un droit de retour de trois mois, politique que SXI a continué d'appliquer. L'historique montre que les retours représentent environ 5 % des ventes. Les ventes pour les mois d'avril, mai et juin 20X6 totalisent 150 000 $. De ce montant 2 % de retours ont été effectués et convenablement comptabilisés au 30 juin 20X6. SXI réalise une marge brute de 40 % sur la vente de ces logiciels.

Travail à faire

Préparez un rapport, destiné à votre chef de groupe, traitant des problèmes de comptabilité afférents à l'examen des états financiers de l'exercice 20X6 et comprenant les écritures de correction nécessaires.

3

Les résultats et les bénéfices non répartis

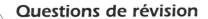 **Questions de révision**

1. Quel lien peut-on faire entre les besoins des utilisateurs, les objectifs des états financiers et l'utilité de l'état des résultats?

2. Puisque l'état des résultats fournit des informations historiques, comment peut-il être utile pour évaluer les perspectives d'avenir d'une entreprise?

3. Quelles questions fondamentales peuvent influer sur le contenu de l'état des résultats?

4. Quelle différence y a-t-il entre la méthode analytique et la méthode de la variation de l'actif net pour le calcul du bénéfice net d'un exercice?

5. Qu'entend-on par «méthode du résultat global pour le calcul du bénéfice net»?

6. Quels soldes intermédiaires ressortent de la présentation d'un état des résultats à groupements multiples, mais qui ne ressortent pas de la présentation d'un état des résultats à groupements simples?

7. Quelle présentation le Conseil des normes comptables (C.N.C.) privilégie-t-il: la présentation à groupements simples ou la présentation à groupements multiples?

8. Quelles sont les principales composantes d'un état des résultats dressé conformément aux recommandations du *Manuel de l'I.C.C.A.*?

9. Les activités abandonnées dont il est question au chapitre 3475 du *Manuel de l'I.C.C.A.* ont trait aux activités d'une composante. Qu'est-ce qu'une composante?

10. Pourquoi convient-il de présenter de manière distincte, à l'état des résultats, les résultats afférents aux composantes dont les activités ont été abandonnées?

11. Dans quelles conditions devient-il nécessaire et obligatoire de présenter les résultats d'une composante à titre d'activités abandonnées à l'état des résultats?

12. Quels éléments doit-on considérer dans le calcul du gain ou de la perte découlant de l'abandon des activités?

13. Lorsqu'une composante est classée comme destinée à la vente, comment doit-on présenter les postes du bilan qui s'y rapportent?

14. Quelles sont les informations complémentaires à présenter par voie de note sur les activités abandonnées?

15. Comment convient-il de présenter les résultats d'une composante dont les activités ont été abandonnées dans l'exercice qui suit celui où ils ont été présentés à titre d'activités abandonnées pour la première fois?

16. Quelles sont les caractéristiques essentielles d'un élément extraordinaire?

17. Comment doit-on présenter les éléments extraordinaires à l'état des résultats ? Quelles informations convient-il de fournir par voie de notes complémentaires ?

18. Pour calculer le résultat par action, quels chiffres de l'état des résultats doit-on mettre en relation avec le nombre moyen d'actions en circulation ?

19. Quelle est l'utilité de présenter par voie de notes complémentaires les conventions comptables selon lesquelles sont comptabilisés certains éléments de l'état des résultats ?

20. Pourquoi est-il jugé utile de fournir une information sectorielle dans les états financiers d'une entreprise diversifiée ?

21. Quels facteurs doit-on prendre en considération pour identifier les secteurs d'exploitation ?

22. Quels critères quantitatifs le C.N.C. suggère-t-il pour identifier les secteurs d'exploitation isolables ?

23. Qu'entend-on par « mesure du résultat sectoriel » ?

24. Quelles sont les grandes catégories d'informations sectorielles à divulguer pour les secteurs d'exploitation ?

25. Comment considère-t-on les secteurs géographiques dans lesquels évolue l'entreprise aux fins de la présentation des informations sectorielles ?

26. Quels sont les avantages d'utiliser la sectorisation organisationnelle pour identifier les secteurs d'exploitation ? Quels sont les inconvénients d'une telle approche ?

27. Pourquoi un même fait économique peut-il être présenté différemment à l'état des résultats de deux entreprises ?

28. Déterminez certaines faiblesses de l'état des résultats.

29. Quelles sont les principales différences entre les exigences de contenu des états financiers intermédiaires et celles des états financiers annuels ?

30. Quelles sont les deux grandes approches pour mesurer les résultats intermédiaires ? Quelle approche le C.N.C. retient-il ?

31. Quels éléments influent sur l'évolution des bénéfices non répartis ?

32. Pourquoi est-il justifié de redresser les états financiers des exercices antérieurs pour tenir compte des modifications de conventions comptables ?

33. Quels sont les deux modes de présentation des changements survenus dans les bénéfices non répartis ?

34. Comment doit-on présenter les résultats des activités abandonnées et les éléments extraordinaires à l'état des flux de trésorerie ?

35. Qu'entend-on par « résultat étendu » et quelles en sont les composantes ?

Exercices \\\\\\\\\\\\\\\\\\\

E 1. Les activités abandonnées

4

Pour chacun des cas suivants, déterminez s'il s'agit d'une composante au sens que lui donne le chapitre 3475 du *Manuel de l'I.C.C.A.*

a) Une entreprise spécialisée dans le domaine de la quincaillerie exploite sept succursales dans sept provinces canadiennes. L'entreprise décide de fermer l'une de ces succursales.

b) Une société évolue dans les trois domaines suivants : la conception de logiciels, la vente de matériel informatique et la consultation en informatique. Elle possède trois filiales qui vendent du matériel informatique. La société vend l'une de ses filiales dont les activités représentent 25 % des activités globales de vente de matériel informatique. Les clients de cette filiale seront désormais desservis par une autre filiale de la société.

c) Une entreprise spécialisée dans la fabrication, la commercialisation et la vente de bâtons de hockey est également propriétaire d'un magasin de bicyclettes pour lequel une information financière distincte est disponible. Les bénéfices sur la vente de bicyclettes s'élèvent à 10 % des bénéfices globaux de l'entreprise. La direction a approuvé un plan de vente pour le magasin de bicyclettes. La vente doit avoir lieu dans 10 mois. La direction se retire complètement de ce secteur d'activités.

d) Une multinationale évoluant uniquement dans le domaine de la conception de pièces électroniques possède différentes filiales en Europe, aux États-Unis et au Canada. Elle décide de se départir des éléments d'actif de tous ses établissements européens.

e) Une société qui vend des croustilles à des magasins d'alimentation possède également deux établissements commerciaux dans lesquels les ventes sont faites directement aux consommateurs. Elle décide de fermer ces deux points de vente et de se concentrer exclusivement sur la vente en gros.

E 2. Le gain ou la perte découlant de l'abandon d'activités

Les renseignements suivants concernent une composante classée comme destinée à la vente au cours de 20X4 :

Produits d'exploitation pour 20X4	*4 800 000 $*
Charges d'exploitation pour 20X4	*5 000 000*
Réduction de valeur des éléments d'actif destinés à être cédés	*100 000*
Économie d'impôts pour 20X4	*110 000*

Quels montants devront figurer sous la rubrique Activités abandonnées à l'état des résultats pour 20X4 ?

E 3. Les éléments extraordinaires

Les faits ou opérations décrits ci-dessous peuvent-ils donner lieu à un élément extraordinaire ? Expliquez chacune de vos réponses.

a) Une entreprise radie de ses livres le coût non amorti d'un brevet de 25 000 $. En effet, on a arrêté la fabrication du produit concerné.

b) Une entreprise a obtenu un emprunt hypothécaire à un taux de 12 %. L'une des clauses du contrat spécifiait que l'emprunteur devait conserver un ratio d'endettement inférieur à 65 %. L'entreprise n'ayant pas pu maintenir un tel ratio, la banque a exigé de renégocier le prêt au début du présent exercice. Le solde du prêt était de 1 000 000 $ au moment de la renégociation. Une pénalité de 1 % a été exigée sur le solde du prêt, et le nouveau prêt a été négocié à un taux de 15 %.

c) Des vents violents détruisent une partie du verger d'un producteur de pommes. La perte est importante.

d) À la suite de l'expropriation, par le gouvernement provincial, du terrain sur lequel passait un chemin permettant à une entreprise forestière de se rendre en forêt, cette entreprise se voit contrainte de construire un nouveau chemin. Le produit de l'expropriation est de 350 000 $, le coût du terrain exproprié est de 100 000 $ et le coût de construction du nouveau chemin pour se rendre en forêt s'élève à 130 000 $.

e) Une entreprise débourse 300 000 $ en pots-de-vin pour obtenir un contrat important.

E 4. Le résultat par action

Au cours de l'exercice 20X0, le nombre d'actions ordinaires en circulation de la société BPL inc. est resté inchangé à 50 000 actions. Voici un état des résultats sommaires de la société pour l'exercice :

Bénéfice sur activités maintenues	*500 000 $*
Résultats d'exploitation issus des activités abandonnées	*(100 000)*
Bénéfice avant élément extraordinaire	*400 000*
Élément extraordinaire	*200 000*
Bénéfice net	*600 000 $*

Quels chiffres du résultat par action devra-t-on inscrire aux états financiers de BPL inc. pour l'exercice 20X0 ?

4

E 5. La révision d'estimations comptables

Au début de l'exercice 20X0, Robin inc. a acquis, au prix de 100 000 $, une pièce d'équipement dont la valeur résiduelle sera nulle dans cinq ans, soit au terme de sa durée d'utilisation. Il est donc prévu d'imputer une charge d'amortissement annuelle de 20 000 $ pour les exercices 20X0 à 20X4. Toutefois, au début de l'exercice 20X1, la direction de Robin inc. constate que la pièce d'équipement en question ne sera utilisée que pour les exercices 20X1 et 20X2, au terme desquels elle n'aura toujours pas de valeur résiduelle.

Précisez le traitement comptable à adopter dans un tel cas. Déterminez la charge d'amortissement relative à cette pièce d'équipement pour l'exercice 20X1.

E 6. Les informations sectorielles

Dans l'exemple suivant, identifiez les secteurs d'exploitation isolables selon les critères quantitatifs du C.N.C.

	Secteurs			
	A	B	C	D
Ventes à l'externe	200 $	130 $	900 $	90 $
Ventes intersectorielles	50		20	
Résultat sectoriel[1]	(80)	10	500	20
Actif sectoriel	3 000	900	3 300	700

1. Résultat sur lequel est évalué le responsable du secteur d'exploitation.

E 7. Les informations sectorielles

La société Citron ltée vend des automobiles. Elle offre également un service de financement à ses clients. Voici la répartition des actifs, du chiffre d'affaires et du résultat sectoriels pour ces deux secteurs :

	Actifs	Chiffre d'affaires	Résultat
Vente d'automobiles, pièces et service	85 %	86 %	84 %
Service de financement	15 %	14 %	16 %

La direction de Citron ltée prétend qu'elle ne doit pas présenter d'informations sectorielles, car elle n'évolue que dans un secteur d'exploitation, le domaine de l'automobile. Cette position de la direction est-elle acceptable compte tenu des exigences du chapitre 1701 du *Manuel de l'I.C.C.A.* ? Justifiez votre réponse.

E 8. Les résultats intermédiaires

Sirois ltée est une entreprise de services. Elle présente des rapports financiers intermédiaires à ses 50 actionnaires. Au cours des années précédentes, la société a gagné ses produits annuels durant les périodes intermédiaires au rythme suivant :

Premier trimestre	30 %
Deuxième trimestre	50 %
Troisième trimestre	10 %
Quatrième trimestre	10 %

Cependant, les coûts fixes annuels de l'entreprise, qui s'élèvent approximativement à 400 000 $, sont engagés uniformément tout au long de l'exercice.

En supposant que les coûts fixes engagés au cours du premier trimestre s'élèvent à 100 000 $, quel montant des frais fixes doit-on imputer aux résultats du premier trimestre, selon la méthode de la période discrète et selon la méthode de la période intégrée ?

4

E 9. L'état des résultats et des bénéfices non répartis

M. Levert, employé de Braban ltée, a préparé l'état des résultats suivant pour l'exercice terminé le 31 mars 20X1 :

BRABAN LTÉE
Résultats
de l'exercice terminé le 31 mars 20X1

Produits d'exploitation	1 250 000 $
Charges d'exploitation	1 055 000
Bénéfice net de l'exercice	195 000 $

Les charges d'exploitation comprennent les éléments suivants :

Amortissement des immobilisations	30 000 $
Intérêts sur la dette à long terme	69 500
Créances douteuses	500
Perte sur aliénation d'un placement	50 000
Dividendes sur actions ordinaires	30 000

La charge d'impôts n'a pas été calculée (taux de 30 %). Le solde des bénéfices non répartis au 1er avril 20X0 s'élevait à 550 000 $.

M. Levert ne veut présenter aux états financiers que les informations minimales qu'exigent les normes comptables. Indiquez-lui comment les informations qu'il vous a fournies devraient être présentées aux états financiers de l'exercice 20X1.

E 10. Des coûts rattachés à une opération de retrait ou de sortie

Le 15 décembre 20X1, la direction de la société Mode Mondiale inc. a décidé de cesser la production de l'une de ses collections de vêtements, celle des vêtements de maternité. La production a cessé le 15 janvier 20X2. La fin de l'exercice de la société est le 31 décembre. Plusieurs conséquences découlent de cette décision :

- Des coûts de réagencement des installations de production seront engagés en mars 20X2.
- Le contrat d'approvisionnement avec le fournisseur a été rompu le 20 décembre 20X1. À cette date, Mode Mondiale inc. a signifié au fournisseur sa volonté de mettre fin à l'entente et d'assumer la pénalité de 100 000 $ pour rupture de contrat, tel que le prévoit une clause de l'entente. Cette pénalité est payable trois mois après l'avis de rupture de contrat.
- Les cinq employés en cause seront réaffectés à d'autres activités de production. Des cours de recyclage leur ont été offerts au cours du mois de février 20X2. Ils seront affectés à leurs nouvelles fonctions en mars 20X2.

Quels coûts devront être constatés aux résultats de l'exercice terminé le 31 décembre 20X1 ?

E 11. La présentation des activités abandonnées et des éléments extraordinaires à l'état des flux de trésorerie

L'encaisse de la société Virtuelcom inc. a évolué de la façon suivante, au cours de l'exercice terminé le 31 décembre 20X0 :

Encaisse au 1er janvier 20X0		45 000 $
Plus :		
Sommes encaissées des clients de la division A	1 300 000 $	
Sommes encaissées des clients de la division B	200 000	
Somme reçue à la suite de l'expropriation d'un terrain détenu pour expansion future	150 000	
Somme encaissée à la suite de la vente des éléments de l'actif net de la division B	300 000	
Dividendes encaissés sur un placement de portefeuille	10 000	
Total des encaissements		1 960 000

Moins :

Paiements aux fournisseurs de la division A	1 200 000
Paiements aux fournisseurs de la division B	220 000
Frais payés lors de la vente des éléments de l'actif net de la division B	10 000
Remboursement d'une dette de la division A	110 000
Intérêts payés sur les emprunts de la division A	5 000
Dividendes payés aux actionnaires	15 000
Acquisition d'un placement de portefeuille	200 000
Acquisition d'immobilisations corporelles pour la division A	225 000
Total des décaissements	(1 985 000)
Encaisse au 31 décembre 20X0	20 000 $

Le 28 février 20X0, la direction a cédé une composante, la division B, et s'est retirée des activités de cette composante. Il n'y a eu aucun paiement d'impôts en 20X0.

Travail à faire

Préparez un état des flux de trésorerie pour la société Virtuelcom inc. selon la méthode directe pour l'exercice terminé le 31 décembre 20X0.

E 12. Le résultat étendu

La société Bouvier ltée a effectué les opérations suivantes en 20X3 et 20X4 :
- Le 31 janvier 20X3, Bouvier ltée a acheté 1 500 actions ordinaires de la société ABC inc. au prix de 60 000 $. Le 31 décembre 20X3, ces actions avaient une juste valeur totale de 65 000 $. Ce placement entre dans la catégorie des instruments financiers disponibles à la vente.
- Le 25 mars 20X4, Bouvier ltée s'est portée acquéreur de 3 000 actions ordinaires de DEF inc. au prix de 110 000 $. Ce placement entre dans la catégorie des instruments financiers disponibles à la vente. Le 31 décembre 20X4, ces actions montraient une juste valeur de 112 000 $.
- Le 30 juin 20X4, Bouvier s'est départie de ses actions de ABC inc. pour un montant de 66 000 $.
- Le bénéfice net pour 20X4 s'élève à 235 000 $ avant de tenir compte de tout gain afférent aux instruments financiers identifiés précédemment.
- Le taux d'imposition applicable aux gains sur instruments financiers est de 20 %.

Travail à faire

Préparez l'état du résultat étendu de Bouvier ltée pour l'exercice terminé le 31 décembre 20X4.

Problèmes de compréhension

P 1. Les éléments extraordinaires, les autres éléments et la ventilation des impôts

(30 minutes – facile)

Voici une ébauche de l'état des résultats de Filament inc., une société du domaine des petits outils :

FILAMENT INC.
Résultats
de l'exercice terminé le 31 mars 20X1

Produits d'exploitation	5 000 000 $
Charges d'exploitation	(4 000 000)
Perte extraordinaire	(200 000)
Perte découlant de la cession des actifs d'une composante	(100 000)
Correction d'une erreur	50 000
Bénéfice avant impôts	750 000
Impôts sur le bénéfice (40 %)	(300 000)
Bénéfice net	450 000 $

Les produits et les charges d'exploitation comprennent respectivement 600 000 $ et 650 000 $ se rapportant à la composante dont les activités ont été abandonnées et dont les éléments d'actif ont été vendus au cours de l'exercice. La société s'est retirée des activités de cette composante, à la suite de la vente de cette dernière. La perte extraordinaire découle d'une expropriation.

Le taux d'imposition de 40 % s'applique à tous les éléments qui composent les résultats de l'exercice. De plus, au cours de l'exercice, la direction a retracé une erreur dans la facturation d'un client, commise deux ans auparavant. À cet égard, on a recouvré un montant de 50 000 $ auprès de ce client au cours de l'exercice.

Travail à faire

Dressez un état des résultats pour l'exercice 20X1 dans lequel le bénéfice net de l'exercice sera déterminé selon les recommandations du C.N.C.

P 2. L'état des résultats à groupements simples et à groupements multiples et la ventilation des impôts (45 minutes – facile)

Voici la liste des comptes de résultats ainsi que le solde de ces comptes provenant de la balance de vérification de la société HLM inc. au 31 décembre 20X1, date de fin du dernier exercice financier :

Chiffre d'affaires	3 200 000 $
Escomptes sur ventes	50 000
Produits de dividendes	30 000
Produits d'intérêts	20 000
Gain découlant de l'expropriation d'un terrain détenu pour expansion future	120 000
Achats de marchandises	1 800 000
Escomptes sur achats	20 000
Salaires et commissions aux vendeurs	340 000
Salaire du personnel administratif	220 000
Avantages sociaux – Vendeurs	25 000
Avantages sociaux – Administration	15 000
Charges sociales	60 000
Publicité et frais de représentation	50 000
Fournitures de bureau	15 000
Créances douteuses	40 000
Télécommunications	22 000
Loyer	60 000
Électricité et chauffage	16 000
Intérêts sur la dette à long terme	60 000
Intérêts sur la dette à court terme	22 000
Autres frais d'administration	25 000
Autres frais de vente	30 000
Perte sur la sortie d'une immobilisation	20 000
Perte d'exploitation d'une composante abandonnée	140 000
Perte sur la sortie des éléments d'actif de la composante abandonnée	90 000

Autres renseignements

- Les stocks au début et à la fin de l'exercice s'élèvent respectivement à 400 000 $ et à 450 000 $.
- Le taux d'imposition de 50 % s'applique à toutes les composantes de l'état des résultats. Nous n'avons pas encore pris en considération le facteur fiscal.
- Le coût du loyer est attribué pour 40 % aux frais de vente, tandis que le reste est attribué aux frais d'administration. La ventilation est faite en fonction de la superficie.
- La société n'évoluera plus dans les activités de la composante abandonnée.

Travail à faire

a) Dressez l'état des résultats de HLM inc. pour l'exercice 20X1 selon le mode de présentation à groupements multiples. Présentez tous les postes sans exception à l'état des résultats.

b) Dressez l'état des résultats selon le mode de présentation à groupements simples. N'indiquez que le total des grandes catégories de postes pouvant être groupés.

4

P 3. Les activités abandonnées

(15 minutes – facile)

Voici deux situations indépendantes exposant les résultats afférents aux activités d'une composante classée comme destinée à la vente au cours de l'exercice 20X4. Ses éléments d'actif à long terme sont composés uniquement d'immobilisations corporelles. La date de cession est prévue pour le milieu de 20X5. La direction compte se retirer des activités de la composante après la cession. Le taux d'imposition à considérer dans les calculs est de 30 %.

	Situations	
	1	*2*
Bénéfice (perte) d'exploitation pour 20X4	*(200) $*	*50 $*
Immobilisations corporelles		
Valeur comptable au 31 décembre 20X4	*1 700*	*1 700*
Juste valeur au 31 décembre 20X4	*1 400*	*1 720*

Travail à faire

Pour chaque situation, déterminez le montant qui devra être présenté à l'état des résultats de 20X4 relativement aux activités abandonnées.

P 4. Les activités abandonnées

(30 minutes – facile)

Le 30 novembre 20X0, la société GTL ltée approuve un plan de vente pour sa seule division de débosselage. Après cette décision, la division est immédiatement disponible pour la vente. La société exerce le reste de ses activités dans la distribution de pièces d'automobiles. Les résultats globaux de GTL ltée pour l'exercice terminé le 31 décembre 20X0 sont les suivants :

GTL LTÉE
Résultats
de l'exercice terminé le 31 décembre 20X0

Chiffre d'affaires	*1 000 000 $*
Coût des marchandises vendues	*500 000*
Marge bénéficiaire brute	*500 000*
Frais d'exploitation	*100 000*
Bénéfice avant impôts	*400 000*
Impôts sur le bénéfice	*200 000*
Bénéfice net	*200 000 $*

Ces résultats globaux comprennent les résultats de la division de débosselage qui se résument comme suit pour l'exercice 20X0 :

Ventes	*220 000 $*
Coût des marchandises vendues	*160 000*
Marge bénéficiaire brute	*60 000*
Frais d'exploitation	*11 000*
Bénéfice avant impôts	*49 000*
Impôts sur le bénéfice	*24 500*
Bénéfice net	*24 500 $*

À la fin de 20X0, des négociations sérieuses étaient en cours avec un acheteur. La vente de la division a finalement eu lieu le 31 janvier 20X1. Après la cession, GTL ltée s'est retirée complètement des activités de débosselage. Au 31 décembre 20X0, on estimait la juste valeur du groupe d'éléments d'actif de la division de débosselage à 350 000 $ alors que leur valeur comptable s'élevait à 380 000 $. Nous sommes le 15 février 20X1.

Travail à faire

a) Expliquez pourquoi la division de débosselage représente une composante au sens du chapitre 3475 du *Manuel de l'I.C.C.A.*

b) Préparez, en bonne et due forme, l'état des résultats de GTL ltée pour l'exercice terminé le 31 décembre 20X0.

P 5. **Les activités abandonnées**
et un élément non fréquent   (40 minutes – moyen)

Les titres de la société Maple Loaf se négocient à la Bourse de Montréal. L'entreprise table sur trois secteurs d'activités : les produits de la viande, les produits de boulangerie et les produits agroalimentaires. Les risques et avantages reliés à ces secteurs d'activités sont différents. Le 31 décembre 20X0, date de sa fin d'exercice, la société a approuvé un plan de vente relatif à ses deux divisions du secteur agroalimentaire.

Les résultats des trois secteurs d'activités s'établissent comme suit pour 20X0 (les chiffres sont en millions de dollars) :

	Viande	Boulangerie	Agro-alimentaire	Total
Chiffre d'affaires	2 500 $	850 $	650 $	4 000 $
Coût des ventes et autres frais	1 300	600	540	2 440
Amortissement	400	100	60	560
Intérêts sur la dette à long terme	300	50	40	390
Bénéfice avant impôts	500	100	10	610
Impôts (40%)	200	40	4	244
Bénéfice net	300 $	60 $	6 $	366 $

Le coût des ventes et autres frais du secteur des produits de la viande comprend une perte de 200 000 000 $ à la suite de la radiation d'un client important. C'est la première fois que Maple Loaf subit une perte de créance d'une telle ampleur.

La vente des deux divisions de l'agroalimentaire s'est concrétisée le 16 février 20X1, avant la mise au point définitive des états financiers de 20X0. Au 31 décembre 20X0, la valeur comptable totale des immobilisations et des actifs incorporels de ces divisions excédait de 320 000 000 $ leur juste valeur.

Cinq analystes financiers de différentes maisons de courtage suivent les titres de la société.

Travail à faire

Préparez l'état des résultats de Maple Loaf pour 20X0. Expliquez comment la classification des postes que vous adopterez conformément aux exigences du *Manuel de l'I.C.C.A.* est susceptible d'aider les analystes qui suivent les titres de la société.

P 6. **L'abandon d'activités – Présentation sous forme comparative**
d'états financiers dressés subséquemment   (35 minutes – moyen)

Le 31 octobre 20X1, la direction de la société Biberex inc. a adopté un plan de vente de FLO, sa seule division spécialisée dans le domaine de la vente de vêtements pour enfants. Les autres produits d'exploitation de la société proviennent de la vente de biberons, de laits maternisés et autres produits connexes. La vente de FLO est prévue pour le 15 septembre 20X2. La division est immédiatement disponible pour la vente. Le prix demandé est raisonnable. Il est probable que la vente se concrétise dans les délais prévus. La direction a l'intention de se retirer du secteur de la vente de vêtements pour enfants.

Voici les données (avant impôts au taux de 40 %) devant servir à la préparation de l'état des résultats pour l'exercice terminé le 31 décembre 20X1 :

Perte d'exploitation de FLO pour l'exercice 20X1	12 000 $
Valeur comptable des éléments d'actif non monétaires à long terme de la division FLO au 31 décembre 20X1	950 000
Juste valeur des éléments d'actif non monétaires à long terme de la division FLO au 31 décembre 20X1	900 000

La vente s'est effectivement concrétisée en août 20X2. Voici les données (avant impôts au taux de 40 %) devant servir à la préparation de l'état des résultats pour l'exercice terminé le 31 décembre 20X2 :

Perte d'exploitation de FLO pour l'exercice 20X2	52 000 $
Valeur comptable des éléments de l'actif net	
de la division FLO au moment de la vente	525 000
Produit de disposition des éléments de l'actif net	
de la division FLO	535 000

Travail à faire

a) Convient-il de présenter les résultats de la division FLO à titre d'activités abandonnées à l'état des résultats ?

b) Préparez un extrait de la section Activités abandonnées de l'état des résultats de Biberex inc. pour l'exercice 20X2 et fournissez les données comparatives pour l'exercice précédent.

P 7. Les éléments extraordinaires   (45 minutes – difficile)

Pour chacun des faits ou opérations décrits ci-dessous, indiquez s'il en résulte un élément extraordinaire. Justifiez chacune de vos réponses.

a) Une entreprise de transport scolaire possède une flotte de 50 autobus. Cette entreprise doit en renouveler une partie. Pour ce faire, elle achète 10 nouveaux autobus et cède 10 autobus d'occasion en échange. La perte provenant de cet échange s'élève à 30 000 $.

b) Le journal *Le Financier* se porte acquéreur de *L'Économique*, autre journal spécialisé. Afin de conserver sa nouvelle clientèle, la direction du journal *Le Financier* prolonge gratuitement l'abonnement annuel de tous les lecteurs de *L'Économique* pour une période de six mois. La majorité des lecteurs ont accepté cette proposition, ce qui représente une perte de produits d'exploitation de l'ordre de 700 000 $ pour la société. Le coût de production des journaux distribués gratuitement est estimé à 450 000 $. De plus, les lecteurs ayant refusé l'offre ont exigé un remboursement d'une partie de leur abonnement annuel correspondant aux numéros non publiés par *L'Économique* à la suite de l'intégration avec *Le Financier*. Le montant en cause est estimé à 10 000 $.

c) Une entreprise a engagé des frais de recherche de 200 000 $ pour créer un nouveau produit. Le projet a été un échec complet.

d) Une entreprise fabrique des transformateurs entreposés dans trois endroits différents au Canada. L'un des entrepôts a été complètement détruit par la foudre. Bien que le bâtiment soit entièrement couvert par une assurance, les articles stockés ne sont assurés que pour un montant maximal de 1 500 000 $. À cause d'une commande spéciale qui devait être livrée le jour qui a suivi l'orage, la valeur des stocks en entrepôt avait exceptionnellement dépassé la valeur assurée. Le coût des marchandises détruites est de 1 900 000 $.

e) L'équipe de hockey Les Gros Zélans joue ses matches locaux au stade Moderne. Un léger tremblement de terre provoque l'effondrement d'une poutre du toit du stade avant même que le premier match de la saison ait été joué. L'équipe est donc obligée de déménager. Des tremblements de terre sont très rares à cet endroit. Les charges totales liées au déménagement s'élèvent à 150 000 $.

f) Une entreprise construit des édifices commerciaux. Une semaine avant de recevoir la visite de l'ingénieur qui doit inspecter les travaux, le contremaître se rend compte qu'une erreur importante s'est produite. Pour corriger cette erreur, il a été nécessaire de faire travailler 10 personnes pendant 2 jours. La direction estime que les coûts totaux liés à cette erreur s'élèvent à 50 000 $, sans compter l'incidence sur l'échéancier des travaux.

P 8. La classification d'éléments aux états financiers   (20 minutes – moyen)

Vous êtes chef comptable de la société Patroslo, entreprise qui exploite un service de livraison. Voici certains faits ou opérations qui se sont produits au cours du présent exercice :

a) Patroslo possède deux divisions offrant un service de taxi. Chacune de ces divisions compte environ 30 automobiles. Patroslo vend les éléments d'actif d'une de ces divisions au cours de l'exercice et réalise un gain important. La société se retire complètement des activités de cette division qui sera maintenant exploitée par un concurrent. Un système comptable complet était disponible pour cette division.

b) Depuis les cinq dernières années, la société payait les primes d'assurance-vie de l'un de ses hauts dirigeants. Un montant important a été encaissé au cours de l'exercice à la suite du décès de ce cadre.

c) À la suite d'une décision d'un tribunal, Patroslo a dû exceptionnellement verser un montant important à l'un de ses clients. Ce client avait intenté, deux ans auparavant, une action en justice pour dommages et intérêts à cause de la perte de marchandises que Patroslo devait livrer dans les Territoires du Nord-Ouest. Patroslo n'était pas assurée pour ce genre de dommages. Avant cette décision du tribunal, la perte ne pouvait être estimée de façon raisonnable.

Travail à faire

Discutez du traitement comptable qu'il convient d'adopter relativement à chacun de ces faits ou opérations.

P 9. Les informations sectorielles

(40 minutes – moyen)

La société Diversifiée inc. évolue dans plusieurs secteurs d'activité : les pâtes et papiers (PP), le transport (T), la construction (C) et la vente d'équipements spécialisés (ÉS). Chacun de ces secteurs fait l'objet d'une évaluation distincte par la direction aux fins de l'affectation des ressources et de l'évaluation de la performance. Diversifiée inc. possède également des établissements au Canada (CA), aux États-Unis (É-U) et en France (FR). Voici certains renseignements concernant chacun des secteurs et les chiffres globaux figurant aux états financiers consolidés. Les charges sectorielles et les actifs sectoriels représentent la somme des charges et des actifs pris en compte par le responsable de l'exploitation dans ses décisions d'affectation des ressources et d'évaluation de la performance.

	PP	T	C	ÉS
Ventes à des tiers	5 000 $	300 $	400 $	200 $
Ventes intersectorielles		50		
Charges sectorielles	4 000	270	360	110
Amortissement inclus dans les charges sectorielles	900	20	30	5
Actifs sectoriels	30 000	2 900	2 400	900
Acquisitions d'immobilisations	3 000	400	200	50

	CA	É-U	FR
Ventes à des tiers	4 500 $	1 200 $	200 $
Immobilisations	15 000	10 000	700

Autres renseignements

- Aux états financiers consolidés, le chiffre d'affaires, le bénéfice avant impôts et le total de l'actif s'élèvent respectivement à 5 900 $, à 650 $ et à 38 200 $.
- La filiale spécialisée dans le transport offre ses services à la filiale spécialisée dans la construction. Les prix facturés correspondent aux prix du marché.
- Les éléments suivants ne font pas partie des chiffres sectoriels :

Intérêts sur la dette à long terme	300 $
Amortissement des immobilisations	100
Impôts sur les bénéfices	200
Frais d'administration	160
Équipements du siège social	2 000
Acquisitions d'immobilisations par le siège social	500

Travail à faire

Préparez une note complémentaire à joindre aux états financiers de la société Diversifiée inc. qui répondra aux exigences de présentation du *Manuel de l'I.C.C.A.*

4

P 10. Les rapports financiers intermédiaires   (15 minutes – facile)

La société CISO inc. existe depuis plusieurs années. Ses actions sont cotées en Bourse depuis six mois, soit depuis le début du présent exercice. À la fin des trois premiers mois de l'exercice courant, la société a préparé un rapport financier intermédiaire destiné aux actionnaires. Ce rapport financier fait ressortir les résultats pour la période de janvier à mars 20X1, ainsi que les chiffres correspondants pour la période de janvier à mars 20X0 aux fins de comparaison. La direction de la société a décidé de ne pas présenter d'information sectorielle dans ce rapport.

Le deuxième trimestre est maintenant terminé. Dans le rapport financier de ce trimestre, la direction veut présenter de manière distincte les résultats de la période couvrant les mois d'avril, mai et juin 20X1. Comme pour le trimestre précédent, elle ne veut pas présenter d'information sectorielle.

Travail à faire

Afin de respecter à la fois les volontés de la direction et les recommandations du chapitre 1751 du *Manuel de l'I.C.C.A.* :

a) pour quelle(s) période(s) les résultats intermédiaires devraient-ils être présentés ?
b) pour quelle(s) période(s) de l'exercice précédent les chiffres servant aux fins de comparaison devraient-ils être présentés ?
c) des informations sectorielles devraient-elles être présentées ?

P 11. L'état des résultats et des bénéfices non répartis   (45 minutes – moyen)

La société Séguin-Royer inc., qui avait 100 000 actions ordinaires en circulation au cours des exercices 20X0 et 20X1, a versé respectivement 200 000 $ et 300 000 $ de dividendes aux actionnaires ordinaires au cours de ces deux années. Le solde d'ouverture des bénéfices non répartis au 1er janvier 20X0 inscrit aux états financiers publiés à la fin de l'exercice précédent s'élevait à 5 000 000 $.

Voici le solde des comptes de résultats, en milliers de dollars, pour les deux exercices terminés le 31 décembre :

	20X1	20X0
Chiffre d'affaires	14 500 $	12 000 $
Achats de marchandises	7 500	6 000
Transport sur achats	500	500
Escomptes sur achats	150	100
Rendus et rabais sur achats	200	250
Salaires des vendeurs	1 250	1 150
Avantages sociaux – Vendeurs	100	90
Salaires du personnel de bureau	500	475
Salaires de la direction	300	280
Avantages sociaux – Personnel de direction	30	25
Charges sociales	250	230
Créances douteuses	800	900
Amortissement des camions de livraison	10	10
Entretien et réparations des camions de livraison	15	12
Publicité	150	200
Amortissement des bâtiments	100	100
Amortissement du matériel de bureau	30	25
Intérêts sur l'emprunt hypothécaire	500	550
Frais de location à court terme des camions de livraison	10	
Honoraires professionnels	60	50
Télécommunications	40	35
Électricité et chauffage	120	110
Entretien et réparations	180	150
Perte sur aliénation d'un camion		10
Frais de bureau	20	20
Perte extraordinaire	300	

	20X1	20X0
Stock au début de l'exercice	800 $	700 $
Stock à la fin de l'exercice	900	800

4

La société est assujettie à un taux d'imposition de 40 %. Nous n'avons pas pris en considération le facteur fiscal dans les montants fournis précédemment.

Travail à faire

a) Dressez, en bonne et due forme, un état comparatif des résultats à groupements multiples et un état comparatif des bénéfices non répartis pour l'exercice terminé le 31 décembre 20X1. Arrondissez vos calculs au millier de dollars près.

b) Dressez un état financier où seront reproduits à la fois les résultats et les changements survenus dans les bénéfices non répartis. Dans le cas des résultats, adoptez le format à groupements simples, où vous présenterez seulement le total de chacune des grandes catégories d'éléments.

P 12. Les résultats intermédiaires   (40 minutes – difficile)

La société Gigantesque anticipe un chiffre d'affaires total de 30 000 000 $ pour l'exercice se terminant le 31 décembre 20X0, soit 3 000 000 d'unités à 10 $ chacune. La société prépare des rapports financiers trimestriels. Au cours des trois dernières années, la configuration saisonnière du chiffre d'affaires était de l'ordre de 20 % pour le premier trimestre, de 10 % pour le deuxième, de 50 % pour le troisième et de 20 % pour le quatrième.

Les frais variables de fabrication sont de 4,00 $ l'unité et les frais variables de vente et d'administration, de 1,50 $ l'unité. Les frais fixes de fabrication annuels estimatifs sont de 6 000 000 $, alors que les frais fixes de vente et d'administration annuels s'élèvent à 4 500 000 $.

Le budget de l'exercice 20X0 s'établit donc comme suit :

Chiffre d'affaires	30 000 000 $
Frais variables	
Fabrication	(12 000 000)
Vente et administration	(4 500 000)
Frais fixes	
Fabrication	(6 000 000)
Vente et administration	(4 500 000)
Bénéfice net prévu	3 000 000 $

Les ventes réelles des deux premiers trimestres sont respectivement de 5 500 000 $ et de 2 000 000 $. Le prix de vente unitaire s'est toujours maintenu à 10 $. Les frais fixes et variables réels des deux trimestres sont les suivants :

	Frais fixes	Frais variables
Fabrication		
Premier trimestre	1 500 000 $	2 200 000 $
Deuxième trimestre	1 500 000	800 000
Vente et administration		
Premier trimestre	1 125 000	825 000
Deuxième trimestre	1 125 000	300 000

À la fin du deuxième trimestre, on sait que les estimations déjà faites du volume des ventes annuelles et du total des frais fixes demeurent fondées.

Pour chacun des trimestres, toutes les unités produites ont été vendues ; il n'y avait donc aucun stock de produits finis au début et à la fin de chacun de ces trimestres. Quant aux produits en cours, ils ne sont pas significatifs.

Travail à faire

Calculez le bénéfice net de chacun des deux premiers trimestres en respectant l'esprit du chapitre 1751 du *Manuel de l'I.C.C.A.* en ce qui a trait à la mesure du bénéfice intermédiaire.

4

P 13. Les activités abandonnées, les activités abandonnées subséquemment conservées et les coûts rattachés à une opération de retrait ou de sortie
(75 minutes – difficile)

Transpec inc., société par actions constituée depuis sept ans selon les dispositions de la *Loi régissant les sociétés par actions de régime fédéral*, évolue dans le domaine du transport. Ses principaux clients sont des commissions scolaires, qui lui accordent des contrats de transport scolaire. Elle possède également les droits d'exploitation d'un service de taxis lui conférant la possibilité d'avoir quelques véhicules en service. La situation financière et les résultats de ces deux divisions s'établissent comme suit, pour l'exercice terminé le 31 octobre 20X1 :

TRANSPEC INC.
Résultats
de l'exercice terminé le 31 octobre 20X1

	Service de taxis	Transport scolaire	Total
Chiffre d'affaires	1 214 000 $	6 460 000 $	7 674 000 $
Coût des services rendus, excluant les charges suivantes	(1 358 500)	(5 100 000)	(6 458 500)
Amortissement des immobilisations			
Véhicules	(22 000)	(450 000)	(472 000)
Droits d'exploitation	(20 000)		(20 000)
Autres	(6 500)	(75 000)	(81 500)
Intérêts sur la dette à long terme	(7 000)	(145 000)	(152 000)
Bénéfice (perte) avant impôts	(200 000)	690 000	490 000
Impôts sur le bénéfice	80 000	(276 000)	(196 000)
Bénéfice net (perte nette)	(120 000) $	414 000 $	294 000 $

TRANSPEC INC.
Bilan
au 31 octobre 20X1

	Service de taxis	Transport scolaire	Total
Actif			
Actif à court terme	10 000 $	260 000 $	270 000 $
Placement à long terme		425 000	425 000
Immobilisations corporelles (montant net)			
Véhicules	66 000	1 350 000	1 416 000
Autres	40 000	550 000	590 000
Immobilisations incorporelles (montant net)			
Droits d'exploitation	150 000		150 000
Autres		100 000	100 000
Total de l'actif	266 000 $	2 685 000 $	2 951 000 $
Passif et capitaux propres			
Passif à court terme	48 000 $	205 000 $	253 000 $
Dette à long terme			
Effets à payer sur véhicules	60 000	1 200 000	1 260 000
Autres	10 000	300 000	310 000
Capital-actions			200 000
Bénéfices non répartis			928 000
Total du passif et des capitaux propres			2 951 000 $

Les cinq actionnaires se sont réunis en octobre 20X1 pour examiner la possibilité de vendre les droits d'exploitation du service de taxis à la suite de l'offre reçue de leur principal concurrent. Ce dernier offre 200 000 $ à Transpec inc. pour acquérir les droits d'exploitation du service de taxis et de la flotte de véhicules, y compris la prise en charge des effets à payer relatifs aux véhicules. L'offre, datée du 25 octobre 20X1, prévoit que l'entente qui y est prévue entrerait en vigueur le 30 avril 20X2 si les actionnaires de Transpec inc. y consentent. Les actionnaires ont accepté l'offre à l'unanimité.

L'entente implique les considérations suivantes :
• Tous les chauffeurs de taxi seront embauchés par l'acquéreur.
• Un cadre, un répartiteur et une secrétaire devront être congédiés par Transpec inc. ; le contrat signé avec le cadre prévoit un dédommagement équivalant à six mois de salaire dans le cas d'un congédiement tandis que, en ce qui concerne le répartiteur et la secrétaire,

4

la direction compte leur offrir l'équivalent de un mois de salaire. Le salaire annuel de ces personnes s'élève à 60 000 $ pour le cadre et à 30 000 $ chacun pour les deux autres. Le plan de vente n'a pas encore été communiqué au personnel.

- Le bail concernant le local et l'aire de stationnement des véhicules qu'utilise le service de taxis prévoit un coût annuel de location de 24 000 $. La direction ignore s'il lui sera possible de trouver un sous-locataire. La pénalité de résiliation de contrat étant trop importante, la direction continuera à payer la location. Le taux d'intérêt sans risque ajusté pour la qualité du crédit de Transpec inc. est de 8 %.

Selon la direction de Transpec inc., les éléments d'actif et de passif autres que ceux faisant l'objet de l'entente seraient réalisés et réglés approximativement pour un montant égal à leur valeur comptable. Les immobilisations sont toutes amorties selon la méthode de l'amortissement linéaire.

Le 31 octobre 20X1, une analyse de la direction concernant la division du service de taxis prévoit une augmentation de 1 % des produits pour l'exercice 20X1-20X2 et une augmentation similaire des charges à l'exception de l'amortissement et de l'intérêt. Cette dernière charge devrait s'élever en moyenne à 540 $ par mois pour le même exercice. Tenez pour acquis que les résultats sont réalisés et engagés de façon linéaire et uniforme tout au long de l'exercice.

Les états financiers de Transpec inc. au 31 octobre 20X1 ont été complétés le 15 décembre 20X1.

Plus tard, au début du mois de mai 20X2, les prévisions de la direction concernant la division du service de taxis se sont avérées exactes à l'exception du fait que les charges d'exploitation autres que l'amortissement et l'intérêt ont plutôt augmenté de 1,1 % au cours de la période terminée le 30 avril 20X2, comparativement à l'exercice précédent. Quant à la division du transport scolaire, le chiffre d'affaires s'est élevé à 4 000 000 $ pour la période terminée le 30 avril 20X2, alors que le coût des services rendus, excluant l'amortissement et l'intérêt sur la dette à long terme, a totalisé 2 700 000 $. Les intérêts sur la dette à long terme ont pour leur part totalisé 70 000 $.

Travail à faire

a) Préparez l'état des résultats de Transpec inc. pour l'exercice terminé le 31 octobre 20X1. Précisez comment seraient présentés les éléments de l'actif net de la division du service de taxis au bilan de Transpec inc. au 31 octobre 20X1.

b) Le 30 avril 20X2, bien que Transpec inc. ait accepté l'offre de son concurrent, les parties décident d'un commun accord d'annuler la transaction pour des raisons importantes. De quelle façon tiendrait-on compte de ce fait dans la préparation de l'état des résultats pour la période de six mois terminée le 30 avril 20X2 ?

c) Répondez aux demandes énoncées en a) en tenant pour acquis que la division du service de taxis ne répond pas à la définition d'une composante.

P 14. Les informations sectorielles
(40 minutes – moyen)

Les Entreprises Duranleau ltée est une entreprise publique exploitant six divisions toutes engagées dans des activités économiques de nature différente et dont les risques commerciaux et avantages économiques sont sensiblement différents. De ce fait, le responsable de l'exploitation évalue séparément chacune de ces divisions aux fins de l'affectation des ressources et aux fins de l'évaluation de la performance. Les chiffres à partir desquels le responsable de l'exploitation évalue les divisions s'établissent comme suit :

LES ENTREPRISES DURANLEAU LTÉE
Informations sur les résultats et actifs divisionnaires
de l'exercice terminé le 31 décembre 20X4
(en millions de dollars)

	A	B	C	D	E	F
Chiffre d'affaires	400 $	2 100 $	600 $	1 500 $	300 $	100 $
Amortissements	5	300	70	400	5	5
Élément non fréquent	40					
Résultat de la division	(140)$	1 000 $	(50)$	190 $	30 $	0 $
Acquisitions d'immobilisations		2 000 $		3 000 $		
Actif de la division	600 $	30 000 $	8 000 $	35 000 $	760 $	640 $

4

Une proportion de 25 % des ventes de la division C ont été effectuées à la division D vers la fin de l'exercice. La moitié des marchandises sont toujours en inventaire à la division D. La marge brute de la division C sur ses ventes est de 33,33 % et est relativement constante pour l'ensemble de ses produits. Le responsable de l'exploitation n'a pas considéré les éléments suivants dans son analyse et son évaluation des secteurs :

Perte d'une participation comptabilisée à la valeur de consolidation	*100 $*
Gain découlant de l'expropriation d'un terrain détenu pour une expansion future de la division B	*70*
Charges du siège social	*150*
Intérêts sur la dette à long terme	*250*
Impôts sur les bénéfices	*230*
Éléments d'actifs non sectoriels	*15 000*

Travail à faire

Préparez une note complémentaire à joindre aux états financiers des Entreprises Duranleau ltée qui contiendra les informations sectorielles requises en vertu du chapitre 1701 du *Manuel de l'I.C.C.A.*

P 15. Le résultat étendu

(20 minutes – moyen)

La société Francoeur inc. a acquis des actions ordinaires de différentes sociétés au cours de la période 20X0 à 20X2. Tous ces placements sont classés dans la catégorie disponible à la vente. Voici les transactions ayant touché chacun de ces placements :

Placement dans Couche Tôt inc :
- Acquisition du placement en janvier 20X0 au coût de 80 000 $;
- Juste valeur du placement au 31 décembre 20X0 : 84 000 $;
- Juste valeur du placement au 31 décembre 20X1 : 87 000 $;
- Disposition du placement le 5 mars 20X2 pour une contrepartie de 86 000 $.

Placement dans Bois Mort ltée :
- Acquisition du placement en mars 20X1 au coût de 30 000 $;
- Juste valeur du placement au 31 décembre 20X1 : 29 000 $; la baisse de valeur est jugée non durable ;
- Juste valeur du placement au 31 décembre 20X2 : 33 000 $.

Placement dans Jubilex inc. :
- Acquisition du placement en avril 20X2 au coût de 100 000 $;
- Juste valeur du placement au 31 décembre 20X2 : 110 000 $.

Travail à faire

Calculez le montant à imputer au résultat net et aux autres éléments du résultat étendu pour chacun des exercices 20X0 à 20X2. Présumez que le taux d'impôt à considérer est de 20 %.

Analyses de cas

C 1. Le calcul du bénéfice net selon la méthode de la variation de l'actif net

(10 minutes – facile)

Entreprises CVD inc. offre des services de consultation. Son exercice financier se termine le 31 décembre. À la fin du mois de mars 20X1, un incendie détruit tous les livres et registres de la société. La direction veut néanmoins connaître le bénéfice net réalisé au cours des trois premiers mois de l'exercice 20X1 le plus rapidement possible. Vous êtes chef comptable de l'entreprise et vous estimez qu'il faudra environ trois semaines pour reconstituer le montant des produits et des charges de la période. Par contre, pour estimer la valeur des différents éléments d'actif et de passif, un délai de quatre jours vous suffirait.

Le tableau suivant comprend le montant estimatif des éléments d'actif et de passif au 31 mars 20X1, ainsi que leur valeur au 31 décembre 20X0. Vous vous souvenez également qu'un dividende de 10 000 $ a été déclaré et versé au principal actionnaire en février 20X1.

	31 mars 20X1 (chiffres estimatifs)	31 décembre 20X0 (chiffres réels)
Encaisse	30 000 $	20 000 $
Créances	100 000	70 000
Immobilisations	300 000	310 000
Fournisseurs et frais courus	75 000	60 000
Dette à long terme	250 000	260 000

Travail à faire

À partir des renseignements que vous avez pu recueillir, fournissez à la direction des Entreprises CVD inc. le montant approximatif du bénéfice net ou de la perte nette pour la période de trois mois terminée le 31 mars 20X1.

C 2. *L'abandon d'activités*   (20 minutes – moyen)

Votre cabinet fait la vérification des comptes de la société Pionniers inc. depuis cinq ans. Pionniers inc. est spécialisée dans le domaine de l'excavation. L'exercice financier de la société se termine le 31 décembre.

Vous rencontrez le contrôleur de la société Pionniers inc. au début de janvier 20X1 pour discuter de certains éléments importants se rapportant à la vérification des comptes pour l'exercice 20X0. À la fin de l'entretien, le contrôleur s'adresse à vous en ces termes :

> « Il faut absolument que je parte, je rencontre le président dans 30 minutes... Au fait, j'oubliais de te dire : la direction a approuvé en novembre 20X0 un plan ayant trait à la vente de notre seule division de vente au détail d'outils électriques. Bien que cette division ne soit pas déficitaire, son exploitation ne cadre plus avec nos plans. Je te laisse un état résumant les résultats de la société et de la division relatifs à l'exercice. De toute façon, ça ne change rien pour l'exercice 20X0, car la vente n'aura lieu qu'en mars 20X1. Je te revois dans une heure, aussitôt que sera terminée ma rencontre avec le président... »

Voici l'état en question :

PIONNIERS INC.
Résultats partiels
de l'exercice terminé le 31 décembre 20X0

	Ensemble des activités	Division d'outils électriques
Produits	5 300 000 $	800 000 $
Bénéfice avant les éléments suivants	600 000	80 000
Amortissement des immobilisations	70 000	20 000
Intérêts sur la dette à long terme	30 000	10 000
Bénéfice avant impôts	500 000	50 000
Impôts sur le bénéfice	250 000	25 000
Bénéfice net	250 000 $	25 000 $

Travail à faire

En attendant, préparez une note de service pour le contrôleur. Vous y inscrirez les renseignements qui vous seront nécessaires, afin de présenter, en bonne et due forme, les informations financières se rapportant à la division d'outils électriques dans les états financiers de Pionniers inc., pour l'exercice terminé le 31 décembre 20X0.

4

C 3. Les activités abandonnées et un élément non fréquent

(40 minutes – moyen)

Bricolex est une société fermée spécialisée dans la vente de petits outils. Voici l'état des résultats de cette entreprise pour l'exercice 20X0 :

BRICOLEX
Résultats
de l'exercice terminé le 31 mars 20X0

Chiffre d'affaires	3 000 000 $
Coût des marchandises vendues et frais d'exploitation	(1 500 000)
Amortissement des immobilisations	(450 000)
Intérêts sur la dette à long terme	(450 000)
Bénéfice avant impôts	600 000
Impôts sur le bénéfice (40 %)	240 000
Bénéfice net	360 000 $

Durant l'exercice, les événements suivants se sont produits :

1. Au début de l'exercice, Bricolex s'est engagée dans de nouvelles activités économiques. En effet, la société a implanté une division fabriquant des bâtons de baseball. Bien que les activités de cette division aient été profitables au cours de l'exercice, Bricolex a accepté l'offre d'un groupe d'investisseurs désirant s'en porter acquéreur. Le conseil d'administration a approuvé la vente le 28 février 20X0. La date de cession était alors prévue pour le 5 avril 20X0. Elle a effectivement eu lieu à cette date.

Les activités de cette division sont isolables. La valeur comptable nette des immobilisations de la division était de 700 000 $ au 31 mars 20X0, et ce montant est très inférieur à leur juste valeur. À cette date, la division présentait aussi des stocks de 40 000 $, des débiteurs de 30 000 $ et une dette à long terme de 550 000 $.

Au cours de l'exercice, les résultats d'exploitation de cette division, inclus dans l'état global des résultats précédent, ont été les suivants :

Chiffre d'affaires	500 000 $
Coût des marchandises vendues et frais d'exploitation	250 000
Amortissement des immobilisations	50 000
Intérêts sur la dette à long terme	50 000
Bénéfice avant impôts	150 000 $

2. Au cours de l'exercice, Bricolex a intenté une poursuite en dommages et intérêts contre l'un de ses fournisseurs car, au début de l'exercice, ce fournisseur avait vendu une pièce d'équipement défectueuse. Le bris de cette pièce avait entraîné l'arrêt complet des activités pendant quelques jours, et le fournisseur avait, pour diverses raisons, refusé de dédommager Bricolex pour les pertes de produits d'exploitation. Finalement, un règlement hors cour est intervenu le 1er février 20X0. Le fournisseur avait en effet accepté de dédommager la société pour une somme globale de 80 000 $ (les impôts sur ce dédommagement s'élèvent à 32 000 $). Ce montant de 80 000 $, considéré comme important, a été comptabilisé dans un compte à recevoir et soustrait des frais d'exploitation.

Travail à faire

Préparez un état des résultats qui respecte les recommandations de l'Institut Canadien des Comptables Agréés (I.C.C.A.). Fournissez également toute note complémentaire aux états financiers qui pourrait être nécessaire selon les mêmes normes comptables de l'I.C.C.A. Donnez, s'il y a lieu, tous les calculs à l'appui des chiffres présentés.

C 4. La présentation des activités abandonnées, des éléments extraordinaires et d'autres éléments à l'état des résultats

(45 minutes – difficile)

La société Ravel inc. se spécialise dans les travaux d'asphaltage depuis plus de 20 ans. Une division de Ravel évolue dans le domaine de la consultation en ingénierie, et l'une de ses filiales vend au détail des matériaux de construction.

Au cours de l'exercice, un tremblement de terre a causé de sérieux dommages à une route que Ravel avait commencé à asphalter, au point qu'il a fallu reprendre les travaux. Le client et Ravel inc. ont convenu d'assumer en parts égales les coûts de la reprise des travaux, et la part des coûts que Ravel inc. doit assumer s'élève à 700 000 $. Ce montant est inclus dans le coût des marchandises vendues.

Le 31 décembre 20X0, Ravel adopte un plan de vente pour sa filiale de vente au détail de matériaux de construction. Les immobilisations de cette filiale sont d'une valeur comptable nette de 1 200 000 $, et sa dette à long terme s'élève à 900 000 $ au 31 décembre 20X0. Ses stocks, débiteurs et créditeurs ont respectivement une valeur comptable de 20 000 $, 50 000 $ et 80 000 $ à cette date. La valeur de réalisation nette des stocks est de 15 000 $, le montant recouvrable des débiteurs est estimé à 48 000 $ et la juste valeur des immobilisations, à 800 000 $. Aucune réduction de valeur n'a été comptabilisée pour ces éléments d'actif. Des frais de vente de 10 000 $ sont prévus pour se départir de la division. Des négociations sont déjà en cours avec un acheteur. La vente des éléments d'actif est prévue pour le 15 mars 20X1. Le prix demandé est raisonnable, et tous les éléments d'actif de la division peuvent être cédés dans leur état actuel. Les produits d'exploitation de la filiale se sont élevés à 1 750 000 $ en 20X0, alors que ses charges d'exploitation totalisaient 1 600 000 $, y compris 50 000 $ d'amortissement des immobilisations et 95 000 $ d'intérêts sur la dette à long terme. Ces montants n'ont pas été comptabilisés sous des postes distincts.

Au début du mois de décembre 20X0, la direction a appris qu'un important client a fait faillite. Ravel croit donc qu'elle devrait radier la totalité de l'important solde du compte de ce client qui s'élève à 560 000 $. Ce fait n'est actuellement pas inscrit dans les livres.

La société est assujettie à un taux d'imposition de 30 % qui s'applique à toutes les composantes de ses résultats.

Voici des renseignements sommaires concernant le solde des comptes de résultats pour l'exercice 20X0 :

Chiffre d'affaires, montant net	15 500 000 $
Coût des marchandises vendues et autres frais d'exploitation	8 700 000
Amortissement des immobilisations	800 000
Intérêts sur la dette à long terme	600 000
Frais de recherche et de développement	200 000
Impôts sur le bénéfice	1 560 000

Travail à faire

Dressez l'état des résultats de Ravel inc. pour l'exercice terminé le 31 décembre 20X0 et préparez les notes complémentaires nécessaires. Justifiez les traitements comptables adoptés en ce qui concerne les faits ou opérations décrits précédemment.

C 5. Un élément non fréquent et la modification d'une convention comptable
(20 minutes – difficile)

La société Jobin inc., dont l'exercice se termine le 31 décembre, possède plusieurs merceries. Comme le montre le tableau suivant, la société a réalisé un bénéfice net relativement constant au cours des trois derniers exercices :

20X1	450 000 $
20X2	465 000
20X3	475 000

La société doit renégocier un important emprunt hypothécaire au début de l'exercice 20X5. Voyant que la situation se détériore en 20X4, malgré un bénéfice net prévisible de 350 000 $, la direction de Jobin inc. décide, au début du mois de décembre 20X4, de se départir d'un important placement dont la juste valeur est à la hausse depuis deux ans. Un gain de 100 000 $ est réalisé lors de cette opération. Bien que la société possède quelques placements, Jobin ne fait pas de spéculation et conserve ses placements sur de longues périodes.

4

De plus, afin de présenter un bénéfice qui soit cohérent avec celui observé au cours des trois derniers exercices, la direction pense modifier sa méthode d'amortissement des immobilisations et adopter la méthode de l'amortissement linéaire plutôt que celle de l'amortissement dégressif. L'amortissement linéaire permet en effet de produire une charge moins élevée au cours des premières années où les éléments d'actif sont amortis.

Travail à faire

Expliquez de quelle façon les recommandations du *Manuel de l'I.C.C.A.* peuvent pallier une telle volonté de niveler les bénéfices.

C 6. *Les informations sectorielles* (25 minutes – difficile)

La société Mégalex inc. compte faire un appel public à l'épargne l'an prochain. De ce fait, la société sera dorénavant tenue de présenter des informations sectorielles dans ses états financiers. Le contrôleur de l'entreprise vous consulte en vue de produire cette information sectorielle.

Mégalex exerce la plus grande partie de ses activités au Canada, bien qu'elle ait certains clients à l'étranger. Les six divisions de la société évoluent dans les domaines suivants :

- Fabrication de meubles ;
- Vente de meubles ;
- Vente et installation de tapis ;
- Conseils en décoration ;
- Services de sécurité dans les édifices publics ;
- Vente en gros de produits de quincaillerie.

Les registres comptables permettent d'identifier assez facilement la valeur des éléments d'actif de chaque division. De plus, les produits de chaque division et les frais directs engagés par chacune d'elles sont facilement isolables. Cependant, certaines charges, comme l'amortissement des immobilisations, les frais de publicité, la charge d'intérêts sur la dette à long terme, les salaires de la haute direction et toutes les autres charges se rapportant à la direction générale ne sont actuellement pas ventilées par division.

Certaines de ces divisions se vendent des biens ou des services. Ainsi, la division de distribution de produits de quincaillerie vend des marchandises à la division de fabrication de meubles et à celle de la vente et installation de tapis. Les prix des cessions internes sont fixés par la direction et ne correspondent pas nécessairement aux prix de vente normalement fixés pour les clients externes.

La division de fabrication de meubles ne fait aucune vente externe. Ses produits sont vendus par l'entremise de la division de vente de meubles.

Travail à faire

Compte tenu de l'information dont vous disposez, fournissez au contrôleur tous les renseignements que vous jugerez pertinents de lui signaler pour l'aider à présenter l'information sectorielle.

4

C 7. Les résultats et les bénéfices non répartis

(25 minutes – moyen)

Mme Brisebois travaille depuis deux semaines au Service de la comptabilité de la société Silex ltée. Elle a préparé un état montrant l'évolution des bénéfices non répartis pour l'exercice terminé le 31 décembre 20X1.

SILEX
Bénéfices non répartis
de l'exercice terminé le 31 décembre 20X1

Solde au début	2 490 000 $
Dividendes	(400 000)
Produits	30 000 000
Coût des marchandises vendues	(20 000 000)
Frais de vente et d'administration	(8 500 000)
Intérêts sur la dette à long terme	(800 000)
Résultats afférents aux activités abandonnées	(200 000)
Gain extraordinaire – Expropriation	300 000
Correction d'une erreur dans les états financiers de l'exercice 20X0	(200 000)
Solde à la fin	2 690 000 $

Après avoir discuté avec Mme Brisebois, vous obtenez les informations ci-dessous et vous constatez les faits suivants :

1. Mme Brisebois n'a pas tenu compte des impôts qui sont de 50 % pour chacun des éléments ci-dessus.
2. Les produits se détaillent comme suit :

Produits d'exploitation	29 000 000 $
Produits de placements	500 000
Gain sur aliénation d'un élément d'actif	500 000

3. Les frais de vente et d'administration comprennent les éléments suivants :

Baisse de valeur des placements temporaires	120 000 $
Amortissement des immobilisations	400 000
Frais de recherche et de développement	800 000

Une baisse de valeur des placements temporaires d'une telle ampleur est rare.

4. Les résultats afférents aux activités abandonnées se détaillent comme suit :

Bénéfice d'exploitation de la composante pour 20X1	190 000 $
Réduction de valeur des immobilisations à constater	(390 000)
	(200 000) $

Travail à faire

a) Aidez Mme Brisebois à présenter, en bonne et due forme, un état des résultats pour l'exercice terminé le 31 décembre 20X1 qui respecte les exigences du *Manuel de l'I.C.C.A.* Dressez également un état des bénéfices non répartis pour l'exercice terminé à cette date.

b) Expliquez à Mme Brisebois les autres informations qui devraient être indiquées par voie de notes aux états financiers relativement aux éléments dont il a été question précédemment.

4

C 8. Les rapports financiers intermédiaires   (30 minutes – moyen)

Vous êtes au service de la comptabilité de Vision inc., importante société commerciale récemment devenue publique. Vous participez à la préparation des états financiers du premier trimestre de l'exercice 20X5. C'est la première fois que Vision inc. prépare des états financiers intermédiaires. Vous rassemblez les renseignements suivants :

1. Vision inc. amortit son seul édifice selon la méthode de l'amortissement linéaire. La charge d'amortissement annuelle s'élève à 30 000 $.

2. Les équipements sont amortis selon la méthode de l'amortissement dégressif au taux constant de 10 %. Le coût et l'amortissement cumulé de l'équipement étaient respectivement de 1 450 000 $ et de 1 250 000 $ à la fin de l'exercice précédent. À la toute fin du trimestre, un équipement d'une valeur de 400 000 $ a été acquis en échange d'un placement en actions d'une valeur comptable de 300 000 $. Aucune autre acquisition n'est prévue pour l'exercice. Ce nouvel équipement donne droit à une subvention du gouvernement fédéral de l'ordre de 50 000 $.

3. Au début du trimestre, Vision inc. a signé un important contrat de location pour trois camions de livraison. La valeur actualisée au taux de 10 % des paiements qui seront effectués se chiffre à 300 000 $, alors que la juste valeur de ces camions s'élève à 315 000 $. Vision inc. amortit son matériel roulant selon la méthode de l'amortissement sur le solde dégressif au taux de 20 %.

4. Au début de l'exercice 20X5, Vision inc. a instauré un programme de formation de sa main-d'œuvre. Les activités de formation auront lieu deux fois au cours de l'exercice, soit en février et en novembre. Le coût de ce programme est estimé à 650 000 $, dont 100 000 $ ont été engagés pour les activités du mois de février. Ces dépenses donnent droit à un crédit d'impôt calculé à 15 % des frais engagés.

5. En 20X0, Vision inc. a subi une perte en capital déductible de l'ordre de 100 000 $, dont l'actif d'impôts futurs n'avait pas été comptabilisé. En janvier 20X5, elle s'est départie d'un terrain qu'elle détenait pour une expansion future, qui a généré un gain comptable de 200 000 $ et un gain en capital imposable de 150 000 $.

Travail à faire

Discutez des traitements comptables possibles qu'il conviendrait d'adopter relativement aux opérations décrites précédemment.

4

Le bilan 5

1. Qu'est-ce que la liquidité et la flexibilité financière ? Pourquoi affirme-t-on que le bilan est une source importante d'information sur la liquidité et sur la flexibilité financière de l'entreprise ?

2. Quelles sont les principales limites du bilan. Pourquoi est-il utile malgré tout ?

3. Les éléments du bilan sont regroupés en trois grandes catégories. Décrivez chacune d'elles brièvement.

4. Qu'est-ce que le cycle d'exploitation ? Quelle en est l'importance pour le classement des postes du bilan entre les éléments à court terme et les éléments à long terme ?

5. Quel lien y a-t-il entre un élément de passif à court terme et un élément de l'actif à court terme ?

6. De quelle façon les éléments de l'actif à court terme et les éléments du passif à court terme sont-ils classés habituellement ?

7. Quels sont les principaux éléments de la section Actif à court terme du bilan ?

8. Au 31 décembre 20X3, une entreprise dispose d'une somme de 500 000 $ en obligations du gouvernement du Québec dans un coffre à la banque. Bien que ces obligations soient encaissables en tout temps, l'entreprise est contrainte, en vertu d'une clause de l'acte de fiducie régissant l'émission de sa dette obligataire, de conserver cette somme jusqu'au 31 mars 20X6, soit la date prévue pour le remboursement de la dette obligataire. Présentez ce placement en obligations dans le bilan de l'entreprise au 31 décembre 20X3.

9. Comment peut-on justifier que les charges payées d'avance soient présentées parmi les éléments de l'actif à court terme ? Votre réponse est-elle la même lorsqu'il s'agit de paiements anticipés couvrant une période de deux ou trois ans ?

10. Quels sont les principaux éléments de la section Passif à court terme du bilan ?

11. Au 31 décembre 20X5, une entreprise possède un effet à payer de 500 000 $ venant à échéance le 31 mars 20X6. La direction de l'entreprise a déjà indiqué son intention d'émettre, en quantité suffisante, des actions ordinaires au début de mars 20X6 pour rembourser cette dette. De quelle façon présenterez-vous cette dette dans le bilan de l'entreprise au 31 décembre 20X5 ?

12. Pourquoi dit-on qu'une marge de crédit est rotative ?

13. En examinant le bilan de la société Permissive ltée, un de vos amis découvre un fait troublant. En effet, tandis que le passif à court terme comprend le poste Tranche de la dette à long terme échéant à moins d'un an, il n'y a aucune trace de ce compte au grand livre de la société. Commentez cette découverte.

5

14. Identifiez les quatre types de placements en actions à long terme. Quelle différence y a-t-il entre exercer une influence notable sur une autre entreprise et avoir le contrôle de cette entreprise ?

15. Quelles sont les caractéristiques propres à l'ensemble des immobilisations ? En quoi les immobilisations corporelles diffèrent-elles des immobilisations incorporelles ?

16. Quelles sont les principales immobilisations corporelles et incorporelles ?

17. Que trouve-t-on au bilan dans la section Frais reportés ?

18. Quels sont les renseignements caractéristiques qu'il est nécessaire de présenter au bilan relativement au passif à long terme ?

19. Dans une société par actions, les capitaux propres sont subdivisés en diverses catégories de postes. Décrivez chacune de ces catégories et dites pourquoi il est nécessaire de faire cette distinction.

20. Quelle est l'utilité des comptes de contrepartie ?

21. Pourquoi s'oppose-t-on généralement à la compensation ? Quels sont les avantages de la règle de non-compensation ?

22. Décrivez les deux modes de présentation d'un bilan. Mentionnez celui dont l'usage est le plus répandu.

Exercices

E 1. Choix multiples

Pour chacune des situations suivantes, choisissez la réponse qui convient le mieux.

a) Lequel des éléments suivants ne doit pas être présenté parmi les éléments du passif à court terme ?
   1° Tranche de la dette à long terme échéant à moins d'un an.
   2° Impôts sur le bénéfice à payer.
   3° Provision pour créances douteuses.
   4° Marge de crédit.
   5° Fournisseurs.
b) Lequel des éléments suivants ne fait pas partie du fonds de roulement ?
   1° Encaisse.
   2° Fournisseurs.
   3° Produits reçus d'avance.
   4° Placements dans une société satellite.
   5° Charges payées d'avance.
c) Lequel des éléments suivants n'est pas une immobilisation incorporelle ?
   1° Améliorations locatives.
   2° Brevets.
   3° Marques de commerce.
   4° Écart d'acquisition.
   5° Franchises.
d) Lequel des éléments suivants ne fait pas partie des capitaux propres ?
   1° Capital-actions ordinaire.
   2° Prime à l'émission d'actions.
   3° Actions autodétenues.
   4° Bénéfices non répartis.
   5° Prime à l'émission d'obligations.

5

e) Lequel des éléments suivants fait partie du fonds de roulement ?
    1° Placements dans des filiales.
    2° Placements à court terme.
    3° Placements dans une société satellite.
    4° Placements à long terme.
    5° Participation dans une société en commandite.

E 2. Le classement des postes du bilan

Le bilan de la société Éparpillée ltée comprend les sections suivantes :

A   Actif à court terme   F   Passif à court terme
B   Placements à long terme   G   Passif à long terme
C   Immobilisations corporelles   H   Capital d'apport
D   Immobilisations incorporelles   I   Bénéfices non répartis
E   Frais reportés

Un jeune stagiaire en techniques administratives a malencontreusement échappé le grand livre de la société Éparpillée ltée, et toutes les feuilles jonchent le sol. Afin d'aider l'infortuné stagiaire, inscrivez, en face de chacun des postes ci-dessous, la lettre correspondant à la section du bilan où ils doivent figurer. Si un poste est un compte de contrepartie, mettez la lettre choisie entre parenthèses.

___ Fournisseurs   ___ Actions privilégiées
___ Terrain détenu pour expansion future   ___ Stock de matières premières
___ Caisse populaire   ___ Placements dans des filiales
___ Bâtiments   ___ Salaires à payer
___ Charges payées d'avance   ___ Impôts sur le bénéfice à payer
___ Prime à l'émission d'actions   ___ Brevets
___ Amortissement cumulé – Bâtiments   ___ Effet à recevoir (huit mois)
___ Frais de constitution   ___ Petite caisse
___ Écart d'acquisition   ___ Provision pour créances douteuses
___ Frais de développement capitalisés   ___ Emprunt hypothécaire

E 3. Le classement des postes du bilan

Le bilan de la société Gaillurette ltée comprend les sections suivantes :

A   Actif à court terme   F   Passif à court terme
B   Placements à long terme   G   Passif à long terme
C   Immobilisations corporelles   H   Capital d'apport
D   Immobilisations incorporelles   I   Bénéfices non répartis
E   Frais reportés

Inscrivez, en face de chacun des postes ci-dessous, la lettre correspondant à la section du bilan où ils doivent figurer. Si un poste est un compte de contrepartie, mettez la lettre choisie entre parenthèses. Si un poste ne doit pas être présenté au bilan, inscrivez la lettre R pour résultats.

___ Améliorations locatives   ___ Prime à l'émission d'obligations
___ Bien reçu à titre gratuit   ___ Créances douteuses
___ Placements à court terme   ___ Impôts futurs créditeurs (un an)
___ Intérêts hypothécaires   ___ Assurance-emploi à payer
___ Droits d'auteur   ___ Produits reçus d'avance
___ Marchandises reçues en consignation   ___ Rendus sur achats
___ Actions autodétenues   ___ Réserve pour rachat d'obligations
___ Dividendes à servir en actions   ___ Fournitures de bureau
___ Fonds d'amortissement   ___ Clients
___ Matériel roulant   ___ Entretien et réparations

5

E 4. L'établissement d'un bilan

La présentation suivante du bilan de Gigantesque ltée est erronée. Dressez le bilan en bonne et due forme.

GIGANTESQUE LTÉE
au 31 août 20X4

Actif		Capitaux propres	
Capital-actions	30 000 $	Clients	42 600 $
Encaisse	10 900	Fournisseurs	35 400
Bâtiments	50 000	Effet à payer en juin 20X9	40 000
Amortissement cumulé – Bâtiments	5 000	Prime à l'émission d'actions	2 000
Bénéfices non répartis	36 200	Placements à court terme	28 600
Terrain	16 500		
Total de l'actif	148 600 $	Total des capitaux propres	148 600 $

E 5. Les effets d'une erreur sur le bilan

Le bilan de Probec ltée établi le 30 avril 20X2 n'est pas en équilibre. Le dernier jour du mois, lors de l'achat à crédit de fournitures de bureau au prix de 1 830 $, on a débité le compte Matériel de bureau de 1 830 $. On a aussi débité de 1 830 $ le compte Fournisseurs dont le solde avant cette écriture était de 23 780 $. Le total de l'actif s'élève à 277 800 $.

Répondez à chacune des quatre questions ci-dessous en donnant les explications appropriées et en indiquant, le cas échéant, le montant de l'erreur.

a) Le solde du compte Fournitures de bureau de l'actif à court terme est-il sous-évalué, surévalué ou correct ?

b) Le total de l'actif est-il sous-évalué, surévalué ou correct ?

c) Le solde du compte Fournisseurs est-il sous-évalué, surévalué ou correct ?

d) Le total du passif et des capitaux propres est-il sous-évalué, surévalué ou correct ?

E 6. Un bilan révisé

Canoflec enr. est une entreprise de services. Le président-directeur général, Symon Cantin, qui a une connaissance limitée de la comptabilité, a dressé le bilan ci-dessous dans lequel la valorisation des éléments d'actif attire votre attention.

CANOFLEC ENR.
au 31 mai 20X2

Actif		Passif et capitaux propres	
Encaisse	5 700 $	Passif	
Effets à recevoir	22 500	Effets à payer	390 000 $
Clients	9 825	Fournisseurs	94 000
Terrain	300 000	Total du passif	484 000
Bâtiment	270 125	Capitaux propres	
Ameublement de bureau	34 240	Symon Cantin – Capital	270 395
Autres valeurs actives	112 005		
		Total du passif et des	
Total de l'actif	754 395 $	capitaux propres	754 395 $

Un entretien avec M. Cantin et une analyse des registres comptables vous ont permis de découvrir les faits suivants :

1. Le poste Effets à recevoir renferme un billet de 15 000 $ qui provient d'une reconnaissance de dette que M. Cantin a obtenue en jouant au poker 12 ans auparavant. Cette reconnaissance de dette ne porte que les initiales N.S.F., et M. Cantin ne se souvient plus de l'identité de cette personne.

2. L'ameublement de bureau comprend un ordinateur acheté à crédit le 30 mai 20X2 au prix de 9 000 $. M. Cantin n'a pas inscrit le montant de cet achat dans le passif, car le paiement de l'ordinateur ne sera exigible que dans six mois.

3. L'ameublement de bureau comprend également un ordinateur portatif ayant coûté 2 125 $. Toutefois, l'entreprise ne possède plus cet ordinateur puisque M. Cantin l'a donné à sa fille pour marquer son entrée à l'université.

4. Le poste Autres valeurs actives se compose des éléments suivants :

75 000 $ Juste valeur d'un terrain ayant coûté 20 000 $ et détenu en vue d'une expansion future.

37 005 $ Total des impôts sur le revenu payés par M. Cantin au cours des dernières années. M. Cantin estime qu'il n'aurait pas dû payer ces impôts, et il compte sur une amie, étudiante en droit, pour l'aider à recouvrer cette somme.

5. Le terrain qui a coûté 175 000 $ figure maintenant à 300 000 $, c'est-à-dire selon l'évaluation municipale.

Dressez un bilan révisé en prenant soin de justifier toute correction apportée au bilan établi par monsieur Symon Cantin.

E 7. Les effets de quelques opérations sur le bilan

Indiquez dans les colonnes appropriées les effets de chacune des opérations au moyen des symboles (+) pour une augmentation, (–) pour une diminution et (0) s'il n'y a pas de changement.

Opérations	Total de l'actif	Total du passif	Total des capitaux propres
a) Remboursement d'une dette au comptant			
b) Remboursement d'une dette obligataire au moyen d'une émission d'actions			
c) Émission d'actions ordinaires au comptant			
d) Achat au comptant d'un terrain			
e) Déclaration d'un dividende en numéraire			
f) Achat du camion de livraison au prix de 24 000 $ moyennant un versement comptant de 6 000 $ et un solde payable en 36 versements mensuels égaux de 500 $			
g) Émission d'actions ordinaires en échange d'un terrain détenu pour une expansion future			
h) Emprunt contracté auprès d'une banque			
i) Paiement du dividende déclaré en e)			
j) Recouvrement d'un compte client			

E 8. Les effets de quelques erreurs sur les états financiers

Lors de l'enregistrement des opérations de l'entreprise Immaculée enr., certaines erreurs ont été commises. Dressez un tableau similaire à celui qui est présenté plus bas, et indiquez, dans les colonnes appropriées, les effets de chacune de ces erreurs au moyen des symboles (+) pour une surévaluation, (–) pour une sous-évaluation et (0) s'il n'y a pas de changement.

Erreurs	Total des produits	Total des charges	Total de l'actif	Total du passif	Total des capitaux propres
Exemple : a)					

5

a) Omission d'enregistrer la vente d'un terrain à un prix supérieur à son coût d'acquisition.
b) Omission d'enregistrer l'acquisition d'un bien amortissable à crédit.
c) Inscription d'une charge de publicité dans le compte Retraits.
d) Omission d'enregistrer les intérêts courus sur un emprunt hypothécaire.
e) Inscription du recouvrement d'une créance par un débit au compte Clients et un crédit au compte Caisse.
f) Omission d'inscrire la portion non absorbée d'une police d'assurance entièrement passée en charges.
g) Omission d'enregistrer la déclaration et le paiement d'un dividende en numéraire.
h) Omission d'enregistrer la déclaration d'un dividende en actions.

E 9. La présentation d'un bilan

Analysez le bilan suivant et dressez un bilan révisé s'il y a lieu.

ÇA BALANCE LTÉE
Bilan
au 31 décembre 20X4

Actif		
Frais reportés		
Emballages consignés		91 000 $
Immobilisations incorporelles		
Marques de commerce	91 000 $	
Brevets d'invention	129 500	220 500
Actif à court terme		
Clients	182 000	
Stock de marchandises	339 500	
Encaisse	150 500	672 000
Stock de fournitures		35 000
Immobilisations corporelles		
Bâtiments et équipements	420 000	
Terrain	1 050 000	
Amortissement cumulé	(140 000)	1 330 000
Total de l'actif		2 348 500 $
Passif		
Capitaux propres		
Capital-actions ordinaire	200 000 $	
Cumul des autres éléments du résultat étendu	20 000	
Surplus d'apport	74 000	
Bénéfices non répartis	628 500	
Dividendes versés	(100 000)	822 500 $
Passif à court terme		
Salaires à payer	280 000	
Fournisseurs	350 000	
Provision pour créances douteuses	21 000	651 000
Passif à long terme		
Emprunt hypothécaire	700 000	
Réserve pour éventualités	175 000	875 000
Total du passif		2 348 500 $

Problèmes de compréhension //////////////

P 1. L'établissement d'un bilan

(35 minutes – facile)

Voici, dans le désordre, les comptes du bilan de la société Idéfixe ltée au 31 mai 20X8 :

Actions privilégiées	93 200 $
Produits reçus d'avance pour l'exercice 20X8 -20X9	37 600
Amortissement cumulé – Matériel roulant	3 932 800
Fournitures de bureau	396 800
Améliorations locatives	20 000
Prime à l'émission d'obligations	2 000

5

Cumul des autres éléments du résultat étendu	20 000
Amortissement cumulé – Mobilier de bureau	64 400
Matériel loué	287 600
Emprunt obligataire (échéant en 20Y5)	273 600
Amortissement cumulé – Améliorations locatives	11 200
Produits reçus d'avance (long terme)	553 600
Amortissement cumulé – Bâtiments	1 205 600
Placements à court terme	1 550 800
Charges payées d'avance	291 600
Prime à l'émission d'actions ordinaires	316 800
Effet à payer (échéant en 20Y2)	120 000
Placements à long terme	1 723 200
Mobilier de bureau	126 800
Stock	3 030 400
Provision pour créances douteuses	2 800
Charges courues à payer	2 005 200
Bâtiments	1 990 000
Effets à recevoir (en 20X8)	1 602 800
Impôts sur le bénéfice à payer	377 600
Terrain	107 200
Amortissement cumulé – Matériel loué	172 400
Clients	649 600
Actions ordinaires	192 000
Fournisseurs	1 844 800
Matériel roulant	5 773 600
Encaisse	70 800
Bénéfices non répartis	?

Travail à faire

Dressez, en bonne et due forme, le bilan de l'entreprise au 31 mai 20X8.

P 2. L'établissement d'un bilan

(20 minutes – moyen)

Vous trouverez ci-dessous, dans le désordre, le solde des comptes de Eureka enr., compte tenu des régularisations effectuées le 31 août 20X1, date de fin du cinquantième anniversaire d'exploitation de l'entreprise.

Effet à recevoir	4 900 $
Assurances payées d'avance	624
Impôts fonciers	940
Achats	242 138
Amortissement cumulé – Matériel	3 712
Fournisseurs	18 429
Clients	18 000
Rendus et rabais sur achats	6 848
Caisse	13 317
Loyer du bâtiment	11 520
Frais de livraison	3 288
Salaires	60 104
Effet à payer (échu le 5 octobre 20X1)	7 500
Stock de marchandises au 1er septembre 20X0	43 211
Fournitures de bureau	1 118
Commissions des vendeurs	12 800
Transports sur achats	6 310
Jéhu Liday – Retraits	7 810
Fournitures utilisées	5 915
Jéhu Liday – Capital	62 139
Ventes	345 867
Amortissement – Matériel	2 500
Matériel	10 000

Travail à faire

Dressez, en bonne et due forme, le bilan de l'entreprise au 31 août 20X1, sachant qu'un dénombrement effectué le 31 août a révélé que le coût des articles alors en stock s'élevait à 32 133 $.

P 3. L'établissement des états financiers

(45 minutes – moyen)

M. Pierre Leblanc, propriétaire de Blanbec enr., est très heureux d'apprendre que vous désirez approfondir vos connaissances en comptabilité financière. Ayant eu le malheur de perdre son comptable récemment, vous êtes la personne toute désignée dans cette situation dramatique. Comble de malheur, M. Leblanc vient d'échapper le grand livre de son entreprise dans l'escalier menant à votre bureau, et toutes les feuilles sont en désordre. Sur un bout de papier, il venait tout juste de dresser la liste suivante des comptes et de leur solde figurant au grand livre au 30 septembre 20X8.

Produits de loyers	6 600 $
Salaires	27 700
Intérêts sur emprunt hypothécaire	7 500
Clients	35 000
Emprunt bancaire	15 000
Capital – P. Leblanc (au 1er octobre 20X7)	40 000
Ventes	260 000
Stock de marchandises (au 1er octobre 20X7)	50 000
Assurances	800
Taxes municipales	1 500
Intérêts sur emprunt de banque	3 500
Frais de douane	4 000
Terrain	20 000
Fournisseurs	18 000
Emprunt hypothécaire	50 000
Rendus et rabais sur achats	12 000
Transports sur achats	5 000
Électricité	500
Frais de livraison	2 500
Rendus et rabais sur ventes	7 500
Publicité	4 500
Frais de bureau	3 500
Loyer à recevoir	300
Bâtiment	60 000
Intérêts à payer	6 625
Mobilier et agencement	5 000
Matériel roulant	4 000
Caisse	10 425
Achats	155 000

Un décompte physique effectué le 30 septembre 20X8 révèle que les articles en main ont un coût de 45 000 $.

Travail à faire

Puisque M. Leblanc a des projets d'agrandissement, il doit remettre une copie de ses états financiers à son directeur de banque, expert dans l'analyse des états financiers. La rencontre doit avoir lieu dans une heure environ. Bousculé par le temps, il vous demande de dresser, en bonne et due forme, l'état des résultats et le bilan au 30 septembre 20X8, date de la fin de son exercice financier.

P 4. L'établissement des états financiers

(35 minutes – difficile)

M. Jérôme Tardif, propriétaire d'une agence de voyages, Croisières rêvées enr., a dû dresser lui-même les états financiers de l'exercice terminé le 31 décembre 20X9, car son comptable est très malade depuis qu'il est revenu d'une croisière. M. Tardif a eu beaucoup de difficultés et met en doute certains postes qui y figurent, leur présentation ainsi que la terminologie utilisée. Voici les états en question.

État des revenus et dépenses
au 31 décembre 20X9

Revenus	
Apports	5 000 $
Clients	50 000
Dépôts reçus de clients	1 000
Revenus de croisières	505 000

Revenus de placements	1 000
Revenus perçus d'avance	3 000
Total	565 000
Dépenses	
Commissions des agents	359 500
Loyer	12 000
Fournisseurs	15 000
Retraits	6 000
Salaires à payer	2 000
Salaires des secrétaires	52 000
Publicité	9 000
Chauffage et électricité	1 500
Total	457 000
Profit net	108 000 $

Bilan
pour l'exercice terminé le 31 décembre 20X9

Actif

Actif à court terme	
Banque	15 000 $
Terrains détenus pour la revente	10 000
Assurances	1 200
Papeterie et frais de bureau	800
Frais payés d'avance	2 000
Total	29 000
Actif à long terme	
Matériel roulant	35 000
Mobilier de bureau	16 000
Total	51 000
Total	80 000 $

Passif

Passif à court terme	
Emprunt de banque	5 000 $
Placements à court terme	37 000
Entretien et réparations	3 000
Taxes	1 000
Total	46 000
Jérôme Tardif	74 000
Total	80 000 $

Travail à faire

Dressez, en bonne et due forme, le bilan et l'état des résultats pour l'année civile terminée le 31 décembre 20X9.

P 5. L'analyse et l'établissement d'un bilan (60 minutes – difficile)

Afin d'accroître le niveau de ses stocks et de refinancer une partie de sa dette obligataire, Joyaux Barnabé ltée (JBL) veut obtenir un emprunt à court terme de la Banque du peuple. Mlle Marguerite Chouinard, responsable des prêts commerciaux, a entrepris l'étude du dossier de JBL. Elle a d'abord pris connaissance du bilan suivant établi par le comptable de JBL.

JOYAUX BARNABÉ LTÉE
Bilan
au 31 décembre 20X5

Actif

Encaisse	42 350 $
Créances	97 150
Stock	138 100
Immobilisations corporelles	470 000
Placements à court terme	44 300
Charges payées d'avance	9 200

Effets à recevoir	*21 500*
Escompte d'émission d'obligations	*6 000*
Brevets d'invention	*37 500*
Frais de constitution	*17 500*
Total de l'actif	*883 600 $*

Passif et capitaux propres

Fournisseurs	*85 750 $*
Charges courues à payer	*11 900*
Réserve pour impôts	*25 000*
Emprunt obligataire	*225 000*
Réserve pour amortissement	*210 000*
Réserve pour créances douteuses	*900*
Réserve pour garanties	*5 450*
Capital-actions ordinaire	*135 500*
Capital-actions privilégié	*85 000*
Surplus gagné	*99 100*
Total du passif et des capitaux propres	*883 600 $*

Après avoir examiné ce bilan, Mlle Chouinard demande à JBL de faire vérifier ses livres par un cabinet d'experts-comptables. Voici les éléments mis à jour par l'expertise comptable menée par le cabinet Séa Ségéa Séemma :

1. L'encaisse comprend un solde bancaire de 36 850 $, un fonds de petite caisse de 500 $ et une reconnaissance de dette de 5 000 $ signée par le président de JBL. Ce dernier a remboursé sa dette le 8 janvier 20X6.

2. Le solde du poste Créances comprend les éléments suivants :

Sommes à recevoir des clients	*125 750 $*
Avances aux employés (les avances seront annulées lorsque	
les employés soumettront des rapports de frais de voyage)	*7 550*
Aide gouvernementale à recevoir	*20 000*
Moins : Sommes reçues des clients pour des marchandises à	
livrer en 20X6	*(56 150)*
	97 150 $

3. Une analyse des comptes des clients indique que les créances douteuses s'élèveront à 2 750 $.

4. Les immobilisations corporelles se composent des éléments suivants :

Terrain		*50 000 $*
Bâtiments	*400 000 $*	
Moins : Effet à payer	*(120 000)*	*280 000*
Équipements		*140 000*
		470 000 $

L'effet à payer porte intérêt au taux de 10 % et vient à échéance dans cinq ans. Des intérêts courus de 1 000 $ se rapportant à cet effet ne figurent pas au bilan dressé au 31 décembre 20X5.

5. Voici la composition des placements à court terme de la société :

	Coût d'acquisition	*Juste valeur*
Dépôts à terme	*9 000 $*	*9 000 $*
Actions ordinaires (revendues en février 20X6)	*35 000*	*25 000*
Intérêts sur dépôts à terme	*300*	*300*
	44 300 $	

6. Les effets à recevoir proviennent de clients, et ils seront tous échus au cours du prochain exercice. Les intérêts courus non comptabilisés au 31 décembre se rapportant à ces effets s'élèvent à 450 $. L'expert-comptable estime que des effets ayant une valeur nominale de 1 000 $ seront irrécouvrables.

7. La réserve pour amortissement correspond à l'amortissement passé en charges à ce jour pour les bâtiments (140 000 $) et les équipements (70 000 $).

8. En 20X4, JBL a émis 250 obligations d'une valeur nominale de 1 000 $ chacune, portant intérêt au taux de 15 % et échéant en séries. Une somme de 25 000 $ (plus des intérêts courus de 6 750 $ déjà comptabilisés dans les charges courues à payer) doit être versée en janvier de chaque année. L'escompte se rapportant à ces obligations a été amorti correctement au cours de l'exercice. JBL a choisi de présenter l'escompte au bilan à titre de frais reportés.

9. La réserve pour garanties correspond au montant estimatif des coûts à engager pour honorer les garanties offertes sur les produits vendus au cours du dernier trimestre de 20X5.

10. Au 31 décembre 20X5, il y avait 12 000 actions ordinaires et 800 actions privilégiées en circulation ayant une valeur nominale respective de 10 $ et 100 $. Les actions privilégiées comportent un dividende non cumulatif de 10 % et sont rachetables à 105.

Travail à faire

Dressez en bonne et due forme le bilan de JBL. Prêtez une attention particulière à la terminologie utilisée.

P 6. L'établissement des états financiers (45 minutes – moyen)

Anne Honce et Mark Hetting ont décidé de fonder leur propre agence de publicité. Ainsi, le 1er janvier 20X3, l'Agence subliminale, société en nom collectif, faisait son apparition dans le milieu des affaires grâce à une mise de fonds de 30 000 $ de la part de chacun des deux associés. Ceux-ci avouent bien candidement ne rien comprendre à la comptabilité et, lorsque leur banquier leur demanda les états financiers de l'exercice terminé le 31 décembre 20X3, ils ont embauché un professionnel de la comptabilité, M. Norm Contab. Ce dernier a amassé les renseignements suivants :

1. Le total des encaissements (y compris la mise de fonds des associés) du 1er janvier au 31 décembre 20X3 s'élève à 359 200 $. Ce montant comprend également un emprunt bancaire de 10 000 $ pour lequel des intérêts de 600 $ sont courus au 31 décembre 20X3.
2. Une analyse des décaissements révèle les faits suivants :

Coût d'acquisition d'un terrain (30 000 $) et d'un bâtiment (150 000 $)	180 000 $
Coût d'acquisition du mobilier et de l'équipement nécessaires	40 000
Paiement des commissions des employés à la pige	14 250
Paiement de frais divers	4 125
Sommes versées aux fournisseurs	155 825

3. Au 31 décembre 20X3, les soldes suivants ont été retracés :

Clients	28 400 $
Fournisseurs	10 800
Stock de matériel publicitaire	44 600
Frais courus à payer (autres que les intérêts)	1 050
Charges payées d'avance	900

4. Une analyse des comptes clients révèle qu'une provision pour créances douteuses de 1 750 $ serait appropriée.
5. Une partie du matériel publicitaire, acquis au coût de 2 500 $ et payé par la société en 20X3, a été utilisée par Mark Hetting à des fins personnelles. Celui-ci n'a pas l'intention de rembourser la société.
6. Le terrain et le bâtiment, de même que le mobilier et l'équipement, ont tous été acquis au cours de la première semaine de janvier 20X3. Les associés ont convenu que le bâtiment doit être amorti linéairement sur 10 ans, alors que le mobilier et l'équipement doivent l'être sur 5 ans.
7. Les deux associés ont convenu de se partager également les résultats de l'exploitation.

Travail à faire

a) Établissez l'état des résultats de l'exercice terminé le 31 décembre 20X3.
b) Établissez le bilan de la société au 31 décembre 20X3.

Source :
C.G.A. adapté

P 7. L'établissement des états financiers (50 minutes – moyen)

Le 3 janvier 20X2, MM. Mack Connors et Stan Lavoie ont mis sur pied une société en nom collectif sous la raison sociale de Chips et Puces. M. Mack Connors, qui était déjà dans les affaires, a investi dans la société du matériel de traitement de l'information ayant une juste valeur de 50 000 $. Ce matériel, qui avait coûté 60 000 $, avait une valeur comptable de 39 000 $ dans les livres de M. Mack Connors. Le capital investi par M. Stan Lavoie comprenait 40 000 $ en numéraire, un terrain ayant une juste valeur de 27 200 $ et un système de formulaires spéciaux, d'une valeur estimative de 6 000 $, qu'il avait lui-même inventé. Les deux associés ont convenu de partager les bénéfices de manière égale.

La société a immédiatement fait l'acquisition d'un petit ordinateur de 250 000 $, moyennant un versement comptant de 25 000 $ et une promesse de payer le solde à raison de 45 000 $ par année, plus les intérêts calculés au taux de 12 %. Le premier versement n'est exigible que le 3 janvier 20X3.

5

Au cours de la première année d'exploitation, la société a encaissé 116 500 $ de ses clients. De plus, les comptes que ceux-ci doivent payer à la société au 31 décembre 20X2 s'élèvent à 32 200 $. Le 1er octobre, M. Stan Lavoie a emprunté 4 000 $ à la société pour régler des dettes personnelles. Il a convenu de rembourser ce prêt à raison de 200 $ par mois, plus les intérêts calculés à 10 % du solde impayé à compter du 1er avril 20X3.

La poursuite de l'exploitation a nécessité des débours supplémentaires de 36 250 $. Ce montant comprend le loyer de janvier 20X3 de 650 $. MM. Mack Connors et Stan Lavoie ont prélevé respectivement à des fins personnelles 1 000 $ et 1 250 $ par mois. Les associés ont convenu d'amortir le coût du nouvel ordinateur au taux annuel de 10 %. Le taux d'amortissement annuel du matériel usagé est de 20 %. Quant au système de formulaires inventé par M. Stan Lavoie, la période d'amortissement est de quatre ans. Les frais d'exploitation non encore réglés s'élèvent à 5 500 $ au 31 décembre 20X2.

Travail à faire

a) Présentez dans trois tableaux distincts les calculs à effectuer pour déterminer 1) les rentrées et les sorties de fonds ainsi que le solde de l'encaisse au 31 décembre 20X2 ; 2) la valeur comptable du matériel au 31 décembre 20X2 et l'amortissement de l'exercice ; 3) les produits et les charges de 20X2, ainsi que le bénéfice de la société.

b) Établissez le bilan de l'agence Chips et Puces au 31 décembre 20X2. Vous devez soumettre un calcul détaillé du solde de l'investissement de chaque associé.

P 8. L'analyse et l'établissement du bilan   (60 minutes – moyen)

L'exploitation de la société Sagouinnette ltée a commencé le 1er décembre 20X4. Depuis cette date, la comptabilisation des opérations de la société avait été réalisée par M. Joe Bargain. Ce dernier, dont l'approvisionnement est la responsabilité première, a tout de même accepté celle de la comptabilité malgré ses connaissances assez limitées. En décembre 20X6, la société a décidé de confier la responsabilité de la comptabilité à une experte-comptable, Mlle Pécey Géhaire.

La première tâche qui a été confiée à Mlle Pécey Géhaire est de revoir les registres comptables des deux premiers exercices et de procéder à toutes les corrections requises afin de s'assurer que les états financiers de l'exercice terminé le 30 novembre 20X6 soient en tout point conformes aux principes comptables généralement reconnus. La balance de vérification suivante tient compte des régularisations effectuées à la fin de l'exercice par M. Bargain.

SAGOUINNETTE LTÉE
Balance de vérification régularisée
au 30 novembre 20X6

Caisse	5 750 $	
Clients	46 750	
Effet à recevoir	15 000	
Stock	52 500	
Terrain	40 000	
Équipements	100 000	
Assurances payées d'avance	3 000	
Fournisseurs		24 750 $
Effet à payer		25 000
Actions ordinaires sans valeur nominale		138 500
Bénéfices non répartis		44 750
Chiffre d'affaires		519 000
Achats	393 750	
Rendus et rabais sur achats		2 250
Frais de vente	60 000	
Frais d'administration	37 500	
	754 250 $	754 250 $

5

La révision de Mlle Pécey Géhaire a permis de soulever les points suivants :

1. En novembre 20X6, des chèques totalisant 11 750 $ ont été préparés à l'attention de fournisseurs et enregistrés au journal des décaissements. Toutefois, ceux-ci ont été découverts dans un tiroir le 7 décembre 20X6.

2. Toutes les sommes à recevoir des ventes à crédit de l'exercice 20X4-20X5 ont été soit recouvrées ou radiées des livres. La provision pour créances douteuses relatives au solde des comptes clients au 30 novembre 20X6 a été établie correctement à 10 000 $. M. Bargain a d'ailleurs enregistré cette provision de la façon suivante :

Frais de vente	*10 000*	
Clients		*10 000*
Provision pour créances douteuses.		

3. L'effet à recevoir porte intérêt au taux annuel de 18 %. Il a été signé par un client, M. Jesuy Sanlesou, le 1er novembre 20X6 et vient à échéance trois mois plus tard.

4. Le décompte physique des stocks effectué le 31 novembre 20X6 indique que des marchandises totalisant 49 500 $ sont effectivement en main, tandis que 10 500 $ de marchandises sont en consignation chez un client.

5. Les équipements ont été acquis le 3 décembre 20X4. Ces immobilisations sont amorties linéairement sur une période de 10 ans sans aucune valeur de récupération. En novembre 20X6, M. Bargain a d'ailleurs passé l'écriture suivante afin de comptabiliser l'amortissement annuel :

Frais de vente	*10 000*	
Frais d'administration	*2 500*	
Équipements		*12 500*
Amortissement annuel des équipements.		

   Une écriture identique avait été enregistrée à la fin de l'exercice 20X4-20X5.

6. La société n'a souscrit qu'à une seule police d'assurance. Cette police couvre une période de 12 mois à compter du 1er juin 20X6, et la société a émis un chèque global de 6 000 $ au cours de l'exercice terminé le 30 novembre 20X6.

7. L'effet à payer porte intérêt au taux annuel de 12 %. Il a été signé le 1er novembre 20X6. Le principal et les intérêts ne seront exigibles que le 1er août 20X7.

8. Le 20 novembre 20X6, le conseil d'administration a déclaré un dividende en numéraire de 12 500 $ payable le 14 décembre 20X6 aux actionnaires immatriculés en date du 3 décembre 20X6.

9. La déclaration d'impôts de l'exercice 20X5-20X6 semble avoir été établie correctement. Selon celle-ci, la société n'a aucun impôt sur les bénéfices à payer.

Travail à faire

Dressez un bilan corrigé en bonne et due forme. Vous devez fournir tous vos calculs.

P 9. L'analyse du fonds de roulement (45 minutes – moyen)

La société Rouliroulant ltée, dans l'une des clauses d'un acte de fiducie relatif à un emprunt obligataire, s'est engagée à maintenir un fonds de roulement supérieur à 300 000 $ et un ratio de solvabilité à court terme supérieur à 1,2. L'exercice financier 20X5 est presque terminé ; M. Jay Duflair, analyste financier à la Fiducie du Québec, exige qu'un état du fonds de roulement soit produit au plus tard le 15 janvier 20X6.

Afin de mesurer les connaissances universitaires acquises par son fils, Max Duval, étudiant en première année de baccalauréat en administration, le président de Rouliroulant ltée, Sam Duval, demande à son vice-président aux finances, Patrick Bouvet, de vérifier l'état suivant du fonds de roulement établi en toute vitesse par Max Duval. De plus, il aimerait vérifier si la situation financière est aussi bonne que l'affirme Max Duval et s'il n'a pas à s'inquiéter au sujet de la clause de l'acte de fiducie.

5

ROULIROULANT LTÉE
Fonds de roulement
au 30 décembre 20X5
(en milliers de dollars)

Actif à court terme	
Encaisse	205 $
Placements à court terme	610
Créances	705
Stock	610
Charges payées d'avance	125
Total de l'actif à court terme	2 255
Passif à court terme	
Fournisseurs et frais courus	1 180
Réserve pour éventualités	300
Total du passif à court terme	1 480
Fonds de roulement	775 $
Ratio de solvabilité à court terme (2 255 $ ÷ 1 480 $)	1,5

L'analyse effectuée par le vice-président aux finances a permis d'amasser les renseignements suivants :

Encaisse

- Montant net, déduction faite de la marge rotative de crédit de 50 000 $.

Placements à court terme

- Le poste Placements à court terme comprend des obligations d'épargne encaissables en tout temps. Ces obligations, achetées au prix de 265 000 $, ont une valeur nominale de 350 000 $.
- Il comprend également un placement en actions (1 % des actions avec droit de vote) dans une société multinationale. Ce placement a été acquis au prix de 110 000 $ au début de l'exercice à même les fonds excédentaires de la société. Le conseil d'administration a clairement indiqué son intention de conserver ces actions pendant au moins cinq ans, compte tenu de leur rendement exceptionnel.
- Ce poste comprend aussi divers placements spéculatifs en actions de sociétés canadiennes d'un coût global de 235 000 $. La politique de la société est de ne jamais conserver de telles actions plus de 10 mois. Au 30 décembre 20X5, la juste valeur de ces actions est de 230 000 $.
- Les intérêts courus depuis la dernière date d'intérêt sur les obligations d'épargne s'élèvent à 10 000 $. De plus, 15 000 $ de dividendes à recevoir n'ont pas encore été comptabilisés.
- La règle de la valeur minimale doit être appliquée sur l'ensemble du portefeuille.

Créances

- Max Duval a regroupé sous cette rubrique les postes suivants du grand livre :

Clients	410 000 $
Provision pour créances douteuses (solde débiteur)	2 500
Effets à recevoir	150 000
Effets à recevoir escomptés	(50 000)
Prêt à une filiale	100 000
Avances aux employés pour frais de voyage et de représentation	35 500
Solde de prix de vente à recevoir	57 000
	705 000 $

- Une analyse des comptes clients indique que le solde de la provision pour créances douteuses devrait être de 12 500 $.
- Le prêt à une filiale ne comporte aucune date de remboursement.
- Le solde de prix de vente à recevoir provient de la vente d'un bien immobilisé. Ce montant sera recouvré en trois versements annuels de 19 000 $, à compter du 30 septembre 20X6. Le taux d'intérêt a été fixé à 10 %. Les intérêts courus n'ont pas encore été comptabilisés.

Stock

- Max Duval a regroupé sous cette rubrique les postes suivants du grand livre :

Marchandises en magasin	410 000 $
Marchandises en transit	50 000
Marchandises en consignation	150 000
	610 000 $

5

- Les marchandises en transit seront livrées chez un client américain. Le camion de livraison a quitté l'entrepôt en fin de matinée, le 30 décembre. La facture de 80 000 $ porte la mention F.A.B. – Point de départ.
- Les marchandises en consignation proviennent d'un fabricant australien. Un montant correspondant figure également dans les comptes fournisseurs.

Fournisseurs et frais courus

- Max Duval a regroupé sous cette rubrique les postes suivants du grand livre :

Fournisseurs	*350 000 $*
Effet à payer (90 jours)	*200 000*
Salaires et déductions à la source à payer	*445 000*
Régime de retraite à payer	*150 000*
Impôts sur le bénéfice à payer	*35 000*
	1 180 000 $

- Les intérêts courus sur l'effet à payer de 5 000 $ et les charges sociales du mois de décembre de 35 000 $ n'ont pas encore été comptabilisés.
- Une somme de 100 000 $ devra être versée à la caisse de retraite, en 20X6. Le solde de 50 000 $ devra être déboursé dans quelques années seulement.

Réserve pour éventualités

- La réserve pour éventualités a été établie à la suite d'une poursuite judiciaire intentée par un client. Après avoir échoué en première instance, le client a porté la cause devant la Cour supérieure. Lors de la réception de l'avis de poursuite, la société avait enregistré l'écriture suivante :

Bénéfices non répartis	*300 000*	
Réserve pour éventualités		*300 000*
Litige en cour.		

Autres renseignements

- Une analyse des dettes à long terme de la société permet de dresser le tableau suivant :

	Solde au grand livre	Portion échéant à court terme
Emprunt hypothécaire	*1 500 000 $*	*225 000 $*
Emprunt obligataire	*5 000 000*	*500 000*
	6 500 000 $	

- Les intérêts de 20 000 $ courus sur la dette à long terme n'ont pas encore été comptabilisés.

Travail à faire

a) Établissez un état révisé du fonds de roulement de la société Rouliroulant ltée au 31 décembre 20X5. Présentez tous les calculs qui expliquent chacun des postes de cet état.

b) À la lumière de l'état du fonds de roulement dressé en a), commentez l'affirmation de Max Duval sur la situation financière de la société et sur le respect de la clause de l'acte de fiducie.

Analyses de cas

C 1. L'analyse d'un bilan

(30 minutes – moyen)

Voici le bilan de la société Confuscius ltée tel qu'il a été établi au 31 mai 20X6 par un commis-comptable inexpérimenté.

CONFUSCIUS LTÉE
Bilan
de l'exercice terminé le 31 mai 20X6
(en milliers de dollars)

Actif

Actif à court terme

Encaisse	*(5 000) $*
Effet à recevoir	*10 000*
Clients	*60 000*
Stock de marchandises	*130 000*

Fournitures de magasin		5 000
Fonds d'amortissement pour remboursement d'obligations		50 000
Total de l'actif à court terme		250 000 $
Placements		
Obligations d'épargne du Canada		5 000
Placements dans des filiales		45 000
Investissement dans une société en participation		25 000
Total des placements		75 000 $
Immobilisations		
Terrains et bâtiments	455 500 $	
Moins : Amortissement cumulé	(120 000)	335 500
Brevets d'invention	600	
Moins : Amortissement cumulé	(100)	500
Total des immobilisations		336 000
Total de l'actif		661 000 $

Passif

Passif à court terme		
Effet à payer		30 000 $
Fournisseurs	125 000 $	
Clients (solde créditeur)	25	125 025
Réserve pour agrandissement des bâtiments		50 000
Prime à l'émission d'obligations		5 000
Réserve pour impôts		20 000
Total du passif à court terme		230 025
Passif à long terme		
Emprunt hypothécaire (échéant en 20X7)		20 000
Emprunt obligataire (échéant en 20Z1)		200 000
Total du passif		450 025
Capital		
Actions de catégorie A	130 000 $	
Moins : Actions autodétenues	(5 000)	125 000
Bénéfices non distribués		71 000
Dividendes en numéraire à verser		14 975
Total du passif et du capital		661 000 $

Travail à faire

Faites un examen critique de la présentation de ce bilan et formulez vos recommandations.

C 2. L'analyse des états financiers (30 minutes – moyen)

Voici les états financiers de la société Pêle-Mêle ltée tels qu'ils ont été établis au 31 mars 20X2 :

PÊLE-MÊLE LTÉE
Résultats et bénéfices non répartis
au 31 mars 20X2
(en milliers de dollars)

Chiffre d'affaires (déduction faite des rendus et rabais sur ventes de 510 000 $)		6 520 $
Coût des marchandises vendues		5 220
Profit brut		1 300
Dépenses d'exploitation		
Frais de vente	950 $	
Frais d'administration	614	1 564
Perte d'exploitation		(264)
Frais financiers		(96)
Perte nette		(360)
Bénéfices non répartis au 1er avril 20X1		1 060
		700
Moins : Dividendes en numéraire de 1 $ l'action	75 $	
Dividendes en actions (5 % des actions en circulation)	35	(110)
Bénéfices non répartis au 31 mars 20X2		590 $
Cours moyen des actions durant l'exercice		12 $

PÊLE-MÊLE LTÉE
Bilan
de l'exercice terminé le 31 mars 20X2
(en milliers de dollars)

Actif

Encaisse		12 $
Placements à court terme		52
Clients (déduction faite d'une provision de 39 000 $)		550
Stock de marchandises		465
Immobilisations	2 020 $	
Amortissement cumulé	1 085	935
Frais payés d'avance et frais reportés		46
Total de l'actif		2 060 $

Passif et capitaux propres

Produits reçus d'avance	20 $
Fournisseurs et frais courus	115
Impôts sur le bénéfice à payer	40
Emprunt bancaire et passif à long terme	450
Total du passif	625
Capital-actions (valeur nominale de 10 $ l'action). Nombre illimité d'actions autorisées ; 73 500 actions émises et en circulation	735
Surplus d'apport – Prime à l'émission d'actions	110
Bénéfices non répartis	590
Total du passif et des capitaux propres	2 060 $

Travail à faire

Faites un examen critique de la présentation de ces états financiers et formulez vos recommandations. Considérez chaque lacune séparément et ne tenez pas compte de leurs effets cumulatifs.

C 3. L'analyse des états financiers   (30 minutes – moyen)

Voici les états financiers de la société Choupette ltée tels qu'ils ont été établis au 31 décembre 20X5 :

CHOUPETTE LTÉE
Résultats et bénéfices non répartis
de l'exercice terminé le 31 décembre 20X5
(en milliers de dollars)

Chiffre d'affaires		7 000 $
Moins : Rendus et rabais sur ventes		70
Chiffre d'affaires net		6 930
Coût des marchandises vendues		2 078
Marge bénéficiaire brute		4 852
Frais d'exploitation		
Frais de vente	2 000 $	
Frais d'administration (Note 1)	2 158	4 158
Bénéfice d'exploitation		694
Autres produits		
Escomptes sur achats	220	
Gain sur rachat d'actions ordinaires	400	
Correction d'une erreur de l'exercice précédent	180	800
Bénéfice avant élément extraordinaire		1 494
Élément extraordinaire – Gain sur aliénation d'élément d'actif		106
Bénéfice avant impôts		1 600
Impôts sur les bénéfices		760
Bénéfice net		840
Bénéfices non répartis au 1er janvier 20X5		5 500
		6 340
Moins : Réserve pour expansion future		(600)
Bénéfices non répartis non affectés au 31 décembre 20X5		5 740 $

5

CHOUPETTE LTÉE
Bilan
au 31 décembre 20X5
(en milliers de dollars)

Actif

Actif à court terme		
Encaisse		160 $
Clients, montant net		220
Stock de marchandises		260
Total de l'actif à court terme		640
Autres valeurs actives		
Terrain et immeubles, montant net	8 000 $	
Placements à long terme	3 336	
Écart d'acquisition (Note 2)	500	
Escompte d'émission d'obligations	84	
Total des autres valeurs actives		11 920
Total de l'actif		12 560 $

Passif et capitaux propres

Passif à court terme		
Fournisseurs		280 $
Impôts sur les bénéfices à payer		640
Total du passif à court terme		920
Passif à long terme		
Réserve pour expansion future	600 $	
Régime de retraite à payer	900	
Emprunt obligataire (y compris la portion échéant en 20X6)	2 000	
Impôts futurs	116	
Total du passif à long terme		3 616
Total du passif		4 536
Capitaux propres		
Actions ordinaires	2 284	
Bénéfices non répartis non affectés	5 740	
Total des capitaux propres		8 024
Total du passif et des capitaux propres		12 560 $

CHOUPETTE LTÉE
Notes afférentes aux états financiers
de l'exercice terminé le 31 décembre 20X5

1. La charge d'amortissement de l'exercice est incluse dans les frais d'administration. En 20X5, la société est passée de la méthode de l'amortissement linéaire à la méthode de l'amortissement proportionnel à l'ordre numérique inversé des périodes.
2. L'écart d'acquisition résulte de l'acquisition d'un concurrent effectuée en 20X2. La société n'a jamais amorti ce poste, car l'écart d'acquisition ne perd aucune valeur.
3. La société a pour politique de présenter les frais d'émission à titre de frais reportés.

Travail à faire

Dressez une liste (avec les explications appropriées) des lacunes des états financiers de Choupette ltée. Considérez chaque lacune séparément et ne tenez pas compte de leurs effets cumulatifs. Les états financiers ne renferment aucune erreur de calcul.

Source :
A.I.C.P.A. adapté

C 4. L'analyse des états financiers
(40 minutes – moyen)

Les états financiers suivants de Crocodile ltée ont été établis au 30 avril 20X6 par le commis-comptable de la société :

CROCODILE LTÉE
Bilan
au 30 avril 20X6
(en milliers de dollars)

Actif

Actif à court terme	
Encaisse	200 $
Effet à recevoir	180

Clients (déduction faite d'une réserve pour créances irrécouvrables)		150
Stock de marchandises		791
Placements à court terme		200
Total de l'actif à court terme		1 521
Immobilisations		
Terrain (au prix coûtant) (Note 1)		350
Immeubles	1 700 $	
Amortissement cumulé	700	1 000
Équipements	1 160	
Amortissement cumulé	360	800
Immobilisations incorporelles		900
Autres valeurs actives		
Frais payés d'avance		29
Total de l'actif		4 600 $

Passif et capitaux propres

Passif à court terme		
Fournisseurs et frais courus		201 $
Provision pour impôts à payer		320
Total du passif à court terme		521
Passif à long terme		
Emprunt obligataire, 9 %, échéant en série		
(100 000 $ le 31 décembre de chaque année)	1 700 $	
Moins : Escompte d'émission	70	1 630
Total du passif		2 151
Capitaux propres		
Capital-actions sans valeur nominale. Nombre illimité		
d'actions autorisées ; 150 000 actions émises et		
en circulation		1 500
Bénéfices non répartis		
Affectés (Note 2)	220	
Attribuables aux actionnaires	729	2 449
Total du passif et des capitaux propres		4 600 $

CROCODILE LTÉE
Résultats
de l'exercice terminé le 30 avril 20X6
(en milliers de dollars)

Chiffre d'affaires			5 000 $
Produits de placements			12
Total des produits			5 012
Coût des marchandises vendues			3 560
Marge bénéficiaire brute			1 452
Frais d'exploitation			
Frais de vente			
Salaires	190 $		
Publicité	170		
Rendus et rabais sur ventes	100	460 $	
Frais d'administration			
Salaires	168		
Impôts fonciers	76		
Amortissement	172		
Loyer	150		
Intérêts sur emprunt obligataire	96	662	1 122
Bénéfice avant impôts			330
Impôts sur le bénéfice			320
Bénéfice net			10 $

CROCODILE LTÉE
Notes afférentes aux états financiers
de l'exercice terminé le 30 avril 20X6

1. Ce poste comprend le coût d'un terrain acquis au cours de l'exercice en vue d'une expansion future au prix de 150 000 $.
2. Le conseil d'administration a décidé de réserver une somme de 220 000 $ afin de pourvoir au financement d'une expansion future.

5

Travail à faire

Identifiez et commentez les erreurs de terminologie, de présentation et de classement de ces états financiers.

Source :
A.I.C.P.A. adapté

C 5. Les clauses restrictives d'un acte de fiducie   (30 minutes – difficile)

L'actif à court terme et le passif à court terme de Jesuy Kontrinte ltée (JKL) au 31 décembre 20X5 s'élèvent respectivement à 1 457 000 $ et à 678 000 $. Ce dernier montant comprend un dividende de 110 000 $ déclaré vers la fin de l'exercice. L'acte de fiducie signé lors de l'émission d'obligations stipule que l'actif à court terme de la société doit être deux fois plus élevé que le passif à court terme. La direction ne peut donc déclarer de dividende jusqu'à ce que le ratio de solvabilité à court terme soit égal ou supérieur à 2, compte tenu du dividende déclaré.

Au début de janvier 20X6, le fiduciaire demande à JKL de lui fournir des renseignements sur un certain nombre de postes figurant au bilan. Quelque temps plus tard, le fiduciaire écrit une lettre au président de JKL dans laquelle il stipule que la déclaration d'un dividende de 110 000 $ transgresse l'une des clauses de l'acte de fiducie. Voici quelques extraits de la lettre du fiduciaire :

> Dans l'actif à court terme figurent des primes d'assurance non absorbées de 20 480 $. Selon les renseignements fournis par votre comptable, ces primes comprennent une somme de 8 420 $ s'appliquant à des primes qui seront imputées au prochain exercice. Quant au reste, ce sont des primes d'assurance qui ne s'appliqueront qu'aux exercices qui prendront fin deux ou trois ans après la date du bilan. Il faut donc exclure 12 060 $ de l'actif à court terme parce que cette somme ne sera passée en charges que beaucoup plus tard.
>
> Les stocks comprennent des pièces de rechange et des fournitures coûtant 54 000 $ et utilisées pour réparer le matériel de fabrication. Comme ces éléments feront plus tard partie des immobilisations, il ne convient pas de les classer dans l'actif à court terme.
>
> Le passif à long terme renferme des billets ayant une valeur nominale de 120 000 $ émis pour financer l'exploitation d'une concession forestière. Ces billets garantis par le transport du produit de la vente de bûches de bois à une filiale seront remboursés à même le produit de cette vente. Comme JKL doit rembourser ces billets à raison de 20 000 $ par mois, à compter du septième mois suivant la date du bilan, ils doivent faire partie du passif à court terme.
>
> L'analyse précédente me porte à conclure que l'actif à court terme de votre société est surévalué de 66 060 $, alors que le passif à court terme est sous-évalué de 120 000 $. Si l'on fait les redressements qui s'imposent, l'actif à court terme n'est pas deux fois plus élevé que le passif à court terme ; il s'ensuit que le dividende déclaré transgresse l'une des clauses de l'acte de fiducie. Le conseil d'administration devra donc prendre immédiatement les dispositions nécessaires pour rescinder la déclaration de ce dividende, sans quoi je me verrai contraint de réclamer le remboursement intégral des obligations en circulation.

Travail à faire

Le président de JKL vous a remis la lettre du fiduciaire et il vous demande ce qu'il faut en penser. Rédigez un rapport à l'intention du président dans lequel vous commenterez chacun des points de cette lettre et formulerez des recommandations au sujet de l'annulation du dividende proposée.

5

Les flux de trésorerie et la présentation des informations complémentaires

6

Remarque : les questions de révision, les exercices, les problèmes de compréhension et les analyses de cas précédés d'un astérisque (*) se rapportent au sujet traité en annexe.

1. Quel est le principal objectif de l'état des flux de trésorerie ?

2. L'état des flux de trésorerie renferme des informations qu'on ne peut obtenir dans le bilan ou dans l'état des résultats. Lesquelles ?

3. Identifiez et décrivez brièvement les trois catégories de mouvements de trésorerie présentées dans un état des flux de trésorerie ?

4. L'état des flux de trésorerie n'est nullement nécessaire pour une entreprise qui publie des états financiers comparatifs. Que pensez-vous de cette affirmation ?

5. Quelle est l'utilité des notes et des tableaux qui accompagnent les états financiers ?

6. Une entreprise est-elle tenue de donner une description des principales conventions comptables qu'elle a adoptées ? Pourquoi ?

7. Mentionnez quatre éléments pour lesquels on trouve fréquemment une description des conventions comptables adoptées par une entreprise dans sa première note afférente aux états financiers ?

8. Qu'est-ce qu'un engagement contractuel ? Pourquoi doit-on fournir des renseignements sur de tels engagements ?

9. Qu'est-ce qu'une éventualité ? Quel traitement comptable réserve-t-on aux éventualités ?

10. Qu'est-ce qu'un événement postérieur à la date du bilan ? Lorsqu'un tel événement se produit, dans quelles circonstances est-il nécessaire de redresser les états financiers ?

11. De quelle façon peut-on reconnaître que deux personnes physiques ou morales sont apparentées ? Donnez deux exemples de relations d'apparentement.

12. La société Grognon inc. s'approvisionne à près de 90 % auprès d'un seul fournisseur, Fournitout ltée. Le président de la société Grognon inc. s'objecte à ce que cette information soit mentionnée dans les états financiers de la société. Qu'en pensez-vous ?

6

Exercices /////////////

E 1. Le classement des éléments des flux de trésorerie

L'état des flux de trésorerie renferme trois catégories de mouvements de trésorerie : les activités d'exploitation (E), les activités de financement (F) et les activités d'investissement (I). Inscrivez devant chacune des opérations décrites ci-dessous à quelle catégorie elle appartient. Si l'opération n'appartient à aucune de ces catégories, inscrivez 0.

____ a) Un nouvel emprunt à long terme.
____ b) L'acquisition d'une immobilisation au comptant.
____ c) L'amortissement des immobilisations corporelles.
____ d) Un gain sur aliénation d'un élément d'actif.
____ e) La diminution des comptes fournisseurs survenue au cours de l'exercice.
____ f) L'acquisition d'un terrain au moyen d'une émission d'actions ordinaires.
____ g) L'augmentation des stocks survenue au cours de l'exercice.
____ h) La diminution de l'encaisse survenue au cours de l'exercice.
____ i) Le rachat d'actions.
____ j) Le versement d'un dividende en numéraire.
____ k) Le remboursement d'un emprunt obligataire.
____ l) L'augmentation des comptes clients survenue au cours de l'exercice.
____ m) L'amortissement des immobilisations incorporelles.
____ n) Les résultats d'exploitation d'une activité abandonnée.
____ o) Le produit de l'aliénation d'un élément d'actif.

E 2. La classification des mouvements de trésorerie

Équipements Multi-Sports ltée a effectué les opérations suivantes :

a) Paiement le 31 décembre d'une police d'assurance couvrant les deux prochains exercices.
b) Recouvrement des comptes clients.
c) Remboursement du principal dû sur un effet à payer à court terme à la Banque populaire du Quartier.
d) Paiement des intérêts afférents à l'effet dont il est question en c).
e) Paiement du dividende annuel.
f) Paiement des comptes fournisseurs.
g) Paiement des intérêts semi-annuels sur l'emprunt obligataire.
h) Émission au comptant d'actions ordinaires.
i) Comptabilisation des amortissements de l'exercice.
j) Produit de la vente d'un placement à long terme.
k) Gain sur aliénation du placement dont il est question en j).
l) Émission d'actions privilégiées en échange de la totalité des actions en circulation d'une autre société.
m) Prêt consenti à un employé remboursable au début du prochain exercice.
n) Gain sur aliénation de l'ensemble des placements à court terme.

Certaines des opérations précédentes doivent figurer à l'état des flux de trésorerie. Pour chacune de ces opérations, précisez s'il s'agit d'une opération liée aux activités d'exploitation, de financement ou d'investissement. Expliquez brièvement les raisons de l'exclusion de toute opération de l'état des flux de trésorerie. Tenez pour acquis que la trésorerie et les équivalents de trésorerie de la société comprennent l'encaisse et les placements à court terme.

E 3. Les activités de financement et d'investissement

Le dernier exercice financier de la société Évolutive ltée, qui a pris fin le 31 décembre 20X4, s'est soldé par un bénéfice net de 1 350 000 $. Les flux de trésorerie générés par les activités d'exploitation se sont toutefois élevés à 2 100 000 $. Voici quelques opérations de financement et d'investissement qui ont entraîné des mouvements de trésorerie au cours de l'exercice :

6

- Acquisition d'immobilisations au prix de 400 000 $.
- Obtention d'un prêt à long terme de 250 000 $.
- Encaissement de 105 000 $ à la suite de l'aliénation de certains éléments d'actif.
- Rachat, au prix de 100 000 $, d'actions ordinaires de la société détenues par un ancien dirigeant.
- Versement de 300 000 $ en dividendes aux actionnaires de la société.
- Émission au comptant de 225 000 $ d'actions privilégiées.

Établissez les sections Activités de financement et Activités d'investissement de l'état des flux de trésorerie de la société Évolutive ltée pour l'exercice terminé le 31 décembre 20X4.

E 4. L'établissement des flux de trésorerie

Voici le bilan comparatif de la société Bric-à-brac ltée au 31 décembre 20X6 et l'état des résultats de l'exercice terminé le 31 décembre 20X6 :

BRIC-À-BRAC LTÉE
Bilan
au 31 décembre

	20X6	20X5
Actif		
Actif à court terme		
Encaisse	15 000 $	θ $
Placements à court terme	22 000	7 800
Clients, montant net	14 600	14 300
Stock de marchandises	40 000	38 500
Total de l'actif à court terme	91 600	60 600
Immobilisations		
Terrain	10 000	10 000
Immeubles et équipements	93 400	80 400
Amortissement cumulé	(40 700)	(30 600)
Total des immobilisations	62 700	59 800
Placements à long terme	75 000	80 000
Total de l'actif	229 300 $	200 400 $
Passif et capitaux propres		
Passif à court terme		
Découvert de banque	θ $	1 500 $
Fournisseurs et frais courus	35 000	36 500
Total du passif à court terme	35 000	38 000
Passif à long terme		
Effet à payer (échéant en 20X9)		10 000
Total du passif	35 000	48 000
Capitaux propres		
Capital-actions ordinaire	100 000	100 000
Bénéfices non répartis	94 300	52 400
Total des capitaux propres	194 300	152 400
Total du passif et des capitaux propres	229 300 $	200 400 $

BRIC-À-BRAC LTÉE
Résultats
de l'exercice terminé le 31 décembre 20X6

Chiffre d'affaires	610 000 $
Coût des marchandises vendues	(366 000)
Bénéfice brut	244 000
Frais de vente et d'administration	(120 000)
Frais financiers	(10 000)
Bénéfice avant impôts	114 000
Impôts sur le bénéfice	(57 100)
Bénéfice net	56 900 $

L'entreprise a versé 15 000 $ de dividendes à ses actionnaires. Elle n'a aliéné aucune immobilisation en 20X6.

Préparez l'état des flux de trésorerie de la société Bric-à-brac ltée pour l'exercice terminé le 31 décembre 20X6 en tenant pour acquis que la trésorerie et les équivalents de trésorerie se limitent à l'encaisse et au découvert de banque.

E 5. L'établissement des flux de trésorerie

Voici les états financiers de la société Sans-dessus-dessous ltée au 31 décembre 20X1 :

SANS-DESSUS-DESSOUS LTÉE
Bilan
au 31 décembre

	20X1	20X0
Actif		
Encaisse	240 000 $	96 000 $
Clients, montant net	60 000	76 000
Stock de marchandises	236 000	124 000
Terrains	16 000	80 000
Bâtiment et équipements	288 000	192 000
Amortissement cumulé	(96 000)	(48 000)
Total de l'actif	744 000 $	520 000 $
Passif et capitaux propres		
Effets à payer (court terme)	8 000 $	28 000 $
Fournisseurs et frais courus	72 000	64 000
Emprunt obligataire (échéant en 20X9)	120 000	
Capital-actions ordinaire	368 000	320 000
Bénéfices non répartis	176 000	108 000
Total du passif et des capitaux propres	744 000 $	520 000 $

SANS-DESSUS-DESSOUS LTÉE
Résultats
de l'exercice terminé le 31 décembre 20X1

Chiffre d'affaires		620 000 $
Coût des marchandises vendues		300 000
Marge bénéficiaire brute		320 000
Frais d'exploitation		
Frais de vente et d'administration	84 000 $	
Amortissement des immobilisations	48 000	
Total des frais d'exploitation		132 000
Bénéfice d'exploitation		188 000
Autres charges		
Perte sur aliénation de terrains		40 000
Bénéfice avant impôts		148 000
Impôts sur le bénéfice		20 000
Bénéfice net		128 000 $

Préparez l'état des flux de trésorerie de la société Sans-dessus-dessous ltée pour l'exercice terminé le 31 décembre 20X1, en tenant pour acquis que la trésorerie et les équivalents de trésorerie de la société correspondent à l'encaisse.

E 6. Une éventualité et un engagement contractuel

Le contrôleur de la société Biceps inc. s'affaire à terminer les états financiers de la société pour l'exercice terminé le 31 mars 20X4. Il vous demande de l'aider à analyser les événements suivants :

a) Le 28 mars 20X4, la société loue un local dans un centre commercial et signe un bail de cinq ans. Le bail entrera en vigueur le 1er avril 20X4 moyennant le versement d'un loyer mensuel de 2 000 $. Le bail prévoit une augmentation annuelle du loyer de 4 %.

b) Biceps inc. a intenté une poursuite de 500 000 $ contre un concurrent, Fierabra inc., pour publicité mensongère. Les avocats de la société sont certains d'avoir gain de cause.

Malheureusement pour eux, le contrôleur de Biceps inc. a appris de source non officielle que Fierabra inc. est sur le point d'entamer des procédures de faillite.

Formulez vos recommandations sur le traitement comptable et la présentation de ces événements dans les états financiers de la société Biceps inc. pour l'exercice 20X3-20X4.

E 7. Les événements postérieurs à la date du bilan

Voici une liste d'événements survenus après la clôture de l'exercice financier 20X1 de Triton ltée, mais avant la mise au point définitive des états financiers. Les événements postérieurs à la date du bilan peuvent nécessiter le redressement des états financiers (R) ou la présentation d'une note afférente aux états financiers (N). Il est même possible qu'un tel événement n'exige aucun redressement des états financiers ou aucune note aux états financiers (0). Inscrivez devant chacun des événements décrits ci-dessous la lettre appropriée.

____ a) Le 31 décembre 20X1, 90 % du solde des comptes fournisseurs de Triton ltée était dû à un fournisseur américain. Le 14 janvier 20X2, le cours du dollar canadien passe de 0,89 $ US à 0,75 $ US. Les économistes estiment qu'il s'agit d'une correction irréversible du cours du dollar canadien jusque-là surévalué par rapport à la devise américaine.

____ b) La perte du principal client de la société.

____ c) Le recouvrement d'une créance comptabilisée le 29 décembre 20X1.

____ d) Le décès du président de la société.

____ e) La Cour suprême du Canada rend un jugement favorable à la société dans le cas d'une poursuite intentée contre un concurrent. Elle ordonne au concurrent de verser à la société une indemnité de 2,5 millions de dollars.

____ f) La société adopte un plan de fermeture d'une unité d'exploitation.

____ g) La municipalité adopte une résolution l'autorisant à exproprier un terrain détenu par la société en vue d'une expansion future. Cette expropriation rendra totalement impossible l'agrandissement des installations de la société sur le site actuel.

____ h) À la suite de l'acquisition d'une entreprise concurrente, le nombre d'actions en circulation de la société a plus que doublé.

____ i) Lors de la valorisation des stocks, une feuille d'inventaire totalisant 25 000 $ a été omise.

____ j) La naissance de Julie Triton, l'héritière pressentie du principal actionnaire de la société.

E 8. Les événements postérieurs à la date du bilan

L'exercice financier de la société Perplexe ltée s'est terminé le 31 décembre 20X2. Nous sommes au début de février 20X3 et une experte-comptable, Ella Leflair, est responsable de la vérification des états financiers de Perplexe ltée. Son travail est presque terminé, à l'exception du traitement comptable et de la présentation de l'information financière relatifs aux événements suivants. Elle demande à un brillant et jeune stagiaire, P. C. Géhaire, de lui faire part de ses recommandations sur ces événements.

a) En date du 31 décembre 20X2, un client, Jaybien Peudesou, devait 4 500 $ à la société. Le contrôleur de la société a alors provisionné ce compte à 50 %. En consultant les journaux du matin, P. C. Géhaire a lu l'annonce de l'avis juridique qui mentionne la faillite personnelle de ce client.

b) Toujours en date du 31 décembre 20X2, un autre client, Ray Cession ltée, devait la somme de 10 000 $ depuis plus de 60 jours. Une provision de 1 % a été comptabilisée pour ce compte. Le 31 janvier 20X3, un incendie a ravagé les installations de la société Ray Cession ltée. Le président de cette société est considéré comme le principal suspect par un inspecteur de La Sûreté du Québec. Les assureurs de cette société ont fait savoir qu'aucune réclamation ne sera analysée tant que cette affaire ne sera pas éclaircie.

c) Le 15 janvier 20X3, Perplexe ltée a acquis la totalité des actions ordinaires en circulation de son seul concurrent, la société Konfondu ltée.

Problèmes de compréhension

P 1. Les flux de trésorerie

La balance de vérification de la société Échevelay ltée a été établie de façon comparative au 31 décembre. Elle renferme les soldes suivants :

Débits	20X1 (avant clôture)	20X0 (après clôture)
Encaisse	8 400 $	16 600 $
Placements à court terme		19 000
Clients	22 000	45 600
Stock de marchandises	23 400	30 000
Charges payées d'avance	7 200	4 800
Terrain	24 000	
Immobilisations	125 000	5 000
Coût des marchandises vendues	65 500	
Frais de vente et d'administration	17 000	
Amortissement – Immobilisations	1 000	
Frais financiers	5 000	
Impôts sur le bénéfice	19 500	
Dividendes	13 000	
	331 000 $	121 000 $

Crédits		
Provision pour créances douteuses	1 200 $	2 200 $
Amortissement cumulé	2 000	1 000
Fournisseurs	22 000	8 400
Diverses charges à payer	18 000	18 600
Effet à payer à long terme	20 000	20 000
Emprunt obligataire	50 000	
Capital-actions ordinaire	69 200	49 200
Bénéfices non répartis	21 600	21 600
Chiffre d'affaires	127 000	
	331 000 $	121 000 $

Au cours de 20X0, la société était locataire dans un immeuble du centre-ville. Au début de 20X1, la société a acquis un terrain sur lequel elle a fait construire un immeuble. La société a ainsi investi une somme de 144 000 $ et a pris possession du nouvel immeuble seulement le 30 décembre 20X1. Pour financer l'acquisition de ces immobilisations, la société a vendu ses placements à court terme, ce qui lui a permis de réaliser un gain de 6 000 $; de plus, elle a émis des obligations échéant dans 10 ans ainsi que des actions ordinaires.

Travail à faire

Dressez en bonne et due forme l'état des flux de trésorerie de la société Échevelay ltée pour l'exercice terminé le 31 décembre 20X1 en tenant pour acquis que la trésorerie et les équivalents de trésorerie de la société se composent de l'encaisse et des placements à court terme.

6

P 2. Les flux de trésorerie (40 minutes – facile)

Voici le bilan et l'état des résultats préparés par le Service de la comptabilité de la société Méli-Mélo inc.

MÉLI-MÉLO INC.
Bilan
au 31 décembre
(en milliers de dollars)

	20X3	20X2
Actif		
Encaisse	100 $	120 $
Clients, montant net	180	100
Stock de marchandises	240	200
Placements à long terme	100	240
Immobilisations	1 040	600
Amortissement cumulé	(140)	(100)
Total de l'actif	1 520 $	1 160 $
Passif et capitaux propres		
Fournisseurs et frais courus	130 $	100 $
Impôts sur le bénéfice à payer	30	20
Effet à payer à long terme	400	320
Capital-actions ordinaire	600	500
Bénéfices non répartis	360	220
Total du passif et des capitaux propres	1 520 $	1 160 $

MÉLI-MÉLO INC.
Résultats
de l'exercice terminé le 31 décembre 20X3
(en milliers de dollars)

Chiffre d'affaires		3 200 $
Coût des marchandises vendues		2 000
Marge bénéficiaire brute		1 200
Frais d'exploitation		
Frais de vente et d'administration	930 $	
Amortissement des immobilisations	60	
Total des frais d'exploitation		990
Bénéfice d'exploitation		210
Autres produits et autres charges		
Gain sur aliénation d'immobilisations	20	
Perte sur aliénation de placements à long terme	(40)	(20)
Bénéfice avant impôts		190
Impôts sur le bénéfice		30
Bénéfice net		160 $

Au cours de l'exercice, la société a émis des actions ordinaires d'une valeur de 100 000 $, elle s'est départie d'immobilisations ayant un coût de 60 000 $ et elle a versé 20 000 $ en dividendes à ses actionnaires.

Travail à faire

Dressez en bonne et due forme l'état des flux de trésorerie de la société Méli-Mélo inc. pour l'exercice terminé le 31 décembre 20X3.

6

P 3. Les flux de trésorerie

(40 minutes – moyen)

Les soldes comparatifs des comptes de la société Merlin ltée au 31 décembre sont les suivants :

Débits	20X6 (avant clôture)	20X5 (après clôture)
Encaisse	60 000 $	70 000 $
Placements à court terme	30 000	80 000
Clients, montant net	225 000	262 500
Stock de marchandises	450 000	375 000
Terrain détenu en vue d'une expansion future	225 000	
Immobilisations corporelles	1 125 000	937 500
Écart d'acquisition	135 000	150 000
Coût des marchandises vendues	567 000	
Frais de vente et d'administration	112 250	
Amortissement – Immobilisations corporelles	93 750	
Moins-value – Écart d'acquisition	15 000	
Frais financiers	12 000	
Dividendes	15 000	
	3 065 000 $	1 875 000 $

Crédits		
Amortissement cumulé – Immobilisations corporelles	393 750 $	300 000 $
Fournisseurs	228 750	150 000
Dividendes à payer	15 000	
Effet à payer à long terme	37 500	
Capital-actions ordinaire	1 500 000	1 275 000
Bénéfices non répartis	150 000	150 000
Chiffre d'affaires	700 000	
Gain sur aliénation de placements à court terme	10 000	
Impôts sur le bénéfice	30 000	
	3 065 000 $	1 875 000 $

Les renseignements suivants ont été obtenus à partir de l'analyse des opérations de l'exercice :

- À la fin de l'exercice, la société a déclaré un dividende de 15 000 $ qui sera versé au début de l'année 20X7.
- La société a émis des actions ordinaires en échange d'un terrain destiné à une expansion future. La juste valeur du terrain est estimée à 225 000 $.
- La société a acquis des équipements moyennant un versement comptant et l'émission d'un effet à payer à long terme.

Travail à faire

Dressez en bonne et due forme l'état des flux de trésorerie de la société Merlin ltée pour l'exercice terminé le 31 décembre 20X6 en tenant pour acquis que la trésorerie et les équivalents de trésorerie se composent de l'encaisse.

P 4. Les flux de trésorerie

(45 minutes – difficile)

Voici les résultats de la société Fulgurante ltée pour l'exercice terminé le 31 décembre 20X0 :

FULGURANTE LTÉE
Résultats
de l'exercice terminé le 31 décembre 20X0

Produits et gains	
Chiffre d'affaires	2 250 000 $
Intérêts sur prêts	15 000
Dividendes encaissés	7 500
Gain sur aliénation d'immobilisations	77 500
Total des produits et des gains	2 350 000

6

Charges et pertes
Coût des marchandises vendues	1 250 000 $
Frais de vente et d'administration	650 000
Amortissement des immobilisations	100 000
Frais financiers	87 500
Perte sur aliénation de placements à court terme	10 000
Impôts sur le bénéfice	90 000
Total des charges et des pertes	2 187 500
Bénéfice net	162 500 $

Une analyse des changements survenus dans les comptes du bilan de la société nous permet d'obtenir les informations suivantes sur les activités de l'entreprise au cours de l'exercice :

1. L'analyse du compte Placements à court terme révèle que Fulgurante ltée a vendu en 20X0 tous les placements qu'elle détenait au début de l'exercice et dont la valeur comptable s'élevait à 110 000 $. Elle a ensuite acquis de nouveaux placements au coût de 162 500 $.
2. Le compte Effets à recevoir comprend des prêts de 42 500 $ consentis à des clients de la société en 20X0. De cette somme, la société a recouvré 30 000 $ au cours de l'exercice. Les intérêts gagnés sur les prêts ont été crédités au compte Intérêts sur prêts.
3. Au cours de l'exercice, les comptes clients ont augmenté de 75 000 $.
4. Les produits de dividendes sont enregistrés lorsqu'ils sont encaissés, tandis que les produits d'intérêts le sont selon la méthode de la comptabilité d'exercice. Les intérêts courus à recevoir ont diminué de 2 500 $ au cours de l'exercice.
5. Les stocks ont augmenté de 15 000 $ en 20X0.
6. Durant l'exercice, les charges payées d'avance ont augmenté de 7 500 $.
7. La société a acquis des équipements au cours de l'exercice. Pour régler cet achat, Fulgurante ltée a versé 400 000 $ au comptant et a émis un billet à long terme de 100 000 $. De plus, la société s'est départie pendant l'année de vieux équipements ayant une valeur comptable de 110 000 $.
8. Au cours de l'exercice, Fulgurante ltée a contracté un emprunt bancaire de 162 500 $ sous forme de billets remboursables sur demande. De plus, la société a remboursé une partie de ces billets ainsi que d'autres effets à payer. Ainsi, elle a déboursé une somme de 137 500 $ a été déboursée en 20X0 pour rembourser le principal. Les intérêts ont tous été comptabilisés dans le compte Frais financiers.
9. Les comptes fournisseurs se sont accrus de 37 500 $ au cours de l'exercice.
10. Les impôts à payer sur le bénéfice ont augmenté de 12 500 $ au cours de l'exercice, tandis que les frais de vente et d'administration à payer ont diminué de 15 000 $ en 20X0.
11. La société a émis des obligations et des actions ordinaires pour des montants respectifs de 250 000 $ et 125 000 $. De plus, elle a déclaré et versé des dividendes de 40 000 $.

Travail à faire

Dressez en bonne et due forme l'état des flux de trésorerie de la société Fulgurante ltée pour l'exercice terminé le 31 décembre 20X0, sachant que la trésorerie et les équivalents de trésorerie de la société se composent de l'encaisse dont le solde au début de l'exercice était de 17 000 $.

P 5. La présentation d'événements divers (20 minutes – difficile)

Les situations suivantes sont indépendantes les unes des autres.

a) Sportech ltée fabrique plusieurs modèles de protecteurs faciaux s'adaptant à tous les types de casques de hockey. Au cours du dernier exercice, Sportech ltée a découvert une défaillance sur son modèle le plus populaire. Des poursuites judiciaires ont même été engagées contre la société, et le montant des pertes totales peut être raisonnablement établi à au moins un million de dollars. Grâce à son expérience dans ce secteur d'activité et à celle des autres fabricants, Sportech ltée considère qu'il est plus que probable qu'on lui intente d'autres poursuites et qu'elles se traduiront par des pertes supplémentaires importantes qu'il est impossible de chiffrer pour le moment.

b) Peinturalo ltée, un fabricant de peinture réputé, met la dernière touche à la préparation de ses états financiers. Récemment, un département de santé communautaire a établi hors de tout doute raisonnable que l'application de Peinturalo 2000, un nouveau produit de la société, provoquait des malaises divers à cause de ses émanations toxiques. L'affaire a vite

6

été montée en épingle par un groupe de pression, si bien que le ministre de la Santé et des Services sociaux s'apprête à ordonner à Peinturalo ltée de rappeler tous les contenants de Peinturalo 2000 vendus au cours du dernier trimestre. La direction de la société estime que ce rappel se soldera par des pertes d'environ 750 000 $.

c) Toxine ltée fait l'objet de diverses poursuites judiciaires pour avoir exposé les résidants d'une petite municipalité à des retombées de poussière toxique. Les conseillers juridiques de la société reconnaissent qu'il est probable que celle-ci soit reconnue coupable. Toutefois, le montant des dommages et intérêts qui seront accordés aux plaignants ne peut être estimé avec suffisamment de précision.

d) Le climat de travail au sein de la société Perturbay ltée s'est considérablement détérioré au cours de la dernière année, au point que les employés envisagent de faire la grève. De l'avis de tous, tant des négociateurs syndicaux que patronaux, cette grève pourrait durer plusieurs mois, ce qui entraînerait des pertes importantes pour la société.

e) Il y a plusieurs années, la société Laizay ltée avait intenté une poursuite judiciaire contre un fournisseur qui avait livré des pièces d'équipement défectueuses. La cause a été entendue par la Cour durant les derniers jours de l'exercice financier. Les conseillers juridiques de la société sont très optimistes quant au verdict que rendra la Cour et estiment que les dommages et intérêts qui seront accordés à la société Laizay ltée devraient dépasser la somme de 500 000 $ et pourraient même atteindre 1 000 000 $ si le juge décide de faire de ce procès une cause exemplaire.

Travail à faire

Pour chacune des situations décrites ci-dessus, indiquez le traitement comptable et le mode de présentation appropriés. Vous devez justifier votre réponse dans chaque cas.

P 6. La comptabilisation d'opérations entre apparentés (20 minutes – moyen)

La société Kontrolante ltée (KL), grossiste en alimentation, possède 90 % des actions de la société Contraulay inc. (CI), détaillant en alimentation, et 75 % des actions de la société Englaubay inc. (EI), concessionnaire de camions. Deux opérations survenues au cours de l'exercice 20X4 n'ont pas encore été comptabilisées par le contrôleur de KL, monsieur Jesuy Daypassay :

* Le 31 mars 20X4, KL a acheté un comptoir réfrigéré de CI pour la somme de 20 500 $. Au 31 décembre 20X3, le solde des comptes Équipement et Amortissement cumulé – Équipement figurant au grand livre de CI était respectivement de 60 000 $ et de 36 000 $ (60 000 $ ÷ 10 ans x 6 ans).
* Le 1er juillet 20X4, KL a acheté de EI un camion pour la somme de 100 000 $, prix de vente habituel de EI qui l'avait payé 75 000 $.

Travail à faire

a) Passez les écritures de journal manquantes dans les livres de KL.
b) Reproduisez les écritures de journal que les sociétés CI et EI ont inscrites pour enregistrer ces deux opérations.

Analyses de cas

C 1. La correction d'un état des flux de trésorerie et l'interprétation de l'état corrigé (45 minutes – difficile)

En janvier 20X2, les administrateurs de la société Pomerleau inc. constatent avec étonnement qu'ils sont incapables de payer des dividendes aux actionnaires. Ils ne comprennent pas la raison pour laquelle le solde du compte Caisse est aussi bas, compte tenu du bénéfice net élevé du dernier exercice. Ils demandent donc au responsable de la tenue des livres de préparer un état des flux de trésorerie. En examinant les bilans du début et de la fin de l'exercice, ce dernier a finalement réussi à préparer l'état suivant :

POMERLEAU INC.
Flux de trésorerie
de l'exercice terminé le 31 décembre 20X1

Source de fonds

Chiffre d'affaires	821 500 $
Gain sur aliénation de matériel	1 000
Aliénation de terrains	111 500
Émission d'obligations	100 000
Augmentation du compte Fournisseurs	108 300
Augmentation des autres comptes à payer	22 900
Émission d'actions privilégiées	25 500
Émission d'actions ordinaires	22 500
Total des sources de fonds	1 213 200 $

Utilisation de fonds

Coût des marchandises vendues	507 000 $
Frais de vente et d'administration	150 000
Frais financiers	11 500
Impôts sur le bénéfice	20 000
Perte sur aliénation de terrains	1 500
Augmentation des comptes clients, montant net	102 500
Augmentation du stock de marchandises	52 500
Augmentation des charges payées d'avance	7 500
Augmentation de la valeur comptable du matériel, compte non tenu de l'amortissement	120 000
Acquisition de terrains	150 000
Acquisition de placements à long terme	8 500
Avance à un administrateur	12 500
Acquisition de brevets	10 000
Rachat d'obligations	50 000
Versement de dividendes	9 300
Remboursement de l'hypothèque	25 000
Total des utilisations de fonds	1 237 800 $
Diminution nette des fonds	24 600 $
Fonds au début	30 000
Fonds à la fin	5 400 $

Le teneur de livres a eu beaucoup de difficulté à refléter les opérations suivantes à l'état des flux de trésorerie :

1. Pomerleau inc. a vendu des terrains dont le coût d'origine était de 111 500 $. L'opération a donné lieu à une perte de 1 500 $. Plus tard, la société a acquis de nouveaux terrains au prix de 150 000 $.
2. Une partie du matériel ayant une valeur comptable de 5 000 $, compte tenu d'un amortissement cumulé de 7 500 $, a été vendue pour 6 000 $.
3. La société a acheté du nouveau matériel au comptant au cours de l'exercice pour la somme de 125 000 $.
4. Pomerleau inc. a vendu 100 000 $ d'obligations à leur valeur nominale. Plus tard, elle a racheté la moitié de ces obligations à leur valeur nominale.
5. Pomerleau inc. a émis 500 actions privilégiées d'une valeur nominale de 50 $ chacune. Le produit de l'émission s'élève à 25 500 $. La société a aussi émis 4 500 actions ordinaires, d'une valeur nominale de 5 $ chacune. Parmi ces actions ordinaires, 2 000 ont été émises pour faire l'acquisition de brevets.
6. Au cours de l'exercice, la société a annulé 2 500 actions ordinaires qu'elle avait acquises en 20X0. Le rachat avait été fait à la valeur nominale des actions.
7. Voici un sommaire du compte Bénéfices non répartis :

Solde au 1er janvier 20X1	172 000 $
Bénéfice de l'exercice	70 000
Dividendes déclarés le 1er mars et payés le 30 mars 20X1	(9 300)
Dividendes payables le 1er janvier 20X2	(22 900)
Solde au 31 décembre 20X1	209 800 $

6

8. Voici les charges d'amortissement des diverses immobilisations :

Brevets	*1 000 $*
Frais de développement	*5 000*
Immeubles	*14 000*
Matériel	*42 500*

Travail à faire

Source :
Jocelyne Gosselin

a) La présentation de l'état des flux de trésorerie adoptée par le teneur de livres répond-elle aux besoins des utilisateurs ? Expliquez.

b) Après avoir corrigé les erreurs, préparez l'état des flux de trésorerie de Pomerleau inc. en bonne et due forme pour l'exercice terminé le 31 décembre 20X1.

c) Expliquez aux dirigeants les raisons pour lesquelles la société est incapable de payer des dividendes même si elle a réalisé un bénéfice important au cours de 20X1.

C 2. Le traitement comptable de faits divers   *(30 minutes – difficile)*

Votre cabinet a été choisi pour vérifier les comptes de la société Twit-Mop ltée pour l'exercice terminé le 31 décembre 20X4. La mission de vérification, menée sous la supervision de Dy Rect'heur par Sta Giair, a permis d'amasser les renseignements mentionnés plus loin. Le traitement comptable et la présentation aux états financiers de ces renseignements seront discutés le 14 février 20X5 en après-midi lors d'une rencontre avec Yapa Rap, le vice-président aux finances de Twit-Mop ltée.

a) Au cours de l'exercice 20X4, le juge Play Doyer a condamné la société Twit-Mop ltée à verser la somme de 250 000 $ à titre de dommages et intérêts à la société Grognon ltée pour bris de contrat. La cause a été portée en appel.

b) Contrairement aux principes comptables généralement reconnus, Twit-Mop ltée valorise ses stocks de produits finis au prix de vente. Il s'agit là d'une pratique propre au secteur d'activité dans lequel évolue la société.

c) Le 25 janvier 20X5, un des deux entrepôts de la société a été détruit par un incendie.

d) La société devrait recevoir sous peu un important remboursement d'impôts. Twit-Mop ltée avait en effet contesté l'avis de cotisation que le fisc lui avait fait parvenir pour l'exercice 20X3. Le remboursement n'a pas encore été confirmé par les autorités fiscales. Toutefois G. Trouvay Lafaille, le fiscaliste qui se charge de la contestation, a récemment obtenu gain de cause dans le cas d'une réclamation similaire.

e) Une des composantes importantes du principal produit fabriqué par Twit-Mop ltée provient d'un seul fournisseur, la société Exclusive ltée.

f) Au 31 décembre 20X4, Han Dify Kultay ltée devait à la société la somme de 75 000 $ pour laquelle une provision pour créances douteuses de 40 % figure au bilan. Ce client a déclaré faillite le 12 février 20X5.

g) Le 1er décembre, la société a renouvelé un contrat de location d'un ordinateur pour une période supplémentaire de trois ans. En vertu du contrat de location, Twit-Mop ltée doit verser 100 $ le premier jour de chaque mois.

h) Le 4 février 20X5, Twit-Mop ltée a conclu un accord de principe avec la Communauté des états indépendants, lui conférant l'exclusivité de la vente de ses produits pendant cinq ans. Les ventes pourraient augmenter de 10 000 000 $ pour l'exercice 20X5 si la société répond aux exigences des Russes et si le contrat est effectivement signé.

Travail à faire

Jouez le rôle de Sta Giair et formulez les recommandations que Dy Rect'heur devrait soumettre à Yapa Rap lors de la réunion qui aura lieu dans une trentaine de minutes. Justifiez chacune de vos recommandations.

6

Les instruments financiers

7

Questions de révision

1. Quels changements survenus dans l'environnement économique expliquent l'apparition de nouveaux instruments financiers ?

2. Comment le C.N.C. définit-il un actif financier ?

3. Quels sont les trois principes à la base des normes relatives aux instruments financiers autres que dérivés ?

4. Quelle est la particularité des contrats d'achat d'actifs financiers avec délai normalisé de livraison ?

5. Quelles méthodes une entreprise qui conclut un contrat d'achat d'actifs financiers avec délai normalisé de livraison peut-elle utiliser ?

6. Décrivez chacune des catégories suivantes d'actifs financiers :
   a) Prêts et créances
   b) Placements détenus jusqu'à l'échéance
   c) Actifs financiers détenus à des fins de transaction
   d) Actifs financiers disponibles à la vente

7. À quel moment une entreprise constate-t-elle dans ses résultats nets les variations de la juste valeur de ses actifs financiers détenus à des fins de transaction ?

8. À quel moment une entreprise constate-t-elle dans ses résultats nets les variations de la juste valeur de ses actifs financiers disponibles à la vente ?

9. Comment une entreprise mesure-t-elle ses actifs financiers détenus jusqu'à l'échéance ?

10. Lorsqu'une entreprise a constaté une baisse de valeur durable sur certains de ses actifs financiers, peut-elle comptabiliser les reprises de valeur dès que celles-ci surviennent ?

11. Après le classement initial de ses actifs financiers dans l'une des quatre catégories prévues par le C.N.C., une entreprise peut-elle modifier ses classements ?

12. Lorsqu'une entreprise reclasse un actif financier détenu jusqu'à l'échéance dans la catégorie des actifs disponibles à la vente, quelle valeur comptable attribue-t-elle à cet actif au moment du reclassement ?

13. Quelles sont les différences entre le risque de marché et le risque de flux de trésorerie ?

14. Lorsqu'une entreprise détient des actifs financiers, à quels risques s'expose-t-elle ?

15. Lorsqu'une entreprise assume des passifs financiers, à quels risques s'expose-t-elle ?

7

16. Lorsqu'une entreprise émet des instruments de capitaux propres, à quels risques s'expose-t-elle ?

17. Une entreprise ouverte doit fournir un minimum de renseignements sur ses actifs financiers. Lesquels ?

18. Une entreprise ouverte doit fournir un minimum de renseignements sur ses passifs financiers. Lesquels ?

19. Une entreprise ouverte doit fournir un minimum de renseignements sur ses instruments de capitaux propres. Lesquels ?

20. Quels renseignements une entreprise doit-elle fournir dans ses états financiers concernant les risques de flux de trésorerie et de marché liés aux variations de taux d'intérêt auxquels elle s'expose ?

21. Quels renseignements une entreprise doit-elle fournir dans ses états financiers concernant le risque de crédit auquel elle s'expose ?

22. En quoi consiste la compensation ?

23. Dans quelle section du bilan une entreprise doit-elle divulguer des actions prioritaires en cas de liquidation ?

24. Dans quelle section du bilan une entreprise doit-elle divulguer un billet à payer à un actionnaire sans modalité de remboursement ?

25. Dans quelle section du bilan une entreprise doit-elle divulguer des obligations convertibles en actions ordinaires ?

26. Pourquoi le C.N.C. accepte-t-il que certaines entités présentent leurs actions privilégiées émises dans le cadre d'un gel successoral à titre d'élément de capitaux propres ?

Exercices

E 1. Les instruments financiers que couvre la norme canadienne

Pour chacune des opérations suivantes, dites si l'opération représente un instrument financier, tel que le définit le chapitre 3855 du *Manuel de l'I.C.C.A.* Justifiez chacune de vos réponses. Au besoin, traitez les deux volets de l'opération, c'est-à-dire ce que Volage ltée reçoit et ce qu'elle cède.

a) Volage ltée vend au comptant des marchandises à madame Joane Letendre. Le montant de la vente s'élève à 750 $.

b) Volage ltée vend à crédit des marchandises à madame Letendre. Le montant de la vente s'élève à 750 $, et Volage n'offre aucune garantie sur les marchandises vendues.

c) Volage ltée vend au comptant à madame Letendre un contrat de service d'une durée d'un an. Le contrat assure le remplacement de toute pièce défectueuse des marchandises vendues à madame Letendre.

d) Le 17 septembre 20X0, Volage ltée acquiert un bâtiment et signe tous les documents devant notaire. Elle obtient le titre de propriété en contrepartie d'un débours de 250 000 $.

e) Le 20 février 20X2, Volage ltée poste sa déclaration d'impôt provincial dûment signée pour l'exercice terminé le 31 décembre 20X1. Selon cette déclaration, la société doit verser un montant de 18 000 $ au gouvernement provincial.

f) Au cours de l'exercice 20X1, Volage ltée a mis sur pied un régime de retraite. Elle s'est engagée à verser une rente de 2 % par année de service à tous ses employés, lorsque ceux-ci prendront leur retraite, soit dès qu'ils auront 65 ans.

g) Volage ltée a emprunté 50 000 $ de son unique actionnaire. Les modalités de remboursement sont très souples, Volage ltée ne payant aucun intérêt et pouvant rembourser les 50 000 $ uniquement lorsqu'elle aura les liquidités. Au moment de l'opération, Volage ltée et son actionnaire n'ont signé aucun document, mais il est clair que Volage ltée remboursera l'emprunt d'ici 24 mois. La rentabilité passée de l'entreprise justifie cette prévision.

E 2. La substance des instruments financiers

Quelle est la substance de chacun des titres suivants ? Justifiez chacune de vos réponses.

a) Un montant à recevoir d'un client. La valeur comptable et la juste valeur du compte s'élèvent à 1 000 $.

b) Une dette de 1 000 $, remboursable en marchandises le 12 novembre 20X1.

c) Un placement en actions de 22 500 $. La juste valeur au 31 décembre 20X0 n'est plus que de 20 000 $. Toutefois, la direction prévoit que la juste valeur augmentera au cours des prochains mois, c'est-à-dire bien avant qu'elle n'ait l'intention de se départir des actions disponibles à la vente.

d) Un terrain détenu à titre de placement. Ce terrain, acquis pour 25 000 $ en 20X8, vaut déjà beaucoup plus. Au cours de l'exercice, le propriétaire d'un terrain adjacent, dont les dimensions sont identiques, a obtenu 33 000 $ lors de la vente du terrain.

e) Des actions émises lors de la constitution d'une société, pour une contrepartie totale de 75 000 $. Les actions sont participantes et avec droit de vote.

f) Des actions émises lors de la constitution d'une société, pour une contrepartie totale de 75 000 $. Ces actions sont rachetables au gré du détenteur.

g) Des actions émises lors de la constitution d'une société, pour une contrepartie totale de 75 000 $. Ces actions sont sans droit de vote et donnent droit à un dividende cumulatif de 5 % l'an.

h) Des actions privilégiées rachetables au gré du détenteur, à la condition qu'un événement futur se réalise, dans l'hypothèse où la probabilité de cet événement est faible.

i) Un stock de marchandises destinées à la vente. L'entreprise a payé ces marchandises 10 000 $; pour les remplacer le 31 décembre 20X0, elle devrait payer 10 500 $ et elle les vendra probablement 15 000 $.

j) Un stock de fournitures de bureau ayant coûté 4 000 $ et dont la juste valeur est sensiblement identique au prix coûtant.

E 3. Des renseignements à fournir

Pour chacun des éléments de l'exercice **E2**, précisez les renseignements à divulguer, outre ceux liés à la politique de gestion des risques, aux états financiers de l'exercice terminé le 31 décembre 20X0, selon les recommandations du chapitre 3861 du *Manuel de l'I.C.C.A.*

E 4. Un changement dans la mesure subséquente d'un actif financier disponible à la vente

La société Pipo ltée détient 5 000 actions de Milou ltée, une société fermée. Pipo ltée a payé 5 000 $ pour acquérir les actions le 18 juin 20X1. À cette date, Pipo ltée a désigné son placement comme étant disponible à la vente. Par la suite, incapable d'en déterminer la juste valeur de façon fiable, elle l'a mesuré au coût.

Le 8 novembre 20X6, les actions de Milou ltée ont été cotées en Bourse, à un prix de 12,50 $ chacune.

Préparez les extraits pertinents des états financiers, à l'exclusion des notes complémentaires, de Pipo ltée pour l'exercice terminé le 31 décembre 20X6. À cette date, le prix coté des actions de Milou ltée s'élève à 12,55 $ l'action.

E 5. La présentation du montant net

Pour chacune des situations suivantes, indiquez si la présentation du montant net au bilan est acceptable. Expliquez les raisons sous-jacentes à votre réponse en tenant compte des besoins des utilisateurs des états financiers.

a) Des obligations à payer totalisant 45 000 $, assorties d'un fonds d'amortissement d'un montant de 9 700 $.

b) Un billet à payer de Landry ltée à Wrexford ltée, d'un montant de 1 200 $, dont 500 $ seront annulés par la réalisation d'un compte à recevoir de Wrexford ltée. Les deux sociétés ont convenu de cette entente par écrit.

7

E 6. Les notions de risque

À quel type de risque chacun des titres suivants expose-t-il leurs détenteurs ?

a) Un billet à recevoir à taux fixe.
b) Un billet à recevoir à taux variable.
c) Un billet à payer à taux variable.
d) Un billet à payer à taux fixe.
e) Un placement en actions.
f) Une obligation à payer portant intérêt à taux variable, dont le principal est remboursable en devises américaines.

E 7. La présentation des coûts de financement

Pour chacun des titres suivants, dites si le comptable doit présenter les coûts y afférents à l'état des résultats ou à l'état des variations des capitaux propres. Expliquez brièvement chacune de vos réponses.

a) Le 8 novembre, l'entreprise rembourse un emprunt, d'une valeur nominale de 100 000 $, ne portant pas intérêt. Au moment de l'émission un an plus tôt, l'emprunteur avait reçu une somme de 90 000 $.
b) Les intérêts débiteurs afférents à une obligation bimonétaire.
c) Les dividendes déclarés sur des actions privilégiées à dividende variable.
d) Les dividendes déclarés sur des actions privilégiées rachetables au gré du détenteur.
e) Les dividendes déclarés sur des actions privilégiées rachetables au gré de l'émetteur.
f) La perte sur le rachat d'actions privilégiées rachetables à un montant déterminable et à une date déterminée.
g) Le gain sur remboursement d'un billet à payer sans modalité de remboursement dont la substance s'apparente à un élément de passif.
h) Les intérêts débiteurs sur un billet à payer de 100 000 $ remboursable dans 50 ans.
i) Les dividendes déclarés sur des actions prioritaires en cas de liquidation.
j) Le gain sur rachat, par une coopérative, de parts qui confèrent à leur détenteur le droit à un prix de rachat fixe à une date future déterminée ou déterminable.
k) Le gain sur rachat, par une coopérative, de parts qui confèrent à leur détenteur un droit à une fraction proportionnelle du capital résiduel.

E 8. La présentation à l'état des flux de trésorerie

Pour chacun des éléments suivants, identifiez la section de l'état des flux de trésorerie dans laquelle le comptable doit présenter l'entrée ou la sortie de fonds afférente. Expliquez brièvement chacune de vos réponses.

a) Le 8 novembre, l'entreprise rembourse un emprunt, d'une valeur nominale de 100 000 $, ne portant pas intérêt. Au moment de l'émission un an plus tôt, l'emprunteur avait reçu 90 000 $.
b) Les intérêts payés sur une obligation bimonétaire.
c) Les dividendes payés sur des actions privilégiées à dividende variable.
d) Les dividendes payés sur des actions privilégiées rachetables au gré du détenteur.
e) Les dividendes payés sur des actions privilégiées rachetables au gré de l'émetteur.
f) Le montant payé pour racheter des actions privilégiées rachetables à un montant déterminable et à une date déterminée.
g) Le montant payé en remboursement d'un billet à payer sans modalité de remboursement.
h) Les intérêts payés sur un billet à payer de 100 000 $, remboursable dans 50 ans.
i) Les dividendes payés sur des actions prioritaires en cas de liquidation.
j) Le montant payé par une coopérative pour racheter certaines de ses parts qui confèrent à leur détenteur le droit à un prix de rachat fixe à une date future déterminée ou déterminable.
k) Le montant payé par une coopérative pour racheter certaines de ses parts qui confèrent à leur détenteur le droit à une fraction proportionnelle du capital résiduel.

7

Problèmes de compréhension

 P 1. **La comptabilisation d'un titre détenu à des fins de transaction**

(5 minutes – facile)

Au cours de l'exercice terminé le 31 décembre 20X1, la société Grand Air ltée a acquis un placement en actions dans une grande société québécoise cotée en Bourse. Elle a déboursé 30 000 $ pour acheter ces actions qu'elle a désignées comme détenues à des fins de transaction.

Le 31 décembre 20X1, la société Grand Air ltée a établi la juste valeur de ses actions en utilisant le dernier cours acheteur. Ainsi déterminée, la juste valeur s'élève à 38 000 $.

Travail à faire

a) Passez l'écriture de journal requise le 31 décembre 20X1 dans les livres de la société.
b) En quoi votre réponse en *a)* serait-elle différente si la société Grand Air ltée était une société admissible à l'information différentielle ?

P 2. **Les renseignements à fournir**

(10 minutes – facile)

Vous êtes contrôleur à la société Sitelle ltée. Votre assistant prépare en ce moment un projet d'états financiers pour l'exercice terminé le 31 décembre 20X1. Il vous soumet la note complémentaire suivante, décrivant le risque de crédit qu'assume Sitelle ltée, que vous devrez approuver :

> *Sitelle ltée n'est pas exposée au risque de crédit, car elle examine avec soin la situation financière de ses clients avant de leur vendre à crédit.*

Votre assistant vous remet l'extrait suivant de la balance de vérification au 31 décembre 20X1.

	Valeur comptable	Juste valeur
	(en milliers)	
Caisse	200 $	200 $
Placements temporaires		
Actions	300	450
Obligations, taux préférentiel majoré de 1 % l'an	150	175
Clients	1 200	1 200
Stock	2 500	2 900
Immobilisations corporelles (coût de 25 000 $, amortissement cumulé de 10 000 $)	15 000	16 000
Fournisseurs	900	900
Impôts à payer	150	150
Hypothèque, 8 % l'an, renégociable le 28 septembre 20X2, échéant le 28 septembre 20X9	13 000	?
Capital-actions, actions avec droit de vote et participantes	100	?
Bénéfices non répartis	5 200	?

Vous disposez aussi des renseignements suivants :

1. Au 31 décembre 20X1, le taux préférentiel s'élevait à 5 %.
2. Au 31 décembre 20X1, le taux du marché des placements à court terme en obligations semblables à ceux que Sitelle ltée détient s'élevait à 9 %.
3. Les comptes fournisseurs portent intérêt à 12 %, à compter du trentième jour. Compte tenu du taux élevé, Sitelle ltée règle tous ses comptes avant qu'ils ne portent intérêt.
4. Il est impossible de déterminer avec suffisamment de fiabilité la juste valeur de l'hypothèque à payer, du capital-actions et des bénéfices non répartis de Sitelle ltée.
5. La société établit la juste valeur de ses placements à court terme en fonction de leur valeur de marché, facilement déterminable. La juste valeur des stocks correspond à la liste de prix des fournisseurs de Sitelle ltée alors que la juste valeur de l'immobilisation correspond à l'évaluation municipale.

7

Travail à faire

a) La note complémentaire qu'a préparée votre assistant est-elle acceptable ? Expliquez-lui votre réponse.

b) Rédigez la note dans laquelle vous décrirez le risque de crédit.

P 3. L'émission de titres hybrides

(10 minutes – facile)

Le 1er février 20X0, Lamarche ltée a émis 10 000 obligations d'une valeur nominale de 100 $ chacune portant intérêt au taux contractuel de 10 % l'an. Ces obligations viennent à échéance dans sept ans et sont convertibles en actions ordinaires au gré du détenteur. La société les désigne comme Autres passifs financiers. Lamarche vous remet les renseignements complémentaires suivants :

Juste valeur de la composante s'apparentant à un passif	950 000 $
Juste valeur de la composante s'apparentant au privilège de conversion	145 000
Produit de l'émission	1 050 000

Travail à faire

a) Passez l'écriture de journal requise le 1er février 20X0 dans les livres de Lamarche ltée. (Arrondissez tous vos calculs au dollar près.)

b) Le 1er novembre 20X1, les détenteurs décident de convertir leurs obligations au moment où leur valeur comptable dans les livres de Lamarche ltée s'élève à 922 900 $. Passez l'écriture de journal requise le 1er novembre 20X1 dans les livres de Lamarche ltée. (Arrondissez tous vos calculs au dollar près.)

P 4. L'émission de titres hybrides lorsque le taux contractuel excède le taux du marché

(15 minutes – moyen)

Le 1er février 20X0, Youpé ltée a émis 10 000 obligations, d'une valeur nominale de 100 $ chacune, portant intérêt au taux contractuel de 9 % l'an. Ces obligations viennent à échéance dans sept ans et sont convertibles en actions ordinaires au gré du détenteur. Le taux d'intérêt du marché pour des obligations semblables est de 8 % alors qu'il s'élève à 10 % pour des obligations semblables en tout point, mais non assorties d'un privilège de conversion.

Travail à faire

a) Passez l'écriture de journal requise dans les livres de Youpé ltée le 1er février 20X0. (Arrondissez vos calculs au dollar près.)

b) Passez l'écriture de régularisation requise au 31 décembre 20X0, date de clôture de l'exercice financier de Youpé ltée. (Arrondissez vos calculs au dollar près.)

P 5. L'émission de titres hybrides lorsque le taux du marché excède le taux contractuel

(15 minutes – moyen)

Le 1er janvier 20X0, la société Belles Rengaines ltée émet 100 000 obligations, d'une valeur nominale de 100 $ chacune, portant intérêt au taux contractuel de 6 % l'an. Ces obligations viennent à échéance dans 10 ans et sont convertibles en actions ordinaires au gré du détenteur. Le taux d'intérêt du marché pour des obligations semblables est de 7 % alors qu'il s'élève à 9 % pour des obligations semblables en tout point, mais non assorties d'un privilège de conversion.

Travail à faire

a) Passez l'écriture de journal requise dans les livres de la société Belles Rengaines ltée le 1er janvier 20X0, en tenant pour acquis que la société désigne les obligations comme Autres passifs financiers. (Arrondissez tous vos calculs au dollar près.)

b) Passez l'écriture de régularisation requise au 31 décembre 20X0, date de clôture de l'exercice financier de la société. (Arrondissez tous vos calculs au dollar près.)

7

P 6. La mesure subséquente d'un actif financier   *(20 minutes – moyen)*

Le 30 juin 20X5, la société Luna Tique ltée achète au comptant 1 000 obligations d'une valeur nominale unitaire de 1 000 $. À cette date, la juste valeur s'élève à 1 000 000 $. Les obligations portent intérêt au taux de 6 % l'an, payable le 30 juin de chaque année. Elles arrivent à échéance le 30 juin 20X7.

Le 31 décembre 20X5, date de clôture, la juste valeur des obligations s'élève à 1 200 000 $.

Travail à faire

Comptabilisez les opérations survenues au cours de l'exercice 20X5 et préparez les extraits pertinents des états financiers, à l'exclusion des notes complémentaires, pour chacun des scénarios suivants :

a) Luna Tique ltée désigne le placement comme détenu jusqu'à l'échéance ;
b) Luna Tique ltée désigne le placement comme détenu à des fins de transaction ;
c) Luna Tique ltée désigne le placement comme disponible à la vente.

P 7. La mesure initiale et subséquente
d'un instrument financier   *(15 minutes – moyen)*

Le 1er février 20X5, la société Rouget ltée achète au comptant 5 000 actions de Brunet ltée, une société fermée. Le coût d'acquisition est de 40 000 $, auquel s'ajoute une commission de 1 % payée au courtier chargé de conclure l'opération. Le 1er juin 20X5, Rouget ltée a reçu un dividende de 900 $ sur les actions détenues.

Travail à faire

a) Expliquez à Rouget ltée dans quelle catégorie elle pourrait classer son placement et décrivez le mode de comptabilisation qu'elle devrait adopter dans chaque cas.
b) Passez l'écriture de journal requise le 31 décembre 20X5 en tenant pour acquis que Rouget ltée a désigné son placement comme disponible à la vente, que la juste valeur s'élève à 38 000 $ et que Rouget ltée prévoit que cette valeur augmentera sous peu.
c) En quoi votre réponse en b) serait-elle modifiée si la baisse de valeur était jugée durable ?
d) En quoi votre réponse en b) serait-elle modifiée si Rouget ltée était admissible à l'information différentielle?

P 8. Les renseignements à divulguer concernant
des obligations convertibles   *(25 minutes – difficile)*

La société Bois ardents ltée a émis des obligations convertibles le 1er janvier 20X0 qu'elle a désignées comme Autres passifs financiers. Les 10 000 obligations émises, d'une valeur nominale de 100 $ chacune, arrivent à échéance le 1er janvier 20Y0 et portent intérêt au taux contractuel de 7 % l'an. Au moment de leur vente, le taux du marché pour des obligations semblables était de 8 % et celui des obligations semblables, mais non convertibles, s'élevait à 10 %.

Au 31 décembre 20X0, date de clôture de l'exercice financier, le taux du marché pour des obligations semblables s'élevait à 9 % et celui des obligations semblables, mais non convertibles, s'élevait à 12 %.

Travail à faire

Préparez l'extrait du bilan et les notes aux états financiers pour l'exercice terminé le 31 décembre 20X0 qui sont requises en vertu du chapitre 3861 du *Manuel de l'I.C.C.A.*

7

P 9. **La présentation des produits, des charges, des gains et des pertes liés aux instruments financiers** *(20 minutes – moyen)*

Voici un extrait de la balance de vérification de la société Santé Voubien ltée à la date de clôture de l'exercice financier, soit le 31 décembre 20X5 :

SANTÉ VOUBIEN LTÉE
Extrait de la balance de vérification
au 31 décembre 20X5

Frais bancaires et intérêts débiteurs sur la dette à court terme	*38 000 $*	
Intérêts débiteurs sur les obligations à payer	*380 000*	
Dividendes sur actions, catégorie A	*40 000*	
Dividendes sur actions, catégorie B	*20 000*	
Perte sur rachat d'actions, catégorie B	*12 000*	
Intérêts créditeurs sur placements à court terme		*27 000 $*
Gain sur vente de placements à court terme		*30 000*

Vous disposez aussi des renseignements suivants :

1. Les obligations à payer désignées comme Autres passifs financiers sont convertibles en actions de catégorie A.

2. Les actions de catégorie A sont participantes et avec droit de vote.

3. Les actions de catégorie B sont rachetables au gré du détenteur. Au cours de l'exercice, la société a racheté des actions dont la valeur comptable s'élevait à 100 000 $.

4. Au 31 décembre 20X5, la société Santé Voubien ltée détenait des placements à court terme sous la forme de placements en obligations détenues à des fins de transaction.

5. Le 4 novembre 20X5, la société a vendu des placements à court terme dont la valeur comptable s'élevait à 130 000 $. Elle a obtenu 160 000 $ pour la vente de ces placements.

6. Les produits d'intérêts correspondent aux montants encaissés.

7. Les charges relatives aux frais bancaires, aux intérêts débiteurs sur la dette à court terme et aux intérêts débiteurs sur les obligations à payer correspondent aux montants déboursés.

Travail à faire

Préparez les extraits de l'état des résultats, de l'état des variations des capitaux propres et de l'état des flux de trésorerie montrant les produits, les charges, les gains et les pertes liés aux instruments financiers.

P 10. **Un gel successoral** *(20 minutes – moyen)*

Le 24 novembre 20X2, les fondateurs de la société Un bel environnement ltée, monsieur et madame Touvaire, complètent un gel successoral en faveur de leurs enfants, Bella et Richard. Voici quelques renseignements pertinents :

1. Valeur comptable et juste valeur des éléments d'actif, de passif et de capitaux propres au 24 novembre 20X2 :

	Valeur comptable	Juste valeur
	(en milliers de dollars)	
Actif à court terme	*460*	*460*
Immobilisations corporelles, montant net	*2 380*	*2 800*
Immobilisations incorporelles, montant net	*960*	*1 940*
Passif à court terme	*200*	*200*
Hypothèque à payer	*1 500*	*1 500*
Capital-actions, catégorie A	*100*	*??*
Bénéfices non répartis	*2 000*	*??*

2. Monsieur et madame Touvaire ont converti toutes les actions votantes, catégorie A, soit 10 000, en 10 000 actions, catégorie B, non votantes, rachetables au gré du détenteur au prix de 3 500 000 $. Ce montant correspond à la juste valeur de l'entreprise au moment du gel successoral. Bella et Richard sont devenus respectivement détenteurs de 1 000 actions, catégorie A, votantes, d'une valeur unitaire de 75 $. Chacun a payé comptant la valeur de ses actions.

Travail à faire

a) Passez l'écriture de journal requise le 24 novembre 20X2 pour comptabiliser le gel successoral.

b) Préparez les extraits du bilan et des notes complémentaires au 24 novembre 20X2, juste après le gel successoral.

P 11. Un contrat d'achat d'actif financier avec délai normalisé de livraison

(20 minutes – moyen)

Le 4 novembre 20X5, Cabana ltée achète un portefeuille de prêts au coût de 162 000 $. Elle recevra les titres le 1er décembre suivant et paiera alors le vendeur.

Cabana ltée désigne le portefeuille comme disponible à la vente. Le 1er décembre, la juste valeur du portefeuille s'élève à 167 500 $.

Travail à faire

a) En utilisant en parallèle les deux principes de comptabilisation des contrats avec délai normalisé, passez toutes les écritures de journal requises dans les livres de Cabana ltée du 4 novembre au 1er décembre.

b) Préparez les extraits pertinents des états financiers au 1er décembre, à l'exclusion des notes complémentaires.

c) En tenant pour acquis que la société clôture son exercice financier le 30 novembre et qu'à cette date, la juste valeur du portefeuille est de 167 500 $, refaites les extraits des états financiers.

d) Que devriez-vous modifier, dans votre réponse en *c)*, si Cabana ltée désignait le portefeuille comme détenu à des fins de transaction ?

P 12. Un contrat de vente d'actif financier avec délai normalisé de livraison

(10 minutes – moyen)

Le 19 mars 20X5, Pâkette ltée vend au prix de 250 000 $ un portefeuille d'actifs financiers dont la valeur comptable est de 249 000 $. L'acheteur paiera la somme due le 1er mai suivant, au moment où il recevra les titres.

Le 30 mars, la juste valeur du portefeuille est de 247 000 $ et elle passe à 259 000 $ le 1er mai.

Travail à faire

En utilisant en parallèle les deux principes de comptabilisation des contrats avec délai normalisé, passez toutes les écritures de journal requises dans les livres de Pâkette ltée du 19 mars au 1er mai, pour chacun des scénarios suivants :

a) Pâkette désigne le portefeuille comme détenu à des fins de transaction ;

b) Pâkette désigne le portefeuille comme disponible à la vente ;

c) Pâkette désigne le portefeuille comme détenu jusqu'à l'échéance ;

d) Pâkette désigne le portefeuille comme Prêts/Créances.

Analyses de cas

C 1. Les notes complémentaires relatives aux instruments financiers

(20 minutes – moyen)

Toudou inc. prépare ses états financiers et éprouve quelques difficultés à rédiger les notes complémentaires requises en vertu des recommandations contenues au chapitre 3861 du *Manuel de l'I.C.C.A.* La société a donc demandé votre aide et vous a fourni à cette fin les renseignements présentés à la page suivante.

7

1. La balance de vérification à la date de clôture de l'exercice, soit le 31 décembre 20X5 :

TOUDOU INC.
Balance de vérification, après clôture
au 31 décembre 20X5

Encaisse	332 000 $	
Placements à court terme	380 000	
Clients	912 000	
Stock de marchandises	600 000	
Matériel de production	2 980 000	
Provision pour créances douteuses		44 000 $
Amortissement cumulé — Matériel de production		40 000
Fournisseurs		168 000
Emprunt bancaire à court terme, taux de base de la Banque du Canada majoré de 3,5 %		372 000
Obligations à payer, 10 %, échéant le 31 décembre 20X9		1 000 000
Capital-actions		984 000
Bénéfices non répartis		2 596 000
	5 204 000 $	5 204 000 $

2. Les placements à court terme, dont la valeur boursière s'élève à 400 000 $ le 31 décembre 20X5, sont constitués d'actions émises par Lambinot ltée.

3. Les clients disposent de 30 jours pour payer leur compte. Au-delà de cette date, ils doivent payer un intérêt calculé au taux de 18 % l'an.

Le solde des comptes clients se détaille ainsi :

Âge	Montant brut	Provision
Moins de 30 jours	501 600 $	– $
30 jours et plus	410 400	44 000
Total	912 000 $	44 000 $

4. La majorité des fournisseurs n'exigent aucun intérêt sur les soldes impayés.

5. Le 31 décembre 20X5, Toudou inc. devrait payer des intérêts calculés au taux de 9 % l'an si elle émettait de nouvelles obligations.

6. Toudou inc. a cautionné l'un de ses actionnaires pour un emprunt de 100 000 $ portant intérêt au taux de 12 % l'an, échéant dans 10 ans. La probabilité que l'actionnaire ne respecte pas ses engagements est négligeable.

Travail à faire

Rédigez les notes complémentaires requises en vertu des recommandations du chapitre 3861 du *Manuel de l'I.C.C.A.*

C 2. La détermination de la juste valeur   (10 minutes – moyen)

Au cours de l'exercice terminé le 30 juin 20X1, la société Grand Air ltée a acquis un placement en actions de Fleuret ltée, une société québécoise. Elle a déboursé 30 000 $ pour acheter ces actions qu'elle a désignées comme détenues à des fins de transaction.

Les dirigeants de la société Grand Air ltée demande à M. Jesètou, CA, de leur expliquer de quelle façon ils pourraient estimer la juste valeur du placement.

Travail à faire

Jouez le rôle de M. Jesètou, et rédigez une lettre répondant aux demandes des dirigeants.

7

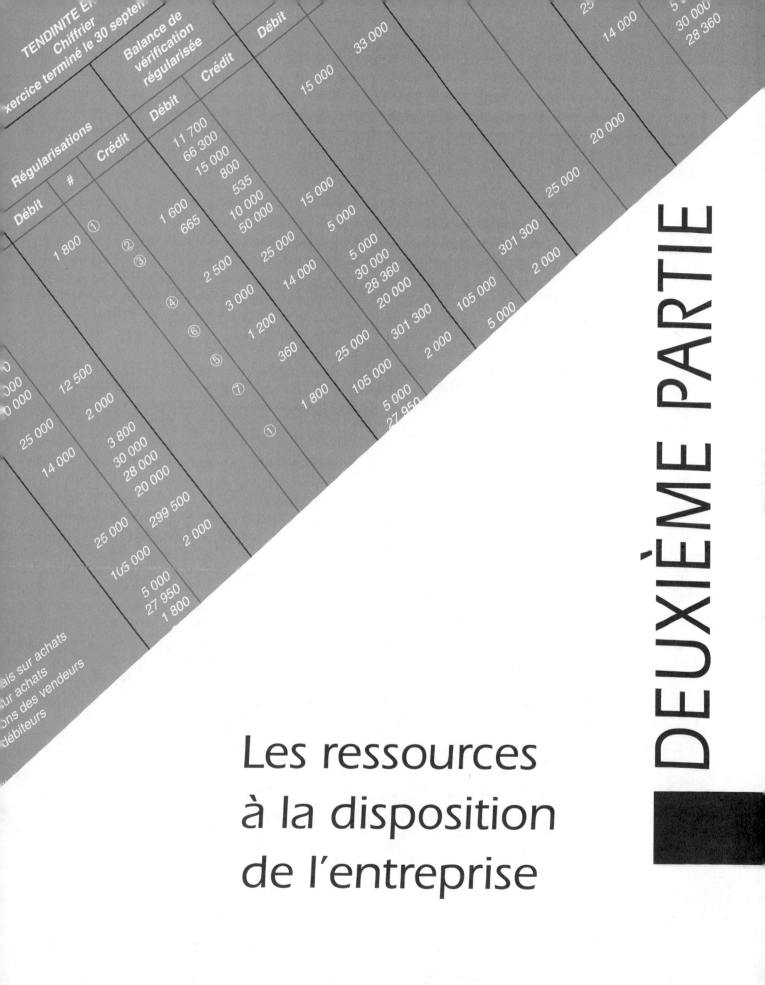

DEUXIÈME PARTIE

Les ressources
à la disposition
de l'entreprise

La trésorerie et les autres placements à court terme

1. Le poste Petite caisse est-il habituellement présenté au bilan ? Justifiez votre réponse.

2. Expliquez pour quelles raisons les chèques et les dépôts en circulation ne font pas l'objet d'une écriture d'ajustement dans les livres de l'entreprise et, par la suite, dans les livres de la banque.

3. Expliquez les raisons pour lesquelles l'encaisse nécessite un contrôle différent des autres éléments d'actif.

4. Quel lien faites-vous entre l'encaisse et la notion de solvabilité ?

5. Que signifie le terme « liquide » ?

6. Les contrôles de l'encaisse ont-ils pour objectif d'éliminer toute erreur et toute fraude ? Justifiez votre réponse.

7. Commentez l'affirmation suivante : « Il faut nécessairement reconstituer la petite caisse à la date de fin d'exercice. »

8. Quelles sont les responsabilités du gestionnaire et du vérificateur de l'entreprise envers l'encaisse ?

9. Un décaissement à même la petite caisse plutôt que par l'émission d'un chèque issu d'un compte bancaire signifie-t-il qu'il n'y a pas de contrôle sur un tel décaissement ? Expliquez.

10. Quel est l'intérêt du relevé bancaire en matière de gestion de l'encaisse ?

11. Quelles sont les informations que l'on peut obtenir d'un budget de caisse à court terme ? Comment les responsables doivent-ils réagir à ces informations ?

12. Supposons qu'une entreprise possède un compte bancaire important en Suisse et qu'un nouveau régime politique impose des formalités très longues avant d'autoriser les sorties de fonds du pays. Le solde réel de ce compte bancaire est-il une composante du poste Encaisse devant figurer au bilan ? Justifiez votre réponse et, le cas échéant, indiquez la présentation appropriée.

13. Quel ou quels contrôles physiques suggérez-vous à l'égard :

    a) de la petite caisse ;
    b) des recettes quotidiennes ;
    c) des chèques en blanc de l'entreprise ;
    d) d'un tampon encreur permettant d'apposer la signature de l'administrateur ?

14. Quelle est l'utilité du rapprochement bancaire ? De quels renseignements faut-il disposer pour l'établir ?

15. Que signifie l'expression « en circulation » lorsqu'on parle d'un chèque ?

16. À quel moment une entreprise détentrice d'un placement à court terme en actions constate-t-elle un dividende en actions déclaré par la société émettrice ?

17. Si des obligations sont achetées entre deux dates d'encaissement des intérêts, expliquez pour quelle raison le prix payé par l'acheteur inclut les intérêts courus depuis la dernière date de l'encaissement.

18. Le 1er janvier 20X1, dans le but de les revendre à court terme, La maison Raphaël inc. a acheté à 98 des obligations dont la valeur nominale s'élève à 100 000 $ et dont le taux d'intérêt est de 10 % l'an. Les intérêts sont payables le 31 décembre de chaque année. Le 1er mai suivant, elle vend les obligations à un prix total de 101 000 $ plus les intérêts courus. Quel montant La Maison Raphaël inc. constatera-t-elle en 20X1 dans ses résultats nets ?

19. À quel moment le comptable doit-il constater les augmentations et les diminutions de valeur des placements à court terme désignés comme étant détenus à des fins de transaction ?

20. Quelles sont les informations afférentes aux placements à court terme que doivent contenir les états financiers ?

Exercices ///////////////

E 1. Le fonctionnement de la petite caisse

Le 1er mars 20X1, Mme Castafiore a été choisie pour être responsable d'une petite caisse de 350 $. Du 1er au 20 mars, elle débourse les montants suivants et conserve les pièces justificatives dont voici le sommaire :

Fournitures achetées et utilisées	*59 $*
Timbres-poste	*95*
Retrait de la propriétaire pour ses besoins personnels	*110*
Transport de marchandises	*65*

Mme Castafiore a décompté l'argent restant dans la petite caisse. À cette date, il n'y a que 20 $.

Passez les écritures requises lors de l'établissement de la petite caisse le 1er mars et de sa reconstitution le 20 mars.

E 2. L'écriture d'ajustement à la suite d'un rapprochement bancaire

Le commis comptable de la société Intercal ltée a préparé le rapprochement bancaire suivant :

INTERCAL LTÉE
Rapprochement bancaire
au 30 avril

Solde selon le relevé bancaire	*225 $*	*Solde aux livres*		*(83) $*
Dépôt en circulation	*110*	*Billet encaissé,*		
		y compris 10 $ d'intérêts		*510*
Chèques en circulation	*(95)*	*Frais bancaires*		*(7)*
		Erreur lors du paiement		
		des salaires		*(180)*
	240 $			*240 $*

Faites l'écriture requise qui découle de ce rapprochement bancaire.

8

E 3. L'écriture d'ajustement à la suite d'un rapprochement bancaire

Voici le rapprochement bancaire partiel établi pour le mois de mai par un préposé de la société Conciliaire inc. :

CONCILIAIRE INC.
Rapprochement bancaire partiel
au 31 mai

Solde à l'état de banque			342,68 $
Plus :	Dépôt en circulation	727,00 $	
	Frais bancaires	15,00	
	Chèque sans provision	277,00	
	Frais d'administration (C.S.P.)	8,00	1 027,00
Moins :	Chèques en circulation	458,00	
	Produit d'un dépôt à terme et intérêts de 24 $	1 024,00	
	Erreur d'inscription du paiement des frais		
	d'électricité (166 $ – 116 $)	50,00	(1 532,00)
Solde aux livres avant ajustements			(162,32) $

Faites l'écriture requise résultant de ce rapprochement bancaire et complétez le rapprochement bancaire en déterminant le solde réel.

E 4. Un rapprochement bancaire simple

Les données suivantes se rapportent au compte de banque courant de la société Excelle ltée :

Solde au grand livre du compte Banque courant	4 443 $
Solde figurant à l'état de banque	4 000
Chèques en circulation	1 210
Frais de banque pour le mois	5
Produit d'un billet encaissé par la banque, y compris des intérêts de 8 $	208
Dépôt effectué le samedi 31 mai	2 000

Au cours du mois, la société a enregistré par erreur un montant de 16 $ lors de l'encaissement d'une vente au comptant de 160 $.

a) Préparez le rapprochement bancaire en utilisant la présentation à cheminement vertical.
b) Préparez le rapprochement bancaire en utilisant la présentation à cheminement parallèle.
c) Passez l'écriture de journal requise pour ajuster les livres.

E 5. Le fonctionnement de la petite caisse

Le 3 août, une société a établi un fonds de 250 $ pour constituer une petite caisse. Le 19 août, le fonds de la petite caisse s'élevait à 11,76 $ et contenait les pièces justificatives et reçus suivants : timbres-poste, 16,50 $; transport à l'achat de marchandises, 27,25 $; frais de livraison de marchandises, 9,50 $; fournitures de bureau, 67,95 $; entretien et réparations, 38,54 $; dîner au restaurant du vendeur de la société avec des clients, 88 $. Le responsable de la petite caisse prépare le rapport justifiant la reconstitution et demande par la même occasion d'accroître le fonds à 350 $. La demande est acceptée.

Passez l'écriture requise lors de la constitution initiale et celle permettant de reconstituer la petite caisse en même temps que d'accroître le fonds.

8

E 6. L'écriture d'ajustement à partir de l'information tirée du rapprochement bancaire

Le comptable de Oboling inc. a fait la conciliation bancaire au 31 janvier 20X2 et a ainsi expliqué tous les écarts existant entre le solde du relevé bancaire et le solde aux livres du compte Caisse à cette date.

OBOLING INC.
Rapprochement bancaire
au 31 janvier 20X2

Solde du relevé bancaire au 31 janvier 20X2			21 800 $
Plus :	Dépôts en circulation	8 440 $	
	Chèque sans provision reçu d'un client	2 600	
	Frais bancaires de janvier	30	
	Chèque inscrit deux fois sur le relevé bancaire	2 000	
	Remise automatique sur l'hypothèque, y compris des intérêts, au montant de 1 300 $	5 300	
	Chèque certifié non comptabilisé aux livres et ayant servi à payer comptant l'achat de mobilier de bureau	1 700	20 070
Moins :	Chèques en circulation	11 870	
	Erreur commise par l'entreprise lors de l'inscription d'un chèque fait à l'ordre d'un fournisseur	180	
	Produit d'un emprunt bancaire	15 000	
	Billet recouvré par la banque, y compris des intérêts d'un montant de 40 $	2 040	(29 090)
Solde aux livres du compte Caisse au 31 janvier 20X2			12 780 $

Autres renseignements

- Les intérêts courus à payer et les intérêts courus à recevoir ont été régularisés correctement au 31 janvier 20X2 par le comptable de Oboling inc. avant de préparer la conciliation bancaire.
- Les ventes au comptant du 15 janvier 20X2 s'élèvent à 3 760 $ et la somme a été oubliée dans une enveloppe par le comptable de Oboling inc. Ces ventes n'ont donc pas été comptabilisées ni déposées à la banque.
- Le dépôt de 1 200 $ du 24 janvier est inscrit en date du 25 janvier 20X2 sur le relevé bancaire.

Travail à faire

a) Faites l'écriture d'ajustement nécessaire au 31 janvier 20X2.

b) Quel est le solde aux livres du compte Caisse qui doit être présenté sous le poste Encaisse au bilan du 31 janvier 20X2 ?

E 7. L'établissement du rapprochement bancaire

Voici les renseignements sur la société Honeygood inc. :

Solde aux livres au 31 octobre		31 316,08 $
Recettes		164 834,34
Déboursés		159 225,68
Solde au relevé bancaire du 30 novembre		45 328,44
Les chèques suivants étaient en circulation au 31 octobre :		
n° 1113	564,80 $	
n° 1115	1 358,10	
n° 1127	440,30	
n° 1128	3 853,64	
Les chèques suivants étaient en circulation au 30 novembre :		
n° 1113	564,80 $	
n° 1224	1 035,54	
n° 1230	3 335,78	
n° 1232	2 285,60	
n° 1233	391,18	

8

Sur le relevé bancaire du mois de novembre, on trouve un montant de 33,60 $ représentant les frais bancaires du mois ainsi qu'une note de débit de 375,60 $ portant la mention C.S.P. ; le chèque a été déposé en octobre. Sur ce relevé bancaire, un montant de 1 200 $ est également inscrit. Ce montant est relatif à une note de crédit représentant des intérêts sur placements que la banque a encaissés au nom de la société.

Le 30 novembre, il y avait 1 649,50 $ dans le tiroir de bureau du grand patron. Ce montant est la recette de la journée provenant de ventes au comptant et n'a été comptabilisé au journal des encaissements que le 3 décembre.

Travail à faire

a) Préparez le rapprochement bancaire au 30 novembre.
b) Passez l'écriture de journal pour ajuster les livres.

E 8. Le fonctionnement de la petite caisse

Le 1er mars, la société Mitsou inc., dont l'exercice se termine le 31 mars, a constitué une petite caisse en vue de régler ses menus frais et en a confié la responsabilité à Lili Gratsou. Voici les opérations effectuées en mars et avril concernant cette petite caisse :

Date	Opérations
1er mars	Chèque émis à l'ordre de Mme Gratsou pour constituer le fonds de la petite caisse : 2 000 $.
2 mars	Règlement des frais de livraison de marchandises : 468 $.
4 mars	Décaissement effectué pour le lavage des vitres du bureau : 280 $.
9 mars	Paiement comptant au jardinier qui fait l'entretien du terrain de la société : 578 $.
13 mars	Achat de fournitures de bureau : 47 $.
14 mars	Prélèvement du propriétaire pour régler des frais personnels. Celui-ci prévoit rembourser la somme le mois prochain : 300 $.
16 mars	Achat comptant de petits outils : 274 $.
17 mars	Paiement pour achat de timbres-poste : 30 $.
17 mars	Lili Gratsou se rend compte qu'il ne reste que 23 $ dans le fonds de la petite caisse. Elle trie les pièces justificatives, prépare un rapport en fonction de la nature des comptes existant au grand livre et remet le tout à son superviseur afin d'obtenir un chèque permettant de reconstituer le fonds. Le fonds de la petite caisse a été utilisé plus rapidement que prévu, on a donc décidé de l'augmenter de 500 $.
Du 18 au 31 mars	Différents paiements ont été effectués avec le fonds de la petite caisse. Le vérificateur a fait le compte de la petite caisse et l'inventaire des pièces justificatives, ce qui a donné les résultats suivants :

Argent en main	1 010 $
Reconnaissances de dettes signées par des employés	180
Livraison de marchandises	349
Fournitures de bureau	196
Réparation de la machine à photocopier	157
Frais de transport sur marchandises achetées	215
Timbres-poste	45
Achat d'une autre machine à écrire (l'entreprise en possède maintenant 20)	343
	2 495 $

La petite caisse n'a pas été reconstituée le 31 mars.

Du 1er au 13 avril	Divers déboursés ont été effectués à même les fonds.
13 avril	Lili Gratsou se rend compte qu'il ne reste que 59 $. Elle trie les pièces justificatives, prépare un rapport et remet le tout à son superviseur. On lui remet un chèque pour reconstituer le fonds. Les opérations effectuées à ce jour en avril sont les suivantes :

Livraison de marchandises	149 $
Salaire d'une secrétaire surnuméraire occasionnelle	164
Timbres-poste	53
Transport sur achats	238
Fournitures de bureau	366
Frais téléphoniques du mois de mars	161
Remboursement reçu des employés ayant emprunté en mars	180

8

Préparez les mêmes rapports que Lili Gratsou et passez toutes les écritures pour comptabiliser les opérations décrites précédemment. Considérez toutes les possibilités qui se présentent à vous et discutez de chacune d'elles.

E 9. La présentation de l'encaisse aux états financiers

La société Tétrogro ltée, dont l'exercice prend fin le 30 juin, œuvre dans le domaine des produits d'amaigrissement. Les opérations régulières sont facilitées grâce à une petite caisse de 100 $ et à l'existence de plusieurs comptes bancaires à la Banque Nouvelle Nation (BNN) ainsi qu'à la Caisse du Peuple (CP) de sa municipalité. Voici les soldes conciliés et régularisés au 30 novembre 20X1 :

Banque Nouvelle Nation	
Compte courant	1 159,30 $
Compte épargne	15 000,00
Compte inactif	5 000,00
Caisse du Peuple	
Compte courant	(3 040,00)
Compte salaires	(5 688,00)

Le compte inactif correspond à des fonds « gelés » par la banque pour garantir un emprunt de 50 000 $ remboursable deux ans plus tard. L'information suivante est trouvée dans les états financiers préparés par le commis :

TÉTROGRO LTÉE
Bilan partiel
au 30 juin 20X1

Actif à court terme		Passif à court terme	
Petite caisse	100,00 $	Découvert bancaire	8 728,00 $
Encaisse	21 159,30		

À l'état des résultats figurent un chiffre d'affaires de 200 000 $ ainsi qu'un bénéfice de 43 000 $. Les états financiers seront présentés à des fins externes et vous êtes l'expert-comptable indépendant.

Êtes-vous d'accord avec la présentation du commis ? Sinon, expliquez à ce commis la bonne présentation ainsi que les raisons qui justifient vos dires.

E 10. La détermination du montant d'un vol possible à l'aide du rapprochement bancaire

Vous êtes expert-comptable indépendant et vous finissez la vérification des états financiers pour l'exercice terminé le 30 septembre 20X1. Le contrôleur, inquiet, vient vous voir et il vous demande d'effectuer un petit travail supplémentaire.

En fait, il croit qu'un paiement comptant provenant d'un client a été inscrit aux livres comme encaissement, mais n'a jamais été déposé à la banque. Le contrôleur ajoute : « Je serais déçu d'apprendre qu'un employé nous vole, pourriez-vous vérifier ? »

En fouillant dans les documents et les livres comptables, un commis a amassé les renseignements suivants pour le mois d'octobre 20X1 :

Total des encaissements au journal des encaissements d'octobre	24 647,50 $
Total des décaissements au journal des décaissements d'octobre	33 470,91
Solde du compte Caisse aux livres de l'entreprise au 1er octobre	10 196,37
Solde du relevé bancaire au 31 octobre	534,14
Dernier montant au journal des encaissements d'octobre n'apparaissant pas sur le relevé bancaire d'octobre	700,00
Montant relatif à plusieurs petits chèques n'apparaissant pas à l'état de banque d'octobre mais inscrits au journal des décaissements d'octobre	270,38
Frais bancaires pour le mois d'octobre	9,20

Vous n'avez aucun renseignement sur le mois de novembre.

8

Travail à faire

Nous sommes le 15 novembre 20X1.

a) Faites un calcul vous permettant de déterminer s'il y a eu vol.
b) Quelles sont vos conclusions ? L'entreprise peut-elle à coup sûr accuser l'employé ?
c) Quel est le montant apparaissant au poste Encaisse aux états financiers que vous avez vérifiés ?

E 11. Le fonctionnement de la petite caisse

L'agence Tapadsou inc. a effectué les opérations suivantes portant sur la petite caisse au cours du mois d'octobre :

Date	Opérations
3 octobre	Chèque n° 321 émis pour établir une petite caisse de 50 $ dont la gestion est confiée à Jean Ramasse, un commis de bureau.
4 octobre	Transport à l'achat de marchandises payé à Rapidovite enr. aux conditions F.A.B.– point d'expédition : 9,85 $.
5 octobre	Achat de timbres-poste : 6 $.
7 octobre	Règlement du compte reçu de l'Imprimerie Pression pour l'impression de feuillets publicitaires : 8 $.
8 octobre	Argent remis au fils du propriétaire qui a distribué les feuillets publicitaires : 15 $.
10 octobre	Recouvrement d'une avance faite à un employé de bureau le mois dernier : 12 $.
11 octobre	Somme versée pour la réparation d'un photocopieur : 17,23 $.
12 octobre	Chèque n° 385 émis pour reconstituer la petite caisse. Jean Ramasse croit que le fonds s'est épuisé trop rapidement et a donc demandé d'augmenter le fonds de 50 $. Le chèque n° 385 tient compte de cette augmentation.
14 octobre	Transport à l'achat de marchandises payé à Expresso inc. aux conditions F.A.B.– point d'expédition : 8,35 $.
16 octobre	Le propriétaire, M. Gradouble, signe une pièce justificative et Jean Ramasse lui remet 39,45 $ pour régler le coût d'un dîner au restaurant avec un client.
17 octobre	Somme versée pour le nettoyage des fenêtres : 11,25 $.
20 octobre	Somme versée pour l'envoi d'un télégramme concernant l'achat d'un ordinateur : 12,90 $.
23 octobre	Remboursement à un employé pour l'achat de calepins, crayons et trombones : 9,18 $.
25 octobre	Remboursement à un employé pour l'achat de ballons, rubans et autres articles de décoration pour la fête de l'Halloween de l'Agence : 17,89 $.
26 octobre	Chèque n° 475 au montant de 100 $ pour reconstituer la petite caisse.

Passez les écritures nécessaires au journal général de l'agence Tapadsou inc. et décrivez l'impact de ces opérations dans les livres de la société.

E 12. L'établissement d'un rapprochement bancaire sous une forme particulière

Voici les données dont vous avez besoin pour concilier le solde du compte Caisse courant de la société Naturonet ltée avec le solde inscrit au relevé bancaire au 31 janvier :

1. Le solde créditeur au relevé bancaire : 7 660,60 $.
2. Le solde créditeur au grand livre compte Caisse courant : 4 820,49 $.
3. La banque a émis une note de crédit de 3 107 $ concernant l'encaissement d'un effet à recevoir de 3 000 $. Pour ce service, l'institution financière a prélevé 15 $ sur le montant encaissé.
4. Le dépôt d'un montant de 2 881,47 $, fait le 12 janvier, inclut un chèque de 512,22 $ reçu d'un client. Le 14 janvier, ce montant a été débité au relevé bancaire avec la mention C.S.P. Pour ce contretemps, la banque a prélevé des frais de 8 $. Le client en question s'est excusé et a effectivement payé son compte au comptant au début de février.

8

5. La société a contracté une hypothèque de 400 000 $ il y a quelques années au taux de 8,75 %. Le 15 de chaque mois, le remboursement périodique se fait par transfert électronique de fonds préautorisé et ce, au montant mensuel de 4 770 $, y compris capital et intérêts. Au début du mois de janvier, le solde de l'hypothèque était de 277 564 $.

6. Sur le relevé bancaire, nous trouvons un crédit de 3 000 $ qui n'a pas été pointé au journal des encaissements. Après vérification téléphonique auprès de l'institution financière, nous savons que c'est une erreur.

7. Au journal des encaissements, nous trouvons au 31 janvier un dépôt de 1 500 $ qui ne figure pas au relevé bancaire.

8. Le chèque n° 215 a été inscrit par erreur au journal des décaissements au montant de 1 966,16 $. Le chèque honoré par la banque s'élève en fait à 1 696,16 $. Ce chèque avait été émis pour l'achat comptant de fournitures qui sont aujourd'hui entièrement utilisées.

9. Parmi la liste des chèques en circulation, totalisant 12 894,31 $, il y a un chèque de 3 459,19 $ pour le paiement d'un effet à payer de 3 400 $ plus les intérêts pour un mois. L'échéance de ce billet est le 15 février et il s'agit bien de la date du chèque.

10. Une note accompagnant le relevé bancaire mentionne que les frais bancaires du mois n'apparaissent pas sur le relevé à cause de problèmes liés au traitement informatique. Toutefois, les frais, qui s'élèvent à 14 $, ont réellement été prélevés. La banque précise que le débit de 14 $ apparaîtra au début du relevé subséquent.

Travail à faire

a) Présentez un rapprochement bancaire en utilisant la forme verticale ; toutefois, vous devrez le présenter à l'envers, c'est-à-dire du solde aux livres au solde au relevé, puis au solde réel.

b) Passez l'écriture d'ajustement nécessaire à la régularisation du compte Caisse courant.

E 13. Vrai ou faux

Dites si chacun des énoncés suivants est vrai ou faux :

a) Au poste Placements à court terme en valeurs négociables, il faut regrouper les placements à court terme en valeurs négociables, les bons du Trésor, les certificats de dépôt et les prêts à demande.

b) Si la juste valeur des placements à court terme est inférieure à la valeur comptable, la valeur comptable doit être présentée au bilan.

c) En investissant des fonds dans des titres négociables, l'un des objectifs de la direction est de réduire le plus possible les pertes attribuables à la fluctuation des prix.

d) Au Canada, il n'y a pas de frais de courtage sur les opérations afférentes aux obligations.

e) À la date d'acquisition, les titres négociables doivent être comptabilisés à la juste valeur.

E 14. L'impact sur les états financiers

Voici trois opérations qui ont été comptabilisées par Legendre ltée :

a) À la fin de l'exercice 20X1, aucun intérêt couru afférent aux placements à court terme n'a été comptabilisé. Ces placements ont tous été vendus en 20X2.

b) Au 31 décembre 20X1, les placements à court terme ont été présentés au bilan à leur coût d'origine de 10 000 $ alors que leur juste valeur était de 9 500 $. Dans le bilan du 31 décembre 20X2, les placements ont été présentés à leur juste valeur, soit 8 600 $.

c) Legendre ltée a acheté des actions ordinaires de Inconnu ltée au moment de leur émission à la fin de 20X1. L'opération a été comptabilisée seulement au début de 20X2. Les titres ont été vendus à la fin de cet exercice et le gain sur aliénation a été correctement comptabilisé.

8

Pour chacune de ces opérations, complétez le tableau suivant en indiquant l'incidence de la comptabilisation sur certaines composantes des états financiers des exercices 20X1 et 20X2. Indiquez les éléments surévalués (+), sous-évalués (-) ainsi que les éléments qui n'ont pas subi de modification (0).

	Exercice 20X1			Exercice 20X2		
Opérations	Actif à court terme	Bénéfice net	Passif à court terme	Actif à court terme	Bénéfice net	Passif à court terme
a)						
b)						
c)						

E 15. Un placement à court terme en actions

Le 15 juillet 20X7, Cégir ltée a acheté 200 actions de Mutin inc. au coût unitaire de 24,25 $ plus une commission de 120,00 $.

Le 1er août 20X7, Cégir ltée a reçu de Mutin inc. un dividende en argent de 0,60 $ par action. Le 3 novembre suivant, elle a vendu la moitié de ces actions à un prix unitaire de 26,25 $ et a payé une commission de 80 $ au courtier. Le 1er décembre de la même année, Mutin inc. a déclaré un dividende en actions de 20 %. À cette date, la juste valeur d'une action s'établit à 26,32 $.

Passez les écritures de journal nécessaires pour comptabiliser ces opérations.

E 16. Les placements à court terme

Voici les renseignements afférents aux placements à court terme de Méga ltée :

1. Le 1er février 20X3, l'entreprise a acheté des obligations de Bêta inc. à 98 plus les intérêts courus. La valeur nominale est de 400 000 $ et les intérêts sont payables le 1er avril et le 1er octobre de chaque année au taux de 12 % l'an.
2. Le compte Placements temporaires, dans lequel il a été convenu de comptabiliser les obligations de Bêta inc., comprend déjà la valeur comptable des actions de Alpha inc., de Gamma inc. ainsi que celle des obligations d'Epsilon ltée.
3. Évaluation des placements temporaires au 30 avril 20X3 :

	Coût	Juste valeur
Actions de Alpha inc.	200 000 $	160 000 $
Actions de Gamma inc.	20 000	14 000
Obligations d'Epsilon ltée	40 000	44 000
Obligations de Bêta inc.	?	420 000
Total	? $	638 000 $

a) Passez les écritures afférentes aux obligations de Bêta inc. jusqu'au 30 avril, date de clôture de l'exercice. Arrondissez tous vos calculs au dollar près.
b) Indiquez quelles informations doivent être contenues dans les états financiers de Méga ltée au 30 avril 20X3 concernant les placements à court terme.

8

E 17. La présentation aux états financiers des placements à court terme

Voici quelques renseignements afférents aux placements à court terme de Tout flamme ltée qu'elle a désignés comme détenus à des fins de transaction :

	Coût initial	Juste valeur
Solde au 31 décembre 20X1	1 200 000 $	1 300 000 $
Vente de titres le 15 juin 20X2	(160 000)	(140 000)
Solde au 31 décembre 20X2, avant régularisation	1 040 000	1 000 000

Le titre vendu en 20X2 avait une juste valeur de 140 000 $ au 31 décembre 20X1. Le portefeuille de Tout flamme ltée se compose d'un seul titre.

Expliquez de quelle façon la société devra présenter les faits mentionnés ci-dessus dans ses états financiers pour l'exercice terminé le 31 décembre 20X2.

Problèmes de compréhension ⟍⟍⟍⟍⟍⟍⟍⟍

P 1. L'établissement du rapprochement bancaire par l'analyse des éléments non appariés
(30 minutes – moyen)

Après avoir terminé le travail de pointage concernant le rapprochement bancaire du mois de juin, le commis comptable de la société Oursanpluche ltée dresse la liste suivante des éléments non appariés :

- Au journal des décaissements

Date	Chèque n°	Destinataire	Montant
10 juin	253	Société Toto ltée (fournisseur)	382,00 $
10 juillet	301	Les Entreprises Coco ltée (fournisseur)	243,19
26 juin	309	Bell Canada	77,45
29 juin	312	Haloa inc. (fournisseur)	184,12
30 juin	313	Hydro-Québec	318,47
30 juin	314	Société Momo ltée (fournisseur)	203,95

- Le journal des encaissements contient un montant de 1 222 $ au 29 juin.
- Solde au grand livre compte Caisse courant au 30 juin : (1 267,07) $.
- En faisant le décompte de la petite caisse le 30 juin, vous découvrez l'information suivante :

Argent en main	1 259,35 $
Pièces justificatives :	
– une reconnaissance de dette d'un employé	100,00
– factures de transport pour achat de marchandises	122,17
– factures de timbres-poste	87,49
– factures de publicité	72,11

Au journal général, vous retracez l'écriture de reconstitution de la petite caisse :

Déficit de petite caisse	2,00	
Avance à recevoir	100,00	
Transports sur achats	122,17	
Frais de poste	87,49	
Publicité	72,11	
Caisse		383,77

Ajustement pour renflouer la petite caisse au montant de 500 $.

De plus, le commis vous mentionne que, durant la journée, les ventes au comptant sont déposées dans la petite caisse en attendant que soit effectué le dépôt de nuit.

- Sur le relevé bancaire

Information	Date	Montant
C.S.P.	9 juin	323,00 $
N.D.	9 juin	11,00
N.C.	15 juin	2 035,00
Chèque n° 253	15 juin	832,00
Frais bancaires	29 juin	13,00
Solde	30 juin	(223,89)

- Documents accompagnant le relevé bancaire :
  - Un chèque provenant d'un client sur lequel on a estampillé « C.S.P. ».
  - Une note de débit de 11 $ pour couvrir les frais de retour du chèque sans provision.
  - Une note de crédit concernant le recouvrement par la banque d'un billet de 2 000 $ d'un client. La banque mentionne qu'elle a prélevé 15 $ pour le service de recouvrement.

8

Travail à faire

a) Établissez le rapprochement bancaire de la société Oursanpluche ltée au 30 juin en utilisant la présentation à cheminement vertical.

b) Présentez une à une les écritures nécessaires pour chaque élément ajustant les livres de l'entreprise.

P 2. La préparation d'un rapprochement bancaire simple   (20 minutes – facile)

La société Les Ateliers Chocolapino inc. gère ses fonds en utilisant deux comptes bancaires, c'est-à-dire un compte pour ses opérations courantes et un autre uniquement pour le paiement des salaires des employés. Le 31 décembre, le compte Caisse courant avait un solde débiteur de 654,14 $ et le compte Caisse salaire avait un solde créditeur de 258,25 $. Le relevé bancaire du compte courant montre un solde débiteur de 624,75 $ alors que celui du compte salaire présente un solde créditeur de 419,29 $ au 31 décembre. Les informations suivantes ressortent du travail de préparation du rapprochement bancaire :

- La banque a facturé des frais d'administration de 11 $ pour le compte salaire, et de 4 $ pour le compte courant.
- Des chèques totalisant 418,54 $ émis pour la paie du 28 décembre ne sont toujours pas passés au compte bancaire.
- Le chèque n° 475 émis pour payer une facture d'électricité de 200 $ est toujours en circulation bien qu'il soit daté du 18 décembre.
- Le dernier dépôt inscrit au journal des encaissements s'élève à 825 $. Il n'apparaît pas au relevé bancaire.
- Lors de l'émission du chèque n° 481 de 42,21 $ en règlement des frais de téléphone, le commis a fait une erreur importante. En effet, il a émis le chèque au montant de 422,10 $, montant que la banque a d'ailleurs honoré, mais l'inscription du paiement aux livres a été comptabilisée au montant de la facture.
- Chaque semaine, la société transfère le montant global de la paie du compte courant au compte salaire. Le dernier transfert concernant la paie du 28 décembre a été effectué correctement par la banque au montant de 6 852 $. Toutefois, le commis aux écritures a passé l'écriture suivante :

Caisse salaire	6 582	
Caisse courant		6 582

Travail à faire

a) Déterminez le solde réel de chaque compte bancaire de l'entreprise en utilisant une présentation ordonnée.

b) En tenant pour acquis que la société Les Ateliers Chocolapino inc. possède une petite caisse de 100 $, quel serait le montant au poste Encaisse au bilan du 31 décembre ?

c) Quel est l'impact de l'erreur concernant le transfert de la paie du 28 décembre aux états financiers ?

d) Est-il nécessaire de préparer un rapprochement bancaire pour chaque compte de banque, ou est-il préférable de ne préparer qu'un seul rapprochement bancaire fait globalement ?

e) Passez les écritures d'ajustement nécessaires à la suite des rapprochements bancaires. Est-il nécessaire de corriger l'erreur de transfert ?

P 3. La détermination de soldes et de totaux au relevé bancaire et aux livres   (30 minutes – moyen)

Voici l'information du mois de novembre 20X2 pour l'Hôpital des animaux de Saint-Isidore. Ces renseignements proviennent du rapprochement bancaire :

Frais bancaires du mois	23,50 $
Échéance d'un dépôt à terme, y compris des intérêts de 87,50 $	5 087,50
Chèque reçu d'un client portant la mention C.S.P.	558,00
Frais d'administration concernant le C.S.P.	9,00
Dépôt en circulation au 30 novembre	2 659,13

Chèques en circulation au 30 novembre, y compris 4 227,75 $ de chèques
retrouvés dans un tiroir de bureau de l'entreprise le 10 décembre 31 060,16
Chèques en circulation au 31 octobre 10 853,24
Débit effectué par la banque par erreur. Ce montant sera crédité au
relevé bancaire de décembre 1 755,29
Recouvrement par la banque d'un billet de 1 000 $ plus les intérêts.
La banque a inscrit le montant net des frais de 16 $. 1 034,00
Le paiement de certains frais de publicité a été inscrit aux livres au montant
de 342 $ alors que la banque a honoré un chèque de 432 $.

Travail à faire

a) Si le solde réel figurant au rapprochement bancaire est de (1 085,84 $), déterminez le solde au relevé bancaire en date du 30 novembre 20X2 ainsi que le solde aux livres avant ajustements.

b) Au journal des encaissements et au journal des décaissements du mois de novembre, nous retraçons respectivement les totaux suivants : 373 428,17 $ et 399 144,22 $. Déterminez le total des dépôts au relevé bancaire ainsi que le total des déboursés.

c) Quel était le solde réel au 31 octobre ?

P 4. L'utilisation d'un fonds de petite caisse

(30 minutes – moyen)

Une entreprise a constitué une petite caisse et en a confié la responsabilité à Blaky Blanchard, le réceptionniste. Voici les opérations effectuées durant les mois de juillet et août relativement à cette petite caisse :

Date	Opérations
2 juillet	Chèque n° 781 pour ouvrir la petite caisse : 350 $.
3 juillet	Sommes versées pour le nettoyage des fenêtres du bureau : 20 $.
8 juillet	Frais de transport sur achats de marchandises aux conditions F.A.B. – point d'expédition payés à Transit Tremblay inc. : 31,75 $.
11 juillet	Achat de papier carbone, trombones et crayons : 13,85 $.
17 juillet	Achat de timbres-poste : 16,42 $.
18 juillet	Un client, M. Letarte, paie son compte comptant à la réception, l'argent est déposé dans la petite caisse : 29,31 $.
20 juillet	Somme versée pour la réparation du photocopieur : 132,15 $.
23 juillet	Montant alloué par la direction pour organiser un dîner afin de souligner le départ de Séraphine Gauthier. Le montant est de 7 $ par personne, pour 10 personnes.
24 juillet	Chèque n° 932 de 155,86 $ pour reconstituer la petite caisse et tenir compte d'une diminution du fonds initial de 100 $.
25 juillet	Vérification du rapport de petite caisse par le commis aux déboursés. Le chèque a été fait hier tel que le rapport le présentait, car Blaky ne fait jamais d'erreur. Mais aujourd'hui le commis aux déboursés, après avoir pointé les factures, découvre que la facture de fournitures de 13,85 $ a été inscrite à 18,35 $ dans le rapport. La correction sera apportée dans le rapport de fin d'exercice.
25 juillet	Somme versée à la société Christaline pour la livraison de trois bouteilles d'eau de source : 15,28 $ (comptabilisée dans le compte Fournitures de bureau).
26 juillet	Achat d'une petite calculatrice pour remplacer la calculatrice défectueuse du commis aux comptes des fournisseurs : 12,39 $.
29 juillet	Somme versée pour la livraison d'un colis à un client par Purolator : 15,35 $.
31 juillet	Fin de l'exercice, les livres sont régularisés en ce qui concerne la petite caisse.
1er août	Frais de transport sur achats de marchandises aux conditions F.A.B. – point de livraison payés à Les Transporteurs Sansfaçon ltée : 26,18 $.
3 août	Somme versée pour la livraison d'un colis à un client par Canpar ltée : 16,12 $.
6 août	Argent déboursé pour un télégramme à frais virés : 19,25 $.
8 août	Achat de timbres-poste : 18,33 $.
12 août	Achat de calepins, agrafeuses, papier collant, gommes à effacer et crayons, papier pour ordinateur : 38,52 $.
15 août	Frais de transport sur achats de marchandises aux conditions F.A.B. – point d'expédition payés à Transit Tremblay inc. : 31,75 $.
18 août	Achat d'un livre sur l'emploi d'un logiciel informatique : 18,30 $.

8

22 août   Somme versée au jardinier pour l'entretien régulier : 40 $. Comme il ne restait que 38,03 $ dans la petite caisse, Blaky a déboursé 1,97 $ de sa poche pour compléter la somme.

23 août   Chèque n° 1021 de 251,97 $ émis pour reconstituer la petite caisse.

Travail à faire

a) Préparez les rapports de reconstitution tels qu'ils ont été préparés par Blaky Blanchard.

b) Passez toutes les écritures d'ajustement nécessaires.

c) Présentez, sous forme de compte en T, l'évolution du compte Petite caisse.

d) Discutez de l'impact du remboursement direct fait par le client le 18 juillet sur les procédures normales de tenue de livres concernant les comptes des clients.

e) Discutez de la nécessité de passer une écriture d'ajustement le 31 juillet concernant la petite caisse.

P 5. L'établissement d'un rapprochement bancaire couvrant une période de trois mois   (40 minutes – difficile)

Aujourd'hui, le vendredi 13 novembre, la société d'édition L'Intello ltée vous engage en qualité de commis comptable pour remplacer Mme Poutine qui a quitté son travail sans préavis, le 29 août.

Mme Poutine avait, entre autres tâches, la responsabilité de préparer les rapprochements bancaires mensuels. Depuis le départ de Mme Poutine, il n'a pas été possible de faire ce travail, car tout le personnel du bureau était occupé, et il n'entre pas dans les politiques de la société de faire faire des heures supplémentaires à ses employés. Votre première tâche est donc de mettre les livres à jour après avoir fait le rapprochement bancaire que vous devez présenter. Le matin même, vous avez accompli le travail de pointage des différents documents à votre disposition. Les éléments non appariés qui ressortent de ce travail sont les suivants :

	Août	Septembre	Octobre
• Solde de fin de mois aux relevés bancaires	2 614 $	1 223 $	439 $
• Solde de fin de mois du compte caisse aux grands livres	5 350	2 647	1 069
• Les chèques suivants provenant du journal des décaissements n'ont pas été appariés avec les éléments du relevé bancaire du même mois :	219		39
	435	119	832
	29	68	711
	153	448	333
• Au relevé bancaire, les débits suivants n'ont pas été appariés avec le journal des décaissements du même mois :			
Chèque sans provision et frais	323		41
Frais bancaires	5	4	6
Chèques	238	435	29
	281	153	68
		48	119
Versements sur hypothèque	775	775	775
• Au journal des encaissements, les dépôts suivants n'ont pas été retracés au relevé du même mois :	1 250	819	1 922
	937		
• Au relevé bancaire, les crédits suivants n'ont pas été retracés au journal des encaissements :			
Recouvrement de billets		724	1 020
Dépôts	667	1 250	819
		937	

• Les billets recouvrés par la banque étaient respectivement de 700 $ et 1 000 $. La banque a prélevé des frais de 8 $ pour le service de recouvrement de chaque billet.

• Les versements sur hypothèque incluent les intérêts suivants :

août	422 $
septembre	410
octobre	389

8

- Voici le rapprochement bancaire partiel de juillet. Il s'agit du dernier rapprochement préparé par Mme Poutine :

Solde au relevé bancaire	1 900 $
Dépôt en circulation	667
Chèques en circulation	(238)
Solde réel	2 329 $

- Les totaux des journaux des encaissements et des décaissements sont les suivants :

	Août	Septembre	Octobre
Total des encaissements	43 832 $	50 738 $	49 601 $
Total des décaissements	40 811	53 441	51 179

Travail à faire

a) Présentez un rapprochement bancaire global pour trois mois, au 31 octobre. Utilisez la forme parallèle.

b) Passez l'écriture d'ajustement nécessaire à la régularisation des livres au 31 octobre. (Supposez que tous les chèques ont été émis en faveur des fournisseurs, lorsque le cas se présente.)

c) Reproduisez la page de grand livre du compte Caisse du mois de juillet jusqu'au solde réel d'octobre comme elle présente, après avoir effectué votre travail.

d) Reproduisez la page du grand livre du compte Caisse du mois de juillet jusqu'au solde réel d'octobre comme elle aurait dû se présenter si le rapprochement bancaire avait été effectué chaque mois.

P 6. Le rapprochement bancaire avec pointage simple et le report au grand livre
(40 minutes – moyen)

Ce matin, le 10 mai 20X3, Mme Bidule est heureuse. Il fait beau et chaud, et comble de bonheur, Mme Bidule adore son emploi. Mieux, elle adore le travail qu'elle devra faire ce matin : elle doit préparer le rapprochement bancaire du mois. Hier, vers la fin de la journée, elle s'était fait un petit plaisir à commencer le travail de pointage des éléments à apparier, de sorte que ce matin, il ne restait qu'à analyser les résultats. Cependant, hier, alors qu'elle travaillait joyeusement, un petit incident est venu assombrir la journée : elle a renversé du jus de raisins sur la page du compte Caisse courant du grand livre. Il en a résulté une mini-catastrophe, car en voulant éponger le liquide, Mme Bidule a effacé toutes les données des mois de mars et avril. Qu'à cela ne tienne ! Elle est prête à réparer les dégâts.

Mettez-vous à la place de Mme Bidule. Voici ce qui est disponible sur votre bureau pour l'exécution de ce travail :

- Le rapprochement bancaire partiel du mois de mars :

JOAILLEUX LTÉE
Rapprochement bancaire partiel
au 31 mars

Solde au relevé bancaire			1 275,88 $
Plus :	Dépôt en circulation	2 324,18 $	
	Frais bancaires	8,00	
	Chèque sans provision d'un client	319,66	
	Frais d'administration (C.S.P.)	9,00	2 660,84
Moins :	Chèques en circulation		
	n° 341	175,13	
	n° 342	16,21	(191,34)
Solde aux livres			3 745,38 $

8

- Le relevé bancaire d'avril avec le pointage des éléments déjà appariés :

Joailleux ltée 889, rue Eureuse Villelumière				Relevé de compte BANQUE NOUVELLE NATION Solde précédent : 1 275,88 $	
Date	**Débits**			**Crédits**	**Solde**
20X3					
Avril 1					1 275,88
2	175,13			2 324,18	3 424,93
3	842,19 √	16,21			2 566,53
6	1 349,18 √			500,00	1 717,35
8	126,59 √	43,12 √	475,28 √		1 072,36
10 ND	500,00			1 998,22 √	2 570,58
13 ND	4 175,00				-1 604,42
15	754,11 √	38,43 √		3 225,00 √	828,04
21 ND	2 000,00				-1 171,96
23				987,29	-184,67
27	327,09 √				-511,76
30 FA	7,00				-518,76
	TOTAL : 10 829,33			9 034,69	

ND : Note de débit
FA : Frais d'administration

- Autres documents provenant de la banque :
  - Une note de débit concernant un montant de 500 $ ayant été crédité par erreur le 6 avril.
  - Une note de débit concernant le versement automatique trimestriel sur hypothèque de 4 175 $, y compris 1 815 $ d'intérêts.
  - Une note de débit concernant le paiement estimatif mensuel des frais d'électricité par transfert informatique de 2 000 $.
  - Une note de service de la banque expliquant que la note de débit du 21 avril de 2 000 $ est une erreur de compte de la banque et qu'elle sera corrigée sur le relevé du mois de mai.
- Au journal des encaissements du mois d'avril, les montants suivants ne sont pas pointés :

9 987,29 $	le 23 avril
2 444,75	le 30 avril

- Au journal des décaissements du mois d'avril, les montants suivants ne sont pas pointés :

728,75 $	daté du 27 avril
1 229,13	daté du 1er juin
431,58	daté du 28 avril
877,77	daté du 30 avril

Travail à faire

a) Analysez les données du pointage.
b) Établissez le rapprochement bancaire selon la forme parallèle.
c) Passez l'écriture d'ajustement au journal général.
d) Préparez une nouvelle page du grand livre pour les mois de mars et avril.

P 7. Le rapprochement bancaire demandant un certain travail de pointage et la présentation au bilan
(40 minutes – difficile)

Plinhozass ltée possède plusieurs comptes de banque afin de maximiser la gestion de ces liquidités. Voici ce que reflètent les livres de l'entreprise :

8

Grand livre général

Banque Royale

Date		Libellé	F°	Débit	Crédit	Solde
20X1						
31	mai	Solde				2 347
30	juin		JE8	4 832		7 179
30	"		JD10		8 722	(1 543)

Banque Nationale

Date		Libellé	F°	Débit	Crédit	Solde
20X1						
31	mai	Solde				3 368
30	juin					3 368

Banque de Montréal

Date		Libellé	F°	Débit	Crédit	Solde
20X1						
31	mai	Solde				10 000
30	juin					10 000

Journal des encaissements

Date				Débit Caisse
20X1				
3 juin		/	/	547
12 "		/	/	1 223
22 "		/	/	1 649
28 "		/	/	748
30 "		/	/	665
		/	/	4 832
		/	/	

Journal des décaissements

Date	Chèque n°			Crédit Caisse
20X1				
1er juin	522	/	/	632
3 "	523	/	/	413
4 "	524	/	/	837
7 "	525	/	/	58
12 "	526	/	/	144
15 "	527	/	/	312
19 "	528	/	/	1 444
20 "	529	/	/	709
23 "	530	/	/	1 295
27 "	531	/	/	1 029
28 "	532	/	/	1 166
30 "	533	/	/	683
		/	/	8 722
		/	/	

Plinhozass ltée utilise le compte de la Banque Royale comme compte courant. Par contre, celui de la Banque Nationale ne sert qu'à l'encaissement des intérêts d'un dépôt à terme de 40 000 $ qui vient à échéance et se renouvelle tous les 30 jours.

Vers la fin du mois de janvier, la société a obtenu de la Banque de Montréal un prêt de 100 000 $. Comme la société ne fait pas affaire avec la Banque de Montréal pour effectuer ses opérations courantes, celle-ci a exigé un solde compensateur équivalent à 10 % de l'emprunt contracté.

La Banque de Montréal n'envoie pas de relevé bancaire puisque le solde ne montre aucune fluctuation. Les relevés bancaires suivants ont été reçus de la Banque Royale et de la Banque Nationale :

8

BANQUE ROYALE

Plinhozass ltée

RELEVÉ DE COMPTE
Période se terminant
le 3 juillet 20X1

	Chèques et autres débits		Dépôts	Date (mois-jour)	Solde
	Solde précédent			06-01	3 676
			432	06-01	
	1 103	468		06-02	2 537
		632	547	06-03	
	632	413		06-04	
	837	58		06-08	
			1 223	06-12	1 735
	144	312		06-16	
NC			2 038	06-16	3 317
CSP		176		06-19	
FA		4		06-19	
		709	1 649	06-22	4 077
		1 444		06-24	
		1 029	748	06-28	2 352
		1 616		06-30	
FA		9		06-30	727
ND		15		06-30	712
			665	07-02	1 377
		1 295		07-03	82

ND : Note de débit
NC : Note de crédit
FA : Frais d'administration
CSP : Chèque sans provision

BANQUE NATIONALE

Plinhozass ltée

RELEVÉ DE COMPTE
Période se terminant
le 30 juin 20X1

	Chèques	Dépôts	Date (mois-jour)	Solde
	Solde précédent		06-01	3 368
NC		296	06-29	3 664

NC : Note de crédit

Voici des renseignements supplémentaires permettant de préparer le rapprochement bancaire :

1. Dans la conciliation bancaire du mois de mai, les chèques n°s 519, 520 et 521 étaient en circulation. Les montants sont respectivement de 468 $, 190 $ et 1 103 $.
2. La banque a débité par erreur deux fois le montant du chèque n° 522, ce chèque est passé correctement au compte le 3 juin. Ce fait a été signalé à la banque qui fera la correction sur le prochain relevé.
3. La note de crédit du 16 juin a trait à l'échéance d'un dépôt à terme de 2 000 $.
4. M. Jean Bête a une fois de plus fait un chèque sans provision ; les frais bancaires relatifs à ce chèque s'élèvent à 4 $. L'entreprise estime qu'elle ne pourra rien recouvrer de ce client.
5. Le chèque n° 532 a été correctement inscrit par la banque. Ce chèque couvre le paiement des primes d'assurance pour l'exercice commençant le 1er juillet 20X1.
6. Les frais d'administration bancaires s'élèvent à 9 $ pour le mois. La banque a émis une note de débit de 15 $ pour couvrir le coût d'émission de chèques personnalisés pour la société Plinhozass.
7. Les livres ont été régularisés, sauf en ce qui concerne le rapprochement bancaire.

8

Travail à faire

a) Préparez le rapprochement bancaire du compte Banque Royale au 30 juin 20X1.

b) Passez les écritures pour ajuster les comptes de Plinhozass ltée.

c) Présentez l'encaisse de la société dans des états financiers partiels. Justifiez l'essentiel de cette présentation.

P 8. Le rapprochement bancaire

(35 minutes – difficile)

Au 31 janvier 20X7, la société Jan Bond ltée vous fournit les documents suivants :

JAN BOND LTÉE
Rapprochement bancaire partiel
au 31 décembre 20X6

Solde – Relevé bancaire au 31 décembre 20X6		100,00 $
Plus : Dépôt en circulation		2 400,00
		2 500,00
Moins : Chèques en circulation		
N°s 23 F. Boucher	15,00 $	
27 D. Bienvenue	18,30	
29 G. Leroux	4,00	
30 S. Nadeau	16,70	
31 M. Marcoux	14,38	
32 M. Ledoux	10,52	
33 B. Lafontaine	90,10	
35 S. Lemieux	300,00	(469,00)
Solde réel au 31 décembre 20X6		2 031,00 $

ni pas passé encore sur le Relevé Bancaire

Extraits des journaux des encaissements et des décaissements

Encaissements Janvier 20X7		Décaissements Janvier 20X7				
Date	Montant	Date	Chèque n°	Bénéficiaire		Montant
1	502,00	1	36	L. Francœur		26,60
2	438,00	1	37	F. Boucher		407,00
4	467,00	2	38	R. Fontaine		329,00
5	448,00	2	39	S. Garneau		1 522,19
6	400,00	4	40	G. Pomerleau		100,00
7	580,00	5	41	D. Bienvenue		1 200,00
8	592,00	7	42	N. Leroux		47,20
9	557,00	8	43	J. Boulais		1 400,00
11	571,00		44	N. Duranleau		18,16
12	600,00	12	45	G. Leroux		1 918,27
13	425,00		46	S. Lemieux		14,21
14	476,00	13	47	M. Brault		8,75
15	474,00	16	48	S. Nadeau		1 819,00
16	571,50	18	49	M. Perreault		22,30
18	423,00	19	50	O. Lajeunesse		3,20
19	475,00	20	51	R. Saint-Laurent		318,00
20	515,00	23	52	C. Duplessis		1 600,00
21	437,00	26	53	L. Masse		925,00
22	410,00	28	54	D. Bienvenue		309,00
23	600,00	30	55	R. Fontaine		855,00
26	605,00					
27	500,00			Total		12 842,88
28	418,00					
29	507,00					
30	403,50					
Total	12 395,00					

Jan Bond ltée
25, rue du Porc

Relevé de compte
BANQUE DE LA MONNAIE

Date		Chèques et autres débits	Dépôts	Solde
Janvier	1	Solde		100,00
	1	300,00	2 400,00	2 200,00
	4	10,52	1 452,00	3 641,48
	5	14,38		3 627,10
	6	15,00		3 612,10
	8	26,60		3 585,50
	11	1 522,19	3 148,00	5 211,31
	12	329,00		4 882,31
	13	407,00		4 475,31
	14	1 400,00		3 075,31
	15	16,70		3 058,61
	18	1 918,17	2 969,50	4 109,94
	19	1 200,00		2 909,94
	20	47,20		2 862,74
	21	18,16		2 844,58
	22	14,12		2 830,46
	26	1 819,00	3 042,00	4 053,46
	27	3,20		4 050,26
	27	50,00 CSP		4 000,26
	28	8,75		3 991,51
	29	0,15 FA		3 991,36
	29	1 600,00		2 391,36
	31	1 590,00		801,36

Code :	NC	Note de crédit		CSP	Chèque sans provision
	ND	Note de débit		FA	Frais d'administration

Autre renseignement

Le 31 janvier 20X7, la banque a prélevé la somme de 1 590 $ du compte de Jan Bond ltée. Ce montant représente le remboursement d'un emprunt bancaire contracté par Jan Bond ltée (1 500 $) et les intérêts sur cet emprunt.

Travail à faire

a) Déterminez le solde non ajusté du compte Caisse au grand livre général en date du 31 janvier 20X7.

b) Établissez le rapprochement bancaire au 31 janvier 20X7.

c) Passez l'écriture ou les écritures de journal requises afin de mettre les registres à jour.

N.B. : Posez les hypothèses suivantes :
- Tous les décaissements sont effectués par chèques.
- Tous les encaissements sont déposés à la banque.
- Aucune erreur n'est imputable à la banque.

P 9. Le rapprochement bancaire et la présentation au bilan

(30 minutes – moyen)

Vous disposez des renseignements suivants sur la société Toutéhoké ltée.

Rapprochement bancaire au 31 mai :

TOUTÉHOKÉ LTÉE
Rapprochement bancaire
au 31 mai

Solde du relevé bancaire		(1 340,00) $
Plus :	Dépôts en circulation	680,00
	Frais bancaires (y compris un montant de 9 $ relatif à un chèque sans provision)	42,20
	Versement automatique mensuel sur l'hypothèque dont 2 080 $ représente les intérêts	3 180,00
	Débit pour chèque sans provision reçu d'un client	28,00
		2 590,20
Moins :	Chèques en circulation	(3 610,00)
	Intérêts sur solde bancaire	(20,00)
Solde aux livres au 31 mai		(1 039,80) $

Informations concernant le mois de juin :

- La banque a renvoyé un autre chèque sans provision provenant du même client qui n'avait pas honoré un chèque au mois de mai. Le chèque de 37 $ avait été déposé par l'entreprise au début de juin. Le service de crédit a mis ce client définitivement sur la liste noire.
- La banque a recouvré pour la société un montant de 2 030 $ relatif à l'échéance d'un effet à recevoir d'une durée de 60 jours et portant intérêt à 9 %.
- Les frais bancaires s'élèvent à 13,50 $ pour le mois de juin et incluent un montant de 9 $ se rapportant au chèque sans provision susmentionné.
- Au moment d'inscrire le chèque fait à l'ordre de Bell Canada au journal des décaissements, le commis a fait une erreur d'inversion; il a inscrit 358 $ alors que le montant du chèque était de 385 $.
- Le versement automatique sur hypothèque pour le mois de juin est de 3 150 $ et inclut 2 050 $ d'intérêts.
- Le relevé bancaire fait état d'une note de crédit de 30 $. La banque explique que, sur le relevé du mois de mai, elle avait inscrit 30 $ de trop en frais bancaires.
- Les totaux suivants sont inscrits au journal des décaissements :
Avril	64 832 $
Mai	31 493
Juin	52 792
- De même, les totaux suivants sont inscrits au journal des encaissements :
Avril	28 393 $
Mai	45 833
Juin	54 832
- Le président de la société a retiré 200 $ du compte bancaire de la société durant le mois de juin. Toutefois, il a oublié d'en avertir le commis préposé à la tenue du journal des décaissements. Le président a affirmé qu'il rembourserait la somme retirée au cours du mois de juillet.
- Sur le relevé bancaire de juillet, nous retraçons quatre chèques totalisant 2 090,22 $. Ils sont tous datés du mois de juin, sauf un de 401,00 $ daté du mois de mai.
- Sur le relevé bancaire du mois, le dépôt du 2 juillet s'élève à 8 773,30 $. Il n'y a aucun enregistrement de ce montant au journal des encaissements de juillet. (Note : il n'y a pas d'erreur aux livres concernant ce dépôt.)

Autres renseignements provenant de la balance de vérification du 30 juin (avant toute écriture d'ajustement relative au rapprochement bancaire de juin) :

Placements temporaires	10 000 $
Fournisseurs	64 000
Hypothèque à payer	13 200
Stock	24 000

8

Emprunt bancaire	*8 000*
Intérêts courus à payer	*650*
Clients	*47 800*
Frais payés d'avance (sur quatre ans)	*4 000*
Autres sommes à recevoir	*2 000*
Autres comptes à payer	*1 500*
Billet à recevoir échéant en juin	*2 000*

Travail à faire

a) Quel est le solde réel de l'encaisse de Toutéhoké ltée au 31 mai?

b) Préparez le rapprochement bancaire au 30 juin en utilisant la méthode à cheminement parallèle.

c) Quel est le total des décaissements inscrits au relevé bancaire du 30 juin?

d) Présentez l'écriture pour ajuster les livres au 30 juin.

e) Présentez le fonds de roulement dans un bilan partiel de la société au 30 juin.

P 10. Le rapprochement bancaire, la tenue de livres et la présentation au bilan
(50 minutes – difficile)

Otoudébut ltée (OL) a commencé ses opérations le 1er janvier 20X3 avec pour seul actif un montant en banque de 4 700 $, aucun passif et un capital-actions de 4 700 $. Le comptable de OL a disparu soudainement le 18 février de la même année. Toutefois, toutes les opérations qui couvraient la période du 1er au 31 janvier avaient déjà été inscrites aux différents journaux et le rapprochement bancaire au 31 janvier avait aussi été préparé par le comptable. Cependant, aucune opération n'a été comptabilisée depuis le 1er février, c'est pourquoi on vous engage le 15 mars pour faire la comptabilité de OL. Vous trouverez en annexe les renseignements suivants :

Annexe A : Relevé bancaire de Otoudébut ltée.

Annexe B : Journaux tenus par l'ancien comptable et dans lesquels ont été comptabilisées les opérations qui ont eu lieu entre le 1er et le 31 janvier.

Annexe C : Balance de vérification au 31 janvier préparée par l'ancien comptable.

Annexe D : Rapprochement bancaire au 31 janvier préparé par l'ancien comptable.

Annexe E : Analyse des pièces justificatives.

Travail à faire

On vous demande de présenter :

a) Le rapprochement bancaire corrigé au 31 janvier 20X3.

b) L'écriture ou les écritures nécessaires pour ajuster les livres au 31 janvier.

c) L'état des résultats révisé pour janvier 20X3.

d) Le bilan révisé au 31 janvier 20X3.

e) Que pensez-vous du système comptable de Otoudébut ltée? Quelles améliorations lui apporteriez-vous?

8

Annexe A : Relevé bancaire de Otoudébut ltée

Banque X				Relevé de compte de Otoudébut ltée
		Pour la période se terminant le 4 février 20X3		
Augmentation	Diminution		Date (mois-jour)	Solde
			01-01	4 700
	600		01-07	
	100		01-08	4 000
300			01-10	
400			01-11	
600			01-15	
700			01-16	6 000
1 500			01-19	
300			01-21	7 800
	4 900		01-22	
	50		01-23	
	50		01-25	
			01-31	2 800
200			02-01	
	10	FB	02-03	
			02-04	2 990

FB : frais bancaires

Annexe B : Journaux comptables
Journal général

2 janvier

Loyer	600	
Caisse		600

Paiement du loyer pour les six premiers mois de 20X3.

3 janvier

Loyer	600	
Loyer à payer		600

Enregistrement du loyer à payer pour les six derniers mois de 20X3.

4 janvier

Petite caisse	100	
Caisse		100

Création d'une petite caisse au montant de 100 $.

5 janvier

Achats	5 000	
Fournisseurs		5 000

Achat de marchandises à crédit aux conditions 2/10, n/30.

15 janvier

Fournisseurs	4 900	
Caisse		4 900

Paiement du compte à payer, déduction faite de l'escompte de 2 %.

18 janvier

Salaires	200	
Caisse		200

Paiement des salaires pour la première moitié du mois de janvier 20X3 : quatre employés à 50 $ chacun.

8

Journal auxiliaire des ventes à crédit

Date	Facture n°	Clients Dt	Ventes Ct
7 janvier	1	1 200 $	1 200 $
9 janvier	2	800	800
13 janvier	4	700	700
17 janvier	8	2 500	2 500
24 janvier	10	1 600	1 600
		6 800 $	6 800 $

Journal auxiliaire des ventes au comptant

Date	Facture n°	Caisse Dt	Ventes Ct
10 janvier	3	400 $	400 $
14 janvier	5	600	600
15 janvier	6	700	700
20 janvier	9	300	300
30 janvier	11	200	200
		2 200 $	2 200 $

Journal auxiliaire des encaissements

Date	Caisse Dt	Clients Ct	Ventes Ct
9 janvier	300 $	300 $	
14 janvier	600		600 $
18 janvier	1 500	1 500	
20 janvier	300		300
	2 700 $	1 800 $	900 $

Annexe C

OTOUDÉBUT LTÉE
Balance de vérification
au 31 janvier 20X3

	Débit	Crédit
Caisse	3 800 $	
Petite caisse	100	
Clients	5 000	
Loyer à payer		600 $
Fournisseurs		100
Capital-actions		4 700
Ventes		9 900
Loyer	1 200	
Salaires	200	
Achats	5 000	
	15 300 $	15 300 $

Annexe D
Rapprochement bancaire de Otoudébut ltée au 31 janvier

Solde en banque	2 800 $
Plus : Dépôt en circulation	200
Moins : Chèques en circulation	(200)
Plus : Écart non expliqué	1 000
Solde aux livres	3 800 $

Annexe E : Analyse des pièces justificatives
À la suite d'un examen de toutes les pièces justificatives de OL, vous avez pu reconstituer toutes les opérations que OL a effectuées en janvier 20X3, soit :

Ventes :		
Facture n° 1	1 200 $	à crédit
Facture n° 2	800	à crédit
Facture n° 3	400	comptant
Facture n° 4	700	à crédit
Facture n° 5	600	comptant

8

Facture n° 6	700	comptant
Facture n° 7	1 000	à crédit
Facture n° 8	2 500	à crédit
Facture n° 9	300	comptant
Facture n° 10	1 600	à crédit
Facture n° 11	200	comptant
	10 000 $	

Charges :

Salaires	400 $ pour le mois de janvier.
Loyer	Bail d'un an pour 1 200 $ payables le 1er janvier et le 1er juillet 20X3 en deux versements égaux de 600 $.
Électricité	100 $ pour le mois de janvier.
Achats	5 000 $ en janvier (selon un dénombrement de l'inventaire, les stocks s'élèvent à 1 000 $ au 31 janvier).
Fournitures	Montant de 40 $ payé à même la petite caisse (donc le total de la petite caisse s'élève à 60 $ au 31 janvier).

P 11. La compréhension des sources d'information sur le rapprochement bancaire

(40 minutes – difficile)

Il griffonne, il pitonne, il bougonne, il calcule, il annule, il rature, il déchire et recommence avec impatience, car malgré toute sa science, rien ne fonctionne ; alors, il téléphone. Dring ! Dring !

– Prudent, Content, Jeune et Associés, bonjour !

– Bonjour ! Je désire parler à M. Prudent, s'il vous plaît, dites-lui que c'est M. Nappran qui le demande.

– Bien sûr, Monsieur, veuillez patienter un moment, s'il vous plaît.

– Allô, Jean ! Comment vas-tu ? Qu'est-ce que je peux faire pour ton bonheur ? As-tu reçu tes états financiers ?

– Oui, Manuel, je les ai justement sous les yeux. Je les ai reçus par le courrier il y a une heure à peine, et plus j'examine les chiffres moins je comprends. Je pense qu'il y a des erreurs !

– Allons, mon cher Jean ! J'ai moi-même vérifié le travail et je suis persuadé que les états financiers sont corrects. Bien entendu, s'il y a effectivement des erreurs, on corrigera le tout dans les plus brefs délais. Explique-moi ce qui se passe.

– En fait, plusieurs choses ne concordent pas. Premièrement, l'encaisse. Le solde au bilan du début est de 8 700 $. J'ajoute à ce solde le total des recettes provenant de tous les relevés bancaires de l'exercice qui est de 703 530 $. Enfin, je retranche le total de tous les déboursés provenant des mêmes relevés bancaires au montant total de 678 390 $. J'obtiens un solde final de 33 840 $. Ce montant de 33 840 $ ne correspond pas à l'encaisse au bilan de la fin de l'exercice. D'où as-tu donc sorti le montant de 11 100 $ qui figure au bilan ? Explique-moi cet écart de 22 740 $ entre ton chiffre et le mien. Cela ne correspond pas non plus au solde indiqué au relevé bancaire du 30 avril 20X3 qui est de 52 060 $. Deuxièmement, j'ai payé 8 000 $ de primes d'assurances et 14 000 $ de taxes cette année, c'est-à-dire 22 000 $ de frais que j'espérais employer pour réduire mes impôts à l'état des résultats. Je suis tout simplement abasourdi par les chiffres que ton équipe a mis dans mes états financiers ! J'espère bien, mon cher Manuel, que tu vas faire les changements nécessaires. Ah oui ! j'allais oublier, Mafalda, ma commis comptable, m'a signalé que vous avez oublié de lui préparer les écritures de réouverture pour le nouvel exercice ; elle aimerait bien que ce soit fait le plus tôt possible.

– Ouf ! J'ai eu un peu peur d'avoir à me pencher à nouveau sur ce dossier. Mais, mon cher Jean, je peux t'assurer que tes états financiers sont blancs comme neige. Et d'ailleurs, j'espère bien te le prouver ; alors si tu n'es pas pressé, je vais me faire un devoir de t'expliquer différentes choses qui n'ont rien à voir avec des erreurs...

8

Travail à faire

Mettez-vous à la place de Manuel Prudent, le comptable externe indépendant, et tenez pour acquis que le niveau de connaissances en comptabilité de M. Jean Nappran est celui d'un étudiant de première année en sciences comptables. Vous avez en main le dossier de ce client qui contient, entre autres, une copie des états financiers (voir l'annexe B) ainsi que les rapprochements bancaires de fin d'exercice datés des 30 avril 20X2 et 20X3 (voir l'annexe A).

a) Expliquez-lui au téléphone comment vous êtes arrivé au montant de l'encaisse de 20X3 ainsi que les raisons pour lesquelles il y a des différences entre vos résultats et les siens. De plus, dites-lui d'où proviennent tous les éléments qui doivent être introduits dans les calculs. Conciliez pour lui les soldes des deux bilans. Comme vous êtes diplomate, montrez-lui que son approche était valable.

b) Justifiez quantitativement et qualitativement les montants figurant aux postes Taxes et Assurances à l'état des résultats.

c) Préparez pour Mafalda les écritures de réouverture.

Annexe A : Rapprochements bancaires partiels

Conciliation bancaire partielle au 30 avril 20X2

Solde du relevé bancaire	26 920 $
Chèques en circulation	(33 720)
Dépôts en circulation	15 500
Solde réel de l'encaisse	8 700 $

Conciliation bancaire partielle au 30 avril 20X3

Solde du relevé bancaire	52 060 $
Chèques en circulation	(73 960)
Dépôts en circulation	33 000
Solde réel de l'encaisse	11 100 $

Note : il n'y a aucun autre élément de conciliation. Donc, le solde aux livres avant ajustement est égal au solde réel.

Annexe B : États financiers

INTRA INC.
Résultats et bénéfices non répartis
de l'exercice terminé le 30 avril

	20X3	20X2
Chiffre d'affaires net	706 900 $	802 700 $
Coût des marchandises vendues		
Stock du début	76 000	90 000
Achats nets	542 500	633 490
Transport	14 800	17 500
Stock à la fin	(60 000)	(76 000)
Coût des marchandises vendues	573 300	664 990
Marge bénéficiaire brute	133 600	137 710
Frais de vente		
Salaires	23 600	23 000
Publicité	4 000	2 500
Total des frais de vente	27 600	25 500
Frais d'administration		
Salaires	16 200	15 910
Chauffage, électricité	4 300	4 150
Téléphone et télégrammes	1 600	900
Créances douteuses	790	8 300
Amortissement	3 530	1 530
Assurances	3 500	3 300
Taxes	4 500	4 300
Total des frais d'administration	34 420	38 390
Bénéfice d'exploitation	71 580	73 820
Autres produits et charges		
Produits de loyer	26 400	13 200
Intérêts	(7 900)	(6 700)

	20X3	20X2
Bénéfice avant impôts	90 080	80 320
Impôts sur le bénéfice (environ 20 %)	(18 000)	(16 000)
Bénéfice net	72 080	64 320
Bénéfices non répartis au début de l'exercice	76 680	12 360
Bénéfices non répartis à la fin de l'exercice	148 760 $	76 680 $

INTRA INC.
Bilan
au 30 avril

	20X3	20X2
Actif		
Actif à court terme		
Encaisse	11 100 $	8 700 $
Clients	64 800	68 730
Provision pour créances douteuses	(790)	(9 700)
Loyers à recevoir	6 500	
Stock de marchandises	60 000	76 000
Frais payés d'avance **(Note 1)**	10 200	3 000
Fournitures de bureau	2 500	800
Total de l'actif à court terme	154 310	147 530
Immobilisations		
Terrain	27 000	27 000
Bâtiment	90 000	90 000
Amortissement cumulé	(16 200)	(14 400)
Équipements de bureau	17 300	17 300
Amortissement cumulé	(7 430)	(5 700)
Total des immobilisations	110 670	114 200
Total de l'actif	264 980 $	261 730 $
Passif et capitaux propres		
Passif à court terme		
Fournisseurs	32 400 $	58 320 $
Billet à payer	27 000	40 000
Intérêts à payer	5 820	6 430
Taxes à payer		7 500
Salaires à payer	2 000	5 800
Impôts à payer	3 000	12 000
Portion à court terme de la dette à long terme	6 000	9 000
Total du passif à court terme	76 220	139 050
Passif à long terme	30 000	36 000
Total du passif	106 220	175 050
Capitaux propres		
Capital-actions	10 000	10 000
Bénéfices non répartis	148 760	76 680
Total des capitaux propres	158 760	86 680
Total du passif et des capitaux propres	264 980 $	261 730 $

Note 1. Les frais payés d'avance se détaillent comme suit :

	20X3	20X2
Assurances	7 500 $	3 000 $
Taxes	2 000	
Publicité	700	
	10 200 $	3 000 $

P 12. Les placements en obligations

(25 minutes – moyen)

Le 1er janvier 20X4, Bonbec inc. a décidé d'investir à court terme sa trésorerie excédentaire dans des obligations d'épargne qu'elle désigne comme étant détenues à des fins de transaction. Voici un résumé des opérations de l'exercice terminé le 31 décembre 20X4 :

15 février	Achat de 100 obligations de Kancan ltée ayant chacune une valeur nominale de 1 000 $ et une juste valeur de 1 020 $. Les obligations viennent à échéance en décembre 20X9 et portent un intérêt de 10 % l'an payable semestriellement le 30 juin et le 31 décembre.
31 mai	Vente au prix de 99 plus les intérêts courus de la moitié des obligations achetées le 15 février.
30 juin	Encaissement des intérêts.

8

1ᵉʳ octobre	Achat de 200 obligations de Musico ltée, d'une valeur nominale de 500 $ chacune, échéant en janvier 20X9. Le prix payé est de 105 plus les intérêts courus. Les obligations portent un intérêt de 12 % l'an payable semestriellement le 1ᵉʳ juillet et le 1ᵉʳ janvier.
31 décembre	Encaissement des intérêts sur les obligations de Kancan ltée et régularisation des comptes. À cette date, la juste valeur des obligations de Kancan ltée est la même que celle qui avait cours le 31 mai dernier ; celle des obligations de Musico ltée est de 106.

Travail à faire

Passez les écritures requises pour comptabiliser les opérations indiquées ci-dessus dans les livres de Bonbec inc. Arrondissez tous vos calculs au dollar près.

P 13. Les placements en obligations

(5 minutes – facile)

En reprenant la donnée de l'exercice précédent, dressez un bilan partiel au 31 décembre 20X4 montrant les placements de la société.

P 14. Les placements en actions

(20 minutes – facile)

Le 31 décembre 20X8, le bilan de Gamelin ltée présente les informations suivantes au sujet des placements à court terme :

Ledoux ltée, 1 000 actions ordinaires	40 000 $
Asselin ltée, 6 000 actions ordinaires	60 000
Gilbert ltée, 2 000 actions ordinaires	55 000
Placements	155 000 $

Au cours de 20X9, Gamelin ltée a vendu les titres suivants :

18 janvier	Vente de 2 500 actions de Asselin ltée à 13 $ chacune.
1ᵉʳ juin	Vente de 500 actions de Gilbert ltee à 21 $ l'action.

Le 14 février, la société a reçu un dividende en actions de 10 % de Gilbert ltée au moment où la juste valeur de l'action était de 22 $. Le 30 juin, Asselin ltée a versé un dividende de 1 $ par action ordinaire.

Le 31 décembre 20X9, Gamelin ltée annonce qu'elle a l'intention de se départir de ces placements dans un avenir très proche. Les cours cotés de ces actions s'établissent ainsi au 31 décembre 20X9 :

Ledoux ltée	25 $
Asselin ltée	11
Gilbert ltée	22

Travail à faire

Préparez une analyse du compte Placements à court terme au 31 décembre 20X9.

8

Analyses de cas

C 1. L'interprétation du budget de caisse
(15 minutes – moyen)

Un actionnaire avide de dividendes vous attend dans votre bureau. Profitant de votre absence, il fouine dans vos papiers et découvre le budget de caisse des six prochains mois que vous venez de préparer. Le budget démontre un excédent important pour le sixième mois. À votre retour, l'actionnaire vous demande instamment de faire, à la prochaine réunion du conseil d'administration, une proposition de déclaration de dividendes payables dans six mois. Argumentez.

C 2. La gestion de la petite caisse
(15 minutes – facile)

La société Paparmane inc. possède deux divisions : l'une fabrique des jujubes et des bonbons à la réglisse, l'autre des pastilles au miel et à la menthe. Chacune d'elles a ses propres livres comptables et sa petite caisse pour régler les menues dépenses.

Petite caisse	
Division Jujubes	200 $
Division Pastilles	2 000

Le responsable de la petite caisse de la division des jujubes prépare tous les trois jours un rapport qu'il présente à son supérieur. Ce dernier lui fait un chèque afin de reconstituer la petite caisse. La même procédure est utilisée par la division des pastilles, mais tous les trois mois seulement.

Vous êtes expert-comptable indépendant. Que suggérez-vous aux gestionnaires de la société Paparmane ? Rédigez une note de service.

C 3. L'évaluation de certaines procédures relatives à la petite caisse et au rapprochement bancaire
(15 minutes – facile)

Vous êtes consultant en gestion pour une P.M.E., et votre rôle est d'évaluer l'ensemble du fonctionnement administratif de l'entreprise. Dans votre rapport, vous avez soulevé les trois points suivants :

- Le rapprochement bancaire n'est effectué qu'une fois par année à la fin de l'exercice.
- Le chèque de 300 $ pour constituer la petite caisse de 300 $ a été fait à l'ordre de Petite Caisse.
- La petite caisse est placée sur une étagère du bureau et chacun se rembourse les menues dépenses effectuées pour le compte de l'entreprise. Chaque vendredi, un employé qui dispose de quelques minutes fait le décompte et prépare le rapport de reconstitution.

Travail à faire

Que dit votre rapport sur chacun de ces trois éléments ?

C 4. Les explications sur le rapprochement bancaire
(20 minutes – moyen)

Jean Sérien est anxieux. Étudiant en première année d'université au baccalauréat en comptabilité, il n'arrive pas à comprendre les fondements et le fonctionnement du rapprochement bancaire. Les examens approchent et il vient vous voir en larmes en vous disant : « Je veux comprendre, je ne veux pas apprendre par cœur le fonctionnement du rapprochement bancaire comme le font la plupart des étudiants. »

Travail à faire

Malgré le fait que vous ayez beaucoup de travail, prenez quelques minutes pour le lui expliquer.

8

C 5. Les recommandations à formuler pour le contrôle interne de l'encaisse

(90 minutes – difficile)

Sorti récemment de l'école et plein d'ambition, vous avez mis sur pied un petit bureau de consultation. Voici l'objet des trois premières consultations qui vous sont soumises :

Problème n° 1 : La société Croteau ltée

Églantine Graton, commis de bureau chez Croteau ltée, est sur le point de prendre sa retraite. Engagée 40 ans plus tôt par Mme Croteau mère, son intégrité et sa fidélité n'ont jamais fait l'objet du moindre doute. C'est pourquoi au fil des années, la famille Croteau lui a confié des responsabilités de plus en plus grandes. Préoccupée par les problèmes que va causer son départ, étant donné la variété des tâches qu'elle assume, Églantine a préparé une description détaillée de ses tâches :

Premier commis

- Supervision d'une employée du bureau.
- Tenue des livres.
- Vérification des factures.
- Émission des chèques pour régler les factures, y compris la garde et l'utilisation d'un tampon encreur permettant d'apposer la signature de Hubert Croteau (le propriétaire actuel).
- À la fin de chaque journée, cueillette des recettes de toutes les caisses du magasin.
- Décompte des recettes quotidiennes.
- Cueillette des rubans des caisses enregistreuses.
- Comparaison du décompte et des rubans.
- Inscription au journal des encaissements.
- Dépôts à la banque.
- Établissement du rapprochement bancaire mensuel.
- Garde de la deuxième clé du coffre-fort (la première clé est entre les mains de M. Croteau, le propriétaire).

Vous savez également que l'autre employée de bureau travaille à temps partiel pour faire le calcul des paies hebdomadaires. Elle complète ses heures de travail en remplaçant les autres employés dans le magasin, notamment durant les pauses et l'heure du dîner. L'épouse de M. Croteau, pour sa part, occupe le poste de gérante des caissières. Elle n'est pas caissière et ne s'occupe que de superviser, tâche qu'elle exécute très bien d'ailleurs.

Quant à M. Croteau, il passe les commandes de marchandises et de fournitures et supervise étroitement tous les employés. Il envisage difficilement d'accroître son temps de travail au magasin, étant donné ses autres activités. Il vous consulte, car il n'a pas encore pris le temps de faire le point sur les conséquences du départ d'Églantine Graton.

Travail à faire

Brossez un tableau des différentes difficultés que devra envisager M. Croteau, et faites-lui quelques suggestions appropriées.

Problème n° 2 : La société Les ciments Saint-Fabien ltée

La société Les ciments Saint-Fabien ltée vous consulte afin d'évaluer son système de contrôle interne des achats. Pour ce faire, vous rencontrez un à un tous les employés et vous leur demandez de décrire leur tâche. Lorsque M. Bill Boleau, commis au journal des décaissements, vous décrit sa tâche, il fait alors une petite parenthèse pour vous mentionner qu'il travaille beaucoup, car il a en plus la charge de la petite caisse. Justement, il en a fait le décompte quelques minutes auparavant et prépare maintenant le dernier rapport de reconstitution. Très fier de son travail, il vous présente le document en question. Il s'agit d'une feuille de travail qui mentionne toutes les dépenses susceptibles d'être payées au moyen de la petite caisse. Ce document est en fait la structure d'un rapport avec plusieurs colonnes pour chaque date de reconstitution. Le document permet d'y inscrire 10 rapports de reconstitution, si bien que vous avez maintenant sous les yeux les 5 derniers rapports, en plus de celui d'aujourd'hui. Un coup d'œil averti vous a permis de déceler tout de suite quelques particularités que vous passez pour le moment sous silence. D'abord, les dates des rapports sont espacées de trois semaines, le solde initial de la petite caisse est de 2 000 $ et lors de chacune des reconstitutions, le décompte présentait près de 1 000 $ en main. Les rapports présentent les « déficits » ou « excédents » suivants :

4	juillet	:	Déficit de 5 $
24	juillet	:	Déficit de 8 $
13	août	:	Déficit de 3 $
1er	septembre	:	Déficit de 5 $
23	septembre	:	Déficit de 11 $

Vous remarquez également qu'il y a des avances de fonds faites à des employés. Par exemple, 100 $ le 24 juillet et le 13 août, et de nouveau 100 $ le 23 septembre. Discrètement, vous interrogez M. Boleau au sujet des déficits réguliers. Ce dernier vous répond : « Vous savez, il y a toujours quelques petites dépenses à rembourser, même si on ne m'apporte pas chaque fois la facture. »

Travail à faire

Dans une situation comme celle-là, devez-vous faire quelque chose ? Expliquez votre attitude.

Problème n° 3 : Le magasin Partoutencuir ltée

Le magasin Partoutencuir ltée a ouvert ses portes il y a six mois. Comme cette petite entreprise en est à ses débuts, elle fonctionne pour le moment selon la comptabilité de caisse. M. Jean Bière, le propriétaire, vous consulte car il ne connaît pas l'abc des procédés à mettre en place pour obtenir un bon contrôle interne. Voici un extrait des procédés actuels concernant les encaissements et les décaissements :

- Pierrette s'occupe de l'inventaire des fournitures de bureau et fait également à la banque des encaissements le dépôt de la journée, qu'elle prend dans le coffre-fort. Elle ne dépose pas toujours la totalité de la somme, car elle doit acheter régulièrement des fournitures pour maintenir cet inventaire. Lorsqu'elle dépose la recette quotidienne, elle retire donc au comptoir de la banque des sommes variant de 10 $ à 25 $.
- Paulette, pour sa part, prépare le rapprochement bancaire mensuel. Lorsqu'elle constate des écarts entre les dépôts figurant au journal des encaissements et ceux qui sont inscrits au relevé bancaire, elle met cette différence au débit du compte Fournitures dans l'écriture d'ajustement. C'est elle également qui fait le décompte des recettes quotidiennes et qui inscrit le tout dans le journal des encaissements.
- Quant à Paquerette, elle est responsable du journal des décaissements et de tout ce qui a trait au paiement des factures. Sa journée de travail se passe ainsi : le matin, elle ouvre le courrier et classe le tout en quatre piles :
  - les factures ;
  - les chèques des clients (les ventes à crédit sont rares dans cette entreprise) ;
  - les documents importants nécessitant l'attention de M. Bière ;
  - les éléments divers, par exemple : les feuillets publicitaires, les états de banque, les états de compte.

En début d'après-midi, Paquerette distribue les quatre piles. Elle garde la première, donne la seconde à Pierrette, place la troisième sur le bureau de M. Bière et, finalement, remet la dernière à Paulette. Le reste de l'après-midi, elle prépare les chèques pour payer les factures. Elle numérote les chèques à mesure qu'elle les inscrit au journal des décaissements. Vers 16 h, M. Bière, qui est aussi vendeur au magasin, vient au bureau pour signer les chèques. Il déteste ce travail administratif et s'arrange donc pour le faire le plus rapidement possible sans s'attarder à tout vérifier. Paulette ne conserve que les états de banque et jette le reste à la récupération. Le coffre-fort est ouvert le matin par M. Bière. Les recettes y sont déposées au fur et à mesure, afin de ne pas garder trop d'argent dans les caisses enregistreuses du magasin. Paulette est aussi réceptionniste, et lorsqu'il est nécessaire de payer des menues dépenses immédiatement, elle prend l'argent dans le coffre-fort.

Travail à faire

Il est évident pour M. Bière que tout fonctionne comme sur des roulettes. Toutefois, il vous laisse la liberté de faire des améliorations si ceci n'implique pas l'embauche de personnel supplémentaire. Préparez-lui un rapport sans trop de formalités sous forme de tableau en énumérant en parallèle les tâches actuelles, les problèmes potentiels et les solutions envisageables.

C 6. Un placement à court terme en actions (20 minutes – moyen)

À titre d'expert-comptable, vous avez obtenu le poste de contrôleur chez la société Survenant ltée. Le 2 septembre 20X5, la société a reçu un dividende en actions sur un de ses placements à court terme. La valeur du dividende s'élevait à 4 800 $. Au cours de l'exercice, la juste valeur du placement, désigné comme étant détenu à des fins de transaction, a augmenté de 6 200 $.

Au moment de préparer les états financiers de l'exercice terminé le 31 décembre 20X5, vous avez présenté ces deux opérations de la façon suivante :

SURVENANT LTÉE
Résultats partiels
de l'exercice terminé le 31 décembre 20X5

Produits financiers – Dividendes	4 800 $
Plus-value sur placements détenus à des fins de transaction	6 200

Ce matin, M. Survenant, propriétaire unique de la société, est venu vous rencontrer. Il se dit étonné de voir ces deux postes dans l'état des résultats, car il ne se souvient pas que sa société ait encaissé quelque montant que ce soit sur le placement en actions.

Travail à faire

Expliquez à M. Surprenant, en mots simples, pourquoi l'état des résultats doit contenir ces deux postes.

C 7. Un cas intégré (40 minutes – difficile)

Au cours de la préparation des états financiers de la société Amos inc. pour l'exercice terminé le 31 décembre 20X9, vous découvrez un nouveau compte intitulé Placements. Vous apprenez ainsi que Amos inc. a adopté une politique de placement au cours de l'exercice et que toutes les opérations afférentes aux activités de placement à court terme ont été inscrites à ce compte Placements. Une analyse approfondie vous permet de soulever les points suivants :

Date		Débit	Crédit
Actions ordinaires de Daragon ltée			
15 mars	Achat de 1 000 actions à 25 $ l'action.	25 000 $	
28 juin	Réception de 50 actions ordinaires (juste valeur de 8 $ l'action) de Junos inc. à titre de dividendes sur les actions de Daragon ltée.		
30 septembre	Vente des 50 actions de Junos inc. à 14 $ l'action.		700 $
Actions ordinaires et privilégiées de Béorf ltée			
15 mars	Achat de 600 blocs d'actions ordinaires et privilégiées à 50 $ l'unité. Chaque bloc consiste en deux actions ordinaires et une action privilégiée. Les justes valeurs unitaires s'élèvent respectivement à 20 $ et 10 $.	30 000	
30 avril	Vente de 300 actions privilégiées à 13 $.		3 900
Actions ordinaires de Perro ltée			
15 mars	Achat de 4 000 actions à 28 $ l'action.	112 000	
30 avril	Achat de 2 000 actions à 30 $ l'action.	60 000	
28 juin	Réception d'un dividende de 0,40 $ par action.		2 400

Travail à faire

Préparez un tableau comportant trois colonnes dans lesquelles vous inscrirez :

1. Les écritures de journal passées par Amos inc.
2. Les écritures de journal que Amos inc. aurait dû passer.
3. Les écritures de journal requises pour corriger les livres de Amos ltée.

Arrondissez vos calculs au dollar près.

Les créances

Remarque : les questions de révision, les exercices, les problèmes de compréhension et les analyses de cas précédés d'un astérisque (*) se rapportent au sujet traité en annexe dans le manuel.

Questions de révision

1. Quelles différences existe-t-il entre les expressions « créances irrécouvrables » et « créances douteuses » ?

2. Pourquoi les entreprises ne cessent-elles pas leurs ventes à crédit à un client dès qu'il y a probabilité de perte ?

3. De quelle façon doit-on comptabiliser le recouvrement d'un compte radié, lorsque l'entreprise utilise la méthode de l'imputation fondée sur la constitution d'une provision ?

4. Discutez de deux méthodes de comptabilisation des escomptes sur ventes accordés aux clients.

5. Quels sont les avantages de l'imputation des créances douteuses fondée sur la constitution d'une provision par rapport à l'imputation des seules créances irrécouvrables ?

6. Lors d'une opération de vente, quelles règles guident la détermination du montant à recevoir d'un client ?

7. Quels avantages les entreprises tirent-elles de l'octroi de financement à leurs clients ?

8. Pourquoi la radiation d'un compte client n'influe-t-elle pas sur la valeur de réalisation estimative du compte Clients lorsqu'il existe un compte Provision pour créances douteuses au grand livre général de l'entreprise ?

9. Quelles est la principale caractéristique des comptes clients ?

10. Certaines sociétés établissent le solde de la provision pour créances douteuses en fonction d'un pourcentage des ventes à crédit. Discutez des avantages et inconvénients de cette méthode d'estimation de la provision pour créances douteuses ainsi que de son mode d'application.

11. De quelle façon les comptes clients diffèrent-ils des billets à recevoir ?

12. Expliquez pourquoi un billet faisant mention d'un taux contractuel inférieur au taux d'intérêt effectif est émis à escompte.

*13. Lorsqu'une entreprise émet à prime un billet à recevoir qu'elle désigne comme étant détenu à des fins de transaction, quelles régularisations doit-elle faire au moment de préparer ses états financiers ?

14. Quelles sont les règles de comptabilisation à suivre lorsque l'entreprise acquiert un effet à recevoir dont la contrepartie n'est pas principalement monétaire ?

*15. Lorsqu'un billet à recevoir est escompté, quelle est la démarche à suivre ?

*16. Lorsque les créances sont titrisées, pourquoi le comptable doit-il examiner la substance économique de l'opération ?

17. À quel moment un prêteur doit-il constater une réduction de valeur sur un prêt douteux ?

18. Quelle particularité distingue les règles comptables relatives aux prêts douteux autres que les créances à court terme qui résultent de la vente de biens ou de services et celles afférentes aux autres créances ?

19. Sur quels critères un prêteur peut-il s'appuyer pour déterminer qu'un prêt est devenu douteux ?

20. Quels facteurs peuvent fournir des renseignements sur la solvabilité d'un emprunteur ?

21. Pourquoi un prêt totalement garanti ne fait-il jamais l'objet d'une moins-value ?

22. Définissez les expressions « placement inscrit au titre d'un prêt » et « taux d'intérêt effectif inhérent au prêt ».

23. Comment mesure-t-on la valeur de réalisation estimative d'un prêt douteux ?

24. De quelle façon les intentions de la direction influent-elles sur l'estimation des flux de trésorerie futurs relatifs à un prêt ?

25. Lorsqu'un prêt devient douteux, le prêteur doit-il continuer de constater des produits d'intérêts ? Si oui, comment doit-il calculer ces produits ?

26. Dans quelles situations un prêteur accepte-t-il de restructurer un prêt ?

27. Lorsque le prêteur saisit un bien donné en garantie d'un prêt, il peut avoir l'intention de le revendre ou de l'utiliser. Quelle différence une telle intention entraîne-t-elle sur la comptabilisation de la saisie du bien ?

Exercices

E 1. La comptabilisation de la provision pour créances douteuses

À la fin de chaque exercice, la société Durand ltée classe les comptes clients par ordre chronologique et redresse le solde du compte Provision pour créances douteuses. Le 31 décembre 20X3, Durand ltée estime qu'elle ne pourra recouvrer des comptes dont le solde total s'élève à 6 120 $.

Passez l'écriture nécessaire pour régulariser le compte Provision pour créances douteuses. Ce compte a un solde débiteur non régularisé de 240 $.

E 2. La détermination du montant des encaissements découlant des ventes

À partir des renseignements suivants, déterminez le total des encaissements pour l'exercice terminé le 31 mars 20X4.

Ventes au comptant	100 000 $
Ventes à crédit	140 000
Clients au 31 mars 20X3	24 000
Clients au 31 mars 20X4	20 600
Créances non provisionnées au début de l'exercice et radiées au cours de l'exercice	1 600

9

E 3. La valeur actualisée d'un billet

Sachant que le taux d'intérêt effectif est de 12 %, calculez la valeur actualisée d'un billet de 5 500 $ signé le 1er août 20X2. Ce billet fait mention d'un taux d'intérêt annuel de 6 % et vient à échéance le 1er août 20X3.

E 4. La comptabilisation d'opérations relatives aux créances

Le 1er janvier 20X3, le compte Provision pour créances douteuses de la société Petits Points ltée a un solde créditeur de 6 150 $. Cette société a effectué les opérations suivantes au cours de l'exercice :

12 février	Radiation du compte de 945 $ de Ronéo ltée.
5 avril	Radiation du compte de 825 $ de Charles Gagné.
12 avril	Recouvrement imprévu d'une somme de 240 $ de Robert Comeau dont le compte avait été radié deux ans plus tôt.
7 juillet	Recouvrement de 10 % du compte de 1 950 $ de Georges Houle et radiation du solde maintenant considéré comme irrécouvrable.
14 octobre	Recouvrement de 300 $ de Charles Gagné en règlement partiel de son compte radié le 5 avril.
27 décembre	Radiation des comptes suivants :

Robert Saucier 705 $

André Vachon 1 020

Houle et Kelly enr. 1 230

31 décembre	Accroissement du solde du compte Provision pour créances douteuses d'un montant égal à 0,5 % du solde du compte Clients existant à cette date. Le solde du compte Clients est de 1 284 000 $.

Après avoir régularisé le solde du compte Provision pour créances douteuses, la société a procédé à une analyse plus fine de la valeur de réalisation estimative des comptes clients. Elle a alors déterminé que le pourcentage de créances douteuses avait diminué au cours de l'exercice. Au 31 décembre 20X3, le solde du compte Provision pour créances douteuses devrait s'élever à 5 625 $.

31 décembre	Clôture du compte Créances douteuses.

Passez les écritures requises au journal général pour inscrire les opérations décrites ci-dessus et régulariser les livres de Petits Points ltée. La société a estimé, en classant les comptes par ordre chronologique, que la provision pour créances douteuses s'élèverait probablement à 5 625 $.

E 5. L'estimation des créances douteuses

Les livres comptables de la société Hélex ltée contiennent les renseignements suivants :

Ventes au comptant	1 800 000 $
Ventes à crédit	1 350 000
Clients au 1er janvier 20X4	270 000
Clients au 31 décembre 20X4	300 000
Effets à recevoir des administrateurs	85 000
Avances aux employés	18 000
Provision pour créances douteuses au 1er janvier 20X4 (crédit)	4 500
Créances douteuses	7 500

Hélex ltée envisage actuellement diverses solutions qui lui permettraient d'estimer les créances douteuses. À ce jour, elle a examiné attentivement les quatre solutions suivantes :

1. Estimer les créances douteuses à 0,60 % des ventes à crédit.
2. Estimer les créances douteuses à 0,25 % des ventes totales.

9

3. Estimer la provision pour créances douteuses à 4 % du solde des comptes clients à la fin et trouver le montant des créances douteuses par déduction.

4. Estimer la provision pour créances douteuses en procédant à une analyse chronologique des comptes clients et trouver le montant des créances douteuses par déduction. L'analyse chronologique des comptes clients a déjà été faite, et elle montre que :
- le solde du compte Clients doit, jusqu'à concurrence des trois quarts, être provisionné au taux de 3 % ;
- le solde restant doit être provisionné au taux de 8 %.

Pour chacune des solutions qu'envisage Hélex ltée, passez l'écriture de régularisation requise, sachant que les créances douteuses déjà comptabilisées résultent de la radiation de certains comptes.

E 6. La radiation des comptes clients

En examinant votre grand livre auxiliaire des comptes clients, vous découvrez que la société H. Hélie ltée vous doit 1 575 $ depuis 18 mois. Après avoir consulté le Service du crédit de votre société, vous décidez de radier ce compte. De quelle façon pouvez-vous comptabiliser cette opération ?

E 7. La détermination des ventes à crédit

À l'aide des renseignements suivants, déterminez le total des ventes à crédit pour l'exercice terminé le 31 décembre 20X5.

- Voici le solde de certains comptes au grand livre :

Ventes au comptant	100 000 $
Clients au 1er janvier 20X5, montant brut	15 000
Clients au 31 décembre 20X5, montant brut	16 000
Provision pour créances douteuses au 1er janvier 20X5	2 000
Provision pour créances douteuses au 31 décembre 20X5	1 600
Créances douteuses (débit)	1 000

- Les encaissements découlant des ventes à crédit s'élèvent à 150 000 $.
- Les créances radiées sont portées au débit du compte Provision pour créances douteuses.
- Toutes les écritures de régularisation requises au 31 décembre 20X5 ont déjà été faites.

E 8. Un billet acquis en échange de biens

Le 31 décembre 20X2, la société Bonsoin ltée vend, au prix de 60 000 $, un équipement d'occasion dont le coût d'origine et la valeur comptable s'élèvent respectivement à 100 000 $ et à 24 000 $. Les conditions du règlement de l'opération sont les suivantes :

- Versement initial de 20 000 $;
- Au cours des deux prochaines années, versement annuel de 20 000 $ payable le 31 décembre ;
- L'entente ne contient aucune mention d'un taux d'intérêt, même si le taux d'intérêt effectif inhérent au prêt est de 10 %.

Passez toutes les écritures de journal requises entre le 31 décembre 20X2 et le 31 décembre 20X4 pour comptabiliser cette opération en tenant pour acquis que Bonsoin ltée désigne le billet à recevoir comme étant détenu jusqu'à l'échéance.

*E 9. La comptabilisation de billets escomptés

Le 1er octobre 20X5, vous escomptez à votre banque, au taux de 10 %, les deux billets suivants, désignés comme étant détenus jusqu'à l'échéance :

1. Billet de 4 000 $ émis le 1er septembre 20X5, échéant dans 90 jours et portant un intérêt annuel calculé au taux de 9 % ;
2. Billet de 6 000 $ émis le 1er septembre 20X5, échéant dans six mois et portant un intérêt annuel calculé au taux de 11 %.

Préparez les écritures de journal requises au 1er octobre 20X5 en tenant pour acquis que la banque assumera tous les risques et avantages inhérents aux billets.

E 10. L'estimation des créances douteuses

Au 31 décembre 20X5, date de fin d'exercice de la société Raymond Lafond inc., le solde du compte Provision pour créances douteuses était créditeur de 2 125 $, le solde du compte Clients était débiteur de 116 250 $ et celui du compte Ventes était créditeur de 587 500 $.

Présentez l'écriture de régularisation qui convient dans chacune des situations suivantes :

a) Les créances douteuses sont estimées à 1 % des ventes.

b) La provision pour créances douteuses correspond à 3 % du solde à recevoir des clients.

*E 11. La comptabilisation des créances

Le 1er février 20X4, la société A. Gilbert ltée a adopté une nouvelle politique de recouvrement des comptes clients. Dorénavant, la société exigera que tous les clients dont les comptes sont en retard signent des billets portant intérêt. La société pourra ainsi obtenir de la trésorerie en escomptant ces billets à sa banque. La banque prélève un escompte de 10 %.

Les comptes du grand livre présentés ci-dessous indiquent les opérations portant sur les billets ainsi que les charges et produits d'intérêts au cours des mois de février et mars 20X4. L'exercice financier de la société se termine le 31 mars.

Billets à recevoir détenus jusqu'à l'échéance Compte n°

Date		Libellé	F°	Débit	Crédit	Solde
20X4						
6	février	C. K. Vennes, 30 jours	J2	600,00		600,00
24	"	R. V. Legendre, 70 jours	D1	1 500,00		2 100,00
11	mars	C. K. Vennes	J4		600,00	1 500,00
12	"	A. M. Charles, 90 jours	J6	3 000,00		4 500,00
18	"	B. E. Règle, 30 jours, 10 %	J7	900,00		5 400,00

Produits financiers – Intérêts sur billets détenus jusqu'à l'échéance Compte n°

Date		Libellé	F°	Débit	Crédit	Solde
20X4						
8	mars	R. V. Legendre	R1		4,93	4,93
11	"	C. K. Vennes	J4		5,42	10,35
20	"	B. E. Règle	J8		0,49	10,84
31	"	Régularisation	J10		15,62	26,46

Billets à recevoir escomptés Compte n°

Date		Libellé	F°	Débit	Crédit	Solde
20X4						
8	mars	R. V. Legendre	R1		1 500,00	1 500,00
20	"	B. E. Règle	R1		900,00	2 400,00

Intérêts débiteurs sur billets détenus jusqu'à l'échéance Compte n°

Date		Libellé	F°	Débit	Crédit	Solde
20X4						
8	mars	R. V. Legendre	R1	0,45		0,45
20	"	B. E. Règle	R1	0,05		0,50
31	"	Régularisation	J10	23,58		24,08

9

a) Présentez toutes les écritures de journal faites par A. Gilbert ltée pour enregistrer les données contenues dans les comptes du grand livre. Sauf indication contraire, supposez que tous les billets portent intérêt au taux annuel de 10 %.

b) Présentez les extraits pertinents du bilan au 31 mars 20X4.

E 12. La comptabilisation des comptes clients

Selon l'expérience passée, la provision pour créances douteuses de la société Grosous inc. représente 2 % des ventes à crédit. Au 31 décembre 20X1, la provision pour créances douteuses s'élevait à 8 450 $. Voici un résumé des opérations du mois de janvier 20X2 :

1. M. Jean Népas, dont le compte a été radié, rembourse 200 $.
2. Après analyse, Grosous inc. décide de radier 2 698 $ de comptes reconnus irrécouvrables.
3. Mᵐᵉ Elvire Aucoin rembourse 100 $. Son compte a déjà fait l'objet d'une radiation.
4. Grosous inc. apprend que M. Jean Peuplus a déclaré faillite. La société reçoit un chèque de 164 $ en paiement final d'un solde à recevoir de 1 144 $. Ce compte n'avait pas été radié auparavant.
5. Mᵐᵉ Aucoin avise la société que sa situation financière s'est améliorée, et qu'elle sera en mesure de régler le solde de son compte s'élevant à 476 $ au cours des prochaines semaines.
6. Les ventes à crédit du mois de janvier 20X2 se sont élevées à 496 000 $.

Passez toutes les écritures de journal nécessaires pour le mois de janvier 20X2 et établissez le solde de la provision pour créances douteuses au 31 janvier 20X2.

E 13. La radiation des créances

La société Marso inc., en exploitation depuis trois ans, désire emprunter une somme d'argent importante auprès de sa banque. Cette dernière exige au préalable une vérification des états financiers des trois derniers exercices. C'est alors que Marso inc. fait appel à vos services. Au cours de votre vérification, vous découvrez que Marso inc. radie les créances lorsque tout indique qu'elles ne pourront pas être recouvrées. Ces créances sont alors imputées à titre de charges au cours de l'exercice où elles sont radiées. Vous découvrez en fait que les pertes relatives aux créances douteuses s'élèvent à environ 2 % du chiffre d'affaires. Voici le chiffre d'affaires et les radiations de comptes clients depuis le début de l'exploitation de l'entreprise.

Année des ventes	Chiffre d'affaires	Valeur comptable des comptes radiés en		
		20X5	20X6	20X7
20X5	600 000 $	3 000 $	8 000 $	800 $
20X6	800 000		4 000	9 600
20X7	1 000 000			10 000

Établissez le montant de la sous-évaluation ou de la surévaluation du bénéfice de chacun des exercices en considérant que Marso inc. utilise la méthode de la radiation directe des créances irrécouvrables au lieu de la méthode d'imputation fondée sur la constitution d'une provision. Passez ensuite l'écriture de régularisation requise au 31 décembre 20X7 en supposant que l'entreprise ait décidé d'utiliser la méthode d'imputation fondée sur la constitution d'une provision.

*E 14. La titrisation de créances

Le 31 décembre 20X1, Van-ut ltée a titrisé ses comptes clients d'une valeur comptable de 80 000 $ pour une contrepartie de 76 500 $. Elle a reçu 56 500 $ comptant, et elle assume une obligation de garantie estimée à 3 000 $. Le cessionnaire versera le solde final de 20 000 $ au règlement final des comptes titrisés.

Passez toutes les écritures de journal requises dans les livres de Van-ut ltée.

*E 15. Les créances utilisées aux fins de financement

La société Comptoir des aubaines ltée (CAL), a besoin de trésorerie supplémentaire et décide d'utiliser ses créances aux fins de financement.

Le 1er juillet 20X5, CAL emprunte 200 000 $ de Finance ltée en donnant ses comptes clients en garantie. CAL paiera un taux d'intérêt de 8 % l'an sur cet emprunt remboursable le 1er juillet 20X6.

Le 1er décembre 20X5, CAL vend à Aubin ltée des comptes clients dont la valeur comptable est de 300 000 $. Cette vente permet à CAL d'encaisser 260 000 $. Aubin ltée possède toutes les caractéristiques pour en faire une structure d'accueil admissible, telle qu'elle est définie dans la *NOC-12* du *Manuel de l'I.C.C.A.*

Le 31 décembre 20X5, CAL contracte un emprunt de 100 000 $ pour lequel elle a consenti une hypothèque mobilière de 120 000 $ sur ses comptes clients. CAL commencera à rembourser cet emprunt le 30 janvier 20X6.

Préparez un tableau montrant l'incidence des opérations précédentes sur le bénéfice de Comptoir des aubaines ltée pour l'exercice terminé le 31 décembre 20X5.

E 16. La présentation de certaines créances

Le bilan de la société Mémo ltée présente un solde de 1 281 000 $ au poste Clients. Après avoir fait quelques recherches, vous découvrez que ce poste se compose des éléments suivants :

Comptes de clients ayant un solde débiteur	1 140 000 $	
Comptes de clients ayant un solde créditeur	(90 000)	1 050 000 $
Fonds avancés au directeur général		60 000
Actions souscrites mais non payées		60 000
Avances de voyage aux vendeurs		6 000
Marchandises en consignation (36 000 $ au coût)		45 000
Avances à une filiale		60 000
		1 281 000 $

Indiquez le mode de présentation au bilan qui convient à l'égard de chacun des éléments présentés ci-dessous.

La comptabilisation des comptes clients et des billets à recevoir

Passez les écritures au journal général d'Austral ltée pour inscrire les opérations suivantes, sachant que l'entreprise désigne tous ses billets comme étant détenus jusqu'à l'échéance. Arrondissez tous vos calculs au dollar près.

Année 20X0

10 décembre	Règlement du compte de René Bienvenue. Ce client remet un chèque de 200 $ ainsi qu'un billet de 1 600 $ échéant dans 60 jours et portant intérêt à 12 %.
31 décembre	Écritures de régularisation pour comptabiliser les intérêts courus et pour que le solde du compte Provision pour créances douteuses représente 1 % des ventes à crédit de l'exercice qui s'élèvent à 550 000 $. Le solde du compte Provision pour créances douteuses est, avant régularisation, débiteur de 80 $.

Année 20X1

11 février	Encaissement complet du billet de René Bienvenue.
31 mars	Radiation de 2 500 $ de comptes devenus définitivement irrécouvrables.
2 juin	Recouvrement d'une somme de 150 $ radiée antérieurement.
4 août	Règlement du compte de Paul Lemay. Ce client remet à cette fin un billet de 1 000 $, échéant dans 90 jours et portant intérêt au taux annuel de 12 %. Le client a daté son billet du 1er août.
30 septembre	Radiation de 2 800 $ de comptes devenus définitivement irrécouvrables.
2 novembre	Radiation du solde du compte relatif au billet de Paul Lemay, faute d'avoir eu de ses nouvelles.
21 décembre	Encaissement complet du billet de M. Paul Lemay. L'intérêt supplémentaire qu'il a dû verser à cause du délai de règlement du billet a été calculé au taux annuel de 10 %.

9

31 décembre   Écriture de régularisation pour comptabiliser les créances douteuses, sachant que Austral ltée a révisé sa politique d'estimation de telles créances. Doré-navant, une analyse chronologique servira à estimer la provision pour créances douteuses. Voici le classement par ordre chronologique des comptes clients à ce jour.

	Solde des comptes clients	Pourcentage des pertes probables
Comptes courants	50 000 $	1 %
Comptes en souffrance		
Moins de 30 jours	24 000	5
De 30 à 60 jours	8 000	20
De 61 à 90 jours	4 000	50
Plus de 90 jours	1 000	80

E 18. Vrai ou faux

Dites si chacun des énoncés suivants est vrai ou faux.
a) Un prêteur doit radier un prêt uniquement lorsqu'il obtient une confirmation que la solvabilité de l'emprunteur s'est détériorée.
b) La taxe de vente du Québec qu'une entreprise paie sur ses intrants peut être recouvrée.
c) Une entité qui conclut la cession de ses créances en conservant le contrôle des créances cédées réalise en substance une opération d'emprunt.
d) Les augmentations subséquentes de la juste valeur des prêts douteux sont toujours constatées dès qu'elles surviennent.

E 19. La comptabilisation de ventes à crédit

Pour chacune des opérations suivantes, passez les écritures de journal nécessaires.
a) La société Destin ltée a vendu une balançoire à M. Drolet. Le prix de vente suggéré par le fabricant est de 299 $, mais Destin ltée a consenti une réduction de 40 $ à M. Drolet. De plus, Destin ltée accorde à tous ses clients un escompte sur ventes correspondant à 2 % du montant de la vente avant taxes ; puisqu'elle sait que M. Drolet profite toujours de cet escompte, elle inscrit le montant net au compte Clients dans ses livres comptables. Les taxes fédérale et provinciale s'appliquent à cette vente.
b) Les mêmes conditions que celles décrites en a), à l'exception du fait que M. Drolet a pu bénéficier de la réduction de 40 $ car il détenait un coupon-rabais du fabricant. Notez que l'escompte sur ventes ne s'applique pas au montant du coupon-rabais.
c) Le 1er juin 20X5, Mon Chémoi ltée a émis des coupons-rabais et a estimé que les clients profiteront de ces coupons pour une valeur de 8 000 $. Le 3 juin, Mme Labbé achète pour 600 $ de marchandises, avant taxes, et utilise des coupons-rabais d'une valeur de 125 $.

E 20. Le calcul du taux d'intérêt effectif inhérent à un prêt

Voici les conditions d'un prêt consenti à Pic nic ltée par Gran tère ltée :

Valeur du prêt consenti	25 000 $
Échéance du prêt	3 ans
Taux contractuel, correspondant au taux du marché (les intérêts sont payables chaque année)	12 %
Frais engagés pour déterminer la cote de crédit de Pic nic ltée	600 $

Calculez le taux d'intérêt réel inhérent au prêt.

9

Problèmes de compréhension

P 1. L'ajustement des comptes relatifs aux créances   (15 minutes – facile)

Au cours de l'exercice terminé le 31 mars 20X7, la société Radin inc. a enregistré plusieurs opérations relatives au compte Clients. Votre travail vous a permis de recueillir les renseignements suivants.

1. À la suite d'une analyse des comptes clients au 31 mars 20X7, le Service de crédit estime qu'il y a lieu de radier le solde des comptes de Albert ltée et de Leblanc ltée. Ces soldes s'élèvent respectivement à 400 $ et 1 800 $.
2. Au cours de l'exercice, Radin inc. a radié de ses livres pour 1 000 $ de comptes clients pour lesquels elle était presque assurée de ne rien encaisser. À cette fin, la société a porté un montant de 1 000 $ tant au débit du compte Créances douteuses qu'au crédit du compte Provision pour créances douteuses.
3. Un montant de 500 $ a été recouvré d'un client dont le compte avait déjà été radié directement en charges. L'encaissement du montant de 500 $ a été enregistré de la façon suivante :

Caisse	500	
Clients		500

4. Le solde du compte Provision pour créances douteuses doit correspondre à 5 % du solde du compte Clients devant figurer au bilan du 31 mars 20X7.
5. Le compte Provision pour créances douteuses avait un solde créditeur de 3 000 $ au 31 mars 20X6 et seule l'opération indiquée en 2. ci-dessus a modifié le solde de ce compte. Au 31 mars 20X7, le solde du compte Clients avant régularisation est de 30 000 $.

Travail à faire

Passez les écritures de correction et de régularisation des comptes au 31 mars 20X7.

P 2. L'estimation et la comptabilisation des créances douteuses   (20 minutes – facile)

La société Joyeuses Soirées ltée vend des articles de fantaisie à des clients dans 11 villes différentes. Elle demande à ses clients de payer leur compte dès qu'ils reçoivent la facture.

La société détermine sa provision pour créances douteuses au 31 décembre en classant par ordre chronologique les comptes clients et en appliquant les pourcentages énumérés dans le tableau ci-dessous :

Délais	Pourcentage de perte probable
30 jours et moins	0,5 %
De 31 à 60 jours	5,0
De 61 à 90 jours	10,0
De 91 à 120 jours	25,0
De 121 à 180 jours	50,0
Plus de 180 jours	75,0

Autres renseignements

Au 31 décembre, le grand livre auxiliaire des comptes clients comprenait 10 comptes dont les versements ont été effectués en retard. Outre ces 10 comptes en souffrance, présentés aux pages suivantes, on avait ouvert à d'autres clients des comptes totalisant 145 000 $ et provenant de ventes faites entre le 3 et le 31 décembre.

9

Grand livre auxiliaire des comptes clients

Jean Viens
Compte n°

Date		Libellé	F°	Débit	Crédit	Solde
6	janvier		V 10	1 335		1 335
4	février		V 12	270		1 605
16	"		E 14		1 335	270
8	mars		E 17		270	θ
6	juillet		V 24	964		964
2	août		E 30		364	600
1er	septembre		V 29	150		750
10	"		E 32		300	450

Pierre Laroche
Compte n°

Date		Libellé	F°	Débit	Crédit	Solde
6	avril		V 17	543		543
8	"		V 17	291		834
10	mai		E 22		300	534
12	"	Retours sur ventes du 6 avril	J 8		39	495
3	juin		V 22	327		822
6	juillet		E 27		495	327
4	août		V 27	696		1 023
18	novembre		E 37		327	696

Jo Laterreur
Compte n°

Date		Libellé	F°	Débit	Crédit	Solde
24	novembre		V 37	1 521		1 521
26	"		V 37	1 629		3 150
29	"		V 37	1 415		4 565
6	décembre		E 40		1 629	2 936
11	"		V 38	969		3 905
14	"		V 38	1 989		5 894
21	"		E 40		1 415	4 479
29	"		V 38	627		5 106

Adélaïde Richard
Compte n°

Date		Libellé	F°	Débit	Crédit	Solde
5	juillet		V 24	1 476		1 476
27	"		E 27		600	876
6	août		V 27	477		1 353
18	"		E 30		450	903
8	septembre		V 29	430		1 333
15	"		E 32		276	1 057
8	octobre		V 32	1 596		2 653
14	"		E 34		150	2 503
18	novembre		V 34	696		3 199
1er	décembre		E 40		477	2 722
10	"		V 38	1 671		4 393
14	"		V 38	618		5 011
15	"		E 40		1 596	3 415
26	"		V 38	1 341		4 756
31	"		E 40		618	4 138

9

Guillaume Legrand   Compte n°

Date		Libellé	F°	Débit	Crédit	Solde
8	octobre		V 32	1 265		1 265
11	"		V 32	291		1 556
17	"	Retours sur ventes du 8 octobre	J 12		46	1 510
1er	novembre		E 37		1 219	291
13	"		V 34	395		686
8	décembre		V 38	1 072		1 758

Grégoire Le Chantre   Compte n°

Date		Libellé	F°	Débit	Crédit	Solde
3	février		V 12	1 218		1 218
1er	mars		E 17		1 218	θ
7	juillet		V 24	631		631
16	"	Note de crédit	J 6		481	150
1er	septembre		V 27	951		1 101
10	"		E 30		150	951

Josée Labelle   Compte n°

Date		Libellé	F°	Débit	Crédit	Solde
11	août		V 27	543		543
26	"		E 30		543	θ
26	octobre		V 32	1 089		1 089
8	novembre		V 34	695		1 784
6	décembre		E 40		600	1 184
23	"		V 38	327		1 511

Philippe Marant   Compte n°

Date		Libellé	F°	Débit	Crédit	Solde
8	décembre		V 38	256		256
16	"		V 38	561		817
21	"		E 40		256	561

Jeanne Personne   Compte n°

Date		Libellé	F°	Débit	Crédit	Solde
10	avril		V 17	969		969
26	"	Retours	J 3		211	758
30	"		V 17	429		1 187
3	mai		E 22		751	436
3	"	Régularisation	J 3		7	429
6	juin		V 22	1 292		1 721
10	"		E 25		429	1 292
8	juillet		V 24	646		1 938
10	"		V 26	693		2 631
17	"		E 27		1 292	1 339

9

	Date	Libellé	F°	Débit	Crédit	Solde
1er	janvier	Solde initial				1 339
2	août		E 30		693	646
8	septembre		V 29	392		1 038
4	octobre		V 32	1 261		2 299
2	novembre		V 34	177		2 476
10	"		E 37		1 261	1 215
3	décembre		E 40		177	1 038
26	"		V 38	309		1 347

Maurice Pétard — *Compte n°*

Travail à faire

En supposant que le compte Provision pour créances douteuses ait un solde créditeur de 910 $ avant régularisation, passez l'écriture de journal requise pour régulariser ce compte au 31 décembre.

P 3. La facturation cyclique

(25 minutes – moyen)

La société Gaz-sécurité inc. alimente en gaz naturel une ville d'importance moyenne. La société recouvre les comptes des clients grâce à la méthode de la facturation cyclique. Tous les clients reçoivent une facture mensuelle, sauf si les contrôleurs n'ont pas pu avoir accès au compteur à gaz au cours du mois.

Les chiffres que fournit la société pour différents cycles de facturation terminés en mai 20X8 sont les suivants :

Cycle	Période de facturation (les dates s'entendent inclusivement)	Compteurs vérifiés Nombre	Compteurs vérifiés Montant	Nombre de compteurs non vérifiés
1	5 avril – 4 mai	3 440	25 800 $	78
2	11 avril – 10 mai	3 170	22 190	104
3	17 avril – 16 mai	3 230	25 840	92
4	23 avril – 22 mai	3 840	29 760	148
5	29 avril – 28 mai	3 280	23 780	103

Tous les clients ont reçu leur facture pour les périodes de facturation précédentes. On a constaté que, d'une manière générale, les clients dont les compteurs n'ont pas pu être vérifiés consomment en moyenne la même quantité de gaz que les autres clients faisant partie du même cycle. La consommation quotidienne des clients ne varie pas en moyenne d'un mois à l'autre.

Travail à faire

a) Calculez les produits de la société non facturés au 31 mai 20X8 pour les cycles 2 et 4 seulement.

b) Mentionnez les avantages de la méthode de facturation cyclique pour une société de ce genre.

P 4. L'ajustement des comptes relatifs aux créances

(20 minutes – moyen)

Vous avez été nommé vérificateur de l'entreprise Potelé ltée pour l'exercice terminé le 31 juillet 20X5. Le responsable du Service de crédit vous communique les renseignements suivants :

9

1.

Client	Solde du compte au 31 juillet 20X5	Ancienneté du solde	Ventes au client au cours de l'exercice
A	52 000 $	32 jours	480 000 $
B	36 000	8 jours	430 000
E	48 000	7 jours	555 000
H	50 000	2 jours	904 000
I	6 000	120 jours	63 000
K	220 000	55 jours	3 243 000
	412 000 $		5 675 000 $

2. Au grand livre, le solde du compte contrôle Clients s'élève à 410 000 $. La différence de 2 000 $ avec le grand livre auxiliaire n'a pas été jugée assez importante pour justifier une analyse approfondie. Le comptable a donc augmenté le compte Clients en portant le crédit correspondant au compte Ventes.

3.

	Au 31 juillet 20X4	Au 31 juillet 20X5
Provision pour créances douteuses	10 300 $	10 300 $
Provision pour ristournes	8 000	θ
Ventes	5 434 600	

4. Toutes les ventes et tous les achats sont faits à crédit aux conditions de règlement 2/10, n/30. On accorde aux clients une ristourne en argent de 3 % sur les achats excédant 500 000 $. Tous les clients admissibles profitent des ristournes. Les ristournes ne sont payées qu'une fois par année, soit au mois d'août.

5. Créances radiées au cours de l'exercice :

Client C	5 100 $
Client L	7 300

Potelé ltée a débité le compte Ventes et crédité le compte Clients. Ces comptes n'avaient pas été provisionnés. Par la suite, Potelé ltée a récupéré 2 000 $ sur le compte du client C et a passé l'écriture suivante :

Caisse	2 000	
Clients		2 000

6. Le solde de la provision pour créances douteuses est toujours établi comme suit : tous les comptes de 120 jours et plus sont provisionnés à 100 % et une provision de 1 % est prévue pour les comptes de moins de 120 jours.

Travail à faire

a) Passez les écritures de correction requises au 31 juillet 20X5.
b) Passez les écritures de régularisation requises au 31 juillet 20X5.

P 5. Une estimation commentée des créances douteuses et des créances irrécouvrables

(20 minutes – facile)

Campus-musique est un magasin de disques situé près d'une grande université. Elsé Clate, propriétaire actuelle, a ouvert le magasin le 1er juillet 20X4. L'exercice financier se termine le 30 juin. Depuis l'ouverture, les ventes ont continuellement augmenté. Les clients étant en majorité des étudiants dont les rentrées de fonds sont irrégulières, la propriétaire leur offre la possibilité d'acheter des disques à crédit. Les créances irrécouvrables ont augmenté continuellement, mais il ne semble pas qu'une politique de perception plus sévère soit pratique à cause de la mobilité de la clientèle et des montants relativement faibles de chaque compte client. Les créances ont été radiées et imputées en charges au moment où on a déterminé qu'elles étaient devenues irrécouvrables.

9

Les ventes à crédit et les créances radiées ont été les suivantes au cours des cinq derniers exercices :

Exercice	Ventes à crédit	Créances radiées
20X4-20X5	72 000 $	720 $
20X5-20X6	96 000	2 580
20X6-20X7	132 000	1 440
20X7-20X8	192 000	5 100
20X8-20X9	240 000	12 000

Elsé Clate n'a pas fait d'études en comptabilité, et elle n'arrive pas à comprendre pourquoi les créances irrécouvrables ont tant augmenté au cours du dernier exercice par rapport aux ventes. Même si elle pense devoir se montrer plus sévère à l'avenir dans sa politique de crédit, elle vous demande votre avis.

Une analyse des créances radiées, classées selon l'exercice de la vente, révèle les faits suivants :

20X4-20X5	2 280 $
20X5-20X6	2 880
20X6-20X7	3 720
20X7-20X8	5 940
20X8-20X9	7 020

Travail à faire

a) Indiquez si, sur le plan de la bonne pratique comptable, Campus-musique a raison d'utiliser l'imputation directe pour la comptabilisation des créances irrécouvrables. Expliquez votre réponse.

b) Préparez un tableau comparatif montrant les mauvaises créances en pourcentage des ventes à crédit selon les deux méthodes suivantes :
   i) La méthode suivie à ce jour par le magasin.
   ii) La méthode basée sur la constitution d'une provision pour créances douteuses.
   Arrondissez tous vos calculs au dixième près.

c) Indiquez laquelle des deux séries de pourcentages des ventes annuelles à crédit déterminées en b) serait utile à l'entreprise en vue de l'établissement de la provision pour créances douteuses.

P 6. La comptabilisation des comptes clients et des billets à recevoir

(20 minutes – moyen)

Mme Lecompte, comptable de la société Jaima inc., vous demande de vérifier si la provision pour créances douteuses est suffisante et, par la même occasion, de calculer l'intérêt à recevoir au 31 décembre 20X0. Elle vous présente la liste suivante des soldes au 31 décembre 20X0 relatifs aux comptes clients.

Date de la vente ou du dernier paiement	Nom du client	Explications	Débit	Crédit
23 décembre	C.S. Mordu		10 000 $	
12 décembre	B. Lavie		2 000	
30 novembre	G. Fin	Billet, 10 %.	12 000	
30 novembre	N. Bergeron		3 000	
21 novembre	P. Groseille	Paiement en trop.		2 000 $
15 décembre	R. Plante	Paie lentement ; fait des versements de 10 $ par mois ; provision de 50 % nécessaire.	3 000	
1er novembre	T. Bonn	Avance sur marchandises à livrer le 31 janvier 20X1.		5 000
14 novembre	J. Volage	Impossible à retracer ; provision de 100 % nécessaire.	1 000	

9

1er novembre	M. Mason	Mis en faillite le 27 novembre 20X0.	8 000	
31 mai	A. Plumé	Billet, 6 % ; paie selon les échéances prévues.	8 000	
30 avril	D. Lambin	Billet, 6 % ; aucun paiement reçu à ce jour ; provision de 50 % nécessaire.	5 000	
			52 000 $	7 000 $

Autres renseignements

- Les soldes au grand livre des comptes Provision pour créances douteuses et Intérêts courus à recevoir sur billets détenus jusqu'à l'échéance sont respectivement de 5 000 $ et de 0 $.
- Les intérêts et les versements sur le principal relatifs aux billets à recevoir sont dus tous les six mois après la date de la vente. Au moment de l'encaissement des intérêts, Jaima inc. crédite le compte Produits financiers – Intérêts sur billets détenus jusqu'à l'échéance. Les taux d'intérêt varient en fonction de la cote de crédit du client.

Travail à faire

Corrigez et régularisez les livres de Jaima inc. au 31 décembre 20X0 afin que la société puisse présenter ses états financiers selon les principes comptables généralement reconnus (P.C.G.R.).

P 7. La comptabilisation des prêts douteux autres que les créances à court terme qui résultent de la vente de biens ou de services   (10 minutes – facile)

Reprenez les renseignements du problème précédent et régularisez les comptes relatifs aux billets à recevoir, en tenant pour acquis que ces billets ne résultent pas de la vente de biens ou de services.

P 8. Les billets acquis en échange d'un bien et ne comportant aucune mention quant à l'intérêt   (10 minutes – moyen)

Le 1er janvier 20X8, la société Marchand ltée a vendu à Dupré ltée un terrain dont le coût d'origine est de 600 000 $. Elle a reçu en échange un billet de 900 000 $ ne portant pas intérêt, encaissable en six versements annuels égaux de 150 000 $. Le premier versement dont l'échéance était le 1er janvier 20X8 a été encaissé comme prévu. Marchand ltée est incapable de déterminer la juste valeur du terrain et du billet. Elle sait seulement que le taux d'intérêt effectif du billet est de 12 %. La société désigne ce billet comme étant détenu jusqu'à l'échéance.

Travail à faire

a) Préparez une analyse des opérations relatives au billet à recevoir jusqu'au 31 décembre 20X9.
b) Préparez un tableau montrant le bénéfice avant impôts de Marchand ltée pour les exercices terminés le 31 décembre 20X8 et le 31 décembre 20X9.

P 9. Des prêts douteux garantis   (10 minutes – facile)

La société Dumouron ltée détient plusieurs prêts dont l'un a une valeur comptable de 10 600 $. Le 28 février 20X2, la direction estime que la valeur actualisée des recouvrements réalistes attendus est de 8 400 $, même s'il est encore possible de récupérer la totalité des flux de trésorerie initialement attendus. Le taux d'intérêt effectif de ce prêt désigné comme étant détenu jusqu'à l'échéance est de 9 %.

9

Travail à faire

Passez les écritures de journal requises pour chacune des situations suivantes, indépendantes les unes des autres :

a) Le prêt n'est pas garanti.

b) Le prêt est garanti par un équipement dont la juste valeur, diminuée des frais de vente de 800 $, s'élève à 11 000 $. Si Dumouron ltée décidait de saisir l'équipement, elle l'utiliserait à ses propres fins.

c) Le prêt est garanti par un équipement dont la juste valeur, diminuée des frais de vente de 500 $, s'élève à 8 000 $. Si Dumouron ltée décidait de saisir l'équipement, ce qu'elle n'a pas l'intention de faire, elle l'utiliserait à ses propres fins.

d) Le prêt est garanti par un équipement dont la juste valeur, diminuée des frais de vente de 700 $, s'élève à 9 000 $. Si Dumouron ltée décidait de saisir l'équipement, ce qu'elle n'a pas l'intention de faire, elle le revendrait.

e) Le prêt est garanti par un équipement dont la juste valeur, diminuée des frais de vente de 700 $, s'élève à 9 000 $. Si Dumouron ltée décidait de saisir l'équipement, ce qu'elle n'a pas l'intention de faire, elle l'utiliserait à ses propres fins.

P 10. *L'estimation des créances douteuses selon deux méthodes différentes* (30 minutes – moyen)

La société Les Belles Armoires ltée vend en gros et au détail plusieurs modèles d'armoires. Pour chaque type de ventes, elle utilise des comptes Clients et Provision pour créances douteuses. Au 1er janvier 20X3, le solde du compte Clients – Ventes au détail s'élevait à 836 000 $.

Le comptable a consigné dans le tableau suivant certains renseignements relatifs aux trois exercices antérieurs :

	Ventes à crédit	Comptes radiés	Comptes radiés recouvrés
20X0	4 440 000 $	104 000 $	8 600 $
20X1	4 900 000	118 000	15 000
20X2	5 860 000	120 000	14 400
	15 200 000 $	342 000 $	38 000 $

Les créances douteuses sont estimées en fonction d'un pourcentage des ventes à crédit. Chaque année, le comptable détermine le pourcentage à utiliser à partir de l'expérience des trois exercices antérieurs. La formule qu'il utilise est la suivante :

$$\frac{\text{Comptes radiés} - \text{Comptes radiés recouvrés}}{\text{Ventes à crédit}}$$

Autres renseignements

- Ventes au détail

Ventes à crédit de 20X3	6 000 000 $
Provision pour créances douteuses au 1er janvier 20X3 (créditeur)	30 400
Comptes radiés en 20X3	124 000
Comptes radiés recouvrés en 20X3	16 800
Encaissement en 20X3, en règlement des comptes sur ventes à crédit	5 520 800

- Jusqu'au 31 décembre 20X2, la provision pour créances douteuses relative aux ventes en gros a été calculée selon un pourcentage du montant net des ventes.

Solde de la provision au 1er janvier 20X3 (créditeur)	68 800 $
Comptes radiés en 20X3	94 000
Comptes radiés recouvrés en 20X3	11 200

- À partir de 20X3, la société a décidé d'estimer les créances douteuses relatives aux ventes en gros en procédant à une analyse chronologique des comptes. La société a préparé le tableau suivant :

	Montant	Pourcentage irrécouvrable
30 jours et moins	680 000 $	0 %
31 à 60 jours	480 000	5
61 à 90 jours	40 000	25
91 à 120 jours	60 000	50
Plus de 120 jours	48 000	100
Comptes supplémentaires à radier	12 000	
	1 320 000 $	

Travail à faire

a) En ce qui concerne les comptes clients découlant des ventes au détail :
   i) passez l'écriture de journal requise pour ajuster la provision pour créances douteuses au 31 décembre 20X3 ;
   ii) montrez les informations contenues dans le grand livre général relatives aux comptes Clients et Provision pour créances douteuses au 31 décembre 20X3.
b) En ce qui concerne les comptes clients découlant des ventes en gros :
   i) calculez les créances douteuses de l'exercice 20X3 ;
   ii) passez l'écriture de journal requise pour ajuster la provision pour créances douteuses au 31 décembre 20X3.

*P 11. Les billets escomptés (20 minutes – moyen)

Le 1er décembre 20X1, vous avez escompté à la banque, au taux d'escompte de 10 %, un billet à recevoir d'un client d'un montant de 20 000 $, portant intérêt à un taux annuel de 15 % et venant à échéance le 31 décembre 20X2. Le client a daté ce billet du 1er juillet 20X1 et il a été convenu avec la banque que vous demeurerez responsable du non-paiement du billet à l'échéance. Vous désignez ce billet comme étant détenu jusqu'à l'échéance.

Travail à faire

a) Calculez le montant que vous a remis la banque le 1er décembre 20X1.
b) La fin de votre exercice financier étant le 31 décembre, indiquez la façon de présenter au bilan le billet à recevoir du client au 31 décembre 20X1.
c) Indiquez la nature de votre engagement face à la banque si votre client ne devait pas honorer son propre engagement le 31 décembre 20X2. De plus, précisez comment vous devrez présenter cette situation dans vos états financiers.
d) Déterminez le montant que la banque vous aurait remis si le billet ne comportait aucune mention quant à l'intérêt.

Ne tenez pas compte des jours de grâce et arrondissez tous vos calculs au dollar près.

*P 12. La titrisation des créances (30 minutes – difficile)

Le 2 janvier 20X4, la société Équipements Faneuf ltée a titrisé 180 000 $ de comptes clients en faveur de Beaubien ltée. Ce montant représente la valeur brute des créances. Pour déterminer la valeur de réalisation estimative, on doit soustraire de ce montant une provision pour escomptes sur ventes de 1 800 $ et une provision pour créances douteuses de 1 000 $. Selon l'entente convenue, Beaubien ltée versera à Équipements Faneuf ltée une somme égale à 90 % de la valeur de réalisation estimative des créances. Les clients continueront à payer leur compte à Équipements Faneuf ltée qui retournera 90 % de ces montants à Beaubien ltée. Équipements Faneuf ltée devra payer mensuellement des frais financiers de 1 % du solde impayé au début du mois.

En janvier 20X4, Équipements Faneuf ltée a perçu 118 200 $ de ses clients. Ces derniers ont bénéficié de 1 800 $ d'escomptes sur ventes et ont retourné 3 000 $ de marchandises endommagées.

En février 20X4, Équipements Faneuf ltée a encaissé le solde de ses comptes clients, à l'exception d'un compte de 1 200 $ qu'elle a décidé de radier.

9

Travail à faire

Passez toutes les écritures de journal requises, en supposant que Équipements Faneuf ltée n'abandonne pas le contrôle des créances titrisées. Arrondissez tous vos calculs au dollar près.

P 13. La régularisation de la provision pour créances douteuses à partir d'informations basées sur la comptabilité d'exercice (35 minutes – difficile)

Guy Yome ltée, distributeur en gros de produits exotiques, n'a pas préparé d'états financiers depuis trois ans, soit depuis le 31 décembre 20X1. Bien que Guy Yome ltée ait utilisé la comptabilité d'exercice jusqu'à la fin de 20X1, elle enregistre maintenant ses opérations sur la base de la comptabilité de caisse. Cependant, elle a continué à tenir un grand livre auxiliaire des comptes clients pour toutes les ventes à crédit, même si aucun report n'a été fait au grand livre général.

Guy Yome ltée fait appel à vos services. En examinant les livres comptables, vous soulevez les points suivants quant au solde de certains comptes au 31 décembre 20X1 et au 31 décembre 20X4 :

	Au 31 décembre	
	20X1	20X4
Liste chronologique des comptes clients		
Moins d'un an	15 400 $	28 200 $
De un à deux ans	1 200	3 800
De deux à trois ans	θ	2 800
Plus de trois ans (tous irrécouvrables)	θ	2 200
Total des comptes clients	16 600	37 000
Stock	11 600	18 800
Fournisseurs (achats de marchandises)	4 200	13 000

Renseignements complémentaires tirés des livres comptables :

	20X2	20X3	20X4
Encaissement relatifs aux comptes clients de			
L'exercice en cours	148 800 $	161 800 $	208 800 $
L'exercice antérieur	13 400	15 000	16 800
L'exercice précédant ce dernier	600	400	2 000
Total	162 800 $	177 200 $	227 600 $
Montant qui devrait être radié à la fin de 20X4 (exercice d'origine)	2 500 $	1 640 $	1 080 $
Pourcentage des comptes devenus irrécouvrables à la fin de 20X4	80 %	50 %	10 %
Ventes au comptant	16 800 $	26 400 $	31 200 $
Décaissement relatif aux achats de marchandises	125 000	141 200	173 800

Aucun compte n'a été radié au cours de cette période de trois ans. Guy Yome ltée estime que le pourcentage de marge bénéficiaire brute est demeuré constant pendant les trois exercices.

Travail à faire

a) Préparez un tableau montrant le total des ventes, le coût des marchandises vendues et la marge bénéficiaire brute pour les exercices terminés le 31 décembre 20X2, le 31 décembre 20X3 et le 31 décembre 20X4, ainsi que le total de chacun de ces éléments pour l'ensemble des trois exercices.

b) Présentez les écritures de régularisation requises pour radier les comptes irrécouvrables et ajuster le solde de la provision pour les créances douteuses au 31 décembre 20X4, sachant que le solde de ce compte était nul au 31 décembre 20X1.

c) Guy Yome ltée désire connaître, pour les prochaines années, le pourcentage de ses ventes à crédit qui serait une appréciation raisonnable de la charge annuelle de créances douteuses en se basant sur l'expérience des trois dernières années. Rédigez votre recommandation en présentant vos calculs à l'appui.

9

P 14. Les billets à long terme

(50 minutes – difficile)

Les billets à long terme suivants figurent dans le bilan au 31 décembre 20X1 du grossiste en voyage L'Éden inc. :

Effet à recevoir – Vente d'une succursale	*750 000 $*
Effet à recevoir – Présidente	*200 000*

Autres renseignements

1. Le billet de 750 000 $, daté du 1er mai 20X1, porte intérêt au taux annuel de 9 % et représente le solde du prix d'une succursale vendue à Ulysse inc. Le principal de 250 000 $ et les intérêts sont encaissables le 1er mai, pour les années 20X2, 20X3 et 20X4. L'encaissement de 20X2 a été fait tel que prévu par Ulysse inc., et L'Éden inc. estime pouvoir recouvrer le solde du billet.
2. Le billet de 200 000 $, daté du 31 décembre 20W9, porte intérêt au taux annuel de 8 % et arrive à échéance le 31 décembre 20X4. Mme Laterreur, qui a souscrit le billet, est présidente de L'Éden inc. Elle a donné en garantie de sa dette 10 000 actions ordinaires de L'Éden inc. Les intérêts sont encaissables le 31 décembre de chaque année, et ils ont toujours été encaissés à leur échéance jusqu'à maintenant. La cote boursière des actions de L'Éden inc. est de 45 $ l'action au 31 décembre 20X2.
3. Le 1er avril 20X2 L'Éden inc. a vendu une franchise à Monde sans frontière inc. en échange d'un billet de 500 000 $, ne comportant aucune mention quant à l'intérêt, et échéant le 1er avril 20X4. À la signature du billet, le taux d'intérêt effectif du billet s'élevait à 15 %. La franchise avait une valeur comptable de 200 000 $ dans les livres de L'Éden inc. au 1er janvier 20X2, et l'amortissement de l'exercice terminé le 31 décembre 20X2 aurait été de 40 000 $. Le recouvrement de ce billet est raisonnablement assuré.
4. Le 1er juillet 20X2, L'Éden inc. a vendu à tempérament une partie d'un terrain au prix de 200 000 $ à K-ré inc. K-ré inc. a versé 60 000 $ comptant le 1er juillet 20X2 et a remis un billet de 140 000 $ qui échoit dans quatre ans et qui prévoit un taux d'intérêt annuel de 16 % l'an. Les encaissements annuels de 50 000 $, y compris principal et intérêts, s'échelonneront du 1er juillet 20X3 au 1er juillet 20X6. L'Éden inc. aurait pu vendre ce terrain, dont le coût d'origine est de 150 000 $, pour 200 000 $ comptant.
5. L'Éden inc. désigne tous ses billets à recevoir comme étant détenus jusqu'à l'échéance.

Travail à faire

a) Préparez la section de l'actif à court terme et celle de l'actif à long terme au bilan du 31 décembre 20X2 de L'Éden inc.
b) Calculez les produits d'intérêts et les gains sur aliénation d'actifs pour l'exercice terminé le 31 décembre 20X2.

P 15. La mesure et la comptabilisation
d'un prêt douteux

(25 minutes – moyen)

Le 10 juillet 20X1, Le Gourmet ltée a consenti un prêt de 20 000 $ à M. Dallaire, actionnaire de la société. Le taux d'intérêt effectif inhérent du prêt, qui correspond au taux du marché, est de 8 %. Chaque année, M. Dallaire doit rembourser 5 000 $ de principal, majoré des intérêts annuels. La société désigne ce prêt comme étant détenu jusqu'à l'échéance.

Le 10 juillet 20X2, Le Gourmet ltée a encaissé les sommes prévues, mais a révisé ses estimations quant au montant probable des recouvrements futurs. Elle estime recouvrer seulement 5 000 $ à chacune des trois prochaines années.

Le 10 juillet 20X3, Le Gourmet ltée a encaissé les sommes prévues, soit 5 000 $.

À la même date, Le Gourmet ltée obtient des renseignements qui lui confirment que la solvabilité de M. Dallaire s'est encore détériorée. Le Gourmet ltée décide de restructurer le prêt. Une nouvelle entente est convenue, modifiant ainsi les remboursements attendus de M. Dallaire :

10 juillet 20X4	1 000 $
10 juillet 20X5	8 000

Travail à faire

Passez toutes les écritures de journal requises dans les livres de Gourmet ltée entre le 10 juillet 20X1 et le 31 décembre 20X3. L'entreprise clôture son exercice financier le 31 décembre.

P 16. Des prêts douteux restructurés

(25 minutes – difficile)

Reprenez les renseignements du problème précédent en tenant pour acquis que, le 10 juillet 20X3, Le Gourmet ltée a décidé de restructurer le prêt en accordant une réduction de 3 % du taux d'intérêt. Voici l'estimation la plus réaliste des flux de trésorerie en date du 10 juillet 20X3 :

	Flux de trésorerie	Taux d'actualisation*	Flux de trésorerie actualisés
10 juillet 20X4	1 000 $	0,952 381	952,38 $
10 juillet 20X5	8 000	0,907 029	7 256,23
Total	9 000 $		8 208,61 $

* *Voir* table 2 du manuel, page A1.8.

Travail à faire

Passez toutes les écritures de journal requises le 10 juillet 20X3 dans les livres de Gourmet ltée.

P 17. Des prêts douteux

(20 minutes – moyen)

Le 1er janvier 20X0, Lamarre ltée a prêté 45 000 $ à Mme Latendresse, au taux de 10 % et elle a désigné ce prêt comme étant détenu jusqu'à l'échéance. Les intérêts sont encaissables le 31 décembre de chaque année, et le principal arrive à échéance le 31 décembre 20X9.

Le 1er janvier 20X3, Lamarre ltée doute de pouvoir recouvrer toutes les sommes initialement convenues. Même si, jusqu'à cette date, Mme Latendresse a versé les sommes convenues, Lamarre ltée prévoit recouvrer uniquement les sommes suivantes :

31 décembre de chaque année (entre 20X3 et 20X9)	4 000 $
31 décembre 20X9	40 000

Travail à faire

a) Passez toutes les écritures de journal nécessaires en 20X3 en tenant pour acquis que, le 31 décembre 20X3, Mme Latendresse a remis 4 000 $ à Lamarre ltée.

b) Le 31 décembre 20X4, Lamarre ltée n'encaisse aucune rentrée de fonds, et elle doit réviser ses estimations. À ce jour, elle estime pouvoir récupérer seulement 35 000 $ le 31 décembre 20X9. Toutes les autres rentrées de fonds qui étaient attendues sont dorénavant considérées comme irrécouvrables.

c) Compte tenu des renseignements présentés en b), passez l'écriture de journal requise s'il existait encore des possibilités réalistes de recouvrer un montant supérieur à 35 000 $.

d) Compte tenu des renseignements présentés en a) et en b), calculez les produits d'intérêts constatés annuellement entre 20X5 et 20X9.

P 18. Une saisie de biens donnés en garantie d'un prêt

(15 minutes – facile)

Après de nombreuses démarches, la société Fortin inc. a décidé de saisir un terrain sur lequel elle pouvait exercer une garantie. Le solde des comptes Prêts détenus jusqu'à l'échéance et Provision pour prêts douteux s'élève respectivement à 39 000 $ (débiteur) et à 8 100 $ (créditeur).

Travail à faire

a) Sachant que Fortin inc. compte revendre le terrain saisi le 10 janvier 20X4, passez les écritures de journal pour refléter les trois situations indépendantes suivantes, sachant que la juste valeur du terrain, diminuée des frais de vente de 2 000 $, s'élève à :
   i) 28 000 $.
   ii) 35 000 $.

iii)   40 000 $.

b)   Refaites le travail demandé en *a)* en tenant pour acquis que Fortin inc. compte utiliser le terrain saisi le 10 janvier 20X4 pour y construire son siège social.

////////////// **Analyses de cas**

C 1.   L'estimation des créances douteuses   *(20 minutes – facile)*

Le comptable dispose de plusieurs méthodes pour estimer les comptes clients qui ne seront pas recouvrés. Expliquez chacune d'elles.

C 2.   L'estimation des créances irrécouvrables   *(15 minutes – facile)*

Une de vos amies a fondé une entreprise il y a quelques mois. Elle vous demande de préparer les états financiers du premier exercice terminé le 31 juillet 20X1. Après avoir pris connaissance des rapports que vous lui avez soumis, elle vous demande de lui expliquer pourquoi vous avez imputé aux charges de l'exercice des créances qui ne deviendront peut-être irrécouvrables qu'au cours des prochains exercices. Elle ne comprend vraiment pas cette pratique, d'autant plus qu'elle a toujours cru que les états financiers devaient reposer sur des informations fiables, vérifiables et objectives. Elle croit donc que les états financiers seraient plus fiables si les créances irrécouvrables étaient constatées seulement au moment où l'on connaît le nom des clients qui ne paieront pas leur compte.

Travail à faire

a)   Expliquez pourquoi la méthode fondée sur la constitution d'une provision est préférable à celle de l'imputation directe des créances irrécouvrables.

b)   Que pensez-vous de l'affirmation de votre amie lorsqu'elle mentionne que l'imputation directe des créances irrécouvrables conduit à des états financiers plus fiables ?

C 3.   Les échanges impliquant des billets à recevoir   *(25 minutes – facile)*

Les opérations commerciales impliquent souvent l'échange de biens ou de services contre des billets portant un taux d'intérêt déterminé ou ne comportant aucune mention quant à l'intérêt.

Travail à faire

a)   Lorsqu'un billet est reçu en échange de biens ou de services, expliquez quelle valeur devrait lui être attribuée aux fins de la comptabilisation s'il porte intérêt à un taux raisonnable.

b)   Expliquez quelle valeur devrait être attribuée dans les livres comptables à un billet reçu en échange de biens ou de services et qui ne comporte aucune mention quant à l'intérêt.

c)   Si les valeurs déterminées en *a)* et en *b)* diffèrent de la valeur nominale du billet, expliquez de quelle façon on doit comptabiliser tout écart dans les livres et le présenter aux états financiers.

*C 4.   Une comparaison entre divers modes de financement   *(45 minutes – moyen)*

Héraldine ltée est distributeur de produits pharmaceutiques. Le 1er mai 20X1, M. Bernier, directeur financier de l'entreprise, examine les possibilités suivantes pour satisfaire aux besoins de trésorerie devenus pressants :

1.   Emprunter un montant de 50 000 $ à la banque à 14 % d'intérêt. Ce montant est remboursable dans un an et garanti par 75 000 $ de comptes de clients.

9

2. Escompter le billet à recevoir que possède Héraldine ltée et qu'elle désigne comme étant détenu jusqu'à l'échéance. Ce billet de 55 000 $, daté du 1er avril 20X1, rapporte un intérêt de 12 % l'an et échoit dans un an. La banque accepte d'escompter ce billet au taux de 15 % l'an, compte tenu que Héraldine ltée en garantit le remboursement.

3. Céder des comptes clients totalisant 62 500 $ à la société d'affacturage Crédit financier inc. Cette société accepterait de remettre 80 % de la valeur des comptes clients, et Héraldine ltée abandonnerait le contrôle sur les créances cédées.

4. Céder des comptes clients totalisant 52 650 $ à Lamarre crédit inc. qui verserait immédiatement 95 % de la valeur des comptes à Héraldine ltée. Lamarre crédit inc. prendrait en charge la perception des comptes, mais Héraldine ltée conserverait le contrôle sur les créances cédées.

Travail à faire

Pour chacune des possibilités de financement qui s'offre à l'entreprise, veuillez expliquer à M. Bernier le traitement comptable et la présentation des états financiers de l'exercice terminé le 31 mai 20X1. Tenez pour acquis que le financement serait obtenu la journée même, soit le 1er mai 20X1.

* **C 5.** Des prêts hypothécaires

(40 minutes – difficile)

West Pacific est une institution financière constituée en société en vertu des lois fédérales en 20W8. Ses actions se négocient sur toutes les grandes Bourses du Canada ; leur performance est exceptionnelle depuis leur émission.

Répartis sur l'ensemble du Canada, les 200 bureaux de West Pacific font des prêts résidentiels garantis par hypothèque. Tous les prêts hypothécaires consentis par ces bureaux sont assurés par la Société canadienne d'hypothèques et de logement (S.C.H.L.). Tous les émetteurs autorisés par la S.C.H.L. sont tenus de respecter, pour les prêts hypothécaires qu'ils consentent, les politiques établies par la S.C.H.L. pour protéger la qualité des prêts hypothécaires. Ainsi, un emprunteur agréé par la S.C.H.L. peut obtenir un prêt hypothécaire allant jusqu'à 95 % de la valeur du bien immobilier, et West Pacific accordera les fonds, car la S.C.H.L. s'engage à payer le principal et les intérêts en cas de défaut. En contrepartie, l'emprunteur paie, au moment de la signature du contrat, une redevance qui est transmise à la S.C.H.L.

West Pacific comptabilise d'abord les prêts comme prêts hypothécaires dans ses livres comptables. Lorsqu'elle a accumulé 10 millions de dollars de prêts hypothécaires assortis de conditions similaires (par exemple, d'une durée de quatre ans et demi à cinq ans, portant intérêt à un taux variant entre 9,0 % et 9,5 %), elle constitue un bloc de prêts hypothécaires qu'elle vend à des investisseurs. West Pacific sort alors les prêts hypothécaires de ses livres. L'emprunteur continue à faire ses paiements à West Pacific, qui les transmet à l'investisseur en prélevant au passage des honoraires de 0,6 %. Le droit que détient l'investisseur sur le bloc de prêts hypothécaires s'appelle « titre hypothécaire ».

En plus de la garantie de la S.C.H.L. sur chaque prêt hypothécaire, West Pacific donne à l'investisseur une garantie de paiement aux échéances en cas de défaut. Les titres hypothécaires ne comportent donc presque aucun risque pour l'investisseur et sont considérés comme aussi sûrs que les obligations du gouvernement du Canada. Comme leur rendement est d'environ 0,5 % plus élevé que celui des obligations du gouvernement, les titres hypothécaires connaissent un succès considérable sur le marché.

West Pacific n'a pas de problème à vendre les titres, mais il peut s'écouler plusieurs mois avant qu'elle ait accumulé les blocs de prêts hypothécaires qu'elle veut vendre. Une fois qu'un bloc de prêts hypothécaires a été constitué, les procédures administratives font qu'il peut falloir jusqu'à trois mois de plus pour le vendre à des investisseurs. Pendant ce délai, West Pacific se trouve exposée aux fluctuations des taux d'intérêt.

West Pacific doit maintenir un ratio Actifs/Capitaux propres d'au plus 25. West Pacific fournit des états financiers mensuels aux autorités fédérales responsables des institutions financières qui surveillent ce ratio.

Depuis 20W8, West Pacific est à l'avant-garde pour l'établissement des règles comptables dans ce domaine en pleine évolution. Son vice-président aux finances est fier des conventions adoptées par West Pacific. La Commission des valeurs mobilières (C.V.M.) provinciale vient d'implanter un programme d'examen des rapports annuels et remet maintenant en cause certaines des conventions comptables de West Pacific (annexe I).

Votre cabinet effectue la vérification de West Pacific depuis sa fondation. Nous sommes en juillet 20X6, et le vice-président aux finances de West Pacific vous demande de préparer à son intention un rapport présentant les arguments à l'appui de la position de West Pacific sur les conventions comptables mises en cause, ainsi que les arguments que la C.V.M. pourrait présenter à l'appui de sa propre position.

Travail à faire
Préparez le rapport.

ANNEXE I

WEST PACIFIC
INQUIÉTUDES EXPRIMÉES PAR LA COMMISSION
DES VALEURS MOBILIÈRES PROVINCIALE

1. La C.V.M. s'interroge sur le bien-fondé de sortir du bilan les prêts hypothécaires.
2. La C.V.M. n'est pas d'accord avec la pratique de West Pacific qui consiste à constater à titre de produit la valeur actualisée des honoraires de 0,6 % qu'elle gagne sur chaque prêt hypothécaire lorsqu'un titre hypothécaire est vendu.
3. Les prêts hypothécaires non vendus ne sont pas réévalués à la fin de l'exercice, mais restent dans les livres de West Pacific à leur coût historique même si on prévoit les vendre à court terme. La C.V.M. remet en cause cette pratique.

Source : Adapté de Examen final uniforme, épreuve 3, question 6, 1993

9

Les stocks : coût d'origine et évaluation

10

Remarque : les questions de révision, les exercices, les problèmes de compréhension et les analyses de cas précédés d'un astérisque (*) se rapportent au sujet traité en annexe dans le manuel.

Questions de révision

1. Quel est le principal objectif de la gestion des stocks ?

2. Donnez quelques exemples de mesures de protection des stocks.

3. Pourquoi les entreprises ont-elles besoin d'un système comptable relatif aux stocks ?

4. Quels types de stocks une entreprise commerciale et une entreprise industrielle possèdent-elles ?

5. Quels sont les éléments de coûts incorporables relatifs aux produits que fabrique l'entreprise et destinés à la vente ?

6. Définissez et comparez sommairement les deux systèmes d'inventaire que peuvent utiliser les entreprises.

7. Quels éléments doit-on considérer au moment de planifier un dénombrement des articles en stock ?

8. Quel est le facteur déterminant pour l'entreprise dans le choix d'une méthode de détermination du coût des stocks ?

9. Un certain nombre de comptables favorisent la méthode de l'épuisement à rebours (D.E.P.S.) pour déterminer le prix coûtant des stocks. Discutez des avantages et des inconvénients de cette méthode.

10. Discutez de l'effet sur le bénéfice en période d'inflation de chacune des méthodes de détermination du coût des stocks en supposant que l'entreprise utilise un système d'inventaire périodique.

11. Lorsque la juste valeur devient inférieure au coût, la règle de la valeur minimale stipule qu'il faut dévaluer les stocks pour les exprimer à leur juste valeur. Cependant, l'expression « juste valeur » peut avoir trois significations. Lesquelles ?

12. Discutez des avantages et des inconvénients de la règle de la valeur minimale.

13. Donnez quelques exemples de coûts découlant de la rupture de stock.

14. Distinguez les termes « remise », « ristourne », « rabais » et « escompte ».

15. Discutez des questions entourant la comptabilisation des escomptes sur achats.

10

16. La société Sno ltée a vendu, au 28 décembre 20X2, des marchandises à la société Snopi ltée pour un montant de 6 500 $ F.A.B. – point de départ. Le même jour, le transporteur emportait les marchandises. Au moment du dénombrement effectué le 31 décembre 20X2, les marchandises étaient encore en transit. À votre avis, ces marchandises doivent-elles faire partie du bilan de Sno ltée ou du bilan de Snopi ltée ? Expliquez votre réponse.

17. Si les marchandises, à la question précédente, étaient placées en consignation par la société Sno ltée chez la société Snopi ltée, devraient-elles faire partie du bilan de Sno ltée ou de Snopi ltée ? Expliquez votre réponse.

Exercices

E 1. La valeur minimale

Les renseignements suivants concernent le stock de marchandises au 31 décembre 20X1 de l'entreprise Arthur ltée :

Coût	144 $
Coût de remplacement	115
Prix de vente prévu	133
Frais de vente prévus	22

À quel montant devrait-on évaluer le stock de clôture si la juste valeur est définie comme :

a) la valeur nette de réalisation ?
b) le coût de remplacement ?

E 2. Les effets des erreurs d'évaluation des stocks

Quel est l'effet de chacune des erreurs d'évaluation suivantes sur la marge bénéficiaire brute et sur le coût des marchandises vendues ? Considérez chaque cas individuellement.

a) Une surévaluation du stock d'ouverture de 2 000 $.
b) Une surévaluation du stock de clôture de 3 000 $.
c) Une sous-évaluation du stock d'ouverture de 2 000 $.
d) Une sous-évaluation du stock de clôture de 3 000 $.

E 3. Le calcul du montant des achats et de la marge bénéficiaire brute

En vous servant des renseignements suivants, déterminez le montant des achats et celui de la marge bénéficiaire brute de l'exercice :

Coût des marchandises vendues	121 000 $
Transports sur achats	1 890
Stock au début	43 640
Rendus et rabais sur achats	2 310
Stock à la fin	38 500
Ventes	182 650
Frais de livraison des marchandises vendues	2 000
Rendus et rabais sur ventes	650

E 4. La détermination du coût des marchandises vendues et du stock de clôture

Gros Bras inc. distribue divers modèles de souffleuses. Les deux fiches suivantes sont tirées de son registre d'inventaire permanent.

Date		Unités achetées	Coût d'acquisition unitaire	Unités vendues	Unités en stock
Modèle S80					
1er novembre					0
10 novembre		20	600		20
30 novembre				10	10
7 décembre		30	660		40
12 décembre	Retour par un client			(1)	41
31 décembre				20	21

Date		Unités achetées	Coût d'acquisition unitaire	Unités vendues	Unités en stock
Modèle LX100					
1er novembre			700		5
20 novembre		5	750		10
28 novembre				4	6
5 décembre	Retour au fournisseur	(2)			4
18 décembre				3	1
31 décembre		10	760		11

Au 31 décembre, la juste valeur du modèle S80 est de 640 $ et celle du modèle LX100 s'établit à 800 $.

Calculez le coût des marchandises vendues ainsi que le coût des articles en main au 31 décembre en utilisant :

a) la méthode de l'épuisement successif (P.E.P.S.) ;
b) la méthode de l'épuisement à rebours (D.E.P.S.).

E 5. Les trois modes d'application de la règle de la valeur minimale

Le grand magasin Merveilles inc. possède les articles suivants, à la fin de l'exercice 20X1 :

	Quantité	Coût d'acquisition	Prix de vente prévu	Coût de remplacement	Frais de vente prévus	Bénéfice brut normal
Rayon des jouets						
Poupées	10	3,50 $	3,60 $	2,40 $	0,36 $	0,70 $
Stations orbitales	20	10,20	12,50	10,10	1,02	2,04
Jeux de société	20	2,70	2,80	2,66	0,20	0,38
Rayon des outils						
Tournevis	10	8,64	10,50	8,56	0,86	1,72
Marteaux	10	13,74	18,00	13,00	1,38	2,74
Pinces	20	0,94	1,30	0,92	0,10	0,20
Rayon des vêtements						
Bas	10	3,84	3,90	3,94	0,38	0,76
Gaminets	10	3,90	5,00	3,52	0,38	0,74

En tenant pour acquis que la société définit la juste valeur comme la valeur de réalisation nette, évaluez la valeur des articles stockés du grand magasin Merveilles inc. en utilisant la règle de la valeur minimale appliquée :

a) article par article ;
b) groupe par groupe ;
c) à l'ensemble du stock.

10

E 6. La comptabilisation des achats selon la méthode des escomptes perdus

Floro inc. exploite un commerce de vente au détail de matériaux destinés à l'aménagement paysager. Ses achats du mois de juin 20X1 se détaillent ainsi :

5 juin   Achat au comptant de 100 arbustes totalisant 1 500 $.

8 juin   Achat à crédit de 50 arbres au coût unitaire de 40 $. Les frais de transport de 100 $ ont été payés par Floro inc. Conditions de règlement : 3/10, n/30.

12 juin   Achat au comptant de 120 mètres^3 de terre à jardin totalisant 1 200 $. Cet achat a été fait chez le fournisseur Terplein ltée.

17 juin   Achat à crédit de 200 douzaines de plantes annuelles. Habituellement, le coût d'acquisition est de 1 $ la douzaine. Étant donné que la saison est assez avancée, le fournisseur a consenti un rabais de 30 %. Conditions de règlement : 2/10, n/30.

20 juin   Paiement des 50 arbres achetés le 8 juin et des 200 douzaines de fleurs achetées le 17 juin.

Les Serres Goneau ltée, fournisseur des arbres et arbustes, accorde une ristourne mensuelle à Floro inc. selon l'échelle suivante :

Achats mensuels (aux prix facturés)	Ristournes
Moins de 1 000 $	0 %
De 1 001 $ à 2 000 $	1,0
De 2 001 $ à 3 500 $	1,5
De 3 501 $ à 6 000 $	2,0
De 6 001 $ à 10 000 $	3,0
Plus de 10 000 $	3,5

Au début du mois, Floro inc. estimait bénéficier d'une ristourne de 1,5 %. Au moment de payer les sommes dues à ce fournisseur, Floro inc. verse le montant net seulement.

Passez les écritures de journal nécessaires à la comptabilisation des opérations de Floro inc. relatives au mois de juin 20X1, sachant que l'entreprise utilise un système d'inventaire périodique et comptabilise ses achats au montant net.

E 7. La comptabilisation des achats selon la méthode des escomptes obtenus

Passez les écritures qui différeraient de celles requises dans l'exercice précédent en tenant pour acquis que la société Floro inc. comptabilise ses achats au montant brut.

E 8. La comptabilisation d'opérations selon les deux systèmes d'inventaire

Gros Pierre inc. exploite une entreprise de distribution de boissons gazeuses. Tous ses fournisseurs lui accordent un escompte 2/10, n/30, calculé sur le montant brut de la facture. La société a conclu les opérations suivantes au cours de son premier mois d'exploitation :

2 février   Achat à crédit de 1 000 caisses de Coolar totalisant 5 000 $, excluant la ristourne de 3 %.

3 février   Achat à crédit de 500 caisses de Gatomor totalisant 3 500 $.

5 février   Achat à crédit de 350 caisses de Pepso totalisant 700 $.

7 février   Total des ventes de la semaine :

     Coolar   *700 caisses à 9,50 $ la caisse*
     Gatomor   *400 caisses à 12,00 $ la caisse*
     Pepso   *300 caisses à 3,50 $ la caisse*

8 février   Gros Pierre inc. paie tous ses fournisseurs.

10 février   Gros Pierre inc. fait un nouvel achat de marchandises à crédit :

     Coolar   *1 200 caisses à 5,00 $ la caisse*
     Gatomor   *400 caisses à 7,50 $ la caisse*
     Pepso   *500 caisses à 2,10 $ la caisse*

Les coûts ci-dessus représentent les coûts d'acquisition excluant la ristourne de 3 % sur les produits Coolar.

14 février   Les volumes de ventes de la deuxième semaine représente 110 % de ceux de la pre-
              mière semaine, alors que les prix de vente sont demeurés les mêmes.
15 février   Gros Pierre inc. décide de vendre la nouvelle boisson Fresh. Il commande
              200 caisses au prix de 2,60 $ la caisse que le fournisseur expédie immédiatement.
              La facture d'achat porte la mention « FAB – point de départ » et précise que les frais
              de transport sont à la charge de Gros Pierre inc. Le transporteur a cependant exigé
              que le fournisseur lui remette une somme de 40 $ pour couvrir ces frais. Gros
              Pierre inc. n'a passé aucune écriture de journal dans ses livres concernant cet achat.
16 février   Réception des 200 caisses de Fresh.

Autres renseignements

1. Les dirigeants de Gros Pierre inc. désirent des états financiers à la date de l'arrêté des
    comptes, soit le 15 février. Le dénombrement des marchandises effectué dans l'entrepôt ce
    jour-là a permis d'obtenir ce qui suit :

Boissons	Nombre de caisses
Coolar	730
Gatomor	60
Pepso	200

    Tout écart entre les quantités réelles et les registres comptables est attribué au vol.
2. Étant donné que les dirigeants ont besoin d'information par produit, les coûts sont
    cumulés dans des comptes distincts.
3. Gros Pierre inc. utilise la méthode du coût moyen et elle comptabilise uniquement ses
    escomptes perdus.
4. Toutes les ventes sont faites au comptant.

Passez les écritures de journal nécessaires à la comptabilisation des opérations des deux premières semaines en supposant que l'entreprise utilise :

a) un système d'inventaire périodique ;
b) un système d'inventaire permanent.

E 9. La comptabilisation d'opérations
à l'aide d'un système d'inventaire permanent

En reprenant les renseignements de l'exercice précédent et en supposant que l'entreprise
utilise un système d'inventaire permanent, discutez de la présentation des opérations dans
l'état des résultats pour la période terminée le 15 février.

E 10. La règle de la valeur minimale

Stiro inc. possède un stock qui se compose des articles présentés ci-dessous. Les dirigeants de
l'entreprise vous informent que les frais de vente s'élèvent à 10 % et que la marge bénéficiaire
brute normale est de 25 %.

Article	Coût	Prix de vente	Coût de remplacement
A	36,00	43,20	34,20
B	135,00	202,50	141,75
C	19,35	27,00	18,00
D	30,69	29,25	27,00
E	37,80	43,20	36,00
F	65,70	81,00	67,50
G	34,20	37,80	33,75
H	81,00	90,00	57,60

Sachant que Stiro inc. utilise la méthode d'évaluation au moindre du coût et de la juste valeur,
déterminez la valeur comptable des articles en stock en tenant pour acquis que la société
définit la juste valeur comme :
a) la valeur de réalisation nette hors marge bénéficiaire ;
b) le coût de remplacement.

Présentez votre réponse à l'aide d'un tableau approprié.

10

* E 11. L'évaluation des stocks au moindre du coût ou de la juste valeur

Reprenez les renseignements de l'exercice **E5**, en tenant pour acquis que le grand magasin Mervcilles inc. respecte la norme américaine portant sur la règle de la valeur minimale des stocks.

* E 12. L'évaluation des stocks au moindre du coût ou de la juste valeur

Reprenez les renseignements de l'exercice **E10**, en tenant pour acquis que Stiro inc. respecte la norme américaine portant sur la règle de la valeur minimale des stocks.

Problèmes de compréhension

P 1. L'effet d'une erreur dans l'évaluation du stock   (10 minutes – facile)

À cause d'une erreur commise lors du dénombrement des articles le 31 décembre 20X1, Antonio ltée a surévalué de 8 000 $ le montant de ses marchandises en main.

Travail à faire

En supposant que l'erreur n'a pas été corrigée, quel en est l'effet :

a) sur le bénéfice de l'exercice 20X1 ?
b) sur les bénéfices non répartis au 31 décembre 20X1 ?
c) sur le bénéfice de l'exercice 20X2 ?
d) sur les bénéfices non répartis au 31 décembre 20X2 ?

P 2. L'évaluation du stock   (25 minutes – moyen)

Pépé ltée, qui ne vend qu'un seul produit et qui utilise un système d'inventaire périodique, avait un stock de 200 unités le 1er janvier 20X1. Ces unités lui ont coûté 8 000 $. La société a vendu 1 000 unités au cours de l'exercice 20X1 au prix de 100 $ chacune. Au cours de cet exercice terminé le 31 décembre, les achats ont été les suivants :

10 janvier	100 unités à 44 $ chacune
24 avril	250 unités à 50 $ "
17 juillet	300 unités à 55 $ "
4 septembre	200 unités à 42 $ "
28 décembre	175 unités à 55 $ "

Une seule écriture a été enregistrée en 20X1 au compte Rendus et rabais sur achats. Elle concernait des achats effectués au cours du mois de septembre, pour lesquels un rabais de 1 000 $ avait été obtenu.

Travail à faire

a) Calculez le prix coûtant du stock au 31 décembre 20X1 en utilisant la méthode :
   i)   de l'épuisement successif (P.E.P.S.) ;
   ii) de l'épuisement à rebours (D.E.P.S.) ;
   iii) du coût moyen pondéré.
b) Calculez la marge bénéficiaire brute selon chacune des méthodes de détermination du prix coûtant énumérées en a).

P 3. **Les méthodes de détermination du coût des stocks**   (30 minutes – facile)

Voici le bilan de la société Allan ltée :

ALLAN LTÉE
Bilan partiel
au 31 décembre 20X2

Actif		Passif et capitaux propres	
Encaisse et autres éléments à court terme	300 000 $	Passif à court terme	225 000 $
Stock de marchandises	150 000	Capitaux propres	225 000
	450 000 $		450 000 $

Le stock de clôture au 31 décembre 20X2 est de 20 000 chemises à 7,50 $ l'unité. Allan ltée a vendu 80 000 chemises au prix de 18,00 $ l'unité durant l'exercice 20X3. En 20X3, elle a acheté 70 000 chemises au coût de 10,50 $ l'unité. Le stock à la fin de l'exercice 20X3 est minime de sorte que la société envisage d'acheter 10 000 chemises en janvier 20X4. Le coût de remplacement est de 10,50 $ la chemise, au 31 décembre 20X3.

Voici le bilan partiel et l'état des résultats de la société établis de façon comparative selon que le coût est déterminé à l'aide de la méthode de l'épuisement successif (P.E.P.S.) ou de celle de l'épuisement à rebours (D.E.P.S.).

ALLAN LTÉE
Résultats
de l'exercice terminé le 31 décembre 20X3

	Coût selon l'épuisement successif	Coût selon l'épuisement à rebours
Chiffre d'affaires	1 440 000 $	1 440 000 $
Coût des marchandises vendues	780 000	810 000
Marge bénéficiaire brute	660 000	630 000
Charges	330 000	330 000
Bénéfice	330 000 $	300 000 $
Pourcentage de marge bénéficiaire	45,83 %	43,75 %

ALLAN LTÉE
Bilan partiel
au 31 décembre 20X3

	Coût selon l'épuisement successif	Coût selon l'épuisement à rebours
Actif		
Encaisse et autres éléments à court terme	495 000 $	495 000 $
Stock de marchandises	105 000	75 000
Total de l'actif	600 000 $	570 000 $
Passif et capitaux propres		
Passif à court terme	240 000 $	240 000 $
Capitaux propres	360 000	330 000
Total du passif et des capitaux propres	600 000 $	570 000 $
Ratio du fonds de roulement	2,5	2,38

Travail à faire

a) Établissez l'hypothèse que, le 31 décembre 20X3, la société a rétabli son stock de marchandises à 20 000 unités en achetant au comptant 10 000 chemises à 10,50 $ l'unité. Dressez les états financiers révisés comparatifs en utilisant les mêmes postes que ceux utilisés dans les états présentés.

b) Donnez les raisons qui appuient la méthode de l'épuisement à rebours aux fins de l'évaluation.

10

P 4. La base de mesure des stocks

(20 minutes – difficile)

Le stock de marchandises d'une entreprise a été évalué aux dates suivantes selon les méthodes de détermination du coût mentionnées ci-dessous.

	Au 31 décembre 20X1	Au 31 décembre 20X2	Au 31 décembre 20X3
Coût selon la méthode de l'épuisement à rebours	81 600 $	72 800 $	82 400 $
Coût selon la méthode de l'épuisement successif	80 000	72 000	88 000
Moindre du coût, selon la méthode de l'épuisement à rebours et de la juste valeur	74 000	68 000	82 400
Moindre du coût, selon la méthode de l'épuisement successif et de la juste valeur	74 000	68 000	88 000

Travail à faire

En supposant que la société utilise un système d'inventaire périodique et que la quantité en stock soit demeurée stable au cours des trois exercices, répondez aux questions suivantes. Justifiez chacune de vos réponses.

a) Les prix ont-ils été à la hausse ou à la baisse en 20X1 ?
b) Les prix ont-ils été à la hausse ou à la baisse en 20X2 ?
c) Quelle est ou quelles sont les méthodes d'évaluation des stocks qui génèrent le bénéfice le plus élevé pour 20X1 ?
d) Quelle est ou quelles sont les méthodes d'évaluation des stocks qui génèrent le bénéfice le plus élevé pour 20X2 ?
e) Quelle est ou quelles sont les méthodes d'évaluation des stocks qui génèrent le bénéfice le plus élevé pour 20X3 ?

P 5. Les effets des erreurs

(30 minutes – moyen)

Indiquez les effets de chacune des erreurs décrites ci-dessous sur les états financiers de l'exercice en cours et sur ceux de l'exercice subséquent, en supposant qu'aucune correction n'ait été faite dans les livres. Mentionnez seulement l'effet de chaque erreur, c'est-à-dire une surévaluation (+), une sous-évaluation (-) ou aucun effet (0) ; mentionnez également chaque poste dont le montant est faussé.

a) L'entreprise a reçu une facture pour des marchandises expédiées F.A.B. – point de départ, mais elle n'a encore passé aucune écriture. Les articles en question ne sont pas encore parvenus à destination et ne sont pas inclus dans le stock à la fin de l'exercice. L'entreprise utilise un système d'inventaire permanent.
b) Le responsable a comptabilisé correctement une facture se rapportant à des marchandises que l'entreprise n'a pas encore reçues, mais qui lui appartiennent légalement. Ces marchandises ne sont pas incluses dans le stock à la fin de l'exercice. L'entreprise utilise un système d'inventaire périodique.
c) L'entreprise a reçu des marchandises qui font partie du stock à la fin de l'exercice, mais le comptable n'a pas encore passé d'écriture pour inscrire le coût de ces marchandises au compte Achats.
d) Le stock du consignateur à la fin de l'exercice ne comprend pas les marchandises expédiées en consignation. Le consignateur (l'expéditeur) a crédité le compte Ventes du montant du prix de vente de ces marchandises, même si le consignataire (l'entreposeur) les a vendues seulement au cours de l'exercice suivant. L'entreprise (c'est-à-dire le consignateur) utilise un système d'inventaire périodique.
e) L'entreprise n'a pas inclus dans son décompte physique les marchandises mises de côté par certains clients. Elle a comptabilisé les produits découlant de cette vente et le coût des marchandises vendues.
f) L'entreprise n'a pas inclus dans son décompte physique les marchandises qu'elle s'est fermement engagée à acheter au cours du premier mois de l'exercice suivant et dont elle est cependant devenue propriétaire à la date de son engagement. Ces marchandises sont prêtes à être expédiées chez le fournisseur, et l'entreprise est responsable de les assurer.

10

P 6. La correction d'erreurs concernant les stocks (30 minutes – difficile)

Les livres de la société Miton ltée, avant la clôture des comptes, font état des bénéfices suivants :

20X1	151 600 $
20X2	129 400
20X3	145 000
Total pour les trois exercices	426 000 $

Une analyse portant sur les stocks a permis d'obtenir les renseignements suivants :

1. Le stock de marchandises au 31 décembre 20X0 a été correctement enregistré.
2. Des marchandises coûtant 1 030 $ ont été reçues en 20X1 et incluses dans le stock de clôture. Cependant, l'écriture pour enregistrer l'achat a été faite au journal des achats en janvier 20X2, lorsque Miton ltée a reçu la facture.
3. Le coût de 600 chandails a été inclus dans le stock au 31 décembre 20X1 au coût unitaire de 3,08$; alors que le coût unitaire d'acquisition était de 8,30 $.
4. Le 31 décembre 20X2, la société a expédié à un client des marchandises ayant coûté 1 200 $ et les lui a facturées au prix de 1 700 $. Ces marchandises ont été expédiées au client FAB – point d'expédition. L'inventaire matériel du 31 décembre 20X2 n'incluait pas ces marchandises, en dépit du fait que la vente n'a été enregistrée que le 15 janvier 20X3.
5. Des marchandises coûtant 3 200 $, achetées FAB – point d'expédition et expédiées en décembre 20X2, ont été enregistrées au journal des achats en 20X3 lors de la réception de la facture. Cependant, ces marchandises n'ont pas été incluses dans le stock de clôture, car elles ont été reçues le 6 janvier 20X3.
6. Le stock de marchandises au 31 décembre 20X3 a été correctement enregistré.
7. Miton ltée utilise un système d'inventaire périodique.

Travail à faire

a) Calculez le bénéfice réel des exercices 20X1, 20X2 et 20X3.
b) Présentez les écritures de correction requises à la fin de chaque exercice. Les erreurs relatives à un exercice sont mises à jour avant que les écritures de clôture relatives à cet exercice ne soient passées.

P 7. La démarcation de fin d'exercice (20 minutes – difficile)

Le comptable de la société Ambigu ltée vous fournit le tableau suivant :

	20X1	20X2	20X3
Chiffre d'affaires	? $	190 000 $	? $
Stock au début	25 000	?	50 000
Achats	?	?	155 000
Marchandises destinées à la vente	170 000	?	?
Stock à la fin	45 000	?	75 000
Coût des marchandises vendues	125 000	?	?
Marge bénéficiaire brute	35 000	65 000	?
Frais d'exploitation		θ	

Si le coût des marchandises vendues en 20X3 figurait au tableau, il serait égal à 65 % du chiffre d'affaires. Au cours de la vérification des livres, vous découvrez les faits suivants :

1. Le stock au début de l'exercice 20X1 a été sous-évalué de 15 000 $ alors que les achats de ce même exercice ont été surévalués de 15 000 $.
2. Le bénéfice de l'exercice 20X2 est surévalué de 10 000 $. Cependant, les soldes des comptes Achats et Ventes sont exacts.

10

3. En 20X3, le chiffre d'affaires a été surévalué de 25 000 $, et le stock de clôture a été sous-évalué de 10 000 $.

Travail à faire

Complétez le tableau présenté plus haut en y apportant les corrections nécessaires.

P 8. La comptabilisation des opérations   *(30 minutes – facile)*

Futura ltée vous transmet les renseignements suivants concernant ses opérations du mois de janvier 20X0 :

1er janvier L'entreprise possédait 5 000 unités d'un article dont le coût d'origine était de 20 $ l'unité. Futura ltée utilise un système d'inventaire permanent.
10 janvier Futura ltée a acheté à crédit 30 000 unités de cet article au prix unitaire de 25 $.
15 janvier Futura ltée a vendu au comptant 25 000 unités à 40 $ l'unité.
20 janvier Futura a acheté au comptant 10 000 autres unités au prix unitaire de 30 $.
29 janvier Futura a vendu à crédit 5 000 unités à 42 $.

Travail à faire

Passez les écritures de journal nécessaires à l'inscription des opérations en supposant que :

a) Futura ltée détermine le coût de ses stocks selon la méthode du coût moyen ;
b) Futura ltée détermine le coût de ses stocks selon la méthode de l'épuisement successif.

P 9. Les méthodes de détermination du coût des stocks   *(15 minutes – facile)*

La société Indécise inc. a commencé ses opérations le 1er janvier 20X1. Elle utilise le coût comme méthode d'évaluation des stocks et établit ce coût selon la méthode de l'épuisement successif. Le tableau suivant indique le prix coûtant du stock à la fin de chacun des quatre premiers exercices de la société établi selon trois méthodes dont celle qu'utilise l'entreprise.

	20X1	20X2	20X3	20X4
Épuisement successif	180 000 $	200 000 $	160 000 $	210 000 $
Épuisement à rebours	150 000	160 000	140 000	180 000
Coût moyen	170 000	180 000	150 000	190 000

Travail à faire

Complétez le tableau suivant :

Bénéfice selon la méthode	20X1	20X2	20X3	20X4
Épuisement successif	40 000 $	70 000 $	30 000 $	50 000 $
Épuisement à rebours				
Coût moyen				

P 10. Les méthodes de détermination du coût des stocks   *(35 minutes – moyen)*

La société Pro-Vision ltée, dont l'exercice financier se termine le 31 mars, vend plusieurs produits pétroliers dont un super papier tue-mouches qui a reçu l'aval de la Société protectrice des animaux. À la fin du mois de mars 20X1, on dénombrait 3 000 unités de ce dernier produit dans l'entrepôt, et le coût total attribué était de 3 300 $. À la fin du mois de mars 20X2, 5 500 unités de ce produit s'empilaient dans l'entrepôt, et le coût total attribué par l'entreprise était de 6 370 $. La société utilise un système d'inventaire périodique.

10

Au cours des deux derniers exercices, la société a acheté les quantités, figurant ci-dessous, de cet important produit.

Mois	Achats en 20X2 – 20X3		Achats en 20X1 – 20X2	
	Unités	Coût unitaire	Unités	Coût unitaire
Avril	2 000	1,70 $	1 800	1,20 $
Mai	4 000	1,90	2 200	1,30
Juin	3 500	1,95	1 500	1,25
Juillet	2 000	2,00	6 000	1,30
Août	6 000	2,05	4 500	1,40
Septembre	5 000	2,75	3 000	1,50
Octobre	4 500	3,00	3 500	1,60
Novembre	1 000	3,10	5 000	1,55
Décembre	2 500	3,05	6 500	1,55
Janvier	4 000	3,25	4 000	1,60
Février	6 500	3,25	3 500	1,65
Mars	4 000	3,30	5 000	1,70

Au 31 mars 20X3, il y avait en stock 6 000 unités de ce produit.

Travail à faire

a) Pour déterminer le coût de son stock au 31 mars 20X2, la société a-t-elle utilisé la méthode de l'épuisement successif ou celle de l'épuisement à rebours ? Votre réponse doit être accompagnée d'un tableau explicatif approprié.

b) Déterminez le coût du stock au 31 mars 20X3, en tenant pour acquis que la société opte, pendant l'exercice, pour la méthode de l'épuisement successif, sans application rétroactive.

c) Si la société utilisait, au 31 mars 20X3, la même méthode de détermination du coût du stock que celle utilisée le 31 mars 20X2, quel serait l'effet sur le bénéfice de l'exercice 20X3 ?

d) En tenant pour acquis que le C.N.C. exige que le stock de clôture soit déterminé selon la méthode du coût moyen pondéré (sans application rétroactive), quel serait le coût du stock au 31 mars 20X3 ?

Analyses de cas

* C 1. Une discussion sur la règle de la valeur minimale   (30 minutes – facile)

Le Service du personnel de la firme dans laquelle vous travaillez a mis sur pied un programme interne de formation pour les jeunes comptables. On vous demande de donner un cours illustrant l'application de la règle de la valeur minimale. Votre cours doit comprendre :

a) une discussion générale des raisons appuyant l'utilisation de ce concept ;

b) une discussion des principes comptables qui s'y rattachent ;

c) un exemple d'application de cette règle, en tenant pour acquis que la juste valeur correspond au coût de remplacement ;

d) une présentation des applications recommandées aux États-Unis.

Les renseignements suivants ont été réunis :

Articles	Coût d'acquisition	Coût de remplacement	Prix de vente prévu	Frais de vente prévus	Bénéfice normal
A	6,00 $	6,50 $	7,50 $	0,70 $	1,20 $
B	15,30	15,40	15,50	1,20	2,00
C	10,50	8,20	11,80	1,10	1,60
D	5,20	5,00	6,30	0,50	1,00
E	8,60	8,00	9,40	1,10	0,50

10

C 2. Les effets des méthodes de détermination du coût des stocks

(60 minutes – difficile)

Incongru inc. est une grande société ouverte qui vend un seul produit, le fameux Incon. Le 1er décembre 20X4, M. Gascon a été nommé responsable du Service des achats. Après avoir pris connaissance du marché, M. Gascon a recueilli de nombreux indices laissant présager que le coût d'acquisition des marchandises allait connaître de fortes augmentations. En 20X4, le coût oscillait à 15 $ puis a augmenté subitement à 17 $ le 15 décembre. Il est raisonnable de croire que, le 1er janvier 20X5, le coût passera à 20 $ pour se maintenir à ce niveau au cours des 12 mois suivants. Le 20 décembre 20X4, sur la base de ces prévisions, M. Gascon a acheté 100 000 unités du Incon à 17 $.

Quelques jours plus tard, M. Constant, contrôleur de la société Incongru inc., prend connaissance des états financiers de l'exercice terminé le 31 décembre 20X4 et constate une baisse de la marge bénéficiaire brute. Après avoir mené sa petite enquête, M. Constant apprend que la commande de 100 000 unités à 17 $, passée par M. Gascon, a été faite même si le niveau des stocks ne justifiait pas un tel achat. Étant donné que la société Incongru inc. évalue ses marchandises au coût selon la méthode de l'épuisement à rebours, l'augmentation du coût unitaire s'est donc immédiatement reflétée dans les résultats de 20X4. M. Constant estime que le Service des achats aurait dû attendre en 20X5 pour acheter les 100 000 unités. Il veut avoir une discussion avec M. Gascon.

Autres renseignements

1. La baisse de la marge bénéficiaire ne peut être imputable au Service des ventes. En 20X4, le volume des ventes a augmenté sans que la politique de fixation des prix soit changée.
2. Au 1er janvier 20X4, Incongru inc. détenait 40 000 unités dont la valeur comptable était de 10 $ l'unité.
3. En 20X4, la société a vendu 500 000 unités du Incon à 25 $. En 20X5, elle prévoit vendre 500 000 unités à 30 $ chacune.
4. En 20X4, Incongru inc. a acheté 500 000 unités du Incon à 15 $ chacune en plus des 100 000 unités achetées à 17 $. Elle prévoit acheter 400 000 unités supplémentaires à 20 $ en 20X5.

Travail à faire

La réaction de M. Constant est-elle justifiée ? Expliquez votre réponse.

C 3. La règle de la valeur minimale

(25 minutes – moyen)

Récemment, M. Dagio, dirigeant de Dagio inc., a pris connaissance d'un article publié dans le journal *Gestion* traitant de l'évaluation du stock de marchandises au moindre du coût et de la juste valeur. À la suite de cette lecture, M. Dagio se demande comment il faudrait évaluer le stock de marchandises de son entreprise dans chacune des situations suivantes qui sont susceptibles de se produire :

1. Dagio inc. a acheté un produit au coût unitaire de 10 $ en vue de le revendre 17 $. Quinze jours avant la fin de la saison de vente, il avait encore 100 unités en main. On estime que, sans modifier le prix de vente, 25 unités seront vendues et que, si le prix de vente est réduit à 12 $ l'unité, toutes les unités seront vendues.
2. La société a acheté 50 unités d'un produit au coût unitaire de 50 $ en vue de les revendre au prix de 100 $ l'unité. Lorsque Dagio inc. les a reçues, cinq unités étaient endommagées à tel point qu'il était impossible de les réparer pour pouvoir les revendre comme produits de première qualité. La société de transport a offert à Dagio inc. de lui verser la somme de 100 $ l'unité et de conserver les unités endommagées ou de verser la somme de 20 $ l'unité à Dagio inc. et de lui laisser les articles. Dagio inc. a retenu le second choix et a fixé le prix de vente de ces unités à 90 $.
3. Le prix de vente du produit B est demeuré stable à 10 $ l'unité ; par ailleurs, son coût a progressivement diminué de 7,50 $ à 6,00 $ l'unité, soit le prix actuel. Un total de 200 unités, achetées au prix de 7 $, sont encore en entrepôt.

10

4. Dagio inc. a accepté une commande de 500 unités d'un certain bien. La commande est valable pour les quatre prochaines années au prix unitaire de 25 $. Afin de se prémunir contre les aléas du marché, Dagio inc. a conclu une entente à long terme avec son fournisseur pour acheter ce bien au coût unitaire de 14,50 $. Le prix courant est de 13,50 $ l'unité.

Travail à faire

En tenant pour acquis qu'il n'existe aucun lien entre les situations décrites plus haut et que l'entreprise définit la juste valeur comme la valeur de remplacement, indiquez, pour chacune d'elles, s'il y a lieu de comptabiliser une perte. Si votre réponse est positive, indiquez :

1. le montant de la perte ;
2. la manière dont il faut comptabiliser cette perte ;
3. comment on doit présenter cette perte dans les états financiers.

C 4. La préparation des états financiers

(20 minutes – moyen)

Alain Proviste, directeur du Service des finances de la société Mi Laine ltée, doit compléter les états financiers de l'entreprise pour l'exercice terminé le 31 décembre 20X3. M. Proviste, débordé de travail, vous demande de préparer quelques extraits des états financiers. Il vous remet à cette fin les renseignements suivants.

1. Extraits de la balance de vérification au 31 décembre 20X3 :

Clients	80 000 $
Stock	95 000
Fournisseurs	(60 000)
Ventes	(1 187 500)
Achats	949 070

2. Le 31 décembre 20X2, les soldes des comptes Clients et Fournisseurs s'élevaient respectivement à 69 000 $ et à 48 000 $.
3. Le 1er janvier 20X3, Mi Laine ltée détenait 1 900 unités de marchandises destinées à la vente, payées 50 $ l'unité, alors qu'elle en détenait 1 960 unités le 31 décembre 20X3.
4. L'analyse du compte Achats fournit les détails suivants :

Quantité	Coût unitaire	Coût total
2 000	50,00 $	100 000 $
2 500	50,30	125 750
2 300	50,60	116 380
2 250	51,00	116 100
2 000	50,90	101 800
2 000	51,00	102 000
1 900	51,10	97 090
2 000	51,20	102 400
1 700	51,50	87 550

5. Le 31 décembre 20X3, la valeur de remplacement des stocks s'établit à 51,50 $ l'unité.
6. Mi Laine ltée utilise la méthode de l'épuisement successif, jumelée à un système d'inventaire périodique.

Travail à faire

Préparez les extraits du bilan, de l'état des résultats, de l'état des flux de trésorerie, et la note complémentaire ayant trait aux opérations liées aux marchandises destinées à la vente.

10

Les autres méthodes de détermination du coût des stocks

11

1. De quelle façon la méthode de l'inventaire au prix de détail et celle de la marge bénéficiaire brute sont-elles utiles?

2. Décrivez brièvement le fonctionnement de la méthode de l'inventaire au prix de détail et celui de la méthode de la marge bénéficiaire brute.

3. Quelles sont les principales différences entre la méthode de l'inventaire au prix de détail et celle de la marge bénéficiaire brute?

4. Dans quelles conditions la méthode de la marge bénéficiaire brute donne-t-elle des résultats acceptables?

5. Si les conditions mentionnées à la question précédente ne sont pas respectées, quelles précautions le comptable doit-il prendre pour appliquer la méthode de la marge bénéficiaire brute?

6. Comment tenir compte de la méthode de détermination du coût des stocks normalement utilisée par l'entreprise lorsque celle-ci utilise la méthode de l'inventaire au prix de détail?

7. Lorsque l'entreprise utilise la méthode de l'inventaire au prix de détail, expliquez comment l'exclusion des démarques donne une estimation se rapprochant du moindre du coût et de la juste valeur.

8. Expliquez la différence entre les démarques et les annulations de majoration.

9. Quel est l'effet des démarques sur le coût estimatif des stocks, si elles sont traitées de la même façon que les annulations de majoration, lorsque l'on applique la méthode de l'inventaire au prix de détail?

10. La société Échange ltée exploite une chaîne de magasins de vente au détail. Quels avantages pourrait-elle retirer de la méthode de l'inventaire au prix de détail?

Exercices

E 1. L'estimation du coût moyen du stock

À 18 h, votre patron vous demande de lui présenter un bilan daté de ce jour (mardi) pour le lendemain à 10 h. Il est évidemment impossible de procéder à un dénombrement des stocks. Vos livres renferment toutefois les renseignements suivants :

	Coût	Prix de détail
Achats, montant brut	124 000 $	146 000 $
Majorations nettes		8 000
Stock de marchandises au début	32 000	39 000
Rendus sur achats	2 000	3 000
Rendus sur ventes		4 000
Ventes, montant brut		140 000

Déterminez le coût du stock de marchandises qui devrait normalement figurer au bilan, sachant que l'entreprise utilise la méthode du coût moyen.

E 2. L'estimation du coût des marchandises incendiées

Le 15 décembre 20X2, le magasin Arlicon ltée a été la proie des flammes. Le feu a détruit la totalité des marchandises. L'agent des réclamations de la compagnie d'assurances vous demande de préparer une estimation du coût du stock de marchandises au moment de l'incendie.

Les renseignements suivants proviennent des livres qui n'ont pas été détruits lors de l'incendie :

Transports sur achats	12 500 $
Frais de livraison des marchandises vendues	4 500
Revenus de placement	3 750
Stock de marchandises au début de l'exercice	218 000
Salaires des employés du bureau	75 000
Achats	200 000
Rendus et rabais sur achats	4 500
Charge de loyer	25 000
Ventes	650 000
Rendus et rabais sur ventes	30 000
Salaires des vendeurs	100 000

Arlicon ltée utilisait un système d'inventaire périodique. On sait de plus que la marge bénéficiaire brute représentait 60 % du chiffre d'affaires net.

Calculez le coût des marchandises incendiées.

E 3. L'estimation du stock de clôture et la préparation d'un état des résultats

Le 1er septembre 20X1, un incendie a ravagé les entrepôts de Laliberté et fils inc. Le dernier inventaire remonte au 31 décembre 20X0 et indique que le coût du stock est de 373 000 $. Depuis quelques années, la marge bénéficiaire brute en fonction des coûts est stable à 40 %.

Les livres de la société, qui n'ont pas été détruits dans l'incendie, indiquent que, entre le 1er janvier et le 1er septembre, les achats, les retours de marchandises aux fournisseurs et le chiffre d'affaires se sont élevés respectivement à 1 925 000 $, 25 000 $ et 3 000 000 $.

a) Calculez le coût du stock de marchandises détruites dans l'incendie.
b) En tenant compte du fait que Laliberté et fils inc. a reçu une indemnité d'assurance équivalant à 95 % du coût du stock détruit et que les frais de vente et d'administration s'élèvent à 400 000 $, préparez un état des résultats pour la période terminée le 1er septembre 20X1. Ne tenez pas compte des impôts sur le bénéfice.

E 4. L'inventaire au prix de détail et les méthodes d'évaluation du stock

La société Ratio-nel ltée vous transmet les renseignements suivants concernant l'exercice terminé le 31 janvier 20X6 :

Stock – 31 janvier 20X5	
Coût	*222 480 $*
Prix de détail	*348 080*
Achats	
Coût	*1 143 928*
Prix de détail	*1 747 520*
Transports	*30 640*
Rendus sur achats	
Coût	*10 480*
Prix de détail	*19 680*
Rendus sur ventes	*33 120*
Escomptes sur achats	*19 280*
Majorations	*42 480*
Démarques	*64 960*
Annulations de majorations	*14 880*
Rabais sur ventes accordés aux employés	*5 000*
Ventes	*1 769 680*

La société comptabilise les marchandises vendues au prix de détail suggéré, déduction faite des rabais sur ventes.

a) Calculez le prix de détail du stock au 31 janvier 20X6.

b) Calculez les ratios du prix coûtant au prix de détail suivant que Ratio-nel ltée évalue le coût du stock :

   i) selon la méthode de l'épuisement à rebours (D.E.P.S.) ;

   ii) au moindre du coût et de la juste valeur, en établissant le coût selon la méthode de l'épuisement successif (P.E.P.S.).

E 5. L'estimation du stock de clôture et la préparation de l'état des résultats

Pétrolex inc. désire estimer son stock de marchandises au 31 mars 20X3. Pour ce faire, le comptable a recueilli les renseignements suivants :

Exercices précédents	*20X0*	*20X1*	*20X2*
Ventes, montant net	*1 050 000 $*	*1 260 000 $*	*1 400 000 $*
Marge bénéficiaire brute	*630 000*	*756 000*	*840 000*

Période de trois mois terminée le 31 mars 20X3	
Charge d'intérêt	*5 950 $*
Transports sur achats	*7 875*
Frais de livraison des marchandises vendues	*6 300*
Frais de douane des marchandises achetées	*12 600*
Produits de placement	*5 250*
Salaires des employés de bureau	*30 100*
Stock d'ouverture	*168 000*
Achats, montant brut	*126 000*
Rendus et rabais sur achats	*8 155*
Escomptes sur achats	*2 520*
Ventes, montant brut	*386 400*
Rendus sur ventes	*21 000*
Rabais sur ventes	*15 400*
Salaires des vendeurs	*58 800*

a) Calculez le coût du stock de marchandises au 31 mars 20X3.

b) Dressez l'état des résultats pour la période terminée le 31 mars 20X3.

11

E 6. L'application des deux méthodes d'estimation du coût du stock

Vous avez été nommé vérificateur de Naliel inc., grand magasin dont les affaires sont très florissantes. Cependant, vous n'avez pas pu assister au dénombrement du stock de marchandises et vous voulez vous assurer que le montant du coût d'acquisition du stock de 200 400 $, que vous a fourni le contrôleur de la société, est justifié. Voici les renseignements que vous avez obtenus :

Stock de marchandises au 31 décembre 20X1 (coût)	186 000 $
Achats	1 116 000
Transports sur achats	75 600
Rendus sur achats	22 500
Rendus sur ventes	40 500
Escomptes sur achats	23 100
Stock de marchandises au 31 décembre 20X1 (prix de détail)	375 000
Ventes	1 890 000
Frais de livraison	12 000
Majorations	45 000
Démarques	48 000
Annulations de majorations	27 000
Annulations de démarques	9 000
Salaires des vendeurs	56 700
Achats (prix de détail)	1 860 000
Rendus sur achats (prix de détail)	33 000

a) Calculez le coût du stock au 31 décembre 20X2 en appliquant la méthode de l'inventaire au prix de détail et en prenant en considération que Naliel inc. utilise la méthode du coût moyen.

b) En supposant que la marge bénéficiaire brute moyenne soit de 39 %, calculez le coût du stock de clôture selon la méthode de la marge bénéficiaire brute.

E 7. L'estimation du coût du stock de clôture, compte tenu de diverses méthodes de détermination du coût

Les renseignements suivants sont tirés des livres de la société Mitou inc. pour l'exercice terminé le 30 juin 20X1 :

	Prix coûtant	Prix de détail
Stock de marchandises au 30 juin 20X0	995 000 $	1 750 000 $
Achats	7 250 000	11 125 000
Retours sur achats	325 000	525 000
Escomptes sur achats	130 000	
Transports sur achats	85 000	
Majorations		625 000
Annulation de majorations		250 000
Démarques		225 000
Ventes au comptant		325 000
Clients, au 30 juin 20X0		875 000
Clients, au 30 juin 20X1		1 050 000
Encaissements sur les comptes clients au cours de l'exercice		9 750 000

Déterminez le coût du stock de marchandises en main au 30 juin 20X1 ainsi que le coût des marchandises vendues, en utilisant la méthode de l'inventaire au prix de détail appliquée selon la méthode :

a) du coût moyen ;
b) de l'épuisement à rebours ;
c) de l'épuisement successif.

Note : nous vous suggérons de présenter en un seul tableau l'information requise pour répondre aux trois questions.

E 8. L'estimation du coût du stock de clôture

Voici quelques renseignements sur le commerce de détail Frisebi ltée. Ils concernent les opérations des trois premiers mois de l'exercice 20X4 :

Stock de marchandises au 31 décembre 20X3	
Au coût	80 000 $
Au prix de détail	120 000
Achats	
Au coût	490 000
Au prix de détail	700 000
Fret à l'achat	27 320
Retours sur achats	
Au coût	9 800
Au prix de détail	14 000
Majorations nettes	10 000
Démarques nettes	21 200
Chiffre d'affaires	470 000
Rendus et rabais sur ventes	5 000

Estimez le moindre du coût et de la juste valeur du stock de clôture en utilisant la méthode de l'inventaire au prix de détail. Frisebi ltée utilise la méthode du coût moyen pour établir le coût du stock.

E 9. L'estimation du coût du stock de clôture

Reprenez les renseignements de l'exercice précédent pour déterminer le ratio de la marge bénéficiaire brute de Frisebi ltée.

\\\\\\\\\\\\ Problèmes de compréhension

P 1. L'estimation du coût du stock de clôture   (20 minutes – facile)

Ex-pensée ltée exploite depuis plusieurs années un magasin d'articles de sport à Montréal. Le 31 décembre 20X4, elle ouvre à Québec un second magasin de vente au détail. Les dirigeants de la société ont décidé d'utiliser la méthode de l'inventaire au prix de détail pour déterminer le coût du stock de marchandises au 31 décembre 20X5.

L'examen des livres du magasin principal a permis de relever les opérations suivantes effectuées par le magasin de Québec :

	Prix coûtant	Prix de détail
Stock de marchandises achetées le 31 décembre 20X4	234 240 $	292 800 $
Achats effectués pour le magasin de Québec		
au cours de 20X5	1 219 980	1 812 000
Frais de transport pour les envois		
à Québec	22 680	
Marchandises retournées à Montréal par le		
magasin de Québec	27 900	37 200

Les livres du magasin de Québec contiennent les renseignements suivants :

Ventes de 20X5	1 668 900 $
Prix de détail des marchandises endommagées ou volées	2 100

En avril, le prix de détail de 70 paires de skis a été réduit de 25 %. Le prix de détail initial était de 400 $. Un peu plus tard, le prix de vente des 20 paires non vendues a été ramené au prix de détail initial.

Travail à faire

Calculez le coût estimatif du stock de marchandises du magasin de Québec au 31 décembre 20X5, en tenant pour acquis que ce coût doit refléter le moindre du coût et de la juste valeur. Ex-pensée ltée utilise la méthode de l'épuisement successif.

P 2. L'estimation du stock de marchandises au moindre du coût moyen et de la juste valeur (20 minutes – facile)

Les renseignements suivants se rapportent à l'exercice terminé le 31 décembre 20X1 de la Librairie Savante ltée :

	Prix coûtant	Prix de détail
Achats	800 000 $	1 400 000 $
Rendus et rabais sur achats	13 818	20 000
Stock de marchandises au 1er janvier 20X1	140 000	200 000
Ventes		1 500 000
Transports sur achats	22 000	

Autres renseignements

- Au cours de l'exercice 20X1, le prix de détail de 80 volumes a été majoré de 4 $ le volume. Cette augmentation était nécessaire à la suite d'une augmentation des prix effectuée par les grossistes. Le prix de détail initial était de 39,95 $.
- À la fin de l'été, le prix de détail initial de 100 volumes, qui était de 30 $ le volume, a été démarqué de 10 %. Trois semaines plus tard, cette démarque a été annulée sur les 10 volumes qui n'avaient pas encore été vendus.

Travail à faire

Estimez le coût du stock de marchandises de la Librairie Savante ltée au 31 décembre 20X1, sachant que l'entreprise utilise la méthode du coût moyen pour évaluer ses stocks et qu'elle applique ensuite la règle du moindre du coût et de la juste valeur.

P 3. La perte attribuable à un incendie (25 minutes – moyen)

Le 4 novembre 20X2, un incendie a ravagé les entrepôts de la société Mademoiselle Merveille inc. Heureusement, les bureaux n'ont pas été endommagés. Le comptable de la société a pu obtenir les renseignements suivants :

1. L'exercice financier se termine le 31 décembre.
2. Le 4 novembre 20X2, le solde du compte Fournisseurs s'élevait à 90 000 $. Ce montant se détaille comme suit :

Transports sur achats concernant des articles en main	30 000 $
Marchandises expédiées F.A.B. – point d'arrivée par le fournisseur	42 000
(Ces marchandises n'avaient pas encore été reçues lors du sinistre.)	
Marchandises en main lors du sinistre	18 000

Abstraction faite des montants précédents, les achats de 20X2 s'élèvent à 1 500 000 $.
3. Le jour de l'incendie, des marchandises achetées au coût de 8 500 $ se trouvaient au quai d'embarquement. Cet achat avait été fait au comptant et avait été correctement comptabilisé.
4. Le pourcentage de la marge bénéficiaire brute est constant depuis quelques années. Les livres comptables de l'exercice précédent indiquent ce qui suit :

Achats	1 946 000 $
Rendus et rabais sur achats	54 000
Transports sur achats	42 000
Stock de marchandises au 1er janvier 20X1	76 000
Ventes, montant net	4 000 000

11

5. Entre le 1er janvier et le 4 novembre 20X2, les encaissements relatifs aux ventes s'élevaient à 3 300 000 $. Au 1er janvier 20X2, les sommes à recevoir des clients étaient de 120 000 $. Les clients qui devaient des sommes au 4 novembre 20X2 ont confirmé devoir un montant total de 94 800 $. D'autres clients doivent une somme de 14 400 $ que Mademoiselle Merveille inc. ne pourra recouvrer.

6. Au 1er janvier 20X2, le coût du stock de marchandises était de 124 000 $.

Travail à faire

Calculez la perte attribuable à l'incendie en tenant pour acquis que les articles situés dans l'entrepôt le 4 novembre ont été complètement détruits.

P 4. Le calcul du montant des dommages découlant d'un incendie

(45 minutes – difficile)

Le 31 décembre 20X5, un incendie a causé des dommages à la société Apsi ltée. Une partie du stock de marchandises a été détruite, et le directeur vous demande de calculer le montant des dommages en vue de réclamer une indemnité auprès de sa compagnie d'assurances.

Au cours de votre examen, vous constatez que les livres de la société Apsi ltée n'ont jamais été vérifiés, mais que le teneur de livres dresse les états financiers annuels à la fin de chaque exercice. La société a commencé son exploitation le 1er juillet 20X3. L'état suivant vous a été remis :

APSI LTÉE
État partiel des résultats
de l'exercice terminé le 30 juin

	20X5	20X4
Chiffre d'affaires	516 361 $	447 321 $
Coût des marchandises vendues		
Stock de marchandises au début	94 466	θ
Achats	485 427	404 550
Marchandises destinées à la vente	579 893	404 550
Stock de marchandises à la fin	118 279	94 466
Coût des marchandises vendues	461 614	310 084
Marge bénéficiaire brute	54 747 $	137 237 $

Autres renseignements

1. La société tient une comptabilité de caisse, et les comptes ne sont pas régularisés en fin d'exercice lors de l'établissement des états financiers.
2. Ventes entre le 1er juillet et le 31 décembre 20X5 : 363 673 $.
3. Achats entre le 1er juillet et le 31 décembre 20X5 : 181 352 $.
4. Montants dus ou à recevoir non comptabilisés :

	20X5	20X4
Fournisseurs		
au 30 juin	18 107 $	56 961 $
au 31 décembre	45 514	θ
Clients		
au 30 juin	90 984	47 025
au 31 décembre	50 487	θ

5. La société confie toutes les réparations de ses appareils à des sous-traitants. Le montant des factures des sous-traitants et celui des factures envoyées par la société à ses clients sont respectivement comptabilisés dans les comptes Achats et Ventes. (La facturation aux clients est faite au prix coûtant majoré de 50 %.) Les montants des réparations inclus dans les ventes ont été les suivants :

Exercice 20X4	4 970 $
Exercice 20X5	4 435
Période du 1er juillet au 31 décembre 20X5	2 416

6. Par suite d'une erreur d'addition, le stock de marchandises au 30 juin 20X4 a été surévalué de 3 300 $.

7. Des marchandises d'un coût total de 19 800 $ et achetées au cours de l'exercice terminé le 30 juin 20X5 ont été endommagées au cours de réparations faites au magasin. Elles ont dû être vendues au prix coûtant. Le produit de la vente est inclus dans les ventes de l'exercice terminé le 30 juin 20X5.
8. Il semble que les résultats d'exploitation de la période du 1er juillet au 31 décembre 20X5 devraient être établis en fonction de la moyenne non pondérée des résultats d'exploitation des exercices se terminant les 30 juin 20X5 et 20X4.
9. Les pertes de marchandises sont assurées jusqu'à concurrence de 60 000 $.
10. La compagnie d'assurances et Apsi ltée s'entendent pour estimer à 41 250 $ le prix coûtant des marchandises récupérées après l'incendie.

Travail à faire

Calculez le montant net des dommages qu'a subis Apsi ltée.

P 5. L'estimation du coût du stock de clôture selon deux méthodes et le choix du montant à retenir (50 minutes – moyen)

Le 28 février 20X4, Bill inc., qui a un urgent besoin de fonds, s'adresse à sa banque pour négocier un emprunt. La banque lui demande de préparer des états financiers au 28 février 20X4. L'année financière de Bill inc. se termine le 31 décembre. La société n'a pas pour politique de procéder à un inventaire à la fin de chaque mois, et elle n'a pas non plus l'intention de le faire en février 20X4. Elle met par contre tous ses livres à votre disposition. En voici quelques extraits pertinents :

	Prix coûtant 20X4	Prix de détail 20X4	20X3	20X2	20X1
Achats	30 500 $	48 500 $	207 000 $	193 000 $	170 000 $
Transports sur achats	800		4 000	3 500	2 500
Stock de marchandises au début	21 000	30 000	16 000	18 000	11 000
Stock de marchandises à la fin			21 000	16 000	18 000
Rendus sur achats	1 300	2 000	4 000	2 500	3 500
Rendus sur ventes		1 600	6 500	5 500	3 000
Ventes		52 000	300 000	280 000	235 000

Travail à faire

a) Déterminez le stock de marchandises au 28 février 20X4 selon la méthode de l'inventaire au prix de détail, en tenant pour acquis que Bill inc. utilise la méthode de l'épuisement à rebours.
b) Déterminez le prix coûtant du stock de marchandises au 28 février 20X4 en recourant à la méthode de la marge bénéficiaire brute.
c) Déterminez le montant auquel figurera le poste Stock de marchandises au bilan du 28 février 20X4.

P 6. La préparation d'un état des résultats et le calcul du montant d'une réclamation d'assurance (25 minutes – moyen)

La société Dynamique ltée se spécialise dans la vente de projectiles de toutes sortes. Ses locaux ont été détruits par une explosion qui a fait la manchette des journaux provinciaux pendant tout le mois de juillet 20X4.

Les administrateurs ont toutefois réussi à récupérer une bonne partie des livres et pièces justificatives qui se trouvaient dans un coffre-fort à toute épreuve.

11

Voici ce que présentaient les derniers états financiers de la société :

DYNAMIQUE LTÉE
Résultats
de l'exercice terminé le 31 décembre 20X3

Chiffre d'affaires			750 000 $
Escomptes sur ventes		6 000 $	
Rendus et rabais sur ventes		9 000	(15 000)
Chiffre d'affaires net			735 000
Coût des marchandises vendues			
Stock de marchandises au 1er janvier 20X3		75 000	
Achats	375 000 $		
Transports sur achats	30 000		
Rendus et rabais sur achats	(22 500)		
Achats, montant net		382 500	
Coût des marchandises destinées à la vente		457 500	
Stock de marchandises au 31 décembre 20X3		55 500	402 000
Marge bénéficiaire brute			333 000
Frais de vente et d'administration			
Salaires et avantages sociaux		135 000	
Publicité et promotion		9 900	
Téléphone		5 550	
Chauffage et électricité		6 435	
Amortissement – Bâtiment		12 075	
Amortissement – Mobilier		4 500	173 460
Bénéfice avant impôts			159 540 $

DYNAMIQUE LTÉE
Bilan
au 31 décembre 20X3

Actif

Actif à court terme		
Encaisse		19 200 $
Clients		144 600
Stock de marchandises		55 500
Total de l'actif à court terme		219 300
Immobilisations		
Mobilier, montant net		72 900
Bâtiment, montant net		405 000
Terrain		111 300
Total des immobilisations		589 200
Total de l'actif		808 500 $

Passif et capitaux propres

Passif		
Fournisseurs		25 500 $
Billet à payer (sans intérêt)		54 000
Hypothèque (15 %)		225 000
Total du passif		304 500
Capitaux propres		
Capital-actions		360 000
Bénéfices non répartis		144 000
Total des capitaux propres		504 000
Total du passif et des capitaux propres		808 500 $

Les administrateurs de Dynamique ltée ont déjà entendu parler de la méthode de la marge bénéficiaire brute, mais ils sont incapables de l'appliquer. Aussi, ceux-ci font appel à vos services pour que vous leur fournissiez une estimation du stock de marchandises au 30 juin 20X4, date de l'incendie.

Pour vous faciliter la tâche, ils vous donnent les renseignements suivants se rapportant à la période du 1er janvier 20X4 au 30 juin 20X4 :

Encaissements		
Ventes au comptant	90 000 $	
Reçus des clients	375 000	465 000 $

Décaissements

En règlement d'achats de marchandises effectués au comptant	30 000 $	
En règlement de comptes fournisseurs	225 000	
En règlement de six mensualités sur hypothèque (capital et intérêts)	18 000	
En règlement de salaires	66 000	
En règlement de frais de publicité	1 500	
En règlement de frais téléphoniques	1 500	
En règlement de frais de chauffage et d'électricité	1 500	343 500 $

Solde au 30 juin 20X4 de certains comptes du grand livre :

Caisse	140 700 $	
Clients	69 000	(Ventes de marchandises seulement)
Fournisseurs	31 500	(Achats de marchandises seulement)
Billet à payer	54 000	
Hypothèque à payer	224 040	

Note : la méthode d'amortissement employée est la méthode linéaire. Ne tenez pas compte des impôts sur le bénéfice.

Travail à faire

a) À l'aide de la méthode de la marge bénéficiaire brute et des renseignements qu'ont fournis les administrateurs, calculez le coût des marchandises détruites au 30 juin 20X4.

b) Si la compagnie d'assurances indemnisait la perte sur le stock de marchandises en s'appuyant sur le prix de vente, quel serait le montant de l'indemnisation ?

P 7. Les calculs nécessaires aux fins d'une demande d'indemnisation

(50 minutes – moyen)

Le 20 août 20X5, un incendie a détruit le magasin de vente au détail de Fiara ltée. L'incendie n'a heureusement pas touché les registres comptables qui étaient gardés au bureau de l'administration situé dans un immeuble voisin. L'examen des livres vous fournit les renseignements suivants sur les deux rayons que comportait le magasin :

	Rayon A	Rayon B	Total
Stock de marchandises au 1er janvier 20X5	40 000 $	60 000 $	100 000 $
Achats	147 000	186 000	333 000
Transports sur achats	3 000	4 000	7 000
Rendus et rabais sur ventes	2 500	2 900	5 400
Rendus et rabais sur achats	1 000	1 200	2 200
Ventes	200 000	250 000	450 000

Fiara ltée utilise la méthode de l'épuisement à rebours. Le coût des marchandises vendues et la marge bénéficiaire brute pour les trois derniers exercices sont les suivants :

	20X2	20X3	20X4
Rayon A			
Coût des marchandises vendues	255 000 $	300 000 $	325 000 $
Marge bénéficiaire brute	43 350	54 000	56 875
Rayon B			
Coût des marchandises vendues	368 000	335 000	372 000
Marge bénéficiaire brute	92 000	90 450	96 720
Total			
Coût des marchandises vendues	623 000	635 000	697 000
Marge bénéficiaire brute	135 350	144 450	153 595

Travail à faire

a) Déterminez le coût du stock de marchandises au 20 août 20X5. Arrondissez vos calculs au dollar près et les ratios à quatre décimales près.

b) Dressez un état partiel des résultats pour la période terminée le 20 août 20X5.

c) Supposons que, dans la police d'assurance de Fiara ltée, il est indiqué que la compagnie d'assurances s'engage à verser les indemnités en fonction du prix de détail des marchandises. Quel montant Fiara ltée devrait-elle réclamer ?

11

C 1. L'estimation du coût du stock de clôture et la variation dans les marges bénéficiaires   *(25 minutes – moyen)*

La société Bégain inc., qui veut souscrire à un emprunt, doit présenter des états financiers intermédiaires pour la période de six mois terminée le 31 mars 20X5. La société emploie la méthode de l'inventaire périodique et fixe ses prix de vente de façon à obtenir une marge bénéficiaire brute de 40 %. Le coût des articles dénombrés le 30 septembre 20X4 était de 64 500 $.

Les renseignements suivants ont trait aux opérations des six premiers mois de l'exercice se terminant le 30 septembre 20X5 :

Ventes	967 500 $
Achats	667 500
Retours sur achats	67 500
Escomptes sur achats	11 550
Retours sur ventes	52 500
Transports sur achats	26 550
Frais de vente	94 500
Frais d'administration	63 000

Travail à faire

a) Indiquez comment la société Bégain inc. peut préparer ses états financiers sans procéder à un inventaire.

b) Préparez en bonne et due forme l'état des résultats pour la période de six mois terminée le 31 mars 20X5.

c) En supposant que la marge bénéficiaire brute n'ait pas été maintenue et qu'elle soit effectivement de 30 %, dites :
   i) si le stock de marchandises à la fin est surévalué ou sous-évalué ;
   ii) de combien ;
   iii) quels sont les autres postes aux états financiers touchés par cette surévaluation ou sous-évaluation, dans chaque cas, indiquez l'effet (surévaluation ou sous évaluation du poste).

d) i) Quels avantages la société retirerait-elle de l'emploi d'un système d'inventaire permanent ?
   ii) Quels inconvénients la société pourrait-elle invoquer si elle ne veut pas implanter un système d'inventaire permanent ?

C 2. L'explication de la méthode de l'inventaire au prix de détail   *(30 minutes – facile)*

Trotte Monsieur ltée est une entreprise de commerce au détail. Elle veut estimer le coût de son stock de marchandises selon la méthode de l'inventaire au prix de détail. Toutefois, ne connaissant pas très bien cette méthode, la société vous consulte. Elle éprouve certaines difficultés avec le traitement des majorations, des annulations de majorations, des démarques et des annulations de démarques. Trotte Monsieur ltée vous souligne que l'estimation du coût des marchandises doit refléter le coût déterminé selon la méthode de l'épuisement à rebours, en appliquant la règle de la valeur minimale. La société aimerait aussi connaître les limites et les avantages de la méthode de l'inventaire au prix de détail.

Travail à faire

Préparez un rapport destiné à Trotte Monsieur ltée dans lequel vous discuterez des points soulevés par la société.

C 3. Le calcul du coût du stock de clôture (30 minutes – difficile)

Gulliver inc. exploite une entreprise de vente au détail. Les renseignements suivants sont extraits de l'état des résultats de l'exercice terminé le 31 décembre 20X1, préparé à des fins internes :

	Rayon A	Rayon B	Total
Chiffre d'affaires	100 000 $	100 000 $	200 000 $
Stock de marchandises au début	25 000	15 000	40 000
Achats, montant net	85 000	55 000	140 000
Stock de marchandises à la fin	(30 000)	(20 000)	(50 000)

Gulliver inc. a aussi recueilli les renseignements suivants pour l'exercice terminé le 31 décembre 20X2 :

	Rayon A	Rayon B	Total
Chiffre d'affaires	150 000 $	50 000 $	200 000 $
Stock de marchandises au début	30 000	20 000	50 000
Achats, montant net	100 000	10 000	110 000

Le comptable de l'entreprise a estimé que le coût du stock en main au 31 décembre 20X2 s'élevait à 30 000 $. Cette estimation a été faite à l'aide de la méthode de la marge bénéficiaire brute.

Travail à faire

a) Déterminez les chiffres utilisés par le comptable pour estimer le coût des marchandises en main à la fin.

b) Discutez de la pertinence du travail du comptable et, s'il y a lieu, présentez une meilleure façon d'estimer le coût du stock en main au 31 décembre 20X2.

C 4. L'évaluation du stock d'un producteur agricole (25 minutes – moyen)

F est fermier. Il vit à 150 kilomètres du marché à bestiaux le plus proche et élève des bêtes de boucherie.

Les bêtes sont achetées au marché à bestiaux et sont mises six mois à l'engrais pour être revendues avec profit au poids sur pied suivant la cote du marché.

Les bêtes sont achetées et vendues en troupeaux d'environ 200 têtes chacun. Chaque troupeau est gardé dans un enclos. Les bêtes sont nourries trois fois par jour et ingèrent une nourriture variée. La ration consiste en céréales cultivées sur la ferme, en fourrage, en mélasse et autres suppléments.

Travail à faire

F demande des conseils pour l'évaluation des bêtes prêtes pour le marché et des bêtes encore à l'engrais. Donnez à F tous les conseils pertinents.

11

Les contrats
à long terme

1. Pourquoi peut-on comptabiliser différemment les produits découlant des contrats à long terme des montants que facture et encaisse l'entrepreneur ?

2. Expliquez brièvement les méthodes de constatation des produits découlant des contrats à long terme.

3. Discutez des avantages et des inconvénients des deux méthodes de constatation des produits découlant des contrats à long terme.

4. De quelle façon les contrats à long terme sont-ils présentés au bilan ?

5. Selon le Conseil des normes comptables (C.N.C.), à quel moment l'exécution d'un contrat à long terme est-elle achevée ?

6. Expliquez deux façons de déterminer le degré d'avancement des travaux.

E 1.   Le calcul du bénéfice brut

La société Dallas ltée s'est engagée au cours de l'exercice 20X1 à exécuter un contrat de construction à long terme. Le prix convenu est de 1 750 000 $, et la société estime que l'exécution des travaux lui procurera un bénéfice brut de 200 000 $. Voici quelques renseignements relatifs à ces travaux :

	Coûts cumulatifs engagés	Coûts estimatifs à engager pour terminer les travaux
20X1	124 000 $	1 426 000 $
20X2	432 000	1 168 000
20X3	945 000	630 000

Calculez le montant du bénéfice brut de Dallas ltée pour chacun des exercices 20X1, 20X2 et 20X3, en tenant pour acquis que la société constate ses produits selon la méthode de l'avancement des travaux.

E 2.   Le calcul du bénéfice brut et la préparation de l'état des résultats

Les renseignements présentés à la page suivante sont tirés des livres de Construivit ltée, société appartenant à l'industrie de la construction. Le président de la société estime que la constatation des produits à la fin d'un contrat ne reflète pas fidèlement les opérations de la société. Il a donc décidé de présenter les résultats d'exploitation selon la méthode de l'avancement des contrats.

	1er contrat	2e contrat
Prix de soumission des contrats	18 000 000 $	42 000 000 $
Coûts de production engagés avant 20X4	θ	6 000 000
Coûts de production engagés en 20X4	15 000 000	18 000 000
Coûts de production pour terminer les travaux	θ	12 000 000

Les frais de vente et d'administration totalisent 1 500 000 $ en 20X4.

a) Déterminez le montant du bénéfice brut total relatif au premier contrat.
b) Déterminez le montant du bénéfice brut prévu relatif au second contrat.
c) Déterminez le montant du bénéfice brut réalisé en 20X4 sur le second contrat en arrondissant à une décimale près le degré d'avancement.
d) En tenant pour acquis que le taux d'imposition est de 50 %, présentez, en bonne et due forme, l'état des résultats pour l'exercice terminé le 31 décembre 20X4.

E 3. Le calcul des produits et la préparation de l'état des résultats

La société Teck-Nik ltée s'est vue octroyer la construction d'une pièce importante qui sera fixée à la fusée européenne Ariane. Le prix fixé au contrat est de 90 millions de dollars. L'exercice financier de Teck-Nik ltée se termine le 31 décembre. Les renseignements suivants sont tirés des livres comptables de la société :

	20X5	20X6	20X7
		(en milliers de dollars)	
Coûts engagés pendant l'exercice	15 750 $	31 500 $	56 250 $
Coûts estimatifs pour terminer le contrat	74 250	47 250	θ
Sommes facturées	θ	28 125	61 875
Sommes encaissées	θ	22 500	45 000

a) En tenant pour acquis que Teck-Nik ltée utilise la méthode de l'avancement des travaux, calculez les produits à constater en 20X5, 20X6 et 20X7. Calculez le degré d'avancement des travaux en gardant trois décimales.
b) Préparez l'état comparatif des résultats pour les exercices terminés les 31 décembre 20X5, 20X6 et 20X7.

E 4. La comptabilisation d'un contrat à long terme

Reprenez les renseignements de l'exercice précédent et passez les écritures de journal dans les livres de Teck-Nik ltée pour les exercices 20X6 et 20X7.

E 5. La comptabilisation de deux contrats

La société Stanislaus ltée a été fondée au début de 20X1. Le 31 décembre de la même année, elle terminait les travaux relatifs à un contrat de construction et commençait ceux d'un second contrat. Voici les renseignements relatifs à ces deux contrats :

	1er contrat	2e contrat
Coûts engagés en 20X1	80 000 $	85 000 $
Degré d'avancement	100 %	50 %
Prix de vente convenu	100 000 $	200 000 $
Sommes facturées	100 000 $	95 000 $
Sommes recouvrées en 20X1	92 000 $	75 000 $

Passez les écritures de journal requises pour inscrire les données concernant ces deux contrats, conformément aux méthodes suivantes relatives à la constatation des produits :

a) Méthode de l'achèvement des travaux.
b) Méthode de l'avancement des travaux.

Problèmes de compréhension

P 1. Le calcul du bénéfice brut et du solde de l'actif   (30 minutes – facile)

La société Jean Fait ltée a commencé ses opérations le 5 janvier 20X1. Elle exerce ses activités dans le domaine de la construction d'édifices commerciaux et gouvernementaux. Au cours de son premier exercice financier, la société a obtenu deux contrats.

Le premier contrat porte sur la construction d'un poste de police pour le compte de la ville de Drasse. Il s'agit d'un contrat dont le prix convenu est le prix coûtant majoré de 30 %. Le taux de majoration est élevé, car il a été convenu de définir le prix coûtant en termes de coûts directs. De plus, Jean Fait ltée devra attendre la fin des travaux de construction pour faire parvenir la facture à la ville de Drasse.

La société a obtenu le second contrat à la fin de l'exercice terminé le 31 décembre. Ce contrat concerne la construction du siège social de la société Ambitieuse ltée. Jean Fait ltée a décidé de faire exécuter les travaux par des sous-traitants, car elle ne dispose pas d'une main-d'œuvre suffisante. Les sous-traitants n'avaient encore commencé aucun travail au 31 décembre 20X1.

Au 31 décembre 20X2, la construction des deux immeubles était terminée. Voici quelques renseignements supplémentaires :

Projet	Prix fixé au contrat	Coûts engagés en 20X1	20X2	Coûts totaux estimés au 31 décembre 20X1
Poste de police	Prix coûtant majoré de 30 %	260 000 $	340 000 $	620 000 $
Immeuble du siège social	800 000 $	200 000	500 000	800 000

Travail à faire

a) En utilisant la méthode de constatation des produits à l'achèvement des travaux, calculez :
   i) le montant du bénéfice brut (perte brute) pour les exercices 20X1 et 20X2 ;
   ii) le solde du compte Travaux en cours au 31 décembre de chaque exercice.
b) Reprenez les calculs demandés en a) en utilisant cette fois-ci la méthode de constatation des produits à l'avancement des travaux.

P 2. Le calcul du bénéfice brut et du degré d'avancement   (20 minutes – moyen)

La société Constructions Huart ltée comptabilise périodiquement les produits découlant d'un contrat de construction à long terme en proportion des coûts annuels par rapport au coût total estimatif pour exécuter le contrat. Les coûts déjà engagés relatifs à un contrat, obtenu au prix forfaitaire de 1 000 000 $, et le solde estimatif des coûts à engager pour terminer les travaux sont résumés ci-après :

	Coûts engagés	Solde estimatif des coûts à engager
20X0	320 000 $	480 000 $
20X1	480 000	120 000
20X2	80 000	θ

Travail à faire

a) Déterminez le montant du bénéfice brut que la société devrait comptabiliser dans chacun des exercices.
b) Décrivez les différents contextes dans lesquels on utilise généralement la méthode de l'avancement des travaux, en estimant au préalable le degré d'avancement selon les coûts engagés. Votre réponse devrait aussi comprendre une description des contextes où cette méthode ne doit pas être utilisée. Justifiez votre réponse en invoquant les principes comptables appropriés.

12

P 3. La préparation des états financiers (40 minutes – moyen)

Ravel ltée est une société appartenant au secteur énergétique depuis plusieurs années. En 20X5, la société a signé un contrat avec Levar ltée pour la construction d'un réacteur nucléaire. Ravel ltée a toujours utilisé la méthode de l'avancement des travaux pour comptabiliser ses contrats à long terme. La durée prévue du contrat est de trois ans.

Autres renseignements

1. Prix total convenu : 7 500 000 $.
2. Les coûts engagés au 31 décembre 20X0 étaient de 3 000 000 $, et la société estimait devoir engager un montant équivalent pour terminer les travaux.
3. Au cours de l'exercice terminé le 31 décembre 20X0, une somme de 2 250 000 $ a été facturée à la société Levar ltée. De ce montant, 1 500 000 $ ont déjà été recouvrés.
4. Les coûts engagés en 20X1 ont été de 3 750 000 $ et, au 31 décembre 20X1, les coûts estimatifs pour terminer les travaux étaient évalués à 1 500 000 $.
5. Les sommes facturées en 20X1 s'élevaient à 4 500 000 $. Au 31 décembre 20X1, Ravel ltée avait encaissé tous les montants que lui devait la société Leval ltée.

Travail à faire

Dressez l'état partiel des résultats pour les exercices terminés le 31 décembre 20X0 et le 31 décembre 20X1, ainsi que le bilan partiel à ces mêmes dates. Présentez les états sous forme comparative. Calculez le degré d'avancement des travaux en gardant quatre décimales.

P 4. Le calcul du bénéfice et la préparation des états financiers (30 minutes – moyen)

Au cours de son premier exercice financier, Baba inc. a exécuté différents travaux de construction dont il est question dans le tableau suivant :

N° du contrat	Prix convenu	Coûts engagés en 20X1	Coûts estimatifs pour terminer les travaux	Sommes recouvrées en 20X1	Sommes facturées en 20X1
D-1000	300 000 $	175 000 $	75 000 $	150 000 $	150 000 $
D-1001	450 000	300 000	200 000	275 000	325 000
C-5000	200 000	150 000	θ	θ	θ
D-1002	500 000	50 000	350 000	θ	25 000

Les dirigeants de la société vous ont également communiqué les renseignements suivants :

1. La société utilise la méthode de constatation des produits selon l'avancement des travaux.
2. Le contrat C-5000 a trait à la construction d'un entrepôt qu'utilisera Baba inc. à compter de 20X2. Comme le prix de la plus basse soumission était de 200 000 $, Baba inc. a décidé de construire elle-même l'entrepôt.
3. Les frais d'exploitation de l'exercice 20X1 sont de 175 000 $.
4. La société paie comptant tous les coûts engagés et les frais d'exploitation.
5. La société n'est pas assujettie à l'impôt sur le bénéfice.

Travail à faire

a) Préparez l'état des résultats pour l'exercice terminé le 31 décembre 20X1 et le bilan partiel à cette même date. Calculez le degré d'avancement des travaux en gardant trois décimales.
b) Déterminez le montant du bénéfice net (perte nette) de la société pour l'exercice terminé le 31 décembre 20X1 en supposant qu'elle utilise la méthode de constatation des produits à l'achèvement des travaux.

12

P 5. La comptabilisation d'un contrat à long terme   (50 minutes – difficile)

La société Envergure ltée s'est engagée à construire un immeuble pour le compte de Acheteuse ltée à un prix fixe de 600 000 $. La construction a commencé le 1er juin 20X2 et s'est terminée le 30 septembre 20X4. Voici les renseignements recueillis :

	20X2	20X3	20X4
Coûts engagés pendant l'exercice	240 000 $	160 000 $	80 000 $
Coûts estimatifs pour terminer le contrat	456 000	120 000	θ
Montants facturés pendant l'exercice	130 000	260 000	210 000
Montants versés par Acheteuse ltée	120 000	256 000	220 000

Travail à faire

En considérant que l'exercice financier se termine le 31 décembre, passez les écritures de journal nécessaires pour comptabiliser les opérations ci-dessus :

a) en utilisant la méthode de l'achèvement des travaux ;
b) en utilisant la méthode de l'avancement des travaux et en tenant pour acquis que le degré d'achèvement est établi en fonction des coûts engagés. Calculez le degré d'avancement des travaux en gardant quatre décimales.

P 6. La comptabilisation d'un contrat à long terme et la préparation des états financiers   (50 minutes – moyen)

Toledo ltée s'est engagée par contrat à construire un tronçon d'autoroute pour 45 millions de dollars. La direction estime que le coût des travaux s'élèvera à 40,5 millions de dollars. Voici les renseignements concernant l'exécution de ce contrat :

Année	Coûts engagés	Coûts estimatifs à engager pour terminer les travaux	Montants facturés	Montants recouvrés
20X1	0 720 000 $	30 780 000 $	9 000 000 $	8 550 000 $
20X2	26 160 000	10 120 000	24 750 000	22 275 000
20X3	9 220 000	θ	11 250 000	14 175 000

Travail à faire

a) Comptabilisez les opérations relatives à ce contrat en utilisant :
   i) la méthode de l'achèvement des travaux ;
   ii) la méthode de l'avancement des travaux.
b) Dressez un bilan partiel au terme de chacun des exercices ainsi qu'un état partiel des résultats pour les exercices terminés aux mêmes dates, selon chacune des deux méthodes de constatation des produits. Présentez ces états financiers de façon comparative.

Analyse de cas

C 1. La préparation des états financiers et une discussion des méthodes de comptabilisation   (25 minutes – moyen)

Le 31 décembre 20X1, Luau ltée a compilé les renseignements suivants qui ont trait à trois contrats dont elle a entrepris l'exécution au cours de l'exercice :

N° du contrat	Prix convenu	Coût total prévu	Coûts engagés durant l'exercice	Montants facturés	Montants recouvrés
1	1 125 000 $	900 000 $	600 000 $	675 000 $	607 500 $
2	1 500 000	1 575 000	787 500	600 000	570 000
3	1 350 000	1 012 500	303 750	337 500	303 750

Travail à faire

a) Dressez les états financiers partiels de l'exercice 20X1, en tenant pour acquis que Luau ltée constate les produits selon :

   i) la méthode de l'achèvement des travaux ;

   ii) la méthode de l'avancement des travaux. Notez que la relation entre les coûts réels engagés et les coûts totaux estimatifs traduit le degré d'avancement.

b) Indiquez les différences importantes entre les deux séries d'états financiers.

c) Précisez, en la justifiant, la série d'états financiers qui décrit le mieux la situation financière de la société Luau ltée et ses résultats d'exploitation.

12

Les placements
à long terme

13

1. Quelles principales caractéristiques permettent de faire la distinction entre les placements à court terme et les placements à long terme ?

2. Pour chacun des placements suivants, dites si le placement est habituellement considéré comme un placement à court terme ou un placement à long terme.

    a) Les certificats de dépôt.
    b) Les bons du Trésor.
    c) Les actions détenues en vue d'exercer une influence notable sur la société émettrice.
    d) Les obligations achetées à même les liquidités excédentaires.

3. La Maison Raphaël inc. détient des obligations qu'elle a désignées comme étant détenues jusqu'à l'échéance. Ces obligations ont coûté 98 000 $, et elles ont une valeur nominale de 100 000 $. Le 1er mai 20X5, la société vend toutes ses obligations au prix de 101 000 $, majoré des intérêts courus. À cette date, le solde du compte Placement de portefeuille – Obligations détenues jusqu'à l'échéance s'élève à 100 000 $; celui du compte Escompte d'acquisition d'obligations s'élève à 1 500 $. Comment la société calculera-t-elle le gain ou la perte découlant de la vente de son placement de portefeuille ?

4. Quelles informations afférentes aux placements à long terme autres que des actifs financiers doivent contenir les états financiers ?

5. Expliquez deux façons d'aliéner un placement en obligations.

6. Décrivez brièvement la méthode du taux d'intérêt effectif utilisée pour amortir les primes ou les escomptes d'acquisition d'obligations.

7. Dans quelle situation doit-on constater une baisse de valeur sur les placements à long terme en obligations ?

8. Lorsqu'une entreprise achète simultanément plusieurs placements à long terme, comment doit-elle répartir le coût d'acquisition global entre chacun des titres achetés ?

9. À quel montant doit-on comptabiliser les placements acquis en échange de biens ou de services ?

10. Quels indices permettent de savoir qu'une société détentrice exerce une influence notable sur une société émettrice ?

11. Comparez la comptabilisation des opérations suivantes selon qu'une société détentrice admissible à l'information différentielle comptabilise son placement dans un satellite à la valeur d'acquisition ou à la valeur de consolidation.

13

a) L'acquisition d'actions.

b) La réalisation de bénéfices par la société émettrice.

c) La déclaration de dividendes de liquidation.

d) La déclaration de dividendes.

e) La réalisation de pertes par la société émettrice.

12. Dans quelles situations une entreprise est-elle exclue de la consolidation ?

13. Pourquoi doit-on constater la valeur de rachat d'une police d'assurance souscrite par l'entreprise sur la vie d'un administrateur à titre d'élément d'actif ?

14. Pourquoi est-il acceptable de comptabiliser certains placements à long terme à leur coût d'origine plutôt qu'à leur juste valeur ?

15. Qu'est-ce qu'un fonds à usage particulier ?

16. Lorsqu'une entreprise détient entre 20 % et 100 % d'une société émettrice et qu'elle ne considère pas que la société émettrice est une filiale, mentionnez à quel montant le placement dans la société émettrice sera habituellement présenté aux états financiers de la société détentrice.

17. Parfois, une société détentrice détenant un placement en actions comptabilisé à la valeur d'acquisition achète un lot supplémentaire d'actions et obtient ainsi une influence notable sur la société émettrice. Expliquez le mode de comptabilisation de cette acquisition supplémentaire ainsi que les répercussions sur le mode de comptabilisation subséquent du placement.

Exercices

E 1. Vrai ou faux

Dites si chacun des énoncés suivants est vrai ou faux.

a) Une entreprise possède des obligations qu'elle a l'intention de conserver jusqu'à l'échéance et qu'elle a désignées comme étant détenues jusqu'à l'échéance. Si la juste valeur de ces obligations devient inférieure à la valeur comptable, la valeur comptable doit être présentée au bilan.

b) En investissant de la trésorerie dans des actions, l'un des objectifs de la direction est parfois d'exercer une influence notable sur la société émettrice.

c) Le 31 janvier 20X2, vous achetez 200 obligations de ILC ltée à 103. Ces obligations, d'une valeur nominale de 500 $ chacune, viennent à échéance le 30 novembre 20X5 et portent un taux d'intérêt de 10 % l'an. Les intérêts sont payables le 31 mai et le 30 novembre. Si vous avez l'intention de conserver ces obligations pendant une longue période et que vous les désignez comme étant détenues jusqu'à l'échéance, cette opération doit être comptabilisée de la façon suivante :

Placements de portefeuille – Obligations		
détenues jusqu'à l'échéance	*100 000*	
Prime d'acquisition d'obligations	*3 000*	
Intérêts courus à recevoir	*1 699*	
Caisse		*104 699*
Acquisition d'obligations de ILC ltée.		

E 2. Un échange de biens

Le 1er novembre 20X1, Létourneau ltée a acquis 100 obligations de Androïde ltée au prix de 98 759 $, y compris des intérêts à recevoir de 759 $. En échange de ces obligations, qu'elle désigne comme étant détenues jusqu'à leur échéance dans 15 ans, Létourneau ltée a cédé un grand terrain. À la date de l'échange, les deux sociétés ont convenu que la juste valeur du terrain était de 98 759 $.

En tenant compte du fait que le terrain a une valeur comptable de 50 000 $ et que la valeur nominale des obligations est de 100 000 $, passez l'écriture de journal requise dans les livres de Létourneau ltée pour comptabiliser l'échange.

E 3. Un achat en bloc

Le 1er décembre 20X2, Grondin ltée a acheté 100 obligations de Pettigrew ltée ayant une valeur nominale de 100 000 $. Les obligations rapportent annuellement un intérêt de 10 % payable le 1er mars et le 1er septembre. Au même moment, elle a acheté des obligations d'une valeur nominale de 60 000 $ de Desrochers ltée. Ces obligations rapportent annuellement un intérêt de 11 % payable le 1er décembre.

Sachant que Grondin ltée a déboursé 170 000 $ pour acquérir ces obligations, passez l'écriture de journal nécessaire pour comptabiliser cette acquisition au 1er décembre 20X2, selon chacune des hypothèses suivantes :

a) Les obligations de Pettigrew ltée et celles de Desrochers ltée se négocient respectivement à 103 et à 104.
b) Les obligations de Pettigrew ltée se négocient à 103 ; celles de Desrochers ltée ne s'échangent pas sur le marché.

E 4. La valeur de rachat

Le 1er mai 20X1, Lebeau ltée a souscrit à une nouvelle police d'assurance sur la vie de Joey Labelle, président de l'entreprise. La prime annuelle de 3 192 $ est payée en versements mensuels égaux, et la valeur de rachat au 1er mai 20X2 s'élèvera à 1 200 $.

Sachant que Lebeau ltée clôture son exercice financier le 31 décembre et que la valeur de rachat augmente de façon constante, passez les écritures de journal requises au cours de l'exercice 20X1.

E 5. L'indemnité d'assurance au décès

Passez les écritures de journal requises au 1er janvier 20X2 en reprenant les renseignements de l'exercice précédent. Supposez que le président est décédé à cette date, que la société d'assurances n'exige pas le paiement des primes mensuelles couvrant les mois de janvier à avril 20X2 et que Lebeau ltée encaissera une indemnité d'assurance de 500 000 $.

E 6. Les placements de portefeuille – Obligations

Le 1er septembre 20X1, la société Spéculator ltée achète à 103 un placement à long terme en obligations qu'elle désigne comme étant détenues jusqu'à l'échéance. La valeur nominale des obligations est de 100 000 $, et elles portent un intérêt de 10 % l'an. La date d'échéance est le 1er septembre 20X8, et les intérêts sont payables le 1er septembre de chaque année. Le 1er octobre 20X4, Spéculator ltée vend ses obligations à 104 plus les intérêts courus.

Sachant que l'exercice financier de Spéculator ltée se termine le 31 août, passez les écritures de journal requises aux dates suivantes :
i) Le 1er décembre 20X1;
ii) Le 1er octobre 20X4.
Arrondissez tous vos calculs au dollar près.

E 7. L'impact sur les états financiers

Voici trois opérations qui ont été comptabilisées par Legendre ltée :

a) À la fin de l'exercice 20X1, aucun intérêt couru afférent aux placements à long terme n'a été comptabilisé. Ces placements ont tous été vendus en 20X2.
b) Au 31 décembre 20X1, les placements à long terme désignés comme disponibles à la vente ont été présentés au bilan à leur coût d'origine de 10 000 $, alors que leur juste valeur était de 9 500 $. À ce moment, Legendre ltée estimait que la baisse de valeur était durable. Dans le bilan du 31 décembre 20X2, les placements ont été présentés à leur juste valeur, soit 8 600 $.

c) Legendre ltée a acheté des actions ordinaires de Inconnu ltée au moment de leur émission à la fin de l'exercice 20X1. Elle a désigné ces actions comme étant disponibles à la vente. L'opération a été comptabilisée seulement au début de l'exercice 20X2. Les titres ont été vendus à la fin de cet exercice, et le gain sur aliénation a été correctement comptabilisé.

Pour chacune de ces opérations, remplissez le tableau suivant en indiquant l'impact de la comptabilisation sur certaines composantes des états financiers des exercices 20X1 et 20X2. Indiquez les éléments surévalués (+), sous-évalués (-) ainsi que les éléments qui n'ont pas subi de modification (0).

Opérations	Exercice 20X1			Exercice 20X2		
	Actif	Bénéfice net	Passif	Actif	Bénéfice net	Passif
a)						
b)						
c)						

E 8. Les placements en actions : acquisition, détention et cession

Le 1er janvier 20X0, la société Mère ltée acquiert 3 000 actions ordinaires de la société Fille ltée à 12 $ chacune. À cette date, le bilan de Fille ltée présente un actif total de 100 000 $, un passif de 40 000 $, un capital-actions de 50 000 $ (10 000 actions émises) et des bénéfices non répartis de 10 000 $.

Le bénéfice net de Fille ltée est de 40 000 $ pour l'exercice terminé le 31 décembre 20X0, et elle a versé des dividendes totaux de 15 000 $ le 31 décembre 20X0. À cette date, le cours des actions de Fille ltée est de 14 $. Le lendemain, Mère ltée vend 1 000 actions de Fille ltée à 15 $ chacune.

Passez les écritures requises dans les livres de Mère ltée pour inscrire les opérations présentées plus haut dans l'hypothèse où Mère ltée n'exerce pas une influence notable sur Fille ltée.

E 9. Les placements en actions : acquisition, détention et cession

Reprenez les renseignements de l'exercice précédent et passez les écritures de journal requises dans les livres de Mère ltée, compte tenu que celle-ci exerce une influence notable sur Fille ltée.

E 10. L'amortissement de l'escompte d'acquisition d'obligations

Le 1er janvier 20X0, Jeannez ltée acquiert au prix de 190 225 $ des obligations de Jeanmanque inc. d'une valeur nominale de 200 000 $ et portant un intérêt de 9 % l'an payable le 31 décembre. Les obligations arrivent à échéance le 1er janvier 20X3 et l'entreprise les désigne comme détenues jusqu'à l'échéance.

a) Dressez un tableau montrant, pour les exercices 20X0, 20X1 et 20X2, les produits d'intérêts et l'amortissement de l'escompte d'acquisition d'obligations, en tenant compte que le taux d'intérêt du marché est de 11 % le 1er janvier 20X0.
b) Comptabilisez l'encaissement des intérêts et l'amortissement de l'escompte d'acquisition d'obligations au 31 décembre 20X0.

E 11. Une modification de l'influence de la société détentrice

Le 15 mars 20X1, Mamie De Pin inc. acquiert 10 000 des 100 000 actions de Souppe O'Lè inc. au prix de 5 $ l'action, plus des frais de courtage de 500 $. Elle désigne ce placement comme étant disponible à la vente.

13

Entre le 24 juillet et le 3 décembre 20X1, Mamie De Pin inc. achète 30 000 actions supplémentaires au coût de 176 100 $. Au cours de cette période, la juste valeur des actions est demeurée stable. L'objectif avoué de Mamie De Pin inc. était d'acquérir assez d'actions pour pouvoir exercer une influence notable sur Souppe O'Lè inc., ce qui s'est concrétisé au début de décembre. Cette acquisition a été financée par emprunt bancaire et a entraîné des frais d'intérêts supplémentaires de 8 805 $.

Souppe O'Lè inc. a réalisé un bénéfice de 54 300 $ pour l'exercice terminé le 31 décembre 20X1. On peut présumer que ce bénéfice a été réalisé de façon uniforme tout au long de l'exercice.

Passez les écritures de journal requises dans les livres de Mamie De Pin inc. pour l'exercice terminé le 31 décembre 20X1 en tenant pour acquis que la société impute en charge les frais de courtage dès qu'elle les engage.

E 12. La quote-part des résultats de la société détentrice dans un satellite

Noël ltée possède 25 % des actions de Wade ltée, ce qui lui confère une influence notable sur celle-ci. Les actions, achetées au début de l'exercice 20X0 au prix de 223 687 $, ont généré les résultats suivants :

Exercice terminé le 31 décembre	Bénéfice (perte) de Wade ltée	Dividendes déclarés et versés*
20X0	- 88 000 $	150 000 $
20X1	59 500	150 000
20X2	38 000	100 000
20X3	(41 600)	100 000
20X4	(163 510)	10 000
20X5	(318 200)	–
20X6	(625 000)	–

* Tenez pour acquis que les dividendes sont déclarés et versés le dernier jour de l'exercice financier.

Le rendement financier de Wade ltée s'est finalement rétabli au cours de l'exercice 20X7, et la société émettrice a terminé son exercice financier avec un bénéfice de 173 780 $.

Retracez les opérations comptabilisées par Noël ltée au compte Participations dans des satellites, de 20X0 à 20X7 inclusivement. Arrondissez tous vos calculs au dollar près.

///////////// **Problèmes de compréhension**

P 1. Les moins-values   (10 minutes – moyen)

Le 31 décembre 20X1, Bombé ltée possédait trois placements à long terme en actions disponibles à la vente et achetés au cours de l'exercice. La société vous fournit les renseignements suivants :

	Coût initial	Juste valeur
Placements de portefeuille – Actions de Toquio ltée	51 000 $	49 500 $
Placements de portefeuille – Actions de Chik Ago ltée	105 000	106 200
Placements de portefeuille – Actions de Berlain ltée	200 000	199 000

Bombé ltée estime que les moins-value sur les actions de Toquio ltée et de Berlain ltée sont de nature durable.

Travail à faire

Passez l'écriture de journal requise le 31 décembre 20X1.

13

P 2. Les placements en obligations

Bien que la société Marchand ltée ait décidé d'investir à long terme, elle gère ses placements à long terme de façon active, dans le but de détenir des placements de qualité. C'est pourquoi elle remplace parfois certains titres de son portefeuille.

Au cours de l'exercice terminé le 31 décembre 20X4, Marchand ltée a conclu les opérations suivantes relativement à ses placements à long terme :

15 février   Achat de 100 obligations de Art Hur ltée, d'une valeur nominale de 1 000 $ chacune, alors que le taux d'intérêt du marché est de 9 %. Les obligations viennent à échéance le 15 février 20X7 et portent un intérêt de 10 % l'an payable le 15 février de chaque année.

31 mai   Vente des obligations de Art Hur ltée au prix de 99 plus les intérêts courus et réinvestissement du produit de l'aliénation dans des obligations de Bey Nain ltée. Les 100 obligations achetées ont chacune une valeur nominale de 1 000 $, elles viennent à échéance le 31 mai 20X9 et portent un intérêt de 10 % l'an payable le 31 mai. Le 31 mai 20X4, le taux d'intérêt du marché pour des obligations semblables est de 12 %.

1er octobre   Achat de 200 obligations de Cébon ltée, d'une valeur nominale de 500 $ chacune, échéant le 30 septembre 20X8. À cette date, le taux d'intérêt du marché pour des obligations semblables est de 10 %. Les obligations portent un intérêt de 12 % payable le 30 septembre de chaque année.

31 décembre   Régularisation des comptes. À cette date, la juste valeur des obligations de Bey Nain ltée est de 96 000 $; celle des obligations de Cébon ltée s'élève à 103 000 $. Marchand ltée estime que les baisses de valeur ne sont pas de nature temporaire. Même si Marchand ltée prévoit détenir les obligations à long terme, elle ne les conservera pas nécessairement jusqu'à leur échéance.

La société désigne tous ses placements en obligations comme étant détenus jusqu'à l'échéance.

Travail à faire

Passez les écritures requises pour comptabiliser les opérations indiquées ci-dessus dans les livres de Marchand ltée. Arrondissez tous vos calculs au dollar près.

P 3. La détermination du coût unitaire

Au cours du dernier exercice terminé le 31 janvier 20X2, Amster ltée a effectué les opérations suivantes portant sur des placements en obligations :

1er février 20X1   Achat de 350 obligations de Dam ltée d'une valeur nominale de 1 000 $ chacune au prix de 307 789 $, y compris les intérêts courus. Les obligations viennent à échéance dans six ans et portent un intérêt de 10 % l'an payable semestriellement le 30 juin et le 31 décembre.

1er juin 20X1   Vente au prix de 159 719 $ de la moitié des obligations de Dam ltée.

30 juin 20X1   Encaissement des intérêts semestriels.

1er août 20X1   Achat de 140 obligations de Dam ltée ayant les mêmes caractéristiques que celles achetées le 1er février. Amster ltée a payé 102, plus les intérêts courus.

15 décembre 20X1   Vente au prix de 150 210 $, y compris des intérêts courus de 9 493 $, de 175 obligations de Dam ltée.

16 janvier 20X2   Achat de 370 obligations de Dam ltée au prix de 375 373 $, plus les intérêts courus.

Amster ltée désigne tous ses placements comme étant détenus à des fins de transaction.

Travail à faire

Présentez une analyse du compte Placements de portefeuille – Obligations détenues à des fins de transaction.

P 4. Les placements à long terme disponibles à la vente : acquisition, produits financiers, moins-value et cession

(30 minutes – facile)

Voici certaines opérations de la société Jura Brassus qui ont eu lieu au cours de l'exercice terminé le 31 décembre 20X2 :

1er février   Achat, au prix de 53 534 $, de 50 obligations de la ville de Montvert ayant une valeur nominale de 1 000 $ chacune. Les intérêts annuels calculés au taux de 12 % sont payables le 30 juin, et les obligations arrivent à échéance le 30 juin 20X4.

1er mars   Achat de 500 actions de la société Vallée inc. à 28 $ chacune, plus les frais de courtage de 300 $.

1er juin   Vallée inc. déclare un dividende de 1,60 $ l'action, payable le 1er juillet.

30 juin   Encaissement des intérêts sur les obligations de Montvert.

1er juillet   Encaissement des dividendes sur les actions de Vallée inc.

30 octobre   Vente de 200 actions de Vallée inc. pour la somme nette de 4 200 $ (les frais de courtage ont été déduits du produit d'aliénation brut).

31 décembre   La juste valeur de chaque action de Vallée inc. et celle de chaque obligation de Montvert s'élèvent respectivement à 24 $ et à 995 $. On ne prévoit pas que ces valeurs augmenteront à moyen terme.

Jura Brassus désigne ses placements comme étant disponibles à la vente et elle capitalise les frais connexes afférents à l'acquisition des placements.

Travail à faire

Passez toutes les écritures de journal requises pour inscrire les opérations afférentes aux placements à long terme dans les livres de Jura Brassus. Arrondissez tous vos calculs au dollar près.

P 5. Les placements en actions comptabilisés à la valeur d'acquisition et à la valeur de consolidation

(30 minutes – difficile)

Pleinhausas inc. (PI), qui est une société admissible à l'information différentielle, a acheté des actions de Docile ltée à des dates différentes :

	Catégorie	Pourcentage des actions acquises	Coût
1er janvier 20X3	*A*	*70 %*	*720 000 $*
1er janvier 20X5	*A*	*20*	*168 000*
1er janvier 20X5	*B*	*30*	*128 000*

Les résultats d'exploitation de Docile ltée et les dividendes qu'elle a versés s'établissent comme suit :

	Bénéfices (pertes)	Total des dividendes	
		Catégorie A	Catégorie B
20X3	*(8 000)$*	*θ $*	*θ $*
20X4	*56 000*	*θ*	*40 000*
20X5	*(4 000)*	*28 000*	*20 000*

Le bilan de Docile ltée au 31 décembre 20X5 indique les soldes suivants dans la section Capitaux propres :

Actions, catégorie B, rachetables, à dividende cumulatif de 5 %, non participantes et sans droit de vote	*400 000 $*
Actions, catégorie A, participantes	*800 000*
Bénéfices non répartis	*160 000*

Le nombre d'actions en circulation n'a pas varié depuis 20X2.

13

Travail à faire

Passez les écritures de journal requises dans les livres de PI pour inscrire sa participation dans Docile ltée pour la période du 1er janvier 20X3 au 31 décembre 20X5, selon que la participation est comptabilisée :

a) à la valeur d'acquisition ;
b) à la valeur de consolidation.

P 6. La comptabilisation de plusieurs types de placements

(45 minutes – moyen)

Voici les opérations de la société Finefleur ltée concernant ses placements au cours de l'exercice 20X1 :

1. Le 1er janvier 20X1, Finefleur ltée a acquis, dans le but de les conserver à long terme, 100 obligations de la société Delamer inc. Ces obligations ont une valeur nominale de 1 000 $ chacune et portent un taux d'intérêt de 9 % l'an payable le 31 décembre de chaque année. Les obligations viennent à échéance le 1er janvier 20X4. En tenant compte du prix payé, Finefleur ltée gagnera un rendement constant de 12 % l'an sur cet investissement qu'elle désigne comme étant détenu jusqu'à l'échéance.

2. Au cours de l'exercice terminé le 31 décembre 20X1, Finefleur ltée a fait les investissements à long terme suivants :

Date	Entreprise	Nombre d'actions détenues	Pourcentage d'actions détenues	Coût unitaire	Frais de courtage
1er mars	Les Formes	24 000	30 %	8,00 $	2 %
1er avril	Lavallée	7 500	16	20,00	2
1er mai	Abitibi	3 000	4	35,00	2

L'acquisition du 1er mars a permis à Finefleur ltée de faire élire un membre au conseil d'administration de la société Les Formes. Finefleur ltée a désigné les deux autres placements comme étant disponibles à la vente et a choisi de capitaliser les frais de courtage.

3. Renseignements supplémentaires

Entreprises	Dividendes déclarés et payés le 31 décembre 20X1 (par action)	Bénéfices réalisés en 20X1	Juste valeur unitaire au 31 décembre 20X1
Les Formes	0,40 $	500 000 $	7,40 $
Lavallée	0,60	900 000	22,00
Abitibi	1,50	1 000 000	28,00

Entreprises	Dividendes déclarés et payés le 31 décembre 20X2 (par action)	Bénéfices réalisés en 20X2	Juste valeur unitaire au 31 décembre 20X2
Les Formes	0,40 $	500 000 $	6,80 $
Lavallée	0,15	1 000 000	18,00
Abitibi	1,70	900 000	46,00

Toutes les baisses de valeur sont considérées comme temporaires. L'investissement dans Lavallée est considéré comme un placement à court terme à compter du 30 septembre 20X2.

Travail à faire

Présentez les écritures de journal requises dans les livres de Finefleur ltée pour comptabiliser les opérations précédentes relatives aux exercices 20X1 et 20X2. Arrondissez tous vos calculs au dollar près.

13

P 7. Les placements à long terme
(50 minutes – moyen)

Le bilan au 31 décembre 20X8 de la société Lemay inc. comprend le poste Placements de porte-feuille – Actions disponibles à la vente, évalué à 100 000 $. Ce placement représente des actions de la société Bergeron inc. acquises à un coût total de 100 000 $. Au cours de l'exercice 20X9, Lemay inc. a effectué les opérations suivantes concernant les placements :

1. Le 1er février, l'entreprise a acheté, à 98 plus les intérêts courus, 2 000 obligations de Bêta inc. d'une valeur nominale de 100 $ chacune. Les intérêts sont payables le 1er avril et le 1er octobre au taux de 12 % l'an. Le 1er février, le taux de rendement sur le marché pour des titres semblables est de 13 % l'an. Lemay inc. a l'intention de conserver ces obligations jusqu'à leur échéance dans quelques années et elle les a désignées comme étant détenues jusqu'à l'échéance.
2. Le 15 avril, l'entreprise a acheté 35 % des actions de Filex inc., soit 50 000 actions à 7 $ chacune. Les frais de courtage se sont élevés à 900 $.
3. Le 15 août, Filex inc. a versé un dividende de 0,75 $ l'action.
4. Le 1er septembre, Lemay inc. a fait élire deux de ses administrateurs au conseil d'adminis-tration de Filex inc.
5. Filex inc. a enregistré un bénéfice de 28 000 $ pour l'exercice 20X9. Ce bénéfice est très inférieur à la moyenne des années précédentes, mais Filex inc. prévoit retrouver son niveau de rendement des exercices antérieurs dès le prochain exercice.
6. Voici la juste valeur des titres au 31 décembre 20X9 :

Actions de Bergeron inc.	250 000 $
Obligations de Bêta inc.	210 000
Actions de Filex inc.	325 000

Travail à faire

a) Passez les écritures requises pour inscrire les opérations de l'exercice 20X9. Arrondissez tous vos calculs au dollar près.
b) Présentez l'état partiel des résultats et, s'il y a lieu, l'état partiel du résultat étendu pour l'exercice terminé le 31 décembre 20X9 ainsi que le bilan partiel à cette date de la société Lemay inc.

P 8. Les fonds de remboursement de la dette à long terme
(20 minutes – moyen)

Le 1er janvier 20X3, Jodoin ltée a émis 250 000 $ d'obligations à long terme portant un taux d'intérêt annuel de 6,5 %. L'acte de fiducie comprend les clauses suivantes :

1. Le 31 décembre de chaque année, la société devra remettre au fiduciaire un montant cor-respondant à 3 % des obligations à payer au début de l'exercice. En supposant un taux de rendement annuel de 4 %, ces remises seront suffisantes pour rembourser les obligations le 31 décembre 20Z7.
2. À la fin de chaque année, si le rendement du fonds de remboursement de la dette à long terme est inférieur au taux prévu de 4 %, la société devra remettre au fiduciaire un mon-tant correspondant à l'écart entre le rendement prévu et le rendement réel. Si le rendement du fonds de remboursement de la dette à long terme est supérieur au taux prévu de 4 %, les produits excédentaires seront investis dans le fonds. Le calcul du rendement annuel tiendra compte de l'amortissement de la prime ou de l'escompte d'acquisition d'obligations.
3. Le fiduciaire investira la trésorerie du fonds de remboursement de la dette à long terme dans des obligations de Pother.

Voici les opérations du fonds de remboursement de la dette à long terme pour les trois pre-mières années :

1. Les versements au fiduciaire ont été faits comme prévu à la fin de chacune des années.
2. Le 1er avril 20X4, le fiduciaire a acheté des obligations d'une valeur nominale de 7 200 $ portant un taux annuel de 4 % et échéant le 31 décembre 20X8. Le coût d'acquisition était

13

de 7 200 $, plus les intérêts courus depuis le 1ᵉʳ janvier 20X4. Le 1ᵉʳ janvier 20X5, d'autres obligations d'une valeur nominale de 7 700 $ échéant le 31 décembre 20Y4 et portant intérêt à 5 % l'an ont été achetées à un coût total de 7 700 $.

3. Les intérêts sur placements ont été encaissés par le fiduciaire et affectés au fonds de remboursement de la dette à long terme.
4. Les comptes ont été régularisés à la fin de chaque année afin d'amortir de façon linéaire la prime ou l'escompte d'acquisition des placements en obligations.
5. Les montants conservés au compte de banque du fonds de remboursement de la dette à long terme n'ont généré aucun produit d'intérêts.

Travail à faire

a) Calculez le montant des remises annuelles effectuées par la société au fiduciaire à la fin de chacune des trois premières années.
b) Comptabilisez les opérations relatives au fonds de remboursement de la dette à long terme entre le 1ᵉʳ janvier 20X3 et le 31 décembre 20X5 dans les livres de Jodoin ltée.

P 9. Un placement en actions   (20 minutes – moyen)

Étienne, Groleau et associés (EGA) investit dans la société Potvin ltée. Voici les opérations de placements effectuées :

1. Le 1ᵉʳ octobre 20X2, EGA a acheté 1 600 actions de Potvin ltée, soit 30 % des actions, au prix de 85 680 $.
2. Le 31 décembre 20X2, EGA a reçu 80 actions de Potvin ltée à titre de dividende.
3. À cette même date, EGA a acheté sur le marché secondaire un autre lot de 400 actions de Potvin ltée au prix de 25 920 $.
4. Le 31 décembre 20X3, la juste valeur d'une action de Potvin ltée s'élève à 63 $ et elle baisse à 55 $ le 31 décembre 20X4.
5. Le 2 février 20X5, EGA vend 200 actions de Potvin ltée au coût unitaire de 60 $.

Travail à faire

Passez les écritures de journal requises dans les livres de EGA, en tenant pour acquis que la société désigne les actions comme étant disponibles à la vente.

P 10. Une participation dans un satellite   (10 minutes – moyen)

Reprenez les données du problème précédent, en tenant maintenant pour acquis que EGA exerce une influence notable sur Potvin ltée, qui a transmis les renseignements additionnels suivants.

Exercices terminés le 31 décembre	Bénéfices réalisés	Dividendes payés
20X2	25 677 $	267 actions
20X3	27 731	25 000 $
20X4	31 990	25 000

Travail à faire

a) Préparez une analyse du compte Participations dans des satellites.
b) Comparez les effets de la comptabilisation d'un placement en actions désigné comme disponible à la vente et ceux d'une participation dans un satellite.

13

P 11. La comptabilisation d'un placement en actions comprenant un changement dans la méthode de comptabilisation

(50 minutes – difficile)

Le 1ᵉʳ mars 20X1, ayant un surplus de trésorerie, la société Ménard inc. a acquis 5% des actions en circulation de Larose inc. Au moment de cette acquisition, Ménard inc. prévoyait revendre les actions rapidement et elle a désigné ce placement comme étant détenu à des fins de transaction. Cependant, le contexte économique favorable a incité Ménard inc. à acquérir d'autres actions de Larose inc. afin d'accroître sa participation. Voici les opérations afférentes à ce placement :

1ᵉʳ mars 20X1	Acquisition, à 8$ chacune, de 20 000 actions avec droit de vote de Larose inc. représentant 5% des actions avec droit de vote.
30 septembre 20X1	Larose inc. a versé un dividende en espèces de 0,80$ par action avec droit de vote.
31 décembre 20X1	La cote en Bourse des actions de Larose inc. est de 7,50$.
1ᵉʳ août 20X2	Acquisition, à 8,25$ l'action, de 40 000 actions avec droit de vote de Larose inc., ce qui représente 10% des actions avec droit de vote. Ménard inc. veut conserver ces actions à plus long terme étant donné qu'elle a récemment établi des relations d'affaires avec Larose inc. Elle les désigne alors comme étant disponibles à la vente.
31 décembre 20X2	Larose inc. a versé un dividende en espèces de 0,90$ par action avec droit de vote. Le bénéfice net de Larose inc. s'élève à 1 800 000$ pour l'exercice terminé le 31 décembre 19X2. À cette date, la juste valeur des actions avec droit de vote de Larose inc. est de 6,75$ chacune. Les administrateurs de Ménard inc. estiment que les actions reprendront rapidement leur valeur initiale.
1ᵉʳ janvier 20X3	Acquisition de 60 000 actions avec droit de vote de Larose inc. à 8,50$. À la suite de cette acquisition, qui représente 15% des actions avec droit de vote de Larose inc., la société Ménard inc. a pu déléguer deux de ses membres au sein du conseil d'administration de Larose inc.
30 septembre 20X3	Larose inc. a versé un dividende en espèces de 0,95$ par action avec droit de vote.
31 décembre 19X3	Le bénéfice net de Larose inc. s'élève à 2 200 000$ pour l'exercice terminé le 31 décembre 20X3. À cette date, la juste valeur des actions avec droit de vote de Larose inc. est de 8,20$ chacune. Les administrateurs de Ménard inc. estiment que les actions reprendront rapidement leur valeur initiale.

Travail à faire

a) En considérant que l'exercice financier de Ménard inc. se termine le 31 décembre chaque année, passez toutes les écritures de journal requises pour enregistrer les opérations présentées ci-dessus.

b) Énumérez quelques facteurs pouvant révéler qu'une société détentrice exerce une influence notable sur la société émettrice.

\\\\\\\\\\\\\\ **Analyses de cas**

C 1. La comptabilisation et la présentation d'une participation dans un satellite

(30 minutes – facile)

Le 1ᵉʳ février 20X1, la société Groleau ltée a acquis 10% des actions avec droit de vote de la société Magny ltée au coût de 2 000 000$. De février 20X1 à décembre 20X5, la quote-part de Groleau ltée dans le bénéfice de Magny ltée s'élevait à 850 000$. Au cours de cette même période, des dividendes d'un montant de 550 000$ en provenance de Magny ltée ont été encaissés. Le 2 janvier 20X6, Groleau ltée a augmenté à 30% sa participation dans Magny ltée en déboursant 5 000 000$.

Travail à faire

Expliquez le mode de comptabilisation du placement que devra adopter Groleau ltée à compter du 2 janvier 20X6 ainsi que les informations à présenter aux états financiers des exercices subséquents.

C 2. Les placements à long terme

(20 minutes – facile)

La société Mordant ltée possède 15 % des actions avec droit de vote de la société Longpré ltée, et elle a également consenti un prêt à cette société. Le prêt est convertible en actions avec droit de vote de Longpré ltée et est garanti par des actions avec droit de vote de Champagne ltée, filiale en propriété exclusive de Longpré ltée. Mordant ltée occupe plusieurs sièges au conseil d'administration de Longpré ltée, tant que le prêt ne sera pas remboursé.

Travail à faire

Quelle méthode de comptabilisation la société Mordant ltée devrait-elle utiliser pour déterminer la valeur de ses placements en actions ? Expliquez votre réponse.

C 3. Un cas intégré

(30 minutes – difficile)

Au cours de la préparation des états financiers de la société Perpétuelle inc. pour l'exercice terminé le 31 décembre 20X9, vous découvrez un nouveau compte intitulé Placements. Vous apprenez ainsi que Perpétuelle inc. a adopté une politique de placement au cours de l'exercice et que toutes les opérations afférentes aux activités de placement ont été inscrites à ce compte. Une analyse approfondie vous permet de soulever les points suivants :

Date

Actions ordinaires de Glacial ltée

		Débit	Crédit
15 mars	Achat de 1 000 actions à 25 $ l'action.	*25 000 $*	
28 juin	Réception de 50 actions ordinaires (juste valeur de 8 $ l'action) de Dublin inc. à titre de dividendes sur les actions de Glacial ltée.		
30 septembre	Vente des 50 actions de Dublin inc. à 14 $ l'action.		*700 $*
31 octobre	Réception de 500 actions de Glacial ltée (juste valeur de 42 $ l'action) à titre de rémunération pour choisir un dirigeant de Héron inc.	*12 500*	

Actions ordinaires et privilégiées de La Déprime ltée

		Débit	Crédit
15 mars	Achat de 600 blocs d'actions ordinaires et privilégiées à 36 $ l'unité. Chaque bloc consiste en une action privilégiée et deux actions ordinaires. Les justes valeurs unitaires s'élèvent respectivement à 10 $ et à 20 $.	*21 600*	
30 avril	Vente de 300 actions ordinaires à 13 $.		*3 900*

Actions ordinaires de Banal ltée

		Débit	Crédit
15 mars	Achat de 10 000 actions à 17 $ l'action.	*170 000*	
31 octobre	Réception d'un dividende de 0,75 $ par action.		*7 500*

Actions ordinaires de Terne ltée

		Débit	Crédit
15 mars	Achat de 4 000 actions à 28 $ l'action.	*112 000*	
30 avril	Achat de 2 000 actions à 30 $ l'action.	*60 000*	
28 juin	Réception d'un dividende de 0,40 $ par action.		*2 400*

13

Renseignements supplémentaires

1. Le capital-actions de Banal ltée comprend une seule catégorie d'actions. Le nombre d'actions émises et en circulation s'élève à 30 000, et il n'a pas varié au cours de l'exercice 20X9. La quote-part de Perpétuelle inc. dans le bénéfice de Banal ltée s'élève à 336 000 $ pour l'exercice terminé le 31 décembre 20X9.
2. Le capital-actions de Terne ltée comprend une seule catégorie d'actions. Le nombre d'actions émises et en circulation s'élève à 40 000, et il n'a pas varié au cours de l'exercice 20X9. Le bénéfice de Terne ltée s'élève à 1 200 000 $ pour l'exercice terminé le 31 décembre 20X9.
3. Les autres placements de Perpétuelle inc. représentent moins de 5 % du capital-actions des sociétés émettrices et ils doivent être désignés comme étant disponibles à la vente.

Travail à faire

Préparez les écritures de journal requises pour corriger les livres de Perpétuelle ltée. Arrondissez tous vos calculs au dollar près.

13

Les immobilisations corporelles : acquisition et aliénation

14

1. Quelles caractéristiques distinguent les immobilisations corporelles des autres éléments d'actif ?

2. Quels objectifs vise la gestion des immobilisations corporelles ?

3. Le coût d'acquisition d'une immobilisation groupe plusieurs éléments. Sur quelle règle le comptable se base-t-il pour déterminer les éléments de coût capitalisables ?

4. Lorsqu'une entreprise construit une immobilisation pour son propre compte, doit-elle en capitaliser les frais financiers ? Pourquoi ?

5. Une entreprise capitalise les frais financiers afférents à la construction d'une immobilisation pour son propre compte. Expliquez comment elle peut déterminer le montant capitalisable.

6. Lorsque plusieurs immobilisations sont acquises à un prix forfaitaire, de quelle façon le Conseil des normes comptables (C.N.C.) suggère-t-il de répartir le coût d'acquisition entre les diverses immobilisations acquises ?

7. Expliquez de quelle façon l'acheteur déterminera le coût d'acquisition d'une immobilisation dans chacune des situations suivantes :

    a) Au moment où la société Charron ltée a acheté des équipements, le vendeur a accordé un escompte de caisse de 1 000 $ sur le prix initial de 100 000 $.
    b) La société Lemaire ltée a acheté à tempérament du matériel de bureau. En contrepartie, elle s'est engagée à effectuer 10 versements de fin de période annuels de 10 000 $. Ce montant comprend les intérêts au taux annuel de 12 %.

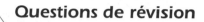

8. Définissez l'expression « opération non monétaire ».

9. Les sociétés Boyer inc. et Mailhot inc. échangent des immobilisations. À quel montant Boyer inc. comptabilisera-t-elle l'immobilisation reçue dans chacune des deux situations suivantes ?

    a) Les immobilisations échangées sont de nature semblable.
    b) Les immobilisations échangées sont de nature différente.

10. Quelles raisons motivent les gouvernements à octroyer de l'aide aux entreprises ?

11. Comment le C.N.C. définit-il l'aide gouvernementale ?

12. Le C.N.C. recommande de traiter l'aide gouvernementale à titre de produit. Discutez des arguments favorables à cette recommandation.

14

13. Dans quelle situation l'aide gouvernementale peut-elle être considérée comme un apport de capital ? Comment cette aide est-elle comptabilisée dans ce cas ?

14. Lorsqu'une entreprise est contrainte de rembourser une aide gouvernementale, de quelle façon comptabilise-t-elle ce remboursement ?

15. De quelle manière les crédits d'impôt à l'investissement diffèrent-ils des autres formes d'aide gouvernementale ? Ces particularités justifient-elles un traitement comptable différent de celui adopté pour les autres formes d'aide gouvernementale ?

16. Dans quels cas les coûts engagés après la date d'acquisition augmentent-ils le potentiel de service d'une immobilisation ?

17. Énumérez les sorties d'immobilisations pour lesquelles le comptable ne constate aucun gain ou aucune perte. Expliquez brièvement leur mode de comptabilisation.

18. Le chapitre 3830 du *Manuel de l'I.C.C.A.* recommande de comptabiliser les échanges de biens non monétaires qui ne constituent pas l'aboutissement du processus de génération du profit à la valeur comptable des biens cédés. Que signifie l'expression « échange qui ne constitue pas l'aboutissement du processus de génération du profit » ? Donnez un exemple.

19. Les dépenses peuvent être classées dans deux catégories :

a) Les dépenses en capital ;
b) Les dépenses d'exploitation.

Définissez ces deux types de dépenses et expliquez-en la comptabilisation.

20. Une dépense en capital est traitée par erreur comme une dépense d'exploitation. Quel est l'impact de cette erreur sur les états financiers ? Une dépense d'exploitation est traitée par erreur comme une dépense en capital. Quel est l'impact de cette erreur sur les états financiers ?

21. Expliquez la façon de comptabiliser l'aide gouvernementale pour chacune des activités suivantes.

a) Les activités courantes d'exploitation.
b) Les activités d'exploitation de l'exercice courant et du prochain exercice.
c) Les activités d'exploitation de l'exercice précédent.
d) L'investissement de l'exercice courant.
e) L'investissement qui aura lieu au cours du prochain exercice.

22. Comment le comptable traite-t-il une modification d'un plan de vente ?

Exercices

E 1. La classification des biens

Les éléments suivants représentent-ils des immobilisations ? Expliquez chacune de vos réponses.

a) Un immeuble abritant le siège social d'une entreprise.
b) Un immeuble en cours de construction et dont les travaux sont réalisés par une entreprise spécialisée dans la construction d'immeubles.
c) Un terrain de stationnement adjacent à une usine de pâtes et papiers.
d) Un terrain que détient une entreprise de pâtes et papiers afin de bénéficier des augmentations de valeur.
e) Des fournitures de bureau que détient un cabinet de chirurgiens-dentistes.
f) Du matériel de bureau que détient un cabinet d'experts-comptables.
g) Une flotte de camions qui appartient à une entreprise de services téléphoniques.

E 2. Les éléments du coût des immobilisations

Énumérez quelques exemples d'éléments de coût que l'on peut capitaliser dans chacun des comptes suivants.

a) Les terrains.
b) Les bâtiments.
c) Les équipements.

E 3. Les éléments du coût d'acquisition

Doit-on capitaliser le coût de chacun des éléments suivants? Dans l'affirmative, déterminez le compte utilisé.

a) Une commission versée à un agent immobilier.
b) Les frais d'aménagement du terrain.
c) Le coût de démolition du vieil immeuble acquis en même temps que le terrain. La démolition vise à libérer le terrain pour que l'on y construise un nouvel immeuble.
d) Le montant récupéré après la démolition de l'immeuble dont il est question en *c)*.
e) Le coût des travaux d'excavation en vue de la construction du nouvel immeuble.
f) Le droit de mutation.
g) Les frais juridiques relatifs à l'achat d'un terrain et d'un immeuble.

E 4. Un bien reçu à titre gratuit

Afin d'attirer la société AG et ME ltée, le conseil municipal de Drummondville a résolu de lui céder un terrain au prix symbolique de 1 $. La juste valeur estimative de ce terrain est de 25 000 $. Expliquez comment la société AG et ME ltée devra comptabiliser cette opération. Justifiez votre réponse.

E 5. La détermination du coût d'acquisition

Une société du secteur de la construction doit déménager ses bureaux dans un nouvel immeuble. Elle pourrait construire l'immeuble elle-même au coût de 250 000 $. Comme elle est accaparée par d'autres contrats, elle confie le travail à un autre entrepreneur qui s'en acquitte à un coût total de 400 000 $.

Le contrôleur de la société suggère alors de capitaliser seulement un montant de 250 000 $, soit le coût qui aurait été engagé si la société avait elle-même construit l'immeuble. Il imputerait la différence de 150 000 $ aux résultats.

Présentez vos arguments à propos de la suggestion du contrôleur.

Source :
C.M.A. adapté

E 6. La classification d'une liste d'échanges non monétaires

Les opérations suivantes constituent-elles l'aboutissement du processus de génération du profit? Expliquez brièvement chacune de vos réponses.

a) Martin inc. cède un terrain vague situé à Charlesbourg en échange d'un terrain vague situé à Montmorency.
b) Martin inc. cède un certain nombre de ses propres actions en échange d'un équipement de fabrication spécialisé.
c) Martin inc. cède une terre cultivée qu'elle exploitait à Bécancour en échange d'un plus petit terrain, situé à Trois-Rivières, sur lequel elle compte ériger un magasin de vente au détail de produits naturels.
d) Martin inc. cède une machine servant à fabriquer des marchandises destinées à la vente en échange d'un ordinateur et d'un progiciel qui seront utilisés pour le contrôle de la qualité des marchandises fabriquées.
e) Martin inc. cède une usine de fabrication de couvre-planchers en échange d'une usine de fabrication de poêles à combustion lente.

14

E 7. Les immobilisations acquises à un prix forfaitaire

Le 17 août 20X1, Machintruc ltée a acquis un terrain, une usine et le matériel de fabrication de Bidule ltée au prix de 450 000 $. Machintruc ltée est convaincue d'avoir conclu une excellente affaire, car elle estime la juste valeur respective des trois immobilisations à 38 000 $, 360 000 $ et 92 000 $.

Travail à faire

a) Passez l'écriture de journal requise dans les livres de Machintruc ltée pour enregistrer l'acquisition des trois immobilisations. Arrondissez tous vos calculs au dollar près.

b) Passez l'écriture de journal requise dans les livres de Bidule ltée, compte tenu des valeurs comptables suivantes :

	Débit	Crédit
Terrain	20 000 $	
Usine	470 000	
Amortissement cumulé – Usine		180 000 $
Équipement	130 000	
Amortissement cumulé – Équipement		48 000

E 8. L'échange d'immobilisations

Lors d'un échange avec Leblanc ltée, Lenoir ltée a versé 2 000 $ et cédé de l'équipement qu'elle avait payé 50 000 $ et amorti à 56 %. À la date de l'opération, l'équipement avait une juste valeur de 28 000 $. En échange, Lenoir ltée a reçu un équipement semblable qui avait coûté 56 000 $ à Leblanc ltée et dont la valeur comptable est de 20 000 $.

Passez les écritures de journal requises dans les livres de Lenoir ltée et de Leblanc ltée pour comptabiliser cet échange.

E 9. L'échange d'immobilisations

Un terrain d'une valeur comptable de 220 000 $ dans les registres de Beaudry ltée est échangé contre un terrain semblable d'une valeur comptable de 156 000 $ dans les registres de Lelaidier ltée. La juste valeur du terrain que détient Lelaidier ltée est de 200 000 $.

Passez les écritures de journal requises dans les livres de Beaudry ltée et de Lelaidier ltée pour comptabiliser l'échange des deux terrains.

E 10. L'échange d'immobilisations

Un terrain d'une valeur comptable de 60 000 $ dans les registres de Grandmond ltée est échangé contre un ordinateur ayant coûté 100 000 $ et dont la valeur comptable est de 80 000 $ dans les livres de Grandpré ltée. La juste valeur de l'ordinateur est de 90 000 $.

Passez les écritures de journal requises dans les livres de Grandmond ltée et de Grandpré ltée pour comptabiliser cet échange.

E 11. L'échange d'immobilisations

Desrochers ltée a cédé un camion d'une valeur comptable de 2 000 $ (coût de 60 000 $ et amortissement cumulé de 58 000 $) contre un autre camion semblable ayant une valeur comptable nulle dans les livres de Lapierre ltée (coût de 52 000 $ et amortissement cumulé de 52 000 $). Les deux entreprises se sont mises d'accord pour fixer à 40 000 $ la juste valeur du camion qu'a cédé Lapierre ltée. Desrochers ltée a aussi versé 3 000 $ en espèces.

Passez les écritures de journal requises dans les livres des deux sociétés pour comptabiliser cet échange.

14

E 12. La comptabilisation d'opérations afférentes à l'acquisition d'immobilisations

Pat Simpson inc. a conclu les opérations suivantes au cours de l'exercice terminé le 31 décembre 20X5 :

1. Le 1er mars, la société a acheté un terrain au coût de 6 000 000 $. Elle a payé 4 000 000 $ comptant et s'est engagée à payer le solde le 1er mars 20X6 ainsi que des intérêts calculés à un taux annuel de 10 %. Trois immeubles sont situés sur ce terrain dont l'un, d'une valeur de 400 000 $, sera utilisé pour l'entreposage alors que les deux autres seront démolis.
2. Le 31 mars, on a démoli les deux immeubles. Les coûts de démolition s'élèvent à 160 000 $. Cependant, certains matériaux ont été récupérés lors de la démolition, et ils seront utilisés pour la construction d'une nouvelle usine. La valeur de ces matériaux est évaluée à 320 000 $.
3. Le 15 avril, Pat Simpson inc. a signé un contrat pour la construction de la nouvelle usine au coût de 33 600 000 $. Le contrat prévoit une retenue de 15 % des sommes facturées pendant toute la durée de la construction. L'entreprise de construction a racheté, au prix de 320 000 $, les matériaux récupérés lors de la démolition des anciens immeubles.
4. Le 1er juillet, l'entrepreneur a envoyé une facture de 24 000 000 $ à la société, qui a fait le paiement le 15 juillet.
5. Le 1er septembre, la construction de l'immeuble est terminée, et l'entrepreneur a facturé le solde stipulé dans le contrat.
6. Le 1er octobre, la société a obtenu une hypothèque de 20 000 000 $, remboursable en 20 versements annuels égaux. Les intérêts, au taux annuel de 11 %, sont payables chaque semestre.
7. Le 2 octobre, la société a payé le solde dû à l'entrepreneur.
8. Le 31 décembre, on a installé des équipements coûtant 12 000 000 $. La société a payé 6 000 000 $ comptant et s'est engagée à payer le solde dans six mois, majoré des frais d'intérêt calculés au taux du marché. La société a payé les coûts d'installation de 1 600 000 $.

Passez les écritures de journal requises pour inscrire ces opérations dans les livres de Pat Simpson inc. ainsi que les intérêts courus au 31 décembre 20X5.

E 13. La capitalisation des frais financiers

Au cours de l'exercice 20X5, Rambo Stalone inc. a procédé à diverses activités de construction et de fabrication. Ces activités ont entraîné les frais financiers suivants :

Activités financées	Frais financiers
Usine construite par Rambo Stalone inc. et destinée à sa propre utilisation	20 000 $
Équipement d'un type très particulier, construit selon les devis du client	9 000
Fabrication d'équipements standard destinés à la vente	7 000

Calculez le montant des frais financiers que la société peut capitaliser en 20X5.

E 14. La comptabilisation de diverses formes de sortie d'immobilisations

Le 28 janvier 20X7, le grossiste en voyages Aventure exotique ltée a adopté un plan de vente concernant certains équipements ayant coûté 40 000 $ dont l'amortissement cumulé s'élève à 35 000 $. Aventure exotique ltée est prête à vendre ses équipements immédiatement, au prix du marché de 4 000 $ et prévoit engager des frais de vente de 350 $. Elle s'attend à ce que ses démarches actives pour trouver un acquéreur portent des fruits avant le 31 décembre 20X7, date de fin de l'exercice financier.

Le 31 août 20X7, Aventure exotique ltée sort les équipements de ses livres comptables. Comptabilisez cette sortie selon chacune des deux hypothèses suivantes.

a) La société a vendu ses équipements au prix de 4 000 $ et payé des frais de vente de 400 $.
b) La société a détruit ses équipements, car leur juste valeur était tombée à zéro.

14

E 15. Un agrandissement

La société Folie des grandeurs ltée a décidé d'agrandir son usine en 20X3. Elle a porté les coûts suivants au compte Agrandissement de l'usine. L'analyse de ce compte révèle les renseignements suivants :

Coût du terrain	85 000 $
Frais juridiques (1 000 $ pour garantir le titre de propriété du terrain et 1 200 $ pour rédiger le contrat de construction de l'usine)	2 200
Devis de construction	15 000
Coûts directs de construction	450 000
Frais d'assurance pendant la construction	2 800
Frais d'assurance contre l'incendie couvrant la période du 1er juillet 20X3 au 30 juin 20X5	5 000
Total	560 000 $

Le 1er juillet 20X3, l'usine était prête, mais Folie des grandeurs ltée a emménagé seulement le 1er novembre 20X3.

Passez les écritures de journal nécessaires au 1er novembre 20X3 pour corriger les livres de la société.

E 16. Les immobilisations reçues en échange d'actions

Le 1er octobre 20X1, Sanschagrin ltée a acquis un terrain de M. Yvon Sansterre afin d'y ériger un funérarium. En échange, la société a cédé 200 actions privilégiées de catégorie A.

La société Sanschagrin ltée n'est pas cotée en Bourse. L'an dernier, elle a émis des actions privilégiées de catégorie A. Le seul actionnaire de Sanschagrin ltée a acheté toutes les actions au prix unitaire de 100 $. En septembre 20X1, un terrain de superficie identique et adjacent à celui acheté par Sanschagrin ltée a été vendu au prix de 27 000 $.

Passez l'écriture de journal requise au 1er octobre 20X1 dans les livres de Sanschagrin ltée.

Problèmes de compréhension

P 1. Les éléments du coût d'acquisition (15 minutes – facile)

En examinant les comptes de Chateaudun ltée, vous découvrez que l'on a capitalisé les éléments suivants aux comptes d'immobilisations concernés :

1. Un montant de 30 000 $ afférent au coût de démolition d'un bâtiment situé sur un terrain acquis récemment dans le but d'y construire un nouvel immeuble ;
2. Un montant de 1 350 $ relatif aux frais d'installation d'un nouveau moteur sur un camion de livraison ;
3. Un montant de 13 500 $ afférent au coût des gabarits utilisés pour fabriquer une pièce spéciale commandée par un client (cette commande est maintenant exécutée) ;
4. Un montant de 7 200 $ relatif au coût des travaux de peinture à l'usine ;
5. Un montant de 6 300 $ afférent aux honoraires des conseillers juridiques consultés lors de l'achat d'un nouvel immeuble.

Travail à faire

Approuvez-vous le traitement comptable de chacun des articles présentés ci-dessus ? Justifiez chacune de vos opinions.

14

P 2. Les acquisitions et les aliénations

(15 minutes – facile)

Le 1er mai 20X1, Félix ltée a acheté, aux fins d'exploitation, un bâtiment construit 10 ans plus tôt. Le bâtiment avait été évalué à 375 000 $. Cependant, Félix ltée a fait une offre d'achat à 300 000 $ comptant qui a été acceptée. Les frais des actes notariés et d'enregistrement se sont élevés à 15 000 $.

Félix ltée a dû remettre 12 000 $ au vendeur qui avait payé 18 000 $ pour les taxes foncières de l'année fiscale 20X1. Elle a aussi déboursé 2 400 $ pour la portion non expirée de l'assurance contre l'incendie, dont la date d'échéance était le 31 décembre 20X1.

Avant de mettre en place toutes les pièces d'équipement, Félix ltée a effectué quelques travaux de rénovation au coût de 9 000 $. On a lavé la toiture de verre en juillet à un coût supplémentaire de 600 $. La production a enfin pu commencer le 1er août 20X1.

En 20X9, Félix ltée a acheté un autre terrain et a dressé les plans d'un nouveau bâtiment. Le contrat de construction a été octroyé en 20Y0 à la société qui a présenté la soumission la plus basse, soit 750 000 $. Cette soumission comprend les frais des actes notariés et d'enregistrement, et les honoraires de l'architecte.

Le 1er mars 20Y1, Félix ltée a adopté un plan de vente du bâtiment acquis en 20X1. À cette date, la juste valeur du bâtiment excédait la valeur comptable.

Le 2 janvier 20Y2, le nouveau bâtiment était prêt pour qu'on l'utilise. L'entrepreneur a alors acquis le vieux bâtiment en vue de le transformer en entrepôt. Il a accepté de réduire d'un montant de 150 000 $ le prix convenu pour le nouveau bâtiment.

Travail à faire

a) Calculez le coût total du bâtiment acquis en 20X1 qui a dû être porté au compte Bâtiments.

b) Présentez les écritures nécessaires pour enregistrer le coût du nouveau bâtiment et la vente du vieux bâtiment à l'entrepreneur, sachant que l'amortissement cumulé de ce dernier bâtiment s'élève à 187 500 $ à la date de vente.

P 3. Les acquisitions et les aliénations

(15 minutes – facile)

Voici le compte Équipements du grand livre général de Deschamps ltée :

	Équipements				Compte n° 140
Date	**Libellé**	**F°**	**Débit**	**Crédit**	**Solde**
20X5					
2 janvier	Achat, machine n° 1		12 600		12 600
2 mai	Achat, machine n° 2		14 400		27 000
20X6					
2 février	Achat, machine n° 3		9 600		36 600
2 juillet	Achat de la machine n° 4 en échange de la machine n° 1		8 800		45 400
2 novembre	Vente, machine n° 2			10 800	34 600

Renseignements supplémentaires

1. Les fournisseurs ont livré et installé toutes les machines, à l'exception de la machine n° 3, sans frais supplémentaires.
2. Le prix d'achat de la machine n° 4 est de 16 000 $. Le montant de 8 800 $ représente le versement de la contrepartie monétaire. Deschamps ltée n'avait pas adopté de plan de sortie avant de conclure l'échange.
3. Les frais qu'a occasionnés l'achat de la machine n° 3 se détaillent comme suit :

Explications	Montants
Montage électrique	320 $
Salaires des employés ayant travaillé à l'installation	640
Taxe de vente (entièrement recouvrable)	768
Total	1 728 $

14

Travail à faire

Présentez le compte Équipements tel qu'il devrait figurer au grand livre au 31 décembre 20X6.

P 4. Les crédits d'impôt à l'investissement (15 minutes – moyen)

En avril 20X4, Calcutor inc. a acquis des pièces d'équipement au coût total de 60 000 $. Ces pièces seront amorties linéairement sur cinq ans. Cet investissement est admissible à un crédit d'impôt de 15 %. Calcutor inc. estime qu'elle aura 5 000 $ d'impôts à payer au cours de chacun des cinq prochains exercices.

Travail à faire

a) Comptabilisez l'acquisition des pièces d'équipement et, s'il y a lieu, le crédit d'impôt à l'investissement.
b) En supposant que les impôts à payer, sans tenir compte des crédits d'impôt à l'investissement, s'élèvent effectivement à 4 500 $ en 20X4, passez l'écriture de journal requise pour comptabiliser la charge d'impôts.

P 5. La détermination du coût d'acquisition (20 minutes – moyen)

Le 25 juillet 20X1, la société Caron ltée a fait l'acquisition au comptant de matériel servant à la fabrication, sans avoir auparavant adopté un plan de sortie pour l'ancien matériel remplacé. Le prix de base convenu avec le vendeur s'élève à 82 000 $. D'autres renseignements pertinents vous sont transmis ci-dessous :

Taxe sur les produits et services (entièrement recouvrable)	5 740,00 $
Taxe de vente provinciale (entièrement recouvrable)	6 580,50
Transport des pièces d'équipement	895,00
Installation des pièces d'équipement	3 000,00
Coût de formation des employés du Service de la fabrication	
Les cours donnés aux employés ont duré deux jours ;	
une journée portant sur les mesures générales de sécurité	
à adopter dans l'usine et une journée portant sur le	
fonctionnement des nouvelles pièces d'équipement	2 500,00
Frais de vente des anciennes pièces d'équipement remplacées	
par celles acquises le 25 juillet	500,00
Prix de vente des anciennes pièces d'équipement	8 000,00
Coût d'acquisition des anciennes pièces d'équipement	40 000,00
Amortissement cumulé des anciennes pièces d'équipement	36 000,00

Le 30 juillet 20X1, Caron ltée a reçu une lettre du gouvernement lui confirmant qu'elle était admissible à un programme d'aide gouvernementale favorisant la modernisation des usines. Ce programme prévoit une subvention correspondant à 30 % du coût d'acquisition, déterminé conformément aux principes comptables généralement reconnus (P.C.G.R.).

Travail à faire

Passez les écritures de journal requises dans les livres de Caron ltée pour inscrire toutes les opérations présentées précédemment.

P 6. La comptabilisation d'opérations afférentes aux immobilisations (20 minutes – facile)

Nou-vo-t inc. a commencé ses opérations en 20X8, et ses dirigeants vous demandent de dresser les états financiers pour l'exercice terminé le 31 décembre 20X8.

14

En parcourant le grand livre général, vous découvrez un compte intitulé Propriétés. Tous les montants portés à ce compte sont indiqués ci-dessous :

Date	Détails	Débits
8 juin	Frais de premier établissement versés au gouvernement fédéral	1 500 $
16 juin	Terrain et immeuble	960 000
30 juin	Frais d'incorporation	12 000
2 juillet	Honoraires pour effectuer les recherches des titres de propriété	11 200
28 août	Coûts de démolition de l'immeuble existant	16 800
1er septembre	Salaires des dirigeants	38 800
12 décembre	Actions données en prime aux promoteurs de la société	20 000
15 décembre	Frais financiers	6 000
15 décembre	Taxes foncières	8 800
15 décembre	Coût du nouvel immeuble	2 220 000
Total		3 295 100 $

Un examen plus approfondi du compte précédent ainsi que d'autres comptes révèle ce qui suit :

a) L'immeuble acquis le 16 juin 20X8 était évalué à 160 000 $.
b) La société a versé 16 800 $ pour la démolition de l'immeuble existant. Elle a pu obtenir la somme de 800 $ de la vente des matériaux récupérés, ce qui l'a amenée à créditer le compte Produits divers de la même somme.
c) Les dirigeants ne s'occupent pas de la construction du nouvel immeuble.
d) La taxe foncière se rapporte au terrain et a trait aux six mois prenant fin le 31 décembre 20X8.

Travail à faire

Présentez l'écriture de journal, accompagnée d'explications, au 31 décembre 20X8, afin de reclasser tous les montants inclus dans le compte Propriétés à d'autres comptes plus appropriés.

P 7. La comptabilisation d'opérations afférentes aux immobilisations (20 minutes – facile)

Au 1er janvier 20X2, les soldes des comptes relatifs aux immobilisations de Mobilia ltée s'établissaient comme suit :

	Coût	Amortissement cumulé	Valeur comptable nette
Terrain	60 000 $	θ $	60 000 $
Immeuble	1 600 000	760 000	840 000
Équipements	600 000	280 000	320 000
Matériel roulant	90 000	24 000	66 000
Total	2 350 000 $	1 064 000 $	1 286 000 $

Au cours de l'exercice 20X2, Mobilia ltée a effectué les opérations suivantes :

2 janvier Achat au comptant d'un nouveau camion au coût de 30 000 $. Mobilia ltée a dû payer la TPS et la TVQ à l'acquisition de ce camion.

1er février La société a vendu l'une de ses automobiles au prix de 10 000 $, avant même d'avoir adopté un plan de sortie. Elle avait acheté ce véhicule le 1er juillet 20X0 au coût de 16 000 $. L'amortissement cumulé s'élevait à 3 580 $ au 1er février.

28 février Mobilia ltée avait depuis longtemps pensé à investir ses surplus d'argent dans des éléments d'actif autres que des valeurs négociables. L'occasion s'est présentée, et Mobilia ltée a fait l'acquisition d'un terrain pour un montant de 20 000 $. Ses dirigeants estiment pouvoir revendre ce terrain dans deux ans pour un montant cinq fois plus élevé que le prix payé.

1er mars Achat d'un micro-ordinateur pour un montant de 5 000 $, y compris les taxes et les frais de transport.

1er avril Paiement des taxes foncières totalisant 4 000 $. Ces taxes concernent le terrain acheté le 28 février.

30 avril La société a déboursé 4 000 $ pour l'achat de fournitures de bureau.

1ᵉʳ août   On a effectué d'importantes réparations à l'immeuble, ce qui a eu pour effet d'en augmenter la durée de vie. Ces réparations ont occasionné des débours de 90 000 $.

31 octobre Paiement des assurances sur l'immeuble et les pièces d'équipement d'un montant de 20 000 $.

Travail à faire

Passez toutes les écritures nécessaires pour comptabiliser les opérations décrites précédemment. Arrondissez tous vos calculs au dollar près.

P 8. Une acquisition   (10 minutes – moyen)

En 20X1, Demers ltée a conclu les opérations suivantes :

1. Demers ltée a acquis un terrain et un immeuble à un coût global de 375 000 $. Elle estime que les justes valeurs du terrain et de l'immeuble sont respectivement de 63 000 $ et de 420 000 $. Dans les livres comptables du vendeur, la valeur inscrite du terrain est de 50 000 $, et la valeur comptable nette de l'immeuble est de 275 000 $. Pour financer cette acquisition, Demers ltée a contracté une hypothèque de 20 ans payable en versements mensuels de 3 870 $ chacun et portant intérêt au taux annuel de 11 %.

2. Demers ltée a acheté au comptant du matériel de bureau au coût brut de 12 000 $. Le vendeur a consenti un escompte de caisse de 240 $ et a assumé les frais d'installation de 450 $.

3. Demers ltée a aussi acheté une automobile dont l'usage est réservé au président. Le prix du catalogue de cette automobile était de 23 500 $. Après quelques négociations, le concessionnaire d'automobiles a ajouté une chaîne stéréo, un revêtement antirouille et une garantie prolongée de deux ans, sans pour autant augmenter le prix de vente. La juste valeur de la garantie prolongée s'élève à 800 $. Le concessionnaire finance lui-même Demers ltée aux conditions suivantes :

Versement initial requis	13 500,00 $
Vingt-quatre versements mensuels de fin de période de 470,73 $ chacun	11 297,52 $
Taux d'intérêt mensuel dont tiennent compte les versements périodiques	1 %

Travail à faire

Passez les écritures de journal requises pour comptabiliser ces trois opérations d'achat. Arrondissez tous vos calculs au dollar près et ne tenez pas compte des taxes.

P 9. Un échange et un plan de sortie   (25 minutes – moyen)

Le 7 juillet 20X3, la société Dion ltée décide de se départir d'une machine qu'elle utilise pour sa production courante. Plusieurs possibilités, qui se concluraient le jour même, lui sont offertes :

1. Bior ltée lui offre un terrain en échange. L'opération se conclurait sans que l'une ou l'autre société n'ait à débourser de l'argent.

2. Delta ltée lui offre un camion en échange. En plus de recevoir l'équipement de Dion ltée, Delta ltée exige 5 000 $ en espèces.

3. Dion ltée peut aussi décider d'acheter une nouvelle machine du concessionnaire Parc ltée. Pour acheter une nouvelle machine, Dion ltée devra céder son ancienne machine et débourser 150 000 $.

Voici quelques renseignements supplémentaires :

	Dion ltée	Bior ltée	Delta ltée	Parc ltée
Coût initial du bien	175 000 $	50 000 $	180 000 $	185 000 $
Amortissement cumulé	85 000		108 000	
Juste valeur	75 000	75 000	80 000	225 000

14

Travail à faire

a) Présentez les écritures de journal à passer dans les livres de Dion ltée pour chaque possibilité qui lui est offerte.

b) Présentez les écritures de journal requises dans les livres des sociétés Bior ltée, Delta ltée et Parc ltée.

c) Tenez pour acquis que,
- le 7 juillet 20X3, Dion ltée a décidé d'acheter une nouvelle machine de Parc ltée,
- les justes valeurs restent stables jusqu'au 31 décembre 20X3, et que
- l'opération ne sera conclue que le 1er janvier 20X4 bien que l'ancienne machine soit disponible pour la vente dès le 7 juillet 20X3.

Préparez les extraits pertinents du bilan, des résultats et des flux de trésorerie de Dion ltée au 31 décembre 20X3, date de clôture de l'exercice financier.

P 10. Une aliénation

(20 minutes – moyen)

Les deux comptes suivants sont extraits des livres de l'entreprise Répété inc. :

Machinerie					*Compte n° 130*

Date	Libellé	F°	Débit	Crédit	Solde
20X6					
1er | août	Acquisition		70 000		70 000
20X8					
12 | août	Ajout		17 500		87 500
13 | septembre	Indemnité d'assurance			7 000	80 500

Amortissement cumulé – Machinerie					
(Amortissement linéaire)					*Compte n° 131*

Date	Libellé	F°	Débit	Crédit	Solde
20X8					
31 | juillet	Solde				28 000
20X9					
31 | juillet	Amortissement pour l'exercice se terminant le 31 juillet.			4 025	32 025

À la suite d'une vérification des comptes, vous découvrez que des ennuis mécaniques ont endommagé une partie de la machinerie au début du mois d'août 20X8. Répété inc. a reçu une indemnité de 7 000 $ de la compagnie d'assurances à titre de dédommagement. La partie endommagée avait initialement coûté 12 000 $. Le montant de 17 500 $ porté au débit du compte Machinerie représente les frais de réparations de la machinerie découlant d'ennuis mécaniques survenus quelques jours plus tôt. Répété inc. a l'intention d'amortir ces frais sur la durée non écoulée de la machinerie.

Travail à faire

Passez les écritures de correction nécessaires au 31 juillet 20X9 en tenant pour acquis que les livres n'ont pas encore été clôturés et que la machinerie est amortie de façon linéaire sur cinq ans.

P 11. Une aliénation

(25 minutes – moyen)

Équipements industriels inc., dont la date de fin d'exercice est le 31 décembre, possède trois usines dans la région métropolitaine. Le 3 novembre 20Y1, un incendie a complètement détruit l'usine n° 1. Le 20 décembre suivant, Équipements industriels inc. recevait de sa compagnie d'assurances un chèque de 2 000 000 $ en règlement complet des dommages. Ce montant correspond à la juste valeur de l'usine à la date de l'incendie.

14

La société a toujours profité du taux maximal d'amortissement, soit 10 %. La charge d'amortissement a toujours été égale au montant de la déduction permise par le fisc. Voici un extrait du grand livre de la société :

Immeubles – Usines					Compte n° 150

Date	Libellé	F°	Débit	Crédit	Solde
20X1 1er janvier	Usine n° 1 (4810, boulevard Grande rue)	D5	2 000 000		2 000 000
20X3 30 juin	Usine n° 2 (2200, avenue du Pré)	D12	750 000		2 750 000
20X6 30 septembre	Usine n° 3 (3906, rue Fleury)	D7	500 000		3 250 000

Amortissement cumulé au 31 décembre 20Y0

Usine n° 1	1 435 140 $
Usine n° 2	483 490
Usine n° 3	260 850
Total	2 179 480 $

On reconstruira l'usine n° 1 en brique, et elle sera donc sujette à un amortissement fiscal maximum calculé au taux de 5 %. Équipements industriels inc. a signé un contrat d'un montant de 2 750 000 $ pour la reconstruction de l'usine n° 1. Les travaux débuteront en 20Y2, et la société pourra réemménager le 30 septembre 20Y2.

Travail à faire

a) Décrivez la façon dont la société présentera les informations afférentes au compte Immeubles – Usines aux états financiers de l'exercice terminé le 31 décembre 20Y1.

b) Passez l'écriture de journal requise dans les livres de la société Équipements industriels inc. pour comptabiliser les effets de l'incendie.

P 12. Une acquisition et une cession

(35 minutes – difficile)

Jean inc. est propriétaire d'un terrain acquis au coût de 40 000 $. On a terminé la construction de l'usine au coût de 405 000 $ au début d'un exercice financier, soit le 1er janvier 20X0. Le comptable a utilisé, comme il en a l'habitude, la méthode de l'amortissement linéaire, compte tenu d'une vie utile de 45 ans et d'une valeur résiduelle nulle.

Le 1er janvier 20X5, Jean inc. vend au prix de 600 000 $ la propriété à Jacques ltée aux conditions suivantes : versement comptant de 165 000 $ et solde de 435 000 $ garanti par une hypothèque de premier rang remboursable en versements semestriels égaux de 15 000 $ chacun, plus intérêts, au taux de 9 % l'an.

Renseignements supplémentaires

- Le vendeur doit assumer les frais suivants :

Commission versée au courtier	36 000 $
Frais d'arpentage pour établir le certificat de localisation	1 200

- L'acheteur doit assumer les frais suivants :

Frais de notaire	9 000 $
Prorata des taxes (à remettre au vendeur)	1 800

Jacques ltée estime que la valeur du terrain correspond à 30 % du coût d'acquisition de l'usine.

Travail à faire

a) En tenant pour acquis que Jean inc. n'avait pas adopté de plan de sortie, préparez les écritures de journal pour enregistrer la vente dans les livres de Jean inc.

b) Tenez maintenant pour acquis que, le 1er janvier 20X4, Jean inc. a adopté un plan de sortie qui respecte toutes les conditions énoncées au paragraphe 3475.08 du *Manuel de l'I.C.C.A.* À cette date, la société estime que la juste valeur de la propriété s'élève à 575 000 $ et elle est incapable d'estimer les frais de vente. Préparez les écritures de journal pour enregistrer la vente dans les livres de Jean inc.

c) Préparez les écritures de journal pour comptabiliser l'achat dans les livres de Jacques ltée. Arrondissez tous vos calculs au dollar près.

P 13. L'acquisition d'immobilisations
selon divers modes de financement
(25 minutes – moyen)

La société Corneli ltée a décidé d'acheter de nouvelles pièces d'équipement et examine les trois modes de financement suivants :

1. Paiement au comptant de 200 000 $.
2. Achat à tempérament. Les paiements annuels de 23 400 $ chacun, y compris les intérêts au taux de 8 % l'an, seraient échelonnés sur 15 ans.
3. Signature d'un contrat de location de 10 ans, assorti d'une option d'achat des équipements à 2 000 $. Le loyer annuel serait de 29 600 $, y compris les intérêts au taux annuel de 8 %.

La durée de vie utile est de 15 ans, et la valeur résiduelle à la fin de cette période est estimée à 20 000 $.

Travail à faire

a) En supposant que les paiements annuels seront faits à la fin de chaque année, comptabilisez l'acquisition de l'équipement selon chacun des trois modes de financement qu'a examinés Corneli ltée. Arrondissez tous vos calculs au dollar près.
b) Quelle conclusion tirez-vous des trois écritures que vous avez passées en a) ?

P 14. L'acquisition d'immobilisations
(25 minutes – moyen)

Le 1er janvier 20X7, la société Bédard inc. a acquis de Mme Longval un camion, du matériel de fabrication et un terrain sur lequel est bâti un vieil immeuble. Bédard inc. n'a pas l'intention d'exploiter le vieil immeuble et, dans les jours qui ont suivi l'acquisition, la société a démoli cet immeuble au coût net de 5 000 $ afin de pouvoir entreprendre la construction d'un nouveau bâtiment.

Un garagiste de la région a évalué le camion à 5 500 $. Cependant, une étude de 200 opérations portant sur un camion du même modèle conclut que la juste valeur moyenne des camions dans cet état est de 5 000 $.

Le 2 janvier 20X7, Bédard inc. a reçu une offre d'un détaillant de matériel de fabrication. Ce détaillant était prêt à payer 7 500 $ pour acheter le matériel de Bédard inc. Ce matériel avait coûté 9 000 $ à Mme Longval en 20X4 et, selon elle, il vaut 8 000 $ au 1er janvier 20X7.

Pour financer cette acquisition, Bédard inc. a déboursé 52 000 $ et s'est engagée à payer 13 000 $ au cours des deux prochaines années. Ce montant comprend des frais financiers de 2 000 $. Bédard inc. a aussi accepté de payer les impôts fonciers de 20X6 qui s'élèvent à 1 000 $. Les frais juridiques reliés à cette acquisition sont de 1 500 $.

Le relevé des taxes municipales pour 20X6 montre l'évaluation suivante :

Terrain	30 000 $
Immeuble	20 000

Travail à faire

Passez les écritures de journal requises en janvier 20X7 pour inscrire cette opération. Arrondissez tous vos calculs au dollar près.

14

P 15. Une acquisition et une cession

(30 minutes – difficile)

Le 30 juin 20X5, Meloche inc. a décidé de se départir d'une machine servant à la fabrication de marchandises destinées à la vente. Cette machine lui avait coûté 210 000 $, et sa valeur comptable au 30 juin 20X5 est de 73 650 $.

Pour remplacer cette machine, Meloche inc. a acheté une machine plus performante au prix de base de 300 000 $. La société qui a vendu cette machine a repris l'ancienne et, pour cette raison, elle a accepté de réduire le prix de vente de 40 000 $.

Meloche inc. a engagé les frais suivants :

Frais d'enlèvement de l'ancienne machine	4 000 $
Frais de transport de la nouvelle machine	15 000
Frais d'installation	
Matériaux	4 000
Main-d'œuvre	3 000
Frais de déplacement de l'ingénieur de la société qui a vendu la machine	
(L'ingénieur était chargé de surveiller les travaux d'installation.)	1 500
Coût des essais de la nouvelle machine	
Main-d'œuvre	6 000
Gaspillage de matières premières	12 500
Coût d'une assurance de deux ans, contractée le 1er juillet 20X5	4 800

La machine est devenue opérationnelle le 1er octobre 20X5. Meloche ltée a comptabilisé ces opérations de la façon suivante :

Équipement	264 000	
Caisse		264 000
Acquisition d'une nouvelle machine.		
Frais de transport	15 000	
Salaires	9 000	
Fabrication	12 500	
Entretien et réparations	4 000	
Assurances	4 800	
Frais de représentation	1 500	
Caisse		46 800
Diverses charges relatives à l'exercice.		

Travail à faire

Passez les écritures de correction requises au 31 décembre 20X5, date de clôture de l'exercice.

Analyses de cas

C 1. Les immobilisations que construit l'entreprise pour son propre compte

(30 minutes – moyen)

La société Larochelle inc. a commencé ses opérations en 20X2. Son activité principale consiste à produire une nouvelle sonde pour les médecins et les dentistes. La demande pour ces sondes est si grande que Larochelle inc. est incapable de la satisfaire.

Pour remédier à ce problème, la société aurait besoin d'un matériel plus performant. Toutefois, ce matériel n'existe pas sur le marché, et Larochelle inc. a décidé de le concevoir et de le fabriquer elle-même pour répondre à ses besoins.

En 20X7, la société a utilisé une partie de son usine pour la fabrication de ce matériel et a embauché du personnel spécialisé. En six mois, la société a complété la construction du matériel, au coût total de 170 000 $. Le rendement du matériel est si élevé que Larochelle inc. a fabriqué trois autres sondes du même type à un coût unitaire de 80 000 $.

14

Travail à faire

a) Sauf dans les cas où l'immobilisation convoitée n'existe pas sur le marché, pour quelles raisons une entreprise déciderait-elle de construire elle-même ses immobilisations ?

b) Quels éléments de coût sont généralement capitalisés lorsqu'une entreprise construit elle-même ses immobilisations ?

c) Discutez de la pertinence de capitaliser les éléments suivants :
   i) L'augmentation des frais généraux qu'occasionne la construction ;
   ii) Une juste part des frais généraux imputés sur la même base que les frais généraux imputés aux marchandises destinées à la vente.

d) Dans le cas de Larochelle inc., de quelle façon devrait-on comptabiliser les coûts supplémentaires de 90 000 $ (170 000 $ – 80 000 $) associés à la construction de la première sonde ?

C 2. Le coût d'acquisition

(15 minutes – moyen)

Fleury ltée a acquis une machine au mois de janvier 20X8. Le montant figurant sur la facture qu'a préparée le vendeur est de 10 000 $. Fleury ltée a aussi engagé 2 000 $ de frais divers avant de pouvoir utiliser la machine. Ce montant couvre les frais de transport, la construction d'une plate-forme sur laquelle on fixera la machine ainsi que l'installation électrique. La machine a une durée de vie utile de 10 ans, et elle n'aura aucune valeur résiduelle après cette période.

M. Tournesol, propriétaire de Fleury ltée, désire imputer les frais divers aux résultats de l'exercice 20X8 pour les raisons suivantes :

1. Si la société Fleury ltée devait revendre cette machine, elle ne pourrait pas recouvrer les frais divers.

2. La capitalisation du montant de 2 000 $ au compte Équipements ne conduit pas nécessairement à une meilleure estimation de la juste valeur de la machine au cours de sa durée de vie, en raison des fluctuations de prix qui peuvent survenir au cours de cette période.

3. En imputant les frais divers aux résultats de l'exercice 20X8, on diminue les impôts à payer de cet exercice.

Travail à faire

Discutez de chacune des raisons qu'a soulevées M. Tournesol.

C 3. Une cession prématurée

(30 minutes – moyen)

Le 15 novembre 20X2, Dutonnerre ltée a décidé de remplacer tout son matériel de fabrication et elle a adopté un plan de vente. Le remplacement des équipements survient bien avant le délai prévu. Il a été cependant rendu nécessaire à la suite de nombreuses défectuosités mécaniques. C'est pourquoi Dutonnerre ltée a fixé un prix de vente dérisoire pour ce matériel, générant une réduction importante de la valeur comptable du matériel destiné à la vente. La direction a suggéré deux modes de comptabilisation de la réduction :

1. Inscrire le montant de la réduction à titre de débit reporté et l'amortir jusqu'à l'échéance de la durée de vie initialement prévue du matériel.

2. Inscrire le montant de la réduction à titre d'élément du coût du nouveau matériel.

Travail à faire

a) Discutez des deux propositions de la direction.

b) Expliquez le traitement comptable de la réduction que vous jugez approprié.

Source :
C.A. adapté

C 4. La classification de coûts engagés

(30 minutes – difficile)

14

Le contrôleur de Passicha inc. demande à un employé du Service des finances d'examiner le compte Entretien et réparations dans le but de s'assurer de l'exactitude du montant inscrit. Lors de son examen, l'employé relève 10 opérations qui, à son avis, n'auraient pas dû modifier ce compte. Le montant de chacune de ces opérations doit être considéré comme important.

	Date	Montant	Explication
a)	7 janvier	10 000 $	Contrat de service pour le matériel de bureau
b)	8 février	20 000	Devis pour l'agrandissement du bâtiment
c)	12 mars	18 500	Nouveau condensateur pour le système de climatisation situé sur le toit du bâtiment
d)	20 avril	7 000	Achat de deux chaises et de deux bureaux pour des chefs de service
e)	12 mai	40 850	Achat et installation de fenêtres doubles pour tout le bâtiment
f)	18 mai	38 450	Colmatage de toutes les fuites du plafond de l'usine
g)	19 juin	28 740	Remplacement des portes principales de l'usine
h)	3 juillet	11 740	Installation d'un système d'ouverture automatique sur les portes achetées le 19 juin dernier
i)	14 septembre	38 500	Achat d'un palan pour le service de production
j)	18 octobre	11 000	Remplacement d'une manette d'embrayage sur une machine du service de machinerie

Travail à faire

Pour chacune des 10 opérations qu'a relevées l'employé, indiquez si la comptabilisation qui a été faite est appropriée. Si tel n'est pas le cas, indiquez dans quel compte on devrait inscrire le montant en cause. Justifiez chacun de vos traitements.

C 5. Un changement de convention comptable   (30 minutes – moyen)

L'entreprise de camionnage Laforce ltée possède une importante flotte de camions. Au début de janvier 20X5, le président de la société informe le contrôleur que la société a l'intention de changer la convention comptable en ce qui concerne les pneus. En 20X4, la société a perdu plusieurs contrats de transport, ce qui a eu pour effet de réduire considérablement le kilométrage parcouru en 20X4. De l'avis du président, le changement de convention comptable permettrait de mieux refléter la situation économique de la société.

Depuis plusieurs années, la société procède de la façon suivante :

1. Le coût des pneus inclus dans le coût d'acquisition des nouveaux camions est immédiatement imputé aux résultats, car les pneus s'usent complètement au cours du premier exercice.
2. Au début de chaque exercice, tous les pneus requis pour l'exercice sont achetés en bloc à un seul fournisseur afin que la société puisse bénéficier d'une remise sur quantité. Le coût de ces pneus est imputé aux résultats de l'exercice de l'achat.
3. À la fin de chaque exercice, la société procède à un décompte physique des pneus restants afin de planifier les achats de l'exercice suivant. Cependant, aucune écriture n'est faite dans les livres comptables à la suite de ce décompte.

Au cours de l'exercice 20X4, la société n'a pas acheté ni vendu de camions. Plutôt que d'acheter des pneus neufs, elle a acheté des pneus rechapés à un coût total de 700 000 $. On a imputé ce montant aux résultats de l'exercice.

Voici quelques renseignements supplémentaires concernant le changement de convention comptable :

- On ajouterait les valeurs suivantes aux éléments d'actif au 31 décembre 20X4.

Pneus neufs conservés dans l'entrepôt au coût	320 000 $
Pneus rechapés conservés dans l'entrepôt au coût	280 000
Pneus installés sur les camions. Pour estimer leur valeur, le contremaître a mesuré la semelle de chaque pneu (40 % du montant se rapporte aux pneus rechapés).	600 000
Total	1 200 000 $

Le contrôleur a assisté au décompte physique effectué le 31 décembre 20X4, et il a remarqué que le nombre de pneus restants était beaucoup plus important qu'à la fin des exercices précédents.

- Après le changement de convention comptable, Laforce ltée comptabilisera le coût des pneus neufs et rechapés dans un compte d'actif au moment de l'acquisition.

14

Travail à faire

Sachant que l'entreprise n'a pas encore passé les écritures de clôture, passez l'écriture de journal requise pour refléter le changement de convention comptable. Ce changement vous semble-t-il approprié ? Justifiez votre réponse.

C 6. L'appropriation d'un bien construit pour le compte d'un tiers
(70 minutes – difficile)

La société Constructo inc. construit des immeubles depuis plusieurs années. Son exercice financier se termine le 31 octobre. Entre le mois de novembre 20X6 et le 31 août 20X7, Constructo inc. n'a obtenu aucun nouveau contrat. Face à cette situation, Constructo inc. a décidé d'acheter un terrain dans l'intention de le détenir comme placement pour y construire son siège social ultérieurement. Quelque temps plus tard, Lâcheteur ltée achète le terrain selon les conditions qu'a stipulées Constructo inc., dont l'obligation de faire construire un immeuble par la société.

Travail à faire

a) Passez toutes les écritures pour comptabiliser les événements dont il est question à l'annexe A présentée ci-dessous. Arrondissez tous vos calculs au dollar près.

b) Discutez des raisons qui justifient votre choix en ce qui concerne la méthode de comptabilisation du contrat de construction à long terme.

c) Supposons que vous ayez choisi une autre méthode de comptabilisation du contrat de construction à long terme. Expliquez les changements qu'il serait nécessaire d'apporter par rapport à la solution au point a) afférente à l'exercice terminé le 31 août 20X8 et les conséquences sur la nouvelle entente décrite à l'annexe G présentée plus loin.

Annexe A
Opérations afférentes aux exercices 20X7, 20X8 et 20X9

1er septembre 20X7	Acquisition du terrain, rue Santafé (détails à l'annexe B).
15 septembre 20X7	Travaux de démolition du vieil immeuble et nivellement du terrain (détails à l'annexe C).
16 septembre 20X7	Vente des matériaux provenant de la démolition du vieil immeuble (détails à l'annexe C).
20 octobre 20X7	Vente du terrain situé rue Santafé à Lâcheteur ltée et signature du contrat de construction (détails à l'annexe D).
10 novembre 20X7	Début des travaux de construction et encaissement du billet de Lâcheteur ltée.
10 novembre 20X7 à août 20X9	Construction (détails à l'annexe E).
3 août 20X9	Travaux de nivellement et d'excavation sur le terrain situé rue Pourkoipas (détails à l'annexe F).
6 août 20X9	Réunion de Constructo inc. et de Lâcheteur ltée (détails à l'annexe G).

Annexe B
Acquisition par Constructo inc. du terrain situé rue Santafé

Constructo inc. acquiert le terrain et, par la même occasion, le vieil immeuble qui s'y trouve, au prix de 15 000 $. Constructo inc. finance cette acquisition de la façon suivante : 6 250 $ comptant au moment de la signature du contrat et 8 750 $ par hypothèque. De plus, Constructo inc. consent à reprendre l'hypothèque du vendeur relative au vieil immeuble et dont le solde s'élève à 1 235 $. Le créancier du vendeur a accepté de transférer ce solde au nom de Constructo inc. Le vendeur et Constructo inc. ont aussi convenu des ajustements suivants :

14

Dû par l'acheteur	Ajustements	Dû par le vendeur
1 800 $	1. Impôts fonciers de juin 20X7 à mai 20X8 (2 400 $ x 9/12)	
200	2. Assurances de janvier 20X7 à décembre 20X7 (600 $ x 4/12)	
	3. Frais d'étude du crédit de Constructo inc. (aux frais du vendeur, tels qu'ils ont été négociés entre les parties)	875 $
(2 500)	4. Avance faite par l'acheteur	
(500) $	Total des ajustements	875
		500
	Montant dû par le vendeur	1 375 $

Le droit de mutation et les frais de notaire s'élèvent respectivement à 500 $ et 420 $ et ne sont pas encore payés. Les frais de notaire sont partagés en parts égales entre les deux parties.

Annexe C
Travaux afférents au terrain de la rue Santafé

Constructo inc. a engagé les coûts suivants afférents aux travaux qu'elle a elle-même réalisés :

Démolition du vieil immeuble	
Salaire du conducteur de la grue	*100 $*
Salaire du conducteur du camion	*50*
Salaires des autres employés affectés aux travaux	*350*
Nivelage du terrain	
Salaire du conducteur du bulldozer	*125*
Honoraires de l'arpenteur-géomètre	*200*

Constructo inc. n'a pas encore payé ces frais. Le 16 septembre, elle a vendu, au prix de 325 $, les matériaux récupérés lors de la démolition du vieil immeuble.

Annexe D
Extrait du contrat de construction n° 38

1. Constructo inc. vend à Lâcheteur ltée le terrain situé rue Santafé au prix de 21 000 $, payable selon les modalités suivantes :

Versement initial	*5 000 $*
Prise en charge de l'hypothèque	*8 750*
Billet payable dès le début des travaux, portant intérêt à 10 % l'an.	*7 250*
Total	*21 000 $*

Les ajustements concernant les taxes foncières, les assurances et les intérêts ont été payés comptant lors de la signature du contrat et sont déjà comptabilisés aux livres de Constructo inc.

2. Constructo inc. construira pour Lâcheteur ltée un immeuble de bureaux de trois étages selon les plans préalablement acceptés par les parties. Les travaux s'échelonneront sur une période de 21 mois et débuteront le 10 novembre 20X7.

3. Le prix convenu pour la construction ne pourra être inférieur à 700 000 $ et ne pourra excéder 750 000 $.

4. Constructo inc. s'engage à respecter l'échéancier établi pour chacune des étapes de la construction. S'il devait en découler des coûts supplémentaires, elle pourrait augmenter le prix convenu jusqu'à concurrence du montant maximal prévu.

5. Lâcheteur ltée se réserve le droit de résilier le contrat si la construction n'est pas terminée dans les délais prescrits.

Annexe E
Construction de l'immeuble, rue Santafé

1. Constructo inc. a engagé les frais suivants :

Exercice terminé le 31 octobre 20X8	
Matières premières	*175 000 $*
Main-d'œuvre directe	*121 000*
Frais généraux de construction variables	*26 000*
Frais généraux de construction fixes	*13 000*
Total	*335 000 $*

14

Exercice terminé le 31 octobre 20X9

Matières premières	110 000 $
Main-d'œuvre directe	149 000
Frais généraux de construction variables	19 000
Frais généraux de construction fixes	12 000
Total	290 000 $

2. Constructo inc. utilise la méthode des coûts variables pour établir les frais généraux de construction.

3. Les frais engagés en 20X9 excèdent de 10 000 $ l'estimation faite en 20X8 pour terminer les travaux.

4. Constructo inc. a envoyé à Lâcheteur ltée les factures suivantes :

8 janvier 20X8	40 000 $
13 mai 20X8	120 000
3 septembre 20X8	90 000
Total de l'exercice terminé le 31 octobre 20X8	250 000 $
19 décembre 20X8	140 000 $
21 mars 20X9	30 000
2 août 20X9	80 000
Total de l'exercice terminé le 31 octobre 20X9	250 000 $

Une facture datée du 15 août 20X9 d'un montant de 210 000 $ a été préparée, mais n'a pas encore été envoyée au destinataire.

5. Constructo inc. a financé la construction à même les encaissements de Lâcheteur ltée et avec des emprunts. Constructo inc. ne capitalise pas les intérêts engagés en cours de construction, car elle considère que les montants sont négligeables. Les encaissements se détaillent comme suit :

15 janvier 20X8	30 000 $
29 mai 20X8	100 000
23 septembre 20X8	70 000
1er janvier 20X9	60 000
15 janvier 20X9	70 000
29 mars 20X9	20 000
10 août 20X9	70 000
Total	420 000 $

Annexe F
Terrain, rue Pourkoipas

Constructo inc. a acheté le terrain au prix de 2 000 $ il y a six ans dans le but d'y construire un immeuble pour abriter son siège social. Le coût minime du terrain a été un facteur déterminant de l'achat, ce qui permet, selon la direction, de compenser l'emplacement plus ou moins satisfaisant du terrain. Constructo inc. a longtemps hésité à entreprendre la construction et a, entre-temps, capitalisé les taxes suivantes relatives à ce terrain :

20X4	125 $
20X5	135
20X6	147
20X7	185
20X8	190
Total	782 $

Les taxes afférentes à l'exercice terminé le 31 octobre 20X9, d'un montant de 190 $, sont payables le 1er septembre, et elles n'ont pas encore été comptabilisées.

Dernièrement, Constructo inc. a entrepris les travaux suivants :

Défrichage	310 $
Nivellement	210
Excavation	395

14

Annexe G
Réunion entre les dirigeants de Constructo inc. et de Lâcheteur ltée
en vue de clore le contrat
(6 août 20X9)

Constructo inc.	— Il y a quelques jours, nous avons entrepris, rue Pourkoipas, les travaux de l'immeuble destiné à abriter notre siège social.
Lâcheteur ltée	— Oui, j'ai remarqué vos travaux hier. C'est un très beau terrain, et il est très bien situé.
Constructo inc.	— Pour une entreprise comme la vôtre, il est très bien situé. Par contre, pour une entreprise de construction, l'emplacement n'est pas du tout idéal.
Lâcheteur ltée	— C'est vrai que notre emplacement rue Santafé serait un meilleur endroit pour vous.
Constructo inc.	— [...]
Lâcheteur ltée	— [...]
Lâcheteur ltée	— Avez-vous la même idée que moi ?
Constructo inc.	— Je pense que oui et je la trouve excellente.

Après cette courte conversation, les deux parties en arrivent à l'entente suivante :

1. Le contrat de construction n° 38 est annulé, de même que le solde dû par Lâcheteur ltée sur ce contrat.
2. L'immeuble de la rue Santafé devient la propriété de Constructo inc. qui y établira son siège social.
3. Les deux parties conviennent d'échanger leur terrain selon les modalités suivantes :

Emplacement	Vendeur	Acheteur	Valeur de marché
Rue Santafé	Lâcheteur ltée	Constructo inc.	22 000 $
Rue Pourkoipas	Constructo inc.	Lâcheteur ltée	25 000
Montant à payer immédiatement par Lâcheteur ltée			3 000 $

4. Lâcheteur ltée consent aussi à payer 100 000 $ à titre de dédommagement.
5. Constructo inc. n'aura pas à rembourser les montants déjà reçus de Lâcheteur ltée. Ces montants seront considérés comme un dépôt afférent à la nouvelle construction, déduction faite du dédommagement de 100 000 $.

Source :
Nicole Lacombe et
Jocelyne Gosselin

C 7. La détermination du coût des éléments d'actif et la constatation des produits et des charges afférentes (40 minutes – difficile)

Étienne Blanchard, client de longue date de votre employeur, le cabinet comptable Spinney, Levallon et associés, s'est adressé à l'un des associés du cabinet pour lui parler d'un projet d'entreprise. Étienne est un agent immobilier bien établi dans la région, et il jouit d'une excellente réputation, en raison de son intégrité et de la qualité de ses services à la clientèle. Il est enthousiasmé par un nouveau concept dans le secteur de l'immobilier, celui de la « prévente en viager ». Dans ce type de vente, les personnes âgées propriétaires-occupants d'une maison de valeur élevée, mais qui manquent d'argent pour vivre, concluent avec un spéculateur un accord en vertu duquel elles reçoivent un paiement immédiat, en espèces, en échange du droit de propriété de leur maison au décès du dernier conjoint survivant. Le montant du paiement est basé sur la juste valeur de la maison et sur des hypothèses actuarielles concernant l'espérance de vie.

Les personnes âgées continuent à vivre dans leur maison, sans payer de loyer, jusqu'à la fin de leurs jours. Les seuls coûts qui demeurent à leur charge sont les frais normaux de tout propriétaire : réparations, peinture, entretien de la pelouse, assurances, taxes foncières, etc. Étienne précise que le prix payé doit être juste pour le spéculateur sans pour autant léser les personnes âgées.

Étienne a l'intention de constituer une société, Ma Chère Maison ltée, pour profiter de ce nouveau marché. « Je peux payer aujourd'hui 60 000 $ un droit de propriété qui vaudra 120 000 $ lorsque je le vendrai », a-t-il dit à l'associé. « La durée moyenne des investissements devrait être d'environ six ans, ce qui signifie un gain de 60 000 $. »

14

Étienne se propose d'obtenir le capital nécessaire par voie de prospectus. Il demande à votre cabinet de l'aider à préparer des prévisions financières et d'y joindre « le type d'opinion qui conviendra dans les circonstances. Utilisez les conventions comptables qui conviennent le mieux, dans la mesure où elles ne seront pas trop coûteuses et trop compliquées ». Spinney, Levallon et associés sera également nommé vérificateur de l'entreprise mais, pour le moment, comme Étienne veut surtout « faire démarrer le projet », il ne s'intéresse qu'aux préoccupations immédiates que pourrait faire valoir le cabinet en matière de comptabilité.

Entre-temps, Étienne a l'intention d'emprunter de l'argent à la banque pour couvrir ses frais initiaux et les premiers contrats de prévente.

Après vous avoir mis au courant de sa conversation avec Étienne, l'associé vous demande de faire la recherche initiale et de rédiger un rapport préliminaire destiné au client sur les questions qui se posent en matière de comptabilité.

Source :
C.A. adapté

Travail à faire

Préparez le projet de rapport que demande l'associé.

C 8. Un plan de sortie modifié, suivi d'une vente   (75 minutes – difficile)

Le 15 juin 20X3, la société Baie des valeurs ltée a acheté au comptant des équipements de fabrication au coût de 2 200 000 $ et a adopté un plan de vente des anciens équipements. Ceux-ci sont immédiatement disponibles pour la vente. La direction prévoit vendre les équipements au cours des 10 prochains mois à un prix de vente correspondant à leur juste valeur.

Baie des valeurs ltée vous transmet les renseignements suivants.

1. Valeur des anciens équipements, en date du 15 juin 20X3 :

Juste valeur, diminuée des frais de vente	*345 000 $*
Coût d'acquisition	*1 900 000*
Amortissement cumulé	*1 520 000*

2. Le 30 septembre 20X3, la juste valeur des anciens équipements passe à 360 000 $.
3. Le 31 octobre 20X3, la société recommence à utiliser ses anciens équipements. Les nouveaux équipements achetés en juin font l'objet d'une réparation importante qui durera au moins six mois. La technologie utilisée pour construire les équipements de la nouvelle génération ne s'avère pas aussi fiable que Baie des valeurs ltée l'espérait. Elle a donc décidé de ne pas se départir immédiatement de ses anciens équipements.
4. Le 31 décembre 20X3, date de clôture de l'exercice financier, la juste valeur des anciens équipements s'élève à 360 000 $; celle des nouveaux équipements, à 1 800 000 $. Baie des valeurs ltée a aussi déterminé que la valeur comptable des nouveaux équipements excède leur valeur recouvrable.
5. Baie des valeurs ltée amortit tous ses équipements sur leur durée de vie de 120 mois. Elle prévoit que leur valeur de récupération sera nulle au moment de leur revente. La société utilise la méthode d'amortissement linéaire, car elle prévoit que l'utilité des équipements diminuera en fonction du temps.

Travail à faire

a) Passez toutes les écritures de journal requises dans les livres de Baie des valeurs ltée pour comptabiliser les opérations concernant les équipements.

b) En quoi votre réponse en a) serait-elle modifiée si, le 31 octobre 20X3, Baie des valeurs ltée avait décidé d'utiliser ses anciens équipements pour une durée d'un mois seulement?

c) Tenez maintenant pour acquis que Baie des valeurs ltée n'a pas modifié son plan de vente le 31 octobre 20X3. Le 28 février 20X4, avant la mise au point définitive de ses états financiers, elle a vendu au comptant les anciens équipements au prix de 375 000 $ et elle a payé 10 000 $ de frais de vente.

   i) Passez l'écriture de journal requise le 28 février 20X4.
   ii) Préparez l'extrait du bilan au 31 décembre 20X3.

L'imputation périodique des coûts afférents aux immobilisations corporelles sujettes à amortissement

1. Quel objectif l'amortissement des immobilisations vise-t-il?

2. Pourquoi les immobilisations doivent-elles être amorties?

3. La nature de l'amortissement est souvent mal interprétée. Quelles sont les deux interprétations de l'amortissement les plus courantes et qui ne sont pas fondées?

4. Lorsqu'une entreprise acquiert des immobilisations, quelles estimations doit-elle faire afin de pouvoir calculer la charge d'amortissement?

5. Quels facteurs limitent la durée de vie et la durée de vie utile d'une immobilisation?

6. Dans quelles circonstances peut-on considérer que l'amortissement est calculé d'une manière logique et systématique?

7. Comment calcule-t-on le taux d'amortissement lorsqu'une entreprise utilise la méthode de l'amortissement dégressif à taux constant?

8. Expliquez brièvement l'application de la méthode de l'amortissement proportionnel à l'ordre numérique inversé des périodes.

9. Que représente la charge d'amortissement présentée dans les états financiers annuels d'une entreprise lorsque celle-ci utilise la méthode de l'amortissement fondée sur la valeur?

10. En quoi la méthode de l'amortissement fondée sur la cession diffère-t-elle de la méthode de l'amortissement fondée sur le remplacement?

11. Quelle est la principale faiblesse de la méthode de l'amortissement fondée sur la cession?

12. Dans quelles situations la méthode de l'amortissement par groupes de valeurs actives est-elle appropriée?

13. Quels principaux avantages peut tirer l'entreprise qui utilise la méthode de l'amortissement à intérêts composés?

14. Dans quelles circonstances la méthode de l'amortissement à intérêts composés est-elle appropriée?

15. Selon les recommandations du Conseil des normes comptables (C.N.C.), il y a lieu de réviser périodiquement la méthode d'amortissement d'une immobilisation ainsi que les estimations de la durée de vie et de la durée de vie utile. Lorsque des modifications s'avèrent nécessaires à la suite de ces révisions, de quelle façon sont-elles reflétées dans les livres comptables?

16. Pourquoi le fisc permet-il aux entreprises d'utiliser une méthode d'amortissement accéléré ?

17. À quel moment une entreprise doit-elle constater une obligation liée à la mise hors service d'une immobilisation ?

18. Afin de constater les réductions de valeur sur les immobilisations, comment détermine-t-on la valeur recouvrable et la juste valeur d'une immobilisation ?

19. Samson ltée a déterminé que la valeur comptable, la valeur recouvrable et la juste valeur de l'un de ses équipements s'élevaient respectivement à 65 000 $, 60 000 $ et 55 000 $. Passez l'écriture de journal requise pour comptabiliser la réduction de valeur.

20. Quelles recommandations le C.N.C. fait-il au sujet des immobilisations comptabilisées à des valeurs d'expertise ?

21. Que signifie l'expression « mise hors service d'une immobilisation » ?

22. Pour chacune des situations suivantes, l'obligation constitue-t-elle une obligation liée à la mise hors service d'une immobilisation ?
   a) Le nettoyage de déversements de pétrole inhérents à l'exploitation normale d'installations de stockage de carburant devant être mises hors service.
   b) Une obligation qui découlerait d'une loi future.
   c) L'obligation d'effectuer le recouvrement d'une décharge contrôlée au terme de l'exploitation d'un site d'enfouissement.
   d) L'obligation de reboiser, au terme de l'exploitation d'une concession forestière.
   e) Une obligation liée à la mise hors service temporaire d'une décharge contrôlée.
   f) L'obligation d'enlever une immobilisation de production sur un terrain loué au moment de la résiliation ou de l'échéance du bail.
   g) Une obligation liée à une amende imposée à l'entité pour la contamination du sol.
   h) L'obligation d'effectuer des travaux de décontamination au moment où l'entité cessera d'exploiter une centrale nucléaire.

23. Déterminez trois situations où une entreprise devrait appliquer un test de dépréciation à ses éléments d'actif à long terme non monétaires.

24. En quoi consistent les pratiques d'assainissement du bilan ?

25. Lorsqu'une entreprise applique un test de dépréciation à un élément d'actif à long terme non monétaire, elle utilise parfois la technique d'actualisation traditionnelle pour déterminer la juste valeur de cet élément. Cependant, pour déterminer la juste valeur d'une obligation liée à la mise hors service d'une immobilisation, le C.N.C. affirme qu'il est préférable d'utiliser la technique de la valeur actualisée prévue. Expliquez ce qui justifie la préférence du C.N.C. dans ce cas.

Exercices

E 1. La détermination de la valeur comptable

Le 2 janvier 20X7, Béthume ltée a acquis une machine au coût de 82 000 $. À cette date, la durée de vie et la durée de vie utile sont estimées à cinq ans, et Béthume ltée prévoit retirer 5 000 $ à la revente de la machine. Le 31 décembre 20X8, date de fin d'exercice, la société décide de remplacer cette machine par un modèle plus performant.

Calculez la valeur comptable de la machine au 31 décembre 20X8 selon que Béthume ltée utilise l'une ou l'autre des méthodes d'amortissement suivantes :

a) L'amortissement linéaire ;
b) L'amortissement proportionnel à l'ordre numérique inversé des périodes ;
c) L'amortissement dégressif à taux constant.

E 2. Les opérations afférentes aux immobilisations

Les renseignements suivants sont extraits des livres de Sigma ltée :

		Amortissement cumulé – Machinerie			Compte n° 330
Date	**Libellé**	**F °**	**Débit**	**Crédit**	**Solde**
20X7					
1er janvier	Solde				40 000
2 "	Cession de la machine A		12 000	23 000	28 000
31 décembre	Amortissement de l'exercice			17 000	45 000
20X8					
1er janvier	Cession de la machine B		10 000		35 000
31 décembre	Amortissement de l'exercice			25 000	60 000

Les cessions se détaillent ainsi :

Machine	Gain ou perte	Produit de l'aliénation
A	Gain de 1 000 $	12 000 $
B	Perte de 1 000 $	21 000

Voici le solde du compte Machinerie, déduction faite de l'amortissement cumulé, au trois dates suivantes :

1er janvier 20X7	150 000 $
31 décembre 20X7	165 000
31 décembre 20X8	220 000

Toutes les opérations qui modifient les comptes Machinerie et Amortissement cumulé – Machinerie ont été comptabilisées correctement par le comptable de l'entreprise.

Reconstituez le compte Machinerie en faisant ressortir le solde aux 31 décembre 20X7 et 20X8.

E 3. Les réparations, les améliorations et l'amortissement

Le 2 janvier 20X4, Fabi ltée achète une nouvelle machine au coût de 55 000 $. Les frais d'installation s'élèvent à 2 000 $. La société prévoit utiliser cette machine pendant toute sa durée de vie, c'est-à-dire pendant 10 ans, et la revendre 7 000 $. Fabi ltée utilise la méthode de l'amortissement linéaire.

Le 2 janvier 20X6, une réparation extraordinaire d'un montant de 3 400 $ a été faite, ce qui porte la durée de vie totale à 16 ans, mais elle ne change pas l'estimation de la valeur de récupération.

Le 2 janvier 20X8, une amélioration coûtant 1 200 $ est apportée à la machine afin d'augmenter la productivité. La valeur de récupération de la machine serait dès lors de 9 400 $.

Calculez la charge annuelle d'amortissement des exercices terminés les 31 décembre 20X4, 20X6 et 20X8.

E 4. L'amortissement

Les renseignements suivants sont tirés des livres de Pélado ltée :

Immobilisations	30 juin 20X8	30 juin 20X7
Terrain	100 000 $	100 000 $
Bâtiment	800 000	800 000
Équipements	800 000	900 000
	1 700 000	1 800 000
Amortissement cumulé	(198 750)	(146 250)
	1 501 250 $	1 653 750 $

15

Les plus vieilles immobilisations ont été acquises le 1er juillet 20X5. L'entreprise utilise la méthode de l'amortissement linéaire, compte tenu d'une valeur de récupération estimée égale à 10 % du coût d'acquisition. De plus, dans le calcul des charges d'amortissement elle tient compte des durées de vie suivantes :

Bâtiment	*40 ans*
Équipements	*10 ans*

Pélado ltée prévoit utiliser ses immobilisations pendant toute leur durée de vie.

Le 1er juin 20X7, la société a fait l'acquisition de machines pour un montant de 300 000 $. Le 1er septembre 20X7, elle a acquis d'autres machines pour un montant de 100 000 $. À la même date, elle a récupéré 150 000 $ lors du remplacement d'une machine qui lui avait coûté 200 000 $ le 1er juillet 20X5.

a) Calculez la charge annuelle d'amortissement relative au bâtiment et aux équipements pour les exercices terminés les 30 juin 20X7 et 20X8.
b) Passez les écritures de journal pour comptabiliser les opérations du 1er septembre 20X7.

E 5. L'amortissement fiscal

Reprenez les renseignements de l'exercice **E4** et calculez l'amortissement fiscal relatif à chacun des exercices terminés les 30 juin 20X6 et 20X7. Tenez pour acquis que le taux d'amortissement fiscal est de 5 % pour le bâtiment et de 20 % pour l'équipement.

E 6. L'amortissement

Le 1er janvier 20X4, Deschênes ltée a installé une machine coûtant 170 000 $. Lors de l'acquisition de cette machine, la société a estimé la durée d'utilisation à quatre ans, la durée de vie à cinq ans, la valeur résiduelle à 2 000 $ et la valeur de récupération à un montant négligeable.

Calculez l'amortissement pour les exercices 20X4, 20X5, 20X6 et 20X7, exercices au cours desquels la machine a été utilisée. Supposez tour à tour que Deschênes ltée utilise les méthodes suivantes :

a) L'amortissement linéaire ;
b) L'amortissement dégressif à taux constant ;
c) L'amortissement proportionnel à l'ordre numérique inversé des périodes.

E 7. L'amortissement

Au cours des deux derniers exercices, Raphaël ltée a conclu les opérations suivantes relativement aux équipements :

		Estimation		Vente	
Exercice	*Coût d'acquisition*	*Durée de vie utile**	*Valeur résiduelle*	*Année d'acquisition*	*Coût d'acquisition*
20X1	*220 000 $*	*10 ans*	*20 % du coût*		
20X2	*84 000 $*	*6 ans*	*20 % du coût*	*20X1*	*27 500 $*

* *La durée de vie utile correspond à la durée de vie.*

La société impute la moitié de la charge complète d'amortissement aux résultats dans l'exercice de l'acquisition et de la cession.

Préparez un tableau montrant les acquisitions et les cessions d'équipements, ainsi que le solde de clôture des comptes Équipements et Amortissement cumulé – Équipements, en utilisant les méthodes d'amortissement suivantes :

a) L'amortissement linéaire ;
b) L'amortissement proportionnel à l'ordre numérique inversé des périodes.

15

E 8. L'amortissement

Taxis Gendron et Veillette (TGV) possède un parc automobile comptant 50 véhicules. Au cours de l'exercice terminé le 31 décembre 20X1, TGV a vendu trois automobiles ayant coûté 14 000 $ chacune au prix global de 10 000 $ pour les remplacer par trois nouvelles automobiles coûtant 16 000 $ chacune.

a) Comptabilisez l'amortissement de l'exercice terminé le 31 décembre 20X1 en supposant tour à tour que TGV utilise :
  i) la méthode de l'amortissement fondée sur la cession ;
  ii) la méthode de l'amortissement fondée sur le remplacement.
b) Discutez des avantages et des inconvénients de chacune de ces deux méthodes d'amortissement.

E 9. La méthode de l'amortissement à intérêts composés

Après avoir calculé la valeur actualisée nette relative à un projet d'investissement, la société Sensée ltée a acquis, au coût de 67 803 $, un équipement ayant une durée de vie de 10 ans. Au même moment, la société prévoit que la valeur de récupération sera nulle et que les rentrées de fonds seront constantes au cours des 10 prochaines années.

Sachant que la société utilise la méthode de l'amortissement à intérêts composés et qu'elle exige un taux de rendement annuel de 12 % sur ses investissements, préparez un tableau montrant la charge d'amortissement relative à chacune des années de la durée de vie de l'équipement. Arrondissez tous vos calculs au dollar près.

E 10. L'amortissement par groupes de valeurs actives

Lison ltée a amorcé l'exploitation d'une très grande librairie en janvier 20X0. À cette date, elle a acquis trois systèmes d'étagères pour lesquels vous avez obtenu les renseignements suivants :

Système	Coût d'acquisition	Durée de vie (années)	Durée de vie utile (années)	Valeur de récupération	Valeur résiduelle
T 300	4 400 $	10	10	θ $	θ $
T 800 - H	6 500	10	8	θ	000
T 800 - L	5 000	10	8	300	600

En tenant pour acquis que Lison ltée utilise la méthode de l'amortissement par groupes de valeurs actives, calculez la charge d'amortissement pour l'exercice terminé le 31 décembre 20X0.

E 11. L'amortissement par groupes de valeurs actives

Reprenez l'énoncé de l'exercice **E10** et passez l'écriture de journal requise pour comptabiliser la cession des étagères T 800 - H qui a eu lieu le 2 janvier 20X5 au prix de 1 500 $.

E 12. L'amortissement pour une fraction d'exercice

La société Les Lampes Léonard ltée a acheté une machine au cours de la première semaine de juillet 20X5 et a payé les montants suivants :

Montant facturé pour la machine	42 000 $
Frais de transport de la machine	1 710
Frais d'installation de la machine	2 040

La durée de vie utile et la valeur résiduelle de la machine sont respectivement estimées à sept ans et demi et à 750 $. La durée de vie est de 10 ans, tandis que la valeur de récupération est négligeable.

15

Indiquez quel sera l'amortissement cumulé de cette machine au 31 décembre 20X5 et au 31 décembre 20X6, selon chacune des méthodes d'amortissement suivantes :

a) L'amortissement linéaire ;
b) L'amortissement fonctionnel basé sur les heures travaillées ;

Heures totales estimatives, pendant la durée de la vie utile	90 000
Heures travaillées en 20X5	2 200
Heures travaillées en 20X6	6 250

c) L'amortissement fonctionnel basé sur les unités de production ;

Total estimatif des unités de production, pendant la durée de la vie utile	180 000
Production de 20X5	4 400
Production de 20X6	12 800

d) L'amortissement dégressif à taux constant de 30 %.

E 13. La comptabilisation d'une charge de désactualisation

Le 31 décembre 20X4, la société Martin ltée assume une obligation liée à la mise hors service d'une immobilisation dont la valeur comptable, avant régularisation, s'élève à 438 200 $. Le taux sans risque ajusté en fonction de la qualité de crédit est de 8 %.

Calculez la charge de désactualisation imputable à l'exercice financier terminé le 31 décembre 20X4 et passez l'écriture de journal requise pour la constater.

E 14. Un changement de méthode d'amortissement

Le 2 janvier 20X4, la société Roger inc. a acquis, au coût de 150 000 $, sa première immobilisation. Cette machine a une durée de vie de cinq ans, n'a aucune valeur de récupération, et elle sera utilisée pendant toute sa durée de vie. Roger inc. utilise la méthode de l'amortissement proportionnel à l'ordre numérique inversé des périodes pour la préparation des états financiers à vocation générale. Le 1er janvier 20X7, sur la base de nouveaux renseignements, Roger inc. décide d'utiliser la méthode de l'amortissement linéaire. Le bénéfice avant impôts, avant amortissement et effet du changement de méthode pour l'exercice terminé le 31 décembre 20X7, est de 100 000 $.

Calculez le bénéfice avant impôts pour l'exercice 20X7.

E 15. La valeur d'expertise

La société Sineau ltée a fait évaluer ses installations pour pouvoir les faire assurer plus tard. La juste valeur a été estimée à 1 000 000 $ tandis que la valeur comptable, compte tenu de l'amortissement cumulé, s'élève à 700 000 $ à la clôture de l'exercice financier courant.

Parmi les méthodes de présentation aux états financiers mentionnées ci-dessous, laquelle doit-on choisir ? Justifiez votre réponse.

Source :
C.A. adapté

a) Faire ressortir la situation dans les états financiers et présenter une note explicative.
b) Faire ressortir la situation dans les états financiers sans note explicative.
c) Présenter une note explicative sans mentionner la situation dans les états financiers.
d) Passer sous silence.

E 16. Les opérations afférentes aux immobilisations

Note : l'énoncé suivant se rapporte aux points a) et b).
Le 2 janvier 20X1, Julie inc. a acquis un équipement au coût de 24 000 $. La société utilise la méthode de l'amortissement linéaire basée sur une durée de vie estimée à 10 ans et ne prévoit aucune valeur de récupération. Au début de l'exercice 20X4, Julie inc. se rend compte que l'équipement ne pourra être utilisé que pendant trois autres années.

15

a) Quelle écriture la société devra-t-elle passer le 2 janvier 20X4 en tenant pour acquis que la date de fin d'exercice est le 31 décembre ?

   i) Aucune écriture.

   ii) Une écriture débitant un compte de charge de 4 800 $ et créditant le compte Amortissement cumulé du même montant.

   iii) Une écriture débitant le compte Bénéfices non répartis de 4 800 $ et créditant le compte Amortissement cumulé du même montant.

   iv) Une écriture débitant le compte Amortissement de 7 200 $ et créditant le compte Amortissement cumulé du même montant.

b) Compte tenu de l'écriture précédente, quelle écriture la société devra-t-elle passer au 31 décembre 20X4 pour comptabiliser l'amortissement de l'exercice ?

   i) Une écriture débitant le compte Amortissement de 5 600 $ et créditant le compte Amortissement cumulé du même montant.

   ii) Une écriture débitant le compte Amortissement de 4 800 $ et créditant le compte Amortissement cumulé du même montant.

   iii) Une écriture débitant le compte Amortissement de 7 200 $ et créditant le compte Amortissement cumulé du même montant.

c) La société Gravel ltée vend un équipement. En contrepartie, elle reçoit un billet sans intérêt de 1 000 $ payable dans deux ans. Le taux d'intérêt annuel du marché est de 8 %. Quel est le prix de vente de l'équipement ?

   i) 1 000 $.

   ii) 926 $.

   iii) 1 783 $.

   iv) 857 $.

Note : l'énoncé suivant se rapporte aux points *d)* et *e)*.

Le 25 novembre 20X1, la société Les Petites Douceurs (LPD) a échangé une voiture contre une autre voiture de même modèle. La voiture cédée avait coûté 15 000 $ et elle avait une valeur comptable de 3 200 $. Pour acquérir la nouvelle voiture, LPD a déboursé 12 400 $ et cédé l'ancienne voiture dont la juste valeur était de 4 000 $. La nouvelle voiture sera utilisée pendant toute sa durée de vie (sept ans), et la valeur de récupération prévue est négligeable.

d) Quel est le coût d'acquisition de la voiture ?

   i) 12 400 $.

   ii) 15 000 $.

   iii) 15 600 $.

   iv) 16 400 $.

e) En supposant que LPD utilise la méthode de l'amortissement proportionnel à l'ordre numérique inversé des périodes, à combien la charge d'amortissement afférente à la nouvelle voiture s'élève-t-elle pour l'exercice financier terminé le 31 décembre 20X1 ?

   i) À 4 100 $.

   ii) À 3 514 $.

   iii) À 325 $.

   iv) À 342 $.

E 17. L'effet sur les états financiers du traitement comptable des immobilisations

Les Bons Matins est une petite entreprise. M. Mag, responsable de la préparation des états financiers à des fins internes, impute directement aux résultats le coût d'acquisition des immobilisations. Pour chacun des éléments suivants présentés aux états financiers, dites si le montant déterminé par M. Mag est surévalué, sous-évalué ou exact et expliquez pourquoi dans chaque cas.

a) Le total des charges.

b) Le total des capitaux propres.

c) Le total de l'actif.

d) Le total des dettes à court terme.

15

Problèmes de compréhension

P 1. Les opérations afférentes aux immobilisations *(15 minutes – moyen)*

La société Bon coussin ltée a acheté une machine au coût de 12 650 $, le 1er juin 20X5. La durée de vie de la machine est de 10 ans. Au terme de cette période, la valeur de revente estimative est évaluée à 50 $. Bon coussin ltée prévoit utiliser cette machine pendant huit ans et la revendre par la suite pour 1 000 $.

Le 1er juin 20X6, une pièce importante de la machine a été remplacée au coût de 1 500 $. Cette pièce ne modifie pas les estimations de la durée de vie, de la durée de vie utile, de la valeur résiduelle et de la valeur de récupération. Elle permettra toutefois de diminuer sensiblement les coûts de fonctionnement de la machine.

Le 1er juin 20X9, la société a acheté une nouvelle machine plus performante. Elle a déboursé 18 000 $ et le montant reçu en retour de la machine cédée a été de 2 000 $. Les frais de déplacement de l'ancienne machine ont été de 75 $, et les frais d'installation de la nouvelle se sont élevés à 225 $. La nouvelle machine a une durée de vie de 10 ans et une valeur résiduelle de 200 $. La durée de vie utile correspond à la durée de vie.

Travail à faire

a) Calculez le gain ou la perte lors de l'échange des machines le 1er juin 20X9.
b) Calculez l'amortissement de la nouvelle machine pour l'exercice débutant le 1er juin 20X9.

Tenez pour acquis que l'entreprise utilise la méthode de l'amortissement linéaire. Arrondissez tous vos calculs au dollar près.

P 2. La détermination du coût d'acquisition et de l'amortissement *(30 minutes – moyen)*

La société Acier inc. existe depuis le 1er octobre 20X6. Le Service de la comptabilité a préparé l'analyse présentée à la page suivante qu'il fait suivre de renseignements supplémentaires.

Renseignements supplémentaires

1. L'amortissement est calculé à partir du premier jour du mois d'acquisition jusqu'au premier jour du mois de l'aliénation.
2. Le terrain A et le bâtiment A ont été acquis au coût global de 812 500 $. L'évaluation municipale du terrain était de 50 000 $ et celle du bâtiment, de 700 000 $.
3. Le terrain B a été acquis le 2 octobre 20X6 en échange de 3 000 actions de Acier inc. À la date d'acquisition, les actions avaient une juste valeur de 30 $ chacune. En octobre 20X6, Acier inc. a payé 10 400 $ pour démolir un vieux bâtiment qui se trouvait sur le terrain afin de bâtir un nouvel édifice.
4. La construction du bâtiment B a débuté le 1er octobre 20X7. Au 30 septembre 20X8, Acier inc. a payé 210 000 $ sur des coûts totaux prévus de 300 000 $. La société prévoit que la construction sera terminée en juin 20X9, ce qui lui permettra d'emménager en juillet 20X9.
5. La société a reçu gratuitement les équipements A de l'Université du Québec à Trois-Rivières. Une évaluation de la juste valeur à cette date est de 20 000 $.
6. Le coût total des équipements B s'élève à 110 000 $ et comprend des frais d'installation de 550 $, ainsi que des frais normaux d'entretien de 10 450 $.
7. Le 1er octobre 20X8, les équipements C ont été achetés et financés de la façon suivante : un versement comptant de 6 000 $ et le solde en 11 versements annuels de 5 000 $, payables le 1er octobre de chaque année, plus les intérêts au taux du marché, soit 8 %.

Travail à faire

En tenant pour acquis que l'exercice financier de la société se termine le 31 décembre, complétez l'analyse préparée par le Service de la comptabilité en remplaçant les lettres entre parenthèses par les montants appropriés. Arrondissez tous vos calculs au dollar près.

15

ACIER INC.

Analyse des immobilisations et de l'amortissement pour les exercices 20X7 et 20X8

Immobilisation	Date d'acquisition	Coût d'acquisition	Durée de vie	Durée de vie utile	Valeur de récupération	Valeur résiduelle	Méthode d'amortissement	Amortissement 20X7	Amortissement 20X8
Terrain A	1er octobre 20X6	(a)							
Bâtiment A	1er octobre 20X6	(b)	40	35	40 000 $	50 000 $	Linéaire	(c)	(d)
Terrain B	2 octobre 20X6	(e)							
Bâtiment B	En cours de construction	210 000 $ à ce jour	30	10		100 000	Linéaire	(f)	(g)
Équipements A	2 octobre 20X6	(h)	12	10			Dégressif au taux constant de 15 %	(i)	(j)
Équipements B	1er janvier 20X7	(k)	12	10	5 500	6 500	Proportionnel à l'ordre numérique inversé des périodes	(l)	(m)
Équipements C	1er octobre 20X8	(n)	25	20	0	5 000	Linéaire	(o)	(p)

263

15

P 3. L'amortissement

(20 minutes – moyen)

Les renseignements suivants sont tirés du grand livre auxiliaire des immobilisations de Ravioli ltée, au 31 décembre 20X5.

	Machine A	Machine B	Machine C	Machine D
Coût d'acquisition	30 000 $	30 000 $	60 000 $	100 000 $
Exercice d'acquisition	20X0	20X1	20X2	20X4
Durée de vie	10 ans	15 000 h	10 ans	40 ans
Durée de vie utile	10 ans	15 000 h	10 ans	10 ans
Valeur de récupération	4 975 $	3 000 $	4 000 $	10 000 $
Valeur résiduelle	4 975 $	3 000 $	4 000 $	60 000 $
Méthode d'amortissement	Proportionnel à l'ordre numérique inversé des périodes	Fonctionnel	Linéaire	Dégressif à taux constant

Les renseignements suivants ont trait à l'exercice 20X6 :

1. Le 5 mai, la machine A a été vendue comptant au prix de 22 500 $. Le responsable de la tenue des livres a alors passé l'écriture suivante :

Caisse	22 500	
Machine A		22 500

2. Le 31 décembre, les ingénieurs ont précisé que la machine B avait été utilisée pendant 3 000 heures au cours de l'exercice.

3. Au terme de l'exercice, le comptable de Ravioli ltée a découvert que le coût d'acquisition de la machine E, achetée pour 14 000 $ en 20X5, avait été imputé aux résultats de cet exercice. La durée de vie utile est estimée à 10 ans, et aucune valeur résiduelle n'est escomptée. La société compte utiliser cette machine pendant toute sa durée de vie. De plus, elle a décidé d'utiliser la méthode de l'amortissement dégressif à taux constant de 20 % pour cette machine.

Travail à faire

Tenez pour acquis que Ravioli ltée ne prend pas d'amortissement sur les immobilisations acquises au cours de l'exercice et qu'elle prend une charge complète d'amortissement au cours de l'exercice de l'aliénation. Passez toutes les écritures de journal afférentes aux immobilisations pour l'exercice 20X6. Arrondissez tous vos calculs au dollar près.

P 4. L'amortissement

(25 minutes – moyen)

Le 1er janvier 20X0, la société Si-lances ltée a acheté, au coût de 500 000 $, une machine pour fabriquer des lances. Cet investissement, que la société a comptabilisé au débit du compte Équipement, est admissible à un crédit d'impôt à l'investissement de 2 %. La machine a une durée de vie de 15 ans et une durée de vie utile de 10 ans. De plus, Si-lances ltée estime que la valeur de récupération est nulle et que la valeur résiduelle est de 40 000 $. Elle estime aussi que la production de lances sera de 24 000 unités en 20X0 et que la production subséquente diminuera de 1 600 unités par année.

La société envisage trois méthodes d'amortissement :

- La méthode de l'amortissement linéaire ;
- La méthode de l'amortissement dégressif à taux constant ;
- La méthode de l'amortissement fonctionnel.

Travail à faire

a) Dressez un tableau montrant la charge annuelle d'amortissement relative aux exercices terminés les 31 décembre 20X0, 20X1 et 20X2, pour chaque méthode envisagée. Arrondissez tous vos calculs au dollar près.

b) Recommandez, justification à l'appui, une méthode d'amortissement à Si-lances ltée.

15

P 5. Le choix d'une méthode d'amortissement

(35 minutes – moyen)

Mme Chauvette met sur pied une entreprise de taxis. Elle a acheté trois voitures neuves qu'elle prévoit remplacer dans quatre ans. Chaque voiture, dont la valeur résiduelle est estimée à 2 000 $, a coûté 15 000 $. Mme Chauvette estime que la valeur de récupération sera nulle au terme de la durée de vie de six ans.

L'association des propriétaires de taxis lui a fourni les renseignements suivants :

Année	Produits bruts par voiture	Frais autres que l'amortissement
1	101 250 $	425 $
2	87 750	775
3	77 625	1 300
4	70 875	2 000

Mme Chauvette vous demande de la conseiller sur le choix de la méthode comptable qui permettrait le meilleur rapprochement des charges totales et des produits bruts. Vous convenez avec elle d'examiner les trois méthodes d'amortissement suivantes :

1. La méthode de l'amortissement linéaire ;
2. La méthode de l'amortissement dégressif à taux constant de 30 % ;
3. La méthode de l'amortissement proportionnel à l'ordre numérique inversé des périodes.

Travail à faire

a) Pour chacune des méthodes énumérées précédemment, préparez une analyse sur le modèle suivant en arrondissant tous vos calculs au dollar près :

	Année 1	Année 2	Année 3	Année 4	Total
Amortissement					
Frais autres que l'amortissement					
Total des charges					
Pourcentage des charges annuelles sur les charges totales					
Pourcentage des produits annuels sur les produits totaux					

b) Commentez les résultats que vous avez obtenus en a) et proposez une méthode d'amortissement qui respectera les objectifs de Mme Chauvette.

Source :
C.M.A. adapté

P 6. Une révision d'estimations

(25 minutes – facile)

La société Sans limite ltée est propriétaire d'un équipement électronique ayant coûté 600 000 $. Au moment de l'acquisition, la durée de vie estimative de l'équipement était de 15 ans, et on espérait récupérer 7 500 $ à la fin de cette période. Les ingénieurs qui ont construit l'équipement étaient d'avis que la technique mise au point pour concevoir et fabriquer cet équipement resterait inégalée pendant au moins 10 ans. Sans limite ltée estimait que cet équipement lui servirait pendant environ huit ans et que la valeur de ce bien à la fin de sa durée de vie utile serait de 300 000 $.

Cet équipement a été amorti de façon linéaire pendant cinq ans. Au début de la sixième année, la société a révisé ses prévisions. Elle considère maintenant qu'elle devra remplacer l'équipement électronique à la fin de l'année et qu'elle obtiendra alors 350 000 $ comme valeur d'échange. Les estimations sur la durée de vie et la valeur de récupération demeurent inchangées.

Travail à faire

a) Déterminez le montant de l'amortissement annuel pour chacune des cinq premières années.

b) Déterminez la valeur comptable de l'équipement à la fin de la cinquième année.

c) Déterminez l'amortissement de la sixième année.

P 7. Une révision d'estimations

(20 minutes – moyen)

La société Bruyante ltée a commencé ses activités le 1er juin 20X0. Le 1er juillet 20X0, elle a acquis une machine coûtant 100 000 $, et elle prévoit l'utiliser pendant toute sa durée de vie de cinq ans et obtenir une valeur de revente de 10 000 $ à la fin de la période d'utilisation. Bruyante ltée estime que la méthode de l'amortissement linéaire est celle qui convient le mieux.

Le 1er janvier 20X2, les goûts changeants des consommateurs obligent l'entreprise à revoir ses prévisions. Elle estime alors devoir vendre la machine le 1er juillet 20X4 au prix de 1 000 $. Pour refléter ces révisions d'estimation, le responsable de la tenue des livres a inscrit les écritures de journal suivantes en 20X2 :

Bénéfices non répartis	10 125	
Amortissement cumulé		10 125
Amortissement	24 750	
Amortissement cumulé		24 750

Travail à faire

a) En tenant pour acquis que la date de fin d'exercice est le 31 décembre, expliquez le traitement comptable adopté par le responsable de la tenue des livres et démontrez ses calculs.

b) Discutez du bien-fondé du traitement comptable adopté par le responsable de la tenue des livres.

c) Dans la mesure où les écritures de clôture afférentes à l'exercice terminé le 31 décembre 20X2 n'ont pas encore été faites, passez les écritures de correction requises.

P 8. L'effet de l'amortissement sur le bénéfice net

(35 minutes – facile)

M. Henri Mercier veut acheter une entreprise de fabrication et hésite entre la société Alpha ltée et la société Bêta ltée, toutes deux de même nature. Les deux entreprises ont été créées il y a trois ans, et le capital investi à cette époque dans chacune d'elles était de 400 000 $. Il comprenait les éléments suivants : des matières premières ayant coûté 100 000 $, une usine ayant coûté 100 000 $ et un matériel de fabrication acheté au prix de 200 000 $. La durée de vie utile de l'usine est de 40 ans et correspond à sa durée de vie, alors que la durée de vie utile du matériel de fabrication est de 20 ans, tout comme sa durée de vie. La valeur résiduelle de ces deux derniers éléments d'actif est négligeable.

Alpha ltée utilise la méthode de l'amortissement linéaire, tandis que Bêta ltée a adopté la méthode de l'amortissement dégressif à taux constant. Les autres conventions comptables des deux sociétés sont les mêmes. Aucune des deux sociétés n'a contracté de dettes à long terme, et elles fabriquent les mêmes biens.

Voici le bénéfice net réalisé par Alpha ltée et Bêta ltée d'après leurs états financiers vérifiés des trois dernières années :

Année	*Alpha ltée*	*Bêta ltée*
20X5	*62 000 $*	*59 000 $*
20X6	*65 200*	*63 200*
20X7	*68 400*	*69 900*
Total	*195 600 $*	*192 100 $*

M. Mercier veut avoir votre avis sur l'entreprise qu'il devrait acheter. Le prix de vente est identique, mais M. Mercier estime qu'il serait préférable d'acheter Alpha ltée, car le bénéfice net de cette société est plus élevé que celui de Bêta ltée. En revanche, l'encaisse de Bêta ltée est plus élevée, et la société a un meilleur fonds de roulement. Les états financiers révèlent que les dividendes distribués par les deux sociétés au cours des trois années d'exploitation se sont élevés approximativement au même montant.

15

Travail à faire

a) Calculez, au dollar près, l'amortissement annuel comptabilisé par chaque entreprise pour les exercices 20X5, 20X6 et 20X7.

b) Rédigez un rapport à l'intention de M. Mercier dans lequel vous mentionnerez l'entreprise qui est, selon vous, la plus rentable. Justifiez votre point de vue.

P 9. La plus-value constatée par expertise (30 minutes – moyen)

Par le passé, Bernard ltée a réévalué la valeur de certaines de ses immobilisations à une valeur déterminée par des évaluateurs compétents et indépendants. Au début de l'exercice en cours, la société vous informe qu'elle a l'intention de comptabiliser une plus-value constatée par expertise sur l'un de ses bâtiments.

Travail à faire

Sachant que le C.N.C. interdit maintenant cette pratique, mentionnez les arguments que vous pourrez présenter à Bernard ltée en vue de la dissuader de comptabiliser l'augmentation de valeur de son bâtiment.

P 10. Les opérations afférentes aux immobilisations (30 minutes – moyen)

Le 2 janvier 20X0, Le Petit Robert ltée a acheté un équipement qui sera utilisé immédiatement. La société prévoit que cette machine, payée 60 000 $ comptant, sera utilisée pendant toute sa durée de vie estimée à 10 ans et qu'elle n'aura aucune valeur de récupération.

Le 2 janvier 20X3, une amélioration coûtant 2 800 $ a été apportée à cet équipement afin d'en augmenter la productivité. L'amélioration n'a pas d'impact sur les estimations de la durée de vie et de la durée de vie utile, ainsi que sur la valeur de récupération.

Une autre amélioration coûtant 18 000 $ a été apportée durant la première semaine de l'exercice 20X7. Cette amélioration ne modifie pas la valeur de récupération, mais augmente de trois ans la durée de vie ainsi que la durée de vie utile. Le 1er juillet 20X8, un incendie a complètement détruit l'équipement. Le Petit Robert ltée a reçu une indemnité de 20 000 $ de sa compagnie d'assurances.

Travail à faire

Passez les écritures de journal concernant :

a) l'acquisition du 2 janvier 20X0 ;
b) l'amortissement de l'exercice terminé le 31 décembre 20X0, sachant que l'équipement est amorti selon la méthode de l'amortissement linéaire ;
c) l'amélioration apportée le 2 janvier 20X3 ;
d) l'amortissement de 20X4 ;
e) l'amélioration apportée en janvier 20X7 ;
f) l'amortissement de 20X7 ;
g) la cession involontaire.

P 11. Les opérations afférentes aux immobilisations (20 minutes – facile)

Voici un extrait du bilan de Jacques ltée au 31 décembre 20X6 montrant le coût d'acquisition des immobilisations.

JACQUES LTÉE
Bilan partiel
au 31 décembre 20X6

Terrains	175 000 $
Aménagement des terrains	90 000
Bâtiments	900 000
Équipements	850 000

15

Les opérations suivantes ont eu lieu en 20X7 :

1. Un terrain a été acheté au coût de 125 000 $ en vue de la construction d'une usine.
2. Un terrain et une usine ont été achetés de la société La Belle Hélène ltée par cession de 10 000 de ses propres actions ordinaires. À la date d'acquisition, le cours coté de cette catégorie d'actions était de 45 $ l'unité. Jacques ltée a attribué un coût d'acquisition de 89 000 $ au terrain et de 130 000 $ à l'usine. À la date d'acquisition, les valeurs de marché du terrain et de l'usine s'élevaient respectivement à 120 000 $ et à 240 000 $.
3. Un ensemble d'équipements coûtant 300 000 $ a été acheté et a entraîné les frais suivants :

Transport	5 000 $
Installation	37 000

4. L'aménagement d'un stationnement, de chemins et d'allées piétonnières sur les terrains de la société a coûté 75 000 $. Ces travaux ont une durée de vie de 15 ans.
5. Une machine ayant coûté 50 000 $ le 1er janvier 20X0 a été démolie le 30 juin 20X7. L'amortissement de cette machine était calculé selon la méthode de l'amortissement dégressif à taux constant de 20 %.
6. Le 1er juillet 20X7, une machine a été vendue au prix de 20 000 $. Celle-ci avait coûté 36 000 $ le 1er janvier 20X4 et était amortie sur sept ans, compte tenu d'une valeur de récupération estimative de 1 000 $. La société utilisait la méthode de l'amortissement linéaire.

Travail à faire

Préparez une analyse détaillée des changements survenus dans chacun des comptes suivants.

a) Terrains.
b) Aménagement des terrains.
c) Bâtiments.
d) Équipements.

Ne tenez pas compte de l'amortissement cumulé.

P 12. Les opérations relatives aux immobilisations   (20 minutes – difficile)

Vous avez discuté avec M. Leduc, propriétaire de Leduc inc., qui décide de vous donner accès à ses livres comptables. Deux écritures inscrites en 20X9 retiennent votre attention :

25 octobre

Caisse	17 850	
Perte due à un incendie	7 350	
Amortissement cumulé – Matériel	18 900	
Matériel		44 100
Dédommagement reçu pour la perte causée par un incendie.		

15 novembre

Caisse	50 400	
Terrain		50 400
Vente d'un terrain inutilisé.		

Votre recherche vous a permis d'obtenir les renseignements suivants :

1. Lorsque l'entreprise cède une immobilisation, l'amortissement relatif à cette immobilisation qui est alors comptabilisé au cours de l'exercice de la vente est calculé seulement pour la période pendant laquelle l'entreprise a détenu l'immobilisation.
2. Le dédommagement du 25 octobre provient de la compagnie d'assurances et concerne une machine détruite par un incendie le 1er octobre 20X9. La machine avait été achetée le 1er janvier 20X5 au coût de 37 800 $. La durée de vie prévue était de huit ans, et la valeur de récupération prévue était nulle. Leduc inc. prévoyait utiliser la machine pendant toute sa durée de vie. L'entreprise avait choisi de l'amortir selon la méthode de l'amortissement linéaire.
3. Le 2 janvier 20X9, Leduc inc. a déboursé 6 300 $ pour une mise au point de la machine. Cette mise au point a augmenté la durée de vie de deux ans.

15

4. L'entreprise a récemment vendu au prix de 50 400 $ la moitié du terrain qu'elle possédait. Le terrain avait été acheté au coût de 70 000 $, et des travaux de nivellement qui s'étaient révélés nécessaires avaient coûté 12 000 $.

5. La date de fin d'exercice est le 31 décembre.

Travail à faire

Passez les écritures requises pour corriger le solde des comptes en tenant pour acquis que les écritures de clôture n'ont pas encore été inscrites. Arrondissez tous vos calculs au dollar près.

P 13. La correction des livres comptables   (30 minutes – difficile)

Vital ltée négocie actuellement le financement d'un projet d'agrandissement. Les livres comptables n'ont jamais été vérifiés, et la banque demande à Vital ltée qu'une vérification soit faite maintenant. La société a préparé les états financiers suivants :

VITAL LTÉE
Bilan
au 31 décembre

Actif

Actif à court terme	20X8	20X7
Caisse	241 000 $	160 000 $
Clients	392 000	296 000
Provision pour créances douteuses	(37 000)	(18 000)
Stock	207 000	202 000
Total de l'actif à court terme	803 000	640 000
Immobilisations		
Coût	167 000	169 500
Amortissement cumulé	(121 600)	(106 400)
Valeur comptable des immobilisations	45 400	63 100
Total de l'actif	848 400 $	703 100 $

Passif et capitaux propres

Passif	20X8	20X7
Fournisseurs	121 400 $	196 100 $
Capitaux propres		
Capital-actions, valeur nominale de 10 $ l'action, 50 000 actions autorisées et 26 000 actions émises	260 000	260 000
Bénéfices non répartis	467 000	247 000
Total des capitaux propres	727 000	507 000
Total du passif et des capitaux propres	848 400 $	703 100 $

VITAL LTÉE
Résultats
de l'exercice terminé le 31 décembre

	20X8	20X7
Chiffre d'affaires	1 000 000 $	900 000 $
Coût des marchandises vendues	(430 000)	(395 000)
Marge bénéficiaire brute	570 000	505 000
Charges administratives	(140 000)	(105 000)
Autres charges	(210 000)	(205 000)
Bénéfice net	220 000 $	195 000 $

La vérification a permis d'obtenir les renseignements suivants :

1. Une analyse des comptes clients portant sur les deux derniers exercices indique une diminution des créances douteuses. Après avoir discuté avec les dirigeants de la société, il a été convenu de porter le pourcentage de créances douteuses de 2 % à 1 % du chiffre d'affaires. Cette modification sera appliquée à partir du 1er janvier 20X8.

2. Le stock de marchandises en main au 31 décembre 20X7 est surévalué de 4 000 $, alors que celui en main le 31 décembre 20X8 est surévalué de 6 100 $. La société utilise la méthode du premier entré, premier sorti (P.E.P.S.) et un système d'inventaire permanent.

3. Le 2 janvier 20X7, un équipement coûtant 12 000 $ a été imputé aux résultats. Cet équipement aurait dû être amorti selon la méthode de l'amortissement linéaire sur une durée

15

de 10 ans, compte tenu d'une valeur résiduelle de 1 000 $. En 20X8, un équipement complètement amorti et ayant coûté 17 500 $ a été vendu pour 2 500 $. Vital ltée a crédité ce montant au compte Équipements.

4. Une analyse des autres charges de l'exercice 20X7 révèle que Vital ltée a imputé aux résultats le coût de 2 700 $ d'une police d'assurance de 36 mois entrée en vigueur le 1er janvier 20X7.

Travail à faire

a) Préparez les écritures de journal requises pour corriger les livres au 31 décembre 20X8. Les écritures de clôture n'ont pas encore été passées.

b) Préparez une analyse montrant le calcul du bénéfice net corrigé concernant chacun des deux exercices. Vous devez commencer votre analyse en utilisant les montants de bénéfice net de chaque exercice tels que les a déterminés la société. Ne tenez pas compte de l'impact fiscal.

P 14. La détermination du coût d'acquisition et de l'amortissement pour une fraction d'exercice (30 minutes – moyen)

Reprenez les renseignements du problème **P2** en tenant pour acquis que l'exercice financier se termine le 31 octobre.

Travail à faire

Complétez l'analyse faite par le Service de la comptabilité en remplaçant les lettres entre parenthèses par les montants appropriés. Arrondissez tous vos calculs au dollar près.

P 15. La mesure et la présentation au bilan d'une obligation liée à une mise hors service (50 minutes – moyen)

La société Bocado ltée exploite plusieurs sites d'enfouissement. Le 31 mai 20X4, elle achète une décharge contrôlée au coût de 500 000 $. Cette acquisition entraîne la prise en charge d'une obligation liée à la mise hors service d'une immobilisation dont la société doit estimer le montant. À cette fin, elle vous transmet les renseignements suivants :

1. Bocado ltée estime que, si elle confiait à un tiers la responsabilité d'effectuer les travaux de remplissage de la décharge, ce dernier engagerait des coûts directs de 900 000 $. De plus, le tiers facturerait à Bocado ltée des frais indirects équivalant à 5 % des coûts directs et une majoration de 15 %, calculée sur les coûts directs et indirects. Bocado ltée juge que ces estimations sont les plus probables, c'est-à-dire qu'elles ont 80 % des chances de se matérialiser.

2. Il y a toutefois une probabilité de 20 % que l'exploitation de la décharge entraîne des problèmes de contamination de la nappe phréatique. Dans ce cas, les coûts directs que le tiers engagerait pour effectuer la décontamination et le remplissage de la décharge doubleraient. Bocado ltée estime qu'elle pourrait récupérer 10 % des coûts directs auprès de la Ville où elle est située.

3. Dans chacun des deux scénarios précédents, le tiers responsable d'effectuer les travaux exigerait une prime de 8 % des coûts totaux pour tenir compte des incertitudes.

4. Le 31 mai 20X4, le taux de rendement des instruments financiers du gouvernement du Canada s'élève à 6 %.

5. Bocado ltée détient une bonne cote de crédit. Elle paie une prime de 3 % pour tenir compte de la qualité de son crédit.

6. La société prévoit exploiter la nouvelle décharge pendant 10 ans et payer les coûts liés à la mise hors service de la décharge au terme de cette période.

7. La politique de Bocado ltée est de constater l'amortissement d'une fraction d'exercice en fonction du nombre de mois pendant lesquels la société détenait les immobilisations.

Travail à faire

a) Calculez la juste valeur de l'obligation liée à la mise hors service de la décharge contrôlée au 31 mai 20X4.

b) Calculez la charge de désactualisation pour l'exercice terminé le 31 décembre 20X4.

c) En tenant compte que Bocado ltée amortit la décharge contrôlée sur 10 ans de façon linéaire, préparez l'extrait du bilan au 31 décembre 20X4.

Arrondissez tous vos calculs au dollar près.

P 16. La mesure, la constatation et la présentation au bilan d'une obligation liée à une mise hors service (40 minutes – moyen)

Le 31 décembre 20X4, la société Nettoit tout ltée acquiert des équipements au coût de 900 000 $. Les équipements, qu'elle prévoit utiliser pendant toute leur durée de vie de 20 ans, lui permettront d'exploiter une concession forestière. Au terme de cette période, leur valeur de récupération sera négligeable.

À la fin du mois de décembre 20X5, le gouvernement adopte une nouvelle loi. Cette loi lui permettra d'exiger que les bénéficiaires de concessions forestières, actuels et futurs, reboisent les terres exploitées à compter du 1er janvier 20X6. Nettoit tout ltée estime dans une proportion de 65 % les chances que le gouvernement impose le reboisement. En se basant sur toutes les informations disponibles concernant les flux de trésorerie et les probabilités, Nettoit tout ltée estime, au 31 décembre 20X5, qu'elle assumera dorénavant une obligation liée au reboisement de 25 000 $ par année d'exploitation. Sur le plan comptable, la société imputera ces coûts dans les résultats de chaque exercice.

La société a établi que le taux sans risque ajusté en fonction de la qualité de crédit est de 15 %.

Travail à faire

a) Préparez un tableau montrant l'évolution de la valeur comptable de l'obligation liée au reboisement pour la période du 31 décembre 20X4 au 31 décembre 20X7.

b) Passez les écritures de journal requises dans les livres de Nettoit tout ltée pour la période du 31 décembre 20X4 au 31 décembre 20X6.

c) En tenant pour acquis que Nettoit tout ltée amortira l'obligation liée au reboisement sur sa durée de vie restante plutôt que de l'imputer en charge annuellement, passez les écritures de journal requises dans les livres de Nettoit tout ltée pour la période du 31 décembre 20X4 au 31 décembre 20X7.

Arrondissez tous vos calculs au dollar près.

P 17. Une réduction de valeur (30 minutes – moyen)

Depuis trois ans, Jeu de société ltée exploite un équipement pour la fabrication qui génère des flux de trésorerie moins importants que ceux prévus au moment de son acquisition. Le coût de cet équipement est de 360 000 $ et l'amortissement cumulé, calculé selon la méthode de l'amortissement linéaire, s'élève à 108 000 $ au 31 décembre 20X3.

Le 31 décembre 20X3, date de clôture de l'exercice financier, le taux sans risque s'élève à 10 %. Jeu de société ltée fait les prévisions suivantes, qui correspondent à celles du marché :

Flux de trésorerie nets annuels attendus au cours de la durée de vie restante de l'équipement, compte tenu d'une valeur de récupération négligeable, dans sept ans	*35 000 $*
Probabilité que Jeu de société ltée conserve l'équipement pendant toute sa durée de vie restante	*45 %*
Flux de trésorerie nets annuels attendus au cours des quatre prochains exercices, dans l'hypothèse où Jeu de société ltée vendrait l'équipement dans quatre ans	*40 000 $*
Flux de trésorerie attendus de la vente de l'équipement dans quatre ans	*75 000 $*
Probabilité que Jeu de société ltée vende l'équipement dans quatre ans	*55 %*

15

Travail à faire

a) Calculez la valeur recouvrable et la juste valeur de l'équipement.
b) Passez l'écriture de journal requise pour constater la réduction de valeur.
c) Conseillez Jeu de société ltée quant à son choix de vendre l'équipement dans quatre ou sept ans.

Arrondissez tous vos calculs au dollar près.

Analyses de cas

C 1. L'amortissement
(25 minutes – facile)

La société Bégin inc. a été constituée le 2 janvier 20X3 et a acquis les éléments suivants :

Terrains	800 000 $
Immeubles	1 200 000
Équipements	600 000
Matériel roulant	240 000

Le 14 décembre 20X3, le président de Bégin inc. vous consulte pour que vous l'aidiez à choisir une méthode d'amortissement appropriée. Par la même occasion, il vous informe des différents points de vue qui ont déjà été exprimés par les dirigeants :

Dirigeant A
Aucun amortissement ne devrait être calculé sur les terrains et les immeubles, car l'augmentation de valeur des terrains compense largement la détérioration de celle des immeubles. Le coût des équipements et du matériel roulant devrait être imputé aux résultats pendant l'année de l'acquisition. On veut ainsi s'assurer qu'ils seront achetés uniquement au cours des exercices où les bénéfices sont suffisamment élevés pour absorber les débours qui s'y rapportent.

Dirigeant B
Aucun amortissement ne devrait être calculé sur les terrains, car ils ne servent pas à générer des bénéfices. Les immeubles et les équipements devraient être amortis sur leur durée de vie, soit respectivement sur 40 et 10 ans. Quant au matériel roulant, il devrait être amorti sur trois ans, car Bégin inc. a l'intention de remplacer le matériel roulant tous les trois ans.

Dirigeant C
Aucun amortissement ne devrait être calculé sur les terrains. En effet, dans la mesure où très peu d'entreprises amortissent leurs terrains, un tel amortissement irait à l'encontre des principes comptables généralement reconnus (P.C.G.R.). Toutes les autres immobilisations devraient être amorties selon la méthode de l'amortissement dégressif à taux fixes. Les taux suivants devraient être retenus :

Immeubles	8 %
Équipements	25
Matériel roulant	35

Travail à faire

Source :
C.A. adapté

Commentez les points de vue des dirigeants et conseillez le président de Bégin inc. sur la question de l'amortissement des immobilisations.

C 2. Les informations afférentes aux immobilisations
(15 minutes – moyen)

Un client éventuel, la société de fabrication Besoin ltée, a sollicité de Mme Beaumier, présidente de Milair ltée, une marge de crédit beaucoup plus élevée que les rapports de crédit disponibles ne sembleraient justifier. Afin de déterminer le crédit de Besoin ltée, Mme Beaumier voudrait savoir quels renseignements concernant les immobilisations elle devrait demander à Besoin ltée en plus des états financiers vérifiés du dernier exercice.

15

Travail à faire

Dans une lettre que vous adresserez à Mme Beaumier, exposez les renseignements supplémentaires concernant les immobilisations qu'elle devrait demander à Besoin ltée.

Source :
C.A. adapté

C 3. La justification de l'amortissement   (30 minutes – moyen)

Les administrateurs d'une société vous ont fait valoir divers arguments pour justifier l'absence d'amortissement dans le cas de l'usine et de l'équipement dans les comptes de l'exercice :

- Le coût de ce genre d'immobilisation a augmenté de façon importante, au point que la juste valeur de l'usine et de l'équipement de la société dépasse leur valeur actuelle aux livres.
- L'entretien des équipements a été fait de façon régulière, et les dépenses ont été financées à même les produits de la société. Grâce à un entretien méticuleux, ces équipements sont considérés comme neufs.
- Les bénéfices de la société ont été très faibles cette année. L'imputation de l'amortissement empêcherait la déclaration d'un dividende, ce qui pourrait provoquer le mécontentement des actionnaires et entraîner une baisse de valeur de la cote boursière de la société.

Travail à faire

Exposez les points sur lesquels vous devrez attirer l'attention des administrateurs lorsque vous discuterez avec eux de leurs arguments.

Source :
C.A. adapté

C 4. Le travail qui précède le calcul de la charge d'amortissement   (50 minutes – moyen)

Les administrateurs de Jean-nez se sont réunis pour examiner les états financiers préliminaires de la première année d'exploitation. Les immobilisations de la société, les taux d'amortissement et la charge annuelle d'amortissement sont les suivants :

Actif	Coût total	Pourcentage d'amortissement	Charge annuelle d'amortissement
Deux usines identiques (amortissement linéaire)	2 500 000 $	5,0 %	125 000 $
Dix machines servant à la fabrication de l'article A (amortissement linéaire)	2 000 000	12,5	250 000
Machines diverses servant à la fabrication de l'article B (amortissement linéaire)	600 000	10,0	60 000
Parc automobile (amortissement linéaire)	250 000	20,0	50 000

Les administrateurs ont discuté des taux d'amortissement, des méthodes et de la charge annuelle d'amortissement, car ils estiment que l'amortissement s'élève à un montant important. Voici un résumé de leurs discussions :

1. Les usines ont une durée utile estimative de 20 ans, mais la diminution de leur valeur résultant de leur utilisation a été entièrement compensée par une augmentation de valeur attribuable au fait que la société Jean-nez est installée dans une région industrielle en expansion. Ainsi, les administrateurs ont récemment décliné une offre d'achat sur deux de leurs usines s'élevant à 1 500 000 $ pour la première et 1 250 000 $ pour la seconde, soit le coût initial de cette dernière. Les administrateurs sont unanimes à penser que la seconde usine ne devrait donner lieu à aucun amortissement, que la valeur comptable de la première devrait être relevée de 250 000 $ et qu'un crédit correspondant devrait être porté à la charge d'amortissement de l'exercice.
2. Le taux d'amortissement de 12,5 % adopté pour les 10 machines servant à la fabrication de l'article A est calculé en fonction d'une production annuelle moyenne de 1 250 unités chacune pendant huit ans. Au terme de ces huit années, ces machines n'auront aucune valeur résiduelle. Étant donné que les concessionnaires ont accumulé un stock considérable de l'article A dès sa sortie sur le marché, la société a fabriqué et vendu 2 400 unités au cours de la première année. Même si la production et les ventes annuelles sont susceptibles de varier considérablement, la production annuelle moyenne devrait être de

1 250 unités par machine, comme on l'avait prévu à l'origine, et on n'envisage aucun changement dans le taux et dans la méthode d'amortissement.

3. En raison de la forte concurrence, l'exercice s'est soldé par un déficit dans le cas de l'article B. Étant donné que l'amortissement ne donne lieu à aucun débours, plusieurs administrateurs estiment qu'il n'y a pas lieu d'imputer de charge d'amortissement, tant que les bénéfices d'exploitation relatifs à l'article B ne permettront pas de les absorber. Au contraire, d'autres administrateurs sont d'avis que la charge d'amortissement ne doit pas être évaluée en fonction des résultats d'exploitation. Ils croient néanmoins qu'il serait juste de réduire la charge d'amortissement, car la moitié de la machinerie utilisée pour la fabrication de l'article B a été inactive pendant toute la durée de l'exercice et n'a donc pas subi de détérioration due à l'utilisation. La durée de vie utile moyenne de la machinerie propre à l'article B est de cinq ans. Après cette période, la société prévoit que la machinerie sera désuète et qu'elle n'aura aucune valeur de revente.

4. Le parc automobile comprend quatre automobiles qui ont coûté 25 000 $ chacune et cinq camions de livraison qui ont coûté 40 000 $ chacun. Les administrateurs comptent remplacer chaque véhicule après trois ans d'utilisation et estiment à 12 800 $ et à 14 000 $ respectivement la valeur de reprise d'une automobile et d'un camion. Ils estiment que dans le cas des automobiles le taux et la méthode d'amortissement actuels sont raisonnables ; toutefois, l'amortissement des camions devrait être de 30 % l'an calculé sur le solde résiduel, car la valeur comptable obtenue par la méthode du solde résiduel est celle qui se rapproche le plus de la valeur de reprise tout au cours de la période d'utilisation des camions.

Travail à faire

Discutez des arguments avancés par les administrateurs à propos de chaque catégorie d'actifs. Dans votre discussion, veuillez indiquer :

Source :
C.A. adapté

a) les raisons de votre accord ou de votre désaccord ;

b) les taux et la méthode d'amortissement qui, selon vous, conviennent le mieux à chaque catégorie d'actif.

C 5. Le calcul de l'amortissement   (30 minutes – moyen)

Les comptables sont souvent appelés à conseiller les entreprises sur le choix d'une méthode d'amortissement. Certaines entreprises se demandent si l'amortissement doit être fondé sur chaque immobilisation prise individuellement ou sur un groupe d'immobilisations.

Travail à faire

a) Discutez brièvement de ces deux possibilités en présentant les arguments favorables et défavorables pour chacune d'entre elles.

b) Expliquez, pour chacune des deux possibilités, le traitement comptable des aliénations.

C 6. La constatation, la mesure et la présentation d'une obligation liée à la mise hors service d'une immobilisation   (40 minutes – moyen)

Le 31 décembre 20X3, la société Le Cercle des golfeurs ltée a signé un bail de 35 ans avec une société d'État selon lequel celle-ci peut reprendre l'exploitation du terrain dans l'état où il était avant la signature du bail. À l'échéance du bail, Le Cercle des golfeurs ltée s'est engagée à démolir les installations existantes, à effectuer les travaux de remplissage du terrain et à le reboiser.

L'aménagement du terrain loué consiste en un vaste terrain d'exercice de golf, une aire de jeu pour les enfants et un stationnement. On y trouve aussi un bâtiment servant à l'accueil des clients et à la restauration.

15

Le 31 décembre 20X3, Le Cercle des golfeurs ltée prévoit engager les coûts suivants liés à la mise hors service des immobilisations :

Terrain d'exercice	*60 000 $*
Aire de jeu pour les enfants	*20 000*
Stationnement	*30 000*
Bâtiment et équipements de restauration	*90 000*
Total	*200 000 $*

Les coûts liés à la mise hors service représentent ce que Le Cercle des golfeurs ltée prévoit payer dans 35 ans pour démolir le bâtiment, faire le remplissage du terrain et le reboiser. Elle prévoit accomplir et payer les travaux liés à la mise hors service en un seul versement à l'échéance du bail.

Le 31 décembre 20X8, date de clôture de l'exercice financier, Le Cercle des golfeurs ltée révise ses estimations concernant l'obligation liée à la mise hors service du terrain loué. En effet, un virus inconnu attaque les plants d'arbre, et les pépinières ont plus que doublé le prix de vente de tels plants. Le Cercle des golfeurs ltée prévoit donc engager des coûts totaux de 300 000 $ pour la mise hors service du terrain.

Voici le taux sans risque ajusté en fonction de la qualité de crédit à diverses dates :

31 décembre 20X3	*12 %*
31 décembre 20X4	*12*
31 décembre 20X5	*12*
31 décembre 20X6	*15*
31 décembre 20X7	*14*
31 décembre 20X8	*15*

Travail à faire

a) Déterminez la juste valeur de l'obligation liée à la mise hors service du terrain loué au 31 décembre 20X3.
b) Préparez un tableau montrant l'évolution de la juste valeur de l'obligation liée à la mise hors service du terrain pour la période du 31 décembre 20X3 au 31 décembre 20X8.
c) Préparez les extraits des états financiers de l'exercice terminé le 31 décembre 20X4, sachant que le loyer annuel pour le terrain, payable le 1er janvier de chaque année, s'élève à 25 000 $.

Arrondissez tous vos calculs au dollar près.

C 7. La réduction de valeur des éléments d'actif à long terme non monétaires
(50 minutes – difficile)

La société Beauchamp et Bellefeuille ltée exploite une entreprise de vente au détail de produits de béton. Elle vous a remis sa balance de vérification, avant régularisation, au 31 décembre 20X4, date de clôture de l'exercice financier, et quelques renseignements pertinents.

BEAUCHAMP ET BELLEFEUILLE LTÉE
Balance de vérification
au 31 décembre 20X4

	Débit	Crédit
Encaisse	*5 720 $*	
Clients	*18 956*	
Provision pour créances douteuses		*800 $*
Terrain	*30 000*	
Bâtiment abritant le siège social et le magasin	*157 000*	
Amortissement cumulé – Bâtiment		*7 850*
Équipements	*108 000*	
Amortissement cumulé – Équipements		*21 600*
Fournisseurs		*12 926*
Hypothèque à payer sur le bâtiment		*103 000*
Capital-actions		*143 500*
Ventes		*480 000*
Frais de vente et d'administration	*437 200*	
Frais financiers	*12 800*	
	769 676 $	*769 676 $*

Autres renseignements

1. Au moment de préparer ses états financiers, Beauchamp et Bellefeuille ltée a des raisons de croire que la valeur comptable de ses équipements excède leur juste valeur.
2. Beauchamp et Bellefeuille ltée tire tous ses revenus de la vente au détail de produits de béton de son magasin situé à Chicoutimi.
3. Le 31 décembre 20X4, le taux sans risque s'élève à 8 %.
4. La valeur comptable des clients correspond à leur juste valeur.
5. Beauchamp et Bellefeuille ltée utilise la méthode de l'amortissement dégressif à taux constant pour amortir ses immobilisations. Elle utilise respectivement les taux de 5 % et 20 % pour amortir son bâtiment et ses équipements. L'amortissement n'a pas été comptabilisé en 20X4.

Travail à faire

a) Passez toutes les écritures de régularisation requises dans les livres de Beauchamp et Bellefeuille ltée au 31 décembre 20X4, sachant que la société prévoit générer des flux de trésorerie nets annuels de 40 000 $ pendant toute la durée de vie restante de l'immeuble, soit 30 ans.

b) Refaites le travail demandé en a) en tenant pour acquis que Beauchamp et Bellefeuille ltée prévoit générer des flux de trésorerie nets annuels de 4 000 $ pendant toute la durée de vie restante de l'immeuble, soit 30 ans.

Arrondissez tous vos calculs au dollar près.

15

Les immobilisations incorporelles et les autres éléments d'actif

1. Les éléments d'actif suivants sont-ils de nature corporelle ou incorporelle ?

   a) Les clients.
   b) Les stocks.
   c) Les placements en actions.
   d) Les terrains détenus à des fins spéculatives.
   e) Les brevets d'invention.
   f) Le fonds commercial.
   g) Les frais payés d'avance.
   h) Les avances aux administrateurs.
   i) Les améliorations locatives.
   j) Les biens loués en vertu d'un contrat de location.
   k) Les franchises.

2. En quoi les immobilisations incorporelles diffèrent-elles des immobilisations corporelles ?

3. À quelle condition une entité peut-elle capitaliser le coût des immobilisations incorporelles qu'elle développe pour son propre usage ?

4. Pourquoi certains experts-comptables considèrent-ils avantageux d'appliquer aux immobilisations incorporelles développées par l'entreprise un traitement comptable différent de celui qui s'applique aux immobilisations incorporelles acquises à l'extérieur ? Leur point de vue est-il justifié ?

5. Expliquez les particularités de l'amortissement des immobilisations incorporelles.

6. On distingue deux types d'immobilisations : celles dont la durée de vie est limitée et celles dont la durée de vie est indéfinie. Donnez un exemple de chaque type d'immobilisations.

7. En quoi l'amortissement des immobilisations incorporelles diffère-t-il fondamentalement de celui des immobilisations corporelles ?

8. À quelles conditions une entité pourrait-elle attribuer une valeur résiduelle supérieure à zéro à l'une de ses immobilisations incorporelles ?

9. Comment doit-on appliquer le test de dépréciation aux immobilisations incorporelles non amortissables ?

10. Discutez brièvement de la nature et de la durée de vie légale des immobilisations suivantes.

    a) Les brevets.
    b) Les droits d'auteur.
    c) Les marques de commerce.
    d) Les dessins industriels.

11. Les frais juridiques engagés pour prouver l'exclusivité des droits peuvent être capitalisés lorsque l'entreprise gagne sa cause. Pourquoi ne sont-ils pas capitalisés lorsque l'entreprise perd sa cause ?

12. Quelle distinction existe-t-il entre une franchise et une licence ?

13. Quels avantages le secteur du franchisage offre-t-il aux parties concernées ?

14. Au moment de la vente d'une franchise, quels services initiaux le franchiseur peut-il rendre aux franchisés ?

15. Pourquoi la valeur d'une entreprise diffère-t-elle parfois de la juste valeur de ses éléments d'actif net ?

16. Énumérez les éléments qui donnent naissance au fonds commercial.

17. Quels sont les facteurs à considérer lors du choix du taux d'actualisation des bénéfices, taux qui sera utilisé pour déterminer le coût d'acquisition d'une entreprise ?

18. Lorsqu'une entreprise achète une autre entreprise, comment détermine-t-elle la juste valeur de l'écart d'acquisition inhérent à l'entreprise achetée ?

19. Qu'est-ce qu'une unité d'exploitation ?

20. Si la juste valeur de l'actif net acquis excède le coût d'acquisition d'une entreprise, comment l'entreprise acheteuse doit-elle comptabiliser cet écart d'acquisition négatif ?

21. Quels sont les principes comptables généralement reconnus (P.C.G.R.) concernant la présentation de l'écart d'acquisition aux états financiers ?

22. Dans quelle situation les frais de développement peuvent-ils être capitalisés ?

23. Expliquez brièvement la différence entre les activités de recherche et les activités de développement.

24. Pourquoi ne peut-on pas capitaliser les frais de recherche ?

25. Énumérez les normes de présentation des frais de recherche et de développement contenues dans le *Manuel de l'I.C.C.A.*

26. Expliquez brièvement les quatre étapes que doivent franchir habituellement les entreprises qui mettent au point des logiciels.

27. Résumez brièvement la norme américaine sur la comptabilisation des frais afférents aux logiciels.

28. Quelles recommandations le Conseil des normes comptables (C.N.C.) fait-il au sujet de la présentation des frais reportés aux états financiers ?

29. Le Comité sur les problèmes nouveaux (C.P.N.) stipule qu'il y a trois conditions à respecter pour qu'une charge engagée au cours de la période de préexploitation puisse être capitalisée. Énumérez ces trois conditions.

30. Comment une entreprise doit-elle appliquer le test de dépréciation à ses immobilisations incorporelles amortissables ?

31. Pourquoi les entreprises admissibles à l'information différentielle ne sont-elles pas tenues d'appliquer annuellement un test de dépréciation à leur écart d'acquisition et à leurs autres éléments d'actif non amortissables ?

32. Une entreprise admissible à l'information différentielle peut choisir d'appliquer le test de dépréciation uniquement lorsque surviennent des événements ou des changements de situation indiquant que la valeur comptable d'un élément d'actif incorporel non amortissable peut ne pas être recouvrable. Donnez quelques exemples de ces événements ou de ces changements.

16

E 1. Le traitement comptable de certains frais

Peut-on capitaliser les éléments de frais ou de coût suivants ? Pourquoi ?

a) Les frais engagés pour représenter logiquement toutes les fonctions devant être accomplies par un logiciel.

b) Les frais d'émission d'actions supportés par une entreprise en phase de démarrage.

c) Les frais afférents à la recherche d'applications pratiques des résultats de la recherche pure.

d) Les frais afférents à l'établissement de dessins industriels.

e) Les frais de recherche en laboratoire visant la découverte de nouvelles connaissances.

f) Les frais afférents à la version fonctionnelle d'un logiciel.

g) Les frais d'enregistrement d'un dessin industriel.

h) Les frais engagés pour créer un fonds commercial.

i) Le coût d'acquisition d'une licence.

j) Les frais de promotion engagés par une entreprise en période de préexploitation.

k) Les coûts engagés à l'étape de la planification du développement d'un site Web.

E 2. La détermination de la valeur comptable d'un brevet

Le 2 janvier 20X8, la société Opportune ltée a acquis, au prix de 600 000 $, un brevet de la société Intellectuelle ltée. Opportune ltée a aussi engagé des frais juridiques de 1 000 $ pour réaliser l'opération. Au cours des mois qui ont suivi cette acquisition, l'équipe d'ingénieurs a apporté des améliorations à l'article breveté. Les frais directs rattachés à ces améliorations s'élèvent à 45 000 $. La commercialisation de l'article a commencé au début du mois de septembre 20X8.

À la date d'acquisition du brevet, la durée de vie légale restante du brevet était de 76 mois. Opportune ltée estime que la durée de vie utile du brevet correspond à sa durée de vie légale.

En supposant que la société utilise la méthode de l'amortissement linéaire, déterminez la valeur comptable du brevet au 31 décembre 20X8, date de clôture de l'exercice. Arrondissez tous vos calculs au dollar près.

E 3. La comptabilisation des opérations afférentes à un brevet

La société Merlin ltée est une entreprise de fabrication de produits pharmaceutiques. Le 1er janvier 20X1, une équipe de chercheurs a commencé des travaux en vue de mettre au point une crème pour soigner certains types de cancer de la peau. En janvier 20X5, Merlin ltée a, pour la première fois, la conviction qu'elle pourrait mettre au point et commercialiser ce genre de crème. Voici le total des frais afférents aux activités de développement de cet article :

20X1	50 000 $
20X2	80 000
20X3	120 000
20X4	150 000
20X5	175 000

La société a aussi engagé les frais suivants au cours de l'exercice 20X5 :

Enregistrement d'un brevet pour protéger la recette de la crème	400 $
Frais juridiques pour l'enregistrement du brevet	600
Campagne de publicité afférente à la nouvelle crème	12 000

La commercialisation de la crème a commencé au début du mois de septembre 20X5. Merlin ltée estime que cette crème générera des bénéfices substantiels au cours des 30 prochaines années.

En supposant que l'entreprise utilise la méthode de l'amortissement linéaire à l'égard de ses immobilisations incorporelles, passez les écritures de journal requises en 20X5. Arrondissez tous vos calculs au dollar près.

16

E 4. Les licences

La station de télévision CQUI a décidé de liquider tous ses éléments d'actif. Le 1er mars 20X9, elle vendait sa licence de télédiffusion, qui lui avait coûté 500 000 $, à Gobe tout ltée au prix de 800 000 $. L'amortissement cumulé à la même date représentait 10 % du coût. Gobe tout ltée prévoit reprendre l'exploitation de cette licence dès le 1er septembre 20X9 et maintenir l'exploitation pendant une période indéfinie. C'est pourquoi elle a décidé de ne pas amortir le coût d'acquisition de la licence.

Passez l'écriture de journal requise dans les livres de CQUI au 1er mars 20X9. Présentez les extraits pertinents des états financiers de Gobe tout ltée pour l'exercice terminé le 31 décembre 20X9, y compris, s'il y a lieu, les notes aux états financiers.

E 5. Les droits d'auteur

Blanche Larose ltée, maison de production, a créé une pièce de théâtre haute en couleur en 20X1. La composition et la production de la pièce ont coûté respectivement 30 000 $ et 120 000 $. Blanche Larose ltée a imputé ces frais dans les résultats de l'exercice terminé le 31 décembre 20X1 car, au moment de produire les états financiers de 20X1, il lui était impossible d'estimer les avantages futurs qui allaient découler de la pièce. Cette pièce est restée à l'affiche du théâtre St-Denos pendant cinq mois, soit jusqu'à la fin du mois de mai 20X2.

En janvier 20X2, Blanche Larose ltée a enregistré ses droits d'auteur. Cette formalité lui a coûté 5 000 $. À cette date, la société a décidé d'amortir ses droits sur une période de 40 ans. Toutefois, la société dispose de peu de ressources humaines. Elle décide de mettre fin aux représentations en mai 20X2 pour se consacrer à la recherche d'acheteurs pour cette pièce. Le 1er juillet 20X2, elle vend ses droits d'auteur à Rose Laverdure ltée pour 50 000 $, plus 2 % des produits découlant de la vente des billets. À la date de la vente, Blanche Larose ltée est incapable d'estimer le montant de redevances qu'elle percevra.

Passez toutes les écritures de journal requises en 20X2. Arrondissez tous vos calculs au dollar près.

E 6. Les marques de commerce

Face au succès inattendu d'une campagne de publicité amorcée en 20X1, la société Delta ltée a décidé d'enregistrer la marque de commerce créée par les concepteurs publicitaires. Voici quelques renseignements supplémentaires :

Date	Activités	Coûts
Août 20X1	Conception de la campagne publicitaire	45 000 $
Septembre à décembre 20X1	Publicité faite dans les journaux, à la radio et à la télévision, pour faire connaître la nouvelle marque de commerce	120 000
Janvier à décembre 20X2	Poursuite de la campagne de publicité débutée en 20X1	600 000
2 janvier 20X2	Enregistrement de la marque de commerce (y compris les frais juridiques afférents)	10 000

Autres renseignements

1. Tous les frais afférents à la publicité, soit 165 000 $, pour l'exercice terminé le 31 décembre 20X1 ont été à juste titre imputés aux résultats de l'exercice.
2. Au 31 décembre 20X2, Delta ltée prévoit qu'elle continuera à utiliser la marque de commerce pendant encore trois ans.

Passez toutes les écritures de journal requises en 20X2.

16

E 7. La divulgation aux états financiers

La société Rivin ltée engage des frais de développement élevés pour chaque nouveau modèle d'appareil qu'elle met sur le marché. Au cours de l'exercice courant, elle a opté pour une autre méthode de comptabilisation des frais de développement. Auparavant, ces frais étaient imputés aux résultats à mesure qu'ils étaient engagés. Dorénavant, elle les amortira en fonction du nombre d'appareils qu'elle prévoit construire.

Comment cette situation doit-elle être reflétée aux états financiers ?

E 8. La détermination du coût d'acquisition d'une entreprise

Au moment de déterminer le coût d'acquisition d'une entreprise, le comptable doit prévoir le bénéfice futur moyen annuel. Pour ce faire, il utilise souvent comme point de départ les bénéfices annuels des derniers exercices qu'il redresse ensuite.

Expliquez brièvement si les éléments suivants doivent être considérés à titre de redressements.

1. Les éléments extraordinaires survenus au cours des derniers exercices.
2. L'amortissement supplémentaire découlant de la réévaluation des immobilisations à la date d'acquisition.
3. L'effet sur les bénéfices passés du changement de procédé de fabrication qui sera adopté au moment de l'acquisition.
4. L'effet sur les bénéfices passés de l'extension des marchés prévue après la date d'acquisition.

E 9. Le test de dépréciation appliqué à l'écart d'acquisition

Voici des renseignements pertinents touchant quatre sociétés qui exercent chacune leurs activités dans un seul secteur.

	A ltée	B ltée	C ltée	D ltée
		(en milliers de dollars)		
Juste valeur de la société	1 000 $	1 000 $	1 000 $	1 000 $
Juste valeur de l'actif net acquis, exception faite de l'écart d'acquisition	900	850	950	850
Valeur comptable de l'actif net acquis, exception faite de l'écart d'acquisition	900	1 100	1 000	1 250
Valeur comptable de l'écart d'acquisition	30	200	40	180

Appliquez le test de dépréciation à chaque société.

E 10. La classification des activités

Pour chacun des éléments suivants, indiquez si les activités sont considérées comme des activités de recherche, des activités de développement ou des activités d'une autre nature.

a) La recherche d'applications pratiques des résultats de la recherche spatiale.
b) La conception routinière d'outils.
c) Le suivi des ingénieurs au début de la production commerciale d'un nouvel article.
d) La construction d'un prototype visant à vérifier les caractéristiques techniques d'une nouvelle voiture.
e) La conception d'outils à partir d'une nouvelle technologie.
f) Les modifications de nature répétitive apportées à un article déjà existant.

16

E 11. La comptabilisation d'une franchise

En 20X1, M. L'Heureux a réalisé l'un de ses rêves en devenant propriétaire d'un restaurant. Ne possédant que peu d'expérience dans ce domaine, il a décidé d'acheter une franchise de la très populaire chaîne Le Petit Bedon rond. Voici certains renseignements afférents à cette acquisition :

1. Le 31 janvier 20X1, M. L'Heureux doit verser 862 000 $ au franchiseur. Ce montant couvre les éléments suivants :

Terrain	60 000 $
Bâtiment servant de restaurant	360 000
Ameublement et équipements	300 000
Campagne de publicité menée par le franchiseur et qui concerne directement la franchise de M. L'Heureux	30 000
Droit exclusif pour la région de Hull d'utiliser la raison sociale Le Petit Bedon rond pendant une durée illimitée	100 000
Formation initiale des employés	12 000
Total	862 000 $

2. Le coût du bâtiment et celui de la franchise sont amortis selon la méthode de l'amortissement linéaire. Le bâtiment est amorti sur 25 ans. L'ameublement et les équipements sont amortis selon la méthode de l'amortissement dégressif au taux de 10 %. Toutes les valeurs de revente à la fin des périodes d'amortissement sont négligeables.

3. M. L'Heureux versera à la fin de chaque exercice une redevance périodique équivalant à 5 % du chiffre d'affaires. Cette redevance couvre tous les services périodiques rendus par le franchiseur.

4. M. L'Heureux a ouvert son restaurant le 1er mars 20X1. Au cours du premier exercice terminé le 31 décembre 20X1, il a réalisé un chiffre d'affaires de 1 200 000 $.

Passez les écritures de journal requises en 20X1.

E 12. Les frais de constitution

En juin 20X7, M. Bonsoir et Mme Bigras ont décidé de former la société B.B. ltée. La principale activité de cette société sera la fabrication de plusieurs types de bateaux à voiles. Avant de commencer l'exploitation commerciale en janvier 20X8, B.B. ltée a engagé les frais suivants :

Incorporation	8 000 $
Recrutement de tout le personnel par une agence	17 500
Améliorations locatives apportées à l'immeuble loué	35 000
Équipements	80 000
Matières premières et main-d'œuvre nécessaire pour former les employés	10 000
Acquisition de dessins industriels	75 000
Conception d'une marque de commerce	2 000
Enregistrement de la marque de commerce	1 000
Fabrication des toiles pour gréer les bateaux	1 500

Expliquez brièvement le traitement comptable de chacun des éléments présentés plus haut.

E 13. La présentation des immobilisations incorporelles

Reprenez les renseignements de l'exercice **E12** et préparez la section du bilan au 31 décembre 20X7, date de clôture de l'exercice financier, faisant état des immobilisations incorporelles et des frais reportés.

16

E 14. L'acquisition d'une entreprise

En 20X3, la société Grande ltée a acquis Petite ltée :

Éléments d'actif acquis et éléments de passif pris en charge par Grande ltée	Juste valeur
Clients	400 000 $
Immobilisations	1 100 000
Hypothèques à payer	500 000

Passez les écritures de journal requises dans les livres de Grande ltée selon que le coût d'acquisition de Petite ltée a été de :

a) 1 300 000 $;
b) 800 000 $.

E 15. Les frais de recherche et de développement

La direction de la société Einsteen inc. vous informe que les frais de recherche et de développement de l'exercice terminé le 31 décembre 20X2 comprennent les éléments suivants :

Matières premières utilisées	200 000 $
Amortissement des équipements	600 000
Main-d'œuvre	800 000
Honoraires professionnels	100 000
Autres frais pouvant être liés aux activités de recherche et de développement	300 000
Total	2 000 000 $

Voici la nature et l'importance relative des activités de recherche et de développement menées au cours de l'exercice 20X2 :

Conception de nouveaux procédés	88 %
Construction de prototypes	10
Essais des prototypes	2
Total	100 %

Passez les écritures de journal requises en 20X2 en tenant pour acquis que les cinq conditions préalables à la capitalisation des frais de développement sont respectées et que la commercialisation du nouvel article débutera en 20X4.

E 16. Les frais de recherche et de développement

À partir des renseignements de l'exercice **E15**, préparez les extraits pertinents des états financiers de la société Einsteen inc., en supposant que les frais de développement ne respectent pas les cinq conditions préalables à leur capitalisation.

E 17. Les franchises

Le 1er mars 20X3, M. Jean Riz a acquis une franchise de la chaîne Les Mille et une Farces ltée, réputée pour l'originalité de ses articles.

Afin de limiter les frais d'exploitation, M. Jean Riz a décidé d'assurer lui-même la tenue de livres. Le 15 janvier 20X4, il vous remet ses livres comptables afin que vous dressiez les états financiers de l'exercice terminé le 31 décembre 20X3. Votre analyse du compte Charge de franchisage révèle les éléments présentés à la page suivante.

16

20X3	Activités	Coûts
1er mars	Services initiaux de 12 000 $ et acompte sur le prochain achat de marchandises	20 000 $
10 avril	Services initiaux	5 000
30 avril	Achat de marchandises et paiement au comptant (l'acompte du 1er mars a été soustrait du montant de la facture)	50 000
30 octobre	Achat de marchandises	80 000
31 décembre	Redevances de 5 % du chiffre d'affaires, tel que le spécifie le contrat	10 000

Autres renseignements

1. M. Jean Riz n'a aucun montant à payer au franchiseur au 31 décembre 20X3.
2. La durée de vie de la franchise est de 10 ans, et la valeur résiduelle est négligeable.
3. Le stock en main au 31 décembre 20X3 a coûté 15 000 $, et la méthode comptable du premier entré, premier sorti (P.E.P.S.) est utilisée.

Calculez le solde de chacun des postes suivants présentés aux états financiers de l'exercice terminé le 31 décembre 20X3.

a) Franchise, montant net.
b) Coût des marchandises vendues.
c) Chiffre d'affaires.

Arrondissez tous vos calculs au dollar près.

E 18. Les frais engagés au cours de la période de préexploitation

Une entreprise en exploitation depuis 10 ans décide en 20X1 d'ouvrir une nouvelle succursale. Expliquez si chacun des frais suivants, engagés en 20X1, peut être capitalisé à titre de frais de démarrage.

a) Le loyer de la nouvelle succursale pendant la période de préexploitation.
b) Le coût de la main-d'œuvre affectée à la constitution d'un stock d'articles destinés à être vendus par la nouvelle succursale après la période de préexploitation.
c) Les salaires versés aux employés de la succursale pendant la période de formation.
d) Les salaires versés aux dirigeants du siège social pendant la période de préexploitation.
e) Les frais occasionnés par le transfert de cadres du siège social à la succursale.

E 19. Quelques énoncés portant sur les immobilisations incorporelles

Commentez brièvement chacun des énoncés suivants.

a) Tous les biens incorporels sont groupés dans la même section au bilan.
b) Le gain ou la perte découlant d'une sortie d'immobilisations incorporelles constitue un élément extraordinaire
c) Les droits d'auteur sur un disque ont une durée de vie qui s'étend jusqu'à 50 ans après la mort de l'auteur.
d) Les états financiers doivent présenter le coût d'acquisition de l'écart d'acquisition et l'amortissement cumulé.
e) Pour le C.P.N., la période de préexploitation précède le moment où l'entreprise est prête à passer à la phase de l'exploitation commerciale relative aux nouvelles affaires.

E 20. L'acquisition d'une entreprise

La société Embarque inc. veut acquérir les éléments de l'actif net de la société Débarque inc., à l'exception de l'encaisse. Débarque inc. existe depuis six ans, et son bénéfice moyen annuel est de 55 500 $.

Les deux sociétés s'entendent sur le fait que la juste valeur de chaque élément de l'actif net acquis, à l'exception de l'écart d'acquisition, correspond à sa valeur comptable établie selon les P.C.G.R. Les deux parties ont établi la valeur de Débarque ltée en utilisant les renseignements suivants :

Bénéfice annuel prévu	55 500 $
Période d'actualisation	10 ans
Taux d'actualisation, compte tenu des risques du marché et des particularités de l'entreprise	15 %

Voici le bilan de Débarque inc. :

DÉBARQUE INC.
Bilan
au 30 avril 20X6

Actif

Actif à court terme		
Encaisse	45 000 $	
Autres éléments d'actif à court terme	75 000	120 000 $
Immobilisations		
Terrain	90 000 $	
Bâtiment, montant net	271 500	
Matériel, montant net	171 000	
Brevets d'invention	44 625	577 125
Écart d'acquisition		15 000
Total de l'actif		712 125 $

Passif et capitaux propres

Passif à court terme		111 000 $
Dette à long terme		268 500
Capitaux propres		
Capital-actions	127 000 $	
Bénéfices non répartis	205 625	332 625
Total du passif et des capitaux propres		712 125 $

Renseignements supplémentaires

1. L'écart d'acquisition de 15 000 $ inscrit au bilan de la société Débarque inc. a été comptabilisé en 20X3 lorsque le président a décidé de tenir compte de l'accroissement du rendement de l'entreprise dans le bilan.
2. Les brevets d'invention figurent au prix payé il y a six ans, au moment où ils ont été achetés d'un concurrent. Ces brevets procurent à l'entreprise de nombreux avantages. On prévoit qu'il en sera ainsi pendant toute la durée légale des brevets.

a) Calculez la valeur de l'écart d'acquisition de Débarque inc. Arrondissez tous vos calculs au dollar près.

b) Comptabilisez l'achat de Débarque inc. par Embarque inc. au 1er mai 20X6, sachant que Embarque inc. a payé 150 000 $ en espèces et que le solde de l'opération a été financé au moyen d'un billet à payer.

*E 21. L'application de la règle de la valeur minimale

Pour chacun des éléments d'actif suivants, indiquez la façon dont une entité doit déterminer la juste valeur.

a) Stock.
b) Brevet destiné à être vendu.
c) Équipement.
d) Licence dont la durée de vie semble illimitée.
e) Écart d'acquisition.

16

Problèmes de compréhension

P 1. La détermination du prix d'achat d'une entreprise   (20 minutes – moyen)

Arco ltée négocie depuis quelque temps l'achat de la société Malin ltée. Le prix d'achat convenu tient compte des bénéfices passés. Voici la liste des éléments d'actif et de passif inclus dans la transaction en date du 30 juin 20X4 :

	Valeur comptable	Juste valeur
Clients	170 000 $	170 000 $
Stock	130 000	140 000
Charges payées d'avance	20 000	20 000
Immobilisations corporelles, montant net	475 000	600 000
Écart d'acquisition	θ	??
Fournisseurs	(210 000)	(210 000)
Impôts sur le bénéfice et autres taxes à payer	(42 000)	(42 000)
Obligations à payer	(375 000)	(350 000)
Actif net	168 000 $	?? $

Autres renseignements

1. Bénéfice net des trois derniers exercices :

20X2	61 000 $
20X3	53 000
20X4	46 990

2. Les états financiers de la société doivent être retraités pour tenir compte des erreurs suivantes qui se sont produites :

Année	Explication	Montant
30 juin 20X1	Surévaluation du stock	15 000 $
30 juin 20X2	Surévaluation du stock	5 000
30 juin 20X3	Sous-évaluation du stock	10 000
30 juin 20X4	Surévaluation du stock	20 000

3. Le taux d'imposition de la société s'élève à 50 %. Le prix d'achat de la société Malin ltée doit être fixé en appliquant aux bénéfices des 20 prochains exercices un taux d'actualisation de 12 %. Le bénéfice moyen redressé des trois derniers exercices est jugé représentatif des bénéfices futurs.

Travail à faire

Calculez le prix d'achat que devra payer Arco ltée en indiquant clairement la portion afférente à l'écart d'acquisition.

P 2. Les frais de recherche et de développement   (30 minutes – moyen)

Au cours de l'exercice 20X7, Enia ltée a acheté un terrain au prix de 60 000 $ pour y construire ses laboratoires de recherche et de développement. La construction a débuté en 20X7 et s'est terminée le 31 décembre 20X8, pour un prix total de 300 000 $. Enia ltée prévoit utiliser ses laboratoires pendant toute leur durée de vie estimée à 20 ans. La valeur résiduelle prévue est nulle, et la société a décidé d'utiliser la méthode de l'amortissement linéaire.

La direction estime qu'environ la moitié des projets de recherche et de développement généreront des bénéfices à long terme, soit pendant une période de 10 ans au moins. Les autres projets généreront des bénéfices à court terme ou ils seront abandonnés avant qu'ils ne soient terminés. Le sommaire ci-dessous fait état du nombre de projets et des frais directs de recherche et de développement relatifs à l'exercice terminé le 31 décembre 20X9.

·16

	Nombre de projets	Salaires et avantages sociaux	Autres charges (amortissement des laboratoires non compris)
Projets terminés qui généreront des bénéfices à long terme	15	85 000 $	35 000 $
Projets abandonnés et projets qui généreront des bénéfices à court terme	10	20 000	10 000
Projets en cours dont les résultats sont indéterminés	5	25 000	20 000
Total	30	130 000 $	65 000 $

À la demande du groupe de recherche et de développement de la société, Enia ltée a acquis, au coût de 100 000 $, un brevet portant sur des droits de fabrication. Le brevet a été acquis le 1ᵉʳ avril 20X8, et il a une durée de vie utile de cinq ans.

Les activités de recherche sont négligeables par rapport aux activités de développement.

Travail à faire

Indiquez à l'état des résultats de l'exercice 20X9 et au bilan au 31 décembre 20X9 l'intitulé des postes et les montants en cause qui ont trait aux activités de recherche et de développement.

P 3. La présentation des immobilisations incorporelles aux états financiers

(30 minutes – moyen)

La société Mill et Moule inc. vous transmet les renseignements suivants afférents à ses immobilisations incorporelles :

1. Le 1ᵉʳ janvier 20X1, la société a acheté un brevet au coût de 1 500 000 $ de Gaston ltée. Ce brevet avait une valeur comptable de 1 250 000 $ dans les livres de Gaston ltée. Mill et Moule inc. estime que la durée de vie utile est de 10 ans.
2. Le 6 janvier 20X2, la société a acheté une franchise de Jean-Pierre ltée au coût de 500 000 $. De plus, Mill et Moule inc. devra verser au franchiseur une redevance égale à 5 % de son chiffre d'affaires. En 20X2, le chiffre d'affaires s'élevait à 2 000 000 $. Mill et Moule inc. estime que la franchise a une durée de vie de 10 ans. La société a pour politique de prendre une charge complète d'amortissement dans l'exercice de l'acquisition des immobilisations incorporelles.
3. La société a engagé les frais de recherche suivants au cours de l'exercice 20X2 :

Fournitures de recherche	220 000 $
Salaires	140 000
Frais indirects	60 000
Total des frais de recherche	420 000 $

La société estime que tous ces frais seront recouvrés avant le 31 décembre 20X4.
4. Le 31 décembre 20X1, Mill et Moule inc. a appliqué le test de dépréciation à ses immobilisations. Elle a conclu qu'il n'y avait aucune perte de valeur à constater. Le 1ᵉʳ janvier 20X2, elle a toutefois estimé que le brevet acheté à Gaston ltée avait une durée de vie restante de cinq ans.

Travail à faire

a) Chiffrez, calculs à l'appui, la valeur comptable des immobilisations incorporelles du bilan de Mill et Moule inc. au 31 décembre 20X2.
b) Préparez un extrait de l'état des résultats de l'exercice terminé le 31 décembre 20X2 montrant les postes touchés par les renseignements présentés précédemment.

16

P 4. La détermination du coût d'acquisition d'une entreprise

(45 minutes – difficile)

Le 31 décembre 20X5, la société Magique ltée a acheté les comptes clients (montant net), le stock de marchandises, les installations et l'écart d'acquisition de Terne ltée et en a assumé les comptes fournisseurs. Voici le bilan et les résultats sommaires de Terne ltée :

TERNE LTÉE
Bilan
au 31 décembre 20X5

Actif

Actif à court terme

Clients	95 000 $	
Provision pour créances douteuses	(3 900)	
Stock de marchandises évalués au moindre du coût et de la juste valeur	57 500	
Placements temporaires	19 000	167 600 $
Installations, montant net		39 366
Écart d'acquisition, au coût		18 750
Total de l'actif		225 716 $

Passif et capitaux propres

Passif à court terme

Découvert de banque	27 000 $	
Fournisseurs	64 000	91 000 $
Capitaux propres		
Capital-actions		
Autorisé, émis et entièrement libéré, 10 000 actions ordinaires d'une valeur nominale unitaire de 10 $	100 000	
Bénéfices non répartis	34 716	134 716
Total du passif et des capitaux propres		225 716 $

TERNE LTÉE
Résultats
de l'exercice terminé le 31 décembre

	20X5	20X4	20X3
Bénéfice net provenant de l'exploitation	74 905 $	25 000 $	45 000 $
Produit de placement	570	450	360
	75 475	25 450	45 360
Intérêts bancaires	(1 540)	(1 260)	
Amortissement	(7 200)	(3 400)	(5 200)
Frais de constitution			(750)
Bénéfice net de l'exercice	66 735 $	20 790 $	39 410 $

Le contrat de vente stipulait que le prix d'achat serait égal à la somme des éléments suivants :

1. Le montant égal au bénéfice moyen estimatif actualisé au taux de 20 % sur une période illimitée ;
2. La différence entre les éléments du fonds de roulement acquis et 60 000 $.

On a aussi convenu des dispositions suivantes :

3. Les installations ont coûté 60 000 $ le 1er janvier 20X2. Elles seront amorties jusqu'à ce que leur valeur résiduelle soit égale à 5 % du coût, par tranches égales réparties sur leur durée de vie utile de 12 ans.
4. Magique ltée considère que la rémunération des directeurs de Terne ltée était insuffisante. Aussi, à compter de la date d'acquisition, la rémunération sera augmentée d'un montant égal à 5 % du bénéfice moyen estimatif.

16

5. Le stock de marchandises fera l'objet des régularisations dictées par les considérations suivantes :

    a) Le coût du stock a été calculé en majorant le prix de revient de base de 15 % pour tenir compte des frais indirects, alors que ce coefficient de majoration aurait dû être de 10 % seulement. Le stock est inscrit à la valeur de 46 000 $ aux états financiers en date du 31 décembre 20X2.

    b) Le coût de certains articles désuets inscrit à la pleine valeur (3 450 $ le 31 décembre 20X4 et 1 150 $ le 31 décembre 20X5) aurait dû être dévalué de 25 % de la valeur établie en fonction de la régularisation mentionnée en *a)*.

6. La provision pour créances douteuses était suffisante au 31 décembre 20X5. Elle était toutefois trop élevée d'un montant de 1 000 $ au 31 décembre 20X2.

7. Une somme de 10 000 $ prélevée sur le fonds de roulement sera placée au taux d'intérêt de 3 % l'an.

8. Le bénéfice moyen estimatif pour dresser le contrat de vente sera égal au bénéfice moyen de la période de trois ans se terminant le 31 décembre 20X5, compte tenu des régularisations dont il a été convenu.

Travail à faire

Calculez le prix d'achat que Magique ltée devra payer.

Source :
C.A. adapté

P 5. La méthode de l'actualisation des bénéfices   (40 minutes – difficile)

Souriante ltée et Sérieuse ltée sont deux entreprises de même nature ayant le même territoire de vente. Monsieur Richard L'Heureux a décidé de les acheter pour former une nouvelle société qui poursuivrait l'exploitation en acquérant les éléments identifiables de l'actif net et le fonds commercial relatifs à chacune d'elles. Les renseignements suivants ont été établis à partir des livres de Souriante ltée et de Sérieuse ltée :

	Souriante ltée	Sérieuse ltée
Actif net identifiable au 1er juillet 20X6	223 750 $	210 000 $
Bénéfice annuel moyen fondé sur les bénéfices réalisés entre le 1er juillet 20X1 et le 30 juin 20X6	33 000	21 500

Les parties conviennent de ce qui suit en ce qui a trait à la détermination des contreparties à verser pour Souriante ltée et Sérieuse ltée. Un taux de rendement de 10 % sur l'actif net identifiable est considéré comme convenable. En vue de faire le calcul de l'écart d'acquisition, on doit appliquer un taux d'actualisation de 25 %, sur une période illimitée, à l'excédent du bénéfice moyen des exercices 20X1 à 20X6 sur le montant correspondant à 10 % de l'actif net identifiable au 1er juillet 20X6. Toutefois, il est nécessaire de procéder à des régularisations à l'égard des éléments suivants, avant de procéder à la détermination des contreparties à verser :

1. La valeur estimative des immeubles de Souriante ltée excède de 31 250 $ leur valeur comptable. Ces immeubles peuvent encore servir pendant 25 ans.
2. Sérieuse ltée a radié 13 500 $ de frais de constitution en 20X1.
3. Sérieuse ltée a tenu compte dans la détermination de ses résultats périodiques d'une perte de 1 500 $ causée par un incendie en 20X4 et d'un bénéfice de 3 150 $ découlant du rachat d'obligations en 20X5 à un prix moindre que la valeur comptable du montant dû.

Travail à faire

Préparez un état qui doit être soumis à M. L'Heureux. Dans cet état, faites voir pour chaque société la détermination des montants à payer pour l'actif net identifiable et l'écart d'acquisition.

Source :
C.A. adapté

P 6. Les frais de développement   (40 minutes – moyen)

En 20X0, la société Prévoyante ltée a lancé un programme de développement pour les 10 années à venir dans le but de mettre au point trois nouveaux modèles de son produit actuel. Elle prévoit mettre sur le marché ces nouveaux modèles au cours de l'exercice 20Y1. Voici les détails essentiels des prévisions budgétaires relatives à ce programme de développement.

16

20X1
Agrandissement du bâtiment et installation de machines
  hautement spécialisées   2 000 000 $
Frais de développement courants   240 000
20X2 à 20X9
Frais de développement courants par année   400 000
20Y0
Frais de développement courants   560 000

Au 31 mars 20X1, la société a déjà engagé 208 000 $ en frais de développement courants et 2 072 000 $ pour mener à bien tous les projets d'investissement que prévoit le programme de développement. La direction a proposé diverses façons de faire ressortir les frais de développement dans les états financiers du 31 mars 20X1 :

	Bilan *(en milliers de dollars)*			*Résultats* *(en milliers de dollars)*	
1. Frais reportés		2 072	Frais de développement		208
2. Frais reportés		θ	Frais de développement		2 280
3. Frais reportés					
Débours jusqu'à présent		2 280	Frais de développement		θ
4. Frais reportés					
Débours jusqu'à présent	2 280				
Valeur actualisée des					
débours futurs estimatifs					
escomptés au taux de 6 %	2 816	5 096			
Dette à long terme					
Programme de					
développement échelonné					
jusqu'en 20X9		2 816	Frais de développement		θ

La direction de Prévoyante ltée a souligné que les coûts qui n'auront pas été amortis pendant la durée du programme de développement seront imputés aux coûts de production des nouveaux modèles lorsque ceux-ci seront mis sur le marché.

Travail à faire

a) Commentez chacune des quatre façons proposées.

b) Précisez les autres facteurs dont il faut tenir compte avant d'adopter une méthode qui permette de faire clairement ressortir les faits relatifs au programme de développement de la société.

P 7. Le coût d'acquisition d'une entreprise   (40 minutes – moyen)

La société Pépin inc. envisage d'acquérir Grossou inc., propriétaire d'un édifice commercial. Pour ce faire, Pépin inc. vous demande d'estimer le prix d'acquisition de cette société et vous présente les renseignements suivants :

1. La juste valeur du terrain et du bâtiment à l'état neuf s'élève respectivement à 2 525 000 $ et à 8 000 000 $. La juste valeur du stock de fournitures et celle des charges payées d'avance correspondent à leur valeur comptable respective.
2. La perception des comptes clients générera 200 000 $.
3. L'amortissement fiscal des pièces d'équipement est égal à l'amortissement comptable. De plus, la juste valeur correspond à la valeur comptable.
4. Pépin inc. exige un taux de rendement de 12 % sur l'acquisition de Grossou inc.
5. Le seul et unique actionnaire de Grossou inc. gère aussi l'entreprise. Le salaire annuel de 175 000 $ qui lui est versé est supérieur au salaire qui serait versé à un employé ayant la même compétence. Un salaire de 10 000 $ serait plus conforme à la valeur véritable des services rendus.
6. En 20X5, un gain sur aliénation de pièces d'équipement d'un montant de 1 500 $ a été crédité directement au compte Bénéfices non répartis. En 20X4, le même traitement a été appliqué à un gain sur aliénation de placements.

16

Voici le bilan au 31 décembre 20X6 et l'état des résultats des exercices 20X2, 20X3, 20X4, 20X5 et 20X6 de Grossou inc. :

GROSSOU INC.
Bilan
au 31 décembre 20X6

Actif

Actif à court terme		
Encaisse		80 000 $
Clients	205 000 $	
Provision pour créances douteuses	(15 000)	190 000
Stock de fournitures		25 000
Charges payées d'avance		5 000
Total de l'actif à court terme		300 000
Immobilisations		
Terrain		1 875 000
Bâtiment	10 000 000	
Amortissement cumulé – Bâtiment	(3 500 000)	6 500 000
Équipements	675 000	
Amortissement cumulé – Équipements	(475 000)	200 000
Total des immobilisations		8 575 000
Frais de constitution		7 500
Total de l'actif		8 882 500 $

Passif et capitaux propres

Passif à court terme		
Fournisseurs		165 000 $
Impôts sur le bénéfice à payer		65 000
Portion de la dette à long terme échéant à court terme		250 000
Total du passif à court terme		480 000
Hypothèque à payer, portant un taux de 7 %, remboursable en versements annuels égaux de 250 000 $, échéant le 30 juin 20X16		2 250 000
Capitaux propres		
Capital-actions	4 000 000 $	
Bénéfices non répartis	2 152 500	
Total des capitaux propres		6 152 500
Total du passif et des capitaux propres		8 882 500 $

GROSSOU INC.
Résultats
de l'exercice terminé le 31 décembre

	20X6	20X5	20X4	20X3	20X2
Produits					
Loyers	2 700 000 $	2 680 000 $	2 600 000 $	2 585 000 $	2 535 000 $
Intérêts sur obligations			12 500	15 000	10 000
Total des produits	2 700 000	2 680 000	2 612 500	2 600 000	2 545 000
Charges					
Frais d'intérêts	183 750	201 250	218 750	236 250	253 750
Salaires administratifs	310 000	310 000	300 000	300 000	300 000
Salaires d'exploitation	90 000	90 000	90 000	87 500	85 000
Autres frais administratifs	19 500	16 250	19 250	15 500	18 750
Entretien et réparations	126 750	132 500	107 000	140 750	117 500
Amortissement – Bâtiment	500 000	500 000	500 000	500 000	500 000
Amortissement – Équipements	35 000	45 000	60 000	75 000	90 000
Total des charges	1 265 000	1 295 000	1 295 000	1 355 000	1 365 000
Bénéfice avant impôts	1 435 000	1 385 000	1 317 500	1 245 000	1 180 000
Impôts sur le bénéfice	717 500	692 500	658 750	622 500	590 000
Bénéfice net	717 500 $	692 500 $	658 750 $	622 500 $	590 000 $

Travail à faire

Calculez le prix d'acquisition de Grossou inc. en utilisant la méthode de l'actualisation des bénéfices et en supposant que ces bénéfices dureront indéfiniment.

16

P 8. Les immobilisations et les autres éléments d'actif (45 minutes – moyen)

La société Alonzo Parc ltée a été incorporée le 3 janvier 20X6. Les états financiers du premier exercice n'ont pas été vérifiés. Au début de l'exercice 20X8, la société vous demande de préparer ses états financiers pour l'exercice terminé le 31 décembre 20X7. À cette fin, elle vous présente la balance de vérification suivante :

	Débit	Crédit
Caisse	11 000 $	
Clients et autres débiteurs	42 500	
Provision pour créances douteuses		500 $
Stock	38 500	
Matériel roulant	75 000	
Équipements	29 000	
Amortissement cumulé – Immobilisations corporelles		10 000
Brevet	85 000	
Améliorations locatives	26 000	
Charges payées d'avance	10 500	
Frais de constitution reportés	29 000	
Écart d'acquisition	24 000	
Licence	50 000	
Franchise	49 000	
Fournisseurs		147 500
Produits non gagnés		12 500
Capital-actions		300 000
Bénéfices non répartis, solde au 1er janvier 20X7	27 000	
Chiffre d'affaires		668 500
Coût des marchandises vendues	454 000	
Frais de vente et d'administration	185 000	
Frais d'intérêts	3 500	
Total	1 139 000 $	1 139 000 $

Autres renseignements

1. Alonzo Parc ltée a acheté le brevet le 2 janvier 20X7 au coût de 68 000 $. En décembre 20X7, la société a engagé une somme de 17 000 $ dans le but d'améliorer l'article breveté. Ce montant a été porté au débit du compte Brevet. La période d'amortissement retenue est de 10 ans.

2. L'amortissement des immobilisations corporelles a été comptabilisé selon les conventions comptables adoptées par la société. Une charge d'amortissement complète est calculée sur les immobilisations détenues au 30 juin. Aucune charge n'est calculée sur les immobilisations achetées après cette date.

3. Le 3 janvier 20X6, la société a acheté la licence et a estimé que sa durée de vie utile était indéfinie. Le solde du compte Licence au 31 décembre 20X7 comprend le coût d'acquisition de 48 000 $ et les frais connexes de 2 000 $.

4. Le 2 janvier 20X7, la société a acheté la franchise dont la durée de vie utile est estimée à 10 ans. Le solde du compte Franchise au 31 décembre 20X7 correspond au coût d'acquisition de 48 000 $, plus le montant de la première des redevances périodiques concernant cette franchise.

5. Une explosion survenue en janvier 20X7 a entraîné une baisse de 60 % de la valeur comptable de la licence.

6. Le solde du compte Écart d'acquisition correspond aux éléments suivants :

Campagne de publicité menée en décembre 20X6 et devant entraîner une augmentation substantielle des bénéfices futurs	8 000 $
Frais d'incorporation (payés le 3 janvier 20X6)	16 000

7. Les améliorations locatives ont été apportées à une usine qu'a louée la société. Le bail a été signé le 3 janvier 20X6, et il couvre une période de 10 ans. Le solde du compte Améliorations locatives comprend les deux éléments suivants :

Coût des améliorations apportées à l'usine en janvier 20X6 (durée de vie de 12 ans)	23 500 $
Taxes municipales aux frais du bailleur et payées par Alonzo Parc ltée en 20X7	2 500

16

8. Le solde du compte Frais de constitution reportés groupe des frais engagés au cours de la période de démarrage qui ont été capitalisés à juste titre. La société amortit ces frais sur une période de cinq ans.

Travail à faire

Préparez un chiffrier comprenant huit colonnes réservées aux montants et qui montrent les écritures de correction nécessaires à la présentation du bilan et de l'état des résultats de l'exercice 20X7.

P 9. Les immobilisations et les autres éléments d'actif   (40 minutes – moyen)

Au fil des ans, la société Dupont et Dupont inc. est devenue un chef de file en robotique. Son chiffre d'affaires a augmenté de 30 % au cours des trois derniers exercices. La société a maintenant plusieurs projets d'investissement devenus nécessaires afin de satisfaire la demande des clients et de maintenir sa croissance. La juste valeur de chaque immobilisation de la société excède sa valeur comptable.

Le personnel du Service de la comptabilité a éprouvé des difficultés à comptabiliser certaines opérations survenues au cours du premier semestre de l'exercice 20X9. Ces opérations, dont tous les montants sont jugés importants, sont décrites ci-dessous :

1. Dupont et Dupont inc. a versé une somme de 260 000 $ pour acquérir un terrain sur lequel des laboratoires de recherche et de développement seront construits. Les coûts de démolition du vieux bâtiment qui se trouvait sur le terrain se sont élevés à 50 000 $. Les matériaux récupérés ont été vendus 10 000 $. Dupont et Dupont inc. a payé les plans de l'architecte 4 000 $, l'excavation 30 000 $ et l'entrepreneur chargé de la construction 420 000 $. La société estime que ce nouveau bâtiment répondra à ses besoins pendant une période de 20 ans.
2. Dupont et Dupont inc. a remis un billet de 150 000 $ à Industries Robert inc. lors de l'acquisition d'un convoyeur et d'un système de climatisation destinés aux laboratoires. Le convoyeur avait une juste valeur de 60 000 $ à la date de l'achat, une durée de vie de 30 ans, et il sera mis à profit tant que le bâtiment sera lui-même utilisé. À la même date, le système de climatisation avait une juste valeur de 100 000 $, et Dupont et Dupont inc. prévoyait l'utiliser pendant cinq ans.
3. Dupont et Dupont inc. a engagé les frais suivants pour la conception d'une marque de commerce :

Frais de conception	2 000 $
Frais d'enregistrement	150
Frais juridiques reliés à l'enregistrement	850
Total	3 000 $

La société prévoit bénéficier indéfiniment de cette marque de commerce.
4. Dupont et Dupont inc. a engagé une somme de 6 000 $ pour défendre avec succès les droits d'un brevet acheté en 20X7 au coût de 15 000 $. Le brevet est amorti sur une période de 12 ans.
5. La société a engagé des frais de développement de 30 000 $. Le résultat de ces activités générera des bénéfices au cours des 20 prochaines années.

Travail à faire

Pour chaque opération, déterminez le traitement comptable approprié en 20X9.

P 10. Le développement d'un site Web   (25 minutes – facile)

En mars 20X0, Jeanven ltée décide de développer son propre site Web. En plus d'y présenter une description de ses affaires et des renseignements destinés aux investisseurs, la société y proposera un magasin virtuel dans lequel les clients pourront consulter son catalogue de produits, passer leurs commandes et payer leurs achats. Pour le développement de son site, la société a engagé les frais présentés à la page suivante.

Détermination des fonctionnalités du site	1 000 $
Identification du matériel et des applications Web nécessaires	850
Exploration des options possibles pour l'atteinte des fonctionnalités	1 200
Représentation conceptuelle et identification des éléments graphiques et du contenu	600
Sélection des fournisseurs externes et des consultants	400
Identification des outils logiciels et progiciels utilisés aux fins du développement du site	500
Analyse des questions juridiques	1 300
Obtention et enregistrement du nom de domaine Internet	2 500
Acquisition des logiciels nécessaires au fonctionnement général du site	920
Acquisition et personnalisation du code des applications Web	1 500
Acquisition des serveurs Web	3 000
Installation des applications développées sur les serveurs Web	250
Mise à l'essai des applications Web	1 800
Conception de chaque page	4 000
Entrée du contenu initial sur le site Web	4 100
Formation des employés affectés au site Web	2 200
Enregistrement du site auprès des moteurs de recherche Internet	500

La société a lancé son site au début du mois de février 20X1, et elle se dit très satisfaite de son achalandage. Depuis l'ouverture du site, Jeanven ltée a déboursé 3 000 $ pour exécuter les sauvegardes périodiques, vérifier le bon fonctionnement des hyperliens et examiner périodiquement la sécurité et le taux de fréquentation de son site. La société estime qu'elle devra engager sensiblement les mêmes frais chaque année, mais que la structure du site devrait être valable pour au moins cinq ans.

En 20X0, la société a imputé en charges tous les frais afférents au site Web. Le 20 décembre 20X1, la société vous consulte pour que vous lui expliquiez la convention comptable qu'elle devrait appliquer. Le cas échéant, Jeanven ltée est prête à redresser ses états financiers de l'exercice terminé le 31 décembre 20X0.

Travail à faire

a) Expliquez à la société Jeanven ltée le mode de comptabilisation des coûts engagés pour développer et exploiter son site Web.

b) Si vous jugez que Jeanven ltée doit procéder à un redressement des exercices antérieurs, expliquez-lui le travail qu'elle devra faire.

c) Préparez les extraits pertinents des états financiers de la société, y compris les notes complémentaires.

P 11. Le test de dépréciation appliqué à l'écart d'acquisition

(20 minutes – moyen)

La société Emmanuel ltée exploite deux filiales. La première, Abba ltée, fabrique des véhicules récréatifs ; la seconde, Biba ltée, fabrique des vêtements de sport. Au mois d'octobre, chaque année, Emmanuel ltée applique le test de dépréciation à ses écarts d'acquisition. À cette fin, elle a recueilli les renseignements suivants :

1. Au cours des dernières années, Abba ltée a engagé des frais de 300 000 $ pour développer une marque de commerce. Au moment où elle a engagé ces frais, elle les a imputés dans les résultats des exercices en cours puisqu'ils ne respectaient pas les conditions de capitalisation. À ce jour, la société estime que la juste valeur de cette marque de commerce s'élève à 10 000 $.

2. Emmanuel ltée a cautionné la dette contractée par Biba ltée, comme le demandait le créancier de cette dernière.

3. Le multiple à appliquer au bénéfice annuel moyen de Abba ltée et à celui de Biba ltée, aux fins de l'établissement de la juste valeur respective de ces entreprises, s'élève respectivement à 7 et à 5.

16

4. Voici les valeurs comptables et les justes valeurs des éléments pertinents :

| | Abba ltée | | Biba ltée | |
	Valeur comptable	Juste valeur	Valeur comptable	Juste valeur
	(en milliers de dollars)			
Caisse	40 $	40 $	15 $	15 $
Clients	300	300	180	180
Stock	90	100	50	60
Immobilisations corporelles, montant net	1 180	1 220	435	810
Écart d'acquisition	50	??	10	??
Fournisseurs	(310)	(310)	(170)	(170)
Dette à long terme	(700)	(720)	(200)	(210)
Actif net	650 $	?? $	320 $	?? $
Bénéfice moyen annuel	90 $		130 $	

Travail à faire

a) Appliquez le test de dépréciation à l'écart d'acquisition détenu respectivement par Abba ltée et Biba ltée

b) Justifiez le traitement comptable que vous avez accordé à la marque de commerce développée par Abba ltée.

c) Pourquoi Biba ltée n'a-t-elle pas à tenir compte de la caution dont il est question au point 2 dans un éventuel test complet de dépréciation ?

Analyses de cas

C 1. Les frais de développement de logiciels
(20 minutes – facile)

La société Les Logiciels du tonnerre ltée (LTL) a conçu et mis à l'essai un nouveau logiciel intégré, appelé « Le Polyvalent ». Sa structure en fait un superlogiciel de traitement de texte, de chiffrier électronique et de base de données. La direction estime que tous les frais de développement devraient être capitalisés et amortis selon la méthode de l'amortissement linéaire sur cinq ans, période au cours de laquelle LTL pense réaliser des bénéfices découlant de la vente de son logiciel.

Travail à faire

a) Discutez du traitement comptable proposé par la direction de LTL.

b) En supposant que la faisabilité technologique a été établie au moment où la conception détaillée du logiciel a pris fin, proposez à LTL le traitement comptable des frais de développement du logiciel que vous jugez acceptable.

c) Discutez du traitement comptable des frais engagés pour reproduire le logiciel et pour mettre au point la documentation.

C 2. La recherche et le développement
(15 minutes – facile)

La société Paul et Paul ltée travaille à la mise au point d'un nouvel article révolutionnaire. Une nouvelle division a même été créée pour concevoir, fabriquer et mettre sur le marché ce nouvel article. Le 31 décembre 20X9, date de clôture de l'exercice, le nouvel article n'était pas encore commercialisé, mais un prototype était en cours d'essai.

La nouvelle division a engagé certains frais en 20X9. Ces frais couvrent la conception et les études techniques, la fabrication du prototype, l'administration, y compris les salaires du personnel administratif, et les études de marché. De plus, la société a acheté du matériel coûtant 500 000 $ et ayant une durée de vie de 10 ans pour la conception et la fabrication de ce nouvel article. De ce montant, 200 000 $ sont réservés au matériel servant uniquement à la conception du nouvel article, alors que le solde de 300 000 $ est affecté au matériel utilisé pour la fabrication du prototype et à la fabrication commerciale de l'article.

Travail à faire

Discutez de la comptabilisation des frais engagés par Paul et Paul ltée aux fins de la présentation des états financiers relatifs à l'exercice terminé le 31 décembre 20X9.

16

C 3. Les brevets

(15 minutes – moyen)

Le bilan au 31 décembre 20X9 de la société Édouardo ltée montre un solde de 308 440 $ au poste Brevets. L'examen du grand livre général a permis de réunir les renseignements suivants afférents à un brevet acquis en 20X6 :

20X6
Frais juridiques engagés pour défendre avec succès la validité du brevet   *12 600 $*
20X8
Frais juridiques afférents à une poursuite intentée avec succès
   contre un concurrent qui utilisait les résultats de l'invention
   brevetée   *18 600*
20X8
Frais juridiques supplémentaires afférents à la poursuite intentée
   par la société   *6 200*
20X8
Amélioration (non brevetée) des résultats de l'invention
   brevetée   *18 400*

Aucun montant n'a été porté au crédit du compte Brevets, et la société n'a comptabilisé aucun amortissement à leur sujet. Trois autres brevets développés par la société ont été enregistrés en 20X3, 20X5 et 20X6. Les trois brevets portent sur des articles qui se vendent très bien, mais la société estime cependant que la demande pour ces articles sera nulle dans quelques années.

Travail à faire

Discutez du traitement comptable des brevets adopté par la société Édouardo ltée.

C 4. Le traitement comptable de l'écart d'acquisition

(30 minutes – facile)

La nature de l'écart d'acquisition est parfois mal comprise, et son traitement comptable a suscité de nombreuses discussions. Voici quatre propositions ayant trait à la comptabilisation de l'écart d'acquisition :

1. Capitaliser le coût de l'écart d'acquisition sans l'amortir par la suite.
2. Capitaliser le coût de l'écart d'acquisition et l'amortir par la suite.
3. Porter le coût de l'écart d'acquisition en diminution des bénéfices non répartis.
4. Capitaliser le coût de l'écart d'acquisition, ne pas l'amortir mais lui faire subir périodiquement un test de dépréciation.

Travail à faire

Faites état des arguments qui appuient chaque proposition.

C 5. Les charges engagées au cours de la période de préexploitation

(25 minutes – difficile)

Après avoir ratifié plusieurs contrats de location avec des grandes chaînes de magasins, Trimec inc., société en exploitation depuis 20X1, a commencé la construction d'un centre commercial en banlieue de Montréal.

L'ouverture du centre commercial était prévue pour le 2 janvier 20X9. Cependant, une tornade survenue en décembre 20X8 a causé de sérieux dommages à la construction, et il a été nécessaire de repousser l'ouverture au 1er octobre 20X9. Seuls les coûts de construction supplémentaires sont couverts par la police d'assurance.

En juillet 20X8, en prévision de l'ouverture du centre au mois de janvier suivant, une équipe avait été embauchée pour en faire la promotion, louer les locaux libres et gérer le nouveau centre.

16

Voici un sommaire de certains frais engagés en 20X8 et au cours des neuf premiers mois de 20X9 :

		Du 1er janvier au 30 septembre	
		20X8	20X9
Intérêts sur hypothèques		75 000 $	70 000 $
Frais afférents à la recherche de nouveaux locataires		32 000	44 000
Frais de promotion		34 000	38 000

La campagne de publicité visait à familiariser les consommateurs avec le nouveau centre. Si l'équipe de dirigeants avait su que la date d'ouverture serait retardée, elle n'aurait pas engagé des frais de promotion en 20X8. Il a été nécessaire de faire une nouvelle campagne de publicité en 20X9.

Tous les locataires qui avaient déjà signé un bail au moment de la tornade ont accepté la nouvelle date d'occupation, soit octobre 20X9, à condition toutefois qu'ils n'aient pas à régler le loyer relatif aux neuf premiers mois de l'exercice 20X9.

Travail à faire

Expliquez le traitement comptable que la société Trimec inc. devra adopter pour chacun des trois éléments de frais engagés en 20X8 et 20X9.

C 6. Les frais de recherche et de développement (25 minutes – moyen)

La société Capital ltée exerce ses activités dans un secteur industriel où il est constamment nécessaire de lancer de nouveaux articles et d'apporter des innovations aux articles existants. Ces efforts visent à attirer de nouveaux clients provenant tant du marché intérieur que de l'étranger. Le président de la société soutient que l'on devrait capitaliser les pertes résultant, au cours des premières années, de la promotion de ces articles. Il déclare que, sur le plan comptable, cette capitalisation découlerait de la notion de prudence et que, si elle était adoptée, elle serait « uniforme » en ce sens qu'elle serait appliquée par toutes les entreprises de ce secteur industriel.

Travail à faire

Discutez du point de vue du président.

Source :
C.A. adapté

C 7. L'amortissement de l'écart d'acquisition (25 minutes – facile)

Le C.N.C. recommande de ne pas amortir l'écart d'acquisition.

Travail à faire

Exposez brièvement les arguments favorables et défavorables à cette recommandation.

C 8. Les frais de développement de logiciels (40 minutes – difficile)

En 20X9, la société Pantin ltée a engagé des frais importants pour mettre au point un logiciel destiné à la gestion des stocks. Ces frais seront compensés par des avantages au cours des exercices subséquents, car le système de gestion des stocks est rarement modifié. De plus, le logiciel pourra s'adapter aux nouveaux équipements informatiques qui remplaceront d'ici cinq ans les équipements existants.

La valeur du logiciel est fonction des changements technologiques et ne diminue pas selon la fréquence de son utilisation. De plus, plusieurs changements technologiques sont mineurs et, par conséquent, le logiciel peut être modifié fréquemment sans que son efficacité ne soit touchée. La fréquence de tels changements tend à augmenter avec le temps.

16

Travail à faire

a) Discutez de la comptabilisation des frais de développement de logiciels à titre :
   i) de frais payés d'avance ;
   ii) d'immobilisation incorporelle ;
   iii) d'immobilisation corporelle.

b) Discutez de l'amortissement des frais de développement selon :
   i) l'amortissement linéaire ;
   ii) l'amortissement proportionnel à l'ordre numérique inversé des périodes ;
   iii) l'amortissement fonctionnel.

C 9. Les ressources à la disposition d'une société forestière

(60 minutes – difficile)

La société Petit Tronc (PT) est dirigée depuis 20 ans par son propriétaire exploitant, Jean Coupe, qui a beaucoup d'expérience dans le domaine de l'exploitation forestière. Les résultats de la société sont bons depuis quelques années, mais l'industrie du bois est cyclique. Installée à de nombreux endroits au Canada, PT transforme des billots en bois de construction sous toutes les formes.

Votre cabinet a été sollicité de nouveau à titre de vérificateur de PT et vous, CA, chef d'équipe responsable de la mission, êtes en train de passer en revue certaines questions avec le nouveau contrôleur de la société, Cédric Bellefeuille. PT était à la recherche d'un contrôleur depuis plusieurs mois. Cédric a accepté le poste à condition que son régime de rémunération comporte une prime basée sur le bénéfice net. Malgré certaines hésitations, Jean Coupe a fini par accéder à cette demande.

Un grand importateur japonais de bois de construction s'est récemment dit intéressé à acheter la société PT. Cédric se propose donc d'apporter aux conventions comptables de PT des changements qui, selon lui, maximiseront la valeur de la société.

Au cours de l'année, PT a obtenu du ministère des Forêts des droits de coupe sur un vaste territoire boisé situé sur des terres de la Couronne. Bien que PT ne soit pas propriétaire du terrain, elle a le droit d'abattre tous les arbres qui s'y trouvent, sous réserve d'un maximum annuel. Ces droits ont été accordés à la société sans frais initiaux. Toutefois, une redevance basée sur le nombre de billots sortis de la forêt doit être payée au Ministère. Peu après que PT a obtenu ces droits, le Ministère a décrété que tous les détenteurs de droits de coupe sur des terres de la Couronne avaient la responsabilité de reboiser ces terres à leurs frais ; cette décision s'applique à tous les droits de coupe accordés depuis cinq ans. Après huit mois d'activités de coupe, PT n'a encore procédé à aucun reboisement. Le contrôleur propose que PT enregistre l'obtention de ces droits de coupe à leur juste valeur. De plus, il aimerait inclure dans les états financiers la juste valeur d'autres droits de coupe obtenus du Ministère il y a deux ans. Ces droits ne figurent pas actuellement dans le bilan de la société.

PT a récemment acheté le droit de couper les arbres situés sur un emplacement minier. Dans le contrat d'achat, PT s'est engagée à cesser la coupe du bois dans cinq ans lorsque l'exploitation minière commencera. Même s'il est probable que PT n'aura pas le temps d'abattre tous les arbres avant la fin de cette période, la société a considéré que les droits de coupe de cinq ans valaient considérablement plus que leur prix d'achat. Depuis que les activités de coupe ont commencé, on s'est toutefois aperçu que bon nombre des arbres sont infestés d'insectes et sont donc sans valeur. Cédric ne pense pas que cela présente un problème d'évaluation aux fins de l'information financière. « Ces arbres malades font partie du coût des arbres sains, et nous les passerons en charges quand nous vendrons les arbres sains. Le prix d'achat sera réparti entre tous les arbres sains de l'emplacement minier. »

En ce qui concerne le coût de revient des arbres se trouvant sur les terres appartenant à PT, Cédric soutient que ces arbres n'ont en réalité aucun coût. « Nous avons payé la terre qui produit les arbres. Les arbres eux-mêmes n'ont pas de coût. En fait, le reboisement et les frais de traitement contre les insectes sont les seuls coûts que nous ayons. C'est la même chose que si nous possédions un terrain sur lequel nous aurions une usine de fabrication de bidules. Quand on vend les bidules, on ne passe pas le coût du terrain en charges. »

16

L'an dernier, la société a acheté un grand terrain boisé le long de la côte du Pacifique au prix de 2,9 millions de dollars. Cette année, elle a vendu 20 % de ce terrain, en bordure de la mer, à un promoteur spécialisé dans le développement de lieux de villégiature. PT a attribué un coût de 25 000 $ à la parcelle qu'elle a vendue. PT considérait que cette parcelle était sans valeur pour elle sur le plan forestier au moment de l'achat du terrain. Le reste du terrain comporte beaucoup de bois de coupe. PT a payé un prix supérieur à la moyenne pour ce terrain, dont le sol riche et humide et le climat océanique sont idéaux pour la croissance des arbres. Récemment, toutefois, la société a éprouvé de la difficulté à poursuivre ses activités de coupe sur ce terrain. Des écologistes se sont juré que personne ne serait autorisé à détruire la beauté naturelle du site. Les protestataires ont bloqué la circulation sur les routes à plusieurs reprises. De plus, ils ont entrepris une campagne virulente contre la société et ses produits. En réaction, PT a dépensé d'importants montants en publicité de prestige et en frais juridiques pour obtenir des injonctions. Ces montants, ainsi que le coût estimatif des périodes d'inactivité attribuables aux protestations, seront capitalisés à titre de fonds commercial.

Cédric a l'intention d'inclure dans le fonds commercial les coûts relatifs aux incendies de forêt, très nombreux dans la région où se trouvent les terrains de PT. Bien que les arbres de PT n'aient pas été endommagés par les incendies, la société a toutefois payé pour mettre en œuvre des moyens visant à les maîtriser. Comme l'explique le contrôleur, « il y allait de notre intérêt d'aider à combattre les incendies, car ils se dirigeaient vers nos forêts ». Ils sont toujours actifs, et PT a promis une aide supplémentaire de 300 000 $.

PT s'est bâti, auprès des importateurs japonais, une bonne réputation en tant que fournisseur de bois de pin sans nœuds. En fait, PT peut vendre aux Japonais autant de pins qu'elle peut en couper. Elle a un carnet de commandes d'au moins six mois et, aux termes des contrats, le prix d'achat, fixé en yens, peut être ajusté vers le haut ou vers le bas d'au plus 5 % selon la qualité du bois déterminée par une inspection qui a lieu dans un port japonais. La société aimerait comptabiliser les produits provenant de ces contrats dès que le bois est coupé.

PT vend les copeaux qui sont un sous-produit de ses scieries. Elle a signé avec un grand producteur de pâte à papier, Rémul ltée, un contrat de trois ans en vertu duquel Rémul peut acheter tous les copeaux que produit la société. Compte tenu de la demande actuelle, PT aurait beaucoup de clients pour les copeaux que Rémul n'achèterait pas. PT transporte les copeaux par camion et par train. Les chauffeurs de camion sont en grève depuis deux semaines. Cédric ne pense pas que cette grève durera beaucoup plus longtemps, et il aimerait donc constater les produits provenant des copeaux à mesure de leur production.

L'associé dont vous relevez pour cette mission vous a demandé de préparer une note de service traitant des divers traitements comptables possibles.

Travail à faire

Préparez la note de service demandée.

Source :
Examen final
uniforme 1990,
Épreuve IV,
Question 3

16

TROISIÈME PARTIE

Le financement
des ressources

Le passif à court terme, les éventualités et les événements postérieurs à la date du bilan

17

1. Énumérez les trois caractéristiques des éléments de passif dont il est fait mention dans le *Manuel de l'I.C.C.A.*

2. Quels critères permettent de distinguer le passif à court terme du passif à long terme ?

3. « L'une des conditions à respecter pour qu'un engagement soit constaté à titre de passif est que le fait ou l'opération à l'origine de l'obligation ait déjà eu lieu. » Discutez de cette condition.

4. Qu'est-ce qui distingue un passif financier d'un passif non financier ?

5. Pourquoi les utilisateurs des états financiers examinent-ils attentivement le fonds de roulement d'une entreprise ?

6. Expliquez dans quelles situations une dette dont l'échéance survient 10 jours après la fin de l'exercice serait exclue au bilan du passif à court terme.

7. Expliquez dans quelles situations les billets à payer sont émis à prime ou à escompte.

8. Pourquoi les soldes débiteurs des comptes fournisseurs doivent-ils être présentes au bilan dans la section de l'actif à court terme ?

9. Précisez à quel moment et à quel montant on doit constater les absences indemnisées aux états financiers.

10. Mentionnez deux méthodes pour comptabiliser la charge relative aux impôts fonciers et l'élément de passif en découlant.

11. À quel moment doit-on comptabiliser les dividendes à payer ? Expliquez votre réponse.

12. Quel traitement comptable réserve-t-on à un dividende déclaré le 15 décembre, payable en actions le 15 janvier suivant, lorsque la fin de l'exercice financier est le 31 décembre ?

13. Donnez deux exemples de produits reçus d'avance. Expliquez-en sommairement la nature.

14. Lorsque le comptable dresse des états financiers intermédiaires, de quelle façon doit-il chiffrer les dettes dont le montant est conditionnel aux résultats ?

15. Faites la distinction entre les dettes éventuelles et les dettes estimatives.

16. Définissez les termes ou expressions suivantes.

    a) Les provisions pour promotion.
    b) Les engagements contractuels.
    c) Les gains éventuels.
    d) Les événements postérieurs à la date du bilan.

17. Comment doit-on inscrire les engagements contractuels aux états financiers ?

18. Expliquez la notion de perte éventuelle. Illustrez-la par un exemple.

19. De quelle façon l'entreprise peut-elle déterminer la probabilité et le montant d'une dette éventuelle ?

20. Expliquez pourquoi les états financiers ne présentent pas d'information concernant les gains éventuels dont la probabilité est faible.

21. Quels critères une entreprise considère-t-elle lorsqu'elle envisage la possibilité de s'auto-assurer ?

22. Dans la *Note d'orientation concernant la comptabilité NOC-14*, comment le C.N.C. définit-il une garantie ?

23. Quelles caractéristiques sont communes aux quatre exemples d'événements indiqués en réponse à la question précédente ?

24. De quelle façon doit-on présenter aux états financiers les événements postérieurs à la date du bilan qui renseignent sur une situation existant à la date du bilan ?

25. Donnez quatre exemples d'événements postérieurs à la date du bilan qui doivent être présentés par voie de note aux états financiers.

Exercices

E 1. La nature de certains éléments de passif

Expliquez pourquoi chacun des éléments suivants est considéré comme un élément de passif et précisez s'il s'agit d'un passif financier ou d'un passif non financier.

a) Les impôts sur le bénéfice à payer.
b) Les produits reçus d'avance.
c) Les provisions pour garanties.
d) La dette éventuelle probable résultant d'une poursuite.

E 2. La nature de certains éléments présentés aux états financiers

Expliquez pourquoi chacun des éléments suivants n'est pas considéré comme un élément de passif.

a) Le solde créditeur du compte Provision pour créances douteuses.
b) L'amortissement cumulé.
c) L'escompte sur effets à recevoir.
d) La dette résultant d'une poursuite dont la probabilité est indéterminable.

E 3. La valeur actualisée d'un billet à payer

Sachant que le taux d'intérêt effectif annuel est de 12 %, calculez la valeur actualisée d'un billet à payer de 5 500 $ daté du 1er août 20X2, comportant la mention d'un taux d'intérêt annuel de 6 % et échéant le 1er août 20X3.

17

E 4. La détermination des achats à crédit

À l'aide des renseignements suivants, déterminez le total des achats à crédit pour l'exercice terminé le 31 décembre 20X5 :

1. Solde de certains comptes au grand livre

Achats au comptant	100 000 $
Fournisseurs au 1er janvier 20X5, montant brut	15 000
Fournisseurs au 31 décembre 20X5, montant brut	16 000

2. Les décaissements découlant des achats à crédit s'élèvent à 150 000 $.
3. Toutes les écritures de régularisation requises au 31 décembre 20X5 ont déjà été faites.

E 5. La comptabilisation des opérations relatives aux achats à crédit

Au 31 décembre 20X6, les soldes non régularisés des comptes Fournisseurs et Coût des marchandises vendues s'élèvent respectivement à 250 000 $ et 2 450 000 $. Après avoir discuté avec le comptable de la société Anarshie ltée, vous obtenez les renseignements suivants concernant les opérations effectuées au cours de l'exercice :

1. Au cours de l'exercice, Anarshie ltée a retourné à ses fournisseurs des marchandises dont le coût s'élevait à 15 000 $. L'écriture enregistrée par le comptable pour tenir compte de ces retours est la suivante :

Coût des marchandises vendues	15 000	
Stock de marchandises		15 000

2. Anarshie ltée achète toujours ses marchandises à crédit. Les conditions de paiement accordées par les fournisseurs sont de 2/10, n/30. Au cours de l'exercice, la société a profité de l'escompte sur des achats totalisant 500 000 $. Le comptable a enregistré ces escomptes en débitant le compte Fournisseurs et en créditant le compte Coût des marchandises vendues.
3. Anarshie ltée a reçu 13 748 $ d'un fournisseur en remboursement d'une partie des sommes engagées pour une publicité.

Passez les écritures requises au 31 décembre 20X6.

E 6. La comptabilisation des salaires

Au cours du mois de décembre 20X2, Jean D'or ltée a engagé une charge de 34 500 $ à titre de salaires. Les salaires liés à la production représentent 75 % des salaires totaux et le solde constitue les salaires des administrateurs et du personnel de bureau.

Sachant que les retenues à titre d'impôt fédéral et d'impôt provincial s'élèvent respectivement à 6 500 $ et à 7 300 $, passez l'écriture de journal pour comptabiliser toutes les dettes relatives à ces salaires.

E 7. La détermination du montant des paiements faits aux fournisseurs

Les renseignements suivants sont tirés des livres de Les Kilos en trop ltée :

Fournisseurs au 1er décembre	6 300 $
Fournisseurs au 31 décembre	7 200
Stock de marchandises au 1er décembre	50 400
Stock de marchandises au 31 décembre	44 100
Coût des marchandises vendues en décembre	20 970

Calculez les paiements faits aux fournisseurs en décembre.

17

E 8. La détermination du montant et du ratio du fonds de roulement

À l'aide des renseignements suivants, calculez le fonds de roulement et le ratio du fonds de roulement :

Clients	190 000 $
Emprunt de banque	225 000
Caisse	12 500
Fournisseurs	252 500
Stock de marchandises	440 000
Frais payés d'avance	10 000

E 9. La comptabilisation d'un billet à payer

Le 15 août 20X1, la société Les Carreaux et Lignes ltée a emprunté 20 000 $ à l'un de ses actionnaires. Le billet signé par la société porte un intérêt de 15 % l'an et échoit le 15 août 20X2. Au 15 août 20X1, le taux d'intérêt effectif de ce billet est de 10 % l'an.

Passez toutes les écritures de journal requises dans les livres de la société entre le 15 août 20X1 et le 15 août 20X2, sachant que la société clôture son exercice financier le 31 décembre.

E 10. Les impôts fonciers à payer

Le 1er février 20X1, Beaubien ltée a reçu de l'administration municipale un compte d'impôts fonciers de 7 200 $. La société doit payer ce compte en trois versements égaux le 1er mars, le 1er juin et le 1er septembre. Beaubien ltée clôture son exercice financier le 31 décembre.

Passez toutes les écritures de journal requises en 20X1 selon les deux méthodes de comptabilisation des impôts fonciers, en supposant que la société prépare des états financiers trimestriels.

E 11. La présentation des comptes Clients et Fournisseurs

Psi ltée a présenté les comptes suivants dans son bilan du 31 octobre 20X5 :

Clients	203 169 $
Fournisseurs	143 739

Le contrôleur de la société vous informe que cette présentation montre la somme algébrique des comptes clients (soldes débiteurs de 205 716 $, soldes créditeurs de 2 547 $) et le montant net des comptes fournisseurs (soldes débiteurs de 4 284 $, soldes créditeurs de 148 023 $).

Discutez de la présentation adoptée par la société. S'il y a lieu, préparez les rubriques actif à court terme et passif à court terme telles qu'elles devraient être présentées selon vous, sachant que la provision pour créances douteuses a été établie à 19 500 $.

E 12. L'incidence de certaines opérations sur le fonds de roulement

Chiffrez l'effet sur le fonds de roulement de chacune des opérations suivantes :

1. Achat au comptant d'un terrain d'une valeur de 158 000 $.
2. Vente à crédit de marchandises pour 180 000 $. Ces marchandises avaient coûté 125 000 $, et l'entreprise utilise un système d'inventaire permanent.
3. Acquisition d'un bâtiment d'une juste valeur de 124 000 $. La contrepartie cédée comprend un terrain ayant coûté 70 000 $ et valant actuellement 100 000 $. Le solde du prix d'achat a été payé comptant.
4. Radiation d'un compte client d'un montant de 3 200 $. Aucune provision pour créances douteuses n'avait été faite antérieurement.
5. Emprunt de banque de 100 000 $ remboursable par tranches annuelles de 12 500 $ dès le douzième mois de la date de l'emprunt.

17

E 13. Les clients et les fournisseurs

La société Bombex ltée vend des produits explosifs à plusieurs clients. Elle achète régulièrement des marchandises d'une cinquantaine de fournisseurs. Les renseignements suivants sont tirés des livres de la société :

Fournisseurs au 31 mars 20X8	200 900 $
Clients au 31 mars 20X8	280 000
Opérations du mois d'avril 20X8	
Ventes à crédit	371 000
Encaissements des clients sur des ventes à crédit	273 000
Escomptes de caisse	2 100
Ristournes	63 000
Ventes au comptant	116 900
Chèques sans provision inclus dans les encaissements des clients sur des ventes à crédit	3 150
Salaires des vendeurs	11 900
Achats à crédit	151 200
Chèques émis en faveur des fournisseurs pour des marchandises achetées	169 400
Marchandises achetées à crédit et retournées aux fournisseurs	4 060
Escomptes sur achats accordés par les fournisseurs	1 750
Achats au comptant	23 100
Coût des marchandises prélevées par le propriétaire	7 700
Crédit accordé par un fournisseur pour couvrir la moins-value de marchandises en main au 31 mars 20X8	6 403

Présentez en bonne et due forme les comptes Clients et Fournisseurs du grand livre de la société Bombex ltée.

E 14. L'échange de biens impliquant un billet à payer

La société Jeancaisse ltée a négocié l'échange d'un nouveau matériel informatique contre l'une de ses automobiles. Jeancaisse ltée a payé 8 000 $ comptant et s'est engagée à rembourser mensuellement, pendant 10 mois, 4 000 $ plus les intérêts calculés au taux de 12 % l'an sur le solde impayé. À la date de l'opération, la juste valeur et la valeur comptable de l'automobile cédée sont respectivement de 7 300 $ et de 12 000 $. L'automobile avait initialement coûté 30 000 $. Les frais de transport et d'installation du nouveau matériel se chiffrent à 1 600 $ et sont payés comptant.

Comptabilisez l'échange, sachant que l'écriture est passée au journal général.

E 15. La détermination du montant d'une gratification

Le 2 mars 20X1, Marc Langlois, actionnaire de l'agence de publicité la plus en vogue à Trois-Rivières, a emprunté 5 000 $ de la Caisse populeuse au nom de l'entreprise. Cet emprunt est remboursable sur demande et porte un intérêt de 12 % l'an.

Le 31 décembre 20X1, M. Langlois s'adresse à vous pour que vous l'aidiez à déterminer le montant de la gratification qu'il doit verser à ses employés. Il vous informe des faits suivants :

1. La convention collective prévoit la distribution d'une gratification aux employés. Celle-ci doit s'élever à 25 % des bénéfices excédentaires à 25 000 $ après impôts et gratifications.
2. Depuis sa mise sur pied, le taux d'imposition de l'entreprise est de 49 %.
3. Le bénéfice d'exploitation s'élève à 72 000 $ avant le partage du bénéfice et compte non tenu des frais financiers.
4. Le 31 décembre 20X1, l'entreprise doit toujours 5 000 $ à la Caisse populeuse.

Calculez le montant de la gratification qui doit être versé aux employés.

17

E 16. Une gratification payable en nature

La société Sentoi ltée vend des produits de beauté pour hommes et femmes. Depuis plusieurs années, la société offre aux gérants des magasins une gratification annuelle fixée à 10 % du bénéfice après impôts et gratifications. Les gratifications sont accordées sous forme de marchandises, en fonction de leur prix de vente.

En 20X8, Sentoi ltée a réalisé un bénéfice, avant impôts et gratifications, de 800 000 $. Le pourcentage de la marge bénéficiaire brute est fixé à 55 %, le taux d'imposition est de 40 %, et la société utilise un système d'inventaire permanent.

Passez les écritures de journal requises pour régulariser les livres de la société au 31 décembre 20X8, date de clôture de l'exercice financier. Passez aussi les écritures de journal nécessaires pour inscrire le paiement des gratifications en février 20X9. Arrondissez tous vos calculs au dollar près.

E 17. La comptabilisation des charges sociales

La société Les Fines Bouches inc. exploite des restaurants dans toute la province. Les renseignements suivants sont tirés du journal des salaires de la société pour la première semaine de l'exercice financier :

	Fabrication	Service	Administration	Total
Salaire net	15 953,40 $	12 842,72 $	3 160,68 $	31 956,80 $
Impôt provincial	4 300,00	3 400,00	900,00	8 600,00
Impôt fédéral	3 800,00	3 000,00	750,00	7 550,00
Assurance-emploi	579,13	463,31	115,83	1 158,27

Tenez pour acquis les faits suivants : aucun salaire ne dépasse les limites de cotisation, la cotisation patronale concernant le Régime des rentes du Québec (RRQ) est de 4,95 %, la cotisation patronale concernant l'assurance-emploi est de 1,4 fois celle de l'employé et, enfin, sa cotisation ayant trait au Fonds des services de santé s'élève à 2,7 % de la masse salariale. Passez l'écriture de journal requise pour inscrire les charges sociales. Supposez que tous les pourcentages ci-dessus s'appliquent aux salaires bruts.

E 18. La régularisation des salaires

La convention collective de Pluton ltée prévoit que tous les employés ont droit à une indemnité de vacances annuelle correspondant à un mois de salaire, quel que soit le nombre d'années de service. Cependant, les vacances doivent obligatoirement être prises au mois de juillet de chaque année. La convention collective prévoit aussi que les employés ont droit à cinq jours de congés de maladie rémunérés par année. Toutefois, si les employés ne profitent pas de ces congés, ils sont payables en espèces le 31 décembre de chaque année.

Autres renseignements

1. La fin de l'exercice financier est le 31 mai 20X5.
2. La convention collective couvre la période du 1er janvier 20X4 au 31 décembre 20X6.
3. Votre analyse vous a permis d'obtenir les renseignements suivants au 31 mai 20X5 :

Décaissements de l'exercice concernant :	
les salaires bruts	4 992 000 $
les avantages sociaux	249 600
Salaires à payer *	76 800

   * Le solde de ce compte a trait aux salaires bruts des quatre derniers jours ouvrables de l'exercice financier qui seront payés le 3 juin 20X5.

4. Pluton ltée emploie 120 travailleurs. Entre le 1er juin et le 31 décembre 20X4, la société a payé 350 jours de congés de maladie. Entre le 1er janvier et le 31 mai 20X5, elle a payé seulement 100 jours de congés de maladie.
5. Afin de faciliter vos calculs, supposez que tous les travailleurs gagnent le même salaire.
6. Il n'y avait aucun salaire à payer au 31 mai 20X4.

7. Les salariés prennent leurs congés de maladie de façon uniforme tout au cours de l'exercice.
8. Aux fins du calcul de la charge afférente aux congés supplémentaires, la société a établi à 260 le nombre de jours ouvrables par année.

Calculez la charge de salaires de la société entre le 1er juin 20X4 et le 31 mai 20X5.

E 19. La régularisation des salaires

Refaites l'exercice précédent en supposant cette fois que les congés de maladie non utilisés par les employés ne sont pas payables en espèces et qu'ils ne peuvent être cumulés d'une année civile à l'autre. Expliquez votre raisonnement.

Note : pour faire le calcul de la charge de salaires, présumez que 80 % des congés de maladie sont effectivement pris par les employés.

E 20. Un engagement contractuel

La société Enfumé inc., fabricant de cigarettes, clôture son exercice financier le 31 décembre. Le 21 décembre 20X1, elle a signé une promesse d'achat de la société Petite ltée, fabricant d'articles de sport. Voici quelques extraits de cette promesse d'achat :

1. La transaction doit être notariée au plus tard le 10 janvier 20X2.
2. Enfumé inc. versera 225 000 $ en espèces et 150 000 actions de catégorie C, évaluées à 8,50 $ chacune.
3. Enfumé inc. acquiert l'actif net suivant :

	Juste valeur
Clients	*150 000 $*
Stock de marchandises	*450 000*
Équipements et immobilisations	*2 500 000*
Fournisseurs	*(200 000)*
Emprunts hypothécaires	*(1 400 000)*
	1 500 000 $

4. Le compte de banque est le seul élément d'actif net que conserve la société Petite ltée.

À votre avis, Enfumé inc. doit-elle divulguer cette promesse d'achat dans ses états financiers pour l'exercice terminé le 31 décembre 20X1 ? Pourquoi ? Si vous croyez qu'il est né-cessaire de divulguer cette promesse d'achat, précisez les éléments qui seront présentés et leur mode de présentation.

E 21. Un engagement contractuel

Répondez à la question précédente en adoptant maintenant le point de vue de la société Petite ltée. Supposez que cette société clôture elle aussi son exercice financier le 31 décembre 20X1.

E 22. Une éventualité

Les employés de Bien malin inc. (BMI) ont été en grève au cours de l'exercice 20X1. Pendant cette grève, l'entreprise a congédié son directeur des Ressources humaines à cause de sa con-duite agressive sur les lignes de piquetage. L'une des manifestations s'est d'ailleurs terminée par un affrontement entre les grévistes et les gardiens de sécurité employés par BMI. Le directeur a intenté un procès pour congédiement injuste et rupture de contrat, et réclame 200 000 $ en dommages et intérêts. Les avocats de la société estiment qu'un règlement hors-cour d'un montant variant entre 20 000 $ et 50 000 $ peut être obtenu. Le contrat du directeur prenait fin 18 mois après son congédiement.

Calculez la charge de l'exercice 20X1 relative à cette poursuite et préparez la note que BMI devrait inclure dans ses états financiers.

17

E 23. La nature des garanties

Pour chacune des situations suivantes, indiquez si une entité doit donner les renseignements complémentaires par voie de note aux états financiers, comme l'exige la norme canadienne portant sur les garanties.

a) Un contrat pouvant obliger le garant à faire des paiements au bénéficiaire si des changements influent sur le sous-jacent détenu par le bénéficiaire.

b) Une garantie (ou un engagement d'indemnisation) liée à des avantages sociaux futurs.

c) Un contrat prévoyant des paiements qui constituent une remise d'un fournisseur (le garant) en fonction soit du chiffre des ventes réalisé par le bénéficiaire de la garantie, soit du nombre d'unités vendues par celui-ci.

d) Un contrat pouvant obliger le garant à faire des paiements au bénéficiaire si un tiers ne respecte pas un de ses engagements envers le bénéficiaire.

e) Un contrat d'indemnisation pouvant obliger le garant à faire des paiements au bénéficiaire si des changements influent sur le sous-jacent détenu ou assumé par le bénéficiaire.

f) Une convention pouvant obliger une entité à transférer des fonds à une seconde entité si des événements stipulés surviennent et en vertu de laquelle les créanciers de la seconde entité ont des droits sur ces fonds ou des droits de créance sur l'entité.

g) Une garantie de produits donnée par le garant dont la mise en jeu oblige le garant à exécuter une prestation de services ou une prestation en argent.

Problèmes de compréhension

P 1. Un billet à payer en échange de l'acquisition de biens et ne comportant aucune mention quant à l'intérêt (10 minutes – moyen)

Le 1er janvier 20X8, la société Marchand ltée a acheté un terrain de Dupré ltée en échange d'un billet à payer de 900 000 $ ne comportant aucune mention quant à l'intérêt et remboursable en six versements annuels égaux de 150 000 $. Le versement du 1er janvier 20X8 a été fait tel que prévu. Marchand ltée est toutefois incapable de déterminer la juste valeur du terrain et du billet, mais elle sait que le taux d'intérêt effectif du billet est de 12 % l'an.

Travail à faire

Établissez la valeur comptable de l'effet à payer aux 31 décembre 20X8 et 20X9.

P 2. Un billet à payer émis à escompte (20 minutes – moyen)

Ayant appris que vous suiviez des cours de comptabilité à l'université, M. Contenté, responsable de la comptabilité chez Calvec inc., aimerait retenir vos services. Le 1er avril 20X1, Calvec inc. a acheté un camion d'occasion. Elle a payé 2 000 $ comptant et a signé un billet de 10 000 $ payable le 31 mars 20X3. Le taux d'intérêt annuel prévu est de 14 %, et les intérêts sont payables les 31 mars 20X2 et 20X3.

Vous apprenez que le taux d'intérêt effectif s'élève à 18 % au moment de la signature du billet et que la juste valeur de ce billet est de 9 374 $. L'exercice financier de Calvec inc. se termine le 31 décembre.

Travail à faire

a) Passez l'écriture de journal nécessaire au 1er avril 20X1 en supposant que la société Calvec inc. veuille présenter l'escompte se rapportant aux effets à payer sous un poste distinct au bilan.

b) Calculez le montant de l'intérêt versé le 31 mars 20X3.

c) Calculez le montant total des intérêts inscrits à l'état des résultats pour l'exercice terminé le 31 décembre 20X1. Arrondissez tous vos calculs au dollar près.

d) Présentez la section du passif dans le bilan au 31 décembre 20X1.

P 3. La présentation aux états financiers (25 minutes – facile)

Les renseignements suivants sont tirés de la balance de vérification de la société L'Éveil inc. au 31 décembre 20X7 :

Fournisseurs	877 000 $
Clients	808 000
Diverses charges à payer	340 000
Intérêts à payer	30 000
Provision pour créances douteuses	15 000
Caisse	209 000
Dividendes à payer	25 000
Immobilisations, montant net	1 200 000
Impôts sur le bénéfice à payer	52 000
Placements à court terme	243 000
Effets à recevoir	100 000
Stock de marchandises	796 000
Obligations à payer – 6 % l'an, remboursables en tranches de 50 000 $ le 30 septembre de chaque année	500 000
Frais payés d'avance	10 000
Capital-actions	1 000 000
Bénéfices non répartis	527 000

Autres renseignements

1. Le solde du poste Clients comprend des dépôts effectués par des clients d'un montant de 40 600 $.
2. La juste valeur des placements à court terme détenus jusqu'à l'échéance est de 250 000 $.
3. Le solde des effets à recevoir comprend un montant de 80 000 $ représentant des effets escomptés à la banque au cours du mois de décembre et pour lesquels la société demeure responsable à la date du bilan.
4. En 20X7, la société a utilisé la méthode du coût moyen pour faire l'évaluation du stock alors que, antérieurement, elle utilisait la méthode du premier entré, premier sorti (P.E.P.S.). La valeur du stock aurait été de 815 000 $, si la société avait utilisé la méthode du premier entré, premier sorti.

Travail à faire

Préparez les sections de l'actif à court terme et du passif à court terme du bilan de la société L'Éveil inc. au 31 décembre 20X7, ainsi que la note relative au changement de convention comptable.

P 4. L'autoassurance (25 minutes – moyen)

Les administrateurs de Gros Bonnets ltée envisagent d'adopter un programme d'autoassurance contre les risques d'incendie. Ils demandent à Mme Aubin, vérificatrice de la société, de leur donner son opinion sur le sujet et sur le traitement comptable approprié pour un tel programme.

Travail à faire

Décrivez deux façons de comptabiliser un programme d'autoassurance et exposez les avantages et les inconvénients de chacune d'elles.

P 5. Les billets à payer à long terme (40 minutes – difficile)

Les billets à long terme présentés ci-dessous figurent au bilan du 31 décembre 20X1 du grossiste en voyage L'Éden inc. :

Effet à payer – Achat d'une succursale	750 000 $
Effet à payer – Dirigeant	200 000

17

Autres renseignements

1. Le billet de 750 000 $ est daté du 1er mai 20X1. Il porte intérêt à 9 % l'an et représente le solde du prix d'achat d'une succursale de Ulysse inc. Les remboursements sur le principal de 250 000 $ chacun ainsi que les paiements d'intérêts sont dus les 1er mai 20X2, 20X3 et 20X4. Le versement de l'exercice 20X2 a été fait tel que prévu à Ulysse inc.

2. Le billet de 200 000 $ est daté du 31 décembre 20X0 et porte intérêt à 8 % l'an. Il arrive à échéance le 31 décembre 20X4. La société a donné en garantie de cette dette le stock ayant coûté 250 000 $.

3. Le 1er avril 20X2, L'Éden inc. a acheté une franchise de Monde sans frontières inc. en échange d'un billet à payer de 500 000 $, sans mention du taux d'intérêt, échéant le 1er avril 20X4. À la signature du billet, le taux d'intérêt effectif du billet s'élevait à 15 %.

4. Le 1er juillet 20X2, L'éden inc. a acheté à tempérament une partie d'un terrain de K-ré inc., pour un prix de 200 000 $. À la même date, elle a versé 60 000 $ comptant et a signé un billet de 140 000 $, échéant dans quatre ans et portant intérêt à 16 % l'an. Les versements annuels de 50 000 $, y compris le remboursement sur le principal et le paiement d'intérêts, s'échelonneront du 1er juillet 20X3 au 1er juillet 20X6. L'Éden inc. aurait pu acheter ce terrain pour 200 000 $ comptant.

Travail à faire

Dressez un bilan partiel du grossiste l'Éden inc. au 31 décembre 20X2.

P 6. La comptabilisation des produits reçus d'avance et des éventualités

(25 minutes – moyen)

Publi inc. prépare actuellement ses états financiers de l'exercice terminé le 31 décembre 20X5 et se demande comment traiter les quatre situations suivantes :

1. Publi inc. vend des abonnements à plusieurs revues pour des périodes de 12, 24 ou 36 mois. Les encaissements afférents à ces abonnements sont crédités au compte Abonnements reçus d'avance. Ce compte a un solde créditeur non régularisé de 2 100 000 $ au 31 décembre 20X5. Les abonnements non échus au 31 décembre 20X5 viennent à échéance selon le calendrier suivant :

20X6	600 000 $
20X7	800 000
20X8	400 000

2. Le 2 janvier 20X5, Publi inc. a annulé les contrats d'assurances de tous ses véhicules après avoir décidé d'assumer elle-même les risques d'accident et de vandalisme. La perte de 45 000 $ découlant d'un sinistre survenu en 20X5 a été portée au compte Frais de transport. La prime d'assurance payée en 20X4 s'élevait à 100 000 $. Le comptable veut débiter le compte Frais de transport de 55 000 $ et créditer du même montant le compte Provision pour autoassurance.

3. Le 1er juillet 20X5, un auteur a intenté une poursuite contre Publi inc. pour rupture de contrat, et il réclame des dommages évalués à 1 000 000 $. Les avocats de la société estiment qu'il est fort probable que la cour rende une décision défavorable à la société. La perte éventuelle pourrait alors varier entre 300 000 $ et 500 000 $, mais aucun montant n'est plus probable qu'un autre.

4. En décembre 20X5, un concurrent a intenté une poursuite contre la société pour non-respect des droits d'auteur, et il réclame des dommages et intérêts de 2 000 000 $. Les avocats de la société estiment que la cour rendra une décision en faveur du concurrent, mais sont incapables d'en déterminer le montant.

Travail à faire

Pour chacune des quatre situations précédentes, passez les écritures de journal requises au 31 décembre 20X5. Si vous jugez qu'aucune écriture de journal n'est requise, donnez-en la raison et, s'il y a lieu, rédigez la note que Publi inc. devrait présenter dans ses états financiers.

17

P 7. Les régimes de rémunération
(25 minutes – difficile)

Le 2 janvier 20X2, Sahara ltée a mis sur pied les régimes de participation aux bénéfices suivants :

1. Les employés du Service de marketing ont droit à 2 % du bénéfice avant impôts, frais financiers et gratifications accordées aux employés du Service de marketing et aux dirigeants.
2. Les employés du Service de la fabrication ont droit à une gratification correspondant à 25 % des économies réalisées, avant la gratification accordée, sur le coût des marchandises vendues par rapport au coût des marchandises vendues de l'exercice précédent.
3. Les dirigeants adhèrent à un régime d'options d'achat d'actions fictives. Ils reçoivent annuellement 30 % de l'augmentation du cours coté des actions. Entre le 2 janvier et le 31 décembre 20X2, le cours coté des actions a augmenté de 50 000 $.

Voici l'état des résultats de la société Sahara ltée, compte non tenu des gratifications décrites ci-dessus.

SAHARA LTÉE
Résultats (avant gratifications)
des exercices terminés le 31 décembre

	20X2	20X1
Chiffre d'affaires	1 500 000 $	1 500 000 $
Coût des marchandises vendues	710 000	750 000
Marge bénéficiaire brute	790 000	750 000
Frais de vente et d'administration	260 000	250 000
Frais financiers	95 000	100 000
	355 000	350 000
Bénéfice avant impôts	435 000 $	400 000 $

Travail à faire

a) Préparez l'état des résultats pour l'exercice terminé le 31 décembre 20X2 en tenant compte des gratifications. Arrondissez tous vos calculs au dollar près et considérez que le taux d'imposition est de 40 %.

b) Nommez les régimes de rémunération qui peuvent conduire à la comptabilisation de passifs financiers.

P 8. Une campagne de promotion
(30 minutes – moyen)

La société Lougarou ltée, qui exploite plusieurs magasins de vente au détail, a mis sur pied un club d'achat en 20X1. Chaque fois qu'un client paie avec la carte de crédit du magasin, il cumule des points correspondant à 20 % du montant facturé. Les clients peuvent ensuite utiliser les points cumulés en règlement de leurs achats à raison de 20 points par dollar d'achat. Les clients peuvent aussi utiliser leurs points pour obtenir de l'argent comptant. Lougarou ltée remet alors 1 $ par tranche de 30 points cumulés.

La société estime que les membres du club utiliseront 75 % des points. De ce nombre, les deux tiers seront convertis en marchandises, et l'autre tiers sera converti en espèces. Voici les extraits pertinents du grand livre au 31 décembre 20X1, date de fin de l'exercice financier :

Ventes totales	2 500 000 $
Ventes au comptant	1 500 000
Coût des marchandises vendues	1 202 400
Frais de publicité	100 000

Autres renseignements

1. En 20X1, les clients ont utilisé un total de 40 000 points pour payer leurs achats.
2. Lougarou ltée a remis 1 000 $ aux clients qui avaient cumulé des points pour obtenir un remboursement en espèces.
3. Les conventions comptables de la société concernant ce club d'achat sont les suivantes :
   - La comptabilisation des ventes à crédit ne tient pas compte des points cumulés. Cette information est gérée par le programme informatique des caisses enregistreuses.

17

- Lorsque les clients utilisent des points pour payer leurs achats, la société débite le compte Coût des marchandises vendues et crédite le compte Stock de marchandises. Par contre, lorsque les clients préfèrent utiliser leurs points pour obtenir un remboursement en espèces, la société crédite le compte Caisse.

4. La marge bénéficiaire brute de Lougarou est de 48 %.

Travail à faire

a) Expliquez si les conventions comptables utilisées par la société Lougarou ltée permettent de bien refléter les résultats et la situation financière de la société.

b) Proposez des solutions de rechange aux conventions comptables de Lougarou ltée qui vous semblent inappropriées.

c) Passez les écritures de régularisation au 31 décembre 20X1 dans les livres de Lougarou ltée pour :

    i) inscrire la provision pour promotion;

    ii) corriger, s'il y a lieu, les écritures de journal passées par la société.

P 9. La comptabilisation relative aux garanties et à une campagne de promotion
(20 minutes – moyen)

Harmonie Desson inc. vend des instruments de musique, des chaînes stéréo, des disques et de la musique en feuille. Pour attirer les consommateurs, la société offre des programmes de garantie et des primes.

Les instruments de musique et les chaînes stéréo vendus sont accompagnés d'une garantie de un an sur les pièces et la main-d'œuvre. Selon l'expérience passée, les frais de garantie s'élèvent à 1,5 % du chiffre d'affaires.

La société distribue des primes aux clients qui achètent des disques et de la musique en feuille. Les clients reçoivent un coupon par dollar d'achat. Ils peuvent ensuite échanger 200 coupons plus 20 $ pour obtenir un baladeur. Chaque baladeur coûte 32 $ à la société. Cette dernière estime que 55 % des coupons distribués aux clients lui reviendront.

Le chiffre d'affaires de l'exercice 20X9 s'élève à 7 200 000 $ et se répartit comme suit : 5 400 000 $ pour la vente d'instruments de musique et de chaînes stéréo, et 1 800 000 $ pour la vente de disques et de la musique en feuille. Le coût des pièces et de la main-d'œuvre afférentes aux garanties honorées au cours de cet exercice a été de 80 000 $. De plus, la société a acheté 6 200 baladeurs lors de la campagne de promotion, et les clients ont retourné 1 200 000 coupons.

La société comptabilise les frais de garantie et les frais de promotion selon les principes de la comptabilité d'exercice. Les soldes suivants sont extraits de son grand livre au 1er janvier 20X9 :

Stock de primes	32 000 $
Provision pour promotion	40 800
Provision pour garanties	63 000

Travail à faire

Harmonie Desson inc. prépare ses états financiers pour l'exercice terminé le 31 décembre 20X9. Déterminez le montant des postes suivants qui figureront à ces états financiers.

a) Frais de garantie.
b) Provision pour garanties.
c) Frais de promotion.
d) Stock de primes.
e) Provision pour promotion.

P 10. Une dette dont le montant doit être estimé
(20 minutes – moyen)

La société Lemaire inc. vend des produits dans un emballage coûteux et réutilisable pour lequel elle exige de chaque client le versement d'une consigne. La société rembourse le montant de la consigne lorsqu'un emballage lui est retourné dans les deux ans suivant la livraison. Après ce délai, Lemaire inc. considère que les emballages non retournés sont vendus, et elle inscrit cette vente au montant de la consigne. Voici les renseignements pour l'exercice 20X3 :

Emballages détenus par les clients au 31 décembre 20X3		
pour des livraisons effectuées en :		
20X1	*170 000 $*	
20X2	*480 000*	*650 000 $*
Emballages livrés en 20X3		*860 000 $*
Emballages retournés en 20X3 pour des livraisons de :		
20X1	*100 000 $*	
20X2	*280 000*	
20X3	*314 000*	*694 000 $*

Travail à faire

a) Inscrivez toutes les écritures de journal nécessaires en 20X3 afférentes aux emballages consignés de la société Lemaire inc.

b) Calculez le montant total que doit présenter la société dans son passif au 31 décembre 20X3 relativement à ces emballages.

c) Expliquez si le passif calculé en b) doit être classé dans le passif à court terme ou dans le passif à long terme et s'il représente un passif financier.

P 11. Une garantie, un régime de participation aux bénéfices et une campagne de promotion (25 minutes – moyen)

Le 31 décembre 20X4, la société Arcange ltée doit effectuer les calculs et passer les écritures de régularisation qui se rapportent aux trois situations indépendantes ci-après :

a) Les amplificateurs que vend Arcange ltée comportent une garantie de trois ans contre toute défectuosité. En s'appuyant sur son expérience, la société évalue les frais de garantie de la façon suivante : 2 % du chiffre d'affaires au cours de la première année suivant la vente ; 3 % du chiffre d'affaires au cours de la deuxième année ; et 4 % du chiffre d'affaires au cours de la troisième année. Voici les ventes de l'entreprise et les frais engagés pour les garanties :

	Ventes	*Frais de garantie*
20X2	*800 000 $*	*5 800 $*
20X3	*1 100 000*	*17 000*
20X4	*1 200 000*	*61 200*

Travail à faire

Calculez le montant que la société doit présenter dans le passif de son bilan au 31 décembre 20X4. Supposez que les ventes et les frais de garantie se répartissent uniformément tout au long de l'exercice.

b) Le régime de participation aux bénéfices de Arcange ltée prévoit que chaque année la société versera dans un fonds un montant égal au quart de son bénéfice net. Le bénéfice avant impôts et avant déduction de la prime de participation aux bénéfices s'élève à 1 000 000 $ en 20X4. L'entreprise est assujettie à un taux d'imposition de 40 %, et la prime de participation aux bénéfices est considérée comme une dépense admissible au calcul du bénéfice imposable.

Travail à faire

Calculez le montant qui doit être versé au fonds à titre de participation aux bénéfices de l'exercice 20X4.

c) La société Arcange ltée a joint à certains de ses biens des coupons échangeables contre de la marchandise. Ces coupons ne comportent pas d'échéance, et la société sait par expérience que 40 % d'entre eux environ seront échangés. Au 31 décembre 20X3, le passif afférent aux coupons non échangés s'élevait à 9 000 $. En 20X4, la société a émis des coupons pour une valeur de 23 000 $ et a distribué pour 8 000 $ de marchandises en échange des coupons.

Travail à faire

Calculez le montant du passif qui sera présenté dans le bilan de la société au 31 décembre 20X4.

P 12. Les garanties et les contrats d'entretien (35 minutes – difficile)

La société Malépart inc., fabricant et détaillant d'automobiles, clôture son exercice financier le 28 février. Depuis le début de ses activités, la société accorde de plus en plus d'importance au service à la clientèle. Aussi, depuis le 1er mars 20X2, elle vend des contrats d'entretien qui complètent les deux programmes de garantie offerts depuis plusieurs années.

Voici les caractéristiques pertinentes des garanties et des contrats d'entretien :

1. Garantie complète couvrant les pièces et la main-d'œuvre pendant l'exercice de la vente et le premier exercice qui suit la vente. Le coût de cette garantie représente 10 % du coût d'une automobile.
2. Garantie portant sur le coût de remplacement des pièces pendant le deuxième exercice qui suit la vente. Cette garantie coûte en moyenne 100 $ par automobile vendue.
3. Contrat d'entretien couvrant les coûts de main-d'œuvre afférents aux réparations effectuées au cours du deuxième exercice qui suit la vente.
4. Contrat d'entretien couvrant le coût des pièces et de la main-d'œuvre afférentes aux réparations effectuées au cours du troisième exercice qui suit la vente.
5. Le prix de vente des contrats d'entretien est fixé à leur prix coûtant majoré de 25 %.

Selon l'expérience passée de la société, 75 % des réparations couvertes par la garantie complète sont faites au cours du premier exercice qui suit la vente. Voici les extraits pertinents du grand livre de Malépart inc. au 28 février 20X3.

Ventes d'automobiles en 20X2–20X3 (6 000 automobiles)	110 400 000 $
Ventes de contrats d'entretien couvrant le deuxième exercice qui suit la vente	432 000
Ventes de contrats d'entretien couvrant le troisième exercice qui suit la vente	720 000
Coût des automobiles vendues	93 840 000
Ventes d'automobiles en 20X0–20X1 (5 000 automobiles)	87 500 000
Ventes d'automobiles en 20X1–20X2 (5 500 automobiles)	99 000 000

Travail à faire

Sachant que le pourcentage de marge bénéficiaire brute n'a pas changé depuis 20X1 :

a) calculez la charge ayant trait aux garanties ainsi que la provision pour garanties au 28 février 20X3 ;
b) calculez le décaissement fait en 20X2–20X3 pour couvrir les programmes de garantie en supposant que Malépart inc. paie comptant toutes les pièces et la main-d'œuvre ;
c) passez les écritures de régularisation au 28 février 20X3 dans les livres de Malépart inc.

P 13. La provision pour garanties (30 minutes – difficile)

Au cours de la première vérification de fin d'exercice de la société Techno ltée, vous avez analysé le compte Frais de garantie. La société impute à ce compte le coût des heures que les ouvriers du Service d'entretien consacrent aux réparations sous garantie, suivant un taux horaire fixe, ainsi que le coût des pièces de rechange. Vous avez appris que la société s'engage par contrat à effectuer gratuitement l'entretien et la réparation de ses produits pendant les cinq mois qui suivent la vente.

Vous avez dressé les deux tableaux suivants :

17

TECHNO LTÉE
Analyse mensuelle des frais de garantie
de l'exercice terminé le 31 mars 20X6

Mois au cours duquel les réparations sous garantie ont été effectuées

Mois de la vente	20X5									20X6			Total
	Avril	Mai	Juin	Juillet	Août	Septembre	Octobre	Novembre	Décembre	Janvier	Février	Mars	
Avril	75 $	200 $	325 $	375 $	500 $	525 $							2 000 $
Mai		100	200	400	550	500	575 $						2 325
Juin			150	250	300	500	600	650 $					2 450
Juillet				325	300	375	900	2 500	3 750 $				8 150
Août					850	1 200	1 250	3 500	4 000	3 100 $			13 900
Septembre						500	1 050	1 350	1 525	3 350	2 550 $		10 325
Octobre							250	325	350	1 750	2 075	2 375 $	7 125
Novembre								175	250	375	1 150	1 850	3 800
Décembre									975	1 400	3 250	2 075	7 700
Janvier										100	275	450	825
Février											250	175	425
Mars												225	225
	75 $	300 $	675 $	1 350 $	2 500 $	3 600 $	4 625 $	8 500 $	10 850 $	10 075 $	9 550 $	7 150 $	59 250 $

17

TECHNO LTÉE
Analyse mensuelle des ventes avec garantie,
des frais de garantie et de certains autres comptes
de l'exercice terminé le 31 mars 20X6

Mois	Ventes	Coût des marchandises vendues	Commissions des vendeurs	Frais de garantie	Publicité
20X5					
Avril	50 000 $	30 000 $	5 000 $	75 $	1 250 $
Mai	60 000	35 500	6 000	300	1 250
Juin	60 000	35 000	6 000	675	1 250
Juillet	200 000	112 500	20 000	1 350	1 250
Août	350 000	200 000	35 000	2 500	1 250
Septembre	260 000	150 000	26 000	3 600	1 250
Octobre	180 000	105 000	18 000	4 625	1 250
Novembre	135 000	80 000	13 500	8 500	1 250
Décembre	275 000	155 000	27 500	10 850	1 250
20X6					
Janvier	90 000	50 000	9 000	10 075	1 250
Février	80 000	46 000	8 000	9 550	1 250
Mars	130 000	75 000	13 000	7 150	1 250
Total de l'exercice	1 870 000 $	1 074 000 $	187 000 $	59 250 $	15 000 $

Travail à faire

a) Commentez la méthode employée par la société Techno ltée pour comptabiliser les réparations effectuées sous garantie en vertu des contrats de vente.

b) Passez l'écriture de régularisation que vous recommandez en vue de présenter fidèlement le coût des réparations effectuées sous garantie en vertu des contrats de vente pour l'exercice terminé le 31 mars 20X6. Appuyez vos recommandations en donnant vos calculs et en illustrant votre raisonnement.

Source :
C.A. adapté

P 14. La comptabilisation d'une campagne de promotion   (20 minutes – moyen)

Afin d'augmenter sa part de marché, Bonlait inc. a lancé une campagne promotionnelle. La société s'est engagée à remettre un contenant de plastique facilitant la manutention des sacs de lait à tout client qui retournera 20 étiquettes, collées sur les emballages de lait, accompagnées de 1 $. De plus, les participants à cette campagne ont droit, le 31 décembre 20X1 et le 31 mars 20X2, à deux tirages pour un voyage pour deux personnes. Chaque tirage est d'une valeur de 2 500 $. La société considère que le pourcentage d'étiquettes retournées par les clients ne dépassera pas 60 %.

Voici les opérations effectuées au cours de l'exercice 20X1 :

1. Ventes au comptant de 400 000 emballages de lait à un prix unitaire de 2,75 $.
2. Achat au comptant de 10 000 contenants de plastique au coût de 4,25 $ l'unité.
3. Achat au comptant de 600 000 étiquettes pour un montant de 7 875 $. Ces étiquettes seront collées sur les emballages de lait au cours de l'exercice 20X1.
4. Distribution de 6 500 contenants en plastique et tirage d'un voyage le 31 décembre 20X1. Le coût de ce voyage a immédiatement été payé à l'agence de publicité.

Travail à faire

Passez les écritures de journal requises pour enregistrer les opérations de l'exercice terminé le 31 décembre 20X1 relatives à cette campagne promotionnelle.

P 15. Une éventualité couverte par une réclamation à une tierce partie   (25 minutes – moyen)

La société Cou Verte ltée fabrique des prothèses cervicales à l'aide de matériaux et de modes de fabrication ne causant aucun dommage à l'environnement. Le 18 septembre 20X1, M. Coudure a intenté une poursuite contre Cou Verte ltée. Il prétend qu'une prothèse, fabriquée par

17

Cou Verte ltée, qu'il a portée pendant un mois, lui a causé des dommages permanents. Il réclame donc la somme de 800 000 $.

Le 31 décembre 20X1, les avocats de la Cou Verte estiment que la société devra fort probablement débourser 200 000 $ pour clore cette affaire, coût augmenté de leurs honoraires professionnels estimés à 15 000 $. Heureusement, Cou Verte ltée détient une police d'assurance responsabilité couvrant de tels débours. Cou Verte ltée pourra donc fort probablement recouvrer 85 % du montant qu'elle devra payer à M. Coudure.

Le 20 novembre 20X2, le juge responsable de cette affaire a ordonné que Cou Verte ltée paie des dommages de 250 000 $ à M, Coudure.

Le lendemain, les avocats de la société facturaient à la société des honoraires professionnels de 15 000 $. Le même jour, la société faisait parvenir une réclamation de 212 500 $ à son assureur.

Travail à faire

a) Passez toutes les écritures de journal requises dans les livres de la société Cou Verte ltée entre le 18 septembre 20X1 et le 21 novembre 20X2

b) En tenant pour acquis que l'assureur n'a pas encore remboursé la société Cou Verte ltée le 31 décembre 20X2, date de fin de l'exercice financier, présentez l'extrait pertinent du bilan de la société.

P 16. La présentation des dettes au bilan   (20 minutes – moyen)

Pour chacune des situations suivantes, tenez pour acquis que la société clôture son exercice financier le 31 décembre. Expliquez si la dette doit figurer dans la section du passif à court terme ou dans celle du passif à long terme du bilan au 31 décembre 20X3.

a) Le 31 décembre 20X3, la société Gagné ltée assume une dette bancaire remboursable à vue.

b) Le 31 décembre 20X3, la société Christina ltée assume une dette bancaire de 500 000 $, remboursable par tranche annuelle de 100 000 $. Les remboursements du principal, majorés des intérêts, sont payables le 30 juin de chaque année.

c) Le 31 janvier 20X4, avant la mise au point définitive des états financiers, la société Plastique ltée a refinancé une dette échéant en 20X4 dont la valeur comptable s'élève à 850 000 $. Pour ce faire, la société a émis des actions.

d) Le 31 décembre 20X3, la société Potiron ltée assume une dette de 400 000 $ échéant le 31 juillet 20X4. Le 15 décembre 20X3, la société a conclu un accord de refinancement avec la Banque Seigneuriale. Cette nouvelle dette arrivera à échéance le 31 juillet 20X7.

e) Le 31 décembre 20X3, la société Jean File ltée assume une hypothèque de 1 200 000 $, remboursable par versements mensuels de 5 000 $, majorés des intérêts calculés au taux de 8 % l'an. Jusqu'à ce jour, la société a effectué ses remboursements tel que prévu. Toutefois, elle sera probablement incapable d'effectuer ses remboursements au cours de 20X4.

f) Le 31 décembre 20X3, la société Tatin ltée assume une obligation à payer de 600 000 $, rachetable au gré du détenteur. La société dispose d'un délai de 10 jours, à compter de la date de la demande de rachat, pour rembourser le détenteur. L'obligation arrive à échéance le 1er septembre 20X5. Le 1er décembre 20X3, le détenteur a demandé le rachat de l'obligation. Tatin ltée est incapable de respecter son engagement. Au 31 décembre, elle poursuit encore ses négociations en vue de trouver un nouveau bailleur de fonds qui pourrait lui fournir les 600 000 $ dont elle a besoin.

Analyses de cas

C 1. La présentation du passif à court terme   (20 minutes – facile)

17

Identifiez et expliquez les normes générales de présentation des éléments du passif à court terme.

C 2. Un engagement contractuel et une éventualité   *(15 minutes – facile)*

L'un de vos clients vous demande de lui expliquer les différences entre un engagement contractuel et une dette éventuelle probable. D'après lui, les deux devraient être traités de la même façon, car un contrat signé correspond à une éventualité certaine. Afin d'aider votre client, discutez de ces deux éléments en faisant ressortir les similitudes et les différences.

C 3. Les échanges impliquant des billets à payer   *(25 minutes – facile)*

Les opérations commerciales impliquent souvent l'acquisition de biens ou de services contre des billets à payer portant un taux d'intérêt déterminé ou ne comportant aucune mention quant à l'intérêt.

Travail à faire

a) Lorsqu'un billet à payer est signé au moment de l'acquisition de biens ou de services et qu'il porte un taux d'intérêt raisonnable, expliquez la valeur que l'on devrait lui attribuer aux fins de la comptabilisation.

b) Lors de l'acquisition de biens ou de services, expliquez la valeur qui devrait être attribuée dans les livres comptables à un billet ne comportant aucune mention quant à l'intérêt.

c) Si les valeurs que vous avez déterminées en *a)* et *b)* diffèrent de la valeur nominale du billet à payer, expliquez de quelle façon tout écart doit être comptabilisé dans les livres et présenté aux états financiers.

C 4. La portion de la dette à long terme échéant à court terme   *(25 minutes – moyen)*

La société Berri ltée vient de terminer son premier exercice financier. Tous les immeubles que détient la société sont financés par des emprunts hypothécaires à long terme. Les produits générés par la location de ces immeubles ont à peine suffi à couvrir les charges et les remboursements mensuels sur les emprunts hypothécaires.

Au cours d'une discussion portant sur la présentation de la portion de la dette à long terme échéant à court terme, le président de Berri ltée souligne ce qui suit :

> « Je ne minimise pas l'importance de la divulgation de la portion de la dette à long terme échéant à court terme. Cependant, en ce qui concerne notre société, cette portion de la dette à long terme devrait figurer dans la section du passif à long terme ou faire l'objet d'une note aux états financiers. »

Travail à faire

Présentez le pour et le contre du point de vue du président.

C 5. Une garantie et une éventualité   *(20 minutes – facile)*

Les deux situations suivantes sont indépendantes :

Première situation
La société Labelle ltée vend deux produits différents comportant tous deux une garantie d'un an. D'après l'expérience passée, les frais de garantie relatifs au produit A s'élèveront à 1 % du chiffre d'affaires. Quant au produit B, les frais de garantie ne peuvent être estimés avec suffisamment de précision, car il s'agit d'un nouveau produit. Cependant, l'ingénieur en chef prévoit que ce produit engendrera vraisemblablement des frais de garantie.

Travail à faire

Expliquez comment la société Labelle ltée doit inscrire les frais de garantie estimatifs pour chacun des deux produits. Ne tenez pas compte de l'incidence fiscale ni des mentions qui

17

devraient être faites dans le corps même des états financiers de la société ou dans les notes complémentaires.

Seconde situation

La société Milette ltée fait l'objet d'une poursuite judiciaire, car un enfant a été blessé au cours d'une visite de l'usine le 1er mars 20X0. L'entreprise doit faire face à une réclamation de 2 000 000 $ en dommages et intérêts. Le procès a été intenté en juillet 20X0 et, selon les avocats de Milette ltée, il est probable que l'entreprise soit reconnue responsable. La société pourrait être condamnée à verser une indemnité allant de 200 000 $ à 900 000 $. Les avocats estiment toutefois que le montant d'indemnité le plus probable devrait être de 400 000 $.

Travail à faire

Expliquez comment la société Milette ltée doit présenter cette poursuite dans ses états financiers de l'exercice 20X0.

C 6. Une éventualité et une dette estimative   (20 minutes – moyen)

Beaux Jouets ltée fabrique plusieurs types de jouets. Au cours de l'exercice 20X5, les événements suivants se sont produits :

1. Les ingénieurs ont découvert qu'un jouet, fabriqué depuis deux ans, ne respectait pas les normes de sécurité gouvernementales. La Direction pense qu'il est probable que des consommateurs intenteront une poursuite contre Beaux Jouets ltée, et elle a estimé le montant de la perte qui en découlerait.
2. L'une des usines de la société est située en bordure d'une rivière. Aucune compagnie d'assurances n'accepte d'assurer cette usine en raison des risques élevés d'inondation. Il n'y a eu aucune inondation au cours du dernier exercice.
3. Au cours de l'exercice, la société a mis sur pied une campagne de publicité visant à promouvoir un nouveau jouet. Dans chaque emballage de ce jouet, la société a inclus un billet donnant droit à un rabais de 2 $ pour un siège au cinéma dans l'une des salles de la chaîne Odénin ltée. Les clients doivent retourner ces billets à Beaux Jouets ltée, qui leur expédiera par la poste le coupon-rabais officiel accepté par la chaîne de cinémas. Les coupons officiels ont été achetés à l'avance par la société au coût unitaire de 2 $. Selon l'expérience passée, la société estime que 55 % des billets seront retournés par les clients, même si, à la fin de l'exercice, seulement 40 % des billets avaient effectivement été retournés.

Travail à faire

Expliquez la façon de présenter les trois événements précédents dans les états financiers annuels de la société Beaux Jouets ltée.

C 7. Diverses situations   (20 minutes – moyen)

Les trois situations suivantes sont indépendantes les unes des autres :

a) Une société offre une garantie de un an sur les biens qu'elle fabrique. Pour pouvoir estimer le montant des réclamations reliées aux ventes de l'exercice, elle a fait l'historique des réclamations des clients.
b) Après la date de fin de l'exercice financier, mais avant la date de mise au point des états financiers, une société a pris un engagement qui entraînera fort probablement une perte dont le montant peut être estimé.
c) Une société a adopté une politique d'autoassurance de ses automobiles. Si cette société faisait affaire avec une compagnie d'assurances, la prime annuelle serait de 15 000 $. Au cours du dernier exercice financier, aucun sinistre n'est survenu.

17

Travail à faire

Pour chacune des situations précédentes, discutez du traitement comptable et de la divulgation aux états financiers qui respecteraient les principes comptables généralement reconnus (P.C.G.R.).

Les emprunts obligataires et les autres formes de dettes à long terme

Remarque: les questions de révision, les exercices, les problèmes de compréhension et les analyses de cas précédés d'un astérisque (*) se rapportent au sujet traité en annexe dans le manuel.

1. Discutez brièvement de deux avantages et de deux inconvénients du financement externe au moyen de dettes à long terme par rapport à un financement interne au moyen d'une émission d'actions.

2. Quels renseignements doit contenir un acte de fiducie? Pourquoi ce document est-il si important?

3. Un emprunt obligataire peut prendre diverses formes. Décrivez brièvement les caractéristiques des diverses sortes d'obligations mentionnées ci-dessous.

a) Obligations immatriculées.
b) Obligations convertibles.
c) Obligations à coupon zéro.
d) Obligations échéant en série.
e) Obligations garanties.
f) Obligations au porteur.

g) Obligations hypothécaires.
h) Débentures.
i) Obligations remboursables par anticipation.
j) Obligations à revenu spécifique.
k) Obligations à fonds d'amortissement.
l) Obligations remboursables en nature.

4. Comparez brièvement les expressions suivantes propres aux obligations.

a) Valeur nominale, valeur comptable et valeur à l'échéance.
b) Taux d'intérêt nominal et taux d'intérêt effectif.

5. Expliquez de quelle façon le marché fixe le prix d'émission d'un emprunt obligataire.

6. Dans quelles circonstances une émission d'obligations sera vendue à sa valeur nominale, à prime ou à escompte?

7. Une obligation de la société Escomptex ltée se vend sur le marché à 98 $^{1/4}$, plus intérêts courus. Expliquez votre réponse.

8. Lorsque des obligations à échéance unique sont évaluées au coût après amortissement et qu'elles ne sont pas émises à leur valeur nominale, il est nécessaire de répartir l'escompte ou la prime d'émission au moyen d'un processus d'amortissement. Décrivez brièvement le processus d'amortissement.

9. Quelle relation existe-t-il entre la charge d'intérêts et le montant des intérêts versés aux obligataires lorsque les obligations sont émises *a)* à prime *b)* à escompte?

10. Lorsque des obligations sont émises à escompte, la charge d'intérêts augmente-t-elle ou diminue-t-elle au fil des ans ? Expliquez votre réponse.

11. Comment présente-t-on au bilan l'escompte d'émission d'obligations et la prime d'émission d'obligations ? Comment présente-t-on à l'état des flux de trésorerie l'amortissement de la prime ou de l'escompte d'émission d'obligations ?

12. Quelle est la nature des frais d'émission d'obligations ? Comment doit-on les présenter dans les états financiers ?

13. De quelle façon doit-on traiter les obligations détenues à des fins de transaction ?

14. Souvent, une entreprise rembourse un emprunt obligataire par anticipation. Pourquoi n'attend-elle pas à l'échéance de ses obligations ?

15. Mentionnez et décrivez brièvement les deux principales façons de procéder à un remboursement anticipé d'obligations.

16. De quelle façon doit-on déterminer le gain ou la perte sur remboursement anticipé d'obligations ? Comment présente-t-on ce gain et cette perte dans les états financiers ?

17. De quelle façon doit-on traiter le refinancement d'une dette obligataire au moyen d'un échange de dettes ?

18. Une société en sérieuse difficulté financière envisage de recourir au désendettement. Quelles sont les principales différences qui existent entre un désendettement légal et un désendettement de fait ?

19. De quelle façon doit-on présenter les obligations remboursées mais non annulées ?

20. En quoi une obligation convertible est-elle intéressante du côté de l'investisseur et du côté de la société émettrice ?

21. Selon les normes comptables actuelles, pourquoi doit-on dissocier les composantes d'une obligation convertible ?

22. Comment doit-on comptabiliser une opération de conversion anticipée provoquée d'obligations ?

23. De quelle façon doit-on comptabiliser une obligation assortie d'un bon de souscription détachable ?

24. Les entreprises ont souvent recours à l'émission d'effets à long terme. Décrivez brièvement la façon de déterminer la valeur des effets à long terme dans les trois situations suivantes :

    a) Les effets sont émis en échange d'argent seulement.
    b) Les effets sont émis en échange d'éléments non monétaires.
    c) Les effets sont émis en échange d'argent et de certains droits ou privilèges.

25. Quel est l'objectif visé par la restructuration des dettes à long terme ? Quelles sont les formes de restructuration les plus fréquemment utilisées ?

26. Parmi les diverses façons de procéder à une restructuration de la dette à long terme, l'une d'elles consiste à modifier les modalités de remboursement de la dette. Est-il possible que cette opération génère un gain pour l'entreprise ?

27. L'un des dirigeants d'une grande société est insatisfait du taux d'intérêt obtenu auprès d'une institution financière. Il a entendu dire qu'il est possible de procéder à un swap de taux d'intérêt. Il vous demande en quoi consiste un tel échange.

18

28. Qu'entend-on par « effet de levier » ? Pourquoi est-il important de prêter une attention particulière à l'effet de levier ?

29. Énumérez les règles générales de présentation de la dette à long terme et des passifs financiers.

 **Exercices**

E 1. Choix multiples

Pour chacune des questions suivantes, choisissez la réponse qui convient le mieux.

1. Le prix d'une émission d'obligations est égal à :
 a) la valeur nominale des obligations, plus la valeur nominale des intérêts qui seront versés aux obligataires ;
 b) la valeur nominale des obligations, plus la valeur actualisée des intérêts qui seront versés au cours de la durée des obligations, compte tenu d'un taux d'actualisation égal au taux d'intérêt en vigueur sur le marché lors de l'émission des obligations ;
 c) la valeur actualisée du principal remboursable à l'échéance, plus la valeur actualisée des intérêts qui seront versés au cours de la durée des obligations, compte tenu d'un taux d'actualisation égal au taux d'intérêt en vigueur sur le marché lors de l'émission des obligations ;
 d) la valeur nominale des obligations ;
 e) aucune de ces réponses.

2. Le taux d'intérêt effectif d'une émission d'obligations effectuée à prime est :
 a) supérieur au taux d'intérêt nominal ;
 b) égal au taux nominal ;
 c) inférieur au taux nominal.

3. Les intérêts sur obligations d'une municipalité sont versés le 1er juillet et le 1er janvier. Si l'émission a lieu uniquement le 1er août, le produit de l'émission est égal au prix d'émission :
 a) augmenté des intérêts courus entre le 1er juillet et le 1er août ;
 b) augmenté des intérêts courus entre le 1er août et le 1er janvier ;
 c) diminué des intérêts courus entre le 1er juillet et le 1er août ;
 d) diminué des intérêts courus entre le 1er août et le 1er janvier.

4. La juste valeur d'un bon de souscription attaché à une obligation est comptabilisée lorsque l'on :
 a) crédite cette valeur dans un compte de réserve ;
 b) crédite cette valeur dans un compte de surplus d'apport ;
 c) crédite cette valeur dans un compte de capital-actions ;
 d) crédite cette valeur dans un compte de produit reporté ;
 e) aucune de ces réponses.

5. Lors de la restructuration d'une dette à long terme au moyen d'une modification des modalités de remboursement, on ne constate un gain que lorsque la valeur actualisée de la dette restructurée :
 a) est inférieure au total des versements à effectuer en vertu des nouvelles modalités de remboursement ;
 b) excède la valeur actualisée des versements à effectuer en vertu des nouvelles modalités de remboursement ;
 c) est inférieure à la valeur actualisée des versements à effectuer en vertu des nouvelles modalités de remboursement ;
 d) aucune de ces réponses.

18

E 2. La détermination du produit d'émission

Déterminez la somme reçue pour chacune des émissions d'obligations suivantes.

Émission	Valeur nominale	Taux d'intérêt annuel contractuel	Fréquence des intérêts	Durée de l'émission (ans)	Taux exigé sur le marché
a)	100 000 $	10 %	Annuelle	20	10 % par année
b)	200 000	8	Semestrielle	20	5 % par semestre
c)	300 000	10	Trimestrielle	10	3 % par trimestre
d)	400 000	10	Annuelle	15	9 % par année
e)	500 000	12	Semestrielle	15	5 % par semestre

E 3. L'amortissement de l'escompte d'émission d'obligations

Le 1er juillet 20X0, la société Trouvay Dufric ltée a émis 500 obligations d'une valeur nominale de 1 000 $ chacune au prix de 481 046 $. Ces obligations viennent à échéance dans cinq ans et portent intérêt à 9 % payable le 30 juin de chaque année.

Sachant que la société clôture ses livres le 30 juin de chaque année :

a) passez l'écriture de journal requise lors de l'émission des obligations ;
b) établissez un tableau d'amortissement de l'escompte d'émission en supposant que la société évalue ses obligations au coût après amortissement et en tenant pour acquis que le taux d'intérêt effectif est de 10 % ;
c) passez l'écriture requise le 30 juin 20X1, compte tenu des informations contenues dans le tableau établi en b).

E 4. Les obligations émises entre deux dates de paiement des intérêts

Le 1er mars 20X0, la société Jean Aubut ltée a encaissé la somme de 890 854 $ lors de l'émission de 1 000 obligations d'une valeur nominale de 1 000 $ chacune, datées du 2 janvier 20X0, échéant dans 10 ans et portant intérêt à 7 % l'an payable semestriellement le 30 juin et le 31 décembre de chaque année. Si l'émission avait eu lieu le 2 janvier 20X0, la société aurait obtenu la somme de 877 689 $ puisque les investisseurs exigent un taux d'intérêt effectif de 9 %. L'exercice financier de la société se termine le 31 décembre, et la société évalue ses obligations au coût après amortissement.

Passez les écritures requises pour comptabiliser toutes les opérations relatives à ces obligations au cours de l'exercice terminé le 31 décembre 20X0.

E 5. La méthode de l'intérêt réel

Le 1er juin 20X0, la société Michel Dufoin inc. a émis 400 obligations au prix de 449 156 $. Ces obligations ont une valeur nominale de 1 000 $ chacune et viennent à échéance dans 10 ans. Elles portent intérêt à 12 % payable le 31 mai de chaque année. Le jour où les obligations ont été émises, le taux d'intérêt effectif était de 10 %. L'exercice financier de la société se termine le 31 décembre.

Passez les écritures requises aux dates suivantes : 1er juin 20X0, 31 décembre 20X0, 31 mai 20X1 et 31 décembre 20X1.

E 6. Le remboursement anticipé d'obligations

Le 1er janvier 20X1, la société Anticipée ltée a émis à 98 des obligations d'une valeur nominale de 750 000 $ échéant dans 10 ans et portant intérêt à 10 % payable le 31 décembre de chaque année. Les obligations sont remboursables par anticipation à 100 3/4.

18

En supposant que le 1er janvier 20X6, alors que les comptes Escompte d'émission d'obligations et Frais d'émission d'obligations reportés ont un solde respectif de 4 000 $ et 2 000 $, la société rembourse pour 500 000 $ (valeur nominale) d'obligations et les annule, calculez le montant du gain ou de la perte découlant du remboursement anticipé et passez l'écriture requise pour inscrire ce remboursement. Ne tenez pas compte des impôts sur le bénéfice.

E 7. Les obligations détenues à des fins de transaction

Le 1er janvier 20X6, la société Obligatrans ltée a émis des obligations d'une valeur nominale de 2 000 000 $, échéant dans cinq ans et prévoyant des intérêts payables annuellement au taux d'intérêt nominal de 9 %. Les obligations sont émises au prix de 2 079 854 $ car le taux de rendement exigé sur le marché se situe à ce moment à 8 %. Le premier versement d'intérêts a lieu le 31 décembre 20X6, date à laquelle la juste valeur des obligations s'élève à 2 048 121 $.

E 8. Une opération de refinancement

Le 1er janvier 20X0, la société Refinancée ltée a obtenu la somme de 871 647 $ lors de l'émission de 1 000 obligations d'une valeur nominale de 1 000 $, permettant ainsi aux obligataires d'obtenir un rendement de 9 % sur leur investissement. Ces obligations viennent à échéance dans 10 ans et portent intérêt à 7 % payable le 31 décembre de chaque année. Le 1er janvier 20X2, la société émet à la valeur nominale de 1 000 000 $ de nouvelles obligations venant à échéance dans 15 ans et portant intérêt à 7 % payable le 31 décembre de chaque année. La société utilise le produit de cette émission pour rembourser les obligations en circulation qui avaient été émises le 1er janvier 20X0. La société amortit l'escompte d'émission d'obligations de façon linéaire.

Quelles sont les conséquences de ce refinancement pour la société Refinancée ltée ?

E 9. Le remboursement effectif au moyen d'un rachat sur le marché libre

Le 1er janvier 20X5, la société Paravant ltée a émis 1 000 obligations au prix de 871 647 $. D'une valeur nominale de 1 000 $ et échéant dans 10 ans, ces obligations portent intérêt à 7 % payable le 31 décembre de chaque année. Le jour où les obligations ont été émises, le taux d'intérêt effectif était de 9 %. Le 1er janvier 20X7, la société a racheté la totalité des obligations en circulation, alors que le taux de rendement des obligations sur le marché était de 15 %. L'exercice financier de la société se termine le 31 décembre ; l'entreprise utilise la méthode de l'intérêt réel.

a) Calculez le montant de la charge d'intérêts comptabilisé en 20X5 et en 20X6.
b) Passez l'écriture requise lors du rachat des obligations.

E 10. Les obligations convertibles

Le 31 décembre 20X1, la société Convertex ltée a émis 5 000 obligations convertibles à 98. Ces obligations ont une valeur nominale de 1 000 $ chacune et viennent à échéance dans 10 ans. Elles portent intérêt à 7 % l'an payable semestriellement le 30 juin et le 31 décembre. En vertu du privilège de conversion, pour chaque 1 000 $ d'obligations converties, le détenteur recevra 20 actions ordinaires sans valeur nominale. Après une vérification effectuée auprès d'analystes financiers reconnus, il semble que, sans aucun privilège de conversion, l'émission se serait faite à 96 seulement.

a) Passez une écriture pour enregistrer l'émission des obligations convertibles.
b) Calculez la charge d'intérêts pour l'exercice terminé le 31 décembre 20X2 si la société amortit l'escompte d'émission selon la méthode de l'amortissement linéaire.
c) Le 2 janvier 20X3, alors que le cours des actions ordinaires de Convertex ltée est de 75 $, un certain nombre d'obligataires, détenant 80 % des obligations en circulation, exercent leur privilège de conversion. Passez l'écriture requise pour inscrire cette opération.

18

E 11. L'incitation à la conversion

Le 2 janvier 20X5, la société Incitative ltée a émis au pair 1 000 obligations convertibles d'une valeur nominale de 1 000 $ chacune. Les obligations viennent à échéance dans 10 ans et portent intérêt à 10 % l'an payable semestriellement le 30 juin et le 31 décembre. En vertu du privilège de conversion, pour chaque 1 000 $ d'obligations converties, le détenteur recevra 50 actions ordinaires sans valeur nominale. Sans privilège de conversion, l'émission aurait été faite à seulement 97. La société a alors choisi d'amortir l'escompte d'émission d'obligations de 30 000 $ selon la méthode linéaire.

Le 27 décembre 20X8, chaque obligataire a reçu une lettre indiquant que, s'il convertissait ses obligations au cours des sept prochains jours, il recevrait 60 actions ordinaires au lieu de 50 pour chaque 1 000 $ d'obligations converties. Ainsi, le 2 janvier 20X9, 90 % des obligations ont été converties, alors que le cours des actions ordinaires de la société était de 20 $.

En tenant pour acquis que, le 2 janvier 20X9, la juste valeur de la dette obligataire est de 1 100 000 $, passez l'écriture requise pour inscrire cette opération.

E 12. Les obligations avec bons de souscription détachables

La société Bonsouscrit ltée a émis 150 000 $ d'obligations assorties de bons de souscription détachables. Les obligations ont une valeur nominale de 1 000 $ chacune, viennent à échéance dans 10 ans et portent intérêt à 9 % payable une fois l'an. Chaque obligation est accompagnée de 20 bons de souscription, et chaque bon permet d'acheter de la société une action ordinaire sans valeur nominale au prix déterminé d'avance de 60 $. Les obligations ont été émises à 103. Immédiatement après leur émission, les bons de souscription se négociaient à 4,25 $ chacun. Des obligations de Bonsouscrit ltée ayant les mêmes caractéristiques, mais sans bons de souscription, auraient pu être émises à 98 $^{1/2}$.

a) Passez une écriture pour enregistrer l'émission des obligations en tenant pour acquis que le prix d'émission doit être réparti proportionnellement entre les obligations et les bons de souscription, compte tenu de leur juste valeur respective.

b) Passez une écriture pour comptabiliser l'exercice de tous les droits que confère l'ensemble des bons de souscription au prix stipulé à l'avance, lorsque l'action ordinaire se négocie à 70 $.

E 13. Les divers effets à payer à long terme

Voici trois situations n'ayant aucun lien.

1. La société Doubletaux ltée a acquis un camion articulé en échange d'un effet de 135 000 $ échéant dans trois ans et portant intérêt à 5 % payable à la fin de chaque année. Le taux d'intérêt courant en vigueur sur le marché pour un titre d'emprunt comportant un niveau de risque similaire est de 10 %.

   Passez les écritures requises pour inscrire l'acquisition du camion articulé et la charge d'intérêts du premier exercice selon la méthode de l'intérêt réel.

2. Au début de l'année courante, la société Sanzintérais ltée a acquis un terrain d'une juste valeur de 93 138 $ en échange d'un effet de 150 000 $ échéant dans cinq ans et ne portant aucun intérêt.

   a) Déterminez le taux d'intérêt implicite de l'effet à payer.
   b) Passez l'écriture requise pour inscrire cette opération.
   c) Déterminez le montant de la charge annuelle d'intérêts pour la durée de l'effet et passez l'écriture requise pour inscrire la charge du premier exercice selon la méthode linéaire.

3. Le 2 janvier 20X4, la société Aneffet ltée a acquis une pièce d'équipement en échange d'un effet ne portant pas intérêt d'une valeur nominale de 225 000 $. L'effet est remboursable en quatre versements égaux de 56 250 $ à compter du 31 décembre 20X4. Le taux d'intérêt en vigueur sur le marché pour un titre d'emprunt comportant un niveau de risque similaire est de 10 %.

18

a) Déterminez le prix de vente de la pièce d'équipement en question.

b) Passez l'écriture requise pour inscrire l'acquisition de cette pièce d'équipement.

c) Passez les écritures requises pour inscrire la charge annuelle d'intérêts et le remboursement annuel à la fin de chacun des quatre exercices concernés. (Vous devriez établir un tableau d'amortissement de la dette selon la méthode de l'intérêt réel.)

E 14. Un effet assorti d'un certain privilège

La société Privilégiée ltée reçoit 50 000 $ en argent d'un client, Alaise inc., en échange d'un effet portant intérêt à 3 % payable à la fin de chaque année et venant à échéance dans quatre ans. En contrepartie de ce taux de financement très avantageux, Privilégiée ltée consent à vendre 1 000 caisses de colorants alimentaires à ce client à un prix inférieur à celui du marché. Le taux d'intérêt en vigueur sur le marché pour un titre d'emprunt comportant un niveau de risque similaire est de 10 %.

a) Déterminez le montant de l'escompte applicable à l'effet à payer.

b) Passez les écritures requises pour inscrire l'emprunt initial et la charge annuelle d'intérêts au cours des quatre années couvertes par cet emprunt. Supposez que la société amortisse l'escompte d'émission de façon linéaire.

c) Au cours du premier exercice, Alaise inc. a acheté 300 caisses de colorants alimentaires chez Privilégiée ltée à un prix réduit de 65 $. Passez l'écriture requise pour inscrire la vente ainsi que tout autre produit d'exploitation, en conformité avec les réponses formulées en a) et en b).

E 15. Le désendettement de fait

Le 31 juillet 20X7, la société Defait ltée a émis 18 000 obligations rachetables d'une valeur nominale de 1 000 $ chacune, échéant le 31 juillet 20Y7. Les obligations comportent un taux d'intérêt annuel contractuel de 10 % et rapportent un taux de rendement de 12 %. Les intérêts sont payables semestriellement le 31 janvier et le 31 juillet. La société amortit l'escompte selon la méthode de l'intérêt réel.

En date du 31 juillet 20X9, ces obligations peuvent être rachetées à 104. À la même date, la société Defait ltée a acheté et déposé dans une fiducie irrévocable 18 000 000 $ d'obligations du gouvernement du Québec échéant le 31 juillet 20Y7, comportant un taux d'intérêt contractuel de 12 % et rapportant un taux de rendement de 16 %. Les intérêts sont payables semestriellement le 31 janvier et le 31 juillet. Les obligations d'État serviront à pourvoir au remboursement des intérêts et de la dette obligataire. La différence entre les intérêts reçus sur les obligations d'État (12 %) et les intérêts payés sur les obligations de la société Defait ltée (10 %) servira à payer les honoraires du fiduciaire.

a) Calculez le gain découlant du désendettement de fait en tenant pour acquis que l'opération est considérée comme une extinction de dette.

b) Calculez la perte qui aurait pu découler du rachat à 104 de la dette obligataire.

E 16. La restructuration d'une dette

Le 1er avril 20X3, la société Déprimay ltée doit 200 000 $ plus 20 000 $ d'intérêts courus à la société Financetourisk ltée. Il s'agit d'un effet portant intérêt à 10 % payable le 31 mars de chaque année et venant à échéance aujourd'hui même. Puisque la société Déprimée ltée éprouve de sérieuses difficultés financières qui pourraient l'obliger à fermer ses portes, la société Financetourisk ltée est prête à faire certaines concessions.

Pour chacune des situations suivantes prises isolément, passez l'écriture requise pour inscrire la restructuration de la dette à long terme.

a) Financetourisk ltée accepte de reporter la date d'échéance au 1er avril 20X5, à condition que Déprimée ltée paie aujourd'hui même les intérêts courus.

b) Financetourisk ltée renonce aux intérêts courus et reporte la date d'échéance de deux ans. De plus, le taux de financement est ramené à 4 %.

c) En règlement total de ses dettes, Déprimée ltée remet à Financetourisk ltée un terrain ayant une juste valeur de 205 000 $. Ce terrain avait coûté 175 000 $ il y a trois ans.

18

E 17. Les obligations à coupon zéro

Au début de l'exercice, la société Foresconte ltée a émis des obligations à coupon zéro d'une valeur nominale de 10 000 000 $ pour la somme de 3 855 430 $. Les obligations viennent à échéance dans 10 ans. La société utilise la méthode de l'intérêt réel.

Passez l'écriture de journal requise lors de l'émission de ces obligations et déterminez le montant de la charge annuelle d'intérêts des deux premiers exercices.

*E 18. Les obligations échéant en série

Le 2 janvier 20X5, Montray ltée a émis 500 000 $ d'obligations échéant en série. Les obligations, qui portent intérêt à 7 % payable à la fin de chaque année, seront remboursées par tranches de 100 000 $ à compter du 31 décembre 20X6. Les obligataires obtiendront un taux de rendement de 9 % sur ces obligations.

a) Déterminez le produit de l'émission de chaque série et celui de l'émission entière.
b) Dressez un tableau d'amortissement de l'escompte d'émission.
c) Passez l'écriture requise le 31 décembre 20X6 pour inscrire la charge annuelle d'intérêts et le remboursement de la première tranche d'obligations.

Problèmes de compréhension

P 1. La méthode de l'intérêt réel et la méthode de l'amortissement linéaire   (30 minutes – facile)

Le 1er janvier 20X1, la société Bligation ltée a émis 1 000 obligations d'une valeur nominale de 1 000 $ chacune. Ces obligations viennent à échéance dans trois ans et portent intérêt à 12 % payable à la fin de chaque année. Le taux de rendement en vigueur sur le marché était de 10 % à cette date, ce qui a permis à la société d'obtenir la somme de 1 049 740 $ lors de l'émission de ses obligations. La société évalue ses obligations au coût après amortissement.

Travail à faire

a) Dressez un tableau de l'amortissement de la prime d'émission.
b) Passez toutes les écritures relatives à cet emprunt obligataire concernant les deux premiers exercices.

P 2. Les frais d'émission et un remboursement anticipé   (40 minutes – facile)

Le 1er mai 20X1, la société G. Dufoin ltée a émis 200 obligations d'une valeur nominale de 1 000 $ chacune. Les obligations viennent à échéance dans cinq ans et portent intérêt au taux annuel de 8 % payable semestriellement à compter du 31 octobre 20X1. Le taux de rendement en vigueur sur le marché était de 10 % à cette date, et les frais d'émission des obligations se sont élevés à 5 000 $. La société évalue ses obligations au coût après amortissement et elle a choisi de passer immédiatement en charges ses frais d'émission. La société peut rembourser les obligations à 101 en tout temps, à compter du 1er mai 20X2.

Travail à faire

a) Déterminez le produit de l'émission de ces obligations.
b) Passez l'écriture relative à l'émission de ces obligations et dressez un bilan partiel immédiatement après l'émission.
c) Quels éléments liés à cette émission devront être inclus dans les résultats de la société pour l'exercice terminé le 31 décembre 20X1 ?
d) En supposant que 90 % des obligations soient remboursées et annulées le 1er mai 20X2, comment la société doit-elle présenter le remboursement dans ses états financiers ?
e) En supposant que 90 % des obligations soient remboursées mais non annulées le 1er mai 20X2, comment la société doit-elle présenter le remboursement dans ses états financiers ?

P 3. La méthode de l'intérêt réel et le remboursement anticipé

(60 minutes – moyen)

Le 1er mars 20X5, la société Jehu Liday ltée a émis 500 000 $ d'obligations portant intérêt à 16 % l'an et dont le rendement effectif est de 10 %. Les obligations sont datées du 1er janvier 20X5, et elles viendront à échéance le 1er janvier 20X8. Les intérêts sont payables semestriellement le 1er janvier et le 1er juillet. Le 1er septembre 20X7, Jehu Liday ltée rachète sur le marché libre 50 % des obligations en circulation à 98, plus les intérêts courus. L'exercice financier de la société se termine le 31 octobre. La société évalue ses obligations au coût après amortissement et n'effectue aucune écriture de contrepassation.

Travail à faire

a) Déterminez le produit de l'émission de ces obligations.
b) Passez les écritures requises aux dates suivantes : 1er mars 20X5, 1er juillet 20X5, 31 octobre 20X5, 1er janvier 20X6 et 1er septembre 20X7.
c) Indiquez les éléments liés à cette émission et au remboursement anticipé qui doivent être inclus dans les résultats de la société pour l'exercice terminé le 31 octobre 20X7.

P 4. L'émission d'obligations à prime ou à escompte

(40 minutes – moyen)

Le 31 août 20X5, un preneur ferme s'est porté acquéreur de 500 obligations. D'une valeur nominale de 1 000 $ chacune ces obligations viennent à échéance dans 20 ans et portent intérêt à 12 % l'an payable semestriellement le 28 février et le 31 août. Primesco ltée, société émettrice, amortit l'escompte ou la prime d'émission selon la méthode du taux d'intérêt effectif à chaque date de versement d'intérêt ainsi qu'à la fin de l'exercice, soit le 31 décembre. La société passe des écritures de contrepassation au début de chaque exercice.

Travail à faire

Passez les écritures pour inscrire l'émission des obligations, les intérêts courus le 31 décembre 20X5, le versement des intérêts le 28 février 20X6 et le 31 août 20X6, ainsi que les intérêts courus le 31 décembre 20X6 lorsque :

a) le taux de rendement effectif obtenu par les obligataires est de 14 % ;
b) le taux de rendement effectif obtenu par les obligataires est de 8 %.

P 5. L'émission d'obligations entre deux dates de paiement des intérêts

(40 minutes – moyen)

Le 31 octobre 20X2, la société Picsou ltée a émis 1 000 obligations. D'une valeur nominale de 1 000 $ chacune les obligations portent intérêt à 8 % l'an payable semestriellement le 30 juin et le 31 décembre. Elles sont datées du 1er janvier 20X2 et viennent à échéance dans trois ans. De plus, le taux de rendement annuel réel des obligations est de 9 %. L'exercice financier de Picsou ltée se termine le 28 février, et la société ne procède pas à des écritures de contrepassation au début de chaque exercice.

Travail à faire

a) Déterminez le produit de l'émission des obligations.
b) Passez les écritures pour inscrire l'émission des obligations, le versement des intérêts le 31 décembre 20X2, les intérêts courus le 28 février 20X3 et le versement des intérêts le 30 juin 20X3.
c) Dressez les états financiers partiels relatifs à l'exercice terminé le 28 février 20X3.

18

P 6. Le remboursement par anticipation

(70 minutes – moyen)

Voici trois situations n'ayant aucun lien.

1. Le 1ᵉʳ mai 20X0, alors que les investisseurs exigeaient un taux de rendement de 9,5 %, la société Passe-Lamontagne ltée a émis des obligations à 440 777 $, y compris les intérêts courus. Les obligations sont datées du 1ᵉʳ mars 20X0, ont une valeur nominale de 500 000 $ et portent intérêt à 8 % payable une fois l'an le 28 février. Elles viennent à échéance dans 20 ans. Les frais d'émission des obligations se sont élevés à 14 280 $ et ont été immédiatement passés en charges. Les obligations sont rachetables à 104 à compter du 1ᵉʳ mars 20X4. Si la société avait pu émettre les obligations le 1ᵉʳ mars 20X0, elle aurait obtenu la somme de 433 907 $. Le 1ᵉʳ mars 20X9, Passe-Lamontagne ltée a exercé son privilège de rachat et a annulé les obligations.
2. Reprenez l'énoncé de la situation **1**. Cette fois, au lieu d'exercer son privilège de rachat, la société émet à leur valeur nominale 540 000 $ de nouvelles obligations portant intérêt à 9 % payable une fois l'an et venant à échéance dans 10 ans. La société utilise le produit de cette émission pour rembourser les obligations en circulation décrites en **1**.
3. Après avoir versé les intérêts semestriels, la société Jenpeupu ltée a racheté sur le marché public des obligations dont la valeur nominale est de 400 000 $ pour la somme de 386 720 $. Ces obligations, d'une durée initiale de 20 ans, étaient en circulation depuis neuf ans et demi. À la date du rachat, le solde du compte Prime d'émission d'obligations est de 7 980 $.

Travail à faire

Sachant que toutes ces sociétés évaluent leurs obligations au coût après amortissement, passez l'écriture requise dans chaque cas pour inscrire le remboursement anticipé des obligations.

P 7. Le remboursement effectif
et le désendettement de fait

(50 minutes – moyen)

Le 1ᵉʳ janvier 20X0, la société Satanique ltée a émis à 106 des obligations datées du 1ᵉʳ janvier 20X0 ayant une valeur nominale de 500 000 $, portant intérêt à 6 % payable une fois l'an le 31 décembre et échéant dans 10 ans. Cette émission à prime permet aux obligataires de gagner un rendement sur leur investissement de 5,2 %. L'exercice financier de la société se termine le 31 décembre, et la société évalue ses obligations au coût après amortissement. Le 3 janvier 20X4, alors que les obligations se transigent sur le marché à un niveau tel que le rendement des investisseurs est de 12 %, la société décide de mettre un terme à cette dette obligataire.

Travail à faire

Pour chacun des cas présentés ci-dessous, passez l'écriture requise pour inscrire le remboursement anticipé et l'annulation des obligations.

a) La société émet des obligations à coupon zéro dont la valeur à l'échéance dans sept ans est de 600 000 $. Les investisseurs exigent un rendement de 15 %. La société a utilisé le produit de cette émission et une certaine somme d'argent pour rembourser les obligations en circulation.
b) La société procède au rachat des obligations sur le marché public.
c) La société achète et dépose dans une fiducie irrévocable 500 000 $ d'obligations du gouvernement du Québec venant à échéance dans sept ans, comportant un taux contractuel de 12 % et un rendement effectif de 15 %.

P 8. Les obligations convertibles

(55 minutes – difficile)

Le 1ᵉʳ janvier 20X3, la société Convertex ltée a émis à 394 837 $ des obligations convertibles ayant une valeur nominale de 400 000 $, portant intérêt à 9 % payable une fois l'an le 31 décembre et échéant dans cinq ans. Cette émission à escompte permet aux obligataires d'obtenir un rendement de 10 %. En vertu du privilège de conversion, pour chaque 1 000 $ d'obligations converties, le détenteur recevra 40 actions ordinaires sans valeur nominale. Le privilège de conversion ne pourra toutefois être exercé qu'à compter du 1ᵉʳ janvier 20X4.

18

Le fait que les obligations soient convertibles a permis à la société d'obtenir 10 000 $ de plus lors de cette émission. Ce montant est inclus dans le produit de l'émission de 394 837 $. L'exercice financier se termine le 31 décembre.

Lors de sa réunion du 21 décembre 20X4, le conseil d'administration a résolu d'offrir aux obligataires la possibilité d'augmenter de 25 % le ratio de conversion au cours de la première semaine de janvier 20X5 seulement. Un nombre important d'obligations (80 % au total) ont été converties le dernier jour de l'offre, soit le 8 janvier 20X5, alors que l'action ordinaire de la société se transigeait à 21,75 $ sur le marché. À cette date, la société Convertex ltée aurait pu émettre au pair des obligations non convertibles échéant dans trois ans et portant intérêt au taux annuel de 8 % payable un fois l'an. Toutes les autres obligations ont été converties le 3 janvier 20X6, alors que l'action ordinaire de la société se transigeait à 28,75 $ sur le marché.

Travail à faire

a) Passez les écritures requises pour comptabiliser la charge annuelle d'intérêts au cours des deux premiers exercices et les conversions survenues le 8 janvier 20X5 et le 3 janvier 20X6.

b) Dressez un bilan partiel comparatif au 31 décembre 20X6 portant exclusivement sur les obligations et les actions ordinaires mentionnées en a).

c) En tenant pour acquis que la dernière conversion a eu lieu le 30 juin 20X6 plutôt que le 3 janvier 20X6, que le cours de l'action ordinaire le 30 juin 20X6 était de 30 $ et que les obligataires n'ont touché aucun intérêt à la date de la conversion, passez les écritures de journal requises le 30 juin 20X6.

P 9. Les obligations assorties de bons de souscription   (45 minutes – moyen)

Le 1er janvier 20X0, la société Souscribond ltée a émis des obligations à 546 229 $. Les obligations ont une valeur nominale de 500 000 $, portent intérêt à 10 % l'an payable le 31 décembre et viennent à échéance dans cinq ans. Cette émission à prime permet aux obligataires d'obtenir un rendement de 9 %. Chaque obligation, d'une valeur nominale de 1 000 $, est assortie de 15 bons de souscription. Chaque bon donne droit à l'achat d'une action ordinaire sans valeur nominale au prix de 28 $. Immédiatement après leur émission, les bons de souscription se transigeaient à 2,50 $ chacun. Des obligations de Souscribond ltée ayant les mêmes caractéristiques, mais sans bons de souscription, auraient pu être émises à 101.

Travail à faire

a) Passez une écriture pour enregistrer l'émission des obligations, en tenant pour acquis que le prix d'émission doit être réparti proportionnellement entre les obligations et les bons de souscription, compte tenu de leur juste valeur respective.

b) Passez une écriture pour comptabiliser l'exercice des droits que confère l'ensemble des bons de souscription au prix stipulé à l'avance, lorsque l'action ordinaire se transige à 35 $.

c) En supposant que la société de placement Groupex ltée ait acheté toutes les obligations de Souscribond ltée, passez les écritures requises dans les livres de la société de placement lors de l'émission des obligations et lors de l'exercice des droits que confèrent les bons de souscription.

P 10. Les effets à long terme   (55 minutes – difficile)

Voici quatre situations n'ayant aucun lien.

1. La société Fermbec ltée a acquis un tracteur en échange d'un effet de 65 000 $ échéant dans trois ans et portant intérêt à 8 % payable à la fin de chaque année. Le taux d'intérêt courant en vigueur sur le marché pour un titre d'emprunt comportant un niveau de risque similaire est de 8 %.

2. La société Grainexpert ltée a acquis un silo d'une juste valeur de 79 383 $ en échange d'un effet de 100 000 $. Cet effet, échéant dans trois ans, porte intérêt à 6 % payable à la fin de chaque année. Le taux d'intérêt effectif est établi à 15 %.

18

3. Le 1ᵉʳ janvier 20X7, la société Sanzintérais ltée a acquis un équipement en échange d'un effet de 150 000 $ ne portant aucun intérêt. Cet effet est remboursable en trois versements annuels égaux de 50 000 $ à compter du 1ᵉʳ janvier 20X8. Bien que la juste valeur de l'équipement soit inférieure à 150 000 $, Sanzintérais ltée est satisfaite de l'opération, car elle aurait normalement dû emprunter la somme requise à un taux de 12 % pour effectuer cet achat.

4. En échange d'un effet portant intérêt à 5 % payable à la fin de chaque année et venant à échéance dans quatre ans, la société Comblée ltée reçoit 100 000 $ en argent de la part d'un client, Futée inc. En contrepartie de ce taux de financement très intéressant, Comblée ltée consent à vendre 700 robots culinaires à ce client à un prix inférieur à celui du marché. Le taux d'intérêt en vigueur sur le marché pour un titre d'emprunt comportant un niveau de risque similaire est de 12 %.

Travail à faire

Passez les écritures requises pour inscrire les opérations décrites et la charge d'intérêts du premier exercice, sachant que ces entreprises utilisent la méthode de l'intérêt réel.

P 11. La restructuration d'une dette à long terme *(30 minutes – difficile)*

Au début de la vingt-cinquième année d'exploitation de la société Dynamique ltée, soit le 1ᵉʳ septembre 20X3, le bilan de cette société renferme un effet à payer de 162 500 $ portant intérêt à 10 % payable le 31 août de chaque année et venant à échéance le 1ᵉʳ octobre 20X3. Puisque la société Dynamique ltée éprouve de sérieuses difficultés financières qui pourraient l'obliger à fermer ses portes, la société de crédit Prêtatout ltée envisage de restructurer la dette de la façon suivante :

1. Dynamique ltée devrait transférer immédiatement à Prêtatout ltée un placement à long terme en actions de la société Spéculative inc., en règlement de 95 000 $ de la dette. Ce placement acquis au coût de 20 000 $ figure aux livres à 75 000 $, tandis que sa juste valeur est de 80 000 $.

2. Dynamique ltée devrait aussi transférer immédiatement, et sans recours à Prêtatout ltée, 37 500 $ de ses comptes clients, en règlement de 42 500 $ de la dette. Il existe dans les comptes de la société une provision pour créances douteuses de 2 500 $ à l'égard des comptes transférés, ce qui signifie que leur valeur nette comptable n'est que de 35 000 $.

3. Dynamique ltée devrait rembourser le solde du principal de la dette de 25 000 $ (162 500 $ – 95 000 $ – 42 500 $) le 1ᵉʳ septembre 20X8. De plus, Dynamique devrait verser un intérêt annuel de 10 % sur ce solde de 25 000 $ à compter du 1ᵉʳ septembre 20X4.

Travail à faire

Supposez que la société Dynamique ltée accepte les conditions de la restructuration proposée par Prêtatout ltée et procède au transfert des éléments d'actif en date du 1ᵉʳ septembre 20X3. Passez l'écriture ou les écritures requises pour inscrire cette opération dans les livres des deux sociétés en tenant pour acquis que toutes deux considèrent l'opération comme une extinction de dette partielle. Vous devez justifier tous les chiffres inscrits dans votre écriture ou vos écritures.

P 12. Le refinancement d'une dette à long terme *(35 minutes – difficile)*

La société G ltée a deux émissions d'obligations en circulation. En voici les détails :

1. Le 1ᵉʳ mars 20X7, 10 000 000 $ d'obligations à 8 % l'an ont été émises à leur valeur nominale pour une durée de 20 ans. Ces obligations sont assorties de bons de souscription qui permettent, pour chaque obligation d'une valeur nominale de 1 000 $, d'acheter deux actions ordinaires à 30 $ chacune au cours de la période de 20 ans. La valeur nominale des actions ordinaires est de 5 $, et leur cours est actuellement de 25 $. Les bons de souscription ont une valeur spéculative, car il est probable que la juste valeur des actions ordinaires dépassera 30 $ avant que les obligations ne viennent à échéance. Immédiatement après l'émission, les bons de souscription se transigeaient en Bourse au prix de 3 $ chacun. Le produit net des obligations a été de 9 929 200 $, plus les intérêts courus. Les intérêts sont payables semestriellement le 30 juin et le 31 décembre.

18

2. Le 1er mars 20Y0, 1 000 000 $ d'obligations à 10 % ont été émises à 96 pour une durée de 20 ans. Cinq ans après leur émission, ces obligations seront remboursables à 110 au gré de G ltée à n'importe quelle date de paiement d'intérêts moyennant un préavis de 30 jours. Le produit net des obligations a été de 932 000 $ après paiement des frais d'émission s'élevant à 10 000 $ et d'une commission de 18 000 $ au preneur ferme.

De plus, au début de 20Y5, la société G ltée se voit offrir la possibilité d'emprunter 1 000 000 $ à 8 % l'an pendant neuf ans en lançant une nouvelle émission d'obligations. Les frais d'émission s'élèvent à 7 000 $, et l'escompte d'émission est de 10 000 $. G ltée se demande s'il serait bon d'accepter cette offre, qui prendrait effet le 1er mars 20Y5, afin de refinancer les obligations émises cinq ans auparavant. Au début de 20Y5, le solde des comptes Escompte d'émission d'obligations et Frais d'émission d'obligations reportés s'élèvent respectivement à 30 000 $ et 21 000 $.

Travail à faire

a) Décrivez de quelle façon les titres émis le 1er mars 20X7 ont été comptabilisés. Expliquez également en quoi votre réponse serait différente si les obligations avaient été émises avec un privilège de conversion au lieu d'avoir été assorties de bons de souscription.

b) Calculez le gain ou la perte monétaire résultant du refinancement envisagé (ne tenez pas compte de l'impôt sur le bénéfice).

* **P 13.** Les obligations échéant en série   (25 minutes – facile)

Le 2 janvier 20X3, la société Cérie ltée a émis 800 000 $ d'obligations échéant en série. Les obligations, qui portent intérêt à 9 % payable à la fin de chaque année, seront remboursées par tranches de 200 000 $ à compter du 31 décembre 20X3. Les obligataires obtiendront un taux de rendement de 10 % sur ces obligations.

Travail à faire

a) Déterminez le produit de cette émission d'obligations échéant en série.

b) Établissez un tableau d'amortissement de l'escompte ou de la prime d'émission d'obligations pour toute la durée de l'émission.

c) Passez les écritures relatives à ces obligations au cours de la première année.

* **P 14.** Les obligations échéant en série   (35 minutes – moyen)

Le 2 janvier 20X0, la société Abracadabra ltée a émis 1 000 000 $ d'obligations échéant en série. Les obligataires obtiendront un rendement de 10 % sur ces obligations qui portent intérêt à 12 % payable à la fin de chaque année et qui seront remboursées selon l'échéancier suivant :

Échéance *(31 décembre)*	*Montant*
20X1	100 000 $
20X2	150 000
20X3	200 000
20X4	250 000
20X5	300 000

Travail à faire

a) Déterminez le produit de l'émission de ces obligations échéant en série.

b) Dressez un tableau d'amortissement de la prime d'émission d'obligations pour toute la durée de l'émission.

c) Compte tenu du tableau d'amortissement établi en *b)*, passez les écritures requises pour inscrire les opérations relatives aux obligations émises en série au cours des deux premières années.

18

Analyses de cas

C 1. Les débentures convertibles

(30 minutes – facile)

La société Décapotable ltée a émis récemment 1 000 débentures à 97, ayant une valeur nominale de 1 000 $, portant intérêt à 15 % et échéant dans 30 ans. Les débentures sont remboursables par anticipation à 103 au gré de la société émettrice, à compter de la onzième année et moyennant un préavis de 30 jours. Les débentures sont aussi convertibles en actions ordinaires ayant une valeur nominale de 10 $, à raison de 80 actions contre une débenture de 1 000 $.

Travail à faire

a) Expliquez les avantages qu'offrent, pour la société émettrice et pour l'investisseur, les débentures émises avec un privilège de conversion.

b) Lors de la comptabilisation de l'émission des débentures, les dirigeants de la société ont suggéré d'attribuer une partie du produit de l'émission au privilège de conversion. Qu'en pensez-vous ?

c) Supposez qu'une valeur de 30 000 $ ait été attribuée au privilège de conversion lors de l'émission des débentures. Supposez également que, cinq ans après la date de l'émission, à une date de paiement des intérêts, des débentures ayant une valeur nominale et une valeur comptable respectives de 200 000 $ et 190 000 $ soient converties alors que le cours de l'action ordinaire est de 14 $. Que pensez-vous de l'écriture suivante passée par le comptable de la société ?

Emprunt obligataire	*200 000*	
Surplus d'apport – Privilège de conversion	*6 000*	
Escompte d'émission d'obligations		*10 000*
Actions ordinaires (valeur nominale de 10 $)		*160 000*
Prime à l'émission d'actions ordinaires		*36 000*

d) Supposez maintenant que, 10 ans après l'émission de ces débentures, la Direction de Décapotable ltée veuille inciter les détenteurs à convertir leurs débentures. Pour ce faire, elle envisage d'accroître le ratio de conversion de 25 %. L'un des dirigeants, M. Jesais Toux, estime que dans la mesure où cette mesure incitative ne modifie ni l'encaisse ni les autres éléments d'actif, il n'y a pas lieu de reconnaître une charge afférente à l'incitation à la conversion. Que pensez-vous de cette affirmation ?

C 2. La détermination de la valeur des obligations

(30 minutes – moyen)

Le 1er janvier 20X1, la société Tudoitrau ltée a émis 400 obligations ayant une valeur nominale de 1 000 $ pour un montant de 274 813 $. Les obligations portent intérêt à 10 % payable à la fin de chaque année et viennent à échéance dans 20 ans. Voici trois façons de présenter la dette à long terme à la date de l'émission :

Emprunt obligataire (valeur à l'échéance)	*400 000 $*
Moins : Escompte d'émission d'obligations	*125 187*
Emprunt obligataire total	*274 813 $*

ou

Emprunt obligataire – Principal (valeur nominale de 400 000 $ venant à échéance le 1er janvier 20Z1)	*24 440 $ **
Emprunt obligataire – Intérêts (versements annuels de 40 000 $)	*250 373 ***
Emprunt obligataire total	*274 813 $*

* Valeur actualisée de 400 000 $ qui sera reçue dans 20 ans à un taux d'actualisation de 15 % (*voir* table 2, page A1.9 du manuel).

** Valeur actualisée de 20 versements périodiques de 40 000 $ à un taux d'actualisation de 15 % (*voir* table 4, page A1.15 du manuel).

ou

Emprunt obligataire – Principal (échéant le 1er janvier 20Z1)	*400 000 $*
Emprunt obligataire – Intérêts (40 000 $ par année pendant 20 ans)	*800 000*
Emprunt obligataire total	*1 200 000 $*

18

Travail à faire

a) Portez un jugement sur chacune de ces façons de présenter la dette obligataire au bilan à la date de l'émission.

b) Expliquez les raisons qui motivent les investisseurs à ne payer que 274 813 $ pour cette émission d'obligations d'une valeur de 400 000 $ à l'échéance.

c) Afin de déterminer la valeur comptable des obligations à n'importe quelle date au cours de leur durée, on doit utiliser un taux d'actualisation. Portez un jugement sur la pertinence d'utiliser :
   i) le taux contractuel ou le taux nominal ;
   ii) le taux effectif ou le taux de rendement à la date de l'émission.

d) Si la société Tudoitrau ltée avait désigné ses obligations comme étant des passifs financiers détenus à des fins de transaction, de quelle façon cette dernière aurait-elle dû présenter la dette obligataire au bilan à la date de l'émission ? De quelle façon l'évaluation des obligations à une date ultérieure à la date d'émission serait-elle modifiée par une variation du taux d'intérêt en vigueur sur le marché ?

C 3. Les nouveaux instruments financiers   (30 minutes – difficile)

La société Innovatrice ltée exerce ses activités dans le monde entier. Elle évolue dans le domaine de l'informatique et se spécialise dans la conception et la vente d'ordinateurs et de logiciels. La société envisage diverses options pour obtenir 15 millions de dollars. Néanmoins, les dirigeants de la société ont clairement indiqué que ce financement devait se faire au moyen d'une dette à long terme car, compte tenu de ce nouveau financement externe, le ratio d'endettement de la société n'atteindrait que 40 %. Lors de la prochaine séance du conseil d'administration, les administrateurs devront donc choisir parmi les cinq instruments financiers suivants, sachant que les investisseurs exigent un taux de rendement de 10 % :

1. Une émission de 15 000 000 $ d'obligations à taux variable échéant dans 20 ans. Plusieurs indicateurs économiques laissent croire que le taux d'intérêt sur le marché devrait chuter sous la barre des 10 %.

2. Une émission de 15 000 000 $ d'obligations portant un taux d'intérêt fixe de 10 %. La société estime que, si le taux d'intérêt devait chuter sous la barre des 10 %, elle pourrait le jour même négocier un swap visant à échanger le taux d'intérêt fixe contre un taux variable.

3. Une émission de 3 000 obligations d'une valeur nominale de 5 000 $ ne portant pas intérêt et pouvant être remboursées en nature dans cinq ans. Pour chaque obligation, les obligataires recevront à l'échéance, à leur discrétion, 5 000 $ ou le tout dernier modèle d'ordinateur.

4. Une émission de 15 000 000 $ d'obligations à coupon zéro échéant dans 20 ans.

Travail à faire

Jouez le rôle d'un consultant indépendant et rédigez un rapport à l'attention des membres du conseil d'administration dans lequel vous présenterez une analyse des problèmes comptables inhérents à chacun des cinq instruments financiers disponibles. Votre rapport doit comporter, s'il y a possibilité, une estimation du produit de l'émission des obligations envisagées et de leur valeur à l'échéance.

C 4. Une intégration des sujets Immobilisations,
Dette à long terme et Capital-actions   (75 minutes – difficile)

La société Intégrée ltée fabrique des articles de sport. Devant la demande grandissante du marché pour ce type de produit, l'entreprise a décidé de prendre de l'expansion. La première phase de ce projet d'expansion consiste à acheter un terrain et un bâtiment. Tandis qu'un évaluateur agréé évalue la juste valeur des deux biens à 1 000 000 $, l'évaluation municipale indique une valeur de 179 200 $ pour le terrain et de 520 800 $ pour le bâtiment. Intégrée ltée signe le contrat d'achat le 1er mars 20X0. Les frais suivants ont été engagés :

Frais juridiques relatifs à la recherche des titres, à l'acte notarié et au transfert des titres de propriété	*2 500 $*
Frais d'arpentage et de certificat de localisation	*700*
Réparations initiales du bâtiment pour qu'il puisse répondre aux besoins de la société (prévues lors de l'achat).	*52 820*

18

Le contrôleur de la société estime qu'aucun facteur d'ordre économique ne devrait limiter la durée d'utilisation du bâtiment dont il prévoit une usure normale et uniforme sur une période de 20 ans.

L'acquisition de ces deux éléments d'actif est financée de la façon suivante :

1. Intégrée ltée émet 500 obligations d'une valeur nominale de 1 000 $ chacune portant intérêt à 10 %. L'intérêt est payable le 31 décembre de chaque année. Au 1er mars 20X0, date de la vente des obligations, le taux du marché est de 8 %. Les frais connexes à l'émission sont de 0,5 % de la valeur nominale. Les obligations viennent à échéance le 31 décembre 20X9.
2. Intégrée ltée émet aussi le même jour 5 000 actions de catégorie A et 4 000 actions de catégorie B. Les actions de la catégorie B se transigent actuellement au prix de 50 $ chacune.

Quelques jours avant ces opérations, le capital-actions émis était de 20 000 actions de catégorie A pour un total de 450 000 $. Le capital-actions autorisé est le suivant :

Catégorie A, avec droit de vote et participantes. Nombre illimité d'actions.
Catégorie B, avec droit de vote, dividende cumulatif de 3 $, non participantes. Nombre illimité d'actions.

Le 15 novembre 20X0, Intégrée ltée déclare un dividende en espèces de 15 000 $ à l'ensemble des actionnaires et un dividende de 5 % en actions aux détenteurs d'actions de catégorie A seulement. Les dividendes seront payables le 15 décembre aux actionnaires inscrits le 30 novembre. Le 15 novembre, le cours des actions de la catégorie A est de 70 $ et celui des actions de la catégorie B, de 60 $.

L'exercice financier de la société se termine le 31 décembre. La société évalue ses obligations au coût après amortissement et comptabilise en charges les frais d'émission d'obligations.

Travail à faire

a) Quelle méthode d'amortissement du coût du bâtiment recommanderiez-vous ? Pourquoi ?
b) Passez toutes les écritures requises pour inscrire les opérations survenues entre le 1er mars et le 31 décembre 20X0.
c) Dressez un tableau illustrant le montant des dividendes payés pour chaque catégorie d'actions.
d) Supposez que les obligations soient rachetées à 105 le 1er janvier 20X5 et passez l'écriture requise à cette date.

18

Les contrats de location

Remarque : les questions de révision, les exercices, les problèmes de compréhension et les analyses de cas précédés d'un astérisque (*) se rapportent aux sujets traités en annexe dans le manuel.

Questions de révision

1. Qu'est-ce qu'un contrat de location?

2. Le président d'une importante société québécoise affirme que son entreprise préfère dans la plupart des cas louer plutôt qu'acheter. Selon vous, comment peut-on justifier l'enthousiasme de ce président pour la location?

3. Voici une liste d'expressions fréquemment utilisées dans les contrats de location. Donnez une brève définition de chacune de ces expressions.

   a) Frais accessoires
   b) Option d'achat à prix de faveur
   c) Valeur résiduelle garantie
   d) Valeur résiduelle non garantie
   e) Taux d'intérêt implicite du bail
   f) Taux d'intérêt marginal du preneur

4. Au cours d'une conférence donnée devant des représentants du milieu des affaires, un des membres du Conseil des normes comptables (C.N.C.) a affirmé que les recommandations du *Manuel de l'I.C.C.A.* en matière de comptabilisation des contrats de location étaient fondées non pas sur la forme, mais sur la substance réelle de l'opération. Que voulait-il dire exactement?

5. Lors de l'analyse d'un contrat de location, certaines conditions doivent être remplies pour que l'on puisse classer et comptabiliser le bail autrement que comme une location-exploitation. Quelles sont ces conditions pour le preneur et pour le bailleur?

6. En quoi la présence d'une option d'achat à prix de faveur influe-t-elle sur la composition des paiements minimaux exigibles pour le preneur?

7. Du point de vue du preneur, décrivez brièvement le cheminement critique de la comptabilisation d'un contrat de location-acquisition.

8. Du point de vue du bailleur, décrivez brièvement le cheminement critique de la comptabilisation d'un contrat:

   a) de location-financement;
   b) de location-vente.

9. Dites de quelle façon le preneur et le bailleur doivent comptabiliser un contrat de location-exploitation.

10. Dans un contrat de location-acquisition, de quelle façon le preneur détermine-t-il le montant de l'élément d'actif et de l'obligation correspondante?

11. De quelle façon le preneur doit-il amortir un bien loué si la durée du bail est différente de la durée économique du bien loué ?

12. Il arrive fréquemment que le preneur accepte de garantir une partie ou la totalité de la valeur résiduelle d'un bien loué au terme du bail.

  a) Dites pourquoi le bailleur exige une telle garantie.
  b) Décrivez l'effet d'une valeur résiduelle garantie sur la comptabilisation d'un contrat de location-acquisition.
  c) Que doit-on inscrire dans les livres comptables du preneur, à l'expiration du bail, lorsque le prix de vente du bien diffère de la valeur résiduelle garantie ?
  d) Est-il nécessaire, pour le preneur et pour le bailleur, de réviser périodiquement toute valeur résiduelle garantie ou non garantie ?

13. Du point de vue du bailleur, quelle est l'incidence d'une valeur résiduelle garantie ou non garantie sur la comptabilisation d'un contrat de location ?

14. Pourquoi est-il justifié de tenir compte de toute valeur résiduelle non garantie dans la détermination des produits financiers reportés ?

15. De quelle façon le bailleur doit-il comptabiliser les frais initiaux directs engagés en vertu d'un contrat : *a)* de location-financement ? *b)* de location-vente ? et *c)* de location-exploitation ?

16. Quels sont les renseignements requis dans les états financiers du preneur relativement aux divers types de contrats de location ?

17. Quels sont les renseignements requis dans les états financiers du bailleur relativement aux divers types de contrats de location ?

18. Lors de l'établissement des états financiers, de quelle façon le bailleur doit-il tenir compte de la dépréciation de l'investissement net dans un contrat de location-financement ou de location-vente ?

19. Une entreprise qui possède des biens loués en vertu de contrats de location-exploitation peut résoudre ses problèmes de liquidité en ayant recours à la participation d'un tiers ou encore par une opération de cession-bail. Décrivez brièvement l'incidence sur le traitement comptable :

  a) de la participation d'un tiers ;
  b) d'une opération de cession-bail.

20. La location d'un terrain bâti exige une analyse particulière. Qu'en est-il exactement ?

21. Lors de la rédaction d'un contrat de location, que faut-il faire pour éviter qu'il soit capitalisable dans les livres comptables du preneur ?

22. Donnez deux exemples de situations où un bien loué pourrait être inscrit à la fois dans l'actif du preneur et l'actif du bailleur.

23. De quelle façon le bailleur et le preneur doivent-ils comptabiliser les loyers conditionnels relatifs à un contrat de location ?

24. Décrivez brièvement la nature de la controverse entourant la comptabilisation d'un contrat de location-vente lorsqu'il existe une valeur résiduelle non garantie.

25. De quelle façon doit-on tenir compte d'un contrat de location-exploitation renégocié ?

*26. De quelle façon doit-on tenir compte des coûts afférents à un bien loué qui ne présente plus d'utilité pour le preneur ?

*27. Le preneur doit-il tenir compte de la valeur résiduelle qu'il a garantie en vertu d'un contrat de location-exploitation ?

*28. « La comptabilisation des baux adossés soulève une problématique particulière ! » Qu'en est-il exactement ?

*29. Lors d'une opération de cession-bail, si le volet « reprise à bail » correspond à un contrat de location-exploitation et que le preneur a accepté de garantir la valeur résiduelle estimative, quels sont les incidences d'une telle décision pour le preneur ?

*30. Il est de plus en plus fréquent qu'un fabricant garantisse par contrat à l'acheteur qu'il recevra une valeur de revente minimale lors de la cession du bien en cause, sous réserve du respect de certaines conditions. De quelle façon le fabricant doit-il constater une telle opération de vente ?

Exercices

E 1. Choix multiples

Pour chacune des questions suivantes, choisissez la réponse qui convient le mieux.

1. En vertu d'un contrat de location-acquisition, la valeur attribuée au bien loué est égale :
   a) à la juste valeur du bien loué à la date d'entrée en vigueur du bail ;
   b) à la somme des paiements minimaux exigibles à verser au bailleur ;
   c) à la valeur actualisée des paiements minimaux exigibles, abstraction faite des frais accessoires ;
   d) au moindre de *a)* et *c)*.

2. En vertu d'un contrat de location-acquisition, les trois éléments que le preneur doit passer en charges annuellement sont :
   a) les frais de financement, les frais accessoires et les loyers ;
   b) l'amortissement, les frais accessoires et les loyers ;
   c) les loyers, les frais de financement et l'amortissement ;
   d) les frais de financement, l'amortissement et les frais accessoires ;
   e) l'amortissement, les loyers et les frais de financement.

3. En vertu d'un contrat de location-exploitation, le preneur comptabilise chaque versement mensuel :
   a) à titre de réduction de l'obligation découlant du contrat de location ;
   b) en partie à titre de réduction de l'obligation découlant du contrat de location et en partie à titre de frais de financement ;
   c) à titre de charge locative.

4. En vertu d'un contrat de location-vente, les frais initiaux directs doivent être :
   a) reportés et amortis sur la durée du bail ;
   b) imputés aux résultats, et un produit de financement équivalent doit être constaté ;
   c) imputés aux résultats à titre de frais de vente.

5. L'excédent de la juste valeur d'un bien loué sur sa valeur comptable doit être comptabilisé par le bailleur à titre de produit d'exploitation :
   a) à la date d'entrée en vigueur du bail ;
   b) pendant toute la durée du bail selon la méthode de l'intérêt réel ;
   c) pendant toute la durée du bail selon une méthode d'amortissement permettant de dégager un taux de rendement constant ;
   d) à la date d'expiration du bail seulement.

6. En vertu d'un contrat de location-financement, la différence entre le total des paiements minimums exigibles plus toute valeur résiduelle non garantie et la valeur actualisée de ces deux éléments doit être comptabilisée à titre de produit d'exploitation :
   a) à la date d'entrée en vigueur du bail ;
   b) pendant toute la durée du bail selon la méthode de l'intérêt réel ;
   c) à la date d'expiration du bail seulement.

19

E 2. L'analyse des dispositions contractuelles de plusieurs baux

Le classement et la comptabilisation des contrats de location dépendent en grande partie de l'analyse des dispositions du bail. Compte tenu des dispositions de chacun des baux suivants pris isolément, dites lesquels doivent être comptabilisés par le bailleur à titre de location-financement, de location-vente et de location-exploitation.

Bail	Transfert du titre de propriété à l'expiration du bail	Option d'achat à prix de faveur	Recouvrement des loyers sans aucun risque	Coûts non remboursables estimables avec précision	Différence entre la juste valeur et la valeur comptable
1	Non	Oui	Oui	Oui	Non
2	Oui	Non	Oui	Oui	Non
3	Oui	Non	Oui	Non	Oui
4	Oui	Non	Non	Oui	Non
5	Non	Oui	Oui	Oui	Oui

E 3. La détermination du loyer annuel de fin de période pour le preneur

Vous trouverez ci-dessous les dispositions concernant trois contrats de location différents qui entrent en vigueur le 1er janvier. Pour chacun de ces contrats, déterminez le montant du loyer annuel que devra verser le preneur à la fin de chaque année.

	Ball A	Bail B	Bail C
Durée du bail	3 ans	4 ans	5 ans
Juste valeur du bien loué	45 000 $	100 000 $	75 000 $
Coût du bien loué pour le bailleur	45 000	80 000	60 000
Frais initiaux directs			1 000
Valeur résiduelle			
Garantie			5 000
Non garantie			3 000
Taux de rendement exigé sur le bail	10 %	12 %	15 %

E 4. La comptabilisation d'un contrat de location-acquisition

Le 2 janvier 20X1, Autocars Dugré ltée (ADL) a loué un autobus en vertu d'un contrat de location non résiliable, moyennant le versement d'un loyer annuel de 72 000 $ pendant cinq ans à compter de la date de signature du bail. Le 2 janvier 20Y6, ADL deviendra propriétaire de l'autobus loué. La durée économique de l'autobus prévue est de 10 ans, et on estime que sa valeur résiduelle sera nulle. Le taux d'intérêt implicite du bail est de 10 %, tandis que ADL peut obtenir un financement supplémentaire à la banque au taux de 12 %. ADL utilise la méthode de l'amortissement linéaire pour tous ses véhicules.

On vous demande de calculer 1) le montant de l'élément d'actif à la date de la signature du bail ; 2) les frais de financement du premier exercice ; 3) la valeur nette comptable à la fin du premier exercice ; et 4) la tranche échéant à court terme de l'obligation découlant du contrat de location-acquisition à la fin du deuxième exercice.

E 5. Une option d'achat à prix de faveur

Les principales dispositions du contrat de location intervenu entre Grangalo ltée et Petitrot inc. sont les suivantes :

Juste valeur de l'équipement loué	75 000 $
Coût de l'équipement pour Grangalo ltée	75 000 $
Durée du bail non résiliable	20 ans
Loyer annuel payable en fin d'exercice seulement	22 152 $
Option d'achat à prix de faveur (pouvant être exercée au début de la cinquième année)	7 000 $
Taux d'intérêt implicite du bail (égal au taux d'intérêt marginal)	10 %

19

Sachant que Petitrot inc. a comptabilisé le bail à titre de location-acquisition, dressez le tableau d'amortissement de la dette relative à un équipement loué et passez toutes les écritures de journal requises au cours du premier exercice.

E 6. Le taux d'intérêt implicite du bail

La société Cinéparc ltée vend et loue des équipements de projection de films de même que des écrans géants. Le prix de vente d'un ensemble de deux écrans géants est de 30 415,61 $. Lors d'une location, le preneur doit signer un bail non résiliable de 10 ans et effectuer une série de 10 versements annuels égaux de 4 500 $ à compter de la date de la signature du bail. Le bail prévoit aussi que le preneur obtiendra le droit de propriété des écrans au terme du bail.

Calculez le taux d'intérêt implicite du bail.

E 7. L'analyse des dispositions d'un contrat de location pour le preneur

Le 1er août 20X1, la société Location Bergeron ltée (LBL) a acquis un équipement d'une valeur de 74 000 $ à la demande expresse de la société Réusiné inc. (RI). Le même jour, LBL a conclu un contrat de location avec RI dans lequel il est prévu que l'équipement sera loué pour une période de quatre ans, après quoi sa valeur résiduelle sera nulle. LBL est assuré de recouvrer le loyer de RI et ne prévoit pas devoir engager de frais supplémentaires non remboursables sur le bien loué à RI. De son côté, RI s'est engagée à verser le montant du loyer (20 955,49 $) le 1er août de chaque année, et ce, à compter du 1er août 20X1. De plus, le contrat prévoit que RI devra payer directement les frais d'assurance et d'entretien de l'équipement loué. La société LBL a informé RI que le taux de rendement exigé selon les conditions du contrat est de 9 %, tandis que RI peut obtenir du financement d'une institution bancaire à 10 %. L'exercice financier des deux entreprises se termine le 31 juillet.

Travail à faire

a) De quelle façon la société RI doit-elle classer ce bail ? Justifiez le choix du taux d'intérêt.
b) Dressez, pour la société RI, le tableau d'amortissement de la dette relative à un équipement loué.
c) Passez toutes les écritures de journal requises pour les deux premiers exercices dans les livres comptables de RI, sachant que l'entreprise n'effectue pas d'écritures de réouverture.

E 8. L'analyse des dispositions d'un contrat de location pour le bailleur

À l'aide des renseignements de l'exercice précédent, poursuivez votre analyse des dispositions du contrat de location intervenu entre la société Location Bergeron ltée (LBL) et Réusiné inc. (RI).

Travail à faire

a) De quelle façon la société LBL doit-elle classer ce bail ?
b) Dressez, pour la société LBL, le tableau d'amortissement de l'investissement net relatif à un contrat de location.
c) Passez toutes les écritures de journal requises pour les deux premiers exercices dans les livres comptables de LBL, sachant que l'entreprise effectue des écritures de réouverture.

E 9. La valeur résiduelle garantie

Le 1er avril 20X4, Transport Canada et la Société de financement Untel (SFU) ont signé un bail portant sur la location d'un aéroglisseur d'une valeur de 650 000 $. Le contrat de location prévoit le versement d'un loyer annuel de 255 887,35 $ à compter du 1er avril 20X5. La durée du bail non résiliable est de trois ans. SFU reprendra possession de l'aéroglisseur à l'expiration du bail, et on estime que sa valeur résiduelle sera de 100 000 $ à cette date. Cette valeur est pleinement garantie par Transport Canada. Le contrat ne prévoit aucune clause de partage du gain pouvant provenir de la vente de l'aéroglisseur par SFU au terme du bail. SFU a informé Transport Canada que le taux de rendement exigé selon les conditions du contrat est de 15 %, tandis que Transport Canada peut obtenir un financement bancaire au taux de 10 %. L'exercice financier des deux parties se termine le 31 mars, et Transport Canada amortit ses aéroglisseurs selon la méthode de l'amortissement linéaire.

19

Travail à faire

a) De quelle façon la société Transport Canada doit-elle classer ce bail ? Justifiez le choix du taux d'intérêt.

b) Dressez un tableau illustrant l'amortissement de la dette relative à un bien loué et un autre illustrant l'amortissement de l'investissement net relatif à un contrat de location.

c) Passez toutes les écritures de journal requises à la date d'entrée en vigueur du bail dans les livres comptables de Transport Canada et de SFU.

d) Passez toutes les écritures de journal requises à l'expiration du bail dans les livres du preneur et du bailleur en supposant que SFU ait revendu l'aéroglisseur au prix de :
   i) 100 000 $ ii) 96 000 $ iii) 125 000 $

E 10. La valeur résiduelle non garantie

Reprenez les données de l'exercice **E9**, mais cette fois supposez que la valeur résiduelle estimative de 100 000 $ n'est pas garantie par Transport Canada qui ne connaît pas ni ne peut déterminer le taux de rendement exigé par la Société de financement Untel (SFU).

Travail à faire

a) Déterminez le montant du loyer annuel exigé par SFU.

b) À quelle valeur l'aéroglisseur loué doit-il être capitalisé par Transport Canada ?

c) Dressez, pour Transport Canada, le tableau d'amortissement de la dette relative à un bien loué. (Remarquez que le tableau d'amortissement de l'investissement net de la SFU demeure inchangé.)

d) Passez toutes les écritures de journal requises à l'expiration du bail dans les livres du preneur et du bailleur en supposant que SFU a revendu l'aéroglisseur au prix de 125 000 $.

E 11. Un contrat de location-vente avec valeur résiduelle

Afin d'accroître son chiffre d'affaires, la société Voiliers exotiques ltée (VEL) a régulièrement recours à la location-vente. L'analyse d'un contrat de location conclu avec un client, M. Jesuy Alaise, a permis de relever les points suivants :

1. La juste valeur du voilier loué est de 405 000 $ à la date d'entrée en vigueur du bail, et sa valeur résiduelle est estimée à 45 000 $ à l'expiration du bail.
2. La durée du bail non résiliable est de 10 ans. Le loyer annuel que doit payer Jesuy Alaise est de 57 353,04 $ à compter de la date de signature du bail.
3. À l'expiration du bail, Jesuy Alaise pourra devenir propriétaire du voilier en versant une somme équivalant à la juste valeur estimative du voilier à cette date.
4. Dans les livres de VEL, le voilier figure actuellement dans le compte Stock de voiliers au coût de 225 000 $.
5. Le taux d'intérêt marginal de M. Jesuy Alaise est égal au taux de rendement exigé par VEL, soit 10 %.

Passez l'écriture de journal requise à la date d'entrée en vigueur du bail en supposant successivement que la valeur résiduelle est a) garantie ; b) non garantie.

E 12. Un contrat de location-acquisition

Ordinosaure ltée (OL) a régulièrement recours à la location-vente pour accroître son chiffre d'affaires. Une analyse du contrat de location conclu avec un client, Lokaki inc. (LI), a permis de relever les points suivants :

1. La juste valeur de l'ordinateur loué est de 75 000 $ à la date d'entrée en vigueur du bail. Sa durée économique est de quatre ans, et sa valeur résiduelle estimative est nulle.
2. La durée du bail non résiliable est de trois ans à compter du 1er janvier 20X0. Le loyer annuel que doit payer LI est de 26 557,53 $ et doit être versé au début de chaque année.
3. À l'expiration du bail, LI pourra devenir propriétaire de l'ordinateur en versant la somme de 4 999,99 $, alors que la juste valeur estimative de l'ordinateur à cette date sera de 10 000 $.

19

4. OL a acheté l'ordinateur au prix de 50 000 $, et elle utilise un système d'inventaire permanent.
5. OL n'envisage pas devoir engager de frais non remboursables supplémentaires à l'égard de l'ordinateur loué, et le recouvrement des loyers de LI ne comporte aucun risque particulier.
6. Le taux d'intérêt marginal de LI est de 10 % à la date de signature du contrat.
7. OL exige un rendement de 12 % sur le financement de ce contrat. Le montant du loyer a été établi en conséquence.
8. LI prend à sa charge tous les frais accessoires et amortit ses ordinateurs selon la méthode de l'amortissement linéaire.

Travail à faire

a) De quelle façon la société LI doit-elle classer ce bail ? Justifiez le choix du taux d'intérêt.
b) Dressez, pour la société LI, le tableau d'amortissement de la dette relative à un ordinateur loué.
c) Passez toutes les écritures de journal requises dans les livres comptables de LI pour les deux premiers exercices.

E 13. Un contrat de location-vente

À l'aide des renseignements de l'exercice précédent, poursuivez l'analyse des dispositions du contrat de location conclu entre la société Ordinosaure ltée (OL) et Lokaki inc. (LI).

Travail à faire

a) De quelle façon la société OL doit-elle classer ce bail ?
b) Dressez, pour la société OL, le tableau d'amortissement de l'investissement net relatif à un contrat de location.
c) Passez toutes les écritures de journal requises dans les livres comptables de OL pour les deux premiers exercices.

E 14. Les frais initiaux directs

Voici quelques-unes des dispositions d'un contrat de location conclu le 1er mai 20X5 entre Location ultra ltée (LUL) et G. Besoin inc. (GBI) :

Durée du bail non résiliable	3 ans
Juste valeur de l'équipement loué	50 000 $
Frais initiaux directs engagés pour conclure le bail	1 300 $
Taux de rendement exigé par LUL	10 %
Date du premier versement du loyer annuel	30 avril 20X6

Travail à faire

a) Supposez qu'il s'agisse d'un contrat de location-exploitation et passez les écritures de journal requises à la date d'entrée en vigueur du bail et lors du recouvrement du premier loyer annuel d'un montant de 8 000 $.
b) Supposez qu'il s'agisse d'un contrat de location-financement pour LUL, qui a établi le montant du loyer de la façon suivante :

$$\text{(Prix de vente + Frais initiaux directs)} \div VA_{\overline{3}|10\%} = (50\,000\,\$ + 1\,300\,\$) \div 2,486\,852$$
$$= \underline{20\,628,49\,\$}$$

Passez les écritures de journal requises à la date d'entrée en vigueur du bail et lors du recouvrement du premier loyer annuel.
c) Supposez qu'il s'agisse d'un contrat de location-vente pour LUL, qui a établi le montant du loyer de la façon suivante :

$$\text{Prix de vente} \div VA_{\overline{3}|10\%} = 50\,000\,\$ \div 2,486\,852 = \underline{20\,105,74\,\$}$$

Sachant que LUL a payé 35 000 $ pour l'équipement loué, passez les écritures de journal requises à la date d'entrée en vigueur du bail et lors du recouvrement du premier loyer annuel.

E 15. Un contrat de location-exploitation

Le 1er mai 20X0, Constructions Courchesne inc. (CCI) a loué de l'équipement de la société Hardy équipement ltée (HEL). À cette date, il était impossible de prévoir si le recouvrement du loyer susciterait des difficultés. Le bail expirera le 1er mai 20X2. Au lieu de louer cet équipement, CCI aurait pu l'acheter au bailleur au prix de 900 000 $. La valeur comptable de cet équipement dans les livres de HEL était de 800 000 $ au 1er mai 20X0, et l'amortissement comptabilisé en 20X0 par HEL a été de 200 000 $. Au cours de l'année 20X0, CCI a versé à HEL un loyer s'élevant à 240 000 $. De son côté, HEL a engagé, en 20X0, des frais d'entretien et des frais connexes s'élevant à 18 000 $ pour respecter l'une des clauses du bail. Lors de l'expiration du bail en 20X2, HEL louera le même équipement pendant deux ans à une autre entreprise.

Travail à faire

Source :
A.I.C.P.A. adapté

a) Calculez le bénéfice avant impôts que retirera HEL de ce bail en 20X0.

b) Calculez la charge que CCI devra comptabiliser en 20X0 en vertu de ce bail.

E 16. Une cession-bail

Le 1er janvier 20X5, l'Orchestre symphonique de Marieville (OSM) a vendu un lot d'instruments de musique à la société Mélomane ltée (ML) pour la somme de 50 000 $. Le même jour, l'OSM émet un chèque de 7 397,52 $ à l'attention de ML en vertu d'un bail non résiliable de 10 ans et portant sur la location des instruments de musique vendus à ML. Les deux sociétés ont établi ensemble le montant du loyer annuel en utilisant un taux d'intérêt de 10 %. Lors de la vente, les instruments de musique avaient une valeur comptable nette de 45 000 $ dans les livres de l'OSM.

Sachant que le nouveau bail a été comptabilisé par l'OSM à titre de location-acquisition et par ML à titre de location-financement, passez toutes les écritures de journal requises en 20X5 dans les livres de l'OSM et de ML.

*E 17. La valeur résiduelle garantie

Le 1er janvier 20X3, la société 209870-973800 Québec inc. signe un bail en vertu duquel elle loue un équipement de la société Équipements modernes ltée (EML). La juste valeur de l'équipement au 1er janvier 20X0 est de 50 000 $. Sa durée économique est de 10 ans. La durée du bail non résiliable est de cinq ans, et le loyer annuel exigé du preneur est de 7 500 $. Le loyer doit être versé au début de chaque année. Au terme du bail, la valeur résiduelle estimative de l'équipement est établie à 16 000 $. Bien que EML reprenne possession de l'équipement le 31 décembre 20X7, la société 209870-973800 Québec inc. s'engage à garantir la totalité de la valeur résiduelle estimative. Le taux d'intérêt implicite du bail est égal au taux marginal du preneur, soit 10 %.

Travail à faire

a) De quelle façon la société 209870-973800 Québec inc. doit-elle classer ce bail ?

b) Si, le 31 décembre 20X6, il est probable que la valeur résiduelle estimative de l'équipement loué ne sera que de 12 000 $, passez l'écriture de journal requise pour tenir compte de ce fait nouveau.

c) En tenant pour acquis que, le 31 décembre 20X7, EML a repris possession de l'équipement et qu'elle l'a revendu pour une somme de 12 500 $, passez les écritures de journal requises à cette date.

*E 18. La valeur résiduelle garantie

Le 1er janvier 20X4, la société Sanlefric ltée (SL) cède à la société Yflair Lobaine inc. (YLI) 10 compresseurs au prix de 150 000 $. À l'origine, elle les avait acquis pour une somme de 250 000 $. L'amortissement cumulé est de 130 000 $. À la même date, SL reprend à bail seulement trois compresseurs. Voici les clauses pertinentes du contrat de cession-bail :

19

1. La durée économique restante des compresseurs est de cinq ans, et leur juste valeur à la date de l'opération est de 75 000 $.

2. La durée du bail non résiliable est de trois ans. Le loyer annuel exigé du preneur est de 19 200 $. Le loyer doit être versé au début de chaque année.

3. Au terme du bail, la valeur résiduelle estimative des compresseurs sera de 30 000 $.

4. Bien que YLI reprenne possession des deux compresseurs le 31 décembre 20X6, SL s'engage à garantir 60 % de la valeur résiduelle estimative.

5. Le taux d'intérêt implicite du bail est égal au taux marginal du preneur, soit 10 %.

Supposons que, le 31 décembre 20X5, il est probable que la valeur résiduelle estimative des équipements loués ne sera que de 23 000 $ et que, le 31 décembre 20X6, SL aura effectivement remis les compresseurs au bailleur qui les aura revendus pour une somme de 22 500 $. Passez toutes les écritures relatives à cette opération de cession-bail.

*E 19. La constatation des produits tirés d'une vente assortie d'une valeur de revente minimale garantie

Le 5 janvier 20X1, Camionex ltée vend, au prix de 125 000 $, une semi-remorque à Josianne Routhier par l'entremise d'un concessionnaire local. Le coût de fabrication de la semi-remorque s'élève à 100 000 $. Camionex ltée s'engage à verser à Josianne Routhier la différence entre le produit reçu lors de la vente de la semi-remorque le 5 janvier 20X4 et une valeur de revente minimale de 44 000 $. La durée économique de la semi-remorque est estimée à 10 ans. Le taux implicite du financement requis par Camionex ltée est de 8 %.

Déterminez de quelle façon Camionex ltée doit traiter cette opération. Passez toutes les écritures de journal requises depuis le 5 janvier 20X1, en tenant pour acquis que Josianne Routhier a vendu la semi-remorque le 5 janvier 20X4 pour la somme de 43 000 $.

Problèmes de compréhension

P 1. L'analyse des dispositions d'un bail par le preneur   (30 minutes – facile)

La société Bêta inc. a signé un bail pour la location d'un équipement d'une valeur de 851 400 $. La durée du bail non résiliable est de 20 ans, et la valeur résiduelle estimative est nulle. Le bailleur exige que le loyer de 100 000 $ soit versé à la fin de chaque année et que la société Bêta inc. assume tous les frais accessoires, comme les assurances, les taxes et l'entretien. La durée économique de l'équipement loué est de 20 ans, et Bêta inc. amortit ses pièces d'équipement selon la méthode de l'amortissement linéaire.

Travail à faire

a) Quel est le taux de financement de ce contrat ?
b) De quelle façon Bêta inc. doit-elle classer ce contrat de location ? Justifiez votre réponse.
c) Passez les écritures de journal requises dans les livres de Bêta inc. pour la première année du contrat de location.

Source :
C.M.A. adapté

P 2. La détermination du loyer annuel   (35 minutes – facile)

La société Les Autobus Rive-Sud ltée (LARSL) veut se porter acquéreur d'un parc d'autobus d'une valeur de 2 700 000 $. Afin de bénéficier de tous les avantages liés à la location, elle demande à une société de crédit, Financetout ltée (FL), d'acquérir puis de lui louer ce parc d'autobus. Le contrat de location, d'une durée non résiliable de huit ans, entrera en vigueur le 1er janvier 20X1. Le loyer annuel devra permettre à FL de réaliser un taux de rendement de 12 %, et le premier paiement devra être versé à compter de la date d'entrée en vigueur du bail. Bien que FL prévoie que la valeur résiduelle estimative du parc d'autobus à l'expiration du bail sera de 475 000 $, LARSL n'a consenti à garantir qu'une valeur résiduelle de 325 000 $ seulement. Lors de l'achat du parc d'autobus, FL a engagé des frais de 30 000 $. LARSL a un taux d'intérêt marginal de 15 %, et le taux d'intérêt implicite du bail lui est inconnu. L'exercice financier des deux sociétés se termine le 31 décembre, et LARSL utilise la méthode de l'amortissement linéaire.

19

Travail à faire

a) Déterminez le montant du loyer annuel.

b) Précisez le type de contrat de location pour LARSL. Justifiez votre réponse.

c) Passez les écritures de journal requises dans les livres de LARSL pour la première année du contrat.

d) Précisez le type de contrat de location pour FL. Justifiez votre réponse.

e) Passez les écritures de journal requises dans les livres de FL pour la première année du contrat.

P 3. Un contrat de location-acquisition

(25 minutes – facile)

Constituée en 20X1, la société Gestion efficace inc. (GEI) exploite une entreprise de services informatiques dont l'exercice financier se termine le 31 août. Le principal produit offert par GEI est un système de gestion en direct des stocks. Les clients qui font appel à ce service versent un droit fixe, plus des frais d'utilisation lorsqu'ils font appel au système.

GEI a loué un gros ordinateur BIG-1 directement du fabricant et paie un loyer mensuel de 60 000 $ pour 144 mois (12 ans), soit la durée du bail. La durée économique estimative de l'ordinateur est de 15 ans.

Chaque paiement mensuel comprend 4 000 $ de frais destinés à l'entretien de l'ordinateur par le fabricant. Tous les loyers doivent être versés le premier jour du mois à compter du 1er août 20X2, c'est-à-dire à la date de l'entrée en vigueur du bail et de l'installation de l'ordinateur. Le bail est non résiliable et n'est garanti que par les droits que conserve le fabricant sur BIG-1. À l'expiration du bail, GEI deviendra propriétaire de l'ordinateur.

La société GEI doit comptabiliser ce contrat comme une location-acquisition, et elle amortit l'ordinateur loué selon la méthode linéaire en tenant compte d'une valeur résiduelle estimative nulle. Le taux d'intérêt marginal de GEI est de 1 % par mois. Le preneur ne connaît pas le taux d'intérêt implicite du bail pour le bailleur. Voici un tableau de facteurs d'actualisation de versements périodiques de 1 $ effectués en début de période, compte tenu d'un taux d'actualisation de 1 % par période :

Périodes (mois)	Valeur actualisée de 1 $ par période au taux de 1 % par période
1	1,000
2	1,990
3	2,970
143	76,658
144	76,899

Travail à faire

a) Pourquoi s'agit-il d'un contrat de location-acquisition pour GEI ?

b) Passez toutes les écritures de journal requises en vertu de ce contrat de location dans les livres de GEI au cours du mois d'août 20X2. À la suite de chaque écriture, présentez une note explicative ainsi que tous les calculs pertinents. Rappelez-vous que l'exercice de GEI se termine le 31 août et que la société doit préparer ses états financiers à cette date. Ne passez pas les écritures de clôture. Arrondissez tous les calculs au dollar près.

P 4. La location-acquisition et la location-financement

(45 minutes – facile)

La société Gétou Financay ltée (GFL) veut se procurer du matériel spécialisé. Après avoir effectué plusieurs démarches, le président de la société a conclu un contrat de location avec la société El Financetou inc. (EFI), dont voici les principales dispositions :

Durée du bail non résiliable (égale à la durée économique)	5 ans
Loyer annuel à verser à la fin de chaque exercice	6 500,00 $
Frais d'entretien inclus dans le montant du loyer annuel	500,00 $
Juste valeur du bien à la date d'entrée en vigueur du bail (qui correspond au coût d'acquisition pour EFI)	22 744,72 $
Valeur résiduelle du bien à l'expiration du bail	Aucune

Taux d'intérêt implicite du bail (inconnu de GFL)	10 %
Taux marginal d'emprunt de GFL	12 %
Frais supplémentaires à engager par EFI en vertu du bail	Aucun
Cote de crédit de GFL	Excellente
Méthode d'amortissement utilisée par GFL	Linéaire

Travail à faire

a) De quelle façon le bail doit-il être classé ? Justifiez le choix du taux d'intérêt.

b) Dressez le tableau illustrant l'amortissement de la dette relative au matériel loué et celui illustrant l'amortissement de l'investissement net relatif au contrat de location.

c) Passez toutes les écritures de journal requises au cours des deux premiers exercices dans les livres comptables du preneur et du bailleur.

P 5. Le traitement comptable et la présentation d'un contrat de location-acquisition (60 minutes – facile)

La Brasserie houblon d'or (BHO) a régulièrement recours à la location pour financer l'acquisition de ses équipements. Voici les principales dispositions d'un bail conclu avec Cuvex inc. pour la location d'une cuve de brassage :

1. La durée du bail non résiliable est de 12 ans, et BHO deviendra propriétaire de la cuve louée au terme du bail. Le loyer trimestriel que devra payer la BHO est de 4 185,95 $ à compter de la date de signature du bail, soit le 1er janvier 20X3.

2. Le taux d'intérêt implicite du bail est de 3,5 % par trimestre, ce qui correspond au taux d'intérêt marginal de BHO.

3. La valeur de récupération de la cuve sera nulle au terme de la durée économique, c'est-à-dire dans 13 ans.

Travail à faire

a) Calculez la valeur actualisée des paiements minimaux exigibles et dressez un tableau d'amortissement de la dette relative à un équipement loué pour les 12 premiers trimestres.

b) Sachant que la société amortit linéairement des cuves similaires, passez toutes les écritures de journal requises pour le premier exercice dans les livres comptables de BHO.

c) Établissez les résultats partiels, un bilan partiel et toutes les notes complémentaires requises à la fin de l'exercice financier terminé le 31 décembre 20X4, c'est-à-dire à la fin de la deuxième année du contrat de location. Tenez pour acquis qu'au 31 décembre 20X4 le taux d'intérêt implicite d'un bail similaire est de 4 % par trimestre. Arrondissez les chiffres au dollar près.

P 6. Une option d'achat (40 minutes – moyen)

Voici les faits saillants relatifs à un contrat de location conclu le 1er janvier 20X0 entre les sociétés Jesuy Sanlesou ltée (JSL) et Abondante inc. :

Juste valeur de l'équipement loué	150 000,00 $
Coût de l'équipement loué pour Abondante inc.	100 000,00 $
Durée non résiliable du bail	20 ans
Durée économique de l'équipement loué	25 ans
Option d'achat de l'équipement loué (à compter de la fin de 20X9)	50 000,00 $
Loyer exigé au début de chaque année à compter de 20X0	21 659,30 $
Frais d'entretien inclus dans le montant du loyer	500,00 $
Frais initiaux directs engagés par Abondante inc.	1 000,00 $
Taux d'intérêt implicite du bail	12 %
Taux d'intérêt marginal de JSL	12 %
Valeur résiduelle estimative	
À la fin de 20X9	100 000,00 $
À l'expiration du bail	40 000,00 $
Dans 25 ans	10 000,00 $
Cote de crédit de JSL	Excellente
Frais supplémentaires à la charge du bailleur	Aucuns
Fin de l'exercice financier des deux sociétés	31 décembre
Méthode d'amortissement utilisée par les deux sociétés	Linéaire

19

Travail à faire

a) Expliquez de quelle façon la société Abondante inc. a établi le montant du loyer annuel.

b) Précisez de quelle façon la société JSL doit classer le bail.

c) Dressez, pour la société JSL, le tableau d'amortissement de la dette relative à l'équipement loué.

d) Passez toutes les écritures de journal requises pour les deux premiers exercices dans les livres comptables de la société JSL.

P 7. Un contrat de location-vente

(50 minutes – moyen)

À l'aide des renseignements du problème précédent, poursuivez l'analyse des dispositions du contrat de location conclu entre les sociétés Jesuy Sanlesou ltée et Abondante inc.

Travail à faire

a) Précisez de quelle façon la société Abondante inc. doit classer le bail.

b) Dressez, pour la société Abondante inc., le tableau d'amortissement de l'investissement net relatif au contrat de location.

c) Passez toutes les écritures de journal requises pour les deux premiers exercices dans les livres comptables de la société Abondante inc., sachant que l'entreprise n'effectue pas d'écritures de réouverture.

d) Rédigez, de façon comparative, la note complémentaire requise à la fin de l'exercice financier terminé le 31 décembre 20X1 relative au placement de la société Abondante inc. Arrondissez les chiffres au dollar près.

P 8. Une valeur résiduelle non garantie

(60 minutes – moyen)

La société Aérospatiale ltée (AL) fabrique, vend et loue des satellites de télécommunication. Voici les renseignements pertinents entourant la signature d'un contrat de location établi avec un client, Diffusions culturelles inc. (DCI), le 1er janvier 20X4 :

Coût de fabrication du satellite loué (VC)	1 450 000,00 $
Prix de vente normal d'un satellite (JV)	2 000 000,00 $
Durée non résiliable du bail	7 ans
Durée économique du satellite loué	10 ans
Valeur résiduelle estimative à l'expiration du bail	500 000,00 $
Loyer exigé au début de chaque année à compter de 20X4	403 730,89 $
Frais annuels de programmation inclus dans le montant du loyer	25 000,00 $
Frais initiaux directs engagés par AL	70 000,00 $
Taux d'intérêt implicite du bail inconnu de DCI	15 %
Taux d'intérêt marginal de DCI	12 %
Cote de crédit de DCI	Excellente
Frais supplémentaires à la charge du bailleur	Aucuns
Fin de l'exercice financier des deux sociétés	31 décembre
Méthode d'amortissement utilisée par les deux sociétés	Linéaire

La valeur résiduelle du satellite au terme du bail et le taux d'intérêt implicite du bail sont inconnus de DCI. De plus, le contrat prévoit que le bailleur reprendra possession du satellite.

Travail à faire

a) Expliquez, avec justifications à l'appui, de quelle façon les deux sociétés doivent classer le bail.

b) Passez toutes les écritures de journal requises pour les deux premiers exercices dans les livres comptables de DCI, sachant que l'entreprise effectue des écritures de réouverture.

c) Conformément aux recommandations actuelles du *Manuel de l'I.C.C.A.* et sachant que l'entreprise n'effectue pas d'écritures de réouverture, passez les écritures de journal requises dans les livres de la société AL pour les deux premiers exercices.

d) Passez les écritures de journal requises dans les livres des deux sociétés à l'expiration du bail, sachant que AL a vendu le satellite à la société D. Traqué inc. pour la somme de 555 000 $.

P 9. Les frais initiaux directs (55 minutes – moyen)

Le 1er janvier 20X2, la société Constructions tournevis ltée (CTL) signe un contrat de location de matériel d'une valeur de 15 000 $ avec la société Crédit marteau inc. (CMI). La durée du bail non résiliable est de quatre ans, et CTL deviendra propriétaire du matériel loué au terme du bail. Le loyer mensuel exigé de CTL est de 403,61 $ à compter de la date de signature du bail, et le taux d'intérêt implicite du bail est de 1 % par mois, ce qui correspond au taux d'intérêt marginal de CTL. Le matériel a une durée économique de quatre ans et, au terme de cette période, il n'aura aucune valeur résiduelle. Son coût est amorti de façon linéaire. CMI a engagé des frais de 480 $ pour négocier et conclure ce contrat de location. De plus, CMI est assurée de recouvrer les loyers mensuels et ne prévoit pas de frais supplémentaires. L'exercice financier de CMI se termine le 31 janvier.

Travail à faire

a) Expliquez comment le bailleur a établi le montant du loyer mensuel.
b) Passez les écritures de journal requises au cours du mois de janvier dans les livres du bailleur.
c) Établissez, pour le bailleur, les résultats partiels, un bilan partiel et toutes les notes complémentaires requises à la fin de l'exercice financier terminé le 31 janvier 20X2. Tenez pour acquis qu'au 31 décembre 20X4 le taux d'intérêt implicite d'un bail similaire est de 0,5 % par mois et que la juste valeur du matériel loué est de 11 500 $. Arrondissez les chiffres au dollar près.

P 10. La valeur résiduelle et les frais initiaux directs (75 minutes – difficile)

Le club de hockey Les Gros et Lents inc. fait partie de la Ligue intermédiaire de hockey. Afin de faciliter les déplacements de l'équipe, un contrat portant sur la location d'un autobus ayant une valeur de 175 000 $ a été signé le 1er août 20X4 avec la société Fan club ltée. La durée du bail non résiliable est de cinq ans. Le loyer annuel de 41 020,77 $, qui doit être versé au début de chaque année, comprend un montant de 4 000 $ réservé aux frais d'entretien. De plus, on a établi que la durée économique estimative de l'autobus est de huit ans. Fan club ltée, qui a engagé des frais de 1 000 $ pour conclure le contrat, reprendra possession de l'autobus au terme du bail. Le club de hockey a accepté de garantir la valeur résiduelle de 45 000 $ à l'expiration du bail, et les deux parties ont convenu de se partager en parts égales tout montant excédentaire. Le taux d'intérêt implicite du bail est de 12 %, et les deux sociétés amortissent le coût de leurs autobus de façon linéaire. Aux livres de Fan club ltée, l'autobus loué a une valeur comptable de 150 000 $.

Travail à faire

a) Précisez comment le montant du loyer annuel a été déterminé par le bailleur.
b) Expliquez, justifications à l'appui, de quelle façon les deux sociétés doivent classer ce bail.
c) Passez toutes les écritures de journal requises dans les livres du preneur pour les exercices terminés le 31 juillet 20X5 et le 31 juillet 20X6.
d) Passez, dans les livres du preneur, les écritures requises le 31 juillet 20X9 en supposant que Fan club ltée ait vendu l'autobus d'occasion pour la somme de 48 000 $ à la Commission scolaire du canton.
e) Passez toutes les écritures de journal requises dans les livres du bailleur pour les exercices terminés le 31 juillet 20X5 et le 31 juillet 20X6.
f) Passez, dans les livres du bailleur, les écritures requises à l'expiration du bail en supposant que Fan club ltée ait vendu l'autobus d'occasion pour la somme de 45 000 $ à la Commission scolaire du canton.

P 11. La valeur résiduelle et les frais initiaux directs (50 minutes – difficile)

Reprenez les données du problème **P10**, en supposant cette fois que la valeur résiduelle de 45 000 $ ne soit pas garantie par le club de hockey Les Gros et Lents inc. (LGLI).

19

Travail à faire

a) Expliquez, justifications à l'appui, de quelle façon les deux sociétés doivent classer le bail.

b) Passez toutes les écritures de journal requises dans les livres du preneur et du bailleur pour l'exercice terminé le 31 juillet 20X5.

c) Précisez les informations requises dans les états financiers du club de hockey dressés en date du 31 juillet 20X5.

d) Tenons pour acquis que le contrat initial a été comptabilisé comme un contrat de location-exploitation par LGLI et que, le 1er juillet 20X6, le club accepte l'offre de la société Fan club ltée et conclut un contrat de location-exploitation renégocié à l'égard du même autobus pour une durée qui couvre à la fois la durée résiduelle du bail initial et une période supplémentaire de trois ans moyennant un loyer annuel de 30 000 $ (y compris 4 000 $ de frais d'entretien) à compter du 1er août 20X6. Passez les écritures requises à la date de signature du nouveau bail et au 1er août de chacune des années subséquentes, sachant que le club de hockey LGLI doit également verser la somme de 5 000 $ pour sceller l'entente et que la durée économique estimative de l'autobus qui était initialement de 8 ans est révisée à 11 ans.

*e) Tenons pour acquis que le contrat initial a été comptabilisé comme un contrat de location-exploitation par LGLI et supposons cette fois que, le 1er août 20X6, le club décide de cesser d'utiliser l'autobus loué. À cette date, la société estime être en mesure de sous-louer l'autobus pour environ 2 500 $ par mois pendant un maximum de six mois par année. Quelle est l'incidence de cette décision sur les états financiers de LGLI pour les exercices subséquents en supposant que l'entreprise a un taux ajusté pour le risque de 8 % ?

P 12. Une valeur résiduelle garantie   (40 minutes – facile)

La société Loutout ltée a signé un contrat de cinq ans portant sur la location d'un équipement neuf. Le loyer annuel de 200 000 $ est payable d'avance le 1er janvier de chaque année, et ce, dès le 1er janvier 20X1. Loutout ltée s'est de plus engagée à garantir une valeur résiduelle de 58 340 $ au terme du bail. Les frais afférents à la propriété (taxes foncières, assurances et frais d'entretien) doivent être acquittés directement par Loutout ltée le 31 décembre de chaque année. Ces frais s'élèvent à 30 000 $ par année. La durée économique estimative d'utilisation de l'équipement est de 10 ans, et la valeur résiduelle à ce moment-là sera nulle. Enfin, le taux implicite d'intérêt du bail est de 15 %, et le prix de vente courant de l'équipement au 1er janvier 20X1 est de 800 000 $.

Travail à faire   Arrondissez tous vos calculs au dollar près.

a) Expliquez, justifications à l'appui, de quelle façon Loutout ltée doit classer le bail.

b) Passez les écritures de journal requises dans les livres de Loutout ltée relativement au contrat de location pour chacune des dates suivantes : 1er janvier 20X1, 31 décembre 20X1, 1er janvier 20X2 et 1er janvier 20X6. (Le bailleur a vendu le bien en question à Rollex inc. pour la somme de 50 000 $, le 1er janvier 20X6.)

c) Dressez un bilan partiel au 31 décembre 20X1 et rédigez les notes afférentes aux états financiers, s'il y a lieu. Tenez pour acquis que, le 31 décembre 20X1, le taux de rendement exigé sur un prêt de même nature est de 12 %.

P 13. Une analyse complète – Location-financement   (55 minutes – difficile)

Le 1er janvier 20X0, Preneur ltée signe un bail avec Bailleur ltée pour la location d'une machine. Les détails de l'entente sont les suivants :

Juste valeur et coût de la machine au 1er janvier 20X0	701 661 $
Durée économique estimative de la machine	15 ans
Durée non résiliable du bail	5 ans
Loyer (au début de chaque année)	120 000 $
Frais accessoires inclus dans le loyer	6 000 $
Taux d'intérêt marginal de Preneur ltée	12 %
Taux d'intérêt implicite du bail (connu de Preneur ltée)	10 %
Valeur résiduelle estimative à la fin de 20Y4	Aucune
Option de renouvellement du bail pour cinq années supplémentaires, y compris 7 500 $ de frais accessoires	81 500 $
Juste prix de location prévisible en date du renouvellement	100 000 $
Option d'achat de la machine au terme de 10 années de location	90 000 $
Juste valeur prévisible de la machine à la date où l'option d'achat pourra être exercée	400 000 $

19

Tout laisse supposer que le recouvrement des loyers ne posera aucun problème particulier et que Bailleur ltée n'aura pas à engager de frais supplémentaires.

Travail à faire   Arrondissez tous vos calculs au dollar près.

a) La comptabilisation à titre de contrat de location-acquisition dans les livres de Preneur ltée est justifiée dès que le contrat de location se conforme à certaines conditions. Mentionnez ces conditions, puis indiquez celles qui justifient la comptabilisation.

b) Pour Preneur ltée, déterminez :
   i) la durée du bail ;
   ii) le total des paiements minimums exigibles nets en vertu du bail ;
   iii) la valeur comptabilisée à titre d'élément d'actif et d'obligation à la date de signature de l'entente ;
   iv) la portion à court terme de la dette relative au contrat de location en date du 31 décembre 20X0 ;
   v) le montant des intérêts débiteurs relatifs à l'exercice 20X0 ;
   vi) le montant d'amortissement linéaire relatif à la machine louée pour l'exercice 20X0.

c) Pour Bailleur ltée, déterminez :
   i) le montant total de l'investissement net dans le contrat de location à la fin de 20X0 ;
   ii) le montant de l'investissement net qui sera présenté dans l'actif à court terme à la fin de l'exercice 20X0.

P 14.   Une analyse complète – Problèmes particuliers   (40 minutes – difficile)

Depuis plusieurs années, M. Net Let Smash, mordu de tennis, caresse le projet de construire un court intérieur sur un terrain qu'il possède en bordure de la rivière Chaudière. Ne disposant pas de liquidités suffisantes pour mener à terme un tel projet, il fait appel à la société Investissements santé inc. (ISI). De plus, il constitue une nouvelle société, Net Let Smash inc. (NLSI), ct signe le jour même un contrat de location avec ISI portant sur la location du bâtiment pour une période de 15 ans. Une analyse de l'entente contractuelle révèle les faits suivants :

Juste valeur du bâtiment au 1er janvier 20X0	329 429,86 $
Coûts de construction engagés par ISI	299 429,86 $
Durée économique estimative du bâtiment	20 ans
Durée non résiliable du bail	15 ans
Loyer annuel à compter du 1er janvier 20X1	
Cinq premières années	55 000,00 $
Dix dernières années	35 000,00 $
Option d'achat du bâtiment (à compter du 2 janvier 20Y0)	100 000,00 $
Taux d'intérêt marginal de NLSI	10 %
Taux d'intérêt implicite du bail (connu de NLSI)	10 %
Valeur résiduelle estimative	
Dans 5 ans	300 000,00 $
Dans 10 ans	250 000,00 $
Dans 20 ans	100 000,00 $

Tout laisse supposer que le recouvrement des loyers ne posera aucun problème particulier. Toutefois, la société ISI s'est engagée envers NLSI à assumer tous les risques inhérents à l'entretien du bâtiment et à le maintenir en bon état. ISI ne peut estimer avec précision les frais éventuels car, selon Environnement Canada, le terrain sur lequel est construit le bâtiment risque d'être inondé deux printemps sur trois. Les deux sociétés amortissent leurs biens similaires de façon linéaire, et leur exercice financier respectif se termine le 31 décembre.

Travail à faire

a) Discutez de la nature de ce contrat de location du point de vue du preneur et de celui du bailleur.

b) Passez les écritures de journal requises en 20X0 dans les livres du preneur et du bailleur.

c) Tenez pour acquis que, le 2 janvier 20Y0, alors que la juste valeur du bâtiment est de 125 000 $, NLSI exerce son option d'achat. Passez les écritures de journal requises dans les livres du preneur et du bailleur.

19

P 15. Une cession-bail

(25 minutes – difficile)

À cause de problèmes financiers importants, le 1er janvier 20X1, la société Jesuy Serray inc. (JSI) a vendu et repris à bail pour la somme de 75 000 $ du matériel dont la juste valeur est de 85 000 $. Ce matériel avait été acquis quelques années plus tôt au coût de 130 000 $ et, en date du 31 décembre 20X0, l'amortissement cumulé s'élevait à 50 000 $.

Le 1er janvier 20X1, conformément à un bail non résiliable de huit ans signé entre les deux parties et qui portait sur la location du matériel, JSI a émis un chèque de 14 533,70 $ à l'ordre de la société U. Zurié inc. (UZI). UZI escompte un rendement minimal de 15 % de tous ses investissements, alors qu'aucune institution financière ne désire la clientèle de JSI.

Le matériel n'aura aucune valeur résiduelle au terme de sa durée économique de huit ans. L'exercice financier de JSI se termine le 31 décembre, et la société utilise la méthode de l'amortissement linéaire.

Travail à faire

a) Précisez de quelle façon le montant du loyer annuel a été déterminé.
b) Passez toutes les écritures de journal requises dans les livres de JSI pour l'exercice 20X1.

P 16. La cession-bail d'un terrain bâti

(70 minutes – difficile)

Le 1er janvier 20X4, la société Le Domaine des tilleuls inc. (DTI) a dû se résoudre à vendre un complexe immobilier à cause de l'incertitude qui planait sur le marché de l'immob'lier. Le tableau suivant résume les enjeux :

	Coût	Amortissement cumulé	Valeur nette	Répartition du prix de vente
Terrain	4 000 000 $	θ $	4 000 000 $	4 200 000 $
Immeubles	6 800 000	800 000	6 000 000	5 800 000
	10 800 000 $	800 000 $	10 000 000 $	10 000 000 $

Le même jour, DTI reprend à bail un immeuble et un terrain dont la valeur correspond à 10 % du complexe immobilier. La durée du bail non résiliable est de 40 ans, ce qui correspond à la durée économique restante de l'immeuble. Le loyer annuel que doit payer DTI est de 92 963,10 $, et ce, à compter du 1er janvier 20X4. Le taux de financement est de 10 %.

À l'expiration du bail, DTI deviendra propriétaire de l'immeuble, mais devra renégocier un nouveau bail pour l'utilisation du terrain. On estime que la valeur résiduelle de l'immeuble sera nulle à cette date. DTI a toujours amorti ses immeubles de façon linéaire.

En dépit du fait que le terrain conservera probablement sa valeur pour la durée du bail, le bailleur a fixé le montant du loyer en tenant pour acquis une valeur résiduelle nulle pour le terrain. Le taux de financement réel est donc supérieur à 10 %.

Travail à faire Arrondissez tous vos calculs au dollar près.

a) Précisez comment DTI doit traiter cette opération de cession-bail.
b) Passez toutes les écritures de journal requises dans les livres de DTI pour les exercices 20X4 et 20X5.
c) Rédigez toutes les notes requises aux états financiers de DTI au 31 décembre 20X4 en tenant pour acquis que le taux d'intérêt implicite d'un bail similaire est de 9 % à cette date.

19

Analyses de cas

C 1. Une discussion des conventions comptables applicables à un contrat de location

(30 minutes – moyen)

La société Locatex ltée, qui est en exploitation depuis trois mois, achète des voitures à un prix réduit auprès d'un fabricant, qu'elle loue à ses clients selon l'une des deux formules suivantes.

Première formule de location

Selon la première formule de location, les baux sont de 36 ou de 48 mois, et la distance maximale qui peut être parcourue sans frais supplémentaires est de 96 000 km pendant la durée du bail. À l'expiration du bail, le client qui a dépassé la limite de 96 000 km doit payer 0,10 $ par kilomètre supplémentaire. L'assurance, l'immatriculation et les frais de fonctionnement (entretien, essence, huile, réparations, etc.) sont à la charge du locataire.

Le locataire verse un loyer mensuel à Locatex ltée. Le montant du loyer est établi par le bailleur en fonction de facteurs comme le prix d'achat de la voiture, sa valeur de revente estimée à la fin du bail, la durée du bail, le coût actuel du financement par emprunt de Locatex ltée et les frais d'exploitation de cette société.

Seconde formule de location

Selon la seconde formule de location, les baux sont de 24 ou de 36 mois, et le kilométrage est illimité. Le montant du loyer est établi par le bailleur en fonction de facteurs comme la juste valeur de la voiture, sa valeur de revente estimative à la fin du bail, la durée du bail, le coût actuel du financement par emprunt de Locatex ltée et les frais d'exploitation de cette société.

À l'exemple de la première formule de location, l'assurance, l'immatriculation et les frais de fonctionnement (entretien, essence, huile, réparations, etc.) sont à la charge du locataire.

De plus, le locataire est tenu de payer tout écart négatif du prix de revente. Si, par exemple, le bail prévoit un prix de revente de 6 000 $ et que, à la fin du bail, on ne puisse effectivement tirer que 5 000 $ de la voiture, le locataire doit payer la différence de 1 000 $. En revanche, si la voiture se vend 6 400 $, l'excédent de 400 $ est remis à Locatex ltée.

Source :
Examen final
uniforme de 1981
de l'O.C.A.Q. –
Épreuve III,
question 5 adaptée

Travail à faire

Pour chacune des deux formules décrites ci-dessus, discutez des conventions comptables que Locatex ltée pourrait adopter relativement à la comptabilisation des contrats de location.

C 2. Le point de vue du preneur

(35 minutes – moyen)

Grosou ltée est une société diversifiée qui possède des intérêts partout au pays dans les secteurs d'activités des immeubles commerciaux, des institutions financières, du minerai de cuivre et de la fabrication de produits en acier inoxydable. Afin de permettre à ses cadres supérieurs de se déplacer plus rapidement et plus efficacement d'une entreprise à l'autre, Grosou ltée a loué un avion de type Viking. Il s'agit d'un bimoteur turbo-propulsé dont la juste valeur est de 1 000 000 $.

La durée du bail est de 10 ans à compter du 1er janvier 20X9, et seule une destruction accidentelle de l'avion pourrait mettre un terme au contrat de location. Le loyer annuel que la société devra verser le 1er janvier de chaque année à compter de 20X9 est de 145 000 $. De plus, la société devra se conformer au programme d'entretien établi par le bailleur et payer ces services à mesure qu'elle les utilisera. Les frais d'entretien annuels sont estimés à 16 200 $. Le bailleur acquittera les frais relatifs aux assurances et aux impôts fonciers estimés à 9 400 $ par année; ce montant est inclus dans le loyer annuel de 145 000 $. À l'échéance du contrat de location, Grosou ltée pourra acheter l'avion pour la somme de 37 400 $. La durée économique estimative de l'appareil est de 15 ans, et sa valeur résiduelle sur le marché des avions d'occasion est évaluée à 175 000 $ après 10 ans. La valeur résiduelle devrait cependant être nulle après 15 ans.

Grosou ltée peut emprunter 1 000 000 $ pour une durée de 10 ans à un taux d'intérêt annuel de 12 %. Bien que le taux d'intérêt implicite du bail ne soit pas inscrit dans le contrat de location, il est de 8 % si l'on tient compte des 10 loyers annuels nets de 135 600 $ et de la valeur

19

initiale de l'avion de 1 000 000 $. En effet, si le 1er janvier 20X9 on utilise le taux de 12 %, la valeur actualisée des loyers annuels nets et du prix de levée de l'option d'achat nous donne un total de 870 152 $; tandis que si on emploie un taux de 8 %, soit le taux d'intérêt implicite du bail, cette même valeur actualisée atteint 1 000 000 $. Selon le vice-président aux Finances de Grosou ltée, ce contrat de location doit être traité comme une location-acquisition. Le 31 décembre 20X9, le taux d'intérêt implicite d'un bail similaire est de 9 %.

Travail à faire

a) Identifiez et expliquez les conditions qui différencient un contrat de location-acquisition d'un contrat de location-exploitation du point de vue du preneur.

b) Indiquez à quelle valeur cet avion doit être présenté dans le bilan de la société Grosou ltée.

c) Indiquez l'information relative à ce contrat de location qui devrait être présentée dans le bilan au 31 décembre 20X9, à l'état des résultats et dans les notes complémentaires de l'exercice terminé à cette même date. Ne tenez pas compte des considérations fiscales.

Source :
I.M.A. adapté

C 3. Un cas d'intégration – Cession-bail, aide gouvernementale et stocks

(50 minutes – difficile)

En janvier 20X4, le contrôleur de la société G ltée se demande comment faire refléter dans les états financiers de 20X3 un contrat de cession-bail portant sur une nouvelle usine construite au cours de l'exercice.

G ltée fabrique une grande variété de produits commercialisés partout au Canada. Depuis un certain nombre d'années, la société subit des pertes de plus en plus importantes dues principalement à l'augmentation du coût de la main-d'œuvre et de l'énergie, ainsi qu'à la vive concurrence des produits importés. De plus, en 20X1, le conseil d'administration a dû voir au remplacement de machines désuètes. Le remplacement de ces machines nécessitait un investissement substantiel pour lequel la société n'avait pas les fonds nécessaires. On a fait appel à un cabinet d'experts qui a formulé les trois recommandations suivantes :

1° Implanter la nouvelle usine dans une région où les coûts sont moins élevés.
2° Demander une subvention gouvernementale.
3° Financer la nouvelle usine et le nouvel équipement en vendant l'usine actuelle et en ayant recours à la formule de la cession-bail pour la nouvelle usine.

Les recommandations des experts ont été acceptées et mises en application. En janvier 20X3, la société a acheté un terrain convenable dans un nouveau parc industriel et a signé avec un entrepreneur un contrat de construction pour la nouvelle usine. À la même époque, elle a signé un contrat de cession-bail avec une société de financement. Selon ce contrat :

- le terrain et l'usine une fois terminée seraient vendus à la société de financement pour la somme de 6 000 000 $;
- la propriété serait louée à la société pour une période initiale de 20 ans avec option de renouvellement pour une seconde période de 20 ans.

L'usine actuelle et le terrain sur lequel elle est construite ont été vendus au prix de 3 000 000 $. On a obtenu du gouvernement une subvention de 1 000 000 $ pour l'achat d'un outillage neuf. Le nouveau terrain a été acheté pour la somme de 1 000 000 $ et la nouvelle usine, qui devait coûter 5 000 000 $, a coûté effectivement 6 000 000 $. Le nouvel outillage de production a été acheté au prix de 4 000 000 $, et son installation a coûté 500 000 $. Les stocks, dont la valeur comptable était de 2 000 000 $, ont été déménagés dans les nouveaux locaux, et le coût du transport s'est élevé à 500 000 $. Les frais de mise en marche, de déménagement des employés et de recyclage du personnel se sont élevés à 450 000 $. En octobre 20X3, la construction de la nouvelle usine était terminée et, en décembre 20X3, l'usine tournait à plein régime. La cession-bail est entrée en vigueur le 31 décembre 20X3.

Le contrat de cession-bail prévoit le paiement d'un loyer annuel de 662 400 $ payable le 31 décembre de chaque année pendant les 20 premières années, à partir du 31 décembre 20X4. Si, au terme de cette période, G ltée décidait de renouveler le bail, le loyer serait alors de 250 000 $ par année pendant les 20 années suivantes (alors que le juste prix de location est

19

estimé à environ 500 000 $). On estime que, 20 ans après la signature du contrat, le terrain et l'usine auront une valeur de 3 130 000 $. Enfin, dès l'entrée en vigueur du bail, G ltée prend à sa charge toutes les taxes foncières et l'entretien.

G ltée s'est fixé pour objectif d'obtenir un rendement d'environ 10 % après impôts sur son capital investi.

Travail à faire

Rédigez un rapport à l'attention du contrôleur de la société portant sur le traitement comptable du contrat de cession-bail de même que sur celui de chacune des autres opérations décrites précédemment.

19

Les avantages sociaux futurs

20

1. Qu'entend-on par «régime d'avantages sociaux futurs»?

2. Quels sont les deux principaux types de régimes d'avantages sociaux? Qu'est-ce qui les différencie?

3. Les régimes de retraite à prestations déterminées se distinguent selon la façon de déterminer le montant des prestations. Expliquez ces distinctions.

4. M. Brouhaha travaille pour la société XYZ. La société lui offre de participer à un régime dans lequel la rente annuelle de retraite est calculée de la façon suivante: 2,5 % du salaire moyen des cinq dernières années de service multiplié par le nombre total d'années de service. De quel type de régime s'agit-il?

5. Comment distingue-t-on un régime contributif d'un régime non contributif?

6. La société XYZ inc. offre à ses employés un régime de soins de santé qui prend en charge 80 % des frais admissibles. Tout salarié adhère au régime 30 jours après son embauche, et le régime est prolongé pour les employés qui atteignent l'âge de la retraite. Ils sont ensuite couverts jusqu'à leur décès. Quelle est la période d'attribution pendant laquelle devraient être constatés les coûts et le passif relatifs aux avantages futurs dont profiteront les anciens salariés pendant leur retraite?

7. Qu'entend-on par «régime par capitalisation»? Qu'entend-on par «régime sans capitalisation»?

8. La société Généreuse ltée offre un régime d'assurance-maladie à ses anciens salariés qu'elle finance par autoassurance. En quoi consiste l'autoassurance dans ce contexte?

9. Quel rôle doit jouer l'actuaire en ce qui concerne la comptabilisation des avantages sociaux futurs afférents à un régime à prestations déterminées?

10. Quels facteurs influent sur le calcul de l'obligation au titre des avantages sociaux futurs?

11. Comment les dispositions d'un régime peuvent-elles influer sur le calcul de l'obligation au titre des avantages sociaux futurs?

12. En quoi consistent les hypothèses actuarielles? Quelles sont les deux grandes catégories d'hypothèses actuarielles?

13. Qu'entend-on par «hypothèses les plus probables»?

14. En quoi la méthode de répartition des prestations constituées et la méthode de répartition des prestations au prorata des services sont-elles semblables? En quoi sont-elles différentes?

15. Qu'entend-on par «obligation au titre des prestations constituées»?

16. Définissez brièvement chacun des facteurs qui fait varier l'obligation au titre des prestations constituées.

17. Expliquez comment et quand on détermine le montant du coût des prestations pour les services rendus au cours d'un exercice.

18. Est-il possible qu'une modification d'un régime qui influe sur le mode de calcul des prestations n'ait aucun effet sur l'obligation au titre des prestations constituées à la date de la modification? Justifiez votre réponse.

19. Sur quelle base une entreprise choisit-elle le taux qui lui permettra de calculer la valeur actualisée de son obligation au titre des prestations constituées?

20. Définissez brièvement chacun des facteurs qui fait varier l'actif d'un régime d'avantages sociaux par capitalisation.

21. Quel effet le versement des prestations a-t-il sur l'actif du régime? Quel effet a-t-il sur l'obligation au titre des prestations constituées?

22. Sur quelle base doit-on évaluer l'actif d'un régime d'avantages sociaux?

23. Qu'entend-on par «situation de capitalisation» d'un régime?

24. Quelles sont les composantes de la charge au titre des avantages sociaux futurs?

25. Les facteurs qui font varier l'obligation au titre des prestations constituées et l'actif d'un régime ont-ils tous une incidence sur le calcul de la charge de l'exercice? Justifiez votre réponse.

26. Comment l'incidence d'une modification d'un régime est-elle prise en compte dans le calcul de la charge d'un exercice?

27. Comment l'incidence des gains et des pertes actuariels est-elle prise en compte dans le calcul de la charge d'un exercice?

28. Quelle est la principale raison d'être de la méthode du couloir pour constater le montant d'amortissement minimal des gains et pertes actuariels?

29. Pourquoi le solde du poste Actif au titre des prestations constituées (ou celui du poste Passif au titre des prestations constituées), lequel figure au bilan de l'entreprise, n'est-il pas identique au montant qui correspond à la situation de capitalisation des régimes?

30. Comment le lecteur des états financiers est-il renseigné sur les montants non constatés inclus dans le montant de la situation de capitalisation des régimes?

31. Quelles incidences l'utilisation des valeurs liées au marché pour évaluer les actifs du régime ont-elles sur le calcul de la charge de l'exercice?

32. Est-il nécessaire de faire un suivi des gains et pertes actuariels des exercices antérieurs?

33. Pourquoi y a-t-il lieu de limiter le montant de l'actif au titre des prestations constituées devant figurer au bilan de l'entreprise?

34. Comment calcule-t-on la provision pour moins-value qu'il convient de comptabiliser pour limiter le montant de l'actif au titre des prestations constituées?

35. Quelle différence fondamentale existe-t-il entre la compression d'un régime d'avantages sociaux et le règlement d'un régime?

36. Quelles composantes interviennent dans le calcul du gain ou de la perte qui découle du règlement ou de la compression d'un régime?

20

37. Pourquoi les différents types de prestations de cessation d'emploi ne sont-elles pas constatées progressivement pendant la carrière des salariés ?

38. Le déficit d'un régime d'avantages sociaux futurs possède-t-il toutes les caractéristiques essentielles d'un élément de passif ? Justifiez votre réponse.

39. Quelles sont les composantes de la charge d'un régime à cotisations déterminées ?

40. Qu'est-ce qui distingue une indemnité de départ d'une prestation de cessation d'emploi ?

41. Pourquoi certaines indemnités de départ sont-elles constatées progressivement pendant la carrière des employés, alors que d'autres ne le sont pas ?

 **Exercices**

E 1. Les informations à présenter par voie de note

Voici certains renseignements concernant les régimes d'avantages sociaux à prestations déterminées distincts que les deux divisions de la société Sepsum inc. offrent à leurs salariés au 31 décembre 20X1 :

	Actifs du régime	Obligation au titre des prestations constituées
Régime de retraite – division A	15 000 000 $	13 500 000 $
Régime de retraite – division B	3 750 000	4 150 000
Régime de soins médicaux – division A	θ	1 750 000
Régime de soins médicaux – division B	θ	700 000

Sepsum inc. désire présenter les renseignements relatifs à ses régimes d'avantages sociaux de la façon la plus sommaire possible selon les normes comptables. Comment Sepsum inc. peut-elle grouper les renseignements relatifs à ses régimes tout en respectant les normes de présentation minimales ?

E 2. La charge de l'exercice

La société Héron inc. a instauré un régime de retraite non contributif au début de l'exercice. Il n'y a aucune prestation relative aux services passés. En utilisant la méthode de répartition des prestations au prorata des services, l'actuaire a déterminé que le coût des services rendus au cours de l'exercice s'élève à 400 000 $. Il a établi ce montant en présumant que cette somme serait versée à la caisse au milieu de l'exercice (taux d'actualisation utilisé de 10 %). Or, Héron inc. a effectivement versé à la caisse de retraite le montant de 400 000 $ au milieu de l'exercice. De plus, le rendement réel de l'actif du régime correspond exactement au rendement prévu de 10 %. La prochaine évaluation actuarielle aura lieu dans deux ans.

Dans cette situation particulière, est-il exact d'affirmer que la charge relative au régime de retraite s'élève à 400 000 $? Justifiez votre réponse.

E 3. L'effet de différents éléments sur la charge de l'exercice et sur l'obligation au titre des prestations constituées

Dites si les énoncés suivants sont vrais ou faux. Justifiez votre réponse.

a) Le montant des cotisations de l'employeur versées dans un régime par capitalisation représente une composante de la charge de l'exercice.

b) Une société offre un régime d'assurance-vie à ses anciens salariés. Le montant payé lors du décès est de 10 000 $. Au moment où le montant est payé, il doit être inclus dans la charge de l'exercice.

c) Une rotation du personnel plus élevée que prévu a pour effet de réduire l'obligation au titre des prestations constituées.

20

d) Le régime de soins de santé d'une société est modifié. Le montant de la franchise à assumer par les employés actifs et retraités est augmenté. Cette modification entraîne une diminution de 850 000 $ de l'obligation au titre des prestations constituées. La charge au cours de l'exercice de la modification sera diminuée de 850 000 $.

e) Le rendement prévu de l'actif d'un régime par capitalisation diminue la charge de l'exercice.

E 4. La charge de l'exercice

Brodeur inc. offre un régime de retraite à prestations déterminées non contributif depuis 20X0. Voici certaines informations pertinentes concernant les exercices 20X0, 20X1 et 20X2 :

20X0
- *Gain actuariel de 10 000 $ concernant l'actif du régime amorti de façon linéaire sur 10 ans à compter de l'exercice 20X1.*

20X1
- *Gain actuariel de 8 000 $ concernant l'actif du régime.*
- *Redressement (augmentation) de l'obligation au titre des prestations constituées d'un montant de 50 000 $ découlant de la modification de certaines hypothèses.*
- *Perte actuarielle de 20 000 $ concernant l'obligation au titre des prestations constituées.*

  Tous ces redressements seront amortis de façon linéaire sur 10 ans à compter de l'exercice 20X2.

20X2

Coût des services rendus au cours de l'exercice	*420 000 $*
Intérêts sur l'obligation au titre des prestations constituées	*150 000*
Rendement prévu de l'actif	*140 000*
Rendement réel de l'actif	*135 000*
Aucune évaluation actuarielle en 20X2	

Compte tenu des informations dont vous disposez, calculez la charge relative à ce régime de retraite pour l'exercice 20X2. Quels éléments expliquent la différence entre le passif au titre des prestations constituées et la situation de capitalisation du régime au 31 décembre 20X2 ?

E 5. L'évolution de l'actif d'un régime

Voici l'évolution de l'actif d'un régime de retraite pour un exercice donné :

Valeur réelle de l'actif au début	*100 000 $*
Rendement réel	*15 000*
Cotisations de l'entreprise	*20 000*
Prestations versées	*(10 000)*
Valeur réelle de l'actif à la fin	*125 000 $*

Supposez que l'hypothèse actuarielle formulée quant au taux de rendement de l'actif ait été de 12 %. Quel est le montant du gain ou de la perte actuariel relatif à l'actif pour l'exercice dans chacune des situations indépendantes qui suivent ?

a) Les cotisations de l'entreprise et les prestations sont versées en fin d'exercice.
b) Les cotisations de l'entreprise et les prestations sont versées uniformément tout au long de l'exercice.

E 6. Les gains ou pertes actuariels

Voici différentes données concernant l'évolution de l'obligation au titre des prestations constituées relative au régime de retraite non contributif (RR) et au régime d'assurance-vie, maladie et hospitalisation (RAVMH) de la société Geldor inc. :

	RAVMH	RR
Solde au 31 décembre 20X0	70 000 $	400 000 $
Coût des services rendus au cours de 20X1		
(constituées uniformément tout au long de l'exercice)	7 000	50 000
Prestations versées à la fin de 20X1	500	20 000
Cotisations versées à la caisse de retraite à la fin de 20X1	s.o.	60 000

Obligation au titre des prestations constituées au 31 décembre		
20X1 selon la nouvelle évaluation actuarielle	*85 770*	*460 000*
Taux d'actualisation	*11 %*	*11 %*

En supposant que le régime n'ait subi aucune modification, calculez le montant des gains ou pertes actuariels qui découleront des nouvelles évaluations actuarielles effectuées le 31 décembre 20X1.

E 7. Le calcul de l'obligation au titre des prestations constituées

Le 1er janvier 20X0, une entreprise n'ayant qu'un seul employé instaure en sa faveur un régime de retraite à prestations déterminées. La rente annuelle de retraite de l'employé sera égale à 2 % du salaire moyen qu'il a touché au cours de ses années de service multiplié par le nombre total d'années de service. Il n'y a aucune prestation relative aux services passés. Il est prévu que l'employé travaillera encore 10 ans au sein de l'entreprise et que son salaire moyen fondé sur sa carrière active sera de 45 000 $. Il est aussi prévu que le participant recevra des prestations de retraite pendant trois ans, jusqu'à son décès. Tenez pour acquis que ces prestations sont payables à la fin de chaque année en cause. Le taux d'actualisation est de 12 %. De plus, l'entreprise offre à cet employé un régime d'assurance-vie. Le montant payable lors du décès est de 5 000 $. La société finance le régime d'assurance-vie par autoassurance.

Quel sera le montant de l'obligation au titre des prestations constituées au 31 décembre 20X1 en supposant que toutes les prévisions établies au départ restent inchangées ?

E 8. Le type de régime et le risque lié au paiement des prestations

Au cours d'un souper gastronomique, M. Voyer en profite pour vous poser des questions au sujet de son régime de retraite. Il s'adresse à vous en ces termes :

> « Le régime de retraite offert par mon employeur prévoit que je recevrai à ma retraite une rente annuelle égale à 1,5 % de mon traitement annuel moyen des cinq dernières années de service multiplié par le nombre total d'années de service. Mon patron soutient que c'est l'employeur qui assume le risque relié au montant des prestations que je recevrai à ma retraite. Comment peut-il affirmer qu'il assume un tel risque ? »

Répondez à M. Voyer.

E 9. L'effet de certains éléments sur la situation de capitalisation

Le 31 décembre 20X1, le régime de retraite d'une société montre une capitalisation excédentaire de 250 000 $. Précisez si chacun des éléments suivants entraîne une augmentation ou une diminution de cet excédent.

a) Le taux d'augmentation des salaires retenu à titre d'hypothèse passe de 5 % à 6 %.
b) Le taux d'actualisation utilisé dans le calcul de l'obligation au titre des prestations constituées est modifié : il passe de 10 % à 11 %.
c) Chaque année, en moyenne 10 employés quittent la société. Au cours de l'exercice, 20 employés participants ont démissionné, mettant ainsi fin prématurément à leur carrière active au sein de l'entreprise.
d) Une modification du régime fait en sorte que les prestations versées aux retraités actuels et futurs seront indexées automatiquement en fonction de l'indice des prix à la consommation (I.P.C.).
e) Les dispositions du régime permettent à l'entreprise de retirer les sommes excédentaires du régime. L'entreprise effectue un retrait de 50 000 $.

20

E 10. L'actif de deux régimes

Une société offre à ses salariés un régime d'assurance-vie ainsi qu'un régime de soins médicaux. Ces régimes sont prolongés pour les employés retraités. La société finance ce régime par autoassurance. Elle a un contrat de « services administratifs seulement » avec une société d'assurances selon lequel cette société, moyennant des honoraires de gestion, s'occupe des aspects administratifs des régimes. À titre d'exemple, elle s'occupe de verser les prestations aux retraités à même des fonds mis à sa disposition par l'entreprise. L'entreprise a pris l'habitude de transférer dans un compte bancaire distinct un montant mensuel fixe aux fins du règlement des prestations payables en vertu des régimes. À la fin de l'exercice 20X2, un montant de 180 500 $ subsiste dans ce compte.

Quel traitement comptable convient-il d'appliquer à cet actif destiné à pourvoir aux engagements des régimes d'avantages sociaux?

E 11. Le rapprochement du passif au titre des prestations constituées et du déficit

Au cours de l'exercice, Obscur inc. a instauré un régime de retraite à prestations déterminées non contributif. Des prestations ont été attribuées pour les services rendus par les employés au cours des cinq années ayant précédé l'instauration. À la fin de l'exercice, le déficit du régime s'élève à 95 000 $. Les informations suivantes figurent dans les registres comptables de l'entreprise :

Charge de l'exercice	45 000 $
Passif au titre des prestations constituées	25 000

Sachant qu'il n'y a eu aucune nouvelle évaluation actuarielle à la fin de l'exercice et que le rendement réel de l'actif du régime était conforme au rendement prévu, démontrez ce qui peut justifier la différence de 70 000 $ entre le passif au titre des prestations constituées et le déficit à la fin de l'exercice.

E 12. Le rapprochement du passif au titre des prestations constituées et du déficit

Le 1er janvier 20X0, la société Les Entreprises Létourneau inc. a instauré un régime de retraite à prestations déterminées (RR). Elle a également mis en place un régime de soins médicaux (RSM). Voici certaines informations pertinentes concernant ces régimes :

	RSM	RR
En ce qui concerne l'obligation au titre des prestations constituées		
Obligation au titre des prestations constituées au 1er janvier 20X0		80 000 $
Coût des services rendus en 20X0	2 500 $	20 000
Intérêts sur l'obligation au titre des prestations constituées	100	10 000
Prestations versées	θ	θ
Obligation au titre des prestations constituées au 31 décembre 20X0	2 650	115 000
En ce qui concerne l'actif du régime		
Cotisations à la caisse de retraite	s.o.	25 000 $
Rendement prévu	s.o.	1 000
Rendement réel	s.o.	1 500

Le coût des services passés est amorti sur la durée résiduelle moyenne d'activité du groupe de salariés estimée à 12 ans au 1er janvier 20X0. Les gains et pertes actuariels sont amortis pendant la même durée à compter de l'exercice qui suit leur détermination. Il n'y a eu aucune modification dans les dispositions des régimes au cours de l'exercice 20X0.

Calculez le passif au titre des prestations constituées au 31 décembre 20X0. Déterminez le déficit des régimes à la même date et effectuez le rapprochement entre ces deux montants.

E 13. Le règlement d'un régime

La société Sergent ltée possède plusieurs divisions, et chacune d'elles a son propre régime de retraite à prestations déterminées non contributif. Après des négociations avec les employés de l'une de ces divisions, une entente est intervenue prévoyant le règlement total du régime de retraite. Chaque participant s'est vu remettre une somme d'argent représentant une estimation de la valeur actuelle de ses prestations futures. Tous les employés continueront de travailler pour l'entreprise. Le jour précédant la date de l'entente, l'obligation au titre des prestations constituées calculée sur une base de permanence du régime s'élevait à 300 000 $, alors qu'elle se chiffrait à 230 000 $ sur une base de terminaison du régime. La valeur liée au marché de l'actif du régime était de 210 000 $. Après la réalisation de tous les éléments d'actif du régime, une somme globale de 200 000 $ était disponible pour les versements aux participants. Pour respecter l'entente intervenue entre l'employeur et les participants, l'entreprise a comblé la différence de 30 000 $. Au moment de ce règlement, certains montants n'avaient toujours pas été imputés aux résultats. Il s'agit notamment d'un montant de 35 000 $ relatif au coût des services passés et un montant net de 10 000 $ (perte) relatif à des gains et pertes actuariels calculés antérieurement.

Compte tenu de ces informations, déterminez le solde du compte Passif au titre des prestations constituées immédiatement avant l'opération de règlement. De plus, déterminez les montants qui devront être imputés aux résultats à la suite du règlement complet du régime et préparez l'écriture de journal nécessaire à l'enregistrement de cette opération.

E 14. La compression d'un régime et les prestations de cessation d'emploi

La société BCD inc. fait face à une vive concurrence. La perte de deux clients importants l'oblige à procéder au licenciement de plusieurs employés affectés à ses activités de fabrication. À la suite des négociations avec le syndicat, BCD accepte de verser l'équivalent de six mois de salaires aux employés licenciés. Le montant en cause s'élève à 1 750 000 $. L'obligation au titre des prestations constituées pour l'ensemble des employés couverts par le régime passe de 3 140 000 $ à 2 890 000 $, à la suite de cette compression de régime. La portion du dernier montant attribuable aux employés licenciés est de 685 000 $. Immédiatement avant la compression, des pertes actuarielles nettes non amorties, des couts non amortis relatifs aux services passés et une obligation transitoire non amortie s'élevant respectivement à 115 000 $, 35 000 $ et 75 000 $ subsistaient. Au moment de la modification du régime ou le cout des services passés a été déterminé, le nombre résiduel d'années de service des employés en cause avant l'admissibilité intégrale représentait environ 15 % du nombre résiduel d'années de service de l'ensemble des employés. Ce pourcentage s'élevait à 12 % l'année de l'adoption des nouvelles recommandations du chapitre 3461 du *Manuel de l'I.C.CA*. Le taux sans risque ajusté pour la qualité du crédit s'établit à 8 % au moment où les prestations de cessation d'emploi sont attribuées.

Calculez l'incidence de cette compression sur la charge relative aux avantages sociaux futurs de BCD.

E 15. Les gains et pertes actuariels

À partir des renseignements suivants qui concernent le régime de retraite (RR) et le régime d'assurance-vie et maladie (RAVM) de la société Malbac inc., calculez le montant d'amortissement minimal des gains et pertes actuariels qui devrait être imputé à la charge de l'exercice.

	RAVM	RR
Obligation au titre des prestations constituées		
Au début de l'exercice	450 000 $	3 150 000 $
À la fin de l'exercice	500 000	3 350 000
Actifs du régime		
Au début de l'exercice		3 000 000
À la fin de l'exercice		3 050 000
Gains (pertes) actuariels non amortis au début de l'exercice	6 500	(400 000)
Gains (pertes) actuariels de l'exercice	10 000	(50 000)
Durée résiduelle moyenne d'activité	15 ans	15 ans

20

E 16. La provision pour moins-value

La variation de la provision pour moins-value est l'une des composantes de la charge au titre des avantages sociaux futurs. Pour chacune des situations indépendantes suivantes, calculez la variation de la provision qui fera partie de la charge de retraite de l'exercice terminé le 31 décembre 20X1.

	I	II	III
Actif au titre des prestations constituées au 31 décembre 20X1	45 000 $	45 000 $	45 000 $
Soldes non amortis au 31 décembre 20X1			
Coût des services passés non amorti	30 000	5 000	θ
Gains actuariels nets non amortis	15 000	25 000	45 000
Actif transitoire non amorti	5 000	5 000	50 000
Avantage futur escompté au 31 décembre 20X1	28 000	28 000	48 000
Provision pour moins-value au 1er janvier 20X1	5 000	25 000	10 000

E 17. Un régime à cotisations déterminées

Virtuelcom inc. a instauré un nouveau régime de retraite à cotisations déterminées, au début de 20X4. Les cotisations de l'employeur sont établies à 7 % des salaires bruts, lesquels s'élèvent à 1 200 000 $ en 20X4 et en 20X5. De plus, en guise de reconnaissance pour les services passés rendus par les salariés, Virtuelcom s'engage à verser en fiducie une somme de 500 $ par année de services (antérieurs à 20X4) par employé, ce qui représente un montant total de 100 000 $. Elle versera, à compter de 20X5, une somme annuelle de 20 000 $ pendant cinq ans. Le taux d'actualisation pertinent est de 10 %. La société amortit la valeur actualisée des cotisations futures pour services passés de façon linéaire sur 10 ans.

Quel sera le montant de la charge relative à ce régime de retraite en 20X4 et en 20X5? Quel montant figurera au bilan du Virtuelcom inc., à la fin de 20X5 ?

Problèmes de compréhension

P 1. Le calcul de la charge de l'exercice   (10 minutes – facile)

Après avoir consulté l'évaluation actuarielle et d'autres documents afférents au régime de retraite de la société Oléo inc., vous avez rassemblé les renseignements suivants :

Solde de l'actif du régime au début de 20X1		500 000 $
Obligation au titre des prestations constituées au début de 20X1		600 000
Coût des services rendus au cours de 20X1		100 000
Portion de ce montant représentée par les cotisations des employés		30 000
Prestations versées		5 000
Cotisations versées à la caisse		
Employés	30 000 $	
Employeur	50 000	80 000
Hypothèses formulées concernant		
le taux de rendement de l'actif		12 %
le taux d'actualisation		12 %

Le régime a été établi après la date d'entrée en vigueur des recommandations actuelles du chapitre 3461 du *Manuel de l'I.C.C.A.*

Au début de l'exercice, tous les redressements avaient été imputés aux résultats. Il n'y a pas eu d'évaluation actuarielle à la fin de l'exercice en cours, et le rendement réel de l'actif correspond au rendement prévu. Enfin, les cotisations et les prestations sont payées en fin d'exercice, et la constitution des prestations se fait uniformément tout au long de l'exercice.

Travail à faire

Calculez la charge de l'exercice et le solde du compte Passif au titre des prestations constituées au 31 décembre 20X1.

P 2. L'amortissement du solde transitoire   (20 minutes – facile)

L'actif transitoire du régime de retraite de la société Flip Flop inc. était de 400 000 $ à la date de l'adoption des recommandations actuelles de l'I.C.C.A. concernant les avantages sociaux futurs. Quant à son régime sans capitalisation d'assurance-vie, maladie et hospitalisation, il montrait une obligation transitoire de 175 000 $ à la même date. À ce moment-là, 60 personnes travaillaient pour la société et, selon le Service des ressources humaines, les 60 employés pouvaient faire une carrière variant de 5 à 25 ans au sein de la société. Le tableau suivant contient un résumé de la situation :

Nombre d'employés	Durée restante jusqu'à l'admissibilité intégrale (années)
8	5
5	7
5	8
10	10
12	15
8	20
5	22
7	25

Travail à faire

Déterminez l'amortissement de ces soldes transitoires qui sera imputé à la charge de chacune des sept années qui suivront l'adoption des recommandations du Conseil des normes comptables (C.N.C.) en ce qui a trait aux avantages sociaux futurs, lorsque la société amortit les soldes transitoires :

a) de façon linéaire sur la durée résiduelle moyenne d'activité ;
b) en affectant un montant égal à chacune des années de service restantes comprises dans la période prévue jusqu'à la date de l'admissibilité intégrale de chaque salarié actif au moment de l'adoption des recommandations.

P 3. Le rapprochement du passif au titre des prestations constituées et du déficit   (15 minutes – moyen)

Voici, pour la société Rivel ltée, le calcul de la charge au titre des avantages sociaux futurs pour l'exercice 20X0 au cours duquel son régime d'assurance-vie a été instauré. Le régime prévoit le versement d'une assurance-vie calculée en fonction du nombre d'années de service. La société a recours à une assurance collective pour assurer le versement des prestations. Elle recourt aussi annuellement aux services d'un actuaire pour la détermination du coût de ces avantages.

Coût des services rendus en 20X0	20 000 $
Amortissement du coût des services passés (30 000 $ ÷ 5 ans)	6 000
Intérêts sur l'obligation au titre des prestations constituées	4 000
Charge de l'exercice	30 000 $

Le régime est sans capitalisation. Aucune prestation de retraite n'a été versée au cours de l'exercice.

Travail à faire

a) Déterminez le montant du passif au titre des prestations constituées à la fin de l'exercice.
b) Déterminez le montant du déficit du régime à la fin de l'exercice.
c) Effectuez le rapprochement de ces deux montants.

20

P 4. Un gain ou une perte actuariel

(25 minutes – moyen)

Chaque année, les administrateurs du régime de retraite de la société Juéry ltée font appel à la firme Hak Tuère et associés pour qu'elle effectue l'évaluation actuarielle de leur régime de retraite non contributif. Voici les renseignements tirés des évaluations actuarielles effectuées le 31 décembre 20X0 et 20X1 :

	31 décembre 20X0	31 décembre 20X1
Obligation au titre des prestations constituées	2 350 000 $	2 500 000 $
Effet d'une modification du régime (inclus dans le montant de l'obligation au titre des prestations constituées)		200 000
Coût des prestations pour les services à rendre au cours de la prochaine année	150 000	160 000
Taux d'actualisation	10 %	10 %

Autres renseignements

- Des prestations mensuelles de 10 000 $ ont été versées au cours de l'exercice (les prestations sont versées à la fin de chaque mois). Pour un taux annuel de 10 %, le facteur servant à calculer la valeur capitalisée de 12 versements mensuels effectués en fin de période est 12,565 569.
- La constitution des prestations se fait uniformément tout au long de l'exercice.

Travail à faire

a) Déterminez le montant du gain ou de la perte actuariel relatif à l'obligation au titre des prestations constituées pour l'exercice 20X1.

b) Quel est le traitement comptable à adopter pour ce gain ou cette perte actuariel ?

P 5. La charge de l'exercice

(30 minutes – facile)

Au début de l'exercice 20X0, la société Gilco inc. a instauré un régime de retraite à prestations déterminées non contributif qui prévoit des évaluations actuarielles triennales. Les trois situations indépendantes qui suivent fournissent des renseignements se rapportant à l'exercice financier 20X1 :

	1	2	3
Rendement prévu de l'actif du régime	22 000 $	40 000 $	37 000 $
Rendement réel de l'actif du régime	22 500	39 700	36 800
Coût des services rendus en 20X1	50 000	40 000	60 000
Amortissement du coût des services passés	20 000	30 000	30 000
Taux d'actualisation	10 %	12 %	11 %
Obligation au titre des prestations constituées au début de l'exercice	200 000 $	300 000 $	300 000 $
Juste valeur de l'actif au début de l'exercice	200 000	300 000	300 000
Gain actuariel calculé à la fin de 20X0 attribuable au rendement réel de l'actif supérieur au rendement prévu	5 000	8 000	1 000
Prestations versées	–	10 000	20 000

Les gains et les pertes actuariels sont amortis de façon linéaire sur une période de 10 ans à compter de l'exercice qui suit leur détermination.

Travail à faire

Pour chacune des situations, calculez la charge pour l'exercice 20X1 en tenant pour acquis que la constitution des prestations se fait uniformément tout au long de l'exercice et que les prestations de retraite sont versées en fin d'exercice.

20

P 6. Le rapprochement du passif au titre des prestations constituées et du déficit

(35 minutes – difficile)

Voici le rapprochement du passif au titre des prestations constituées et du déficit effectué le 31 décembre 20X0 concernant le régime de retraite (RR) non contributif de la société Monica ltée et son régime d'assurance-vie, maladie et hospitalisation (RAVMH) :

	RR	RAVMH
Passif au titre des prestations constituées	50 000 $	10 000 $
Montant non amorti – Coût des services passés	30 000	1 000
Montant non amorti – Pertes (gains) actuarielles nettes	10 000	(5 000)
Déficit	90 000 $	6 000 $

Les éléments suivants composent la charge de l'exercice 20X1 :

	RR	RAVMH
Coût des services rendus en 20X1	30 000 $	12 000 $
Amortissement du coût des services passés	6 000	100
Amortissement des pertes (gains) actuarielles nettes	2 000	(500)
Excédent des intérêts relatifs à l'obligation au titre des prestations constituées sur le rendement prévu de l'actif (le cas échéant)	10 000	1 500
Charge de l'exercice	48 000 $	13 100 $

Autres renseignements

- Après avoir obtenu un rendement réel de l'actif supérieur au rendement prévu, le régime de retraite a généré un gain actuariel de 2 000 $ en 20X1. Ce gain actuariel sera amorti à compter de l'exercice 20X2.
- Il n'y a pas eu d'évaluation actuarielle à la fin de l'exercice 20X1.
- Monica ltée a effectué des versements de 40 000 $ à la caisse de retraite au cours de l'exercice. Le régime d'assurance-vie, maladie et hospitalisation est sans capitalisation.
- Des prestations de 60 000 $ et 600 $ ont respectivement été versées pour les régimes de retraite et d'assurance-vie, maladie et hospitalisation.

Travail à faire

Calculez le déficit des régimes au 31 décembre 20X1.

P 7. Le cas d'un régime contributif

(25 minutes – moyen)

Les renseignements suivants concernent le régime de retraite de la société Fragmar inc. :

Valeur liée au marché de l'actif au 1er janvier 20X1	500 000 $
Obligation au titre des prestations constituées au 1er janvier 20X1	550 000
Coût des services rendus en 20X1	62 000
Excédent des intérêts relatifs à l'obligation sur le rendement prévu de l'actif du régime pour 20X1	7 000
Salaires bruts totaux de 20X1 pour obtenir le calcul de la cotisation des employés	800 000
Amortissement du coût des services passés en 20X1	12 000
Amortissement des gains actuariels nets en 20X1	3 000
Cotisations versées à la caisse (y compris 40 000 $ provenant des retenues salariales) en 20X1	60 000
Passif au titre des prestations constituées au début de 20X1	34 000

Travail à faire

Sachant que la cotisation des employés est égale à 5 % du salaire brut :

a) préparez les écritures de journal nécessaires à l'enregistrement de la charge de l'exercice et à l'enregistrement du versement des cotisations ;

b) déterminez le montant du passif au titre des prestations constituées au 31 décembre 20X1 ;

369

c) expliquez comment devraient être présentées les informations financières se rapportant au régime de retraite de Fragmar inc. à l'état des résultats, au bilan et à l'état des flux de trésorerie.

P 8. La charge de l'exercice, le rapprochement du passif au titre des prestations constituées et du déficit du régime, les compressions de régime et les prestations de cessation d'emploi (75 minutes – difficile)

La société Samson ltée offre à ses employés un régime de retraite à prestations déterminées contributif ainsi qu'un régime de soins médicaux. La société a recours à des actuaires annuellement pour évaluer l'obligation au titre des prestations constituées de ces régimes. Elle amortit le coût des services passés de façon linéaire sur la durée résiduelle moyenne d'activité. Elle suit les règles d'amortissement minimal pour les gains et pertes actuariels nets.

Au début de l'exercice 20X1, la société a dû procéder à la fermeture de l'une de ses divisions. Cette décision a entraîné le licenciement de plusieurs employés. La société a offert aux employés des prestations de cessation d'emploi totalisant 1 250 000 $ à la suite de cette fermeture ; 75 % des employés ont accepté l'offre de la société, pour un montant total de prestations de 950 000 $. Ces prestations sont payables dès leur acceptation par le salarié. Les négociations se poursuivent avec le reste des employés. Cette division représente une composante au sens prévu au chapitre 3475 du *Manuel de l'I.C.C.A.*

Sonia Dupond, comptable chez Samson ltée, a préparé les feuilles de travail suivantes à la fin de l'exercice précédent pour assurer un suivi des éléments pertinents relativement à la comptabilisation des avantages sociaux futurs.

SAMSON LTÉE
**Rapprochement des obligations au titre des prestations constituées
et des déficits des régimes au 31 décembre 20X0**

	Retraite	Soins médicaux
Passif au titre des prestations constituées	589 185 $	323 170 $
Pertes actuarielles nettes non amorties	250 000	15 000
Coût des services passés non amortis (amortissement linéaire sur 18 ans, soldes après 4 ans d'amortissement)	65 000	10 000
Déficit des régimes	904 185 $	348 170 $

La consultation des rapports des actuaires a permis de réunir les informations suivantes en ce qui concerne les deux régimes :

	Retraite	Soins médicaux
Évaluation actuarielle au 31 décembre 20X0		
Coûts des services qui seront rendus en 20X1	210 000 $	62 000 $
Obligation au titre des prestations constituées	3 654 185	348 170
Évaluation actuarielle au 31 décembre 20X1		
Effet des licenciements sur le coût des services courants déterminé lors de l'évaluation actuarielle de 20X0	– 5 %	– 5 %
Diminution de l'obligation au titre des prestations constituées découlant des licenciements	140 000 $	22 000 $
Rapport du nombre résiduel d'années de service jusqu'à la date d'admissibilité intégrale des employés licenciés par rapport à celui de l'ensemble des employés (au moment de la modification du régime ayant occasionné le coût des services passés)	9 %	9 %
Obligation au titre des prestations constituées au 31 décembre 20X1	3 770 000 $	395 000 $
Gain actuariel calculé lors de l'évaluation	30 000	5 000
Taux d'actualisation utilisé	8 %	8 %
Taux de rendement prévu de l'actif	8 %	8 %
Durée résiduelle moyenne d'activité	16 ans	16 ans

20

Les informations suivantes sont également extraites des états financiers produits par les gestionnaires des actifs du régime de retraite :

Actifs du régime au 1ᵉʳ janvier 20X1	2 750 000 $
Cotisations reçues de Samson ltée	200 000
Cotisations reçues des salariés	75 000
Rendement réel de l'actif	280 000
Prestations payées aux retraités	(195 000)
Actifs du régime au 31 décembre 20X1	3 110 000 $

Des prestations totales de 13 000 $ ont été versées aux retraités en vertu du régime de soins médicaux en 20X1.

Travail à faire

Tenez pour acquis que la constitution des prestations ainsi que le versement des prestations et des cotisations se font uniformément tout au long de l'exercice.

a) Calculez la charge relative aux avantages sociaux futurs pour l'exercice 20X1.

b) Préparez les écritures requises pour comptabiliser la compression des régimes et la charge au titre des avantages sociaux futurs.

c) Établissez le rapprochement entre le passif au titre des prestations constituées et le déficit des régimes de la société Samson ltée au 31 décembre 20X1.

P 9. La provision pour moins-value de l'actif au titre des prestations constituées
(25 minutes – moyen)

La société Jetté inc. offre un régime de retraite à prestations déterminées non contributif à ses employés depuis plus de 50 ans. Lors de la mise en application initiale des recommandations actuelles de l'I.C.C.A. concernant les avantages sociaux futurs, l'actif transitoire du régime s'élevait à 3 000 000 $. Ce montant est imputé aux résultats de façon linéaire sur une période de 10 ans. À la fin de l'exercice en cours, selon l'évaluation actuarielle, l'obligation au titre des avantages sociaux futurs s'élevait à 8 000 000 $. La quote-part attribuable aux services rendus jusqu'à la date d'arrêté des comptes, soit l'obligation au titre des prestations constituées, s'élevait à 6 500 000 $.

Les dispositions du régime interdisent à l'entreprise tout retrait et établissent que l'employeur doit verser une cotisation annuelle minimale qui équivaut à 10 % du coût des prestations relatives aux services courants. En vertu de ces dispositions, Jetté inc. a versé des contributions de 45 000 $ à la caisse de retraite au cours de l'exercice. Le solde de l'actif au titre des prestations constituées au début de l'exercice s'élevait à 1 100 000 $, et la charge relative au régime de retraite calculée conformément aux recommandations du chapitre 3461 du *Manuel de l'I.C.C.A.* (avant ajustement de la provision pour moins-value) était créditrice pour un montant de 300 000 $. Toujours au début de l'exercice, le coût non amorti des services passés s'élevait à 150 000 $, les gains actuariels nets non amortis s'établissaient à 530 000 $ et le solde non amorti de l'actif transitoire s'élevait à 1 000 000 $. La provision pour moins-value attribuable à l'actif au titre des prestations constituées s'élevait à 130 000 $ au début et à la fin de l'exercice.

Travail à faire

Déterminez le solde des comptes Actif au titre des prestations constituées et Provision pour moins-value y afférente à la fin de l'exercice.

P 10. La compression d'un régime
(20 minutes – moyen)

Chez Raton inc., un seul régime de retraite à prestations déterminées non contributif est offert aux employés des cinq divisions de l'entreprise. Le 2 janvier 20X2, l'une d'entre elles est liquidée, entraînant la mise à pied de 15 % des employés de la société. Ces employés ont conservé toutefois leur droit à une rente différée. Selon les calculs de l'actuaire, la compression a eu pour effet de réduire de 65 000 $ l'obligation au titre des prestations constituées.

Le 31 décembre 20X1, le rapprochement présenté ci-dessous avait été effectué entre le passif au titre des prestations constituées et le déficit :

Passif au titre des prestations constituées	75 000 $
Gains actuariels nets non amortis	(20 000)
Coût des services passés non amortis (modification antérieure du régime)	42 000
Déficit	97 000 $

Le redressement découlant de la modification de l'une des dispositions du régime a été calculé le 31 décembre 20X0. Ce redressement est amorti de façon linéaire sur 15 ans. À cette date, la durée résiduelle moyenne d'activité du groupe de salariés touchés par la compression du régime représentait 15 % de la durée résiduelle moyenne d'activité de l'ensemble des salariés.

Travail à faire

Préparez les écritures nécessaires à l'enregistrement de la compression dans les livres de la société Raton inc.

P 11. Les dispositions de transition

(40 minutes – difficile)

En plus des régimes à prestations déterminées instaurés il y a plusieurs années pour le bénéfice de ses employés, la société Germanex inc. offre d'autres avantages postérieurs à la retraite, soit un régime d'assurance-vie et des régimes de soins médicaux. Jusqu'en 19X9[1], la société avait comme politique de comptabiliser ces charges complémentaires de retraite lorsqu'elles étaient engagées. En 20X0, elle a décidé d'adopter rétroactivement la méthode de la comptabilité d'exercice pour comptabiliser ces charges tel que le stipule le nouveau chapitre 3461 du *Manuel de l'I.C.C.A.*

Une évaluation actuarielle a été effectuée le 31 décembre 19X8. La prochaine évaluation aura lieu le 31 décembre 20X1. La dernière évaluation, effectuée à l'aide de la méthode de répartition des prestations au prorata des services, a permis d'établir comme suit la valeur de l'obligation au titre des prestations constituées et l'évolution de cette obligation :

GERMANEX INC.
Évolution de l'obligation au titre des prestations constituées
des régimes d'assurance-vie et d'assurance pour frais médicaux
(en millions de dollars)

	20X0	19X9
Solde de l'obligation au début	377 $	340 $
Coût des services rendus au cours de l'exercice	15	15
Intérêts sur l'obligation	27	24
Prestations versées au cours de l'exercice	(3)	(2)
Solde de l'obligation à la fin	416 $	377 $

Voici l'état sommaire des résultats et des bénéfices non répartis comparatifs dressés avant l'application rétroactive de cette modification de convention comptable :

GERMANEX INC.
Résultats et bénéfices non répartis
de l'exercice terminé le 31 décembre
(en millions de dollars)

	20X0	19X9
Chiffre d'affaires	26 700 $	25 800 $
Charges, les impôts sur le bénéfice non compris	22 500	21 700
Bénéfice avant impôts	4 200	4 100
Impôts sur le bénéfice	1 680	1 640
Bénéfice net	2 520	2 460
Bénéfices non répartis au début	478 360	477 000
	480 880	479 460
Dividendes	1 300	1 100
Bénéfices non répartis à la fin	479 580 $	478 360 $

---

1. Comme le nouveau chapitre du *Manuel de l'I.C.C.A.* entrait en vigueur en 2000, dans ce problème vous devez tenir pour acquis que les années 19X8, 19X9, 20X0 et 20X1 correspondent en fait aux années 1998, 1999, 2000 et 2001.

Seuls les coûts engagés sont effectivement déductibles à des fins fiscales. La modification de convention comptable n'entraîne donc aucune modification des impôts à payer des exercices antérieurs. Le taux d'imposition a été stable à 40 % au cours des derniers exercices.

Travail à faire

a) Passez l'écriture de journal nécessaire à l'enregistrement de cette modification comptable pour l'exercice 20X0.

b) Dressez un état des bénéfices non répartis pour l'exercice 20X0 en reproduisant les chiffres correspondants de l'exercice précédent.

c) Si Germanex décidait plutôt d'adopter la nouvelle convention comptable de façon prospective, expliquez comment il y aurait lieu de comptabiliser le solde transitoire existant au moment de l'adoption de la nouvelle convention et passez l'écriture qui serait requise. Tenez pour acquis que la durée moyenne résiduelle d'activité des salariés actifs serait de 12 ans.

P 12. L'évaluation des actifs des régimes et l'amortissement des gains et pertes actuariels
(50 minutes – difficile)

La société Micro inc. utilise les valeurs liées au marché pour évaluer les actifs de son régime de retraite. De plus, elle a pour politique de ne constater qu'un amortissement minimal des gains et pertes actuariels nets. De plus, aux fins du calcul de la valeur liée au marché des actifs du régime, elle incorpore de façon linéaire sur quatre ans les gains et pertes actuariels sur l'actif calculé pour une année donnée, à compter de l'exercice qui suit.

Voici l'évolution de la juste valeur des actifs du régime survenue au cours de la période du 1er janvier 20X5 au 31 décembre 20X8 :

	20X5	20X6	20X7	20X8
Juste valeur au début	1 200 000 $	1 303 000 $	1 402 000 $	1 518 000 $
Cotisations totales	100 000	105 000	110 000	112 000
Prestations payées	(70 000)	(76 000)	(80 000)	(78 000)
Rendement réel	73 000	70 000	86 000	150 000
Juste valeur à la fin	1 303 000 $	1 402 000 $	1 518 000 $	1 702 000 $
Taux de rendement prevu	8 %	7,5 %	7,75 %	8 %

De plus, la consultation des rapports actuariels permet d'obtenir les informations suivantes en ce qui concerne l'obligation au titre des prestations constituées pour les mêmes exercices.

	20X5	20X6	20X7	20X8
Obligation au 1er janvier	1 800 000 $	1 900 000 $	1 850 000 $	1 950 000 $
Gain (perte) actuariel calculé le 31 décembre	(150 000)	(48 150)	15 000	20 000

Travail à faire

Calculez le montant d'amortissement minimal qui doit être imputé à la charge au titre des avantages sociaux futurs pour chacun des exercices en cause. Tenez pour acquis que la durée résiduelle moyenne d'activité est de 15 ans à la fin de chacun des exercices et que la valeur liée au marché de l'actif équivaut à sa juste valeur au 1er janvier 20X5. De plus, les cotisations et les prestations sont versées uniformément tout au long de l'exercice.

P 13. Les règlements et les compressions de régime
(45 minutes – difficile)

La société Jobal ltée possède de nombreuses filiales et divisions, qui offrent toutes des régimes de retraite à prestations déterminées à leurs employés respectifs. Au fil des ans, il arrive que des divisions soient fermées et que des nouvelles soient créées. Pour la première fois depuis la publication du chapitre 3461 du *Manuel de l'I.C.C.A.* traitant des avantages sociaux futurs, la société a effectué une compression et un règlement d'un même régime d'avantages sociaux. En effet, la société a fermé l'une de ses usines, puis a transféré à une société d'assurances

20

les montants nécessaires pour honorer l'obligation au titre des prestations constituées. Les employés concernés transigent directement avec la société d'assurances pour la négociation de contrats de rentes.

Selon les recommandations du C.N.C., lorsqu'un règlement et une compression se produisent simultanément, l'entité comptabilise en premier lieu l'un ou l'autre. Par la suite, l'entité respecte le même ordre chaque fois qu'un règlement et une compression se produisent simultanément.

Monsieur Dupré, contrôleur à la société Jobal ltée, ne comprend pas très bien pourquoi l'ordre de comptabilisation de ces événements a vraiment de l'importance. Il vous fournit tous les renseignements nécessaires à la comptabilisation de la compression et du règlement et vous demande de lui démontrer comment l'ordre de comptabilisation peut avoir une incidence sur la charge de l'exercice.

JOBAL LTÉE
Fermeture de l'usine de Bienville – Données sur le régime de retraite

Obligation au titre des prestations constituées	
Le 31 décembre 20X2, avant la fermeture de l'usine	3 450 000 $
Immédiatement après la fermeture de l'usine, le 15 janvier 20X3	3 324 000
Portion des 3 324 000 $ attribuable aux employés licenciés	660 000
Juste valeur des actifs du régime le 15 janvier 20X3	3 500 000
Rapport entre la durée résiduelle d'activité des employés licenciés et celle de l'ensemble des employés couverts par le régime	
À la date de modification du régime inhérente au coût des services passés	6 %
À la date de détermination du solde transitoire	7 %
Coût des services passés non amortis au 31 décembre 20X2	400 000 $
Actif transitoire non amorti	62 000
Pertes actuarielles nettes non amorties	330 000

Travail à faire

Chiffres à l'appui, démontrez à monsieur Dupré comment l'ordre de comptabilisation de la compression et du règlement peut avoir une incidence sur la charge au titre des avantages sociaux futurs de l'exercice.

P 14. Le moment de la constatation et la période d'attribution
(30 minutes – moyen)

Dans chacune des situations suivantes, déterminez le moment de la constatation de la charge et du passif attribuables aux avantages sociaux futurs ainsi que la période d'attribution de ces avantages.

a) Dans un important centre de recherche, les employés ont droit à un congé sabbatique de six mois avec plein salaire pour chaque période de sept années de service. Lors d'un départ avant la période de sept ans prévue, le salarié perd les avantages afférents à ce régime. Outre la nécessité de rester au service de la société, aucune condition particulière ne doit être remplie pour avoir droit au congé sabbatique.

b) Une société offre la possibilité d'un congé parental à ses employés rémunéré à 75 % du salaire. Ce congé est d'une durée de six mois et doit être pris lors de la naissance ou de l'adoption d'un enfant.

c) Une société offre un régime d'assurance-vie à ses employés. Trente jours après son embauche, l'employé est assuré pour un montant équivalant à deux fois son salaire annuel. Le régime d'assurance est prolongé après le départ à la retraite. À ce moment, la succession de l'employé a droit à une assurance de 10 000 $ au moment de son décès. La société a recours à une police d'assurance collective pour le groupe de salariés actifs. Elle procède par autoassurance pour les employés retraités.

d) Une société offre un régime de soins médicaux à ses employés dès leur embauche. Ce régime est prolongé lors du départ à la retraite pour couvrir les soins de la vue, les frais d'hospitalisation et les médicaments sur ordonnance non couverts par les régimes publics. La société a recours à une assurance collective prévoyant une prime distincte pour le groupe d'employés retraités. Le régime couvre 90 % des frais admissibles.

20

e) Une société prévoit pour chaque catégorie d'emploi un certain nombre de jours de vacances et de congés de maladie payés à 100 % du salaire, pour chaque année de service. Les journées de vacances ou de maladie non utilisées s'accumulent et sont payées à l'employé lors de son départ à la retraite.

////////// **Analyses de cas**

C 1. Le coût des services passés

(20 minutes – moyen)

Au cours de l'exercice, la société Récente inc. a instauré un régime de retraite à prestations déterminées. Des crédits de rentes ont été accordés relativement aux services rendus au cours des cinq années ayant précédé l'instauration du régime. L'obligation au titre des prestations constituées à la date de l'instauration du régime s'élève à 300 000 $. Le contrôleur de la société, M. Récent, estime que ce montant devrait être soit présenté à titre de redressement à affecter aux exercices antérieurs, soit imputé entièrement aux résultats de l'exercice en cours. Il croit cependant que ce montant ne devrait pas être imputé aux résultats des exercices futurs, car il se rapporte à des services rendus dans le passé. De plus, d'après lui, la société se devait d'instaurer ce régime si elle voulait rester compétitive.

Travail à faire

a) Serait-il acceptable d'affecter le coût des services passés aux bénéfices non répartis pour tenir compte du fait qu'il se rapporte aux services rendus antérieurement ?

b) Expliquez ce qui justifie le choix de l'amortissement du coût des services passés sur un certain nombre d'exercices futurs par rapport à l'imputation complète aux résultats de l'exercice au cours duquel a lieu l'instauration.

C 2. Le cas d'une perte actuarielle importante

(30 minutes – moyen)

L'année 20X0 a été marquée par un important krach boursier. De ce fait, le régime de retraite offert aux employés de la société ABC inc. a enregistré une perte actuarielle importante en ce qui a trait au rendement réel comparativement au rendement prévu de l'actif du régime.

Étant donné que la société ABC inc. a enregistré un bénéfice plus élevé que la normale en 20X0, les administrateurs tiennent à imputer le total de cette perte actuarielle aux résultats de l'exercice 20X0. En fait, ils veulent montrer la perte actuarielle à titre d'élément extraordinaire à l'état des résultats de la société ABC inc. pour l'exercice terminé le 31 décembre 20X0. La convention comptable de la société, en ce qui a trait aux gains et pertes actuarielles nets, est d'imputer aux résultats un montant minimal d'amortissement.

Travail à faire

Discutez du traitement comptable à adopter en ce qui a trait à la perte actuarielle. Formulez une recommandation aux administrateurs de la société ABC inc. à ce sujet.

C 3. L'uniformité des pratiques comptables au sein de différentes entreprises

(25 minutes – difficile)

Avant l'entrée en vigueur des nouvelles recommandations du chapitre 3461 du *Manuel de l'I.C.C.A.* portant sur les avantages sociaux futurs, plusieurs méthodes étaient à la disposition des entreprises en ce qui a trait à la comptabilisation des charges au titre des régimes d'avantages sociaux postérieurs à l'emploi autres que les prestations de retraite. La plupart des entreprises comptabilisaient la charge au moment où les prestations étaient payées. D'autres inscrivaient une charge et un passif au moment du départ à la retraite. D'autres encore tentaient d'inscrire une charge et un passif pendant la carrière active des employés en ayant recours à des évaluations actuarielles.

En obligeant la constatation d'une charge et d'un passif en ayant recours à une méthode actuarielle uniforme, celle de la répartition des prestations au prorata des services, les nouvelles

20

recommandations ont permis d'accroître la comparabilité de l'information financière fournie par différentes entreprises concernant leurs régimes d'avantages sociaux autres que les régimes de retraite.

Travail à faire

a) Dans les recommandations actuelles du *Manuel de l'I.C.C.A.*, quels sont les principaux éléments qui favorisent cette comparabilité ?

b) Cernez certains aspects des recommandations qui peuvent occasionner un manque de comparabilité entre les entreprises.

C 4. Le calcul de la charge de l'exercice (30 minutes – difficile)

Produits sanitaires Ravo (PSR) a instauré, il y a déjà plusieurs années, un régime d'assurance-vie, hospitalisation et frais médicaux. Il s'agit d'un régime à prestations déterminées qui attribue aux retraités une assurance-vie calculée en fonction des années de service et qui couvre 90 % des frais médicaux engagés par le retraité et son conjoint. Il couvre également certains frais d'hospitalisation qui excèdent ceux assumés par les régimes provinciaux. Les dispositions de l'entente prévoient la capitalisation du régime en fonction des recommandations d'un actuaire. Les sommes sont irrévocablement déposées en fiducie pour pourvoir aux prestations lorsqu'elles deviennent exigibles.

Pour les années antérieures à 20X7, la charge de l'exercice a toujours été égale au montant versé à la société de fiducie. À partir du 1er janvier 20X7, la société PSR a mis en application les nouvelles normes comptables énoncées au chapitre 3461 du *Manuel de l'I.C.C.A.* Une évaluation actuarielle a été effectuée à cette date. Une autre évaluation actuarielle a eu lieu le 31 décembre 20X7, et la prochaine est prévue pour le 31 décembre 20X9.

Voici l'évolution de l'actif du régime et de l'obligation au titre des prestations constituées (évalués conformément aux recommandations du chapitre 3461 du *Manuel de l'I.C.C.A.*) pour les exercices 20X7 et 20X8 :

Actif du régime

Solde au 1er janvier 20X7	400 000 $
Rendement prévu pour 20X7	40 000
Cotisations de PSR en 20X7	40 000
Prestations versées en 20X7	(90 000)
Gain actuariel de 20X7	10 000
Solde au 31 décembre 20X7	400 000
Rendement prévu pour 20X8	40 000
Cotisations de PSR en 20X8	50 000
Prestations versées en 20X8	(110 000)
Perte actuarielle de 20X8	(20 000)
Solde au 31 décembre 20X8	360 000 $

Valeur actuarielle des prestations constituées

Solde au 1er janvier 20X7	350 000 $
Coût des services rendus en 20X7	50 000
Intérêts sur l'obligation	40 000
Prestations versées en 20X7	(90 000)
Solde au 31 décembre 20X7 avant les résultats de la nouvelle évaluation actuarielle	350 000
Perte actuarielle de 20X7	60 000
Solde de l'obligation au titre des prestations constituées au 31 décembre 20X7 après la nouvelle évaluation actuarielle	410 000
Coût des services rendus en 20X8	60 000
Intérêts sur l'obligation	50 000
Prestations versées en 20X8	(110 000)
Solde au 31 décembre 20X8	410 000 $

Renseignements supplémentaires :

L'actif transitoire est amorti de façon linéaire sur une période de 10 ans. Les gains et pertes actuariels sont amortis pendant la même période à compter de l'année qui suit leur détermination.

Travail à faire

a) Calculez la charge attribuable aux régimes pour les exercices 20X7 et 20X8.
b) Quel sera le montant de l'actif ou du passif au titre des prestations constituées qui fera partie du bilan de la société PSR au 31 décembre 20X8 ?
c) Rapprochez le montant déterminé en b) et le déficit de 50 000 $ au 31 décembre 20X8.

C 5. Le cas d'un régime à cotisations déterminées   (15 minutes – moyen)

Le contrôleur de la société Donato ltée, M. Ricardo, communique avec vous afin de vous faire part de certaines intentions de la direction de la société.

Donato ltée prévoit instaurer un régime de retraite. Le régime envisagé serait contributif, et les participants cotiseraient pour un montant équivalant à 5 % de leur salaire brut. Ces cotisations seraient perçues par des retenues salariales. Donato ltée ajouterait aux cotisations des employés sa propre contribution, laquelle serait d'un montant équivalant à celle des employés. La société s'occuperait de transférer la totalité des sommes à une société de fiducie. Les prestations de retraite des employés seraient établies en fonction des montants ainsi accumulés. Donato songe également à verser à la caisse de retraite un montant forfaitaire qui serait calculé en fonction du nombre d'années de service de chacun des employés. Si le montant en cause devait être important, il pourrait être versé à la caisse au moyen d'une série de versements égaux s'échelonnant sur un nombre déterminé d'années.

M. Ricardo s'interroge sur le traitement comptable qu'il conviendrait d'adopter pour refléter dans les livres de la société Donato ltée l'incidence de l'adoption d'un tel régime de retraite.

Travail à faire

Répondez aux interrogations de M. Ricardo.

C 6. La définition d'un passif appliquée
au déficit d'un régime   (20 minutes – difficile)

Vous assistez à un séminaire portant sur la présentation de l'information financière. Un analyste financier vous aborde et vous pose la question suivante :

> « Lorsque je passe en revue les notes aux états financiers d'une entreprise, je constate que l'on y présente l'obligation au titre des prestations constituées et la valeur de l'actif des régimes d'avantages sociaux qu'offre cette entreprise à ses employés. Ces notes font également état des montants constatés au bilan à titre d'actif et de passif à l'égard de ces régimes. Je remarque souvent, surtout en ce qui a trait aux régimes autres que les régimes de retraite, que seulement une partie du déficit est constatée à titre de passif. Faut-il donc considérer que la portion non constatée ne représente pas un réel passif sur le plan comptable ? »

Travail à faire

Répondez à la question de l'analyste financier.

20

C 7.   Le calcul de la charge de l'exercice et la présentation aux états financiers

(45 minutes – difficile)

Vous avez récemment été nommé contrôleur de Gollekk Co. inc., société canadienne fermée qui est en exploitation depuis plusieurs années.

Vous examinez l'état consolidé des résultats de la société pour les deux dernières années (voir l'annexe I). En parcourant les dossiers, vous constatez que, le 1er janvier 20X0, la société a remplacé son régime de retraite à cotisations déterminées pour un régime de retraite à prestations déterminées. Ce nouveau régime est non contributif et est offert à tous les employés. Dans l'ancien régime, toutes les cotisations annuelles avaient effectivement été versées à la société d'assurances auprès de laquelle les sommes étaient déposées.

Le nouveau régime est complètement différent du premier. Dès l'instauration du nouveau régime, des crédits de rentes pour services passés ont été attribués pour un montant total de 500 000 $. Selon les calculs de l'actuaire, le coût des services rendus en 20X0 s'élevait à 50 000 $, alors qu'il se chiffrait à 60 000 $ en 20X1. Ces calculs ont été effectués à l'aide de la méthode de répartition des prestations au prorata des services. Tenez pour acquis que la constitution et le versement des prestations ont lieu au milieu de l'exercice.

La société Gollekk Co. inc. a effectué des versements à la caisse de retraite de 80 000 $ en 20X0 et de 90 000 $ en 20X1. Vous constatez que ces montants ont été reconnus à titre de charge à l'état des résultats pour les mêmes exercices.

Vous rassemblez également les renseignements suivants qui sont pertinents pour votre analyse :

Obligation au titre des prestations constituées
- Hypothèse – Taux d'actualisation : 10 % depuis l'instauration du régime.
- Aucune évaluation actuarielle depuis 20X0. La prochaine évaluation actuarielle est prévue pour 20X2.
- Durée résiduelle moyenne d'activité du groupe de salariés touchés par les crédits de rentes relatifs aux services passés : cinq ans.

Actifs du régime
- Il n'y a pas d'écart important entre le taux de rendement réel et l'hypothèse formulée par l'actuaire quant au rendement de l'actif (12 % depuis l'instauration du régime).
- L'annexe II fournit des détails sur l'actif du régime et son évolution. L'actif est évalué à sa juste valeur.

Travail à faire

a) Déterminez le montant de la charge de l'exercice qui devrait figurer aux états financiers des exercices 20X1 et 20X0.

b) Préparez une note à laquelle devront renvoyer les états financiers de l'exercice 20X1 et qui renfermera les informations requises selon le chapitre 3461 du *Manuel de l'I.C.C.A.*

20

Annexe I

GOLLEKK CO. INC.
Résultats consolidés
des exercices terminés le 31 décembre
(en milliers de dollars)

	20X1	20X0
Ventes nettes	4 354 $	3 785 $
Intérêts	14	14
	4 368	3 799
Coût des produits vendus et frais d'exploitation	3 054	2 702
Amortissement	500	400
Intérêts	39	31
	3 593	3 133
Bénéfice avant impôts	775	666
Impôts sur le bénéfice (40 %)	310	266
Bénéfice net	465 $	400 $

Annexe II

Renseignements sur l'actif et
l'évolution de l'actif de la caisse
de retraite de Gollekk Co. inc.
(en milliers de dollars)

	20X1	20X0
Cotisations de l'employeur	90,0 $	80,0 $
Produits de placement		
Intérêts	13,0	3,0
Dividendes	5,0	1,0
Gains (pertes) sur cession et variations dans la juste valeur des placements	3,0	0,8
	21,0	4,8
	111,0	84,8
Prestations versées	(5,0)	(5,0)
Augmentation de l'actif du régime	106,0	79,8
Solde de l'actif au début	79,8	θ
Solde à la fin	185,8 $	79,8 $
Composition de l'actif		
Bons du Trésor	10,0 $	9,0 $
Titres de participation	100,0	50,0
Obligations	75,8 $	20,8 $
	185,8 $	79,8 $

La comptabilisation des impôts sur les bénéfices des sociétés

21

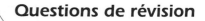
1. Les principes comptables généralement reconnus (P.C.G.R.) président à l'établissement de l'état des résultats, tandis que les lois fiscales dictent la détermination du bénéfice imposable. Expliquez en quoi ils ne poursuivent pas les mêmes objectifs.

2. Lors de la présentation des états financiers aux membres du conseil d'administration d'une nouvelle société, l'expert-comptable a invoqué la présence d'écarts permanents pour justifier l'écart entre le bénéfice avant impôts figurant à l'état des résultats et le bénéfice imposable. Qu'en est-il exactement ? Mentionnez cinq exemples d'écarts permanents.

3. En poursuivant ses explications, l'expert-comptable a aussi invoqué la présence d'écarts temporaires. Définissez brièvement ce qu'on entend par « écarts temporaires ». Donnez cinq exemples de ce type d'écarts.

4. Le Conseil des normes comptables (C.N.C.) de l'Institut Canadien des Comptables Agréés (I.C.C.A.) préconise une méthode de comptabilisation des impôts sur les bénéfices des sociétés axée sur le bilan. De quelle façon le C.N.C. justifie-t-il le recours à la méthode de l'actif ou du passif fiscal ?

5. Le chapitre 3465 du *Manuel de l'I.C.C.A.* fait référence aux notions d'écart temporaire, d'écart temporaire déductible et d'écart temporaire imposable. Expliquez brièvement en quoi consiste chacun de ces écarts.

6. La détermination de la valeur fiscale des éléments d'actif et de passif constitue une étape fondamentale dans l'application des recommandations du C.N.C. Quelles sont les principales indications du C.N.C. à cet égard ?

7. Quelles sont les principales exigences de constatation que formule le C.N.C. eu égard aux actifs et aux passifs d'impôts futurs ?

8. Quelles sont les principales exigences de présentation du C.N.C. eu égard à la charge d'impôts sur le bénéfice et aux impôts devant figurer au bilan ?

9. Les états financiers de la société Éprouvée ltée comportent une charge d'impôts sur le bénéfice de 48 000 $, alors que le bénéfice avant impôts s'élève à 150 000 $. Un des membres nouvellement élu au sein du conseil d'administration s'interroge sur le fait que la société ne paie pas sa juste part d'impôts. Selon lui, la charge totale aurait dû être de 60 000 $, car le taux d'imposition prescrit est de 40 %. En tant que vice-présidente – Finances, formulez une réponse à l'attention de votre collègue.

10. Pourquoi la ventilation des impôts est-elle si importante ?

11. Énumérez brièvement les dispositions fiscales concernant le report des pertes d'exploitation et des pertes en capital.

12. Les autorités fiscales laissent à la direction de l'entreprise le choix d'opter pour un report rétrospectif, un report prospectif ou une combinaison des deux. Énumérez les principaux facteurs qui doivent être pris en considération et décrivez brièvement leur incidence.

13. De quelle façon doit-on comptabiliser l'avantage fiscal découlant du report d'une perte d'exploitation inférieure au total des bénéfices imposables des trois exercices précédents ?

14. Selon la position du C.N.C., il est possible de constater immédiatement un actif d'impôts futurs pour les pertes fiscales inutilisées jusqu'à concurrence d'un montant dont la réalisation est plus probable qu'improbable. De quelle façon le praticien doit-il s'y prendre pour juger de cette probabilité ?

15. Quelles informations doit-on fournir lorsqu'il est impossible de comptabiliser la totalité de l'avantage fiscal découlant d'un report de perte dans l'exercice où a eu lieu la perte en cause ?

16. À chaque date d'établissement d'un bilan, nous sommes tenus de procéder à une réévaluation des avantages fiscaux probables. Décrivez brièvement les deux situations qui peuvent découler de cette réévaluation annuelle.

17. Que se passe-t-il à la date d'acquisition d'un élément d'actif lorsque sa valeur fiscale diffère de sa valeur comptable ?

18. Décrivez les normes comptables entourant la comptabilisation des impôts remboursables.

19. De quelle façon doit-on tenir compte des réductions du taux d'imposition ?

20. De quelle façon doit-on comptabiliser les crédits d'impôt à l'investissement ?

21. Lors de l'établissement d'états financiers intermédiaires, la comptabilisation des impôts sur les bénéfices soulève certaines questions comptables particulières. Discutez brièvement de ces questions.

22. Pourquoi certaines entreprises ne sont-elles pas tenues de comptabiliser des impôts futurs ?

Exercices

E 1. Choix multiples

Pour chacune des situations suivantes, choisissez la réponse qui convient le mieux.

1. Parmi les éléments présentés ci-dessous, lequel donne lieu à la ventilation des impôts sur les bénéfices d'un exercice ?
   a) L'excédent de la déduction pour amortissement sur l'amortissement comptable.
   b) Les dividendes reçus d'une société canadienne imposable.
   c) L'abandon d'un secteur d'activité.
   d) Les impôts remboursables afférents à un dividende reçu d'une société canadienne imposable.

2. À la fin de l'exercice courant, le grand livre de la société Import-Export ltée renferme le compte Passif d'impôts futurs – Stock qui a un solde inférieur au solde du compte Actif d'impôts futurs – Immobilisations. De quelle façon doit-on présenter ces informations au bilan de la société ?
   a) Le montant net doit figurer au passif à court terme.
   b) Le montant net doit être présenté à l'actif à court terme.
   c) Les impôts futurs relatifs au stock doivent être inscrits au passif à court terme et ceux relatifs aux immobilisations parmi les frais reportés.
   d) Les impôts futurs relatifs au stock doivent figurer à l'actif à court terme et ceux relatifs aux immobilisations entre les dettes à long terme et les capitaux propres.

21

3. Au cours de l'exercice 20X2, Diviex ltée a reçu des dividendes de 15 000 $ d'une autre société canadienne. En tenant pour acquis que le taux d'imposition de cette société est de 40 %, quel est le montant des impôts futurs devant figurer aux résultats de l'exercice ?
   a) 6 000 $ à titre d'économie d'impôts.
   b) 15 000 $ à titre d'économie d'impôts.
   c) 6 000 $ à titre de charge d'impôts.
   d) Aucune de ces réponses.

4. Le taux d'imposition de la société Dépréciée ltée est de 16 %. Au 31 mars 20X1, la fraction non amortie du coût en capital des immobilisations de la société s'élève à 100 000 $, tandis que leur valeur comptable nette ne totalise que 400 000 $. À combien s'élève le montant des impôts futurs devant figurer aux résultats de l'exercice terminé le 31 mars 20X1, en tenant pour acquis que le solde du passif d'impôts futurs afférents aux immobilisations était de 32 000 $ au début de l'exercice ?
   a) 16 000 $ b) 48 000 $ c) 32 000 $ d) θ $ e) Aucune de ces réponses.

5. Parmi les éléments probants suivants, lequel ne peut être considéré comme favorable eu égard à la constatation d'un actif d'impôts futurs relatif à une perte fiscale inutilisée ?
   a) Il y a suffisamment d'écarts temporaires imposables pour faire apparaître des bénéfices imposables sur lesquels pourront être imputées les pertes fiscales inutilisées.
   b) Les résultats passés montrent que l'entreprise a réalisé de solides bénéfices, et la perte de l'exercice courant est exceptionnelle et non récurrente.
   c) L'excédent de la juste valeur de l'actif net de l'entreprise sur sa valeur fiscale est suffisant pour permettre la réalisation d'un actif d'impôts futurs.
   d) L'entreprise négocie actuellement un important contrat avec un client qui générera plus de bénéfices imposables qu'il n'est nécessaire pour réaliser l'actif d'impôts futurs.

6. Au cours du premier trimestre de l'exercice 20X7, une société a réalisé un bénéfice avant impôts de 65 000 $. Le président est fort heureux de ces résultats qui laissent présager que le bénéfice annuel avant impôts devrait totaliser 300 000 $. À combien s'élève la charge d'impôts du premier trimestre, sachant que la société a droit à la déduction accordée aux petites entreprises, c'est-à-dire que la première tranche de 200 000 $ est imposable au taux de 15 % et le solde, au taux de 47 % ?
   a) 9 750 $ b) 20 150 $ c) 77 000 $ d) 14 550 $
   e) Aucune de ces réponses.

7. Au cours de ses trois premières années d'exploitation, la société Lendaybut ltée a subi des pertes respectives de 7 000 $, de 2 500 $ et de 500 $. La quatrième année s'est enfin soldée par un bénéfice avant impôts de 3 000 $. En tenant pour acquis que le bénéfice avant impôts est égal au bénéfice imposable et que le taux d'imposition s'est maintenu à 40 %, à combien se chiffre la charge totale d'impôts sur le bénéfice de la quatrième année ?
   a) 1 200 $ b) 1 000 $ c) θ $ d) Aucune de ces réponses.

8. Au 31 décembre 20X3, le grand livre de la société Jaytouperdu ltée renfermait le compte Impôts futurs – Avantage fiscal probable dont le solde était de 12 000 $. Au cours de l'exercice 20X4, la société a subi une perte d'exploitation, de sorte qu'il est devenu plus improbable que probable de pouvoir tirer parti d'une perte subie en 20X0. Que doit-on faire avec le compte Impôts futurs – Avantage fiscal probable ?
   a) Le radier, ce qui accroîtra la perte de l'exercice 20X4.
   b) Le conserver jusqu'à ce que la société réalise de nouveau des bénéfices imposables.
   c) Le conserver jusqu'en 20X7 au plus tard en espérant que la société réalise de nouveau des bénéfices imposables.
   d) Le radier et le présenter à titre d'élément extraordinaire à l'état des résultats.

E 2. L'identification des écarts temporaires et des écarts permanents

Identifiez parmi les éléments suivants ceux qui doivent être considérés comme des écarts temporaires et ceux comme des écarts permanents.

a) Les intérêts capitalisés lors de la construction d'un bâtiment admissibles à titre de déduction sur le plan fiscal.
b) Le montant versé à la caisse de retraite excède celui passé au cours de l'exercice.

21

c) La cotisation versée à un club sportif.

d) L'excédent du montant admissible à l'amortissement fiscal en ce qui a trait à une marque de commerce.

e) Le montant des frais de garantie effectivement déboursés excède les frais de garantie passés en charges au cours de l'exercice.

f) La prime versée pour les polices d'assurance-vie des dirigeants de la société sans que celles-ci soient exigées par ses créanciers.

g) Une pénalité imposée par la Cour pour avoir pollué un cours d'eau.

h) Le bénéfice réalisé provenant des ventes à tempérament.

i) La portion non imposable d'un gain en capital.

j) Les sommes que doivent recevoir les agriculteurs et qui ne sont imposables que lors de leur encaissement.

E 3. Les impôts futurs

Au cours de l'exercice 20X2, la société immobilière Tousevend ltée a réalisé un bénéfice de 90 000 $, à la suite de la vente d'un important centre commercial. Sur le plan fiscal, ce bénéfice n'est imposable que lors de l'encaissement. La société prévoit recouvrer le bénéfice de la façon suivante :

Année	Recouvrement anticipé	Taux d'imposition
20X2	50 000 $	30 %
20X3	30 000	32
20X4	10 000	34

Dressez un tableau de l'évolution des écarts temporaires qui convient à cette situation. Indiquez l'incidence de ces écarts sur le bénéfice net de chacun des exercices en cause. Tenez pour acquis que les taux d'imposition ne sont pas connus à l'avance.

E 4. L'amortissement comptable et l'amortissement fiscal

Le 2 janvier 20X8, la société Les Entreprises Yvon Ducasse ltée a acquis, au prix de 55 000 $, un tracteur muni d'une puissante souffleuse à neige. La durée d'utilisation prévue est de 10 ans, tandis que la valeur de récupération estimative est négligeable. Sur le plan fiscal, le tracteur sera amorti selon la méthode de l'amortissement dégressif au taux de 30 %, alors que la société l'amortit de façon linéaire à des fins comptables.

Sachant que le taux d'imposition de la société est de 15 %, déterminez le montant des impôts futurs pour l'exercice terminé le 31 décembre 20X8. (N'oubliez pas la règle de la demi-année, sur le plan fiscal.)

E 5. Les frais de garantie

La société Garantie totale ltée (GTL) a terminé avec succès sa première année d'exploitation le 31 décembre 20X6. Au cours de cet exercice, la société a comptabilisé, pour la vente de ses produits, des frais de garantie estimatifs de 48 000 $. Or, le fisc n'a admis en déduction du bénéfice imposable de 20X6 qu'un montant de 16 800 $, soit le montant effectivement déboursé pour des garanties honorées au cours du même exercice. Le contrôleur de GTL prévoit que les débours futurs relatifs aux garanties consenties sur les produits vendus en 20X6 s'élèveront à 19 200 $ en 20X7 et à 12 000 $ en 20X8.

Sachant que le bénéfice imposable de l'exercice 20X6 est de 100 000 $ et que le taux d'imposition est de 35 %, tout en tenant pour acquis que les taux d'imposition, inconnus de la société en 20X6, pour 20X7 et 20X8, seront respectivement de 38 % et 36 %, dressez un tableau de l'évolution des écarts temporaires. Indiquez l'incidence de ces écarts sur le bénéfice net pour chacun des exercices en cause.

21

E 6. Le calcul de la charge annuelle d'impôts sur le bénéfice

Voici quelques renseignements concernant la société Temporex ltée pour les deux derniers exercices :

	31 décembre 20X1	31 décembre 20X0
Bénéfice avant impôts	500 000 $	400 000 $
Bénéfice imposable	700 000	50 000

La différence entre le bénéfice avant impôts et le bénéfice imposable est entièrement attribuable à des écarts temporaires. Le taux d'imposition est stable à 20 %.

Calculez le montant des impôts sur le bénéfice pour chacun de ces exercices et dressez un état comparatif des résultats montrant séparément la portion des impôts de l'exercice et celle des impôts futurs.

E 7. La comptabilisation de la charge annuelle d'impôts sur le bénéfice

Reprenez les renseignements de l'exercice précédent en supposant cette fois que le bénéfice avant impôts au 31 décembre 20X0 comporte un dividende non imposable de 25 000 $.

Passez l'écriture de journal nécessaire à la comptabilisation des impôts sur le bénéfice de l'exercice 20X0 et rédigez la note requise aux états financiers relative au rapprochement du taux d'imposition et du taux d'imposition de base.

E 8. Le calcul des impôts futurs et de la charge annuelle d'impôts sur le bénéfice

Le personnel du Service de la comptabilité de la société Po ltée a préparé les données comparatives suivantes au 31 décembre pour chacun des trois premiers exercices financiers :

	Valeur comptable			Valeur fiscale		
	20X0	20X1	20X2	20X0	20X1	20X2
Bâtiment	195 000 $	190 000 $	185 000 $	196 000 $	188 160 $	180 634 $
Équipements	87 500	75 000	62 500	90 000	72 000	57 600
Provision pour garanties	16 000	17 000	20 000	θ	θ	θ

	20X0	20X1	20X2
Bénéfice d'exploitation	100 000 $	130 000 $	195 000 $
Autres produits et autres charges			
Amendes			(15 000)
Dividendes reçus d'une société canadienne imposable	20 000	30 000	40 000
Bénéfice avant impôts	120 000 $	160 000 $	220 000 $
Taux d'imposition	30 %	28 %	35 %

Le bâtiment et les équipements ont été acquis au tout début de l'exercice 20X0 au prix respectif de 200 000 $ et de 100 000 $.

En tenant pour acquis que les taux d'imposition ne sont connus de la société qu'à la fin de chaque exercice, passez les écritures de journal nécessaires pour chacun des exercices financiers. Dressez un état comparatif des résultats partiels ainsi qu'un bilan comparatif partiel pour les trois exercices. Arrondissez tous vos calculs au dollar près.

21

E 9. La comptabilisation de la charge annuelle d'impôts sur le bénéfice

Voici le bénéfice avant impôts et le bénéfice imposable de la société Derma ltée pour les exercices terminés le 31 décembre 20X1, 20X2 et 20X3 :

Année	Bénéfice avant impôts	Bénéfice imposable
20X1	150 000 $	128 000 $
20X2	90 000	104 000
20X3	110 000	124 000

Les différences entre le bénéfice avant impôts et le bénéfice imposable s'expliquent comme suit :

1° Le bénéfice avant impôts de l'exercice 20X1 comprend un gain sur ventes à tempérament de 36 000 $. La société a recouvré le tiers de cette somme au cours de chacun des trois exercices.

2° Chaque année, la société a passé en charges un montant de 2 000 $ à titre de frais de vente. Il s'agit en fait de la cotisation annuelle du président de la société versée à un club de golf distingué.

Passez les écritures de journal nécessaires à la comptabilisation des impôts pour chacun des exercices, compte tenu d'un taux d'imposition de 40 %.

E 10. Les écarts temporaires multiples

La société Dualité ltée a été constituée le 4 janvier 20X1. Le personnel du Service de la comptabilité de la société a préparé les données comparatives suivantes au 31 décembre :

	Valeur comptable		Valeur fiscale	
	20X1	20X2	20X1	20X2
Équipements	95 000 $	90 000 $	90 000 $	72 000 $
Provision pour garanties	1 000	3 000	θ	θ
Charge de retraite à payer	10 000	θ	θ	θ

Le rapprochement du bénéfice avant impôts et du bénéfice imposable de la société pour les exercices terminés le 31 décembre 20X1 et 20X2 est présenté ci-dessous :

	31 décembre 20X2	31 décembre 20X1
Bénéfice avant impôts	195 000 $	170 000 $
Plus : Pénalité pour remise tardive de la déclaration fiscale de 20X1	10 000	
Amortissement comptable	5 000	5 000
Frais de garantie estimatifs	7 000	5 000
Charge de retraite	30 000	35 000
Moins : Amortissement fiscal	(18 000)	(10 000)
Débours relatifs aux garanties	(5 000)	(4 000)
Montant versé à la caisse de retraite	(40 000)	(25 000)
Bénéfice imposable	184 000 $	176 000 $
Taux d'imposition	40 %	35 %

Passez les écritures de journal nécessaires à la comptabilisation des impôts pour chacun des exercices et dressez un état comparatif des résultats partiels.

E 11. Le report d'une perte en contexte favorable

Pour la première fois, au cours de l'exercice 20X6, la société Prospère ltée a subi une perte d'exploitation dont elle aimerait bien tirer parti sur le plan fiscal. À ce sujet, voici les renseignements extraits des quatre derniers états des résultats de la société :

20X3 – Bénéfice d'exploitation avant impôts	100 000 $
20X4 – Bénéfice d'exploitation avant impôts	150 000
20X5 – Bénéfice d'exploitation avant impôts	160 000
20X6 – Perte d'exploitation avant impôts	(510 000)

21

Passez les écritures de journal nécessaires à la comptabilisation des effets du report rétrospectif et prospectif de la perte subie au cours de l'exercice 20X6, sachant que la société juge qu'il est plus probable qu'improbable de pouvoir tirer parti de l'avantage fiscal découlant du report du solde de la perte avant la fin de la période de report. Posez l'hypothèse que le taux d'imposition est stable depuis plusieurs exercices et s'élève à 40 %, et que la société n'a aucun écart temporaire.

E 12. Le report d'une perte en contexte défavorable

Le tableau suivant contient les résultats d'exploitation avant impôts de la société Fluctuante ltée depuis le début de son exploitation :

Année	Bénéfice avant impôts	Perte avant impôts
20X1	150 000 $	
20X2	30 000	
20X3		30 000 $
20X4		700 000
20X5	50 000	

Les résultats d'exploitation de la société sont sujets à d'importantes variations et, en 20X4, la concurrence était si forte que la direction ne prévoyait pas être en mesure de tirer parti entièrement de la perte fiscale de cet exercice. Il n'y a aucun écart entre le bénéfice avant impôts et le bénéfice imposable de chaque exercice, et le taux d'imposition est stable à 40 %.

Passez les écritures de journal nécessaires à la comptabilisation des impôts sur le bénéfice pour chacun des exercices.

E 13. Le report d'une perte lorsqu'il y a variation des taux d'imposition

Le tableau suivant contient tous les résultats d'exploitation avant impôts de la société Exubérante ltée depuis le début de son exploitation :

Année	Bénéfice avant impôts	Perte avant impôts	Taux d'imposition
20X2	150 000 $		20 %
20X3	30 000		25
20X4	20 000		30
20X5		450 000 $	28
20X6	50 000		26
20X7	80 000		30
20X8	?		32

Sachant qu'il n'y a aucun écart entre le bénéfice avant impôts et le bénéfice imposable pour chacun des exercices, passez les écritures de journal nécessaires à la comptabilisation des impôts sur le bénéfice pour chacun des exercices. Supposez que le taux d'imposition de l'exercice suivant est promulgué un an à l'avance et que successivement :

1° la société juge qu'il est plus probable qu'improbable de pouvoir tirer parti de la perte subie en 20X5 ;
2° la société juge qu'il est plus improbable que probable de pouvoir tirer parti de la perte subie en 20X5.

21

E 14. La ventilation des impôts

Au cours de l'exercice 20X4, la société Extra ltée a réalisé un bénéfice avant impôts de 300 000 $. Ce montant comprend un gain extraordinaire de 50 000 $ dont 50 % ne sera jamais imposé sur le plan fiscal. Du solde de ce gain, 20 % ne sera imposable qu'en 20X5. Il n'existe aucun autre écart entre le bénéfice avant impôts et le bénéfice imposable. Le taux d'imposition est de 40 %.

Passez les écritures nécessaires à la comptabilisation des impôts sur les bénéfices pour l'exercice terminé le 31 décembre 20X4. Établissez un état partiel des résultats et rédigez la note explicative concernant le taux d'imposition.

E 15. L'acquisition d'un élément d'actif dont la valeur fiscale diffère de la valeur comptable

Lors d'une opération entre sociétés apparentées, la société Aki Bosky ltée a pris possession des biens amortissables suivants :

Bien	Prix convenu	Valeur fiscale
Camion	15 000 $	5 000 $
Équipement	300 000	320 000

Sachant que le taux d'imposition est de 40 %, passez les écritures de journal requises.

E 16. Les impôts remboursables

La société Ravius ltée est une société fermée. Une analyse des encaissements et des décaissements pour l'exercice terminé le 31 décembre 20X2 permet de retracer les opérations suivantes :

31 mai Réception d'un dividende de 45 000 $ d'une société canadienne dont elle possède 10 % des actions.

30 septembre Déclaration d'un dividende de 30 000 $ payable le 31 octobre 20X2 aux actionnaires ordinaires inscrits à la date de clôture des registres, soit le 15 octobre.

31 octobre Paiement du dividende déclaré le 30 septembre.

Passez les écritures de journal relatives aux opérations précédentes, en supposant que la société est assujettie à l'impôt de la Partie IV sur les dividendes reçus à un taux de 33 1/3 %.

E 17. Les crédits d'impôt à l'investissement

La société Sagouinette ltée exerce ses activités en Acadie, depuis près de 100 ans. Au 31 décembre 20X0, la valeur comptable nette et la fraction non amortie du coût en capital des immobilisations de la société s'élevaient respectivement à 400 000 $ et à 200 000 $. Le solde des impôts futurs créditeurs totalisait 80 000 $.

Le 1er juillet 20X1, la société a acquis un bien amortissable de 40 000 $ admissible à un crédit d'impôt à l'investissement de 15 %. La société utilise la méthode de l'amortissement dégressif à un taux constant de 10 %. Sur le plan fiscal, la société utilise la même méthode d'amortissement, sauf que le taux employé est de 20 % (10 % pour les biens acquis au cours de l'exercice).

Sachant que la société est assujettie à un taux d'imposition de 40 %, que le bénéfice avant amortissement et impôts de l'exercice 20X1 est de 150 000 $, qu'il n'y a pas d'autres sources d'écarts temporaires et que le crédit d'impôt à l'investissement est porté en déduction de la classe fiscale en 20X1, passez les écritures de journal nécessaires à la comptabilisation des impôts sur le bénéfice et de la réduction de la dette fiscale découlant du crédit d'impôt à l'investissement.

21

E 18. Les états financiers intermédiaires

La société Périodique ltée produit des états financiers trimestriels. Au cours de l'exercice 20X6, les résultats trimestriels et les résultats annuels estimatifs ont été les suivants :

Trimestre	Bénéfice trimestriel avant impôts	Bénéfice cumulatif avant impôts	Bénéfice annuel estimatif avant impôts
1	60 000 $	60 000 $	240 000 $
2	40 000	100 000	200 000
3	90 000	190 000	250 000
4	70 000	260 000	260 000

La société est admissible à la déduction accordée aux petites entreprises. Selon les lois fiscales en vigueur, cela signifie que la première tranche de 200 000 $ de bénéfices sera imposée à un taux de 20 %, tandis que l'excédent sera imposé à un taux de 40 %. Il n'y a aucune différence entre le bénéfice avant impôts et le bénéfice imposable.

Pour chaque trimestre, établissez le taux d'imposition et déterminez la charge d'impôts conformément aux normes du *Manuel de l'I.C.C.A.*

Problèmes de compréhension

P 1. Le rapprochement de base

(35 minutes – facile)

Votre analyse des états financiers et de la situation fiscale de la société Abracadabra ltée vous a permis de recueillir les renseignements suivants :

1° Au cours de son premier exercice financier, la société a réalisé un bénéfice avant impôts de 175 000 $.
2° Le bénéfice avant impôts comprend un dividende de 15 000 $ reçu d'une société canadienne imposable.
3° Alors que l'amortissement comptable s'élève à 40 000 $, l'amortissement fiscal est, quant à lui, de 60 000 $.
4° Le bénéfice avant impôts comprend un gain sur vente à tempérament de 25 000 $ dont la moitié ne sera imposable que l'an prochain.
5° Les frais d'assurance figurant à l'état des résultats comprennent une somme de 3 000 $ versée au cours de l'exercice relativement à une police d'assurance-vie des dirigeants de la société, laquelle n'a aucune dette.
6° Des frais de garantie de 5 000 $ figurent aux résultats de la société. La société n'a toutefois déboursé qu'une somme de 3 000 $.
7° Le bénéfice avant impôts comprend également un gain extraordinaire de 30 000 $ entièrement imposable dans l'exercice en cours.
8° Le taux d'imposition est de 40 %.

Travail à faire

a) Calculez le montant des impôts dus au fisc à la fin de l'exercice.
b) En prenant bien soin de distinguer les impôts de l'exercice des impôts futurs, établissez un état partiel des résultats de l'exercice à partir du poste Bénéfice avant impôts sur le bénéfice.
c) Calculez le taux d'imposition effectif et rédigez la note afférente aux états financiers requise dans les circonstances.

21

P 2. La ventilation des impôts

(45 minutes – moyen)

Vous avez recueilli les renseignements suivants au sujet de la société Ventilation Arnaud ltée pour l'exercice terminé le 31 décembre 20X4 :

1° Le poste « Bénéfice avant impôts, abandon d'activités et élément extraordinaire » figurant à l'état des résultats se chiffre à 340 000 $. La société est assujettie à un taux d'imposition de 40 %.

2° Au cours de l'exercice, la société a réalisé un gain extraordinaire de 100 000 $, à la suite de l'expropriation d'un terrain par la municipalité. La société a ainsi obtenu une somme de 400 000 $ pour un terrain acquis au coût de 300 000 $. Sur le plan fiscal, 25 % de ce gain n'est pas imposable, et l'autre tranche de 75 % ne le sera qu'en 20X5 lorsque la société aura encaissé le montant de l'expropriation.

3° Au 31 décembre 20X3, la valeur comptable nette et la fraction non amortie du coût en capital des immobilisations s'élevaient respectivement à 750 000 $ et à 450 000 $. À la même date, le bilan comportait un compte Impôts futurs se rapportant exclusivement aux immobilisations, dont le solde était de 105 000 $. L'amortissement comptable de l'exercice 20X4 se chiffrait à 75 000 $, tandis que la déduction maximale pour amortissement s'élevait à 65 000 $.

4° Le bénéfice avant impôts de l'exercice 20X4 comprend un dividende de 30 000 $ reçu d'une société canadienne imposable. Ce dividende est assujetti à l'impôt de la Partie IV et calculé à un taux de 33 1/3 %.

5° Au cours de l'exercice 20X4, la société a instauré un régime de retraite en vertu duquel elle a versé à un fiduciaire la somme de 200 000 $ au titre des services passés. Conformément aux normes du C.N.C., la société imputera ce montant aux résultats sur une période de 10 ans à compter de l'exercice 20X4. En conséquence, alors que la valeur comptable du régime de retraite est de 180 000 $, sa valeur fiscale est nulle.

6° Au cours de l'exercice 20X4, la société a décidé de mettre fin à l'exploitation du seul restaurant qu'elle possédait. Cette fermeture a entraîné une perte de 35 000 $, entièrement déductible sur le plan fiscal.

7° Le 15 décembre 20X4, vous avez découvert qu'une vente à crédit de 150 000 $ n'a pas été comptabilisée ni imposée au cours de l'exercice 20X2 (taux d'imposition de 40 %). Cette erreur doit être corrigée de façon rétroactive en redressant les bénéfices non répartis.

8° Au 31 décembre 20X3, le solde des bénéfices non répartis s'établissait à 150 000 $. À la fin de l'exercice 20X4, la société a déclaré et versé un dividende de 20 000 $.

Travail à faire

a) Établissez le rapprochement de base requis afin de pouvoir comptabiliser les impôts sur les bénéfices.

b) Passez les écritures de journal nécessaires à la comptabilisation des impôts de la société pour l'exercice 20X4.

c) En prenant bien soin de distinguer les impôts de l'exercice et les impôts futurs, dressez un état partiel des résultats de l'exercice à partir du poste Bénéfice avant impôts.

d) Dressez l'état des bénéfices non répartis pour l'exercice terminé le 31 décembre 20X4.

P 3. Les écarts temporaires

(50 minutes – moyen)

Une analyse des bénéfices avant impôts et des bénéfices imposables de la société Bedonnante ltée révèle ce qui suit :

Année	Bénéfice avant impôts	Bénéfice imposable
20X3	300 000 $	224 000 $
20X4	340 000	280 000
20X5	250 000	245 000
20X6	350 000	380 000

En analysant les différences entre les bénéfices avant impôts et les bénéfices imposables, vous avez constaté la présence d'écarts temporaires provenant d'une seule source. En effet, la société utilise la méthode de l'amortissement linéaire (10 %) pour comptabiliser et présenter ses

21

résultats financiers, alors qu'elle a toujours réclamé le maximum de la déduction pour amortissement (solde dégressif, 20 %) dans ses déclarations fiscales. Vous avez pu retracer les opérations suivantes portant sur les équipements de la société :

1ᵉʳ janvier 20X1   Acquisition d'équipements au coût de 1 500 000 $.
1ᵉʳ juillet 20X3   Acquisition d'équipements au coût de 400 000 $.
2 janvier 20X5   Vente au prix de 80 000 $ de 10 % des équipements acquis le 1ᵉʳ janvier 20X1.

Le taux d'imposition a toujours été de 40 %, depuis que la société a été constituée.

Travail à faire

a) Dressez un tableau de l'évolution des écarts temporaires.
b) Passez les écritures de journal nécessaires à la comptabilisation des impôts sur le bénéfice pour chaque exercice.

P 4. Les écarts temporaires   (50 minutes – moyen)

Reprenez les renseignements du problème précédent en supposant cette fois que les taux d'imposition, connus uniquement à la fin de chaque exercice financier, ont fluctué de la façon suivante :

20X1	20 %
20X2	24
20X3	22
20X4	25
20X5	30
20X6	29

P 5. Les écarts temporaires   (35 minutes – moyen)

La société Rayonnante ltée a réalisé un bénéfice avant impôts de 475 000 $. En analysant le bénéfice avant impôts et le bénéfice imposable de la société, vous constatez ce qui suit pour l'exercice terminé le 31 décembre 20X6 :

1° Au cours de l'exercice, la société a versé aux clients la somme de 25 000 $ concernant des garanties offertes sur les produits vendus. Ces garanties couvrent une période maximale de 12 mois. À l'état des résultats, les frais de garantie totalisent 33 000 $.
2° Le bénéfice imposable comprend un montant de 100 000 $ concernant un contrat de construction à long terme, tandis que le bénéfice avant impôts ne comporte que 25 % de cette somme, la différence ayant été comptabilisée aux résultats de l'exercice précédent.
3° L'amortissement fiscal maximal disponible se chiffre à 75 000 $, tandis que l'amortissement comptable totalise seulement 45 000 $.
4° Le poste Assurances, figurant à l'état des résultats, comprend le versement d'une prime d'assurance de 5 000 $ pour couvrir la police d'assurance-vie des dirigeants de la société. Celles-ci ont été contractées à la demande expresse du créancier hypothécaire.
5° Le bénéfice imposable comprend l'encaissement d'un loyer de 12 000 $. Il s'agit de l'encaissement du premier loyer annuel d'un sous-locataire pour la période du 1ᵉʳ décembre 20X6 au 30 novembre 20X7.

Travail à faire

Tenez pour acquis que la société est assujettie à un taux fixe d'imposition de 40 %.

a) Calculez le montant des impôts sur le bénéfice qui devrait être porté à l'état des résultats et déterminez à combien s'élèveront les impôts dus au fisc.
b) Passez l'écriture de journal nécessaire à la comptabilisation des impôts sur le bénéfice de l'exercice, en ayant soin de préciser les impôts futurs créditeurs et débiteurs, à court et à long terme.
c) Établissez un état partiel des résultats à partir du poste Bénéfice avant impôts.
d) Dites de quelle façon les impôts exigibles et futurs doivent figurer dans le bilan et l'état des flux de trésorerie (établi selon la méthode indirecte) de la société au 31 décembre 20X6.

21

P 6. Les écarts temporaires lorsqu'il y a variation des taux d'imposition
(35 minutes – difficile)

Au 31 décembre 20X0, la valeur comptable nette et la fraction non amortie du coût en capital des immobilisations de la société Varitex ltée s'élevaient respectivement à 645 000 $ et à 640 000 $. À cette date, le bilan comportait un compte Impôts futurs – Immobilisations dont le solde était de 2 000 $. Voici quelques renseignements extraits du rapprochement de base effectué pour les exercices 20X1 à 20X4 :

Année	Bénéfice avant impôts	Amortissement comptable	Amortissement fiscal	Taux d'imposition
20X1	90 000 $	50 000 $	40 000 $	35 %
20X2	120 000	60 000	80 000	38
20X3	150 000	60 000	70 000	40
20X4	160 000	60 000	45 000	36

Travail à faire

Sachant que le seul écart entre le bénéfice avant impôts et le bénéfice imposable est dû à l'amortissement des immobilisations et en supposant que les taux d'imposition ne sont pas promulgués à l'avance, passez les écritures nécessaires à la comptabilisation des impôts sur le bénéfice pour chacun des exercices.

P 7. Une synthèse des écarts temporaires et permanents (55 minutes – difficile)

La société Casse-tête ltée est une entreprise dont les titres se transigent à la Bourse de Montréal. Pour l'exercice terminé le 30 septembre 20X8, la société a réalisé un bénéfice avant impôts de 250 000 $. Ce bénéfice comprend un gain extraordinaire de 50 000 $. Sur le plan fiscal, ce gain est imposable pour un montant de 25 000 $ en 20X8 et le solde sera imposé en 20X9 seulement. Le bénéfice avant impôts comprend aussi les éléments suivants :

1° Une charge de 12 000 $ pour les frais de garantie.
2° Une charge d'amortissement de 40 000 $.
3° Un dividende de 10 000 $ reçu d'une société canadienne imposable.
4° Des intérêts gagnés de 1 000 $ sur le solde des comptes bancaires.
5° Des intérêts et des pénalités de 500 $ pour une remise tardive de versements d'impôts.

Vous obtenez également ces renseignements :

- L'amortissement fiscal maximal est de 25 000 $.
- Aucun impôt n'est exigible en vertu des règles fiscales sur le dividende reçu de la société canadienne imposable.
- Les débours concernant les frais de garantie sont de 20 000 $.
- Le taux d'imposition en vigueur au cours de l'exercice 20X8 est de 45 %.

Au net, le solde des impôts futurs est créditeur de 3 000 $, au 1er octobre 20X7. Ce solde net provient de l'amortissement et des garanties. Au 1er octobre 20X7, la valeur comptable nette des immobilisations était de 200 000 $, tandis que la fraction non amortie du coût en capital était de 190 000 $. À cette date, le taux d'imposition était de 40 %. Au 1er octobre 20X7, le bilan de la société renfermait le poste Provision pour garanties dont le solde créditeur était de 2 500 $.

Travail à faire

a) Effectuez le rapprochement du bénéfice avant impôts et du bénéfice imposable.
b) Passez les écritures de journal nécessaires à l'enregistrement des impôts sur les bénéfices, conformément aux recommandations du *Manuel de l'I.C.C.A.* Vous devez fournir tous les détails de vos calculs.
c) Présentez un état partiel des résultats à partir du poste Bénéfice avant impôts, un bilan partiel, un état partiel des flux de trésorerie (méthode indirecte) et les notes aux états financiers s'il y a lieu. Supposez que la société n'a versé aucun acompte provisionnel au cours du dernier exercice financier.

21

P 8. Le report d'une perte en contexte favorable   (50 minutes – facile)

Voici les renseignements relatifs au rapprochement du bénéfice avant impôts et du bénéfice imposable de la société Imporeport ltée :

	20X1 à 20X3	20X4	20X5	20X6
Bénéfice (perte) avant impôts	100 000 $	(400 000) $	130 000 $	195 000 $
Amortissement comptable	30 000	10 000	10 000	10 000
Amortissement fiscal	(40 000)	(12 000)	(10 000)	(7 000)
Bénéfice imposable (perte fiscale)	90 000 $	(402 000) $	130 000 $	198 000 $

De plus, vous avez obtenu les renseignements suivants concernant les biens amortissables de la société au 31 décembre 20X0 :

Valeur comptable nette des immobilisations	300 000 $
Fraction non amortie du coût en capital	150 000
Écart temporaire	150 000
Taux d'imposition	40 %
Solde créditeur du compte Impôts futurs au bilan	60 000 $

Travail à faire

Passez les écritures de journal nécessaires à la comptabilisation des impôts sur le bénéfice pour chacun des exercices. Tenez pour acquis que, au cours de l'exercice 20X4, la société juge qu'il est tout à fait probable qu'elle pourra tirer avantage du report de la perte et qu'elle a l'intention à l'avenir de se prévaloir des déductions fiscales admissibles. Les taux d'imposition, promulgués un an à l'avance, sont les suivants :

		20X1 à 20X3	20X4	20X5	20X6
a)	Taux stable	40 %	40 %	40 %	40 %
b)	Variation des taux	40 %	42 %	45 %	35 %

P 9. Le report d'une perte en contexte favorable   (60 minutes – moyen)

Vous disposez des renseignements suivants sur la société Forcenée ltée :

	20X1 à 20X3	20X4	20X5	20X6
Bénéfice (perte) avant impôts	530 000 $	(900 000) $	35 000 $	375 000 $
Amortissement comptable	60 000	20 000	20 000	20 000
Amortissement fiscal	90 000	0	0	30 000
Écart temporaire	(30 000)	20 000	20 000	(10 000)
Bénéfice imposable (perte fiscale)	500 000 $	(880 000) $	55 000 $	365 000 $

Au 31 décembre 20X0, la valeur comptable nette et la fraction non amortie du coût en capital des immobilisations de la société s'élevaient respectivement à 300 000 $ et à 150 000 $. À la même date, le bilan comportait un compte Impôts futurs relativement aux immobilisations, dont le solde était de 60 000 $.

À la fin de l'exercice 20X4, compte tenu de la liquidité précaire de la société, le contrôleur vous informe qu'il veut récupérer le maximum des impôts payés au cours des exercices précédents. De plus, selon ses prévisions, les bénéfices comptables anticipés pour les sept prochains exercices ne devraient pas excéder 240 000 $. La société ne réclamera aucun amortissement fiscal au cours de cette période, ce qui aura pour effet de générer des bénéfices imposables de 140 000 $. En effet, la société prévoit que l'amortissement comptable sera de 20 000 $ par année au cours de cette période. Compte tenu de ces prévisions, il n'y aura aucun changement dans les déclarations fiscales des exercices antérieurs visant expressément à modifier les déductions pour amortissement.

21

Travail à faire

Passez les écritures de journal nécessaires à la comptabilisation des impôts sur le bénéfice pour les exercices 20X4, 20X5 et 20X6. Les taux d'imposition, non promulgués à l'avance, sont les suivants :

		20X1 à 20X3	20X4	20X5	20X6
a)	Taux stable	40 %	40 %	40 %	40 %
b)	Variation des taux	40 %	38 %	42 %	45 %

P 10. Le report d'une perte en contexte défavorable   (45 minutes – difficile)

Le bénéfice avant impôts et le bénéfice imposable de la société Hein Probab ltée pour les exercices 20X2 et 20X3 étaient nuls. Le 31 décembre 20X3, la valeur comptable nette et la fraction non amortie du coût en capital des immobilisations étaient respectivement de 1 050 000 $ et de 870 000 $. Le solde du compte Impôts futurs s'élevait à 90 000 $, soit un écart temporaire accumulé de 180 000 $ à un taux d'imposition de 50 %. La société estime que la dotation annuelle aux amortissements continuera à s'établir à au moins 15 000 $ jusqu'en 20Y2. Les renseignements suivants ont trait aux exercices 20X4, 20X5, 20X6 et 20X7 :

Exercice	Bénéfice (perte) avant impôts	Amortissement comptable	Amortissement fiscal (maximal)	Taux d'imposition non promulgué à l'avance
20X4	180 000 $	25 000 $	35 000 $	50 %
20X5	(420 000)	25 000	35 000	45
20X6	40 000	15 000	35 000	40
20X7	490 000	15 000	35 000	50

Travail à faire

Passez les écritures de journal pour les exercices 20X4, 20X5, 20X6 et 20X7, sachant que la société juge improbable de pouvoir tirer parti du report de perte, car, l'avenir étant si incertain, la société ne peut prévoir les bénéfices avant impôts. Elle a toutefois l'intention de redresser les écarts temporaires, c'est-à-dire ramener à zéro l'amortissement fiscal dans les exercices appropriés, sans toutefois réviser l'amortissement fiscal réclamé au cours des exercices précédents. Vous devez fournir tous vos calculs.

P 11. Le report d'une perte en contexte défavorable   (40 minutes – moyen)

Les renseignements suivants concernent les exercices 20X6, 2007 et 20X8 de la société Recouvray ltée :

Exercice	Bénéfice (perte) avant impôts	Amortissement comptable	Amortissement fiscal (maximal)	Taux d'imposition non promulgué à l'avance
20X6	40 000 $	40 000 $	5 000 $	40 %
20X7	(250 000)	40 000	10 000	40
20X8	400 000	40 000	50 000	40

Travail à faire

Supposez que, au 1er janvier 20X6, la valeur comptable nette des immobilisations soit de 400 000 $, la fraction non amortie du coût en capital soit de 380 000 $ et le solde créditeur des impôts futurs relatifs aux immobilisations soit de 8 000 $.

a) Passez les écritures de journal pour les exercices 20X6, 20X7 et 20X8. Tenez pour acquis que, en 20X7, la société juge qu'il est plus improbable que probable tant de tirer parti du report de perte que des avantages liés aux écarts temporaires. Vous devez fournir tous vos calculs.

b) Dressez un état comparatif des résultats de la société.

21

P 12. Le report d'une perte en contexte défavorable   (45 minutes – moyen)

Vous êtes responsable de la section Impôts dans le dossier de vérification d'une importante entreprise de services, la société Consultex ltée. Vous avez recueilli les renseignements suivants :

1° Le bénéfice imposable pour l'exercice terminé le 31 décembre 20X0 est nul, de même que celui de l'exercice 20X1.

2° Pour l'exercice 20X2, tandis que le bénéfice avant impôts comportait un amortissement de 82 500 $, le bénéfice imposable de la société s'élevait à 273 000 $, compte tenu d'un amortissement fiscal de 105 000 $ et d'une charge d'exploitation non déductible de 51 000 $.

3° Lors de l'exercice 20X3, la société a subi une perte fiscale de 1 045 500 $. La perte avant impôts comprenait une somme de 60 000 $ non imposable et un amortissement comptable de 90 000 $. Compte tenu de la perte, aucun amortissement fiscal n'a été réclamé.

4° Les perspectives économiques ne sont guère encourageantes, et la société est aux prises avec une récession. Le contrôleur n'est pas en mesure de vous assurer qu'il pourra tirer parti du report de perte fiscale avant la fin de la période de report. Il vous demande donc de modifier l'amortissement fiscal réclamé lors des exercices 20X0, 20X1 et 20X2, soit un montant total de 330 000 $.

5° Au 1ᵉʳ janvier 20X2, la fraction non amortie du coût en capital et la valeur comptable nette des immobilisations étaient respectivement de 954 000 $ et de 1 526 000 $. Il s'agit de la seule source d'écarts temporaires.

6° Le bénéfice avant impôts de l'exercice 20X4 s'élevait à 154 000 $, compte tenu d'un amortissement de 90 000 $. La société n'a aucun écart permanent. De plus, afin de maximiser le report de la perte fiscale de 20X3, aucune déduction pour amortissement n'a été réclamée.

7° De 20X0 à 20X2, le taux d'imposition est demeuré stable à 46 %. Il est passé à 50 % en 20X3 et à 52 % en 20X4.

Travail à faire

a) Passez les écritures de journal nécessaires à la comptabilisation des impôts sur le bénéfice pour les exercices 20X2, 20X3 et 20X4.

b) Dressez un état comparatif des résultats à partir du poste Bénéfice (perte) avant impôts pour les exercices termines le 31 decembre 20X2, 20X3 et 20X4.

c) Rédigez les notes afférentes aux états financiers pour l'exercice terminé le 31 décembre 20X4.

P 13. Des situations multiples   (45 minutes – moyen)

Le taux d'imposition de la société Patatra ltée a toujours été de 40 %. Au 31 décembre 20X2, la valeur comptable nette des biens amortissables de la société était de 1 800 000 $, et la fraction non amortie du coût en capital des immobilisations de ces biens était inférieure de 280 000 $ à la valeur comptable nette. Patatra ltée n'avait pas d'autres écarts temporaires au 31 décembre 20X2.

Les opérations suivantes sont survenues au cours de l'exercice terminé le 31 décembre 20X3 :

1° Des biens amortissables qui avaient coûté 120 000 $ à l'origine ont été vendus 220 000 $. Puisque leur valeur comptable nette était de 80 000 $ au moment de la vente, la société a réalisé un gain comptable de 140 000 $. Sur le plan fiscal, la fraction non amortie du coût en capital doit être réduite du moindre du coût des biens amortissables vendus et de leur produit de disposition.

2° La société a reçu des dividendes libres d'impôts de 40 000 $, qu'elle a crédités à ses résultats.

3° L'état des résultats de la société pour l'exercice 20X3 fait état :
- d'une charge d'amortissement de 180 000 $;
- de frais d'intérêts et de pénalités de 4 000 $ pour la remise tardive de la déclaration d'impôts de l'exercice 20X2 ;
- d'une charge estimative de 105 000 $ à titre de frais de garantie (moins de 12 mois) sur des marchandises vendues au cours de l'exercice ;
- d'un bénéfice avant impôts de 800 000 $.

21

4° Le coût total des travaux effectivement effectués au titre de la garantie a été de 25 000 $, en 20X3. De plus, la société peut réclamer, à des fins fiscales, une déduction pour amortissement de 350 000 $.

Travail à faire

a) Calculez :
   i) le bénéfice imposable de l'exercice 20X3 ;
   ii) la charge d'impôts sur le bénéfice ;
   iii) le solde des comptes Impôts futurs au 31 décembre 20X3.

b) En tenant pour acquis que la société a plutôt subi une perte d'exploitation avant impôts de 800 000 $, qu'elle ne prévoit pas pouvoir tirer parti du report de perte et qu'elle ne peut procéder à aucun report rétrospectif de perte, quels renseignements précis devrait-elle fournir conformément aux recommandations du *Manuel de l'I.C.C.A.* ?

c) Supposez maintenant que la société ait subi une perte d'exploitation avant impôts de 800 000 $ et qu'elle juge plus que probable de pouvoir tirer parti du report de perte.
   i) Précisez les conditions qui doivent exister pour qu'il soit plus probable qu'improbable de pouvoir tirer parti d'un report de perte.
   ii) Dressez un état des résultats partiels pour l'exercice terminé le 31 décembre 20X3.

P 14. Le report d'une perte

(30 minutes – moyen)

Le 31 décembre 20X5, la société Prestigieuse ltée avait un bénéfice avant impôts de 782 000 $. Ce montant ne comprenait pas le gain extraordinaire de 250 000 $ réalisé lors de l'expropriation d'un terrain. Le fisc a statué que le montant intégral de 250 000 $ était imposable.

Le 1er janvier 20X5, le poste Impôts futurs – Immobilisations présentait un solde créditeur de 98 000 $ au bilan, soit l'écart temporaire provenant de la différence entre la valeur comptable nette et la fraction non amortie du coût en capital des biens amortissables qui s'élevaient respectivement à 1 400 000 $ et à 1 155 000 $.

En 20X4, la société avait subi, à des fins fiscales, une perte dont elle pouvait reporter un montant de 475 000 $ de façon prospective. La société, n'ayant pas la certitude de pouvoir tirer parti de la totalité de l'avantage fiscal découlant de ce report de perte, a comptabilisé une partie seulement de l'avantage fiscal prospectif, soit 98 000 $. Ce report prospectif a donné lieu à la comptabilisation du poste Impôts futurs – Avantage futur probable d'un montant de 39 200 $.

Le taux d'imposition prescrit, non promulgué à l'avance, était de 40 % en 20X4 et de 42 % en 20X5. L'amortissement comptable et l'amortissement fiscal s'élevaient respectivement à 120 000 $ et à 80 000 $, en 20X5. Il n'y avait aucune autre différence entre le bénéfice avant impôts et le bénéfice imposable de la société.

Source :
C.G.A. adapté

Travail à faire

Passez les écritures de journal nécessaires à la comptabilisation des impôts sur les bénéfices pour l'exercice 20X5. Vous devez fournir tous vos calculs.

P 15. Le report d'une perte

(35 minutes – moyen)

Le 1er janvier 20X6, la valeur comptable nette et la fraction non amortie des biens amortissables de la société Sask ltée étaient respectivement de 2 160 000 $ et de 1 460 000 $, tandis que le compte Impôts futurs afférent à ces biens avait un solde créditeur de 301 000 $.

En 20X5, Sask ltée a subi une perte fiscale dont le solde à reporter de façon prospective au 31 décembre 20X5 était de 413 000 $. Toutefois, jugeant plus probable qu'improbable de pouvoir tirer parti de l'avantage fiscal découlant de ce report de perte de 413 000 $, la société a comptabilisé en 20X5 un avantage fiscal de 177 590 $ dans ses états financiers.

Le 31 décembre 20X6, le bénéfice avant impôts s'élevait à 1 105 000 $, l'amortissement comptable était de 125 000 $ et l'amortissement fiscal disponible était de 85 000 $. Il y a également des frais de publicité totalisant 95 000 $, non admissibles dans le calcul des déductions fiscales. Depuis 20X6, la société vend ses biens accompagnés d'une garantie. On a estimé les frais de garantie à 187 000 $, alors que les sommes effectivement décaissées n'ont atteint que 74 000 $ en 20X6. La garantie est de deux ans.

Le taux d'imposition prescrit en 20X6 était de 48 %.

Travail à faire

Source :
C.G.A. adapté

a) Passez toutes les écritures de journal nécessaires à la comptabilisation des impôts sur les bénéfices de l'exercice 20X6 en conformité avec les recommandations du *Manuel de l'I.C.C.A.*

b) Dressez un bilan partiel au 31 décembre 20X6.

P 16. Le report d'une perte en contexte favorable et défavorable

(60 minutes – difficile)

Pour la première fois de son histoire, la société Prospère ltée a subi en 20X8 une perte d'exploitation avant impôts. Les renseignements suivants concernent les exercices 20X5, 20X6, 20X7 et 20X8 :

Exercice	Bénéfice (perte) comptable	Amortissement comptable	Amortissement fiscal (maximal)	Taux d'imposition non promulgué à l'avance
20X5	250 000 $	100 000 $	110 000 $	42 %
20X6	1 000 000	105 000	100 000	44
20X7	800 000	110 000	125 000	35
20X8	(4 750 000)	120 000	100 000	40

Au 31 décembre 20X7, le solde des impôts futurs relatifs aux immobilisations était de 77 000 $, alors que la valeur comptable nette et la fraction non amortie du coût en capital des biens amortissables de la société étaient respectivement de 1 220 000 $ et de 1 000 000 $. Il n'y avait aucun autre écart temporaire. Au cours des exercices 20X5, 20X6 et 20X7, la société a toujours réclamé le maximum de la déduction pour amortissement fiscal.

Compte tenu de la perte subie de l'exercice 20X8, la société ne prévoit faire aucune acquisition d'immobilisation au cours des prochaines années. L'amortissement comptable des exercices à venir devrait donc se maintenir à environ 120 000 $, alors que l'on calculera l'amortissement fiscal maximal selon la méthode du solde dégressif au taux de 10 %.

Les prévisions du contrôleur laissent présager que l'exercice 20X9 se terminera par un bénéfice avant impôts de 100 000 $. De plus, au cours de l'exercice 20X8, le fisc a procédé à une réforme en profondeur de la fiscalité, de sorte que le taux d'imposition des sociétés devrait demeurer inchangé pendant plusieurs années.

Travail à faire

Voici trois situations indépendantes l'une de l'autre. Pour chacune d'elles, passez les écritures de journal nécessaires à la comptabilisation des impôts sur le bénéfice des exercices 20X8 et 20X9, en tenant compte du fait que les prévisions relatives à ce dernier exercice se sont avérées exactes. De plus, dressez un état comparatif des résultats à ces deux exercices.

a) En 20X8, la société a jugé plus probable qu'improbable de pouvoir, sans aucune incidence sur les écarts temporaires, tirer parti de l'avantage fiscal découlant du report de perte.

b) En 20X8, la société a jugé plus improbable que probable de pouvoir tirer parti de l'avantage fiscal découlant du report de perte. De plus, elle a l'intention de demander au fisc de ramener à zéro les déductions pour amortissement réclamées entre 20X5 et 20X7. Enfin, la société n'a pas l'assurance que les écarts temporaires déductibles s'inverseront un jour.

c) Pour faire suite à votre réponse en b), donnez les éléments qui permettraient aux lecteurs de comprendre pourquoi la charge d'impôts de l'exercice 20X8 a été si faible alors que l'économie d'impôts de l'exercice de 20X7 aurait pu être plus élevée.

Analyses de cas

C 1. Le report d'une perte : que faire ?

(60 minutes – difficile)

Lors d'une excursion en ski, la contrôleure de la société Pentedouce ltée, Prudence Zacrobate, a subi de sérieuses blessures. Jesuy Day Muny, assistant de Prudence, est donc seul pour terminer les états financiers et les déclarations fiscales pour l'exercice terminé le 31 décembre 20X6. Avant ce week-end fatidique, Prudence avait recueilli les renseignements suivants :

	20X3	20X4	20X5	20X6
Données extraites des résultats comptables				
Bénéfice (perte) avant impôts	440 000 $	960 000 $	1 200 000 $	(6 000 000)$
Cotisations à des clubs sociaux	10 000	12 000	15 000	5 000
Amortissement des immobilisations	650 000	700 000	1 100 000	1 100 000
Intérêts et pénalités fiscales			20 000	25 000
Dividendes reçus d'une société canadienne imposable	140 000	200 000	210 000	125 000
Charge de retraite	100 000	100 000	100 000	100 000
Données fiscales				
Amortissement fiscal maximal	700 000	900 000	1 300 000	1 200 000
Sommes versées à un fiduciaire concernant un régime de retraite	300 000	300 000	θ	θ
Taux d'imposition de base	40 %	42 %	44 %	46 %
Données prévisionnelles				
Bénéfice avant impôts moyen anticipé pour les sept prochains exercices				400 000 $

Au 31 décembre 20X5, les écarts temporaires relatifs aux biens amortissables totalisaient 4 000 000 $, d'où la présence d'un compte Impôts futurs – Immobilisations créditeur d'un montant de 1 760 000 $ au bilan de la société. À cette date, le bilan comportait également un autre compte Impôts futurs – Retraite dont le solde créditeur était de 132 000 $ relativement à des écarts temporaires de 300 000 $ au titre du régime de retraite.

La société est admissible à la déduction accordée aux petites entreprises. Le taux d'imposition de base applicable à la première tranche de 200 000 $ est donc réduit de 20 %.

Jesuy Day Muny est vraiment désespéré. Craignant perdre son emploi, il demande conseil afin que vous l'aidiez à déterminer le traitement approprié de la perte de l'exercice courant. De plus, il aimerait que vous rédigiez un rapport détaillé comportant le calcul de la perte fiscale de l'exercice 20X6, le traitement fiscal et comptable de cette perte, les écritures de journal requises et la présentation aux états financiers de 20X6 seulement (à l'exception des flux de trésorerie et des notes complémentaires).

Travail à faire

Rédigez le rapport demandé.

21

C 2. La ventilation des impôts

(60 minutes – difficile)

La société Jesuy Toumaislay ltée a terminé le dernier exercice financier avec un prétendu bénéfice avant impôts de 570 000 $. Une analyse de ce montant a permis de déceler que l'on a tenu compte des éléments suivants :

Amortissement des immobilisations		100 000 $
Gain relatif à l'expropriation d'un terrain détenu en vue d'une expansion future		
Produit de l'expropriation	625 000 $	
Coût d'acquisition	(600 000)	25 000
Perte d'exploitation afférente aux activités abandonnées		125 000
Perte sur aliénation d'un camion		
Coût d'acquisition	130 000 $	
Amortissement cumulé	(60 000)	70 000
Produit de l'aliénation	(60 000)	10 000
Gains sur ventes à tempérament dont le recouvrement aura lieu l'an prochain (cette situation se présente pour la première fois)		50 000

Vous avez aussi réussi à obtenir les renseignements suivants :

1° La société a subi une perte de 70 000 $ à la suite du règlement d'un litige pour lequel une poursuite avait été intentée il y a deux ans. On a porté ce montant au débit du compte Bénéfices non répartis.

2° Au début de l'exercice, la valeur comptable nette des immobilisations et la fraction non amortie du coût en capital s'élevaient respectivement à 2 000 000 $ et à 1 400 000 $. Il s'agissait de la seule source d'écarts temporaires de la société. À cette date, le solde du compte Impôts futurs était de 270 000 $.

3° Pour l'exercice en cours, la société peut réclamer une déduction maximale pour amortissement de 150 000 $, tandis que le taux d'imposition est de 40 %.

4° Conformément aux P.C.G.R., la société a débité la somme de 10 000 $ au compte Bénéfices non répartis relativement à des frais d'émission d'actions. Tenez pour acquis que, sur le plan fiscal, cette somme est déductible à raison de 20 % par année sur une période de cinq ans.

5° L'unité d'exploitation fermée en 20X5 présentait des actifs d'une valeur comptable négligeable.

6° Au début de l'exercice, le solde des bénéfices non répartis était de 290 000 $. Le 30 décembre 20X5, la société a déclaré et versé un dividende en numéraire de 175 000 $.

Travail à faire

a) Faites le rapprochement du bénéfice avant impôts et du bénéfice imposable.

b) Passez une ou plusieurs écritures de journal pour comptabiliser les impôts sur les bénéfices de l'exercice.

c) Dressez un état partiel des résultats pour l'exercice terminé le 31 décembre 20X5 à compter du poste Bénéfice avant impôts.

d) Identifiez les éléments et leurs montants respectifs devant figurer à l'état des bénéfices non répartis, au bilan et à l'état des flux de trésorerie (méthode indirecte) de l'exercice terminé le 31 décembre 20X5.

Source :
Sylvain Durocher et
Daniel McMahon

Le capital d'apport des sociétés de capitaux

Remarque : les questions de révision, les exercices, les problèmes de compréhension et les analyses de cas précédés d'un astérisque (*) se rapportent au sujet traité en annexe dans le manuel.

Questions de révision

1. Décrivez brièvement les deux principales composantes des capitaux propres d'une société par actions.

2. Les sociétés peuvent se présenter sous diverses formes légales. Parmi les qualificatifs suivants qui peuvent caractériser une société par actions, établissez une distinction entre : privée, publique, à but lucratif, à but non lucratif, ouverte et fermée.

3. Établissez les différences qui existent entre une société par actions et une société de personnes en ce qui concerne :

   a) l'existence de l'entreprise ;
   b) la transférabilité des titres de propriété ;
   c) la responsabilité à l'égard des dettes ;
   d) l'impôt sur le bénéfice.

4. On doit accorder une attention particulière à l'environnement légal d'une société par actions. Pourquoi ?

5. Dans le cas des petites sociétés fermées, pourquoi est-il souhaitable d'établir une convention entre actionnaires ?

6. Que signifie l'expression « capital légal (déclaré) » ? Discutez brièvement de son intérêt.

7. À défaut de dispositions restrictives, quels sont les droits fondamentaux d'un actionnaire ?

8. Au cours d'une discussion entre deux investisseurs, un actionnaire ordinaire s'est réjoui de détenir un droit de préemption. Qu'en est-il exactement ?

9. Quelle différence y a-t-il entre une classe d'actions et une catégorie d'actions, et entre des actions ordinaires et des actions privilégiées ?

10. Définissez les expressions suivantes lorsqu'il est question d'une action : valeur nominale, sans valeur nominale et juste valeur.

11. Décrivez brièvement les caractéristiques des actions privilégiées suivantes : à dividende cumulatif, participantes, rachetables, convertibles et prioritaires.

12. Pourquoi les dividendes arriérés ne constituent-ils pas une dette ?

13. Qu'entend-on par « action privilégiée à échéance prédéterminée » ? De quelle façon ces actions doivent-elles être présentées dans le bilan ?

14. Dans quelles circonstances peut-on affirmer que le droit détenu par un actionnaire privilégié présente davantage de similitude avec celui d'un obligataire qu'avec celui d'un actionnaire ordinaire ?

15. On dit d'une action qu'elle peut être autorisée, émise, non émise, en circulation, souscrite, réservée, autodétenue, appelée ou non appelée. Que signifient tous ces qualificatifs ?

16. De quelle façon doit-on comptabiliser une émission d'actions en échange de biens ou de services ?

17. Que signifient les expressions « actions diluées » et « réserves occultes » ?

18. De quelle façon une société doit-elle traiter le montant déjà reçu d'un souscripteur défaillant ?

19. De quelle façon doit-on présenter au bilan les postes Souscriptions à recevoir et Actions souscrites ?

20. Lorsque deux ou plusieurs titres de participation sont émis simultanément, comment doit-on répartir le produit de l'émission entre ces différents titres ?

21. Décrivez trois façons de comptabiliser les frais d'émission d'actions.

22. Décrivez brièvement la marche à suivre lors de la conversion d'actions privilégiées en actions ordinaires.

23. Pourquoi doit-on accorder une valeur aux bons de souscription détachables à des actions, tandis qu'aucune valeur n'est attribuée aux bons de souscription non détachables ?

24. Quelles sont les caractéristiques des régimes d'options d'achat d'actions sans élément de rémunération ? Pourquoi les sociétés instaurent-elles de tels régimes ?

25. Quelle date convient-il de choisir pour déterminer le montant de la rémunération attribuée à des employés en vertu d'un régime d'options d'achat d'actions ? De quelle façon ce montant est-il déterminé ?

26. Qu'entend-on par « droits de participation à la plus-value des actions » ? La comptabilisation de ces droits soulève-t-elle une difficulté particulière ? Si oui, laquelle ?

27. Pourquoi une société rachète-t-elle ses propres actions ? Est-ce légal de le faire ?

28. Comment doit-on classer les actions autodétenues dans le bilan ?

29. Identifiez trois sources d'accroissement et trois sources de diminution du surplus d'apport.

30. Quel lien existe-t-il entre le résultat étendu et le cumul des autres éléments du résultat étendu ?

Exercices

E 1. Choix multiples

Pour chacun des énoncés suivants, choisissez la réponse qui convient le mieux.

1. Le nombre d'actions ordinaires en circulation est toujours égal :
    a) au total des actions émises, moins le nombre d'actions autodétenues ;
    b) au total des actions émises, plus le nombre d'actions souscrites ;
    c) au total des actions autorisées, moins le nombre d'actions émises ;
    d) au total des actions émises, plus les actions souscrites moins les actions autodétenues ;
    e) aucune de ces réponses.

2. Lors de l'émission d'actions par voie de souscription à un prix supérieur à leur valeur nominale, quand doit-on créditer le compte Prime à l'émission d'actions ?
   a) Lors de l'émission des actions.
   b) Lors de la souscription des actions.
   c) Lorsque les actions souscrites sont entièrement payées.
   d) Aucune de ces réponses.

3. Dans quelles sections du bilan les postes Souscriptions à recevoir et Actions souscrites sont-ils respectivement présentés ?
   a) Capitaux propres et en contrepartie d'un poste des capitaux propres.
   b) Actif et capitaux propres.
   c) Actif et passif.
   d) Actif et en contrepartie d'un poste de l'actif.

4. Parmi les opérations suivantes, laquelle ne peut pas faire l'objet d'un débit dans un compte de surplus d'apport ?
   a) La réduction d'un déficit moyennant le consentement des actionnaires.
   b) La revente d'actions autodétenues à un prix inférieur à leur coût d'acquisition.
   c) Le rachat et l'annulation d'actions ordinaires à un prix supérieur à leur valeur nominale.
   d) La réception d'une importante somme d'argent au décès d'un actionnaire.
   e) Aucune de ces réponses.

5. Lors de la conversion d'actions privilégiées en actions ordinaires sans valeur nominale, on doit porter au crédit du compte Actions ordinaires :
   a) la juste valeur des actions ordinaires le jour de l'émission des titres convertibles ;
   b) la valeur comptable des actions privilégiées converties ;
   c) la juste valeur des actions ordinaires le jour de la conversion des actions privilégiées ;
   d) aucune de ces réponses.

E 2. *L'émission d'actions ordinaires avec et sans valeur nominale*

Au cours de sa première année d'exploitation, la société Jean Naymet ltée a procédé aux émissions d'actions ordinaires suivantes :

5 janvier Émission de 50 000 actions ordinaires au prix de 10 $ chacune.
31 janvier Émission de 3 000 actions ordinaires en règlement d'honoraires et de frais juridiques s'élevant au total à 30 500 $ et se rapportant à la constitution de la nouvelle société.
10 juin Émission de 25 000 actions ordinaires au prix de 11 $ chacune.
3 octobre Émission de 30 000 actions ordinaires au prix de 12 $ chacune.

Passez les écritures de journal requises lors de ces émissions d'actions en tenant pour acquis qu'il s'agit successivement *a)* d'actions sans valeur nominale ; et *b)* d'actions avec une valeur nominale de 10 $ l'action.

E 3. *L'émission d'actions et la présentation des capitaux propres*

En vertu de ses statuts de constitution, la société Cépartis ltée est autorisée à émettre 1 000 000 d'actions ordinaires sans valeur nominale et 200 000 actions privilégiées ayant chacune une valeur nominale de 100 $ et rapportant un dividende cumulatif de 12 %. La société procède aux opérations suivantes relativement à son capital-actions au cours de son premier mois d'exploitation :

3 mai Émission de 30 000 actions ordinaires au prix de 5 $ l'action.
9 mai Émission de 1 000 actions privilégiées à 102,50 $ l'action.
15 mai Réception de souscriptions à 50 000 actions ordinaires au prix de 5 $ l'action et encaissement de 10 % du montant total souscrit.
25 mai Réception de souscriptions à 2 000 actions privilégiées au prix de 105 $ l'action. La société recevra le paiement intégral de ces actions souscrites le 15 juin.
31 mai Recouvrement de 60 % de la souscription du 15 mai.

Passez les écritures de journal requises lors de ces opérations et établissez la section des capitaux propres du bilan de la société au 31 mai.

E 4. L'émission d'actions ordinaires en échange d'un terrain

En prévision de l'implantation de son centième restaurant au Canada, Restoplus ltée a acquis un terrain au moyen d'une émission de 10 000 actions ordinaires sans valeur nominale.

Passez l'écriture de journal requise pour chacune des deux hypothèses suivantes.

a) Le terrain a une valeur d'expertise de 350 000 $, et les actions de la société ne s'échangent pas sur le marché boursier.
b) Le terrain a une valeur d'expertise de 350 000 $, alors que l'action ordinaire de la société s'échange à 32,50 $. Chaque jour, plusieurs dizaines de milliers d'actions de la société changent de main sur le marché boursier.

E 5. Les souscriptions d'actions

La société Souscrite ltée est autorisée à émettre un nombre illimité d'actions ordinaires sans valeur nominale. Le 14 février, un groupe d'investisseurs signe un contrat de souscription avec Souscrite ltée, en vertu duquel il s'engage à acheter 50 000 actions ordinaires au prix de 20 $ chacune. Le groupe d'investisseurs fait un versement initial de 30 % au moment de la souscription initiale et s'engage à verser le solde du prix convenu en deux versements égaux le 14 juin et le 14 août.

Passez les écritures requises à chacune de ces trois dates en supposant que tous les souscripteurs aient honoré leurs engagements.

E 6. Un souscripteur défaillant

Reprenez les données de l'exercice précédent, en tenant pour acquis cette fois que, le 14 août, Brigitte Faucher est incapable d'effectuer le dernier versement, alors qu'elle avait souscrit 1 000 actions ordinaires.

Passez l'écriture de journal requise pour chacune des hypothèses suivantes.

Le contrat de souscription prévoit :
a) le remboursement intégral des sommes perçues ;
b) l'émission d'un nombre d'actions ordinaires proportionnel aux sommes perçues ;
c) le remboursement de la somme déjà reçue du souscripteur en défaut moins le montant correspondant au préjudice causé à la société par la vente des actions confisquées à un prix inférieur au prix de souscription. Tenez pour acquis que les actions confisquées ont été revendues au prix de 18 $ chacune le 18 août.

E 7. L'émission de plusieurs titres à la fois

Pour que ses titres de participation soient plus attrayants, la société Multi-titres inc. a récemment procédé à l'émission conjointe de 10 000 actions de catégorie A et de 500 actions de catégorie B pour un montant total de 100 000 $. Toutes les actions de la société sont sans valeur nominale.

Passez l'écriture de journal requise pour chacune des deux hypothèses suivantes.

a) À la date de l'émission, la juste valeur de l'action de catégorie A et de l'action de catégorie B est respectivement de 7,50 $ et 100 $.
b) La juste valeur de l'action de catégorie A est de 7,50 $ tandis qu'il s'agit de la première émission d'actions de catégorie B.

E 8. La conversion d'actions privilégiées

Au cours de l'année 20X5, la société Décapotable ltée a émis 10 000 actions privilégiées sans valeur nominale au prix de 1 010 $ l'action. Ces actions ont un dividende cumulatif de 90 $ et sont convertibles, au gré du détenteur, en 100 actions ordinaires pour une action privilégiée. Le 31 mai 20X7, soit immédiatement après avoir encaissé les dividendes annuels, 60 % des actions privilégiées sont converties en actions ordinaires. À ce moment-là, la juste valeur de l'action ordinaire et de l'action privilégiée est respectivement de 11 $ et 995 $.

Passez l'écriture de journal requise lors de la conversion des actions privilégiées.

E 9. Les bons de souscription détachables

Le 2 juin 20X9, la société Day Tachay ltée a émis, au prix de 800 000 $, un total de 7 500 actions privilégiées ayant une valeur nominale de 100 $ l'action rapportant un dividende non cumulatif de 8 %. À ces actions privilégiées sont joints des bons de souscription à des actions ordinaires. À chaque action privilégiée est joint un bon détachable donnant au détenteur le droit d'acheter de la société une action ordinaire sans valeur nominale au prix de 22,50 $. Ce jour-là, la juste valeur de l'action privilégiée, de l'action ordinaire et du bon de souscription était respectivement de 100 $, 25 $ et 5 $. Le 15 décembre 20X9, alors que la juste valeur de l'action ordinaire était de 28,50 $ et celle du bon de souscriptions, de 6 $, 60 % des droits de souscription que confèrent ces bons ont été exercés.

Passez les écritures de journal requises le 2 juin 20X9, lors de l'émission des titres de participation et le 15 décembre 20X9, lors de l'exercice des droits que confèrent les bons.

E 10. La comptabilisation d'une option de vente détenue à des fins spéculatives

Le 2 janvier 20X2, la société Optimale ltée a octroyé 5 000 options à son président. Chaque option lui donne le droit d'acheter une action ordinaire au prix de 40 $. Les options pourront être levées à compter du 2 janvier 20X4, c'est-à-dire deux ans après que le président a travaillé de manière consécutive pour la société.

Le 2 janvier 20X2, la juste valeur de l'action était de 40 $. Il est prévu que le président exercera ses options dans deux ans. À cette date, le taux d'intérêt sans risque est de 4,5 %, le rendement prévu de l'action sous forme de dividendes est de 5 % et la volatilité prévue est de 20 %.

Passez les écritures de journal requises en 20X2 pour comptabiliser ces options.

E 11. Les options d'achat d'actions

Le 2 janvier 20X0, alors que l'action ordinaire se négociait à 18 $, la société Maximale ltée a octroyé des options d'achat d'actions à ses dirigeants afin de créer un sentiment d'appartenance. Les options donnent le droit d'acheter 30 000 actions ordinaires sans valeur nominale au prix de 15 $ l'action. Le 2 janvier 20X0, le taux d'intérêt sans risque s'élevait à 5 %, le taux de rendement prévu de l'action sous forme de dividendes était estimé à 4 % et les cours historiques de l'action laissaient présager une volatilité de 12 % du prix de l'action. À cette date, on estime à deux années et demie la durée moyenne prévue des options. Les options octroyées à un dirigeant pourront être levées à compter du 2 janvier 20X2, à condition que le dirigeant soit toujours au service de la société; elles cesseront d'être valides le 2 janvier 20X7. Un dirigeant à qui la société avait octroyé 1 500 options, a quitté l'entreprise le 15 novembre 20X1. À cette date, le cours de l'action ordinaire était de 19 $. Par ailleurs, 25 000 options ont été levées le 2 janvier 20X2 à un moment où l'action ordinaire se négociait à 20 $ l'action.

Compte tenu des événements décrits précédemment, passez toutes les écritures que vous jugerez pertinentes pour chaque exercice financier terminé le 31 décembre de chaque année.

22

E 12. Les options d'achat d'actions

Le 18 décembre 20X4, au cours de l'assemblée annuelle, les actionnaires de la société Partenariat ltée ont adopté une résolution en vue de créer un régime d'options d'achat d'actions donnant la possibilité à tous les employés à temps plein, ayant un minimum d'une année de service, d'acquérir des actions ordinaires de la société. Tout employé qui voudra adhérer à ce régime devra signer une formule d'adhésion autorisant la société à prélever sur son salaire un montant de 5 $ par semaine (ou un multiple de 5 $). Le régime sera en vigueur pour toute l'année 20X5. Le 31 décembre 20X5, chaque employé pourra au choix recevoir l'argent ainsi accumulé ou acquérir des actions ordinaires à un prix correspondant à 96 % de leur juste valeur à cette date.

M. Jean Boisvert, au service de la société depuis plus de cinq ans, a signé la formule d'adhésion le 31 décembre 20X4, autorisant ainsi le prélèvement de 20 $ par semaine sur sa paie pour toute l'année 20X5. À cette date, le cours de l'action ordinaire était de 6,50 $. Le 31 décembre 20X5, alors que l'action ordinaire se négociait à 6,77 $ l'unité, cet employé demande à la société de lui émettre le nombre d'actions correspondant à sa mise de fonds, conformément aux dispositions du régime.

Ne prenez en considération que la situation de Jean Boisvert pour répondre aux questions suivantes.

a) À quel type de régime d'options d'achat d'actions avons-nous affaire ? Justifiez votre réponse.
b) À quel montant s'élève la rémunération supplémentaire de M. Boisvert ?
c) Combien d'actions ordinaires doivent être émises à M. Boisvert ?
d) De quelle façon doit-on comptabiliser les opérations relatives à cette adhésion ?

E 13. Les droits préférentiels de souscription

La société Préférée inc. est autorisée à émettre un nombre illimité d'actions ordinaires sans valeur nominale. À ce jour, il y a 5 000 000 d'actions ordinaires émises et en circulation. La société veut prendre de l'expansion et envisage pour cela la possibilité d'émettre de nouvelles actions sur le marché public. Avant d'émettre ces nouvelles actions, la société a émis, en faveur de ses actionnaires ordinaires, des droits préférentiels de souscription leur permettant d'acheter une nouvelle action ordinaire contre cinq droits et le versement d'une somme de 20 $. Ce jour-là, le cours de l'action était de 22 $ et les actionnaires ne disposaient que d'une période de deux semaines pour exercer leur privilège, après quoi les nouvelles actions seront offertes au grand public.

a) Au besoin, passez une écriture pour enregistrer l'émission des droits.
b) Supposez que tous les droits aient été exercés et passez une écriture pour enregistrer l'émission des nouvelles actions ordinaires.
c) Tenez maintenant pour acquis que 80 % des droits seulement ont été exercés et passez l'écriture requise.

E 14. Les droits à la plus-value d'actions

Au début de l'exercice 20X4, la société Participative inc. a instauré un régime de droits de participation à la plus-value d'actions en faveur de ses cinq cadres supérieurs. En vertu de ce régime, chaque cadre peut recevoir à son gré une somme d'argent, des actions ordinaires de la société sans valeur nominale ou une combinaison d'argent et d'actions ordinaires dont la valeur correspondra à la différence entre le cours des actions ordinaires et le prix d'exercice des droits établi à 20 $.

La société a offert un total de 100 000 droits à ses cadres supérieurs. Ces droits pourront être exercés à compter du 2 janvier 20X7, à la condition expresse toutefois que le cadre soit toujours au service de la société. Le cours des actions ordinaires aux 31 décembre 20X4, 20X5 et 20X6 était respectivement de 30 $, 34 $ et 33 $. Lors de l'émission des droits, il a été convenu que les cadres choisiraient de recevoir de l'argent au moment de l'exercice des droits. Ceux-ci ont tous été exercés le 2 janvier 20X7, et chaque cadre supérieur a reçu la somme convenue. Le cours des actions était de 33 $, le 2 janvier 20X7.

22

Dressez un tableau montrant la valeur de la rémunération attribuable à chaque exercice en vertu de ce régime et passez toutes les écritures requises depuis l'instauration du régime jusqu'à l'exercice des droits de participation à la plus-value d'actions.

E 15. L'émission et le rachat d'actions

La société Permissive inc. est autorisée à émettre un nombre illimité d'actions ordinaires ayant une valeur nominale de 10 $ chacune. Voici les opérations portant sur le capital-actions effectuées au cours du premier exercice financier terminé le 30 juin 20X3. Pour chacune de ces opérations, passez les écritures de journal appropriées.

20X2

4 juillet   Émission de 250 000 actions ordinaires au prix de 10 $ chacune.
8 octobre   Émission de 125 000 actions ordinaires au prix de 12 $ chacune.

20X3

9 janvier   Émission de 25 000 actions ordinaires au prix de 15 $ chacune.
25 mai   Rachat sur le marché de 40 000 actions ordinaires à un prix de 9 $ l'action et annulation immédiate de celles-ci.

E 16. Les actions autodétenues

Voici la section des capitaux propres de la société Rachetay ltée au 31 décembre 20X3 :

Capital-actions sans valeur nominale	
Nombre illimité d'actions autorisées.	
Nombre d'actions émises et en circulation : 280 000	*4 200 000 $*
Bénéfices non répartis	*800 000*
Total des capitaux propres	*5 000 000 $*

Au cours du mois de janvier 20X4, la société a procédé aux opérations suivantes portant sur les capitaux propres :

11 janvier   Rachat de 20 000 actions ordinaires à un prix global de 380 000 $.
25 janvier   Revente de 15 000 actions autodétenues au prix de 17 $ l'action.
31 janvier   Annulation des dernières actions autodétenues.

a) Passez les écritures requises pour enregistrer les opérations effectuées en janvier 20X4.
b) Dressez en bonne et due forme la section des capitaux propres du bilan au 31 janvier 20X4.

E 17. Les actions autodétenues

Voici la section des capitaux propres de la société Parvenue ltée au 31 décembre 20X7 ainsi que toutes les opérations portant sur ces capitaux propres qui ont eu lieu au cours de l'exercice 20X8 :

Capital-actions ayant une valeur nominale de 10 $ l'action	
Nombre illimité d'actions autorisées.	
Nombre d'actions émises et en circulation : 200 000	*2 000 000 $*
Prime à l'émission d'actions ordinaires	*1 500 000*
Bénéfices non répartis	*2 500 000*
Total des capitaux propres	*6 000 000 $*

31 mars   Rachat de 15 000 actions ordinaires à un prix global de 225 000 $.
20 mai   Revente des actions autodétenues au prix de 16 $ chacune.
15 juin   Rachat de 10 000 actions ordinaires au prix de 20 $ chacune.
30 août   Revente de 6 000 actions autodétenues au prix de 19 $ chacune.
5 décembre   Annulation des dernières actions autodétenues.

22

a) Passez les écritures requises pour enregistrer les opérations effectuées en 20X8.

b) Dressez en bonne et due forme la section des capitaux propres du bilan au 31 décembre 20X8.

E 18. Un don d'actions

À la suite du décès d'un ancien dirigeant de la société Les Entreprises Yvon Souterre ltée survenu le 1er novembre 20X4, la société a reçu un don de la succession consistant en 90 000 actions ordinaires sans valeur nominale. Le défunt, Max St-Jean, avait acquis les actions à un coût unitaire de 10 $ et, au moment de la donation, le cours de l'action ordinaire était de 29 $. Le 24 décembre 20X4, ces actions ont été revendues pour un montant global de 2 650 000 $.

Passez les écritures de journal requises lors de la donation et de la revente subséquente des actions.

E 19. La présentation des capitaux propres

Les renseignements suivants sont extraits des livres de la société Jesuy Toumailay ltée au 31 décembre 20X3. La société est autorisée à émettre un nombre illimité d'actions sans valeur nominale de catégorie A et d'actions de catégorie B ayant chacune une valeur nominale de 10 $.

Bénéfices non répartis	*75 000 $*
Souscriptions à recevoir – Actions de catégorie B (50 %)	*75 000*
Gain sur actions confisquées	*15 000*
Options d'achat d'actions de catégorie A (5 000)	*50 000*
Actions de catégorie B souscrites (10 000)	*100 000*
Actions de catégorie A (100 000)	*750 000*
Gain sur actions autodétenues	*20 000*
Bons de souscription à des actions de catégorie A (1 000)	*2 000*
Prime à l'émission d'actions de catégorie B	*150 000*
Actions de catégorie B (50 000)	*500 000*
Actions autodétenues de catégorie A (10 000)	*70 000*
Rémunération reportée	*40 000*
Cumul des autres éléments du résultat étendu (solde créditeur)	*18 000*

Dressez en bonne et due forme la section des capitaux propres du bilan de la société au 31 décembre 20X3.

* E 20. Les actions privilégiées à rachat obligatoire

Le 2 janvier 20X4, la société Gevêt Rachetay inc. a émis 2 000 actions privilégiées ayant chacune une valeur nominale de 500 $, comportant un dividende cumulatif de 10 %, rachetables au comptant à 105 le 31 décembre 20X8. À la date du rachat, la société devra verser tous les dividendes qui n'ont pas été déclarés ainsi que tous ceux qui ont été déclarés, mais qui n'ont pas encore été payés.

Supposez que le conseil d'administration n'ait pas déclaré de dividendes en 20X4.

a) Doit-on comptabiliser les dividendes non déclarés ou suffit-il simplement d'en faire mention par voie de note ? Justifiez votre réponse et, s'il y a lieu, passez l'écriture de journal requise.

b) Doit-on tenir compte de la prime de 5 $ consentie au rachat ? Justifiez votre réponse et, s'il y a lieu, passez l'écriture de journal requise.

22

Problèmes de compréhension

P 1. Choix multiples

(15 minutes – facile)

Pour chacun des énoncés suivants, choisissez la réponse qui convient le mieux.

1. Parmi les particularités suivantes, laquelle ne s'applique pas à une société par actions ?
   a) Seuls les actionnaires élisent les membres du conseil d'administration.
   b) Un dirigeant est nécessairement actionnaire d'une société par actions.
   c) Une société de capitaux peut être actionnaire d'une autre société. À titre d'actionnaire, elle a le droit de voter aux assemblées des actionnaires.
   d) Aucune de ces réponses.

2. La société DCD inc. a été mise sur pied il y a deux ans. Depuis ce temps, aucun dividende n'a été déclaré. Au moment où la société a été constituée, 100 actions de catégorie A (avec droit de vote et sans valeur nominale) et 100 actions de catégorie B (sans droit de vote, sans valeur nominale et à dividende non cumulatif de 5 $ l'action) ont été émises. Aux états financiers de la société, on doit trouver l'information suivante :
   a) Un dividende à payer de 1 000 $ doit figurer au passif de la société.
   b) Un dividende arriéré de 1 000 $ est présenté dans les notes aux états financiers.
   c) Seul le dividende de 500 $ de l'année courante doit figurer au passif à titre de dividendes à payer.
   d) Aucune de ces réponses.

3. En plus des registres comptables usuels, les sociétés de capitaux doivent tenir un certain nombre de registres supplémentaires pour répondre aux exigences de la loi et afin d'assurer le fonctionnement efficace de l'entreprise. L'un des registres suivants ne s'applique pas aux sociétés par actions.
   a) Le registre des actionnaires.
   b) Le registre des certificats d'actions.
   c) Le registre des transferts d'actions.
   d) Le registre des procès-verbaux.
   e) Aucune de ces réponses.

4. L'émission d'actions avec valeur nominale est :
   a) permise au Canada ;
   b) interdite au Québec ;
   c) interdite en vertu de la *Loi sur les sociétés par actions* (L.S.A.) ;
   d) toutes ces réponses sont fausses.

5. L'un des éléments suivants ne fait pas partie du surplus d'apport aux états financiers.
   a) Le gain sur actions confisquées.
   b) Le gain sur revente d'actions autodétenues.
   c) La prime à l'émission d'actions.
   d) Le bien reçu à titre gratuit.
   e) Aucune de ces réponses.

22

P 2. L'analyse de postes des capitaux propres

(15 minutes – facile)

Voici la section des capitaux propres de la société Avatek ltée au 30 septembre 20X7 :

Actions privilégiées ayant chacune une valeur nominale de 50 $	
et à dividende cumulatif de 3 $ l'action	
Nombre illimité d'actions autorisées.	
Actions émises et en circulation	*21 600 000 $*
Actions souscrites	*10 800 000*
Actions ordinaires sans valeur nominale	
Nombre illimité d'actions autorisées.	
Nombre d'actions émises et en circulation : 4 920 000	*39 852 000*
Surplus d'apport	
Prime à l'émission d'actions	*1 620 000*
Bénéfices non répartis (Déficit)	*(1 200 000)*
Total des capitaux propres	*72 672 000 $*

Travail à faire

Sachant que l'actif à court terme renferme le poste Souscriptions à recevoir – Actions privilégiées totalisant 2 246 400 $, répondez aux question suivantes.

a) Quel est le nombre d'actions privilégiées souscrites ?
b) Quel est le prix de vente moyen (y compris les actions souscrites) des actions privilégiées ?
c) Quel est le prix d'émission moyen des actions ordinaires ?
d) Quel montant les souscripteurs d'actions privilégiées doivent-ils par action ?
e) À combien s'élève le capital légal de la société ?

P 3. Les souscriptions et les émissions d'actions

(30 minutes – facile)

Le capital autorisé de la société Canadex inc. comprend 10 000 actions privilégiées à dividende cumulatif de 6 % et ayant chacune une valeur nominale de 10 $, ainsi que 50 000 actions ordinaires sans valeur nominale. Au cours de sa première année d'exploitation, la société a effectué les opérations suivantes :

2 janvier	Émission au comptant de 20 000 actions ordinaires à un prix de 10 $ chacune.
30 janvier	Émission au comptant de 1 000 actions privilégiées à un prix de 25 $ chacune.
31 mars	Réception de souscriptions à 1 000 actions privilégiées offertes en vente à un prix de 25 $ chacune. Les souscriptions sont accompagnées d'un versement comptant égal à 50 % du prix d'émission. Le solde sera payable en deux versements égaux.
30 juin	Émission de 5 000 actions ordinaires, de 500 actions privilégiées et d'un chèque d'un montant de 15 500 $ en échange d'un bâtiment et d'un terrain nécessaires aux opérations de Canadex inc. Le coût original du bâtiment était de 40 000 $ aux livres du vendeur, et sa valeur nette comptable était de 20 000 $. Considérer que la valeur au marché des actions de Canadex inc. n'a pas changé depuis le début de l'année et que la valeur du terrain représente 10 % du coût global d'acquisition.
3 décembre	Encaissement de la moitié du montant à recevoir sur les actions souscrites en mars.

Travail à faire

a) Passez les écritures requises à l'enregistrement des opérations décrites ci-dessus.
b) Établissez la section des capitaux propres du bilan de la société au 31 décembre en supposant que le bénéfice net du premier exercice s'élève à 47 000 $.

22

P 4. Des émissions d'actions multiples   (30 minutes – moyen)

La société Jaymètout ltée a effectué les opérations suivantes au cours de son cinquantième exercice financier :

6 janvier	Émission au comptant de 20 000 actions ordinaires sans valeur nominale au prix de 11 $ l'action.
9 mars	Émission de 8 000 actions ordinaires en échange d'un terrain. Au cours des derniers jours, l'action ordinaire de la société a connu une forte activité sur les marchés boursiers. Au moment de l'échange, la cote de l'action était de 11,50 $. Quant au terrain, il a fait l'objet d'une évaluation par trois experts indépendants. La valeur d'expertise varie de 65 000 $ à 135 000 $ pour s'établir en moyenne à 100 000 $.
5 avril	Réception de souscriptions à 40 000 actions privilégiées sans valeur nominale offertes au prix de 50 $ l'action. Les souscriptions sont accompagnées d'un versement comptant égal à 20 % du prix d'émission. Le solde sera payable en deux versements égaux.
30 juin	Encaissement de la moitié du montant à recevoir sur les actions souscrites en avril.
31 août	Encaissement du solde à recevoir sur les actions souscrites en avril.
15 octobre	Émission de 64 000 actions ordinaires et de 8 000 actions privilégiées pour un montant total de 1 250 000 $. Les justes valeurs unitaires des actions ordinaires et privilégiées étaient respectivement de 15 $ et 60 $ à la date de l'émission.

Travail à faire

Passez les écritures de journal requises pour enregistrer les opérations ci-dessus.

P 5. Des émissions d'actions multiples   (35 minutes – moyen)

La société pharmaceutique Ormone ltée a été constituée en janvier 20X0. Le capital autorisé comprend 300 000 actions privilégiées sans valeur nominale à dividende cumulatif de 10 $ l'action et un nombre illimité d'actions ordinaires sans valeur nominale.

La nouvelle société a effectué les opérations suivantes au cours du premier semestre de 20X0 :

10 janvier	Émission au comptant de 50 000 actions ordinaires au prix de 10 $ l'action.
20 janvier	Réception de souscriptions à 10 000 actions privilégiées offertes au prix de 104 $ chacune. Les souscriptions sont accompagnées d'un versement initial de 25 % du prix d'émission. Le solde du prix convenu est exigible le 20 mars.
3 février	Réception de souscriptions à 200 000 actions ordinaires offertes au prix de 10 $ chacune. Le montant est exigible le 3 avril.
14 février	Émission de 2 000 actions ordinaires en règlement d'honoraires et de frais juridiques s'élevant au total à 20 000 $ et se rapportant à la constitution de la nouvelle société.
20 mars	Encaissement de 98 % du solde à recevoir sur les actions souscrites le 20 janvier. Le solde de 2 % de la somme à recevoir ne pourra être recouvré, et le conseil d'administration a décidé d'émettre un nombre d'actions correspondant au montant reçu du souscripteur défaillant.
3 avril	Encaissement du solde à recevoir sur les actions souscrites le 3 février.
30 juin	Émission au comptant de 10 000 actions privilégiées à 105 $ chacune.
30 juin	Émission de 10 000 actions ordinaires et de 4 000 actions privilégiées en échange de biens que la direction a évalués comme suit :

Terrain	*100 000 $*
Bâtiment	*350 000*
Équipements	*50 000*
Matériel roulant	*24 000*

22

Travail à faire

a) Passez les écritures requises à l'enregistrement des opérations décrites précédemment.

b) Établissez la section des capitaux propres du bilan de la société au 30 juin en tenant pour acquis que le bénéfice net du premier semestre s'élève à 135 000 $ et que le conseil d'administration n'a déclaré aucun dividende à ce jour.

P 6. Des opérations multiples portant sur des actions   (35 minutes – moyen)

Le 1ᵉʳ mars 20X7, la société Gros Jean inc. a reçu son certificat de constitution sous la compétence de la *Loi sur les compagnies du Québec* (L.C.Q.). Ses statuts l'autorisent à émettre 20 000 actions privilégiées à dividende cumulatif de 9 % et d'une valeur nominale de 100 $ l'action, ainsi que 60 000 actions ordinaires sans valeur nominale.

Les opérations suivantes ont été effectuées en mars et en avril :

1ᵉʳ mars	Émission au comptant de 3 500 actions privilégiées à 101 $ chacune.
12 mars	Réception de souscriptions à 3 000 actions privilégiées à 102 $ l'action. Un versement comptant de 51 $ par action accompagne la souscription.
29 mars	Acquisition, en échange de 46 000 actions ordinaires, d'une entreprise individuelle appartenant à M. Jean Proulx. Les éléments d'actif acquis ainsi que la dette prise en charge par la société sont les suivants :

Terrain	200 000 $
Immeubles	960 000
Effets à recevoir	120 000
Stock de marchandises	180 000
Outillage	320 000
Emprunt hypothécaire à 11 % échéant dans 12 ans	400 000

5 avril	Encaissement du solde dû sur 2 500 actions privilégiées. L'encaissement du solde à recevoir des derniers souscripteurs est reporté au 12 mai.
16 avril	Réception du compte d'honoraires de l'avocat qui a travaillé au dossier de constitution. L'avocat accepte 200 actions ordinaires en règlement de ses honoraires établis à 6 400 $.
30 avril	À la suite du décès d'un actionnaire privilégié, le conseil d'administration rachète comptant, au prix convenu de 100 $ l'action, les 500 actions qui avaient été émises pour lui le 1ᵉʳ mars, puis les annule.

Travail à faire

a) Passez les écritures requises pour enregistrer les opérations décrites ci-dessus.

b) Établissez la section des capitaux propres du bilan de la société au 30 avril en supposant que le bénéfice net des deux premiers mois s'élève à 18 000 $ et que le conseil d'administration n'ait déclaré aucun dividende à ce jour.

P 7. Des opérations multiples portant sur des actions   (45 minutes – moyen)

Les statuts de constitution de la société Émettrice ltée autorisent cette dernière à émettre un nombre illimité d'actions sans valeur nominale de catégorie A comportant un droit de vote et 1 000 000 d'actions de catégorie B ayant chacune une valeur nominale de 10 $ et comportant deux droits de vote chacune. Les opérations suivantes ont été effectuées au cours des premiers mois d'exploitation de la société :

5 mai	Chacun des 10 actionnaires fondateurs de la société s'engage à acheter 1 000 actions de catégorie A à 7 $ chacune et 500 actions de catégorie B à 12 $ l'action. Les actionnaires ont versé comptant l'équivalent de 50 % de la souscription.
5 mai	Émission de 1 000 actions de catégorie A et de 500 actions de catégorie B pour un montant total de 12 443 $.
6 mai	L'un des actionnaires fondateurs achète à l'encan une pièce d'équipement au prix de 48 800 $. Il s'empresse de remettre cette pièce à la société en échange de 4 000 actions de catégorie A, de 400 actions de catégorie B et d'un billet de 16 000 $ portant intérêt à 12 % l'an remboursable dans deux ans.
8 août	Recouvrement du solde dû par neuf actionnaires relativement à la souscription du 5 mai et émission des actions en cause.

3 octobre   Le conseil d'administration décide de rembourser intégralement la somme déjà reçue de l'actionnaire défaillant. Le paiement sera effectué le 10 octobre.

Travail à faire

a) Passez les écritures requises pour enregistrer les opérations décrites précédemment.
b) Établissez la section des capitaux propres du bilan de la société au 30 septembre en tenant pour acquis que la perte nette des premiers mois s'élève à 7 000 $.

P 8. Des opérations multiples portant sur des actions   (60 minutes – moyen)

La société Broue ltée est autorisée à émettre 100 000 actions ordinaires. Voici les opérations effectuées au cours de l'exercice :

1. Le 9 janvier 20X4, soit immédiatement après avoir reçu son certificat de constitution, la société a émis 50 000 actions au prix de 15 $ chacune.
2. Le 16 octobre 20X4, la société a reçu des souscriptions à 2 000 actions au prix de 15 $ chacune. Celles-ci étaient accompagnées d'un versement initial équivalant à 50 % des souscriptions. Le solde sera perçu en deux versements égaux.
3. Le 17 octobre 20X4, un camion d'occasion a été acquis en échange de 1 000 actions. Le camion avait une valeur nette comptable de 14 000 $ dans les livres du vendeur, alors qu'un évaluateur indépendant avait estimé sa valeur à 16 000 $ il y a six mois.
4. Le 16 novembre 20X4, la société a encaissé la moitié du solde à recevoir sur les actions souscrites le 16 octobre.
5. Le 16 décembre 20X4, la société a encaissé 80 % du solde qui était à recevoir sur les actions souscrites le 16 octobre. Les actions souscrites entièrement payées sont émises et les actions souscrites impayées sont confisquées jusqu'à ce que le conseil d'administration se penche sur la pertinence d'un remboursement.
6. Le 21 décembre 20X4, le conseil d'administration a décidé de rembourser les souscripteurs défaillants à raison de 95 % des sommes reçues à ce jour.
7. Le 30 décembre 20X4, la société a émis les chèques aux souscripteurs défaillants.

Travail à faire

a) Passez les écritures requises à l'enregistrement des opérations décrites ci-dessus en supposant successivement que :
    i)   les actions ordinaires sont sans valeur nominale ;
    ii) les actions ordinaires ont une valeur nominale de 10 $.
b) Établissez la section des capitaux propres du bilan de la société au 31 décembre 20X4 pour chacune des deux situations décrites en a) et en tenant pour acquis que les bénéfices non répartis s'élèvent à 71 000 $ à cette date.

P 9. Des opérations portant sur les capitaux propres   (40 minutes – moyen)

La société Hansel et Gretel ltée a été constituée en mai 20X7. Le capital autorisé comprend 3 000 000 d'actions ordinaires ayant une valeur nominale de 10 $ chacune, et 300 000 actions ont déjà été émises à ce jour pour un montant total de 3 300 000 $. Le bénéfice net s'est élevé à 125 000 $ pour l'exercice terminé le 31 décembre 20X7.

Le 3 juillet 20X8, la société a émis 500 000 actions ordinaires pour un montant total de 6 250 000 $. Pour l'exercice terminé le 31 décembre 20X8, le bénéfice net s'est élevé à 350 000 $.

Au cours de l'exercice 20X9, la société a effectué les opérations suivantes :

1. En février, la société a racheté 30 000 actions ordinaires au prix de 9 $ chacune. La société a l'intention de revendre ces actions autodétenues dès que possible.
2. En juin, la société a vendu 15 000 actions autodétenues au prix de 12 $ chacune.
3. En septembre, la société a émis, pour chaque détenteur d'une action ordinaire, un droit de souscription à deux actions supplémentaires au prix de 13 $ l'action. Les droits viendront à échéance le 31 décembre 20X9.

22

4. En octobre, 175 000 droits de souscription ont été exercés, alors que la juste valeur d'une action ordinaire était de 13,50 $.
5. En novembre, 350 000 droits de souscription ont été exercés, alors que la juste valeur d'une action ordinaire était de 14 $.
6. En décembre, la société annule définitivement les dernières actions autodétenues.
7. Pour l'exercice terminé le 31 décembre 20X9, le bénéfice net s'est élevé à 450 000 $.

Travail à faire

Dressez un tableau de toutes les opérations portant sur le capital-actions (nombre d'actions et valeur en dollars), le surplus d'apport, les bénéfices non répartis et les actions autodétenues (nombre d'actions et valeur en dollars), afin de fournir tous les chiffres qui devront figurer dans les bilans de la société Hansel et Gretel ltée aux 31 décembre 20X7, 20X8 et 20X9 faisant suite aux événements décrits précédemment. Présentez les calculs qui appuient les chiffres inscrits dans votre tableau.

P 10. Les options d'achat d'actions
(35 minutes – moyen)

Les renseignements suivants sont extraits des livres de la société Optimum ltée au 31 décembre 20X3. La société est autorisée à émettre un nombre illimité d'actions de catégorie A ayant chacune une valeur nominale de 10 $.

Actions de catégorie A	15 000 000 $
Prime à l'émission d'actions	3 000 000
Bénéfices non répartis	7 500 000

Au début de l'exercice 20X4, la société a instauré deux régimes d'options d'achat d'actions. Voici les faits saillants de l'exercice 20X4 :

Régime d'options d'achat d'actions des employés
En vertu du régime d'options d'achat d'actions des employés, chacun des employés de la société a reçu 150 options conférant le droit d'acheter autant d'actions ordinaires à un prix de 12,50 $ chacune, soit un prix équivalant au cours de l'action le jour de l'octroi des options. Six mille options ont été levées par les employés de la société au cours du délai de 30 jours accordé aux employés pour exercer leurs droits.

Régime d'options d'achat d'actions des dirigeants
La société compte six cadres supérieurs. Chacun d'eux a reçu 4 500 options lui conférant le droit d'acheter autant d'actions ordinaires au prix de 12 $ chacune. Les options pourront être levées entre le 1er janvier 20X6 et le 31 décembre 20Y5, à la condition expresse que la personne effectuant la levée soit toujours au service de la société au moment de l'opération. À la date de l'octroi des options, le cours des actions ordinaires était de 12 $. En utilisant le modèle de Black et Scholes tenant compte de la volatilité prévue de l'action, du rendement sous forme de dividendes et du taux d'intérêt sans risque, la valeur d'une option s'élève à 2,50 $ à cette même date. Vers la fin de l'exercice, un des cadres supérieurs a quitté la société à cause d'un profond désaccord avec le président.

Travail à faire

a) Passez les écritures de journal requises pour chacun des deux régimes d'options d'achat d'actions.
b) Établissez la section des capitaux propres du bilan de la société au 31 décembre 20X4 en tenant pour acquis que le bénéfice net de l'exercice est de 45 000 $, compte non tenu des impacts des deux régimes d'options d'achat d'actions. Le taux d'imposition de la société est de 20 %.

22

P 11. Les options d'achat d'actions   (20 minutes – difficile)

Le 3 janvier 20X2, la société Ferray ltée a instauré un régime d'options d'achat d'actions destiné aux dirigeants et à certains employés clés. En vertu de ce régime, 60 000 actions sans valeur nominale de la société pourront être acquises à un prix unitaire de 50 $ entre le 3 janvier 20X4 et le 31 décembre 20X7 à condition que le détenteur soit toujours au service de la société. À la date de l'octroi des options, l'action ordinaire s'échangeait en Bourse au prix de 50 $. Au 3 janvier 20X2, la valeur unitaire des options déterminée à l'aide du modèle de Black et Scholes s'élevait à 4,35 $.

Le 1er avril 20X3, 4 000 options ont été retirées à la suite du départ de deux employés couverts par le régime. À la date du départ, la cote de l'action ordinaire était de 60 $. Le 31 mars 20X4, 24 000 options ont été levées à un moment où la cote boursière atteignait un sommet de 80 $ l'action.

Travail à faire

Passez les écritures de journal requises pour l'octroi, le retrait partiel et la levée des options ainsi que pour comptabiliser, s'il y a lieu, la rémunération inhérente au régime pour les exercices 20X2, 20X3 et 20X4.

Source :
A.I.C.P.A. adapté

P 12. La participation à la plus-value d'actions   (45 minutes – moyen)

Au début de l'exercice 20X0, la société Participactive inc. a instauré un régime de participation à la plus-value d'actions en faveur de ses dirigeants. En vertu de ce régime, un dirigeant peut recevoir à son gré une somme d'argent, des actions ordinaires de la société sans valeur nominale ou une combinaison d'argent et d'actions ordinaires dont la valeur correspond à la différence entre la valeur des actions ordinaires et le prix de levée des options établi à 35 $ l'action.

À la même date, la société a octroyé 75 000 droits qui ne peuvent être exercés avant le 1er janvier 20X3 ni après le 31 décembre 20X8. Les membres du conseil d'administration estiment que les dirigeants opteront pour les actions ordinaires dès que les droits pourront être exercés, car ils considèrent qu'il y a une forte probabilité que le cours de l'action sur le marché boursier connaisse une croissance intéressante.

En 20X3, 45 000 droits ont été exercés le 1er janvier, et 15 000 autres l'ont été le 31 décembre. Lors de l'exercice de ces droits, le nombre approprié d'actions ordinaires a été émis. Au 31 décembre 20X4, 15 000 droits étaient toujours en circulation. Voici le cours des actions ordinaires de la société Participactive inc. au fil des ans :

Date	Cours de l'action sur le marché
31 décembre 20X0	51,00 $
31 décembre 20X1	58,50
31 décembre 20X2	73,50
1er janvier 20X3	73,50
31 décembre 20X3	67,50
31 décembre 20X4	72,00

Travail à faire

Passez les écritures de journal requises pour enregistrer les opérations auxquelles le régime de participation à la plus-value d'actions a donné lieu de 20X0 à 20X4 inclusivement.

22

P 13. Les options ou les droits à la plus-value d'actions (50 minutes – difficile)

Au cours de l'assemblée annuelle de la société Droidoption ltée tenue le 28 février 20X2, les actionnaires ont entériné la création d'un régime d'options d'achat d'actions entré en vigueur le 1er janvier 20X2. En vertu de ce régime, la société a attribué 100 000 options à ses principaux dirigeants, leur permettant d'acquérir un nombre équivalent d'actions ordinaires sans valeur nominale au prix de 10 $ l'action. La société attribue également, dans ce régime, des droits de participation à la plus-value d'actions. Les bénéficiaires du régime ne peuvent exercer ces droits que s'ils renoncent à leurs options d'achat d'actions et, réciproquement, ils ne peuvent lever leurs options que s'ils n'exercent pas les droits à la plus-value d'actions.

Les options peuvent être levées en entier à compter du 31 décembre 20X6. Le régime prévoit que seuls les dirigeants encore au service de la société peuvent exercer le choix prévu, à compter du 31 décembre 20X6. Voici les opérations effectuées le 31 décembre 20X6 :

- Les détenteurs de 12 500 options ont préféré lever les options et verser le montant convenu en échange d'un nombre équivalent d'actions ordinaires.
- Les détenteurs de 37 500 options ont choisi d'exercer leur droit à la plus-value d'actions et de recevoir de l'argent comptant.
- Les détenteurs de 50 000 options ont choisi d'exercer leur droit à la plus-value d'actions et de recevoir des actions de la société, plus une somme d'argent lorsque les avantages auxquels ils avaient droit leur procuraient des fractions d'actions.

Voici le cours des actions ordinaires de la société Droidoption ltée au fil des ans :

Date	Cours de l'action sur le marché
31 décembre 20X2	10 $
31 décembre 20X3	12
31 décembre 20X4	14
31 décembre 20X5	13
31 décembre 20X6	16

Travail à faire

Passez les écritures de journal requises pour enregistrer les opérations auxquelles le régime de participation à la plus-value d'actions a donné lieu de 20X2 à 20X6 inclusivement.

P 14. Les actions autodétenues (20 minutes – moyen)

Voici la section des capitaux propres de la société Akylaction ltée au 31 décembre 20X5 :

Actions ordinaires sans valeur nominale	
Nombre d'actions autorisées : 100 000	
Nombre d'actions émises et en circulation : 60 000	1 500 000 $
Bénéfices non répartis	460 000
Total des capitaux propres	1 960 000 $

Les opérations suivantes ont été effectuées au cours de l'exercice terminé le 31 décembre 20X6 :

7 mars	Rachat de 2 000 actions au prix de 29 $ chacune.
22 avril	Rachat de 1 800 actions au prix de 31 $ chacune.
29 avril	Revente de 3 000 actions au prix de 31 $ chacune.
11 août	Revente de 400 actions au prix de 25 $ chacune.

La société traite les actions autodétenues de telle manière que les premières actions rachetées soient les premières revendues. Au cours de l'exercice terminé le 31 décembre 20X6, la société a réalisé un bénéfice net de 328 000 $.

22

Source :
A.I.C.P.A. adapté

Travail à faire

a) Passez les écritures relatives aux opérations effectuées en 20X6 portant sur les capitaux propres de la société.

b) Établissez la section des capitaux propres du bilan de la société au 31 décembre 20X6.

P 15. Les actions autodétenues

(60 minutes – moyen)

Voici la section des capitaux propres de la société Jaitylaction ltée au 31 décembre 20X2 :

Actions ordinaires d'une valeur nominale de 5 $ chacune	
Nombre illimité d'actions autorisées.	
Nombre d'actions émises et en circulation : 500 000	*2 500 000 $*
Prime à l'émission d'actions ordinaires	*1 500 000*
Bénéfices non répartis	*5 200 000*
Total des capitaux propres	*9 200 000 $*

Les opérations suivantes ont été effectuées au cours de l'exercice terminé le 31 décembre 20X3 :

8 février	Rachat de 25 000 actions au prix de 9 $ chacune.
29 avril	Revente de 20 000 actions au prix de 11 $ chacune.
9 mai	Rachat de 10 000 actions au prix de 6 $ chacune.
11 août	Revente de 8 000 actions au prix de 9 $ chacune.
30 décembre	Annulation de 5 000 actions autodétenues.

Au cours de l'exercice terminé le 31 décembre 20X3, la société a réalisé un bénéfice net de 195 000 $.

Travail à faire

a) En tenant pour acquis que la société applique la méthode de l'opération unique et traite ses actions autodétenues de telle manière que les premières actions rachetées sont les premières revendues, passez les écritures relatives aux opérations effectuées en 20X3 portant sur les capitaux propres de la société.

b) Compte tenu des écritures enregistrées en a), établissez la section des capitaux propres du bilan de la société au 31 décembre 20X3.

c) En tenant pour acquis que la société est une société américaine qui applique la méthode des deux opérations distinctes, passez les écritures relatives aux opérations effectuées en 20X3 portant sur les capitaux propres de la société.

d) Compte tenu des écritures enregistrées en c), établissez la section des capitaux propres du bilan de la société au 31 décembre 20X3.

P 16. Les résultats étendus

(15 minutes – facile)

Les renseignements suivants sont extraits des livres de la société Hay Tandu ltée :

	20X6	*20X5*
Capital-actions	*150 000 $*	*150 000 $*
Bénéfices non répartis au début de l'exercice	*540 000*	*450 000*
Bénéfice net de l'exercice	*110 000*	*90 000*
Cumul des autres éléments du résultat étendu au début de l'exercice	*19 000*	*15 000*
Gains et pertes latents de la période sur les actifs financiers disponibles à la vente	*2 000*	*10 000*
Ajustements de reclassement des gains sur les actifs financiers disponibles à la vente inclus dans le bénéfice net	*1 000*	*(6 000)*
Gains et pertes sur dérivés désignés comme couvertures de flux de trésorerie	*3 000*	

Travail à faire

Dressez les états financiers (complets ou partiels) requis afin de respecter les exigences de présentation énoncées par le C.N.C.

22

Analyses de cas

C 1. Le respect des droits des actionnaires

(30 minutes – moyen)

Au début de l'exercice 20X4, après 20 ans d'une association fructueuse, les associés de Letendre, Lefort, Ledoux et associés ont décidé de constituer une société par actions, LLL ltée, et d'en confier la présidence à M. Brutal Ledoux. La nouvelle société, constituée sous la L.C.Q., est autorisée à émettre un nombre illimité d'actions de catégorie A sans valeur nominale. Lors de la constitution de la société, MM. Letendre, Lefort et Ledoux ont reçu respectivement 3 000, 9 000 et 18 000 actions ayant une valeur attribuée de 15 $ chacune.

Au 31 décembre 20X6, la section des capitaux propres de la société LLL ltée se composait des éléments suivants :

Actions de catégorie A sans valeur nominale	
Nombre illimité d'actions autorisées.	
Nombre d'actions émises et en circulation : 30 000	*450 000 $*
Bénéfices non répartis	*60 000*
Total des capitaux propres	*510 000 $*

Au début de l'exercice 20X7, après avoir analysé les états financiers de la société, le président est arrivé à la conclusion que le fonds de roulement devrait être augmenté. Comme les deux autres actionnaires étaient en Californie pour la période hivernale, Brutal Ledoux a décidé de fournir lui-même les fonds requis. Au moment de la constitution de la société par actions, M. Ledoux avait obtenu 30 000 $ en argent, car son capital était plus élevé que celui des deux autres associés. M. Ledoux avait alors investi cette somme dans des titres de participation de grandes sociétés canadiennes. Le 9 janvier 20X7, M. Ledoux a vendu ces titres de participation au prix de 67 500 $ et a déposé cette somme dans le compte en banque de LLL ltée qui, en échange, a émis 4 500 actions de catégorie A en son nom.

Mis au courant de cette émission d'actions, Pacifique Lefort, qui avait ramené une carte de 36 après 9 trous de golf, termina sa ronde fort contrarié avec un pointage de 87. Rapidement, il envoie par télécopieur un message à M. Ledoux alléguant que ses droits ont été lésés. Coriace Letendre s'oppose lui aussi à cette émission, prétextant que M. Ledoux n'aurait dû recevoir que 2 000 actions. Selon M. Letendre, ce nombre d'actions correspondrait davantage à la somme de 30 000 $ retirée par M. Ledoux lors de la constitution de la société par actions. De plus, si M. Ledoux avait préféré recevoir uniquement des actions à cette époque, il n'aurait reçu que 2 000 actions supplémentaires.

M. Ledoux répond alors qu'il n'a jamais eu l'intention de causer du tort à ses associés, et il se dit prêt à les rembourser si on lui prouve qu'il leur a causé quelque préjudice. Comme les actions de la société LLL ltée ne sont pas inscrites en Bourse, il est donc impossible d'établir leur juste valeur.

Travail à faire

Rédigez un rapport à l'attention des trois actionnaires afin d'évaluer les arguments défendus par MM. Lefort et Letendre. Si vous estimez que ces deux associés ont effectivement été lésés, suggérez un mode de règlement qui conviendrait aux trois actionnaires.

C 2. Un projet d'intégration à un régime d'options

(40 minutes – moyen)

Récemment, Ella Leflair est devenue adjointe à la vice-présidente aux Affaires financières de la société Grosous ltée. Elle a signé un contrat de trois ans moyennant un salaire annuel de 96 000 $. Quelque temps après avoir accepté cette promotion, elle prend connaissance d'une résolution du conseil d'administration instaurant un régime d'options d'achat d'actions en faveur de tous les vice-présidents. Selon ce régime, chaque vice-président pourra acheter 10 000 actions. Ella Leflair est la seule adjointe à un poste de vice-président et est fort déçue d'avoir été exclue du régime d'options d'achat d'actions.

Après mûre réflexion, Ella Leflair soumet la proposition suivante au président de la société :

> J'aimerais pouvoir bénéficier du régime d'options d'achat d'actions et, à ce titre, je voudrais que l'on m'accorde des options qui me permettront d'acquérir 10 000 actions ordinaires sans valeur nominale de la société à un prix égal au cours actuel des actions, soit 35 $. Si cet avantage m'est accordé, je consens à ce que le salaire annuel qui me sera versé au cours des trois prochaines années soit de 80 000 $ au lieu de 96 000 $.

Le président de la société a présenté cette proposition aux membres du conseil d'administration qui ont immédiatement autorisé la modification du régime afin d'y inclure l'adjointe à la vice-présidente aux Affaires financières. Au cours de la discussion, Jeanfais Desbelles, actionnaire important, avait formulé le commentaire suivant :

> Nous allons économiser 48 000 $ en réduisant le salaire versé à Ella Leflair au cours des trois prochaines années. Si le cours des actions n'augmente pas par rapport au cours actuel, Ella ne lèvera pas les options et, dans ce cas, les options ne nous coûteront rien. Si, au contraire, le cours des actions augmente, Ella Leflair lèvera les options, et nous émettrons 10 000 nouvelles actions, mais comme cette émission n'entraînera aucune sortie de fonds, nos résultats ne seront pas modifiés. Ainsi, de toute façon, nous réaliserons une économie de 48 000 $.

De son côté, le directeur général de la société explique :

> Justement, il y a plusieurs facteurs qui entrent en ligne de compte et qui peuvent exercer une influence sur la valeur d'une option. Ainsi, la conjoncture économique générale, notamment le taux d'intérêt sans risque qui s'élève actuellement à 7 %, et les conditions plus particulières à notre entreprise. Parmi celles-ci se trouvent d'abord la volatilité du cours de ses actions qui s'est élevée en moyenne à environ 25 % au cours des trois derniers exercices, puis le rendement sous forme de dividendes que nous offrons aux actionnaires et qui s'élève à environ 6 % bon an mal an, et enfin la durée prévue de l'option en cause, de l'ordre de trois ans dans ce cas.

Travail à faire

a) Quel coût minimal devrait-on attribuer aux options accordées à Ella Leflair ? Passez l'écriture pour comptabiliser ce coût.

b) En tenant pour acquis que le cours des actions après trois ans a atteint 45 $ et que Ella Leflair a levé les options d'acheter 10 000 actions, passez l'écriture requise pour enregistrer l'émission de ces nouvelles actions.

c) Que pensez-vous du commentaire de Jeanfais Desbelles lorsque celui-ci affirme que la société a réalisé une économie de 48 000 $ en attribuant à Ella Leflair des options lui permettant d'acheter 10 000 actions ?

22

C 3. Un régime d'options d'achat d'actions (40 minutes – moyen)

Marina Ombudsman est responsable du traitement des plaintes formulées par les clients et les actionnaires de la société Sansoucis ltée. Voici le texte intégral d'une lettre reçue d'un actionnaire insatisfait :

Le 28 janvier 20X4

Mademoiselle Marina Ombudsman
SANSOUCIS LTÉE
Enville (Québec)
H0H 0H0

Mademoiselle,
En consultant le journal Les Affaires, j'ai appris que les dirigeants de la société Sansoucis ltée ont levé des options qui leur ont permis d'acquérir 50 000 actions au cours de la dernière année. Le cours des actions a été en moyenne de 45 $ chacune, et pourtant, les dirigeants n'ont payé leurs actions que 15 $. Les calculs faits indiquent que les options levées au cours de l'exercice ont entraîné pour la société une perte de 1 500 000 $, ce qui est une somme largement supérieure au total de la rémunération versée aux membres du comité exécutif au cours du dernier exercice selon les résultats publiés dans le rapport annuel 20X3. J'aimerais bien connaître le poste des états financiers où cette perte de 1 500 000 $ a été camouflée.

J'aimerais également que vous me disiez pourquoi le régime d'options d'achat d'actions n'interdit pas aux détenteurs des options de vendre les actions obtenues en levant leurs options. J'ai aussi lu dans le même article que le président avait vendu 10 000 actions obtenues de cette manière. Je n'ai jamais vendu une seule de mes actions et, si chacun agissait de la même façon, le cours des actions s'élèverait.

Dans l'attente de votre réponse à mes interrogations, veuillez agréer, Mademoiselle, l'expression de mon vif ressentiment.

Jesuy Traumatisay

Jesuy Traumatisay
911, rue Des Désespérés,
Enville

Travail à faire

Jouez le rôle de Marina Ombudsman et rédigez une lettre en réponse aux allégations formulées par M. Traumatisay en tenant pour acquis que les informations contenues dans sa lettre sont exactes.

C 4. Les droits de souscription à des actions (50 minutes – difficile)

La société Export-Import ltée (EIL) a été constituée en janvier 20X3. Le capital autorisé comprend un nombre illimité d'actions ordinaires sans valeur nominale. Le 4 janvier 20X1, la société a émis au comptant 500 000 actions à 10 $ chacune. Vu la croissance rapide de la société au cours des dernières années, celle-ci a aujourd'hui un besoin urgent de capitaux frais. Au cours de la réunion du conseil d'administration du 6 avril 20X6, deux dirigeants ont formulé des propositions différentes, mais qui visent toutes deux à amasser les fonds requis au moyen de l'émission de droits de souscription. Voici un bref résumé des deux propositions.

Proposition A

M. Mark Hetting, vice-président au Service à la clientèle, propose de distribuer 500 000 droits de souscription aux actionnaires actuels. Cette distribution aurait lieu le 30 avril 20X6, et les actionnaires auraient jusqu'au 15 juin pour obtenir une nouvelle action ordinaire en échange de 5 droits plus une somme de 50 $. Les actions de la société se négocient aujourd'hui à 60 $ (le 6 avril 20X6), et rien n'indique que le cours de l'action devrait fluctuer d'ici le 30 avril.

Proposition B

Mme Pécey Géhaire, vice-présidente aux Finances, propose d'émettre 500 000 droits de souscription au prix de 1 $ chacun. Ces droits seraient d'abord offerts aux actionnaires actuels et, par la suite, au public en général. Pour le reste, cette proposition ne diffère pas de la précédente. En effet, les détenteurs des droits auraient jusqu'au 15 juin pour acquérir une action ordinaire en échange de 5 droits, plus une somme de 50 $.

M. Jehu Liday, vice-président à la Recherche et au Développement, affirme que la proposition de Hetting est plus avantageuse pour les actionnaires actuels, tandis que Mme Ingrid Kon Census, vice-présidente aux Relations de travail, croit que la proposition de Mme Géhaire, tout en favorisant les actionnaires actuels, est plus profitable pour la société. Puisqu'il est déjà près de midi et qu'un débat semble inévitable, le président de la société, M. Jahy Lachicane, propose d'ajourner la réunion jusqu'à 14 h.

Dès sa sortie de la réunion, M. Jahy Lachicane vous téléphone pour connaître votre avis sur ces deux propositions. Vous devez lui livrer votre expertise au cours du match de squash que vous disputerez ensemble à midi.

Travail à faire

a) Compte tenu des renseignements disponibles, analysez les deux propositions tant du côté des actionnaires que de celui de la société EIL. Comparez particulièrement les sommes qui seraient créditées au compte Capital-actions si tous les détenteurs devaient exercer leurs droits.

b) Évaluez maintenant les deux propositions à la lumière des faits suivants survenus après la réunion du conseil d'administration. Supposez que le cours de l'action, qui était de 60 $ le 6 avril 20X6, ait chuté à 45 $ le 30 juin 20X6. Au cours des deux premières semaines du mois de mai, les détenteurs de 2 000 droits les ont exercés, mais la chute du cours des actions a empêché les titulaires des autres droits de les exercer avant le 15 juin.

   i) En tenant pour acquis que la proposition A ait été retenue par le conseil d'administration, dites quelle information il conviendrait de fournir au bilan établi au 31 mai 20X6 et au 30 juin 20X6. Expliquez la nature des changements qu'il faudrait apporter aux postes des capitaux propres.

   ii) En tenant pour acquis que la proposition B ait été retenue par le conseil d'administration, dites quelle information il conviendrait de fournir au bilan établi au 31 mai 20X6 et au 30 juin 20X6. Expliquez la nature des changements qu'il faudrait apporter aux postes des capitaux propres.

C 5. Doit-on s'incorporer ?

(35 minutes – difficile)

M. Gastro Nomy est propriétaire d'un service de traiteur renommé dans la région de Québec, connu sous le nom de Gourmet gourmand enr. (GGE). Depuis 30 ans que l'entreprise existe, M. Nomy a toujours géré lui-même son entreprise. Âgé maintenant de 76 ans, il envisage de se retirer progressivement des affaires. Il souhaite toutefois que l'entreprise demeure dans la famille et qu'à plus long terme celle-ci revienne à ses deux enfants et à ses cinq petits-enfants.

M. Gastro Nomy se demande s'il ne serait pas opportun de transformer son entreprise en société par actions. Il pourrait ainsi léguer un nombre approprié d'actions à chacun des siens. Autrement, il devrait léguer l'entreprise entière aux siens qui l'exploiteraient en société de personnes. M. Nomy a formulé les objectifs suivants pour guider sa décision.

22

Propriété

M. Nomy veut que chacun de ses enfants détienne 25 % de l'entreprise et que ses petits-enfants reçoivent chacun 10 %.

Poursuite des activités de l'entreprise

M. Nomy veut que son entreprise vive éternellement, même si l'un ou l'autre de ses héritiers devait décéder ou vendre sa participation.

Gestion de l'entreprise

Lorsque M. Nomy se retirera, il a l'intention de confier la gérance de l'entreprise à M. Éclair Boulanger, employé loyal qui travaille au sein de l'entreprise depuis plus de 20 ans. Bien que M. Nomy désire que la propriété de l'entreprise demeure dans la famille, il ne croit pas que l'un des membres de sa famille soit assez compétent ni même qu'il n'ait assez de temps pour gérer l'entreprise. En fait, M. Nomy croit tout simplement que ses deux enfants n'ont pas le « sens des affaires », et il ne veut pas les voir participer à la gestion de l'entreprise.

Impôts sur le revenu

M. Nomy veut organiser l'entreprise de façon que les siens minimisent leurs impôts. Il anticipe une distribution annuelle des bénéfices réalisés par l'entreprise.

Responsabilité des propriétaires

M. Nomy reconnaît qu'un traiteur peut devenir garant d'une somme d'argent importante si, par exemple, une intoxication alimentaire devait survenir au cours d'une réception offerte par l'Assemblée nationale. Bien que l'entreprise souscrive à des assurances, il ne veut pas que les biens personnels des siens puissent être mis en cause si l'entreprise devait subir des pertes.

Travail à faire

a) Pour chacun des cinq objectifs poursuivis par M. Gastro Nomy, dites en quoi le choix d'un type d'entreprise, qu'il s'agisse d'une société de personnes ou d'une société de capitaux, répond aux attentes de M. Nomy.

b) À la lumière de l'analyse effectuée en *a)*, recommanderiez-vous à M. Gastro Nomy de convertir GGE en société de capitaux ?

22

L'évolution des bénéfices non répartis

1. Identifiez quatre opérations ou événements qui peuvent avoir une incidence sur les bénéfices non répartis.

2. Quels facteurs les membres du conseil d'administration doivent-ils prendre en considération relativement à la déclaration d'un dividende ?

3. Commentez l'énoncé suivant : « Une société paie des dividendes à même ses bénéfices non répartis. »

4. En quoi la date de déclaration, la date de clôture des registres et la date de paiement sont-elles importantes lors de la déclaration d'un dividende en numéraire ?

5. Quelle différence existe-t-il entre un dividende en numéraire, un certificat de dividende provisoire, un dividende en nature, un dividende de liquidation et un dividende en actions ?

6. De quelle façon une société par actions doit-elle comptabiliser *a)* un dividende en nature ; et *b)* un dividende en actions ?

7. Pourquoi une société émet-elle des certificats de dividende provisoire ?

8. Quelle différence existe-t-il entre un dividende en actions et un fractionnement d'actions ?

9. *a)* Qu'entend-on par « fractionnement sous forme de dividende en actions » ?
   b) Sur le plan comptable, expliquez ce qui distingue un fractionnement sous forme de dividende en actions d'un véritable dividende en actions.
   c) De quelle façon un dividende en actions déclaré mais non encore distribué doit-il être présenté au bilan ? Pourquoi ?

10. Au moment de la déclaration d'un dividende en actions ou d'un fractionnement d'actions, quelles options s'offrent à la direction d'une entreprise en ce qui concerne les fractions d'actions ?

11. Quelle incidence un dividende en actions ou un fractionnement a-t-il sur les titres convertibles ?

12. Pourquoi une société par actions peut-elle envisager une affectation des bénéfices non répartis ?

13. Est-il pertinent de procéder à l'affectation des bénéfices non répartis? Discutez brièvement de la question.

14. Décrivez brièvement les trois façons de traiter les modifications de conventions comptables. Précisez la solution retenue par le Conseil des normes comptables (C.N.C.)?

15. Pourquoi ne traite-t-on pas de la même façon les révisions d'estimations comptables et les corrections d'erreurs?

16. Indiquez de quelle façon chacun des éléments suivants doit être comptabilisé et présenté dans les états financiers de l'exercice en cours.

    a) Le passage de la méthode de l'épuisement à rebours (D.E.P.S.) à la méthode du coût moyen lors de la détermination du coût des articles en stock.
    b) La modification de l'estimation de la durée de vie utile d'un équipement.
    c) Le passage de la comptabilité de caisse à la comptabilité d'exercice.
    d) La modification de la méthode d'amortissement des immobilisations.
    e) La modification de l'estimation de la valeur de récupération d'une immobilisation.
    f) La modification de l'estimation de la provision pour créances douteuses.
    g) Le passage de la méthode de constatation des produits à l'achèvement des travaux à la méthode de l'avancement des travaux.
    h) La surévaluation du stock de clôture de l'exercice précédent.

17. De quelle façon doit-on traiter une erreur commise au cours d'un exercice antérieur?

18. Il existe trois grandes catégories d'erreurs. Décrivez-les brièvement. Donnez un exemple pour chacune d'elles.

19. «Toutes les erreurs finissent tôt ou tard par se corriger d'elles-mêmes.» Commentez cet énoncé et dites pourquoi il peut être tout de même important de corriger, dans l'exercice où l'erreur se résorbe, une erreur qui se corrigerait d'elle-même sur deux exercices.

20. Quelle différence existe-t-il entre une quasi-réorganisation, une réorganisation et une refonte de capital?

21. Quelles sont les étapes importantes d'une réorganisation?

Exercices

E 1. Les opérations influant sur les bénéfices non répartis

Indiquez l'effet de chacune des opérations suivantes prise individuellement sur les bénéfices non répartis à l'aide du symbole (+) pour une augmentation, du symbole (–) pour une diminution et du chiffre (0) s'il n'y a aucun effet.

a) La réception du legs d'un véhicule automobile.
b) Le bénéfice net de l'exercice.
c) Un fractionnement de l'ordre de 3 pour 1.
d) L'émission de certificats de dividende provisoire.
e) Une affectation pour expansion future.
f) L'annulation d'actions autodétenues lorsque le prix de rachat des actions est plus élevé que leur valeur attribuée.
g) La déclaration d'un dividende en actions.
h) La correction d'une erreur relative à un bien amortissable acquis deux ans plus tôt et dont le coût avait été entièrement passé en charges.
i) La déclaration et la distribution d'un dividende en nature.
j) L'annulation d'une affectation créée il y a cinq ans.
k) La distribution d'un dividende en numéraire déclaré à la fin de l'exercice précédent.
l) Une quasi-réorganisation.
m) Le virement d'un compte de plus-value constatée par expertise.
n) Un regroupement d'actions.

E 2. L'analyse du dividende maximal potentiel

Un peu avant l'assemblée annuelle, la société Maxdiv ltée a fait parvenir le bilan suivant aux actionnaires :

MAXDIV LTÉE
Bilan condensé
au 31 décembre 20X4

Encaisse	40 000 $	Passif à court terme	60 000 $
Autres éléments à court terme	50 000	Passif à long terme	150 000
Immobilisations	475 000	Capital-actions	250 000
Autres valeurs actives	35 000	Surplus d'apport	40 000
		Bénéfices non répartis	100 000
	600 000 $		600 000 $

Les membres du conseil d'administration veulent connaître votre avis sur la possibilité de déclarer un dividende en numéraire. Ils vous demandent donc, avant de prendre une décision, de rédiger un bref rapport renfermant les renseignements suivants :

- Quel est le montant maximal pouvant être versé en dividende en janvier 20X5 ? Justifiez votre réponse.
- Selon votre analyse du bilan de la société, quel montant de dividende recommanderiez-vous ? Justifiez votre réponse.
- En tenant pour acquis que, le 28 janvier 20X5, la société déclare un dividende de 15 000 $ payable le 28 février aux actionnaires inscrits le 15 février, présentez les écritures requises et indiquez les dates de passation.

E 3. Les dividendes en numéraire et les certificats de dividende provisoire

Les comptes suivants sont extraits de la balance de vérification de la société Cervox ltée au 31 décembre 20X1 :

Actions privilégiées (10 000 actions émises et en circulation ayant une valeur nominale de 100 $ chacune et comportant un dividende de 8 %)	1 000 000 $
Actions ordinaires (72 000 actions émises ayant une valeur nominale de 5 $ chacune)	360 000
Surplus d'apport – Prime à l'émission d'actions privilégiées	250 000
Surplus d'apport – Prime à l'émission d'actions ordinaires	360 000
Bénéfices non répartis	700 000
Actions autodétenues (12 000 actions ordinaires à 10 $ chacune)	120 000

Les opérations suivantes ont été effectuées en 20X2 :

20 janvier	Déclaration du dividende annuel aux détenteurs d'actions privilégiées payable le 20 février aux actionnaires inscrits le 31 janvier.
30 janvier	Vente de 1 500 actions autodétenues au prix de 12 $ l'action.
20 février	Versement du dividende déclaré le 20 janvier.
28 février	Déclaration d'un dividende en numéraire de 2 $ l'action aux détenteurs d'actions ordinaires. Le dividende sera versé le 2 avril aux actionnaires inscrits le 21 mars.
2 avril	Versement du dividende déclaré le 28 février.
31 juillet	Émission de certificats de dividende provisoire de 2 $ par action sur les actions ordinaires émises et en circulation. Les certificats sont payables le 31 octobre aux actionnaires inscrits le 31 août et portent intérêt au taux de 10 % l'an.
31 octobre	Enregistrement des intérêts sur les certificats de dividende provisoire, et versement des dividendes et des intérêts aux actionnaires ordinaires.
31 décembre	Clôture du bénéfice net de l'exercice de 435 000 $.

Passez les écritures de journal requises pour comptabiliser chacune de ces opérations. Établissez la section des capitaux propres du bilan de la société au 31 décembre 20X2.

23

E 4. Un dividende en actions

Les capitaux propres de la société Idéfix ltée au 31 août 20X5 se composent des éléments suivants :

Actions ordinaires sans valeur nominale. Nombre illimité d'actions autorisées. Nombre d'actions émises et en circulation : 225 000	4 710 000 $
Bénéfices non répartis	585 000
Total des capitaux propres	5 295 000 $

Le 1er septembre 20X5, le conseil d'administration a déclaré un dividende en actions ordinaires de 4 % qui sera distribué le 15 octobre. Le cours des actions est de 25 $ le 1er septembre et de 27,50 $ le 15 octobre.

Source :
A.I.C.P.A. adapté

Calculez le montant que l'on devra porter au crédit du compte Actions ordinaires en raison du dividende en actions déclaré le 1er septembre 20X5.

E 5. Un dividende en nature

La société O'Hara ltée possède 500 000 actions ordinaires de Temporex ltée, société dont les actions se transigent dans le monde entier. Le 31 décembre 20X3, alors que le solde du compte Placement en actions de Temporex ltée était de 8 000 000 $, la société O'Hara ltée a distribué ces actions à ses actionnaires à titre de dividende. À la même date, la société Temporex ltée détenait 1 000 000 d'actions ordinaires en circulation. L'action ordinaire de Temporex se transigeait d'ailleurs à cette date à 20 $.

Enregistrez les effets de cette opération dans les livres comptables de la société O'Hara ltée.

E 6. Un dividende en nature

Le grand livre de la société Panoramix ltée renferme les comptes suivants au 31 décembre 20X2 :

Placements en actions de Gloria inc. (10 000 actions au coût)	200 000 $
Actions ordinaires sans valeur nominale. Nombre illimité d'actions autorisées. Nombre d'actions émises et en circulation : 100 000	480 000
Actions privilégiées ayant un dividende cumulatif de 6 % et une valeur nominale de 10 $. Nombre illimité d'actions autorisées. Nombre d'actions émises et en circulation : 40 000	400 000
Surplus d'apport – Prime à l'émission d'actions privilégiées	60 000
Bénéfices non répartis	255 000

Panoramix ltée n'a pas déclaré de dividendes en 20X1 et 20X2. Le 15 mars 20X3, le conseil d'administration a adopté la résolution suivante : « Les dividendes de l'exercice 20X3 doivent être de 6 % pour les actionnaires privilégiés et de 0,90 $ l'action pour les actionnaires ordinaires. Les dividendes, y compris les arriérés, seront versés le 1er mai 20X3 au moyen du nombre requis d'actions de la société Gloria inc. » Le cours de l'action ordinaire de Gloria inc. était respectivement de 50 $ et 51 $ le 15 mars et le 1er mai.

Déterminez le nombre d'actions ordinaires de Gloria inc. qui seront remises aux actionnaires ordinaires et privilégiés de la société Panoramix ltée à titre de dividende.

E 7. Un dividende en actions ou un fractionnement d'actions

Les capitaux propres de la société Numérobis ltée se composent des éléments suivants :

Actions ordinaires sans valeur nominale. Nombre illimité d'actions autorisées. Nombre d'actions émises et en circulation : 40 000	600 000 $
Bénéfices non répartis	875 000
Total des capitaux propres	1 475 000 $

23

Au cours de sa prochaine réunion, le conseil d'administration devra analyser les trois propositions énoncées ci-après. Afin de faciliter la tâche des administrateurs, la présidente vous demande de préparer un dossier comparatif montrant l'écriture requise pour chacune de ces propositions, de même que la section des capitaux propres du bilan qui découlerait de cette écriture. Voici les trois propositions envisagées :

1. Fractionnement de l'ordre de 4 pour 1.
2. Déclaration et émission d'un dividende en actions de 10 %, alors que le cours de l'action ordinaire est de 20 $.
3. Déclaration et émission d'un dividende en actions de 40 %, alors que le cours de l'action ordinaire est de 20 $.

E 8. La répartition d'un dividende entre les actionnaires

Le capital-actions en circulation de la société Répartitout ltée se compose des éléments suivants :

Actions ordinaires sans valeur nominale. Nombre illimité d'actions autorisées. Nombre d'actions émises et en circulation : 150 000	*750 000 $*
Actions privilégiées d'une valeur nominale de 50 $ chacune, comportant un dividende de 10 %. Nombre illimité d'actions autorisées. Nombre d'actions émises et en circulation : 3 000	*150 000*

Le conseil d'administration ayant déclaré un dividende d'un montant total de 150 000 $, déterminez la quote-part qui revient à chaque catégorie d'actions selon chacune des hypothèses suivantes prises isolément :

1. Les actions privilégiées sont à dividende non cumulatif et sont entièrement participantes.
2. Les actions privilégiées sont à dividende non cumulatif et sont participantes jusqu'à concurrence d'un rendement additionnel de 4 %.
3. Les actions privilégiées sont à dividende cumulatif et sont non participantes. Aucun dividende n'a été versé aux détenteurs d'actions privilégiées au cours des deux derniers exercices.
4. Les actions privilégiées sont à dividende cumulatif et sont entièrement participantes. Aucun dividende n'a été versé aux détenteurs d'actions privilégiées au cours de l'exercice précédent.
5. Les actions privilégiées sont à dividende cumulatif et sont participantes jusqu'à concurrence d'un rendement additionnel de 3 %. Aucun dividende n'a été versé aux détenteurs d'actions privilégiées au cours des deux derniers exercices.

E 9. Les dividendes en actions et les fractions d'actions

Les capitaux propres de la société Marina ltée se composent des éléments suivants au 31 décembre 20X4 :

Actions ordinaires sans valeur nominale. Nombre illimité d'actions autorisées. Nombre d'actions émises et en circulation : 150 000	*375 000 $*
Actions privilégiées d'une valeur nominale de 10 $ chacune comportant un dividende non cumulatif de 10 %. Nombre illimité d'actions autorisées. Nombre d'actions émises : 12 000	*120 000*
Bénéfices non répartis	
Affectation à la couverture du coût des actions autodétenues	*6 000*
Non affectés	*1 188 000*
	1 689 000
Actions autodétenues (600 actions privilégiées au coût)	*(6 000)*
Total des capitaux propres	*1 683 000 $*

23

Les opérations suivantes ont été effectuées en 20X5 :

25 janvier Déclaration du dividende annuel aux détenteurs d'actions privilégiées.

14 février Déclaration et distribution d'un dividende en actions de 15 % aux détenteurs d'actions ordinaires. Le même jour, la cote de l'action ordinaire était de 12 $. Émission de 18 000 actions ordinaires ainsi que des bons de souscription partiels à 4 500 autres actions ordinaires.

20 février Paiement du dividende déclaré le 25 janvier 20X5.

9 mars Vente des actions autodétenues à 7,50 $ chacune.

31 mars Réception de tous les bons de souscription partiels à des actions ordinaires et émission des actions ordinaires en cause.

31 juillet Déclaration et distribution d'un dividende en actions de 100 % aux détenteurs d'actions ordinaires.

Passez les écritures requises à l'enregistrement de chacune des opérations survenues en 20X5. Dressez un bilan partiel de la société au 1er août 20X5.

E 10. Des opérations portant sur les capitaux propres

La société Peewee ltée a effectué les opérations suivantes en 20X7. Vous avez été choisi pour préparer les écritures correspondantes dans les registres comptables de la société.

a) Affectation de 50 000 $ de bénéfices non répartis pour se prémunir contre une perte éventuelle relative à l'approvisionnement en matières premières.

b) Déclaration et distribution d'un dividende de 1 800 actions de la société Mosquito ltée que la société Peewee ltée détient à titre de placement à long terme. Quelques années auparavant, Peewee ltée avait acquis 5 400 actions ordinaires de Mosquito ltée à un prix unitaire de 6 $. À la date de déclaration du dividende en nature, le cours de l'action ordinaire de Mosquito ltée était de 9 $.

c) Affectation de 200 000 $ de bénéfices non répartis en vue d'une expansion future.

d) Perte de 40 000 $ sur le contrat d'approvisionnement en matières premières.

e) Transfert d'une somme de 45 000 $ au comptant dans un fonds d'amortissement. La société Peewee ltée a un fonds d'amortissement qui sert au remboursement de sa dette obligataire en plus d'un compte d'affectation des bénéfices non répartis.

f) Élimination de toutes les affectations des bénéfices non répartis à l'exception de celle pour le remboursement de la dette obligataire.

E 11. Une perte attribuable à la désuétude des stocks

La société Périssable ltée est confrontée à un important problème de perte de valeur des stocks attribuable à la désuétude. Elle a dû récemment utiliser de nouvelles matières premières pour fabriquer l'un de ses principaux produits. Comme la direction n'a pas suffisamment surveillé la rotation des stocks, plusieurs articles actuellement en magasin sont maintenant désuets. Une analyse de la situation a révélé que la moins-value des stocks attribuable à la désuétude s'élève à 2 750 000 $.

Le bénéfice net de l'exercice compte non tenu de cette perte est estimé à 525 000 $. Voici les éléments des capitaux propres avant la clôture des comptes :

Capital-actions	2 500 000 $
Surplus d'apport	1 500 000
Bénéfices non répartis	1 000 000
Total des capitaux propres	5 000 000 $

Le conseil d'administration vous informe que la perte de 2 750 000 $ est, d'après lui, une perte extraordinaire et qu'il a l'intention de radier cette perte comme suit : 1) imputation de 1 000 000 $ aux bénéfices non répartis ; 2) imputation de 1 500 000 $ au surplus d'apport ; et 3) imputation de 250 000 $ à l'exercice en cours.

Évaluez la solution envisagée par le conseil d'administration. Dites si cette solution est conforme aux principes comptables généralement reconnus (P.C.G.R.). Ne tenez pas compte des effets fiscaux de cette perte. Calculez le bénéfice net avant impôts et expliquez de quelle façon il y aurait lieu de présenter la perte attribuable à la désuétude des stocks dans les états financiers.

E 12. Un résumé des opérations influant sur les éléments du bilan

Indiquez l'effet de chacune des opérations suivantes prise individuellement sur les éléments des états financiers à l'aide du symbole (+) pour une augmentation, du symbole (–) pour une diminution et du chiffre (0) s'il n'y a aucun effet. Votre réponse peut se présenter sous la forme d'un tableau similaire à celui-ci :

			Capitaux propres			
Opération	Actif	Passif	Capital-actions	Surplus d'apport	Bénéfices non répartis	Actions autodétenues

a) La déclaration et la distribution d'un dividende en actions sans valeur nominale de 5 %.

b) La déclaration d'un dividende en numéraire.

c) L'affectation d'une quote-part des bénéfices non répartis.

d) La perte nette d'un exercice.

e) L'émission de certificats de dividende provisoire.

f) Le paiement des dividendes déclarés en b).

g) Le rachat d'actions ordinaires à un prix inférieur au prix d'émission original.

h) La revente des actions rachetées en g) à un prix supérieur au prix payé.

i) La déclaration et le paiement d'un dividende en nature.

j) Le don, fait par un fournisseur, du montant qui était dû à l'entreprise.

k) L'annulation de l'affectation créée en c).

l) L'annulation du déficit à même le surplus d'apport.

m) Un fractionnement de l'ordre de 3 pour 1.

n) La correction de la surévaluation du stock de clôture de l'exercice précédent.

o) La modification d'une convention comptable appliquée rétroactivement qui entraîne une diminution de l'actif.

p) La modification de la durée de vie utile d'une immobilisation.

q) La déclaration d'un dividende en actions de 40 %.

r) La distribution du dividende en actions déclaré en q).

s) L'exercice de bons de souscription partiels émis lors de la déclaration d'un dividende en actions.

E 13. Des opérations influant sur les capitaux propres

Vis-à-vis de chacune des opérations figurant ci dessous, indiquez l'effet ou les effets de l'opération sur les états financiers d'une entreprise. Il peut y avoir plusieurs effets pour une même opération. (Vous pouvez utiliser les chiffres pertinents correspondant à chacun de ces effets.)

Opérations

a) La déclaration d'un dividende en numéraire payable dans un mois aux détenteurs d'actions privilégiées à dividende non cumulatif.

b) L'émission de nouvelles actions ordinaires à la suite d'un fractionnement de l'ordre de 4 pour 1.

c) La déclaration et la distribution d'un dividende en actions ordinaires de 10 %.

d) Le paiement du dividende déclaré en a).

e) À la fin de l'exercice financier, aucun dividende n'est déclaré aux détenteurs d'actions privilégiées à dividende cumulatif.

f) La distribution d'actions détenues à titre de placements à long terme comme dividende en nature sur les actions ordinaires en circulation.

g) Le rachat et l'annulation d'actions ordinaires à un prix inférieur au prix d'émission original.

h) L'émission d'actions ordinaires à la suite de la conversion d'obligations.

i) Le regroupement d'actions.

j) La correction de la surévaluation du stock de clôture de l'exercice précédent.

Effets

1- Réduction du fonds de roulement.

2- Augmentation du fonds de roulement.

3- Diminution du total du capital d'apport.

4- Augmentation du total du capital d'apport.

5- Diminution des bénéfices non répartis.

23

6- Augmentation des bénéfices non répartis.

7- Diminution de la valeur nominale de chaque action ordinaire.

Source :
A.I.C.P.A. adapté

8- Diminution de l'importance de la participation de chaque actionnaire.

0- Aucun de ces effets.

E 14. Le dividende en actions et le fractionnement d'actions

Les capitaux propres de la société Chiarandon ltée se composent des éléments suivants au 31 décembre 20X4 :

> *Actions privilégiées d'une valeur nominale de 100 $ chacune, ayant un*
> *dividende non cumulatif de 10 % et convertibles à raison de une action*
> *contre cinq actions ordinaires.   Nombre illimité d'actions autorisées.*
> *Nombre d'actions émises et en circulation : 5 000*   *500 000 $*
> *Actions ordinaires sans valeur nominale. Nombre illimité d'actions*
> *autorisées. Nombre d'actions émises et en circulation : 200 000*   *1 200 000*
> *Bénéfices non répartis*   *4 300 000*
> *Total des capitaux propres*   *6 000 000 $*

En vertu des statuts de constitution de la société, le ratio de conversion des actions privilégiées doit être redressé au cas où une dilution des actions ordinaires surviendrait.

Le 14 février 20X5, le conseil d'administration a déclaré un dividende en actions de 10 % distribuable le 15 mars aux actionnaires ordinaires inscrits le 28 février. Le 16 mars, la société a procédé à un fractionnement de l'ordre de 2 pour 1. Le 31 mars 20X5, les actionnaires privilégiés ont converti toutes leurs actions.

Le cours de l'action ordinaire aux 14 février, 28 février, 15 mars, 16 mars et 31 mars était respectivement de 30 $, 32 $, 33 $, 34 $ et 37 $.

Enregistrez au journal général les opérations décrites ci-dessus. Établissez la section des capitaux propres de la société Chiarandon ltée au 31 mars 20X5, sachant que la société a réalisé un bénéfice net de 200 000 $ au cours du premier trimestre.

E 15. Choix multiples

Pour chacune des questions suivantes, choisissez la meilleure réponse.

1. Quels états financiers doivent être retraités pour constater les effets d'une révision d'estimation au sujet de la durée de vie utile d'une immobilisation ?
   a) L'état des résultats de l'exercice en cours et l'état des bénéfices non répartis.
   b) L'état des bénéfices non répartis seulement.
   c) L'état des résultats de l'exercice en cours et ceux des exercices subséquents.
   d) L'état des résultats de l'exercice en cours seulement.

2. La société Immobilex ltée a acheté une machine le 2 janvier 20X0. On avait estimé à l'époque que sa durée d'utilisation serait de 10 ans et qu'elle serait amortie selon la méthode de l'amortissement dégressif à taux constant, tant pour calculer le bénéfice comptable que le bénéfice fiscal. Le 2 janvier 20X5, la direction adopte la méthode de l'amortissement linéaire qui servira à déterminer le bénéfice comptable seulement.

   L'amortissement cumulé au 31 décembre 20X4 s'élevait à 200 000 $. Si l'on avait utilisé la méthode de l'amortissement linéaire, l'amortissement se serait élevé à 140 000 $. Compte tenu d'un taux d'imposition de 40 %, quelle est la somme à porter aux bénéfices non répartis au 1er janvier 20X5 en raison du changement de méthode d'amortissement?
   a) θ $.
   b) 24 000 $ (débit).
   c) 24 000 $ (crédit).
   d) 36 000 $ (crédit).

3. La société Machinex ltée a acheté une machine le 3 janvier 20X2 au prix de 3 000 000 $. On avait alors estimé que sa durée d'utilisation aurait été de six ans et que, pour déterminer le bénéfice comptable, elle serait amortie selon la méthode de l'amortissement linéaire. Le 3 janvier 20X5, on a estimé que la durée d'utilisation totale de la machine était plutôt de huit ans. Quelle est la charge d'amortissement du coût de la machine en question pour l'exercice 20X5 ?
   a) 100 000 $.
   b) 300 000 $.
   c) 375 000 $.
   d) 500 000 $.

4. Compte tenu des renseignements de la question précédente et en tenant pour acquis que le taux d'imposition est de 50 %, quel montant doit-on inclure dans l'état des résultats de l'exercice 20X5 pour refléter l'effet cumulatif de la révision de la durée d'utilisation ?
   a) 0 $.
   b) 187 500 $.
   c) 250 000 $.
   d) 375 000 $.

5. Le 31 décembre 20X4, la société Errante ltée, qui utilise un système d'inventaire périodique, découvre que son stock de clôture au 31 décembre 20X2 était sous-évalué de 30 000 $. Au moment de cette découverte, les livres comptables de l'exercice 20X4 n'étaient pas encore clôturés. Si l'on ne tient pas compte de l'incidence fiscale, que doit faire la société Errante ltée ?
   a) Passer une écriture de correction comportant un débit au compte Bénéfices non répartis de 30 000 $ et un crédit du même montant au compte Stock de marchandises.
   b) Passer une écriture de correction comportant un débit au compte Bénéfices non répartis de 30 000 $ et un crédit du même montant au compte Redressement affecté à un exercice antérieur.
   c) Passer une écriture de correction comportant un débit au compte Stock de marchandises de 30 000 $ et un crédit du même montant au compte Bénéfices non répartis.
   d) S'abstenir de passer quelque écriture que ce soit.

E 16. Le changement de la méthode d'amortissement comptable

Au cours de l'exercice 20X8, la société Dalton ltée a décidé de passer de la méthode de l'amortissement proportionnel à l'ordre numérique inversé des périodes à la méthode de l'amortissement linéaire pour l'amortissement d'une immobilisation acquise au début de l'exercice 20X5 au coût de 90 000 $. La durée de vie utile de l'immobilisation est de neuf ans et, au terme de cette période, elle n'aura aucune valeur de récupération. Les bénéfices nets des exercices terminés le 31 décembre, compte non tenu de l'effet cumulatif de ce changement de méthode d'amortissement, sont les suivants :

20X5	*100 000 $*
20X6	*105 000*
20X7	*110 000*
20X8	*125 000* (*l'amortissement a été calculé selon la nouvelle méthode*)

Préparez l'écriture comptable requise, qui tiendra compte, s'il y a lieu, du changement de méthode d'amortissement tout en faisant abstraction de l'incidence fiscale. De plus, indiquez de quelle façon ce changement sera présenté à l'état des bénéfices non répartis pour l'exercice terminé le 31 décembre 20X8.

E 17. Le changement de la durée d'utilisation d'un bâtiment

Au début de l'exercice 20X1, la société Rantanplan ltée a acheté un bâtiment au coût de 300 000 $. La société avait alors estimé que la durée de vie utile de l'immobilisation serait de 20 ans et que la valeur de récupération à la fin de cette période serait de 30 000 $. Rantanplan ltée amortit tous ses bâtiments selon la méthode linéaire.

23

À la fin de l'exercice 20X8, la direction a établi que la durée de vie restante serait de 10 ans et que la valeur de récupération serait plutôt de 50 000 $. Les bénéfices nets des exercices terminés le 31 décembre sont les suivants :

20X6	75 000 $
20X7	90 000
20X8	105 000 *(l'amortissement a été calculé selon les nouvelles estimations)*

Préparez l'écriture comptable requise, qui tiendra compte, s'il y a lieu, des modifications tout en ignorant l'incidence fiscale. De plus, indiquez de quelle façon ces modifications seront présentées dans les états financiers de la société pour l'exercice terminé le 31 décembre 20X8.

E 18. Le changement de la méthode de détermination du coût des stocks

La société Dalton ltée, constituée au début de l'exercice 20X4, avait alors adopté la méthode de l'épuisement successif (P.E.P.S.) pour déterminer le coût de ses stocks. Au cours de l'exercice 20X8, la direction a décidé d'adopter la méthode du coût moyen. Le tableau ci-dessous illustre les bénéfices nets des exercices terminés le 31 décembre selon chacune des deux méthodes de détermination du coût des stocks :

	Épuisement successif	Coût moyen
20X4	75 000 $	71 000 $
20X5	70 000	78 000
20X6	80 000	75 000
20X7	82 000	84 000
20X8	86 000	81 000

Présentez l'écriture comptable requise le 1er janvier 20X9, qui tiendra compte, s'il y a lieu, du changement de méthode de détermination du coût des stocks tout en faisant abstraction de l'impact fiscal. Enfin, indiquez de quelle façon ce changement sera présenté à l'état comparatif (six ans) des bénéfices non répartis de la société.

E 19. L'incidence fiscale d'une modification de convention comptable

Reprenez les renseignements de l'exercice **E16.** Supposez cette fois que la société Dalton ltée ait procédé au changement de la méthode d'amortissement pour déterminer le bénéfice comptable. Aucune modification n'a été apportée sur le plan fiscal, tandis que le taux d'imposition de la société est de 40 %.

Passez l'écriture comptable requise, qui tiendra compte, s'il y a lieu, du changement de méthode d'amortissement

E 20. L'incidence fiscale d'une modification de convention comptable

Au cours de l'exercice 20X6, la direction de la société Construitout ltée a décidé de passer de la méthode de l'achèvement des travaux à celle de l'avancement des travaux pour la comptabilisation de ses contrats de construction à long terme. Cette modification ne concerne que la détermination du bénéfice comptable car, sur le plan fiscal, la société continuera d'utiliser la méthode de l'achèvement des travaux. Les bénéfices avant impôts des exercices terminés le 31 décembre sont les suivants selon chacune des deux méthodes :

	Achèvement des travaux	Avancement des travaux
20X5	410 000 $	500 000 $
20X6	360 000	420 000

En tenant pour acquis que les livres comptables de l'exercice 20X6 ne sont pas clôturés, que le bénéfice avant impôt y figurant est celui déterminé selon la méthode de l'achèvement des travaux et que le taux d'imposition de la société est demeuré stable à 40 %, passez l'écriture de journal requise pour inscrire les effets de la modification de convention comptable. Déterminez également le bénéfice net pour l'exercice terminé le 31 décembre 20X6.

E 21. L'analyse des effets de certaines erreurs

Indiquez l'effet de chacune des erreurs suivantes prise individuellement sur les éléments des états financiers à l'aide du symbole (+) pour une surévaluation, du symbole (–) pour une sous-évaluation et du chiffre (0) s'il n'y a aucun effet. Votre réponse peut se présenter sous la forme d'un tableau similaire à celui-ci :

Erreur	Total des produits	Total des charges	Total de l'actif	Total du passif	Total des capitaux propres

a) Omission d'amortir l'escompte sur émission d'obligations.
b) Omission d'inscrire la déclaration d'un dividende en actions de 5 %.
c) Inscription du paiement d'un fournisseur en débitant le compte Clients et en créditant le compte Caisse.
d) Omission de comptabiliser des intérêts courus à recevoir relatifs à un certificat de dépôt.
e) Comptabilisation d'une charge de publicité dans le compte Entretien et réparations.
f) Omission de comptabiliser l'achat d'un terrain au moyen d'une émission d'actions ordinaires.
g) Omission de comptabiliser la portion consommée d'une prime d'assurance.
h) Omission de comptabiliser les intérêts courus sur un emprunt hypothécaire.
i) Réception du chèque d'un client. On a débité le compte Caisse et crédité le compte Ventes.
j) Réception du chèque d'un client. On a débité le compte Caisse et crédité le compte Provision pour créances douteuses.

E 22. L'analyse des effets de certaines erreurs sur les stocks

Les renseignements suivants sont extraits des états financiers de la société Lecompte Hantay enr. pour les exercices terminés le 30 avril 20X0 et 20X1.

	20X0	20X1
Stock initial	18 000 $	13 000 $
Stock de clôture	13 000	18 000
Bénéfice net	10 000	12 000

Au début de l'exercice 20X2, le vérificateur découvre que les stocks de clôture tels qu'ils sont présentés aux états financiers sont erronés. Le stock de clôture était en effet sous-évalué de 2 000 $ au 30 avril 20X0, tandis qu'il était surévalué de 3 000 $ au 30 avril 20X1.

En vous appuyant sur les informations qui précèdent, répondez aux questions suivantes.

a) Quel est le bénéfice net corrigé de 20X0?
b) Le coût des marchandises vendues corrigé de l'exercice 20X1 est-il plus petit ou plus grand que celui présenté à l'état des résultats de l'exercice 20X1? Si oui, de combien?
c) Au 30 avril 20X1, le solde du compte Capital figurant au bilan est-il exact, surévalué ou sous-évalué, compte tenu des corrections d'erreurs? S'il est surévalué ou sous-évalué, déterminez de combien.

E 23. Les modifications comptables

Le 2 janvier 20X0, la société Imprécise ltée a acheté un équipement de fabrication au prix de 50 000 $ dont la valeur de récupération est nulle au terme de la durée de vie utile de l'équipement estimée à 10 ans. Les quatre cas mentionnés ci-après sont indépendants les uns des autres et sont relatifs à cet équipement, au 31 décembre 20X5, avant la comptabilisation des écritures de régularisation.

1ᵉʳ Cas
Une vérification des registres de la société révèle que l'équipement n'a jamais été amorti. La société utilise la méthode de l'amortissement linéaire.

23

2ᵉ Cas

La direction estime que la durée d'utilisation totale doit être ramenée de 10 à 8 ans.

3ᵉ Cas

La direction décide de passer de la méthode de l'amortissement linéaire à la méthode au taux constant de 20 % appliqué sur le solde dégressif.

4ᵉ Cas

Une vérification des registres de la société révèle que l'équipement a été amorti par erreur sur une période de 5 ans au lieu de 10 ans. La société utilise la méthode de l'amortissement linéaire.

Pour chacun des quatre cas, passez l'écriture requise pour redresser les registres comptables s'il y a lieu, puis passez l'écriture de régularisation requise afin de comptabiliser l'amortissement de l'exercice 20X5. Ne tenez pas compte de l'incidence fiscale.

E 24. L'analyse d'erreurs

Votre employeur vous demande d'analyser les états financiers comparatifs établis pour l'exercice terminé le 31 décembre 20X8 de la société Jenpeupu ltée. Le propriétaire est insatisfait du travail accompli par votre prédécesseur, Inkon Pétan, et veut que vous accordiez un soin particulier à l'exactitude de ces états financiers. Votre analyse révèle les faits suivants :

1. À la fin des exercices 20X7 et 20X8, le commis-comptable a omis d'inscrire des intérêts courus à payer s'élevant respectivement à 800 $ et 700 $. Le commis-comptable a toujours comptabilisé ces charges d'intérêts lors de leur décaissement seulement.
2. Le 30 juin 20X7, l'entreprise a déboursé la somme de 3 600 $ pour une police d'assurance de deux ans. Le montant total a été passé en charges à cette date.
3. Une facture totalisant 15 000 $ a été reçue et comptabilisée parmi les achats le 28 décembre 20X7. La facture portait la mention F.A.B. – point d'arrivée. Or, les marchandises ont été effectivement reçues le 5 janvier 20X8 et, par conséquent, ne figuraient pas sur les feuilles d'inventaire au 31 décembre 20X7.
4. Le 1ᵉʳ octobre 20X7, l'entreprise a acquis 100 000 $ d'obligations ayant un rendement annuel de 9 %. Les intérêts sont exigibles le 31 mars et le 30 septembre de chaque année. Le commis-comptable a toujours comptabilisé ces revenus de placements lors de l'encaissement des intérêts semestriels.
5. Avant même d'avoir pris en considération l'élément 3, le stock de clôture au 31 décembre 20X7 est sous-évalué de 5 000 $, et celui au 31 décembre 20X8 est surévalué de 3 000 $.

a) Remplissez le tableau en y indiquant l'effet de chacune des opérations suivantes prises individuellement sur les éléments des états financiers de la société Jenpeupu ltée à l'aide du symbole (+) pour une surévaluation, du symbole (–) pour une sous-évaluation et du chiffre (0) s'il n'y a aucun effet. Ne tenez pas compte de l'incidence fiscale.

	Bénéfice net		Total de l'actif au 31 décembre		Total du passif au 31 décembre	
Erreurs	20X7	20X8	20X7	20X8	20X7	20X8
1						
2						
3						
4						
5						

b) En tenant pour acquis que les registres ne sont pas encore clôturés, quelles seraient les écritures de correction requises au 31 décembre 20X8 ?

c) En tenant pour acquis que les registres ont déjà été clôturés en 20X8, quelles seraient les écritures de correction requises au début de l'exercice 20X9 ?

E 25. L'analyse d'erreurs

Le teneur de livres de la société Pro-Vision enr. a commis les erreurs suivantes au cours de l'exercice terminé le 31 août 20X0 :

1. Ayant effectué un paiement de 800 $ pour régler l'achat de fournitures de bureau utilisées, il a débité le compte Achats.
2. Lors de la régularisation du compte Intérêts courus à recevoir, il a crédité le compte Intérêts débiteurs de 500 $.
3. Il a omis d'inscrire le paiement d'un compte fournisseur effectué le 30 août 20X0 d'un montant de 2 805 $.
4. Il a omis d'inscrire le paiement du salaire d'un employé (225 $) effectué le 29 août 20X0.
5. Lors d'un retrait de 500 $ effectué par le propriétaire de l'entreprise, il a débité le compte Salaires.

a) Sachant que les écritures de clôture sont déjà enregistrées, expliquez l'effet des erreurs que vous avez retracées.
b) Quel est l'effet global de ces erreurs sur le bénéfice net ? Ne tenez pas compte de l'incidence fiscale.

E 26. L'analyse d'erreurs

Mme Solange Fournier exploite depuis trois ans une boutique de vêtements pour dames. Le 31 décembre 20X4, elle demande à une amie, experte-comptable, de jeter un coup d'œil sur les registres comptables de son entreprise, Boutique Solange enr. L'experte-comptable découvre les erreurs suivantes :

1. Le stock de clôture de l'exercice 20X2 était surévalué de 1 000 $.
2. Le stock de clôture de l'exercice 20X4 est sous-évalué de 2 000 $.
3. Mme Fournier a effectué des retraits totalisant 20 000 $ au cours de ces trois années et, à chaque retrait, elle a débité le compte Salaires. Les sommes retirées se répartissent comme suit : 5 000 $ en 20X2, 7 000 $ en 20X3 et 8 000 $ en 20X4.
4. L'entreprise a reçu une facture de 340 $ le 30 décembre 20X4 concernant la réparation du matériel de bureau. Cette facture n'a pas été enregistrée, car elle n'est pas encore payée.

Autres renseignements

- Les bénéfices non redressés des trois exercices sont de 23 000 $ en 20X2, 17 000 $ en 20X3 et 19 500 $ en 20X4.
- L'investissement initial de la propriétaire était de 80 000 $.

a) Déterminez le bénéfice net corrigé pour chaque exercice. Ne tenez pas compte de l'incidence fiscale.
b) Quel est le solde révisé du compte Capital au 31 décembre 20X4 ?

E 27. L'analyse d'erreurs

Indiquez l'effet de chacune des erreurs suivantes prise individuellement sur les éléments des états financiers à l'aide du symbole (+) pour une surévaluation, du symbole (–) pour une sous-évaluation et du chiffre (0) s'il n'y a aucun effet. Ne tenez pas compte de l'incidence fiscale.

23

Par contre, vous devez tenir pour acquis que les registres de la société ont été clôturés le 31 décembre de chaque année. Votre réponse peut se présenter sous la forme d'un tableau similaire à celui-ci :

	Résultats de l'exercice terminé le 31 décembre 20X3			Bilan au 31 décembre 20X3		
Erreur	Coût des marchandises vendues	Frais d'exploitation	Bénéfice net	Actif	Passif	Capitaux propres
1						

1- Le stock de clôture au 31 décembre 20X3 est surévalué.
2- Omission de comptabiliser les salaires à payer au 31 décembre 20X2.
3- Omission de comptabiliser les intérêts à recevoir au 31 décembre 20X2.
4- L'amortissement des immobilisations est surévalué au 31 décembre 20X3.
5- Le stock de fournitures de bureau au 31 décembre 20X3 est surévalué. Tous les achats de fournitures de bureau sont débités au compte de charges.
6- Omission de renflouer la petite caisse au 31 décembre 20X3. Celle-ci renferme des pièces justificatives qui n'ont pas été prises en considération lors de l'établissement des états financiers.
7- Le stock de clôture au 31 décembre 20X3 est sous-évalué.
8- Omission d'inscrire la déclaration d'un dividende en numéraire déclaré à la fin de l'exercice 20X2.
9- Omission d'inscrire la déclaration et la distribution d'un dividende en actions à la fin de l'exercice 20X3.
10- Omission d'inscrire le paiement en 20X3 du dividende en numéraire déclaré en 20X2.
11- Le stock de clôture au 31 décembre 20X2 est sous-évalué.
12- Inscription, en janvier 20X3, des intérêts sur marge de crédit de décembre 20X2.
13- Omission d'amortir en 20X3 la prime à l'émission d'obligations.
14- Omission de comptabiliser une émission d'actions ordinaires en échange d'un terrain.
15- Le stock de clôture au 31 décembre 20X2 est surévalué.

E 28. La quasi-réorganisation

La situation financière de la société Jesuy Sanlesou ltée est telle qu'elle procède à une quasi-réorganisation en date du 31 décembre 20X8. Voici les renseignements pertinents relatifs à certains postes du bilan de la société immédiatement avant la quasi-réorganisation.

1. Le stock de marchandises figure au bilan à sa valeur de réalisation nette de 600 000 $.
2. Les immobilisations sont présentées à leur valeur comptable nette de 1 200 000 $.
3. Les capitaux propres se composent des éléments suivants :

Actions ordinaires d'une valeur nominale de 10 $. Nombre illimité d'actions autorisées. Nombre d'actions émises et en circulation :	
75 000	*750 000 $*
Surplus d'apport – Prime à l'émission d'actions ordinaires	*150 000*
Déficit	*(100 000)*
Total des capitaux propres	*800 000 $*

4. Au 31 décembre 20X8, le coût des stocks s'élevait à 800 000 $.
5. La juste valeur des immobilisations s'élève à 1 000 000 $ au 31 décembre 20X8.
6. Les actionnaires ont accepté que la valeur nominale des actions ordinaires soit réduite de 10 $ à 5 $ l'action de façon à absorber le déficit redressé.

Source :
A.I.C.P.A. adapté

Passez les écritures de journal requises. Établissez la section des capitaux propres du bilan de la société immédiatement après la quasi-réorganisation.

P 1. Les dividendes et le fractionnement d'actions (20 minutes – facile)

La société Méconnue ltée n'a qu'une seule catégorie d'actions. Le nombre d'actions autorisées est de 100 000 dont 20 000 ont été émises il y a cinq ans. L'avoir des actionnaires au 1er janvier 20X0 ne comprenait que les trois éléments suivants :

Capital-actions	*1 200 000 $*
Surplus d'apport – Prime à l'émission d'actions	*2 800 000*
Bénéfices non répartis	*3 800 000*

Le 1er mai 20X0, la direction a déclaré un dividende en actions de 10 % distribuable le 1er juin aux actionnaires immatriculés le 15 mai. Le 1er juillet 20X0, la direction a déclaré un dividende en espèces de 5 $ distribuable le 1er août aux actionnaires immatriculés le 20 juillet. Le 1er octobre 20X0, la société a fractionné ses actions 3 pour 1.

Le bénéfice net de l'exercice 20X0 s'est élevé à 210 000 $. Le cours de l'action en 20X0 est résumé dans le tableau suivant :

1er mai	300 $	
15 mai	310	
1er juin	350	
1er juillet	340	
20 juillet	330	
1er octobre	330	(avant le fractionnement)

Travail à faire

a) Calculez la valeur attribuée aux actions ordinaires en circulation au 1er janvier 20X0 ainsi que le prix moyen de leur émission.
b) De combien le total des capitaux propres a-t-il augmenté ou diminué à la suite :
   i) du dividende en actions de 10 % ?
   ii) du dividende en espèces ?
   iii) du fractionnement d'actions ?

P 2. Le dividende maximal et la répartition du dividende (20 minutes – facile)

La société Progressive ltée, dont l'exploitation a débuté en 20X1, a obtenu les résultats suivants au cours de ses cinq premiers exercices financiers :

20X1 – Perte nette	*(150 000) $*
20X2 – Perte nette	*(130 000)*
20X3 – Perte nette	*(120 000)*
20X4 – Bénéfice net	*250 000*
20X5 – Bénéfice net	*1 110 000*

Le 31 décembre 20X5, les capitaux propres de la société se composent des éléments suivants :

Actions privilégiées de catégorie A sans valeur nominale,	
non participantes et à dividende non cumulatif de 4 $.	
Nombre d'actions autorisées, émises et en circulation : 1 000	*100 000 $*
Actions privilégiées de catégorie B sans valeur nominale,	
entièrement participantes et à dividende cumulatif de 8 $.	
Nombre d'actions autorisées, émises et en circulation : 10 000	*1 000 000*
Actions ordinaires sans valeur nominale. Nombre illimité d'actions	
autorisées. Nombre d'actions émises et en circulation : 50 000	*500 000*

La société n'a jamais déclaré de dividende en numéraire ou en actions. Depuis le début de son exploitation, il n'y a eu aucune variation dans les comptes de capital-actions de la société. La loi sous la compétence de laquelle Progressive ltée a été constituée permet la déclaration de dividendes à même les bénéfices non répartis uniquement, tant que la société demeure solvable.

23

Source :
A.I.C.P.A. adapté

Travail à faire

Établissez le dividende maximal que la société pourrait distribuer le 31 décembre 20X5. Dites de quelle manière ce dividende serait réparti entre les actionnaires de chaque catégorie d'actions.

P 3. Les dividendes, le fractionnement et le regroupement d'actions

(45 minutes – moyen)

Au 31 décembre 20X4, les capitaux propres de la société Indécise ltée se composent des éléments suivants :

Actions privilégiées ayant une valeur nominale de 100 $ chacune,	
non participantes et à dividende non cumulatif de 10 %.	
Nombre illimité d'actions autorisées. Nombre d'actions émises	
et en circulation : 5 000	*500 000 $*
Actions ordinaires sans valeur nominale. Nombre illimité d'actions	
autorisées. Nombre d'actions émises et en circulation : 20 000	*800 000*
Surplus d'apport – Prime à l'émission d'actions privilégiées	*100 000*
Surplus d'apport – Bien reçu à titre gratuit	*250 000*
Bénéfices non répartis	*1 400 000*
Total des capitaux propres	*3 050 000 $*

Les membres du conseil d'administration envisagent plusieurs options pour déclarer les dividendes et les distribuer. En voici un bref résumé :

Option A
Déclaration d'un dividende en numéraire de 10 % aux détenteurs d'actions privilégiées et de 6 $ l'action aux détenteurs d'actions ordinaires.

Option B
Déclaration d'un dividende en actions privilégiées de 10 % aux détenteurs d'actions privilégiées et d'un dividende en actions ordinaires de 10 % aux détenteurs d'actions ordinaires. L'action privilégiée se transige actuellement à 120 $, tandis que l'action ordinaire se vend sur le marché à 55 $.

Option C
Déclaration et émission de certificats de dividende provisoire de 10 $ aux détenteurs de chaque action privilégiée et de 6 $ aux détenteurs de chaque action ordinaire.

Option D
Déclaration d'un fractionnement des actions ordinaires de 4 pour 1 et d'un regroupement des actions privilégiées de l'ordre de 2 pour 1.

Travail à faire

Afin de guider les administrateurs dans leur prise de décisions, vous devez soumettre une analyse de ces quatre options. Pour chacune d'elles, votre analyse doit contenir l'écriture requise pour comptabiliser les effets de l'option sur les comptes de capitaux propres ainsi que la section des capitaux propres du bilan de la société à la suite de l'adoption de l'option.

P 4. Les dividendes en actions et les fractions d'actions (25 minutes – moyen)

Le 1er décembre 20X0, le conseil d'administration de la société Ninja ltée a déclaré un dividende en actions de 4 % sur les actions ordinaires sans valeur nominale de la société. Le dividende sera distribué le 28 décembre aux actionnaires inscrits à la date de clôture des registres le 15 décembre. La résolution du conseil d'administration prévoit que, en ce qui concerne les fractions d'actions, la société versera le dividende en numéraire plutôt qu'en actions. De plus, la résolution précise que le montant à imputer aux bénéfices non répartis devra être égal à la juste valeur de l'action à la date de la déclaration, multipliée par la somme du nombre

23

d'actions distribuées en dividende et du nombre d'actions équivalant à la totalité des fractions d'actions pour lesquelles le dividende a été versé en espèces plutôt qu'en actions. Les renseignements suivants sont également disponibles :

- À la date de la déclaration du dividende :
  1. Nombre d'actions ordinaires déjà émises   578 750
  2. Nombre d'actions ordinaires autodétenues   800
  3. Nombre d'actions ordinaires incluses en 1 et détenues par des personnes qui recevront un dividende en espèces au lieu d'une fraction d'action   42 300
- Le 1er décembre 20X0, la juste valeur d'une action ordinaire de Ninja ltée s'élève à 15 $, tandis que la valeur comptable d'une action s'établit à 12 $.

Travail à faire

Passez les écritures requises pour inscrire le dividende. Fournissez toutes les explications et tous les calculs pertinents.

P 5. L'émission d'actions et les dividendes   *(30 minutes – moyen)*

La société Meublérable ltée verse semestriellement des dividendes sur ses actions privilégiées et ordinaires. En décembre 20X2, ses administrateurs ont déclaré le dividende semestriel sur les actions privilégiées et un dividende de 0,60 $ par action sur les actions ordinaires. Ils seront versés le 31 janvier 20X3.

Au 31 décembre 20X2, les capitaux propres de la société se composent des éléments suivants :

Actions privilégiées ayant une valeur nominale de 50 $ chacune,	
à dividende cumulatif de 5 %. Nombre d'actions émises : 5 000	*250 000 $*
Actions ordinaires sans valeur nominale. Nombre	
d'actions émises : 30 000	*450 000*
Bénéfices non répartis	*860 000*

Au cours de l'exercice 20X3, les opérations suivantes ont été effectuées :

31 janvier	Paiement des dividendes déclarés en décembre 20X2.
31 mars	Vente de 10 000 actions ordinaires à 30 $ chacune.
28 juin	Déclaration du dividende semestriel sur les actions privilégiées et d'un dividende de 0,60 $ par action ordinaire.
31 juillet	Paiement des dividendes déclarés en juin 20X3.
21 septembre	Déclaration d'un dividende en actions de 10 % aux détenteurs d'actions ordinaires. Le dividende sera distribué le 31 octobre aux actionnaires inscrits le 12 octobre. La juste valeur de l'action ordinaire est respectivement de 31 $, 31,25 $ et 32 $ le 21 septembre, le 12 octobre et le 31 octobre.
31 octobre	Émission et distribution des actions ordinaires à la suite de la déclaration du dividende en actions qui a eu lieu le 21 septembre.
28 décembre	Déclaration du dividende semestriel sur les actions privilégiées et d'un dividende de 0,50 $ par action ordinaire.

Travail à faire

a) Passez toutes les écritures requises en 20X3 pour inscrire les opérations décrites ci-dessus.
b) En tenant pour acquis que la société a réalisé un bénéfice net de 100 000 $ en 20X3, déterminez le solde des bénéfices non répartis au 31 décembre 20X3.

23

P 6. La répartition du dividende

(60 minutes – moyen)

Le capital-actions de la société Romulus ltée se compose des éléments suivants :

> Actions privilégiées sans valeur nominale, à dividende de 5 $
> par action. Nombre illimité d'actions autorisées. Nombre
> d'actions émises et en circulation : 10 000   500 000 $
> Actions ordinaires sans valeur nominale. Nombre illimité d'actions
> autorisées. Nombre d'actions émises et en circulation : 125 000   1 250 000

Au cours des cinq premiers exercices financiers, la société a déclaré et versé les dividendes en numéraire suivants :

> 20X0 – 350 000 $ 20X1 – 210 000 $ 20X2 – 30 000 $
> 20X3 – 50 000 $ 20X4 – 270 000 $

Travail à faire

Procédez à la répartition du dividende annuel entre les deux catégories d'actions selon chacune des hypothèses mentionnées ci-dessous.

a) Les actions privilégiées sont à dividende non cumulatif et sont non participantes.
b) Les actions privilégiées sont à dividende cumulatif et sont entièrement participantes.
c) Les actions privilégiées sont à dividende cumulatif et sont non participantes.
d) Les actions privilégiées sont à dividende non cumulatif et sont entièrement participantes.

P 7. La répartition du dividende

(20 minutes – difficile)

Voici la section des capitaux propres de la société ROBO ltée au 31 décembre 20X2 :

> Actions privilégiées de catégorie A d'une valeur nominale de 5 $
> chacune et à dividende cumulatif de 8 %. Nombre illimité d'actions
> autorisées. Nombre d'actions émises et en circulation : 50 000   250 000 $
> Actions privilégiées de catégorie B sans valeur nominale, à dividende
> non cumulatif de 1,20 $ l'action et entièrement participantes.
> Nombre illimité d'actions autorisées. Nombre d'actions émises
> et en circulation : 25 000   300 000
> Actions ordinaires sans valeur nominale. Nombre illimité d'actions
> autorisées. Nombre d'actions émises et en circulation : 15 000   400 000
> Surplus d'apport – Prime à l'émission d'actions privilégiées de catégorie A   25 000
> Bénéfices non répartis   425 000

La société existe depuis le 2 janvier 20X1, et elle n'a jamais déclaré de dividendes. De plus, le 31 décembre 20X2, l'action ordinaire se transigeait à la Bourse au prix de 40 $ l'action.

Travail à faire

a) Répartissez le dividende de 120 000 $ déclaré le 31 décembre 20X2 entre les diverses catégories d'actions.
b) Passez l'écriture de journal requise afin de tenir compte de la déclaration d'un dividende en actions ordinaires de 10 % aux actionnaires ordinaires le 31 décembre 20X2.

23

P 8. Les opérations sur les actions et les dividendes   (35 minutes – difficile)

Voici la section des capitaux propres de la société Bo-Zo inc. au 31 décembre 20X7 :

Actions privilégiées convertibles d'une valeur nominale de 50 $	
chacune et à dividende de 6 % l'an. Nombre illimité d'actions	
*autorisées. Nombre d'actions émises et en circulation : 5 000 (**Note 1**)*	*250 000 $*
Actions ordinaires d'une valeur nominale de 1 $ chacune.	
Nombre illimité d'actions autorisées.	
Nombre d'actions émises et en circulation : 350 000	*350 000*
Nombre d'actions souscrites : 8 000	*8 000*
Surplus d'apport – Prime à l'émission d'actions ordinaires	*1 750 000*
Bénéfices non répartis	*3 642 000*
Total des capitaux propres	*6 000 000 $*

> **Note 1 :** *les actions privilégiées, émises à leur valeur nominale, sont rachetables à 105 $ et sont convertibles en actions ordinaires. Le ratio de conversion qui est de 3 à 1 doit être modifié pour demeurer équitable au cas où les actions ordinaires seraient diluées.*

Bo-Zo inc. a effectué les opérations suivantes au cours du premier trimestre de l'exercice 20X8 :

5 janvier	Recouvrement de 155 000 $ en règlement complet de souscriptions à recevoir. Émission des actions en faveur des nouveaux actionnaires.
29 janvier	Déclaration du dividende trimestriel convenu en faveur des actionnaires privilégiés. Le dividende sera versé le 4 mars aux actionnaires immatriculés à la date de clôture des registres le 19 février.
29 janvier	Déclaration d'un dividende en actions ordinaires de 10 % distribuable le 4 mars aux actionnaires ordinaires immatriculés à la date de clôture des registres le 19 février.
4 mars	Versement du dividende déclaré aux actionnaires privilégiés.
4 mars	Distribution du dividende en actions de 10 %.
15 mars	Émission de 11 000 actions ordinaires au comptant au prix de 21,50 $ l'action.
30 mars	Conversion de toutes les actions privilégiées en actions ordinaires.

Les actions de Bo-Zo inc. se transigent en Bourse. Voici l'évolution du cours de l'action durant le premier trimestre de l'exercice 20X8 :

5	*janvier*	*20,00 $*	*15*	*mars*	*21,50 $*
29	*janvier*	*19,00 $*	*30*	*mars*	*22,00 $*
19	*février*	*20,00 $*	*31*	*mars*	*22,50 $*
4	*mars*	*21,00 $*			

Travail à faire

Passez les écritures de journal requises pour inscrire les opérations décrites ci-dessus.

P 9. Les opérations sur les actions et les dividendes   (30 minutes – difficile)

Voici la section des capitaux propres de la société Beaudet ltée au 31 décembre 20X7 :

Capital-actions	
Autorisé	
2 500 actions privilégiées, non participantes, à dividende	
cumulatif de 6 % et ayant une valeur nominale de 100 $ chacune	
100 000 actions ordinaires d'une valeur nominale de 10 $ chacune	
Émis et payé	
1 000 actions privilégiées	*100 000 $*
50 000 actions ordinaires	*500 000*
Surplus d'apport	
Prime à l'émission d'actions ordinaires	*75 000*
Bénéfices non répartis	*225 000*
Total des capitaux propres	*900 000 $*

23

La société a effectué les opérations suivantes en 20X8 :

31 mars
: Déclaration de dividendes de 3 $ l'action et de 0,50 $ l'action payables respectivement aux actionnaires privilégiés et ordinaires. Le dividende sera versé le 20 avril aux actionnaires immatriculés le 10 avril 20X8.

20 avril
: Versement des dividendes déclarés le 31 mars.

15 juin
: Réception de souscriptions à 10 000 actions ordinaires offertes au prix de 17,50 $ l'action. Encaissement de 10 % du prix convenu.

31 août
: Émission de 98 % des actions souscrites le 15 juin. Les autres actions souscrites ont été confisquées, car les souscripteurs n'ont pas pu honorer leurs obligations. Les sommes versées lors de la souscription ne seront pas remboursées.

2 septembre
: Émission, à un prix unitaire de 18 $, de 200 actions ordinaires.

30 novembre
: Déclaration d'un dividende en actions ordinaires de 10 % distribuable le 30 décembre aux actionnaires ordinaires immatriculés le 20 décembre. La juste valeur des actions était de 19 $ le 30 novembre 20X8, et les administrateurs ont décidé d'utiliser cette valeur pour comptabiliser le dividende en actions.

30 décembre
: Distribution du dividende en actions de 10 %.

Travail à faire

Passez les écritures requises à l'enregistrement des opérations décrites ci-dessus.

P 10. Les opérations sur les actions et les dividendes (40 minutes – difficile)

La section des capitaux propres de la société ABC ltée au 31 décembre 20X3 comprend les éléments suivants :

Actions privilégiées convertibles d'une valeur nominale de 100 $ chacune et ayant un dividende de 10 % l'an. Nombre illimité d'actions autorisées. Nombre d'actions émises et en circulation : 500	*50 000 $*
Actions ordinaires d'une valeur nominale de 5 $ chacune.	
Nombre illimité d'actions autorisées.	
Nombre d'actions émises et en circulation : 7 000	*35 000*
Nombre d'actions souscrites : 3 500	*17 500*
Surplus d'apport – Prime à l'émission d'actions ordinaires	*140 000*
Bénéfices non répartis	*644 000*

Voici un sommaire des opérations effectuées par ABC ltée au cours du premier trimestre de l'exercice 20X4 :

4 janvier
: Recouvrement de 45 000 $ en règlement complet des souscriptions à recevoir et émission des actions ordinaires en faveur des nouveaux actionnaires.

31 janvier
: Déclaration du dividende trimestriel convenu en faveur des actionnaires privilégiés. Le dividende sera versé le 3 mars aux actionnaires immatriculés le 15 février 20X4.

1er février
: Déclaration d'un dividende en actions ordinaires de 10 % distribuable le 10 mars aux actionnaires ordinaires immatriculés le 15 février 20X4. La cote de l'action était de 21 $ le 1er février.

3 mars
: Versement du dividende déclaré aux actionnaires privilégiés.

10 mars
: Distribution du dividende en actions de 10 %. La cote de l'action ordinaire est de 24 $ le 10 mars.

20 mars
: Émission au comptant de 5 000 actions ordinaires d'un montant de 20 $ l'action.

31 mars
: Émission de 10 000 actions ordinaires en échange d'un terrain ayant une juste valeur de 200 000 $.

31 mars
: Le bénéfice net réalisé au cours du premier trimestre de l'exercice 20X4 est de 125 000 $.

Travail à faire

a) Passez les écritures requises à l'enregistrement des opérations décrites ci-dessus.
b) Établissez la section des capitaux propres du bilan au 31 mars 20X4.

P 11. Les dividendes et le fractionnement   (25 minutes – difficile)

La société Unique ltée n'a émis qu'une seule catégorie d'actions, sans valeur nominale. Le nombre d'actions autorisées est illimité, et la société a émis 100 000 actions il y a plusieurs années. Les capitaux propres au 31 décembre 20X4 ne comprenaient que les deux éléments suivants : le capital-actions qui s'élevait à 2 000 000 $, et les bénéfices non répartis totalisant 1 800 000 $.

Le 30 avril 20X5, le conseil d'administration a déclaré un dividende en actions de 2 % distribuable le 31 mai aux actionnaires immatriculés à la date de clôture des registres le 15 mai. Plus tard, le 30 juin, les administrateurs ont déclaré un dividende en numéraire de 1 $ l'action payable le 31 juillet aux actionnaires immatriculés le 15 juillet. Le 30 septembre, Unique ltée a fractionné ses actions 4 pour 1. Le bénéfice net pour l'exercice terminé le 31 décembre 20X5 s'est élevé à 975 000 $, et le cours de l'action le 30 avril, le 15 mai, le 31 mai, le 30 septembre et le 31 décembre était respectivement de 29 $, 30 $, 34 $, 44 $ et 13 $.

Travail à faire

a) Calculez le prix d'émission des actions en circulation au 31 décembre 20X4.
b) De quel montant les bénéfices non répartis ont-ils augmenté ou diminué à la suite du dividende en actions de 2 % ? Expliquez votre réponse.
c) De quel montant le total des capitaux propres a-t-il augmenté ou diminué à la suite du dividende en actions de 2 % d'une part, et du fractionnement d'actions, d'autre part ? Expliquez.
d) Passez les écritures requises pour inscrire le dividende en actions, le fractionnement d'actions et le dividende en numéraire. Vous pouvez porter directement les dividendes au débit du compte Bénéfices non répartis, mais passez des écritures distinctes pour enregistrer la déclaration et la distribution des dividendes.
e) Établissez la section des capitaux propres du bilan de la société Unique ltée au 31 décembre 20X5.

P 12. La présentation des bénéfices non répartis et des capitaux propres   (40 minutes – moyen)

Les actions de la société Wichita ltée ne sont pas inscrites en Bourse. Le 31 décembre 20X0, le capital-actions de la société se composait de 2 500 000 actions ordinaires autorisées dont 750 000 étaient émises et en circulation. À la même date, le grand livre de Wichita ltée renfermait les comptes suivants :

Actions ordinaires	7 500 000 $
Surplus d'apport – Prime à l'émission	3 000 000
Bénéfices non répartis	2 900 000

Voici les opérations effectuées en 20X1 ainsi que des renseignements relatifs aux capitaux propres de la société :

5 janvier	La société émet 50 000 actions privilégiées à dividende cumulatif de 8 $ au prix de 108 $ l'action. Le capital-actions comprend ainsi 300 000 actions privilégiées autorisées dont la valeur de liquidation est de 100 $ chacune.
1er février	La société rachète 10 000 actions ordinaires à 16 $ l'action. Ces actions sont réintégrées au capital-actions à titre d'actions autorisées et non émises.
30 avril	Wichita ltée vend pour la première fois, à 17 $ chacune, 250 000 actions ordinaires sur le marché libre.
18 juin	Le conseil d'administration déclare un dividende en numéraire de 1 $ qui sera versé le 12 juillet aux détenteurs d'actions ordinaires immatriculés le 1er juillet.
10 novembre	La société émet 5 000 actions ordinaires à 21 $ l'action.
14 décembre	Le conseil d'administration déclare le dividende annuel payable le 14 janvier 20X2 aux actionnaires privilégiés inscrits le 31 décembre 20X1.

Le 20 janvier 20X2, avant la clôture des registres pour l'exercice terminé le 31 décembre 20X1, Wichita ltée découvre que le stock de clôture au 31 décembre 20X0 a été sous-évalué de 250 000 $. Le bénéfice net non redressé de l'exercice 20X0 était alors de 180 000 $. On a fait la correction nécessaire le jour même où l'erreur a été découverte en tenant compte d'un taux d'imposition de 40 %. Après correction du stock initial, le bénéfice net de l'exercice 20X1 s'élevait à 1 750 000 $.

Source :
A.I.C.P.A. adapté

Travail à faire

a) Dressez un état comparatif des bénéfices non répartis pour l'exercice terminé le 31 décembre 20X1. Vous devez fournir tous vos calculs.

b) Établissez la section des capitaux propres du bilan comparatif de Wichita ltée au 31 décembre 20X1. Ici encore, vous devez fournir tous vos calculs.

P 13. L'affectation et la présentation des bénéfices non répartis et des capitaux propres
(30 minutes – facile)

Voici, par ordre alphabétique, certains comptes de la balance de vérification de la société Désaffectée ltée dressée au 31 juillet 20X8 :

Actions ordinaires (sans valeur nominale, émises à 6 $ chacune)		120 000 $
Actions ordinaires autodétenues (1 500 actions au coût)	16 500 $	
Actions privilégiées (valeur nominale de 10 $ l'action)		45 000
Affectation pour actions autodétenues		16 500
Affectation pour pertes éventuelles		80 000
Affectation pour remplacement des équipements		39 000
Bénéfices non répartis (au 1er août 20X7)		150 000
Certificats de dividende à payer aux actionnaires privilégiés		5 000
Correction d'une erreur de 20X5	21 000	
Dividendes déclarés	29 000	
Dividendes en actions ordinaires à distribuer		24 000
Perte à la suite d'une tornade	30 000	
Sommaire des résultats		29 000
Surplus d'apport – Bien reçu à titre gratuit		35 000
Surplus d'apport – Prime à l'émission d'actions privilégiées		11 250

Travail à faire

a) Établissez un état des bénéfices non répartis non affectés pour l'exercice 20X7-20X8.

b) Dressez la section des capitaux propres du bilan de la société Désaffectée ltée au 31 juillet 20X8.

P 14. Un changement de méthode de constatation des produits des contrats de construction à long terme
(25 minutes – facile)

À la fin de l'exercice 20X5, la direction de la société Bâtitout ltée décide de passer de la méthode de l'achèvement des travaux à celle de l'avancement des travaux pour constater les produits de ses contrats de construction à long terme. Voici les bénéfices avant impôts réalisés par la société selon chacune des deux méthodes :

	Achèvement des travaux	Avancement des travaux
Avant 20X3	208 000 $	288 000 $
20X3	55 000	35 000
20X4	60 000	80 000
20X5	75 000	80 000

Travail à faire

a) Sachant que la société est assujettie à un taux d'imposition de 40 % et que les registres de l'exercice 20X5 ne sont pas clôturés, passez les écritures requises pour comptabiliser les effets de ce changement comptable. Tenez pour acquis que la société utilisera aussi la méthode de l'avancement des travaux lors de l'établissement de sa déclaration fiscale.

b) Dressez un état partiel des résultats sous forme comparative pour les exercices 20X3, 20X4 et 20X5 à partir du poste Bénéfice avant impôts.

c) Dressez un état des bénéfices non répartis pour la même période en tenant pour acquis que le solde des bénéfices non répartis au 31 décembre 20X2 était de 125 000 $ et que les dividendes déclarés en 20X3, 20X4 et 20X5 étaient respectivement de 20 000 $, 25 000 $ et 30 000 $.

23

P 15. **Un changement de méthode de constatation des produits des contrats de construction à long terme** (30 minutes – facile)

Reprenez les renseignements du problème **P14** en tenant pour acquis cette fois que la société Bâtitout ltée continuera d'utiliser la méthode de l'achèvement des travaux lors de l'établissement de sa déclaration fiscale.

P 16. **Des révisions multiples relatives à des bateaux de plaisance** (50 minutes – difficile)

M. Plein Damour est le principal actionnaire de la société Les Croisières Damour ltée. La société possède des bateaux de plaisance de luxe qu'elle loue à l'occasion de voyages de noces. Le 31 décembre 20X9, avant la passation des écritures de régularisation, le responsable du Service de la comptabilité, M. Kon Troleur, doit tenir compte des décisions suivantes relativement à trois bateaux de plaisance :

Lune de miel II

Le bateau *Lune de miel II* a été acquis le 3 janvier 20X6 au prix de 2 400 000 $. Sa durée de vie utile a été estimée à 10 ans, et sa valeur de récupération est évaluée à 400 000 $. Depuis 20X6, le bateau a été amorti selon la méthode de l'amortissement dégressif à un taux constant de 20 %, tant sur le plan comptable que sur le plan fiscal. En décembre 20X9, la société a décidé d'utiliser la méthode de l'amortissement linéaire afin de mieux refléter l'utilisation du bateau. À des fins fiscales, la société continuera d'utiliser la méthode de l'amortissement dégressif à taux constant.

L'Exotique

Le bateau *L'Exotique* a été acheté au début de l'exercice 20X3 au prix de 1 950 000 $. La société a amorti ce bateau selon la méthode de l'amortissement linéaire, tant sur le plan comptable que fiscal, en tenant pour acquis que sa durée de vie utile serait de 10 ans et que sa valeur de récupération estimative serait de 450 000 $. Compte tenu de l'utilisation qui a été faite de ce bateau depuis son acquisition, le 1er mars 20X9, la direction en est arrivée à la conclusion que le bateau pourrait être encore utilisé pour une période de sept ans au terme de laquelle sa valeur de récupération est estimée à 350 000 $.

Le Fugitif

Le bateau *Le Fugitif* a été acquis le 5 janvier 20X7 au prix de 1 800 000 $. Sa durée de vie utile a été estimée à huit ans, et sa valeur de récupération est évaluée à 200 000 $. La direction a découvert que le coût entier de ce bateau a été passé en charges lors de son acquisition. Bien que la méthode de l'amortissement linéaire soit la plus appropriée sur le plan comptable, le coût d'acquisition de ce bateau aurait dû être amorti sur le plan fiscal selon les taux hypothétiques suivants sur : 25 % en 20X7, 50 % en 20X8 et 25 % en 20X9.

Autres renseignements

- Le taux d'imposition de la société est stable depuis plusieurs années à 40 %.
- La location de bateaux de plaisance constitue la seule source de revenu de la société. En 20X9, les produits de location se sont élevés à 1 920 000 $. Les charges d'exploitation de la société se composent uniquement de l'amortissement des bateaux, des frais administratifs et de l'impôt sur le bénéfice. En 20X9, les frais administratifs se sont élevés à 420 000 $. L'amortissement de l'exercice n'a pas encore été comptabilisé.

Travail à faire

a) Après avoir analysé la situation concernant chacun de ces bateaux de plaisance, passez toutes les écritures au 31 décembre 20X9. Ne tenez pas compte de la règle de la demi-année pour l'amortissement fiscal.

b) Dressez l'état des résultats pour l'exercice terminé le 31 décembre 20X9.

c) Rédigez le texte de toutes les notes complémentaires aux états financiers requises à la suite des modifications comptables apportées par la direction de la société en 20X9.

23

P 17. Un changement de méthode de détermination du coût des stocks
(35 minutes – difficile)

La société Modifiée ltée (ML) a été constituée le 2 janvier 20W8. Au cours de l'exercice terminé le 31 décembre 20X1, ML a modifié la méthode de détermination du coût attribuable aux stocks, en passant de la méthode du coût distinct à la méthode de l'épuisement successif. Une revue des états financiers des exercices antérieurs vous a permis de retracer les montants suivants relatifs aux stocks de clôture au 31 décembre :

> 20W8 – 1 405 658 $
> 20W9 – 1 445 799 $
> 20X0 – 1 560 729 $

Après plusieurs heures de travail, vous avez réussi à obtenir la valeur de ces stocks en utilisant la nouvelle méthode de détermination du coût attribuable aux stocks. Voici, selon vos calculs, la valeur révisée des stocks au 31 décembre :

> 20W8 – 1 374 498 $
> 20W9 – 1 450 799 $
> 20X0 – 1 555 513 $

Depuis que la société ML a été constituée, son taux d'imposition est demeuré stable à 40 %. Par ailleurs, les autorités fiscales ont accepté le changement de méthode de détermination du coût attribuable aux stocks.

Au 31 décembre 20X1, le coût attribuable aux stocks est de 1 605 513 $ selon la nouvelle méthode comptable.

Un coup d'œil sur l'état des bénéfices non répartis de ML vous révèle que, le 31 décembre 20X0, la société avait un déficit de 35 000 $ tandis que, le 31 décembre 20X1, elle avait réussi à rétablir la situation, car elle avait des bénéfices non répartis de 75 000 $. En 20X0, ML a subi une perte de 15 000 $.

Travail à faire

a) Déterminez l'effet de cette modification de convention comptable sur le bénéfice net des exercices 20W8, 20W9, 20X0 et 20X1.
b) Déterminez l'effet de cette modification de convention comptable sur l'état comparatif des bénéfices non répartis établi en date du 31 décembre 20X1.
c) Rédigez la note requise aux états financiers au 31 décembre 20X1.

P 18. Méli-mélo
(35 minutes – difficile)

La société Bocado inc. est une entreprise située sur les bords de la rivière Chaudière. Chaque printemps, l'entreprise subit de légers dommages à la suite de la crue des eaux. Au cours de l'exercice 20X5, une poursuite judiciaire a été intentée contre Bocado inc., car elle aurait utilisé un brevet d'invention sans l'autorisation expresse de l'inventeur. De plus, une autre poursuite a aussi été intentée contre Bocado inc., car elle a construit une usine sur un terrain qui, selon les autorités municipales, fait partie de la zone agricole.

Au début de l'exercice 20X7, la direction de l'entreprise a décidé d'amortir un équipement ayant une valeur comptable de 80 000 $ selon la méthode de l'amortissement dégressif à un taux constant de 25 % alors qu'antérieurement elle utilisait un taux de 20 %.

Le 15 février 20X7, un jugement a été rendu relativement à l'utilisation du brevet cité ci-dessus, et l'entreprise se voit dans l'obligation de débourser 90 000 $ en règlement du litige.

Le 30 mars 20X7, une inondation cause des dommages anormalement élevés à l'usine principale de la société. Les dommages s'élèvent à 400 000 $.

Le 15 juin 20X7, à la suite d'une décision du conseil d'administration, la société ferme l'usine située sur le terrain litigieux. Le terrain et le bâtiment en question ont une valeur nette comptable respective de 40 000 $ et de 55 000 $.

23

La société a vendu le tout pour la somme de 50 000 $. Cette usine desservait une clientèle particulière importante pour Bocado inc. Au cours de l'exercice 20X7, les résultats d'exploitation de cette usine s'élèvent à 100 000 $.

Au 1er janvier 20X7, les bénéfices non répartis étaient de 6 000 000 $. Le bénéfice net de l'exercice 20X7 avant impôts sur le bénéfice, compte non tenu des renseignements qui précèdent, est de 650 000 $.

Travail à faire

Le contrôleur de la société Bocado inc., M. Jesuy Hanbêtey, ignore comment présenter ces diverses données et demande votre aide.

a) Comment ces données doivent-elles être présentées aux états financiers ? Indiquez les critères sur lesquels vous vous basez pour décider de leur présentation.
b) Dressez un état partiel des résultats en commençant l'état avec le poste Bénéfice avant ajustement de 650 000 $ ainsi qu'un état des bénéfices non répartis pour l'exercice terminé le 31 décembre 20X7, sachant que le taux d'imposition est de 40 %.
c) Indiquez les éléments pour lesquels une note aux états financiers est requise selon les recommandations du *Manuel de l'I.C.C.A.*

P 19. La correction d'erreurs   *(40 minutes – facile)*

Le 3 janvier 20X4, M. Jean Nandore, propriétaire de l'entreprise Au Roi du sommeil enr., fait l'objet d'une vérification fiscale. L'agent du fisc a découvert les erreurs suivantes :

1. Du matériel de bureau acquis le 1er juillet 20X2 au coût de 12 000 $ a été porté par erreur au compte Bâtiments. L'entreprise utilise la méthode de l'amortissement dégressif au taux de 5 % pour les bâtiments et de 20 % pour le matériel de bureau.
2. Le 31 décembre 20X3, l'entreprise a omis de comptabiliser la dotation à l'amortissement d'une pièce d'équipement d'un montant de 800 $.
3. Les salaires courus à payer sont surévalués de 350 $ au 31 décembre 20X3.
4. Le 1er juillet 20X3, l'entreprise a souscrit à une assurance dont la prime s'élevait à 400 $ (débité au compte Assurances) pour une période de deux ans. Aucune écriture de régularisation n'a été faite le 31 décembre.
5. L'entreprise a omis d'inscrire la somme totale de 4 000 $ pour services rendus en décembre 20X3.

Travail à faire

a) Passez les écritures de correction requises au 31 décembre 20X3 en supposant que les écritures de régularisation aient été comptabilisées, mais que les écritures de clôture n'ont pas été enregistrées.
b) Passez les écritures de correction requises au 3 janvier 20X4 en supposant que les écritures de clôture et de réouverture aient été enregistrées.

P 20. La correction d'erreurs   *(30 minutes – moyen)*

Le 31 décembre 20X5, après avoir inscrit les écritures de régularisation, mais avant la comptabilisation des écritures de clôture, M. Héon discute avec un expert-comptable auquel il désire confier le mandat d'examiner les registres comptables de son entreprise, Héonex enr. M. Héon met en doute la compétence du contrôleur qu'il a embauché voilà quatre ans.

Les bénéfices nets de chacun des quatre derniers exercices seraient, selon le contrôleur, respectivement les suivants : 15 000 $ en 20X2, 22 000 $ en 20X3, 9 000 $ en 20X4 et 33 000 $ en 20X5. L'examen des registres met toutefois en évidence les erreurs suivantes :

Erreurs commises en 20X2
1. Le 1er juillet 20X2, Héonex enr. a acheté au comptant la propriété où est située l'entreprise. Un montant de 90 000 $ avait alors été porté au débit du compte Bâtiment, et la société avait omis de tenir compte de la valeur du terrain de 10 000 $. Depuis ce temps, le contrôleur a enregistré la dotation à l'amortissement selon la méthode linéaire au taux de 5 %.

2. Les primes d'assurance sont payées d'avance le 1er juillet de chaque année, depuis 20X2. Le coût de ces assurances a été passé en charges de la façon suivante : 1 000 $ en 20X2, 1 100 $ en 20X3, 1 200 $ en 20X4 et 1 300 $ en 20X5. Il n'y a jamais eu de régularisation à la fin des exercices concernés.

3. Le stock de marchandises au 31 décembre 20X2 était surévalué de 2 000 $.

Erreurs commises en 20X3

1. Le 1er janvier, le propriétaire a réinvesti dans son commerce en se dotant d'équipements d'une valeur de 25 000 $ sans qu'aucune écriture n'ait été comptabilisée. La société amortit ses équipements selon la méthode linéaire au taux de 10 %.

2. Les intérêts courus à payer au 31 décembre 20X3, totalisant 1 000 $, n'ont pas été enregistrés.

3. Une facture de 300 $ relativement à des réparations effectuées a été débitée par erreur au compte Salaires.

Erreurs commises en 20X4

1. Une charge de publicité d'un montant de 750 $ a été comptabilisée en 20X4, alors que les messages publicitaires sont parus en janvier 20X5.

2. Des frais de transport sur achats de 700 $ ont été portés au compte Frais de livraison.

Erreurs commises en 20X5

1. Une facture de marchandises de 5 000 $ a été portée au débit du compte Achats d'un montant de 500 $.

2. Des intérêts courus à recevoir de 240 $ n'ont pas été comptabilisés au 31 décembre 20X5.

3. Lors du décompte physique effectué le 31 décembre 20X5, de la marchandise acquise au coût de 500 $ a été inscrite à l'inventaire à une valeur de 5 000 $.

Travail à faire

Dressez un tableau montrant les corrections apportées au bénéfice net de chaque exercice.

P 21. La correction d'erreurs

(50 minutes – difficile)

Au cours du mois de janvier, M. Pilon se rend chez M. Sanpépin, expert-comptable, pour lui signifier qu'il veut acquérir une entreprise, Bionex enr. Il est prêt à payer 110 % du capital au 31 décembre 20X8 et demande à M. Sanpépin de bien vouloir effectuer pour lui une analyse des registres pour déterminer le montant auquel se chiffrera le capital à cette date. Après avoir effectué quelques déplacements chez Bionex enr., M. Sanpépin obtient les renseignements suivants :

- L'entreprise existe depuis le 1er janvier 20X6.
- Le capital initial était de 75 000 $.
- Les états financiers indiquent que l'entreprise a réalisé des bénéfices de 23 000 $, 31 000 $ et 39 000 $ respectivement en 20X6, 20X7 et 20X8.
- Pour amortir ses immobilisations, qui se composent d'un bâtiment, d'équipements et de matériel roulant, la société utilise la méthode de l'amortissement linéaire. Les immobilisations sont amorties respectivement aux taux de 5 %, 10 % et 15 %.

Tout au long de son examen, M. Sanpépin découvre les erreurs suivantes :

Erreurs commises en 20X6

1. Omission d'inscrire au 31 décembre des intérêts courus à recevoir sur des obligations pour un montant total de 464 $. Cette somme a été reçue et inscrite le 10 janvier 20X7.

2. Le 2 janvier 20X6, Bionex enr. a acquis au comptant une propriété d'une valeur de 35 000 $. L'acquisition a été portée au débit du compte Terrain, même si le bâtiment avait une valeur de 28 000 $.

3. Le 30 septembre 20X6, de l'équipement ayant une valeur de 12 000 $ a été acquis et comptabilisé au compte Matériel roulant.

4. Lors du décompte physique, le report du total d'une feuille d'inventaire a été de 3 400 $ au lieu de 4 300 $.

Erreurs commises en 20X7

1. Le 1ᵉʳ janvier, le propriétaire a réinvesti dans son commerce pour une valeur de 15 000 $ sous forme de matériel roulant sans qu'aucune écriture n'ait été comptabilisée.
2. Au cours de l'exercice, le propriétaire a prélevé des marchandises d'une valeur de 650 $ et ayant coûté 550 $ à Bionex enr.
3. Le 30 juin 20X7, Construitout ltée a terminé des travaux d'agrandissement qui ont coûté 10 000 $ à Bionex enr. Ce montant figure parmi les charges d'exploitation.
4. Le paiement du compte de téléphone du mois de novembre (120 $) a été débité au compte Publicité.

Erreurs commises en 20X8

1. Le coût d'une police d'assurance, couvrant une période de 12 mois, a été réglé le 30 avril 20X8 et a été débité au compte Achats pour un montant de 600 $.
2. Le 3 janvier 20X8, les réparations d'un équipement ont été portées au compte Équipement. La facture s'élevait à 3 000 $.
3. Au 31 décembre 20X8, le stock de clôture a été surévalué de 2 500 $.
4. Des revenus courus de 560 $ n'ont pas été comptabilisés au 31 décembre 20X8.
5. Tous les frais de livraison, qui se sont élevés à 2 300 $, ont été portés par erreur au compte Transports sur achats.

Travail à faire

a) Établissez un tableau montrant les corrections apportées au bénéfice net de chaque exercice.
b) Quel est le prix que devra payer M. Pilon ?
c) Passez les écritures de correction nécessaires en supposant que Bionex enr. ait enregistré les écritures de clôture.

P 22. La correction d'erreurs (60 minutes – difficile)

L'un de vos clients envisage sérieusement d'acquérir une petite entreprise de fabrication d'outils et de machines de précision exploitée sous la raison sociale de Transit ltée. Il vous demande de procéder à une vérification des registres comptables de cette société. Votre examen permet de découvrir les faits suivants :

1. Transit ltée a commencé son exploitation le 1ᵉʳ avril 20X6, et son exercice financier se termine le 31 mars de chaque année. La société n'a jamais fait l'objet d'une vérification. Les bénéfices avant clôture inscrits aux états financiers dressés par le commis comptable sont les suivants :

Exercice terminé le 31 mars	Bénéfice avant impôts
20X7	73 600 $
20X8	114 400
20X9	107 580

2. Quelques machines ont été déposées en consignation. Ces opérations ont été comptabilisées comme des ventes courantes et facturées comme telles. Le coût des machines en consignation se chiffrait comme suit au terme des trois derniers exercices financiers :

Exercice terminé le 31 mars	Coût des machines
20X7	10 000 $
20X8	θ
20X9	14 000

On détermine le prix de vente de ces machines en ajoutant 40 % à leur coût. Supposez que les machines déposées en consignation aient été vendues au cours de l'exercice suivant et que Transit ltée utilise un système d'inventaire périodique.

3. Le 30 mars 20X8, Transit ltée a expédié deux machines à un client. La facture porte la mention F.A.B. – point de départ. La vente n'a été inscrite que le 5 avril, date à laquelle le paiement de 6 300 $ a été encaissé. Ces machines n'ont pas été incluses dans le stock au 31 mars 20X8.

4. Toutes les machines sont accompagnées d'une garantie de cinq ans. La direction estime que les frais de garantie s'élèveront au maximum à 0,5 % du chiffre d'affaires, et la société impute les frais de garantie à un compte de charges. Voici les renseignements pertinents pour les différents exercices concernés :

23

Exercice terminé le 31 mars	Chiffre d'affaires	Frais de garantie relatifs aux ventes effectuées au cours de l'exercice terminé le 31 mars			
		20X7	20X8	20X9	Total
20X7	940 000 $	760 $			760 $
20X8	1 010 000	360	1 310 $		1 670
20X9	1 795 000	320	1 620	1 910 $	3 850

5. Vous constatez, en révisant les procès-verbaux des réunions du conseil d'administration, que le président a droit à une gratification de 0,5 % du bénéfice avant impôts et gratifications. Les gratifications n'ont jamais été inscrites ni payées.

6. Les créances irrécouvrables sont radiées directement des comptes clients concernés. On a pu noter que, dans le cas d'entreprises semblables, ce genre de perte s'élève à environ 0,25 % du chiffre d'affaires. La société a radié les créances suivantes au fil des ans :

Ventes de l'exercice terminé le 31 mars	Créances irrécouvrables sur les ventes de l'exercice terminé le 31 mars			
	20X7	20X8	20X9	Total
20X7	750 $			750 $
20X8	800		520 $	1 320
20X9	350	1 800 $	1 700	3 850

7. La banque prélève 6 % sur tout contrat d'emprunt. De ce pourcentage la banque conserve 0,5 point de pourcentage en réserve au crédit de Transit ltée, qu'elle remboursera à la société sitôt l'emprunt réglé de façon intégrale. Cette réserve établie par la banque n'a pas été comptabilisée dans les registres de Transit ltée. Voici l'excédent des crédits sur les débits du compte de réserve (l'augmentation nette du compte) au terme des trois derniers exercices financiers :

20X7	3 000 $
20X8	3 900
20X9	5 100

8. Les commissions des vendeurs sont comptabilisées au moment où elles sont versées. Le montant des commissions à payer était le suivant au 31 mars pour chacun des exercices concernés :

20X7	1 500 $
20X8	900
20X9	1 220

Source :
A.I.C.P.A. adapté

Travail à faire

a) Établissez un tableau des bénéfices avant impôts redressés pour chacun des exercices terminés le 31 mars 20X7, 20X8 et 20X9. Arrondissez tous vos calculs au dollar près.

b) Passez les écritures requises en tenant pour acquis que les registres de Transit ltée n'ont pas encore été clôturés au 31 mars 20X9. Ne tenez pas compte de l'incidence fiscale.

P 23. Un problème synthèse

(45 minutes – moyen)

La section des capitaux propres de la société Splinter ltée au 31 décembre 20X8 comprend les éléments suivants :

Actions privilégiées sans valeur nominale. Nombre illimité d'actions autorisées. Nombre d'actions émises et en circulation : 10 000	500 000 $
Actions ordinaires sans valeur nominale. Nombre illimité d'actions autorisées. Nombre d'actions émises et en circulation : 120 000	1 200 000
Bénéfices non répartis	
Affectation pour rachat d'obligations	190 000
Affectation pour expansion de l'usine	60 000
Non affectés	380 000

Une vérification des registres de la société, effectuée en janvier 20X9, a permis de découvrir les erreurs et omissions suivantes remontant à des dates antérieures au 31 décembre 20X8 :

1. Le coût d'une pièce d'équipement, achetée le 1er juillet 20X7 au prix de 20 000 $, a été passé en charges. La valeur de récupération de la pièce d'équipement sera nulle au terme de sa durée de vie utile qui est estimée à 10 ans.
2. Des marchandises d'un montant de 5 000 $ et reçues en 20X8 n'ont été enregistrées au journal des achats que le 5 janvier 20X9. Elles ont toutefois été incluses dans le stock de clôture de la fin de l'exercice 20X8.
3. Un gain de 700 $, réalisé à la suite de la revente d'actions ordinaires confisquées, a été enregistré comme produit d'exploitation en 20X8.
4. Un montant de 18 000 $ a été passé en charges au début de l'exercice 20X8 à la suite de l'achat d'une marque de commerce. Au terme de sa durée de vie utile, estimée à trois ans, la valeur de récupération sera nulle.

Les opérations de l'exercice 20X9 portant sur les capitaux propres ont été les suivantes :

1. Au début de l'exercice, la société a vendu 10 000 actions privilégiées à 55 $ chacune.
2. L'ancien emprunt obligataire a été remboursé en entier, libérant ainsi les bénéfices affectés à cette fin.
3. Un outillage, acheté le 1er janvier 20X8 au prix de 16 000 $ et amorti de façon linéaire en fonction d'une durée de vie estimative de 15 ans et d'une valeur de récupération de 1 000 $, a été vendu pour 9 500 $ le 2 janvier 20X9. La perte a été débitée au compte Bénéfices non répartis non affectés.
4. En décembre, le conseil d'administration a déclaré et distribué un dividende en numéraire de 5 $ pour chacune des actions privilégiées émises et en circulation.
5. À la fin de l'exercice 20X9, le compte Sommaire des résultats montre un solde créditeur de 102 000 $.
6. Une nouvelle émission d'obligations de 500 000 $ a eu lieu au début de l'exercice 20X9. Ces obligations viendront à échéance dans 20 ans. L'acte de fiducie stipule que l'entreprise doit réserver annuellement un montant constant de bénéfices non répartis, de sorte que, au terme de cette période de 20 ans, la société aura réservé l'équivalent du montant total des obligations. Splinter ltée a enregistré un montant approprié à ce sujet à la fin de l'exercice 20X9.
7. Les affectations des bénéfices non répartis autorisées par la direction en 20X9 ont été les suivantes : 60 000 $ pour l'expansion de l'usine et 50 000 $ pour une perte éventuelle.

Travail à faire

Répondez à chacune des questions ci-dessous. Ne tenez pas compte de l'incidence fiscale.

a) Dressez un tableau montrant le bénéfice net corrigé pour l'exercice terminé le 31 décembre 20X9. Fournissez tous vos calculs.
b) Dressez un état des bénéfices non répartis non affectés pour l'exercice terminé le 31 décembre 20X9.
c) Établissez la section des capitaux propres du bilan de la société au 31 décembre 20X9.

P 24. Un problème synthèse

(45 minutes – moyen)

Les comptes des capitaux propres de la société Puntakana ltée présentaient les soldes suivants au 1er janvier 20X4 :

Actions ordinaires (valeur nominale de 5 $ chacune)	500 000 $
Surplus d'apport – Prime à l'émission	200 000
Bénéfices non répartis	900 000

Voici, dans l'ordre chronologique, les opérations qui ont étés effectuées au cours de l'exercice :

1. Rachat de 1 000 de ses propres actions ordinaires à 10 $ chacune.
2. Émission, à 12 $ l'action, de 5 000 actions privilégiées ayant une valeur nominale de 10 $ chacune. Ces actions sont convertibles à raison d'une action privilégiée contre deux actions ordinaires.

23

3. Émission de 10 000 nouvelles actions ordinaires à 11 $ chacune.

4. Déclaration d'un dividende en numéraire de 1 $ aux détenteurs d'actions ordinaires en circulation.

5. Vente de 600 actions autodétenues à 12,50 $ l'action.

6. Déclaration d'un dividende en numéraire de 4 $ aux détenteurs d'actions privilégiées en circulation.

7. Les détenteurs de 2 000 actions privilégiées ont exercé leur privilège de conversion.

8. Déclaration et distribution d'un dividende en actions de 10 % sur actions ordinaires, alors que le cours de l'action ordinaire était de 14 $.

9. Correction d'une erreur commise il y a plusieurs années, alors que le coût d'un terrain de 55 000 $ avait été passé en charges.

10. Réalisation d'un bénéfice net de 225 000 $ pour l'exercice compte tenu d'une charge d'impôts sur le bénéfice établie à un taux d'imposition de 40 %.

Travail à faire

a) Indiquez, en dollars, l'effet de chacune des opérations précédentes sur le total des capitaux propres.

b) Dressez l'état des bénéfices non répartis de l'exercice terminé le 31 décembre 20X4.

c) Établissez la section des capitaux propres du bilan de la société Puntakana ltée au 31 décembre 20X4.

P 25. Un problème synthèse

(60 minutes – difficile)

Votre cabinet vous confie la responsabilité de faire la vérification annuelle des états financiers de la société Giboulay ltée pour l'exercice terminé le 31 décembre 20X9. Les renseignements disponibles vous sont présentés ci-dessous. Vous devez tenir pour acquis que toute information pertinente non présentée ci-dessous a déjà été vérifiée et est considérée comme exacte.

1. Extraits de la balance de vérification au 31 décembre 20X9

	Crédit
Bénéfices non répartis non affectés	26 840 $
Affectation pour perte sur contrat d'approvisionnement	7 500
Actions ordinaires (10 000 actions)	100 000

2. Les registres ne sont pas encore clôturés. La société a toutefois enregistré et reporté toutes les écritures de régularisation qu'elle a jugées nécessaires. La société utilise un système d'inventaire permanent. La balance de vérification montre un bénéfice net de 25 000 $ pour l'exercice.

3. Extraits du grand livre au 31 décembre 20X9

Bénéfices non répartis

8 juin 20X9	D 62	160	38 000	Solde	31 décembre 20X8
10 octobre 20X9	J 34	10 000	2 000	E 8	29 avril 20X9
31 décembre 20X9	J 40	3 000			

Remarque : le solde au 31 décembre 20X8 correspond au solde figurant dans le dossier de vérification de l'exercice précédent. Ce solde représente le solde net de l'accumulation des bénéfices réalisés, moins les dividendes déclarés au cours des exercices précédents.

Affectation pour perte sur contrat d'approvisionnement

26 septembre 20X9	D 78	500	5 000	J 19	30 juin 20X9
			3 000	J 40	31 décembre 20X9

4. Analyse de certains encaissements (E)

Date	Page	Compte crédité	Explications	Montant
29 avril 20X9	8	Actions ordinaires	Vente, à 12 $ chacune, d'actions ayant une valeur nominale de 10 $	10 000
		Bénéfices non répartis		2 000
10 octobre 20X9	20	Bâtiments	Voir *J 34*	20 000

5. Analyse de certains décaissements (D)

Date	Page	Compte débité	Explications	Montant
8 juin 20X9	62	Bénéfices non répartis	Bris d'un camion, non couvert par l'assurance. Réparations effectuées par To Wing inc.	160
26 septembre 20X9	78	Affectation pour perte sur approvisionnement	Achat de matériaux (Y ltée) prévu au contrat du 30 juin. Augmentation de 500 $ du coût depuis le 30 juin.	500
		Achats		6 300

6. Extraits du journal général (J)

Date	Page	Écritures et explications		
30 juin 20X9	19	Perte sur contrat d'approvisionnement	5 000	
		Affectation pour perte sur contrat d'approvisionnement		5 000
		Création d'une réserve à la suite d'une résolution du conseil d'administration. La société a créé cette réserve afin de se prémunir contre une augmentation prévisible du coût des matériaux requis pour compléter les commandes en cours. (Les commandes ne représentent pas des engagements contractuels.)		
10 octobre 20X9	34	Amortissement cumulé	50 000	
		Bénéfices non répartis	10 000	
		Bâtiments		60 000
		Vente du bâtiment abritant le siège social relocalisé au centre-ville dans un immeuble locatif. (Voir **E 20**)		
31 décembre 20X9	40	Bénéfices non répartis	3 000	
		Affectation pour perte sur contrat d'approvisionnement		3 000
		Affectation des bénéfices non répartis afin de ramener le coût du stock de matériaux à sa valeur minimale selon la politique de l'entreprise.		

Coût 50 000 $
Valeur au marché 47 000
3 000 $

Travail à faire

Source : A.I.C.P.A. adapté

a) Préparez une liste des écritures de correction requises pour que les registres soient conformes aux P.C.G.R. Ne tenez pas compte de l'impact fiscal.

b) Préparez un état des bénéfices non répartis pour l'exercice terminé le 31 décembre 20X9.

c) Préparez la section des capitaux propres du bilan au 31 décembre 20X9.

P 26. Un problème synthèse

(50 minutes – difficile)

La société Boulamite ltée a été constituée le 1er juillet 20X6. Elle est autorisée à émettre 200 000 actions ordinaires sans valeur nominale et 50 000 actions privilégiées sans valeur nominale et non participantes, à dividende cumulatif de 0,60 $ l'action. L'exercice financier de la société se termine le 30 juin.

Les renseignements suivants se rapportent aux comptes des capitaux propres de Boulamite ltée.

Actions ordinaires
Avant l'exercice 20X8-20X9, Boulamite ltée avait 105 000 actions ordinaires en circulation. Elles ont été émises de la façon suivante :

- Le 1er juillet 20X6, 95 000 actions ont été émises au comptant au prix de 20 $ chacune.
- Le 24 juillet 20X6, 5 000 actions ont été émises en échange d'un terrain qui avait coûté 70 000 $ au vendeur en 20X0 et dont la juste valeur est estimée à 130 000 $ le 24 juillet 20X6.

- Le 1er mars 20X8, 5 000 actions ont été émises. Elles avaient fait l'objet d'une souscription à 32 $ l'action le 31 octobre 20X7.

Au cours de l'exercice 20X8-20X9, les opérations suivantes ont modifié le compte Actions ordinaires.

20X8

1er octobre   Réception de souscriptions à 10 000 actions ordinaires au prix de 40 $ chacune et d'un chèque d'un montant de 80 000 $ en paiement total de 2 000 actions émises par la société. Les autres souscriptions, soit 8 000 actions, doivent être réglées le 30 septembre 20X9, date à laquelle ces derniers titres pourront être émis.

30 novembre   Rachat sur le marché libre de 2 000 de ses propres actions à 38 $ chacune.

15 décembre   Boulamite ltée déclare un dividende en actions de 2 %, distribuable le 31 janvier 20X9 aux détenteurs d'actions ordinaires inscrits le 15 janvier 20X9. À ce moment-là, la société éprouvait des difficultés financières et était dans l'impossibilité de déclarer un dividende en numéraire. Le 15 décembre 20X8, l'action ordinaire se transigeait à 43 $.

20X9

20 juin   Boulamite ltée vend 500 des actions autodétenues acquises le 30 novembre 20X8 pour un montant total de 21 000 $.

Actions privilégiées
Le 1er juillet 20X7, la société a émis 30 000 actions privilégiées à 15 $ chacune.

Dividendes en numéraire
La politique de la société est de déclarer des dividendes en numéraire en décembre et en juin qui sont versés aux actionnaires inscrits le mois suivant. Voici les dividendes déclarés jusqu'au 30 juin 20X9 :

Date de la déclaration	Montant du dividende par action ordinaire	Montant du dividende par action privilégiée
15 décembre 20X7	0,10 $	0,30 $
15 juin 20X8	0,10	0,30
15 décembre 20X8	–	0,30

Aucun dividende en numéraire n'a été déclaré en juin 20X9 en raison des problèmes de liquidités qu'éprouve la société.

Bénéfices non répartis
Au 30 juin 20X8, le solde des bénéfices non répartis de Boulamite ltée était de 370 000 $. En mars 20X9, la société a obtenu un prêt à terme de la caisse populaire qui, en échange, exige que Boulamite ltée constitue un fonds d'amortissement et affecte un montant de bénéfices non répartis égal à la somme qui sera déposée dans le fonds d'amortissement. Un montant de 40 000 $ doit y être déposé le 30 avril de chaque année. La société a effectué le premier dépôt le 30 avril 20X9. Pour l'exercice terminé le 30 juin 20X9, le bénéfice net de la société s'élève à 20 000 $.

Source :
C.M.A. adapté

Travail à faire

Établissez la section des capitaux propres du bilan de Boulamite ltée au 30 juin 20X9. Présentez tous vos calculs et rédigez toutes les notes pertinentes devant figurer dans les états financiers.

23

P 27. **Un problème synthèse**   (75 minutes – difficile)

La société Ladouceur ltée n'a jamais fait l'objet d'une vérification. Les états financiers suivants vous sont soumis aux fins de vérification

LADOUCEUR LTÉE
Résultats
de l'exercice terminé le 31 mai

	20X9	20X8	20X7
Chiffre d'affaires	155 000 $	140 000 $	130 000 $
Coût des marchandises vendues	80 000	75 000	62 000
Marge bénéficiaire brute	75 000	65 000	68 000
Frais d'exploitation			
Amortissement	17 500	18 000	15 000
Charges diverses	17 500	18 500	18 000
Total des frais d'exploitation	35 000	36 500	33 000
Bénéfice avant impôts	40 000	28 500	35 000
Impôts sur le bénéfice	12 000	8 550	10 500
Bénéfice net	28 000 $	19 950 $	24 500 $

LADOUCEUR LTÉE
Bénéfices non répartis
de l'exercice terminé le 31 mai

	20X9	20X8	20X7
Solde au début de l'exercice	68 400 $	74 000 $	82 750 $
Bénéfice net	28 000	19 950	24 500
	96 400	93 950	107 250
Moins : Dividendes	19 000	25 550	33 250
Solde à la fin de l'exercice	77 400 $	68 400 $	74 000 $

LADOUCEUR LTÉE
Bilan
au 31 mai

	20X9	20X8	20X7
Actif			
Encaisse et clients	82 500 $	74 000 $	62 500 $
Stock de marchandises (coût moyen)	47 500	41 500	35 000
Immobilisations, montant net	219 000	220 000	175 000
Autres valeurs actives	16 000	20 000	22 000
Total de l'actif	365 000 $	355 500 $	294 500 $
Passif et capitaux propres			
Fournisseurs	120 850 $	115 600 $	70 500 $
Diverses charges à payer	62 000	69 240	48 700
Passif d'impôts futurs – Frais de garantie	4 750	2 260	1 300
Capital-actions (sans valeur nominale)	100 000	100 000	100 000
Bénéfices non répartis	77 400	68 400	74 000
Total du passif et des capitaux propres	365 000 $	355 500 $	294 500 $

Lors de votre vérification, les cinq éléments suivants ont attiré votre attention :

1. Au cours de l'exercice 20X9, les administrateurs ont conclu que les résultats d'exploitation de la société seraient présentés plus fidèlement si elle passait de la méthode du coût moyen à la méthode de l'épuisement successif pour déterminer le coût des stocks. Afin d'éviter tout débours, aucune modification ne sera apportée sur le plan fiscal. Le coût des marchandises vendues selon chacune de ces deux méthodes est le suivant :

Exercice terminé le 31 mai	Coût des marchandises vendues	
	Coût moyen	Épuisement successif
Avant 20X7	350 000 $	320 000 $
20X7	62 000	50 000
20X8	75 000	70 000
20X9	80 000	68 000

2. Les produits de la société sont garantis contre tout défaut de fabrication pour une période de deux ans. La société comptabilise annuellement des frais de garantie estimatifs. Avant 20X9, les frais de garantie étaient estimés à 4 % du chiffre d'affaires mais, compte tenu de l'expérience passée, ce pourcentage est considéré comme trop faible en comparaison des

réclamations réelles. La société estime maintenant ces frais à 6 % de son chiffre d'affaires. Les frais de garantie figurent parmi les charges diverses dans les résultats de la société et, sur le plan fiscal, ils ne sont déductibles que lorsqu'ils sont réellement engagés. Ainsi, les débours relatifs à la garantie totalisent 14 500 $ pour l'exercice terminé le 31 mai 20X9.

3. La société possède plusieurs biens amortissables. Le 30 novembre 20X7, la société a fait l'acquisition d'une nouvelle machine au prix de 75 000 $. Sa durée d'utilisation prévue est de 10 ans, tandis que sa valeur de récupération est nulle. La société amortit cette machine selon la méthode de l'amortissement linéaire. Votre analyse indique que le coût de la machine a été porté au débit du compte Terrain. Aucun amortissement n'a été comptabilisé tant sur le plan comptable que sur le plan fiscal. Ce bien aurait dû être amorti selon la méthode de l'amortissement dégressif à un taux de 20 %. N'oubliez pas la règle de la demi-année.

4. Lors de l'établissement du rapprochement bancaire, on a découvert que la société avait omis de comptabiliser la déclaration et le paiement d'un dividende en numéraire de 12 500 $ survenus vers la fin de mai 20X9.

5. La société a omis d'enregistrer des salaires à payer de 14 000 $ à la fin de l'exercice 20X7-20X8. Ces salaires ont été inscrits en charges lors de leur paiement au début de juin 20X8.

Travail à faire

Sachant que les effets de ces cinq éléments n'ont pas été pris en compte lors de l'établissement des états financiers soumis à votre attention :

a) passez les écritures requises en tenant pour acquis que les registres de la société ne sont pas encore clôturés en date du 31 mai 20X9 ;

b) dressez les états financiers comparatifs révisés pour les exercices terminés le 31 mai 20X7, 20X8 et 20X9. Utilisez le même type de présentation que celui illustré ci-dessus ;

c) rédigez le texte de toutes les notes requises aux états financiers afin de vous conformer aux exigences du *Manuel de l'I.C.C.A.*

P 28. Une quasi-réorganisation

(20 minutes – facile)

La section des capitaux propres de la société Anpéril ltée au 31 décembre 20X4 comprend les éléments suivants :

Actions ordinaires sans valeur nominale. Nombre illimité d'actions autorisées. Nombre d'actions émises et en circulation : 450 000	4 500 000 $
Surplus d'apport – Bien reçu à titre gratuit	450 000
Déficit	(750 000)
Total des capitaux propres	4 200 000 $

Lors d'une assemblée spéciale, les actionnaires de la société ont approuvé un projet de quasi-réorganisation proposé par les administrateurs. Voici les points saillants de ce projet :

- La valeur du stock de marchandises doit être réduite de 300 000 $.
- La valeur comptable nette de certains biens amortissables qui s'élève à 9 100 000 $ sera ramenée à la juste valeur de ces biens qui est de 7 900 000 $.
- La valeur unitaire attribuée aux actions ordinaires lors de leur émission (10 $) sera réduite à 6 $.
- Le déficit révisé sera d'abord éliminé à même le surplus créé par la réduction de la valeur attribuée aux actions ordinaires.

Travail à faire

a) Passez les écritures de journal requises en vertu de l'application du projet de quasi-réorganisation. Ne tenez pas compte de l'incidence fiscale.

b) Établissez la section des capitaux propres du bilan de la société Anpéril ltée au 31 décembre 20X4, immédiatement après la quasi-réorganisation effectuée à cette date.

23

P 29. Une quasi-réorganisation (35 minutes – moyen)

Voici le bilan de la société Chamboulay ltée établi en date du 31 mars 20X6 :

CHAMBOULAY LTÉE
Bilan condensé
au 31 mars 20X6

Actif

Encaisse		41 630 $
Autres éléments d'actif à court terme		303 470
Immobilisations	1 750 000 $	
Moins : Amortissement cumulé	(615 000)	1 135 000
Écart d'acquisition		60 000
Total de l'actif		1 540 100 $

Passif et capitaux propres

Passif à court terme		164 230 $
Actions privilégiées sans valeur nominale et ayant un dividende cumulatif de 10 $ l'action*. Nombre illimité d'actions autorisées. Nombre d'actions émises : 3 600	360 000 $	
Actions ordinaires sans valeur nominale. Nombre illimité d'actions autorisées. Nombre d'actions émises et en circulation : 11 000	778 000	
Bénéfices non répartis	237 870	1 375 870
Total du passif et des capitaux propres		1 540 100 $

* Dividendes arriérés de 180 000 $.

La société Chamboulay ltée a accumulé des dividendes arriérés de 180 000 $ au 31 mars 20X6. Bien que le niveau des bénéfices non répartis soit suffisant pour faire face à ces arriérés, les dirigeants ne veulent pas affaiblir le fonds de roulement de la société. De plus, ils ont constaté que certains biens immobilisés ne sont plus utilisés dans l'exploitation courante de la société. Par conséquent, ils ont formulé le projet de quasi-réorganisation qui a été approuvé par les actionnaires au cours d'une assemblée générale. La date d'entrée en vigueur de la quasi-réorganisation a été fixée au 1er avril 20X6.

1. La valeur respective des comptes clients et du stock de marchandises doit être réduite de 5 000 $ et de 4 600 $.
2. La valeur comptable nette des immobilisations sera réduite de 132 000 $. Pour ce faire, le compte Amortissement cumulé sera augmenté de 110 000 $, et le compte Immobilisations sera diminué de 22 000 $.
3. L'écart d'acquisition sera radié.
4. La valeur moyenne attribuée aux actions ordinaires sera ramenée à 54 $.
5. Les détenteurs d'actions privilégiées remettront leurs actions à la société en échange de 360 000 $ d'obligations portant intérêt à 5 % par année. Les détenteurs acceptent aussi de recevoir 21 600 nouvelles actions privilégiées ayant une valeur nominale de 10 $ chacune en règlement des dividendes arriérés. Ces actions privilégiées comportent un dividende non cumulatif de 5 %.
6. Le déficit révisé sera éliminé à même le surplus créé par la quasi-réorganisation.

Travail à faire

Source :
A.I.C.P.A. adapté

a) Passez les écritures requises pour inscrire les effets de la quasi-réorganisation. Vous devez soumettre tous vos calculs et omettre toutes les considérations d'ordre fiscal et d'impôts futurs.

b) Établissez le bilan de la société Chamboulay ltée au 1er avril 20X6, immédiatement après la quasi-réorganisation.

23

Analyses de cas

C 1. Un élément extraordinaire !

(20 minutes – facile)

La citation suivante est extraite d'un journal financier :

> La direction de la société Glouton ltée, entreprise qui vend des produits alimentaires, a récemment annoncé que, en effectuant un changement dans sa façon d'évaluer les stocks, elle réaliserait un gain extraordinaire de 20 millions de dollars pour l'exercice terminé le 31 mars 20X4. La société évalue maintenant ses stocks au moyen de la méthode de l'épuisement successif, alors qu'elle utilisait auparavant la méthode de l'épuisement à rebours.
>
> Un représentant de l'industrie des produits alimentaires a également affirmé que la méthode de l'épuisement successif a pour effet de produire des bénéfices plus élevés en période inflationniste car, selon cette méthode, les stocks sont évalués aux prix les plus récents tandis que, avec la méthode de l'épuisement à rebours, ils reflètent les prix anciens, c'est-à-dire le plus souvent des prix inférieurs aux prix courants.

Travail à faire

Le journal financier a utilisé l'expression « gain extraordinaire » pour décrire les effets du changement de méthode de détermination du coût des stocks. Expliquez comment présenter ce gain de 20 000 000 $ dans les états financiers de la société Glouton ltée et dites si cet élément constitue vraiment un élément extraordinaire. Enfin, dites ce que vous pensez de l'affirmation du représentant de l'industrie.

C 2. Les modifications comptables

(30 minutes – moyen)

Lors de la préparation des états financiers de la société Indécise ltée, la contrôleure doit prendre des décisions sur la façon de présenter les éléments suivants :

1. Au moment où les employés effectuaient l'inventaire physique du stock de clôture de l'exercice courant, ils ont retrouvé les feuilles de l'inventaire d'un entrepôt complet qui avaient été oubliées lors de l'inventaire pris à la fin de l'exercice précédent et qui, par conséquent, n'avaient pas été incluses dans l'évaluation du stock de clôture de cet exercice.
2. Au cours de l'exercice, le fisc a accepté que la société utilise à des fins fiscales la méthode présentement utilisée à des fins comptables pour la comptabilisation de certaines créances. Ce changement de méthode de comptabilisation à des fins fiscales modifiera de façon importante le chiffre des impôts futurs et des impôts exigibles.
3. La direction a décidé de passer de la méthode de l'épuisement successif à la méthode du coût distinct pour déterminer le coût de ses stocks.
4. La division Surmesure fabrique des produits sur commande, selon les directives précises de ses clients. La direction a décidé de comptabiliser ses contrats à long terme selon la méthode de l'avancement des travaux plutôt que selon la méthode de l'achèvement des travaux.
5. De l'avis du vice-président aux Ventes, une gamme de produits a perdu beaucoup de sa popularité auprès des clients, à tel point que la production devrait cesser d'ici à trois ans. Conséquemment, la direction a décidé de réduire la durée de vie utile des équipements de fabrication de ces produits, qui passe ainsi de cinq à trois ans.
6. Il a été très difficile d'estimer la durée de vie utile de nouveaux produits de la division Oasive à cause de la concurrence féroce qui sévit sur ce marché. La société a donc décidé d'abandonner le report et l'amortissement des coûts de mise en marché et de les passer immédiatement en charges dès qu'ils sont engagés.
7. Au début de l'exercice, l'édifice SRQ, qui abritait les bureaux du Service des ventes, a été converti. À l'avenir, il recevra les bureaux du Service de la comptabilité. Les frais relatifs à cet immeuble sont désormais inclus parmi les frais d'administration plutôt que parmi les frais de vente de la société à l'état des résultats.

23

Travail à faire

Source :
I.M.A. adapté

Pour chacune des sept modifications effectuées par la société Indécise ltée au cours de l'exercice, répondez aux deux questions suivantes.

a) S'agit-il d'une modification de convention comptable, d'une révision d'estimation comptable ou d'une correction d'erreur ? Si l'une de ces modifications ne relève pas de l'une de ces trois catégories de modifications comptables, dites pourquoi.
b) Décrivez le traitement comptable approprié pour l'exercice courant et les exercices précédents.

C 3. La présentation des modifications comptables (30 minutes – moyen)

Au cours d'une réunion du comité exécutif de la société Incomparable ltée, vous présentez le rapport de votre mandat de vérification ainsi que les états financiers de l'exercice courant, lesquels comportent une modification de convention comptable. Lors de la discussion, trois administrateurs entament un débat sur les diverses approches possibles de comptabilisation et de présentation des modifications comptables.

M. Jaytou Klinay affirme ce qui suit :

> – Il me semble que les modifications comptables devraient être appliquées rétroactivement. Ce n'est pas parce que les états financiers d'un exercice passé ont été publiés que l'on ne doit pas ramasser les pots cassés.

> – Je ne comprends pas pourquoi les modifications comptables ne devraient pas toutes être appliquées prospectivement. Ce qui est passé est passé, prétend M. Jesuy Davangarde.

> – Vous êtes tous deux dans l'erreur, affirme Mme Pécay Géhaire. Pourquoi chambarder les états financiers des exercices précédents et ceux des exercices à venir à cause d'une modification comptable ? Il y a toujours des changements. On devrait tenir compte de l'effet cumulatif d'un changement uniquement dans les résultats de l'exercice du changement, un point c'est tout.

Le président de la société, Pacifique Ateur, suggère de prendre quelques minutes pour la pause-café.

Travail à faire

À la demande du président, préparez une réplique qui doit être servie à la reprise de la réunion. Vous disposez de 30 minutes pour vous préparer. Dans cette réplique, vous devez tenir compte des arguments pour ou contre chacune des propositions formulées par les trois administrateurs. Vous devez enfin exposer la position du C.N.C. en ce qui a trait aux modifications de conventions comptables, aux révisions d'estimations comptables et aux corrections d'erreurs. (Attention ! Vous devez ménager la susceptibilité de tout un chacun !)

23

C 4. Quelle forme de dividendes choisir ? *(40 minutes – moyen)*

Les membres du conseil d'administration de la société Jendéclarun ltée se sont réunis pour discuter de la possibilité de déclarer un dividende pour l'exercice 20X4 et vous demandent d'évaluer les diverses propositions formulées à cet égard. Voici le bilan de la société au 31 décembre 20X4 :

JENDÉCLARUN LTÉE
Bilan
au 31 décembre 20X4

Actif

Encaisse	175 000 $
Placements à court terme (juste valeur de 325 000 $)	294 000
Immobilisations, montant net	84 000
Placements à long terme	833 000
Autres valeurs actives	56 000
Total de l'actif	1 442 000 $

Passif et capitaux propres

Passif à court terme	196 000 $
Effets à payer à long terme	84 000
Capital-actions (valeur nominale de 5 $ l'action, 112 000 actions émises)	560 000
Surplus d'apport – Prime à l'émission	112 000
Bénéfices non répartis	
Affectation pour remboursement d'un effet à payer	68 000
Affectation pour expansion de l'usine	128 000
Bénéfices non affectés	294 000
Total du passif et des capitaux propres	1 442 000 $

Voici le sommaire des propositions de dividende formulées lors de la réunion du conseil d'administration :

	Proposé par	Proposition
1.	M. Bien Nanti	Émission de 112 000 nouvelles actions distribuées aux actionnaires actuels au prorata du nombre d'actions détenues. Le dividende serait comptabilisé selon la valeur nominale des actions émises.
2.	Mme Elait Fouintay	Déclaration d'un dividende en actions de 10 %, évalué à la valeur nominale des actions émises.
3.	M. Jesuy Tanay	Vente de tous les placements à court et à long terme, et déclaration d'un dividende égal au total des capitaux propres, moins la valeur nominale des actions en circulation.
4.	M. Day Zinvesty	Distribution des placements à court terme à titre de dividende dont la valeur serait comptabilisée à 294 000 $.
5.	Mme Eco Nomy	Déclaration d'un dividende en numéraire de 175 000 $, soit le montant disponible en main.
6.	M. B. N. Haire	Distribution de l'ensemble des bénéfices non répartis.
7.	M. Ray Zervé	Déclaration d'un dividende à même les réserves.
8.	Mme Jaytou Donay	Déclaration d'un dividende en numéraire égal au montant des bénéfices non affectés.

Travail à faire

Commentez chacune des propositions avancées lors de la réunion du conseil d'administration. Formulez une recommandation relative au versement d'un dividende en numéraire.

C 5. Un dividende en actions *(35 minutes – moyen)*

Les membres du conseil d'administration de la société Boudini ltée ont adopté une résolution en vue de distribuer un dividende en actions ordinaires égal à 5 % des actions ordinaires en circulation aux actionnaires ordinaires inscrits le 15 mai 20X3. Les actions ordinaires autodétenues par la société seront utilisées à cette fin tant qu'elles seront disponibles. Le cours de l'action ordinaire immédiatement avant la déclaration était de 20 $, et il est demeuré sensiblement le même au cours du mois qui a suivi la distribution du dividende en actions.

Voici les soldes des comptes des capitaux propres de la société à la date de la déclaration du dividende en actions :

Actions privilégiées sans valeur nominale et comportant un dividende cumulatif de 6 $. Nombre illimité d'actions autorisées. Nombre d'actions autodétenues : 300. Nombre d'actions en circulation : 6 700	*700 000 $*
Actions ordinaires d'une valeur nominale de 10 $ chacune. Nombre illimité d'actions autorisées. Nombre d'actions autodétenues : 3 000. Nombre d'actions en circulation : 126 000	*1 290 000*
Surplus d'apport – Prime à l'émission d'actions ordinaires	*896 000*
Bénéfices non répartis	*750 000*
Actions privilégiées autodétenues (au coût)	*34 500*
Actions ordinaires autodétenues (au coût)	*30 000*

Lors de la déclaration du dividende, les conditions de la résolution du conseil d'administration stipulent qu'un montant correspondant à la valeur nominale des actions distribuées sera transféré des bénéfices non répartis aux comptes appropriés des capitaux propres.

Travail à faire

Source :
A.I.C.P.A. adapté

a) Passez l'écriture qui a permis de se conformer à la résolution du conseil d'administration en ce qui concerne la déclaration du dividende en actions.

b) Discutez de la pertinence de cette façon de faire eu égard aux principes comptables généralement reconnus (P.C.G.R.).

c) En supposant qu'aucune écriture n'a été passée en a) et que les administrateurs se conforment aux P.C.G.R., passez l'écriture requise à la suite de la déclaration du dividende en actions.

d) Tenez maintenant pour acquis que le dividende en actions est égal à 40 % (au lieu de 5 %) des actions ordinaires en circulation et que, conséquemment, le cours de l'action ordinaire de Boudini ltée baisse de manière substantielle. Discutez la méthode appropriée pour comptabiliser un tel dividende.

C 6. Une quasi-réorganisation

(25 minutes – facile)

La société Baladi ltée, entreprise manufacturière de taille moyenne, a subi des pertes au cours de ses cinq premières années d'exploitation. Bien que les résultats d'exploitation du dernier exercice financier se soient soldés par une perte, le dernier trimestre a été rentable et, grâce à des modifications importantes, l'avenir laisse entrevoir des exercices bénéficiaires.

Le trésorier de la société, M. Fauchon, propose une quasi-réorganisation pour 1) éliminer le déficit cumulé de 324 260 $; 2) augmenter de 394 010 $ le coût du terrain et des bâtiments pour qu'ils figurent à leur juste valeur ; et 3) inscrire un nouvel élément d'actif de 155 644 $ correspondant à la valeur de l'avantage fiscal futur relatif aux pertes accumulées à ce jour.

Travail à faire

Source :
A.I.C.P.A. adapté

a) Quelles sont les caractéristiques d'une quasi-réorganisation ? En quoi consiste-t-elle ?

b) Énumérez les conditions justifiant habituellement une quasi-réorganisation.

c) Dites ce que vous pensez de la proposition du trésorier de la société en ce qui concerne :
   i) L'élimination du déficit cumulé de 324 260 $;
   ii) La réévaluation du coût du terrain et des bâtiments pour refléter leur juste valeur ;
   iii) L'inscription d'un nouvel élément d'actif de 155 644 $ correspondant à la valeur de l'avantage fiscal futur lié aux pertes accumulées à ce jour.

Les dérivés et la comptabilité de couverture

24

Remarque : les questions de révision, les exercices, les problèmes de compréhension et les analyses de cas précédés d'un astérisque (*) se rapportent aux sujets traités dans les annexes du manuel.

Questions de révision

1. En quoi les options d'achat d'actions négociées sur les marchés organisés se distinguent-elles des droits de souscription à des actions ?

2. En quoi les options d'achat d'actions se distinguent-elles des bons de souscription ? En quoi les deux titres se ressemblent-ils ?

3. En quoi les options d'achat d'actions émises par Corporation Canadienne de compensation des produits dérivés diffèrent-elles de celles qui ont été accordées par les entreprises ?

4. Quelles sont les différences entre un contrat à terme de gré à gré et un contrat à terme boursier ?

5. Expliquez le fonctionnement du système de marge applicable aux contrats à terme boursiers.

6. Qu'est-ce qui distingue un contrat à terme d'une option ?

7. Qu'est-ce qu'un swap ?

8. Pourquoi les entreprises désireuses de modifier certaines caractéristiques de leur dette n'obtiennent-elles pas simplement un nouveau financement ?

9. À ce jour, la plupart des entreprises ont une politique de gestion des risques. Quels objectifs une entreprise peut-elle viser en gérant les risques ?

10. Pourquoi les entreprises cherchent-elles à se protéger contre les risques ?

11. De quelle façon une entreprise peut-elle se protéger contre les risques auxquels elle s'expose ?

12. Qu'est-ce qu'un dérivé intégré ?

13. Dans quelles circonstances une entreprise doit-elle comptabiliser distinctement un contrat hôte et un dérivé intégré ?

14. Qu'est-ce qu'un instrument financier synthétique ?

15. Décrivez succinctement ce qu'est une opération de couverture.

16. Quelles conditions une entreprise doit-elle respecter pour pouvoir appliquer la comptabilité de couverture ?

17. Quels sont les principes guidant la comptabilité de couverture ?

18. L'élément couvert dans une couverture de juste valeur diffère-t-il nécessairement de celui d'une couverture de flux de trésorerie ?

19. Très souvent les éléments de couverture sont des dérivés. Une entreprise peut-elle se couvrir d'une autre façon ?

20. À quel moment une entreprise doit-elle apprécier l'efficacité de ses couvertures ?

21. Quels facteurs une entreprise considère-t-elle au moment de grouper des actifs financiers couverts ?

22. Énumérez et expliquez succinctement les caractéristiques des dérivés qu'une entreprise doit comptabiliser selon les règles énoncées dans le chapitre 3855 du *Manuel de l'I.C.C.A.*

23. Comment mesure-t-on la juste valeur d'un swap ?

24. Qu'est-ce qu'une couverture d'opérations futures ? Donnez un exemple.

25. Quels renseignements une entreprise ayant couvert une position future doit-elle donner dans ses états financiers ?

Exercices

E 1. L'intérêt économique à lever une option d'achat

Pour chaque situation, précisez s'il est préférable pour le détenteur de lever son option d'achat à l'échéance. Expliquez brièvement votre réponse.

a) Une option d'achat sur le zinc prévoit un prix de levée de 1 300 $ la tonne métrique. À l'échéance de l'option, la juste valeur d'une tonne métrique de zinc s'établit à 1 420 $.
b) Une option d'achat sur des actions de Chup Portepas ltée (CPL) prévoit un prix de levée de 42,50 $ l'action. À l'échéance de l'option, la juste valeur d'une action de CPL s'établit à 35,00 $.
c) Une option sur contrat à terme position acheteur sur 100 000 $ d'obligations du Gouvernement du Canada a un prix de levée de 103 $. À l'échéance de l'option, la juste valeur des obligations est de 102 $.

E 2. L'intérêt économique à lever une option de vente

Pour chaque situation, précisez s'il est préférable pour le détenteur de lever son option de vente à l'échéance. Expliquez brièvement votre réponse.

a) Une option de vente sur le zinc prévoit un prix de levée de 1 300 $ la tonne métrique. À l'échéance de l'option, la juste valeur d'une tonne métrique de zinc s'établit à 1 420 $.
b) Une option de vente sur des actions de Chup Portepas ltée (CPL) prévoit un prix de levée de 42,50 $ l'action. À l'échéance de l'option, la juste valeur d'une action de CPL s'établit à 35,00 $.
c) Une option sur contrat à terme position vendeur sur 100 000 $ d'obligations du Gouvernement du Canada a un prix de levée de 103 $. À l'échéance de l'option, la juste valeur des obligations est de 102 $.

E 3. Les éléments ne pouvant être couverts dans une relation de couverture

Expliquez pourquoi les titres suivants ne peuvent pas constituer un élément couvert dans une relation de couverture :

a) Un placement en actions comptabilisé à la valeur de consolidation.
b) Un instrument de capitaux propres émis par une entité.
c) Un placement en instruments de capitaux propres dont l'entité ne peut pas estimer la juste valeur.

E 4. Les renseignements à fournir au sujet d'une couverture de flux de trésorerie

La société Prudente ltée (PL) détient un contrat à terme boursier position acheteur sur des dollars américains. Ce contrat la protège contre les éventuelles fluctuations de la devise auxquelles l'exposerait l'emprunt qu'elle projette de contracter. À ce jour, la société a presque finalisé les ententes avec un créancier. Selon ces ententes, elle contractera d'ici un mois un emprunt bancaire remboursable en devises canadiennes, mais sur lequel elle paiera les intérêts en devises américaines.

Quels renseignements la société doit-elle fournir dans ses états financiers relativement à cette opération ?

E 5. Les incidences d'un swap de taux d'intérêt

La société Ain Térey ltée (ATL) a signé un swap d'intérêt portant sur un nominal de 1 000 000 $ et échéant dans un an. En vertu de ce swap, elle recevra des intérêts calculés au taux d'intérêt de 9 % l'an et paiera des intérêts calculés au taux de base de la Banque du Canada (7 % au moment de la signature du swap), majoré de 2 %. Calculez l'effet qu'une variation de 1 % des taux d'intérêt sur le marché aura sur les flux monétaires de ATL.

E 6. Les incidences d'un swap de devises

La société Hey Trangeaire ltée (HTL) a signé un swap de devises échéant dans un an. En vertu de ce swap, elle recevra annuellement 100 000 $ et paiera 75 000 $ multiplié par le taux de change du dollar américain par rapport au dollar canadien. Ce taux s'élève à 1,3333 à la date de l'entente. Calculez l'effet qu'une variation de 10 % de la devise américaine par rapport à la devise canadienne aura sur les flux monétaires de HTL.

E 7. Les opérations de couverture

Précisez si chacune des opérations suivantes constitue une opération de couverture et, le cas échéant, s'il s'agit d'une couverture de juste valeur ou de flux de trésorerie. Justifiez brièvement votre réponse.

a) Une dette à taux variable et un swap portent sur l'encaissement d'intérêts calculés à taux fixe et le paiement d'intérêts calculés à taux variable.
b) La production de nickel et l'achat d'options de vente sur nickel.
c) L'achat prévu d'une marchandise et l'option de vente sur cette marchandise.
d) Un emprunt remboursable en devises américaines et des revenus tirés d'un contrat de construction à long terme encaissables en devises américaines.
e) Un emprunt remboursable en devises américaines et un contrat à terme boursier position vendeur sur des devises américaines.
f) Les revenus tirés d'un contrat de construction en devises américaines et l'achat d'une option d'achat sur la devise américaine.
g) La vente à découvert d'actions et le contrat à terme position acheteur sur indice boursier.
h) L'achat d'une option de vente et un contrat à terme boursier position acheteur porte sur les actions de la société Méga ltée (ML). Les deux instruments financiers arrivent à échéance dans trois mois et prévoient un prix de levée de 38 $.

E 8. La comptabilisation d'une option de vente

Le 1er février 20X1, la société Roy Alle ltée prévoit que le cours des actions de Camp Bior ltée (CBL) baissera. Plutôt que d'acheter les actions, la société décide d'acheter à 500 $ un contrat d'option de vente qui porte sur 1 000 actions de CBL. Le prix de levée est de 15 $ l'action. Au 28 février 20X1, le cours de l'option et celui d'une action sont respectivement passés à 2 100 $ et 13 $.

Passez les écritures de journal requises dans les livres de Roy Alle ltée.

24

*E 9. La comptabilisation d'un contrat à terme avec option de report

La société Alonzo Lak ltée (ALL) exploite une pisciculture. Voici ses prévisions de production pour les mois de mai et de juin 20X1 ainsi que des renseignements supplémentaires.

1. Les prévisions relatives à la production

Nombre de truites pesant chacune 1 kg	Mois de production
5 000	Mai 20X1
2 500	Juin 20X1

2. Le 1er avril 20X1, ALL souhaite couvrir une partie des truites qu'elle prévoit produire au cours du mois de mai 20X1. Le même jour, elle verse un dépôt sur marge de 100 $ pour acheter un contrat à terme boursier position vendeur sur 3 000 kg de truites. Selon ce contrat, ALL pourra obtenir un prix de vente de 3,50 $/kg. Le contrat vient à échéance le 31 mai 20X1. Cependant, la société peut reporter cette date d'échéance jusqu'au 30 juin 20X1, avec une pénalité de 0,15 $/kg, soit un prix de levée de 3,35 $ entre le 1er et le 30 juin 20X1.

3. La production des mois de mai et de juin correspond aux quantités prévues. Les coûts de production s'élèvent à 3,00 $/kg.

4. Le 31 mai 20X1, ALL décide de reporter la date d'échéance du contrat à terme. Elle vend 4 000 truites de 1 kg sur le marché au comptant et obtient 3,80 $/kg.

5. Le 15 juin 20X1, ALL respecte son engagement relativement au contrat à terme en cédant les 3 000 kg de truites couverts par le contrat à terme.

6. Le 30 juin, elle vend le solde de sa production au comptant au prix de 3,70 $/kg.

En supposant que l'exercice financier se termine le 31 mai, passez les écritures de journal requises dans les livres de ALL. Établissez ensuite les extraits pertinents du bilan et de l'état des résultats pour les exercices terminés le 31 mai 20X1 et le 31 mai 20X2.

E 10. Les dérivés couverts par le chapitre 3855 du *Manuel de l'I.C.C.A.*

Dites si une entreprise qui détient les contrats hôtes et les dérivés incorporés suivants doit les comptabiliser distinctement :

a) Un placement en obligations comportant une option d'encaissement anticipé lui permettant d'exiger que l'émetteur rachète l'instrument contre un montant de trésorerie déterminé en fonction de la juste valeur des actions de l'émetteur.

b) Une garantie de taux plancher (« floor ») incorporée dans un instrument d'emprunt.

c) Une option de report de la date d'échéance d'un instrument d'emprunt.

d) Un contrat d'achat de marchandises, dont le prix est libellé en monnaie étrangère.

e) Une option de conversion en capitaux propres incorporée dans un placement en obligations.

Problèmes de compréhension

P 1. La comptabilisation d'une option de vente   (30 minutes – moyen)

La société Jesuy Pacifique ltée (JPL) détient 2 000 actions de la société Casse Coup ltée (CCL), d'une valeur unitaire de 1 050 $, désignées comme disponibles à la vente. Le 1er mars 20X1, leur valeur comptable, égale à leur juste valeur, s'élève à 2 100 000 $. Ce même jour, JPL achète une option de vente au coût de 50 000 $. L'option porte sur 2 000 actions de CCL à un prix de levée de 2 150 000 $ et vient à échéance le 1er septembre suivant.

Le 31 mai, date de clôture de l'exercice de JPL, la juste valeur des actions de CCL est passée à 2 050 000 $, ce qui explique que la juste valeur des options s'élève maintenant à 84 000 $.

Le 1er septembre 20X1, JPL lève l'option dont la juste valeur s'élève à 185 000 $, au moment où la juste valeur des actions est de 1 965 000 $.

Le 1er octobre 20X1, JPL vend les actions au prix de 1 950 000 $.

24

Travail à faire

a) Passez les écritures de journal requises dans les livres de JPL en tenant pour acquis que la société n'utilise pas la comptabilité de couverture.

b) Passez les écritures de journal requises dans les livres de JPL en tenant pour acquis que la société utilise la comptabilité de couverture.

c) Analysez les impacts de l'utilisation de la comptabilité de couverture par JPL sur ses résultats nets annuels.

P 2. La comptabilisation d'une option de vente   *(30 minutes – moyen)*

Reprenez les données du problème précédent en tenant pour acquis que l'option n'a plus aucune valeur le 1er septembre 20X1, car la juste valeur des actions de CCL a augmenté à 2 200 000 $.

Travail à faire

a) Passez les écritures de journal requises dans les livres de JPL en tenant pour acquis que la société n'utilise pas la comptabilité de couverture.

b) Passez les écritures de journal requises dans les livres de JPL en tenant pour acquis que la société utilise la comptabilité de couverture.

c) Analysez les impacts de l'utilisation de la comptabilité de couverture par JPL sur ses résultats nets annuels.

P 3. La comptabilisation d'un contrat à terme boursier   *(50 minutes – moyen)*

Le 1er janvier 20X1, la société Décon Tractey ltée (DTL) achète un contrat à terme boursier position acheteur sur 6 oz d'or, car elle prévoit que le prix de ce métal augmentera. Le prix de l'or fixé au contrat est de 1 400 $ (soit 233,33 $/oz), ce qui correspond au prix de l'or sur le marché au comptant à cette date. Le contrat à terme boursier arrive à échéance le 1er avril 20X1. Pour obtenir ce contrat, DTL a versé un dépôt sur marge non remboursable de 1 300 $. Dans les journées suivant cette opération, la valeur de 1 oz d'or s'établit ainsi :

2 janvier	241,67 $
15 janvier	216,67
1er avril	245,83

Travail à faire

a) En supposant que la juste valeur du contrat à terme boursier varie exactement comme la valeur de l'or sur le marché au comptant et que le courtier réajuste périodiquement le montant du dépôt sur marge exigé à DTL, passez les écritures de journal requises dans les livres de DTL.

b) Passez les écritures de journal requises en tenant maintenant pour acquis que DTL assume, à des fins de transaction, une dette remboursable le 1er avril 20X1 en 6 oz d'or. Au moment de l'emprunt le 15 novembre 20X0, la juste valeur de l'or s'élevait à 230 $ l'once. DTL utilise les principes de la comptabilité de couverture pour comptabiliser cette dette couverte par le contrat à terme boursier.

P 4. La comptabilisation d'un swap
couvrant un billet à payer   *(30 minutes – moyen)*

Le 2 janvier 20X0, la société Construction Bergeron ltée (CBL) assume un billet à payer de 500 000 $, échéant le 31 décembre 20X4 et portant intérêt au taux de 8 % l'an. La société désigne ce passif comme assumé à des fins autres que de transaction. Le capital est remboursable en un seul versement le 31 décembre 20X4, et CBL paie les intérêts le 31 décembre de chaque année.

24

Le 2 janvier 20X1, la société signe un swap portant sur un nominal de 500 000 $ échéant le 31 décembre 20X4. Selon le swap, CBL encaissera des intérêts au taux fixe de 9 % et paiera des intérêts à un taux préférentiel majoré de 2 %. Vous obtenez les taux de base suivants à diverses dates :

- *Le 2 janvier 20X1*   7 %
- *Le 31 décembre 20X1*   7 %
- *Le 31 décembre 20X2*   6 %
- *Le 31 décembre 20X3*   8 %
- *Le 31 décembre 20X4*   7 %

Travail à faire

a) Calculez les flux de trésorerie liés au billet à payer et au swap de 20X1 à 20X4.
b) Passez les écritures de journal requises dans les livres de la société en tenant pour acquis que cette dernière utilise la comptabilité de couverture.

P 5. La comptabilisation d'un swap couvrant des obligations à payer

(40 minutes – moyen)

Le 2 janvier 20X0, la société Brin Dephil ltée (BDL) émet des obligations à payer de 500 000 $, échéant le 31 décembre 20X4 et portant intérêt au taux de 8 % l'an. Au moment de l'émission, le taux d'intérêt du marché pour des obligations semblables s'élevait à 9 % et la société désigne ce passif comme assumé à des fins autres que de transaction. BDL paie les intérêts annuels le dernier jour de son exercice financier, soit le 31 décembre.

Le 2 janvier 20X1, la société signe un swap portant sur un nominal de 500 000 $. Selon le swap, elle encaissera des intérêts au taux fixe de 9 % et paiera des intérêts à un taux préférentiel majoré de 2 %. Vous obtenez les taux de base suivants à diverses dates :

- *Le 2 janvier 20X1*   7 %
- *Le 31 décembre 20X1*   7 %
- *Le 31 décembre 20X2*   6 %
- *Le 31 décembre 20X3*   8 %
- *Le 31 décembre 20X4*   7 %

Travail à faire

a) Calculez les flux de trésorerie liés aux obligations à payer et au swap de 20X0 à 20X4 ainsi que la charge d'intérêts annuels que BDL assumera pendant la même période.
b) Passez les écritures de journal requises dans les livres de la société en tenant pour acquis que cette dernière respecte les principes de la comptabilité de couverture.

P 6. Une double couverture

(50 minutes – difficile)

La société Lumy Neuse ltée (LNL), fabricant de portes et de fenêtres, évolue dans un marché très concurrentiel. Au fil des ans, elle s'est démarquée de ses concurrents en offrant à ses clients un excellent rapport qualité-prix. Pour y parvenir, LNL exerce un contrôle très serré de ses coûts.

Le 13 janvier 20X1, la société a signé un contrat d'approvisionnement portant sur l'achat de 60 tonnes métriques d'aluminium au prix qui aura cours sur le marché au comptant. Ce contrat assure LNL qu'elle disposera de la matière première au moment opportun, mais il l'expose au risque de prix. Le même jour, LNL achète donc sur le marché de Londres une option sur 60 tonnes métriques d'aluminium dans le but de fixer le coût qu'elle devra payer pour acquérir l'aluminium entrant dans la fabrication des portes et des fenêtres. L'option, payée 1 000,00 $ CDN, peut être exercée à n'importe quel moment dans un délai de 15 mois ; le prix de levée s'élève à 1 984,07 $ US la tonne métrique, soit un prix de levée total de 119 044,20 $ US.

LNL réalise toutes ses opérations en dollars canadiens. Aussi, pour se protéger contre les fluctuations de la valeur de la devise américaine auxquelles son option l'expose, la société a signé un contrat à terme boursier position acheteur sur la devise américaine. Le 13 janvier 20X1,

24

date de la signature, 1 $ US s'échangeait contre 1,3010 $ CDN. Le contrat à terme arrive à échéance le 13 octobre 20X1 et porte sur 100 000 $ US. La société a versé un dépôt sur marge de 2 000,00 $ CDN.

Renseignements supplémentaires :

1. Le 20 juin 20X1, LNL a besoin de 60 tonnes métriques d'aluminium pour sa fabrication.
2. Le 20 juin 20X1, 1 $ US s'échangeait contre 1,4705 $ CDN.
3. Le 13 octobre 20X1, 1 $ US s'échangeait contre 1,4005 $ CDN.
4. Entre le 20 juin 20X1 et le 15 octobre, LNL a engagé des coûts de 100 000 $ pour produire les portes et les fenêtres destinées à la vente.
5. Le 15 octobre, la société vend au prix de 325 000 $ les portes et les fenêtres fabriquées à même l'aluminium couvert par l'option et le contrat à terme.
6. La société comptabilise ses instruments de couverture selon les principes de la comptabilité de couverture.

Travail à faire

a) En supposant que le prix de 60 tonnes métriques d'aluminium sur le marché au comptant s'élève à 128 355 $ US le 20 juin 20X1, passez toutes les écritures de journal requises dans les livres de LNL jusqu'au 31 décembre 20X1, date de clôture de son exercice financier.
b) En supposant que le prix de 60 tonnes métriques d'aluminium sur le marché au comptant s'élève à 108 665 $ US le 20 juin 20X1, passez toutes les écritures de journal requises dans les livres de LNL jusqu'au 31 décembre 20X1.
c) Dressez les extraits pertinents de l'état des résultats nets de l'exercice terminé le 31 décembre 20X1 selon les quatre scénarios suivants :
   i)   les opérations réelles de LNL comptabilisées en a);
   ii) les opérations réelles de LNL comptabilisées en b);
   iii) LNL n'a acheté ni option ni contrat à terme, et elle a payé 128 355 $ US pour acheter 60 tonnes métriques d'aluminium le 20 juin 20X1;
   iv) LNL n'a acheté ni option ni contrat à terme, et elle a payé 108 665 $ US pour acheter 60 tonnes métriques d'aluminium le 20 juin 20X1.
d) Commentez les quatre extraits des états financiers dressés en c).

P 7. Une double couverture
(50 minutes – difficile)

Reprenez les données de LNL décrites dans le problème précédent à l'exception du renseignement supplémentaire 3. Supposez plutôt que 1 $ US s'échangeait contre 1,20 $ CDN le 13 octobre 20X1.

Travail à faire

a) En supposant que le prix de 60 tonnes métriques d'aluminium sur le marché au comptant s'élève à 128 355 $ US le 20 juin 20X1, passez toutes les écritures de journal requises dans les livres de LNL jusqu'au 31 décembre 20X1, date de clôture de son exercice financier.
b) En supposant que le prix de 60 tonnes métriques d'aluminium sur le marché au comptant s'élève à 108 665 $ US le 20 juin 20X1, passez toutes les écritures de journal requises dans les livres de LNL jusqu'au 31 décembre 20X1.
c) Dressez les extraits pertinents de l'état des résultats nets de l'exercice terminé le 31 décembre 20X1 selon les quatre scénarios suivants :
   i)   les opérations réelles de LNL comptabilisées en a);
   ii) les opérations réelles de LNL comptabilisées en b);
   iii) LNL n'a acheté ni option ni contrat à terme, et elle a payé 128 355 $ US pour acheter 60 tonnes métriques d'aluminium le 20 juin 20X1;
   iv) LNL n'a acheté ni option ni contrat à terme et elle a payé 108 665 $ US pour acheter 60 tonnes métriques d'aluminium le 20 juin 20X1.
d) Commentez les quatre extraits des états financiers dressés en c).

24

*P 8. Un emprunt d'or par un producteur d'or (20 minutes – difficile)

La Société Minière ltée (SML) est une petite société ouverte qui commence à exploiter une mine d'or dans le Grand Nord canadien. Elle a déjà jalonné une concession relative à un gisement très prometteur, et elle a terminé tous les forages exploratoires préliminaires. SML est maintenant à la recherche de fonds pour financer la phase de préproduction qui durera environ trois ans. SML avait au départ l'intention de rassembler ces fonds supplémentaires en utilisant la combinaison classique de dettes à long terme et d'emprunts bancaires à court terme. Toutefois, une maison de placement privée s'est adressée à la société pour lui offrir un « prêt d'or » pour financer une partie de ses besoins.

La maison de placement possède en propre un important stock d'or. Comme elle s'attend à une hausse importante du cours de l'or durant la prochaine décennie, elle se refuse à vendre son or pour placer le produit de la vente. Toutefois, le stock d'or ne génère aucun intérêt. La maison de placement propose donc de prêter 100 000 oz d'or à SML. Le « taux d'intérêt » sur le prêt serait moindre que sur un prêt en espèces, soit environ les deux tiers du taux sur un prêt en espèces. Toutefois, les intérêts ne seraient pas payables en espèces mais en onces d'or supplémentaires, une fois que SML aurait atteint la phase de production. La concession minière de SML constituerait la garantie du prêt. Ainsi, la maison de placement gagnerait des « intérêts » tout en maintenant son placement en or, et SML obtiendrait une partie des fonds dont elle a besoin pour le développement de sa concession tout simplement en vendant les 100 000 oz d'or qui lui seraient prêtées.

Le vice-président du Service des finances de SML n'a aucune expérience dans ce genre de financement. C'est pourquoi il vous demande de rédiger un rapport dans lequel vous lui expliquerez les répercussions économiques de l'opération ainsi que les aspects liés à la présentation de l'opération dans les états financiers de SML.

Source :
C.A. adapté

Travail à faire

Rédigez le rapport demandé par le vice-président du Service des finances.

P 9. La cessation de la comptabilité de couverture (20 minutes – moyen)

Le 1er février 20X2, Piscines à vagues ltée détient un excédent de trésorerie. Elle achète alors 250 000 actions de la société Prometteuse ltée au coût de 1,00 $ l'action qu'elle désigne comme disponibles à la vente. Piscines à vagues ltée espère profiter de l'augmentation de leur valeur.

Quelque temps plus tard, la situation financière de Piscines à vagues ltée s'est légèrement détériorée. Elle aura besoin de liquider son placement en actions pour rembourser une dette bancaire de 250 000 $ échéant le 31 décembre 20X2. Dans l'éventualité où elle ne pourrait pas récupérer la quasi-totalité de la somme investie dans Prometteuse ltée, elle aurait de graves difficultés à rembourser sa dette. Piscines à vagues ltée estime que le scénario le plus probable est celui où la juste valeur des actions de Prometteuse ltée augmentera. Elle ne veut donc pas les vendre immédiatement. De plus, Piscines à vagues ltée sait qu'il existe une faible probabilité que la juste valeur des actions diminue.

C'est pourquoi, le 1er juin 20X2, Piscines à vagues ltée achète au coût de 1 000 $ une option de vente sur 250 000 actions de Prometteuse ltée. L'option de vente arrive à échéance le 30 novembre 20X2, et le prix de levée est de 0,98 $ l'action, c'est-à-dire la juste valeur des actions à cette date.

La société respecte toutes les conditions pour pouvoir appliquer la comptabilité de couverture.

Travail à faire

Passez toutes les écritures de journal requises dans les livres de Piscines à vagues ltée pour comptabiliser les opérations décrites ci-dessus selon les deux scénarios suivants :

a) Tel que prévu, la juste valeur des actions de Prometteuse ltée ne cesse d'augmenter. Le 30 novembre 20X2, elles valent 1,35 $. Le 31 décembre 20X2, Piscines à vagues ltée vend ses actions au prix de 1,38 $ l'action et elle rembourse sa dette bancaire.

24

b) Le 30 novembre 20X2, les actions de Prometteuse ltée ne valent plus que 0,70 $. Le 31 décembre 20X2, Piscines à vagues ltée vend ses actions au prix de 0,67 $ l'action et elle rembourse sa dette bancaire.

P 10. Une couverture de flux de trésorerie d'une opération future

(45 minutes – moyen)

La société canadienne Merlin ltée exploite plusieurs pharmacies. Il y a quelques années, la société a développé son site Web afin de permettre aux consommateurs américains de faire des achats en ligne. Cette action s'est avérée très lucrative, car depuis cinq ans, les ventes annuelles de Merlin ltée à des clients américains ont toujours excédé 10 000 000 $ US.

Afin de fidéliser cette clientèle et d'éviter de la surprendre par de constants changements de prix en dollars américains, Merlin ltée a fixé ces derniers en divisant par 1,4 le prix de détail canadien. Le facteur de 1,4 correspondait alors au taux de change moyen de 1 $ CDN en 1 $ US. Ainsi, un article annoncé sur le Web à un prix de vente, disons de 10 $ US, implique que le client qui achète aujourd'hui cet article paie 10 $ US. Par contre, Merlin ltée doit convertir cet encaissement de 10 $ US au taux de change en vigueur aujourd'hui. Ainsi, si le taux de change s'élève à 1,38 $ CDN pour 1,00 $ US, elle doit comptabiliser une vente de 13,80 $ CDN.

Le 5 janvier 20X5, les dirigeants de la société, à l'instar de plusieurs économistes de renommée mondiale, prévoient que la valeur de la devise canadienne fera un bond spectaculaire par rapport à la devise américaine. Afin de ne pas augmenter ses prix de vente en dollars américains, Merlin ltée achète quatre contrats à terme boursiers position vendeur échéant respectivement le 15 février, le 15 mai, le 15 août et le 15 novembre 20X5. Chaque contrat porte sur 2 500 000 $ US, échangeable en $ CDN au taux de 1,4.

Au cours de l'exercice 20X5, la société a recueilli les renseignements suivants :

Trimestre	Vente en $ US	Taux de change moyen
1er janvier au 31 mars	2 500 000 $	1,38
1er avril au 30 juin	3 200 000 $	1,32
1er juillet au 30 septembre	3 000 000 $	1,25
1er octobre au 31 décembre	2 900 000 $	1,26

Travail à faire

a) Le 5 janvier 20X5, Merlin ltée peut-elle désigner ses ventes futures à titre d'élément couvert par une couverture de flux de trésorerie ? Expliquez brièvement.
b) Passez les écritures de journal requises dans les livres de Merlin ltée en tenant pour acquis que cette dernière réalise un bénéfice brut de 45 % sur les prix de vente en dollars canadiens et qu'elle prépare des états financiers montrant les résultats de chaque trimestre.
c) Préparez les extraits pertinents des états financiers des périodes de trois mois terminées le 31 mars, le 30 juin, le 30 septembre et le 31 décembre 20X5.

Analyse de cas

C1. La gestion du risque de flux de trésorerie lié aux taux d'intérêt

(30 minutes – difficile)

La société Industries Manufacturières Canadiennes ltée (IMCL) est une société canadienne évoluant dans le secteur de la construction domiciliaire. Pour profiter des faibles taux d'intérêt prévalant au cours des dernières années, elle a émis des titres d'emprunt à taux variable.

Les taux d'intérêt ont récemment augmenté en flèche, ce qui a obligé IMCL à augmenter les flux monétaires sacrifiés en paiement des intérêts. Malgré le succès commercial de ses activités, IMCL affiche aujourd'hui un bénéfice net trop faible pour satisfaire ses actionnaires.

24

La banque d'affaires de IMCL recommande les solutions suivantes à la direction :

1. IMCL doit envisager de recourir au marché des swaps de taux d'intérêt pour réduire les débours afférents aux emprunts. IMCL conclurait une entente avec une tierce partie en vertu de laquelle IMCL recevrait des intérêts calculés selon un taux variable appliqué au nominal du swap ; de plus, elle paierait des intérêts calculés selon un taux fixe appliqué au nominal du swap. Le fait d'opter pour cette solution entraînerait un coût additionnel si on demandait à la banque d'affaires de garantir le swap.

2. IMCL doit envisager de racheter, sur le marché des obligations, ses obligations à taux d'intérêt fixe et qu'elle opère immédiatement un refinancement. Les taux d'intérêt pratiqués sont actuellement beaucoup plus élevés que lors de l'émission des obligations existantes.

La direction s'est adressée à vous pour rédiger un rapport dans lequel vous discuterez les répercussions que chacune des recommandations de la banque aurait sur la comptabilité et la présentation de l'information financière. La direction envisage également une troisième solution qui consisterait à utiliser les emprunts existants à titre de couverture pour de futurs actifs financiers que IMCL obtiendra bientôt et qui rapporteront un taux d'intérêt variable. Elle voudrait aussi savoir quelles seraient les répercussions de cette solution sur la comptabilité et la présentation de l'information financière.

Source :
C.A. adapté

Travail à faire

Rédigez le rapport demandé.

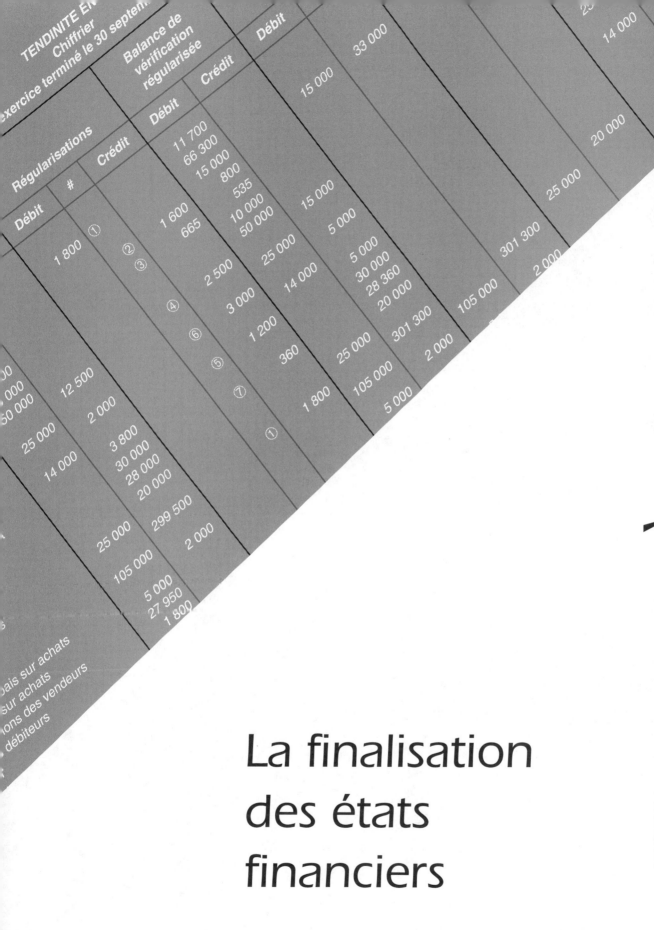

QUATRIÈME PARTIE

La finalisation des états financiers

Le résultat par action et la valeur comptable d'une action

25

1. Expliquez ce qu'on entend par «résultat de base par action» et indiquez quelle est l'utilité de cette statistique pour les utilisateurs de l'information comptable.

2. Les actions privilégiées confèrent à leurs détenteurs certains privilèges en ce qui concerne les dividendes. Pourquoi faut-il tenir compte de ces privilèges dans le calcul du résultat de base par action?

3. Lors de la détermination du bénéfice attribuable aux actionnaires ordinaires, quelle différence y a-t-il entre le traitement des dividendes sur les actions privilégiées à dividende cumulatif et celui des dividendes sur les actions privilégiées à dividende non cumulatif?

4. Pourquoi le calcul du chiffre du bénéfice par action ne donne-t-il des résultats satisfaisants que s'il repose sur l'utilisation de la moyenne pondérée du nombre d'actions ordinaires en circulation?

5. Quel est l'effet des opérations suivantes sur le calcul du résultat de base par action?

    a) Le rachat d'actions ordinaires.
    b) La conversion de dettes ou d'actions privilégiées en actions ordinaires.
    c) La distribution d'un dividende en actions à des actionnaires ordinaires, le fractionnement ou le regroupement d'actions ordinaires.
    d) La distribution d'un dividende en actions à des actionnaires privilégiés.

6. Lors du calcul du résultat de base par action, de quelle façon doit-on considérer les actions dont l'émission est conditionnelle?

7. De quelle façon doit-on tenir compte des actions privilégiées pleinement participantes dans le calcul du résultat de base par action?

8. Qu'entend-on par «facteurs de dilution potentielle»?

9. De quelle façon peut-on s'assurer que les chiffres du résultat dilué par action reflètent la réduction maximale du résultat de base par action?

10. Tandis qu'il préparait ses examens, un étudiant a émis l'opinion suivante: «Lorsque j'obtiens une perte de base par action, il n'est pas nécessaire de calculer la perte diluée par action, car tous les facteurs de dilution potentielle sont automatiquement antidilutifs». Qu'en pensez-vous?

11. Que doit-on faire lorsqu'une émission de droits de souscription comporte un prix d'exercice inférieur à la juste valeur des actions ordinaires à la date d'émission?

12. Quelle est la position du Conseil des normes comptables (C.N.C.) en ce qui a trait au traitement des options de vente position vendeur et des options position acheteur?

25

13. Le président d'une maison de courtage formulait récemment le commentaire suivant : « Il est dangereux d'attacher une importance trop grande au chiffre du résultat par action en vue d'évaluer le rendement d'une société par actions. En effet, une société pourrait, par exemple, contracter un emprunt et utiliser les fonds obtenus pour racheter des actions ordinaires. Il en résulterait alors une augmentation du résultat par action, mais le rendement de la société ne serait pas meilleur pour autant ». Commentez cet énoncé.

14. Les investisseurs accordent une certaine importance au bénéfice par action, car ils considèrent qu'il peut influer sur le cours des actions. Quel est votre avis sur cette utilité présumée du bénéfice par action ?

15. Quelles sont les étapes du calcul de la valeur comptable d'une action ordinaire dans chacun des cas suivants ?

a) Le capital-actions en circulation est constitué d'actions ordinaires et privilégiées.
b) La société a racheté un certain nombre de ses propres actions ordinaires.
c) La société a émis des obligations convertibles et a octroyé des options d'achat d'actions.

16. Quelles sont les lacunes de la valeur comptable d'une action ordinaire ?

Exercices

E 1. Le bénéfice attribuable aux actionnaires ordinaires

Le 1er janvier 20X4, la société Dépressive ltée (DL) avait en circulation 50 000 actions ordinaires sans valeur nominale et 5 000 actions privilégiées d'une valeur nominale de 50 $ chacune, ayant un dividende cumulatif de 8 % et rachetables au gré de DL à un prix de 50 $ l'action. À cette même date, ces actions constituaient la seule source de financement de la société, car cette dernière n'avait aucune dette à long terme.

Au début de 20X5, DL ayant des liquidités excédentaires importantes, elle a racheté la totalité de ses actions privilégiées au prix de rachat convenu. Au début de 20X6, DL a emprunté 500 000 $ à un taux de 12 % l'an et a racheté 10 000 de ses actions ordinaires. Cet emprunt devra être entièrement remboursé au début de 20X8.

Voici le bénéfice d'exploitation, compte non tenu des intérêts sur la dette à long terme et des impôts sur le bénéfice (le taux d'imposition est de 40 %) des trois derniers exercices :

20X4	400 000 $
20X5	375 000
20X6	350 000

Calculez le résultat de base par action pour chacun des trois derniers exercices. Expliquez ce qu'il faut penser des résultats de vos calculs, étant donné que les bénéfices d'exploitation ont diminué au cours des trois dernières années.

E 2. Le nombre moyen pondéré d'actions ordinaires en circulation

Il y a quelques années, un groupe de bûcherons a formé la société Amis-scions ltée (ASL). Le 1er janvier 20X3, 100 000 actions ordinaires étaient en circulation. La société a émis 60 000 nouvelles actions le 1er avril et a réalisé un bénéfice net de 725 000 $ au cours de l'exercice terminé le 31 décembre 20X3.

Calculez le bénéfice de base par action de ASL pour 20X3.

E 3. Les dividendes et le nombre moyen pondéré d'actions ordinaires en circulation

La société Rayonnante ltée (RL) a réalisé un bénéfice net de 100 000 $ pour l'exercice terminé le 31 décembre 20X5. Au cours de cet exercice, RL a déclaré et versé des dividendes totalisant respectivement 15 000 $ et 17 500 $ à ses actionnaires privilégiés et à ses actionnaires ordinaires.

Au 31 décembre 20X5, 120 000 actions ordinaires sont émises et en circulation. De ce nombre, 100 000 ont été en circulation tout au long de l'exercice, tandis que 20 000 actions ont été émises le 1er juillet.

Calculez le bénéfice de base par action de RL.

E 4. L'émission d'actions au comptant à la suite d'un dividende en actions et d'un fractionnement

La société Nouvel Âge ltée (NAL) a commencé son exploitation le 3 janvier 20X5 en émettant 100 000 actions ordinaires. Le 1er octobre 20X6, NAL a émis au comptant 50 000 nouvelles actions. Le 1er juin 20X7, elle a déclaré un dividende en actions de 5 %, et le 1er août 20X8, elle a fractionné ses actions quatre pour une. Au cours de la même période, NAL a réalisé les bénéfices suivants :

	Bénéfice avant élément extraordinaire	Élément extraordinaire	Bénéfice net
20X5	350 000 $	25 000 $	375 000 $
20X6	400 000		400 000
20X7	450 000		450 000
20X8	500 000	(50 000)	450 000

Les membres de la direction de NAL veulent comparer (sur quatre ans) les chiffres du résultat de base par action dans le rapport annuel de 20X8.

Calculez les chiffres du résultat de base par action tels qu'ils doivent être présentés selon les normes de présentation prescrites dans le *Manuel de l'I.C.C.A.*

E 5. Le calcul du résultat de base par action dans des situations différentes

Pour chacun des cas décrits ci-après, calculez le bénéfice de base par action. Considérez que le bénéfice, compte non tenu des intérêts sur la dette à long terme et des impôts sur le bénéfice (le taux d'imposition est de 45 %), est de 2 500 000 $ pour l'exercice terminé le 31 décembre 20X1.

Premier cas

Le capital de la société Anatole ltée (AL) se compose des éléments suivants depuis plusieurs années :

10 000 obligations d'une valeur nominale de 500 $ chacune, portant intérêt à 10 % par année et échéant en 20X8	5 000 000 $
1 500 000 actions ordinaires sans valeur nominale émises et en circulation	1 500 000 $

Deuxième cas

Le capital de la société Barnabé ltée (BL) se compose des éléments suivants depuis plusieurs années :

10 000 obligations d'une valeur nominale de 500 $ chacune, portant intérêt à 10 % par année et échéant en 20X8	5 000 000 $
500 000 actions privilégiées non rachetables, à dividende non cumulatif de 0,09 $ l'action, sans valeur nominale, émises et en circulation	1 500 000 $
1 500 000 actions ordinaires sans valeur nominale émises et en circulation	1 500 000
	3 000 000 $

25

Le conseil d'administration de BL a déclaré un dividende de 0,09 $ l'action en faveur des actionnaires privilégiés au cours du dernier exercice.

Troisième cas

Le capital de la société Canapé ltée (CL) se compose des éléments suivants depuis plusieurs années :

10 000 obligations d'une valeur nominale de 500 $ chacune,
  portant intérêt à 10 % par année et échéant en 20X8 — 5 000 000 $
500 000 actions privilégiées rachetables, à dividende cumulatif de
  0,09 $ par action, sans valeur nominale, émises et en circulation — 1 500 000 $
1 500 000 actions ordinaires sans valeur nominale émises et en
  circulation — 1 500 000
  — 3 000 000 $

Le conseil d'administration de CL n'a déclaré aucun dividende au cours du dernier exercice. De plus, le 1er février 20X2, avant la publication des états financiers de 20X1, la société a fractionné ses actions ordinaires deux pour une.

E 6. Les obligations converties au cours de l'exercice

Le 1er janvier 20X4, la société Débrouillard inc. avait en circulation 400 000 actions ordinaires sans valeur nominale et 20 000 obligations d'une valeur nominale de 500 $ chacune, portant intérêt à 10 % l'an payable le 30 juin et le 31 décembre, échéant en 20X9 et convertibles à raison de 40 actions ordinaires pour chaque obligation. Les opérations suivantes ont été effectuées au cours de l'année 20X4 :

1er avril   Émission au comptant de 100 000 nouvelles actions.
1er juillet   Émission de 50 000 actions ordinaires en échange de certaines immobilisations.
30 septembre   Conversion de 5 000 obligations en actions ordinaires.
31 décembre   Bénéfice net de l'exercice : 950 000 $.

Calculez le résultat de base par action.

E 7. Le calcul du bénéfice de base par action et du bénéfice dilué par action

Le 1er janvier 20X0, la société Hillarante ltée avait en circulation 100 000 actions ordinaires sans valeur nominale et 200 obligations d'une valeur nominale de 500 $ chacune, portant intérêt à 6 % l'an payable le 30 juin et le 31 décembre, échéant dans 10 ans et convertibles à raison de 250 actions ordinaires pour chaque obligation. La société a obtenu les résultats suivants au cours de l'exercice 20X0 :

Produits d'exploitation	*600 000 $*
Charges d'exploitation (y compris l'impôt sur le bénéfice établi	
à un taux de 40 %)	*(400 000)*
Bénéfice compte non tenu d'un élément extraordinaire	*200 000*
Élément extraordinaire (net d'impôts)	*40 000*
Bénéfice net	*240 000 $*

Calculez les montants appropriés des chiffres du bénéfice de base par action et du bénéfice dilué par action.

E 8. Le calcul du bénéfice de base par action et du bénéfice dilué par action

Voici les éléments de la structure du capital de la société Jazzillimité inc. :

20 000 actions privilégiées à dividende non cumulatif de 5 $ l'action,
  sans valeur nominale, convertibles à raison de trois actions ordinaires
  pour une action privilégiée — 2 000 000 $
40 000 actions privilégiées à dividende cumulatif de 4 $ l'action, sans
  valeur nominale — 2 000 000
100 000 actions ordinaires sans valeur nominale — 1 000 000

25

Sachant que le bénéfice net de l'exercice est de 510 000 $ et que la société a déclaré et versé les dividendes prévus au cours de l'exercice, calculez le bénéfice de base par action et le bénéfice dilué par action.

E 9. Le calcul de tous les chiffres requis du résultat par action

Voici les éléments de la structure du capital de la société Pleinhauzass ltée au 31 décembre 20X2 :

Obligations	
400 obligations d'une valeur nominale de 500 $ chacune, convertibles à raison de 40 actions ordinaires pour chaque obligation et portant intérêt à un taux de 8 % l'an payable le 30 juin et le 31 décembre	200 000 $
Prime d'émission d'obligations	20 000
Capital-actions	
10 000 actions privilégiées d'une valeur nominale de 10 $ chacune à dividende cumulatif de 5 %	100 000
60 000 actions ordinaires sans valeur nominale	750 000
Surplus d'apport	
Prime à l'émission d'actions privilégiées	20 000
Privilège de conversion	5 000
Bénéfices non répartis	
Solde au 31 décembre 20X2	760 000

Après avoir discuté avec le président de la société, M. Jesuy Pleinhauzass, vous avez pu recueillir les renseignements suivants concernant l'exercice terminé le 31 décembre 20X3 :

1. Le 15 juillet 20X3, les détenteurs de 50 % des obligations ont exercé leur privilège de conversion.
2. Le 30 novembre 20X3, la société a procédé à un fractionnement de l'ordre de 2 pour 1.
3. Au cours de l'exercice, la société a réalisé un bénéfice net de 100 000 $, compte tenu d'une perte extraordinaire (nette d'impôts) de 20 000 $. La prime d'émission d'obligations est amortie de façon linéaire. Cet amortissement s'élevait à 4 000 $ en 20X2.
4. Le taux d'imposition de la société est de 40 % et aucun dividende n'a été déclaré au cours de l'exercice.

Calculez les montants appropriés des chiffres du résultat par action en conformité avec les recommandations du *Manuel de l'I.C.C.A..*

E 10. Le calcul de tous les chiffres requis du résultat par action

Voici les éléments de la structure du capital de la société Galaraga ltée (GL) au 31 décembre 20X5 :

Capital-actions	
300 000 actions ordinaires sans valeur nominale	4 500 000
1 000 actions privilégiées d'une valeur nominale de 500 $ chacune à dividende non cumulatif de 4 %, rachetable à 105, convertible en 25 actions ordinaires	500 000
Surplus d'apport	
Prime à l'émission d'actions privilégiées	10 000

Lors d'une discussion avec la vice-présidente aux finances de la société, Mme Jessica Therrien, vous avez pu recueillir les renseignements suivants concernant l'exercice terminé le 31 décembre 20X6 :

1. Le 1er avril 20X6, GL a émis 100 000 actions ordinaires au prix de 18 $ l'action.
2. Le 30 juin 20X6, GL a racheté 60 % des actions privilégiées immédiatement après avoir déclaré un dividende total de 100 000 $.
3. Le 14 août 20X6, GL a fractionné ses actions deux pour une.
4. Le 1er septembre 20X6, la société a octroyé des options d'achat d'actions permettant à leurs détenteurs d'acheter immédiatement 150 000 actions ordinaires à un prix de 9,50 $ chacune.
5. Au cours de l'exercice 20X6, GL a réalisé un bénéfice net de 350 000 $.

6. Tout au long de l'exercice, GL a eu en circulation 10 000 options de vente position vendeur sur ses actions ordinaires, dont le prix d'exercice est de 20 $. Lors du fractionnement, le prix d'exercice a été ramené à 10 $.

7. Même si le cours des actions ordinaires est demeuré assez stable à 10 $ au cours des quatre derniers mois de 20X6, le cours moyen des actions ordinaires en 20X6 a été de 9 $, compte tenu du fractionnement.

Calculez les montants appropriés des chiffres du résultat par action en conformité avec les recommandations du *Manuel de l'I.C.C.A.* Dressez un état partiel des résultats illustrant la présentation des chiffres du résultat par action.

E 11. La valeur comptable d'une action ordinaire

Les capitaux propres de la société Azan ltée (AL) se composent des éléments suivants :

Actions privilégiées à dividende de 5 $ l'action,	
sans valeur nominale et rachetables à 55 $ l'action.	
Nombre d'actions émises et en circulation, 20 000	*1 000 000 $*
Actions ordinaires sans valeur nominale.	
Nombre illimité d'actions autorisées.	
Nombre d'actions émises, 150 000 (dont 20 000 actions	
autodétenues, rachetées à un prix de 250 000 $)	*1 500 000*
Surplus d'apport – Bien reçu à titre gratuit	*150 000*
Bénéfices non répartis	*350 000*

Calculez la valeur comptable d'une action ordinaire.

Problèmes de compréhension

P 1. Le résultat de base par action   (20 minutes – facile)

Voici les renseignements que vous a transmis le contrôleur de la société Agitée ltée :

1. Extrait des résultats et informations relatives au nombre d'actions en circulation

	20X0	20X1	20X2
	(en milliers de dollars ou d'actions)		
Résultats			
Bénéfice avant intérêts sur dette à long terme	*46 300 $*	*52 100 $*	*69 500 $*
Intérêts sur obligations	*3 600*	*3 600*	*3 000*
Bénéfice avant impôts	*42 700*	*48 500*	*66 500*
Impôts sur le bénéfice	*20 475*	*23 300*	*31 925*
Bénéfice net	*22 225 $*	*25 200 $*	*34 575 $*
Nombre d'actions en circulation			
Actions privilégiées sans valeur nominale de 100 $, à dividende trimestriel			
non cumulatif de 1,25 $, rachetables au gré de la société à 103. Nombre			
d'actions en circulation à la fin de l'année, soit juste avant le rachat	*50*	*45*	*40*
Actions ordinaires sans valeur nominale. Nombre			
d'actions en circulation à la fin de l'année	*10 000*	*20 000*	*46 000*

2. À la fin de chacune des trois années, la société a racheté 5 000 actions privilégiées au prix de rachat convenu, et ce, après avoir versé le dernier dividende trimestriel.

3. En 20X1, la société a procédé à un fractionnement de l'ordre de 2 pour 1 de ses actions ordinaires.

4. Le 1ᵉʳ juillet 20X2, la société a émis 3 000 000 d'actions ordinaires pour racheter un tiers des obligations en circulation. Chaque dollar d'intérêt qui a été épargné par ce rachat a augmenté le bénéfice net de 0,50 $.

5. À la fin de 20X2, la société a versé aux actionnaires ordinaires un dividende en actions à raison d'une nouvelle action pour chaque action en circulation.

Travail à faire

Calculez le résultat de base par action pour chacune des trois années en cause.

P 2. Le calcul des chiffres du résultat par action   (40 minutes – moyen)

Voici la structure du capital de la société Wouf Wouf ltée au 31 décembre 20X3 présentée sous forme comparative :

	20X3	20X2
Nombre d'actions en circulation		
Actions ordinaires	712 000	640 000
Actions privilégiées non convertibles	20 000	20 000
Obligations convertibles portant intérêt à 8 % l'an	2 000 000 $	2 000 000 $

Vous disposez également des renseignements suivants :

1. Le 1er septembre 20X3, Wouf Wouf ltée a émis 72 000 actions ordinaires supplémentaires.
2. Le bénéfice net de l'exercice 20X3 s'élève à 1 500 000 $.
3. Au cours de l'exercice 20X3, la société a versé un dividende de 3 $ l'action aux actionnaires privilégiés.
4. Chaque tranche de 500 $ d'obligations peut être convertie en 20 actions ordinaires.
5. Des options d'achat d'actions permettant d'acquérir 60 000 actions ordinaires à un prix de levée de 22,50 $ sont en circulation depuis plusieurs années.
6. Lors de l'émission des actions privilégiées, des bons de souscription permettant d'acquérir 40 000 actions ordinaires à un prix de 38 $ ont été émis aux actionnaires privilégiés. Tous ces bons, qui viennent à échéance le 31 décembre 20X8, sont en circulation au 31 décembre 20X3.
7. Le taux d'imposition de la société est de 40 %. Le cours moyen des actions ordinaires en 20X6 a été de 40 $.

Travail à faire

Calculez tous les chiffres du résultat par action requis par le *Manuel de l'I.C.C.A.* et mentionnez ceux qui doivent être présentés dans les états financiers de l'exercice 20X3.

P 3. Des opérations multiples sur les actions   (50 minutes – moyen)

Voici la section des capitaux propres du bilan de la société Gribouille ltée (GL) au 31 décembre 20X4 :

Capital-actions ordinaires	
Autorisé	
Nombre illimité d'actions ordinaires autorisées	
d'une valeur nominale de 12 $ chacune.	
Émis et en circulation	
75 000 actions	900 000 $
Surplus d'apport – Prime à l'émission d'actions ordinaires	375 000
Bénéfices non répartis	966 000
Total des capitaux propres	2 241 000 $

Votre analyse des opérations effectuées au cours de l'exercice 20X5 révèle les faits saillants suivants :

1. Le 19 février 20X5, le conseil d'administration a approuvé un fractionnement d'actions six pour cinq qui a eu pour effet de réduire la valeur nominale des actions de 12 $ à 10 $. Les actionnaires ont approuvé le fractionnement au cours de l'assemblée annuelle tenue le 27 février et ont reçu leurs nouvelles actions le 18 mars 20X5.
2. Le 1er mai 20X5, la société a racheté 6 000 de ses propres actions à un prix de 23 $ chacune.
3. Le 30 juin 20X5, GL a revendu 2 000 actions autodétenues à un prix de 28 $ l'action.
4. Le 1er octobre 20X5, GL a émis 30 000 actions en échange d'un terrain qui était nécessaire à son expansion future. À cette date, le cours de l'action ordinaire était de 30 $.
5. Le 30 novembre 20X5, le conseil d'administration a approuvé la déclaration d'un dividende de 2,50 $ l'action. Ce dividende est payable le 23 décembre aux actionnaires immatriculés à la date de clôture des registres le 12 décembre.

25

6. Le 15 décembre 20X5, le conseil d'administration a approuvé la déclaration d'un dividende en actions de 10 % distribuable le 15 janvier 20X6 aux actionnaires immatriculés à la date de clôture des registres le 31 décembre 20X5. À la date de déclaration du dividende, le cours de l'action ordinaire était de 45 $.

7. Le bénéfice net de 20X5, compte tenu d'un gain extraordinaire (net d'impôts) de 200 000 $, s'est élevé à 650 000 $.

Le 3 février 20X6, GL a émis 20 000 actions ordinaires à un prix unitaire de 50 $. Le produit de cette émission a permis de racheter 1 000 000 $ d'obligations qui étaient en circulation depuis plusieurs années. Les intérêts, calculés à un taux de 9 % l'an, sont payables le 31 janvier et le 31 juillet de chaque année.

Travail à faire

a) Passez les écritures requises pour inscrire les opérations portant sur les capitaux propres de GL effectuées en 20X5.

b) Dressez l'état partiel des résultats pour l'exercice terminé le 31 décembre 20X5 à partir du poste Bénéfice avant éléments extraordinaires. Prenez soin d'y inscrire tous les chiffres du résultat par action requis, conformément à l'ensemble des recommandations du *Manuel de l'I.C.C.A.* Tenez pour acquis que le taux d'imposition de la société est de 40 %.

c) Dressez l'état des bénéfices non répartis pour l'exercice terminé le 31 décembre 20X5.

P 4. Le B.B.P.A. et le B.D.P.A.   (40 minutes – moyen)

Le 1er février 20X4, au moment où vous complétez la mise au point définitive des états financiers de la société Fripouille ltée (FL), le vice-président aux finances vous demande de dresser les statistiques financières de chacun des deux derniers exercices sous forme de tableaux afin de les inclure dans le rapport annuel de FL. Au cours de votre mission de vérification, vous avez recueilli les renseignements suivants :

1. Les bénéfices nets de 20X2 et de 20X3 ont été respectivement de 360 000 $ et 300 000 $.

2. Le 1er janvier 20X2, il y avait en circulation 100 000 actions ordinaires sans valeur nominale et 10 000 actions privilégiées sans valeur nominale émises à un prix de 100 $ l'action. Les actions privilégiées sont à dividende semestriel cumulatif de 4 $ et sont convertibles à raison de deux actions ordinaires et demie pour une action privilégiée. Le ratio de conversion est protégé contre tout effet de dilution potentielle.

3. Le 31 décembre 20X2, FL a distribué un dividende en actions ordinaires de 20 % aux actionnaires ordinaires. Le cours des actions ce jour-là était de 50 $.

4. En juin 20X3, FL a fractionné ses actions ordinaires deux pour une.

5. FL distribue des dividendes aux actionnaires privilégiés le 30 juin et le 31 décembre de chaque année. Aucun actionnaire privilégié n'a exercé son privilège de conversion.

Travail à faire

Pour répondre à la demande du vice-président aux finances, dressez la partie de l'état des résultats où figureront le bénéfice de base par action et le bénéfice dilué par action pour les exercices terminés le 31 décembre 20X2 et le 31 décembre 20X3.

P 5. Le nombre moyen pondéré d'actions ordinaires en circulation, le B.B.P.A. et le B.D.P.A.   (35 minutes – difficile)

Voici la section des capitaux propres du bilan de la société Houleuse ltée (HL) dressé au 31 décembre 20X3 :

> Actions privilégiées à dividende cumulatif
> de 1 $ par année, sans valeur nominale,
> convertibles en actions ordinaires.
> Nombre illimité d'actions autorisée. Nombre
> d'actions émises : 1 400 000 (y compris
> 750 000 actions converties en actions ordinaires).
> Nombre d'actions en circulation : 650 000   26 000 000 $

Actions ordinaires sans valeur nominale.	
Nombre illimité d'actions autorisées. Nombre	
d'actions émises et en circulation : 9 750 000	
(y compris les actions émises à la suite de la	
conversion des actions privilégiées)	*35 187 500*
Surplus d'apport – Privilège de conversion des obligations	*150 000*
Bénéfices non répartis	*38 062 500*
Total des capitaux propres	*99 400 000 $*

Le passif de HL comprend 20 000 obligations de 500 $ chacune, émises à leur valeur nominale en 20X2 et portant intérêt à 11 % l'an. Ces obligations viennent à échéance en 20Z2 et sont, jusqu'à cette date, convertibles en actions ordinaires à raison de 50 actions ordinaires pour 1 obligation. Au 31 décembre 20X3, les obligataires n'ont converti aucune obligation.

Le 2 avril 20X3, HL a émis, à un prix de 40 $ l'action, 1 400 000 actions privilégiées convertibles en actions ordinaires à raison de deux actions ordinaires pour une action privilégiée. HL a versé à la fin de chaque trimestre la portion du dividende prévu. Les actionnaires privilégiés ont converti 150 000 actions en actions ordinaires le 1er octobre 20X3 et 600 000 autres le 1er novembre 20X3.

En juillet 20X2, HL a attribué à ses dirigeants des options leur permettant d'acheter 500 000 actions ordinaires de la société à un prix de 20 $ l'action. Les options pourront être levées dès leur attribution.

Le taux de rendement après impôts de HL est de 8 %, et le bénéfice avant impôts pour l'exercice terminé le 31 décembre 20X3 est de 15 833 333 $. Le taux d'imposition de la société est de 40 %. En 20X3, HL a versé aux actionnaires ordinaires des dividendes s'élevant à 0,50 $ l'action. Le cours moyen des actions ordinaires a été de 23 $ en 20X3.

Travail à faire

Calculez le bénéfice de base par action et le bénéfice dilué par action pour l'exercice terminé le 31 décembre 20X3.

P 6. Le rachat d'actions, les dividendes et les résultats par action
(60 minutes – moyen)

Voici le bilan condensé de la société Émouvante ltée (ÉL) établi au 31 décembre 20X4 :

ÉMOUVANTE LTÉE
Bilan condensé
au 31 décembre 20X4

Actif

Actif à court terme		*300 000 $*
Autres valeurs actives		*900 000*
Total de l'actif		*1 200 000 $*

Passif et capitaux propres

Passif à court terme		*240 000 $*
Capitaux propres		
Actions privilégiées convertibles à dividende de 5 $,		
sans valeur nominale. Valeur de rachat de 50 $		
l'action. Nombre d'actions émises : 4 000	*200 000 $*	
Actions ordinaires sans valeur nominale. Nombre		
d'actions émises : 20 000	*400 000*	
Bénéfices non répartis	*385 000*	
	985 000	
Moins : Coût de 1 000 actions autodétenues	*(25 000)*	*960 000*
Total du passif et des capitaux propres		*1 200 000 $*

Les actions privilégiées sont convertibles à raison de cinq actions ordinaires pour une action privilégiée. Les opérations suivantes ont eu lieu au cours de l'exercice terminé le 31 décembre 20X5 :

2 janvier	Acceptation de 100 actions ordinaires de ÉL en règlement de créances en souffrance s'élevant à 4 800 $. On considère que ces actions ont une juste valeur égale à leur valeur comptable ce jour-là.
3 février	Cession de 1 100 actions autodétenues en échange d'un terrain ayant une valeur de 45 000 $.
15 février	Distribution de dividendes de 2,50 $ l'action aux actionnaires privilégiés et de 1 $ l'action aux actionnaires ordinaires. (Débitez le compte Bénéfices non répartis.)
15 août	Distribution de dividendes de 2,50 $ l'action aux actionnaires privilégiés et de 1 $ l'action aux actionnaires ordinaires. (Débitez le compte Bénéfices non répartis.)
31 décembre	Bénéfice net de l'exercice de 90 000 $.

Travail à faire

a) Passez les écritures requises pour enregistrer les opérations précédentes.
b) Établissez le bilan condensé de ÉL au 31 décembre 20X5 en tenant pour acquis que l'actif à court terme et le passif à court terme s'élèvent aux mêmes montants qu'au 31 décembre 20X4.
c) Calculez le bénéfice de base par action et le bénéfice dilué par action de 20X5.

P 7. Le B.B.P.A. et le B.D.P.A. (40 minutes – difficile)

Monsieur Benoît P. Arcand, contrôleur de la société B.P.A. ltée, dont vous êtes le vérificateur, se pose un certain nombre de questions concernant les opérations portant sur les capitaux propres de même que sur les diverses méthodes de calcul du résultat par action. Consultant votre dossier de vérification de 20X0, vous avez recueilli les renseignements suivants :

B.P. A. ltée

**Notes aux états financiers
31 mars 20X0**

15. Capital-actions

Autorisé	500 000	actions ordinaires d'une valeur nominale de 100 $ chacune.
	100 000	actions privilégiées de catégorie A ayant chacune une valeur nominale de 100 $, à dividende prioritaire non cumulatif de 10 % et convertibles à raison de deux actions ordinaires pour une action privilégiée à compter du 1er avril 20Y1.
	50 000	actions privilégiées de catégorie B ayant chacune une valeur nominale de 500 $, à dividende cumulatif de 8 % et rachetables à leur valeur nominale.

Émis	100 000	actions ordinaires	10 000 000 $
	5 000	actions privilégiées de catégorie A	500 000
	10 000	actions privilégiées de catégorie B	5 000 000
			15 500 000 $

16. Surplus d'apport

Prime à l'émission d'actions ordinaires	2 000 000 $
Gain sur rachat d'actions	10 000
	2 010 000 $

17. Bénéfices non répartis

Solde au 31 mars 20X0	9 548 000 $

À la suite d'une discussion avec M. Arcand, vous avez noté les renseignements suivants concernant l'exercice 20X0-20X1 :

1. La société a versé des dividendes de 400 000 $ sur ses actions privilégiées au cours de l'exercice 20X0-20X1 qui ont tous été payés avant le 15 juin 20X0. Il n'y avait pas de dividendes arriérés au 31 mars 20X0.
2. Le 1er juillet 20X0, la société a racheté 20 000 de ses propres actions ordinaires pour la somme de 3 000 000 $. Ces actions ont été annulées le 31 décembre 20X0.

3. Le 1er janvier 20X1, la société a émis 20 000 actions ordinaires pour la somme de 2 500 000 $.

4. La société a procédé à un fractionnement de l'ordre de 2 pour 1 le 20 janvier 20X1.

5. Le 1er avril 20X1, la société a octroyé des options d'achat d'actions donnant droit d'acquérir 5 000 actions ordinaires pour la somme de 130 $ chacune.

6. Le bénéfice net pour l'exercice terminé le 31 mars 20X1 s'élève à 1 312 000 $. Le cours moyen des actions ordinaires pour l'exercice est de 70,65 $.

Travail à faire

a) Passez les écritures requises pour enregistrer les opérations effectuées le 1er juillet 20X0 et le 31 décembre 20X0.

b) Calculez le bénéfice par action et le bénéfice dilué par action relatifs à l'exercice 20X0-20X1.

c) En tenant pour acquis que les actions rachetées le 1er juillet 20X0 sont toujours en possession de la société au 31 mars 20X1, donnez la position du Conseil des normes comptables (C.N.C.) concernant :
  1. la présentation de ces actions ;
  2. la distribution de dividendes durant la période de détention ;
  3. le calcul du résultat par action.

P 8. Le B.B.P.A. et le B.D.P.A.   (50 minutes – difficile)

Les renseignements suivants proviennent de la société Radieuse ltée pour l'exercice terminé le 31 décembre 20X7 :

1. Le 1er janvier 20X7, la société avait 500 000 actions ordinaires en circulation. Ces actions ont une valeur nominale de 10 $ chacune et sont en circulation depuis plusieurs années.

2. Le 1er janvier 20X7, la société avait en circulation 10 000 actions privilégiées de catégorie A ayant une valeur nominale de 100 $ chacune et comportant un dividende cumulatif de 10 %. Chaque action privilégiée est convertible en cinq actions ordinaires.

3. Le 1er mars 20X7, la société a émis 10 000 obligations d'une valeur nominale de 100 $ chacune portant intérêt à 12 % l'an payable le 1er septembre et le 1er mars de chaque année. Chaque obligation est convertible en trois actions ordinaires.

4. Le 31 mars 20X7, la société a racheté 100 000 actions ordinaires au prix unitaire de 12 $ l'action, pour les annuler le 30 avril 20X7.

5. Le 30 avril 20X7, la société a instauré un régime d'achat d'actions permettant aux dirigeants d'acheter 100 000 actions ordinaires à un prix de 20 $ chacune.

6. Le 30 juin 20X7, la société a procédé à un fractionnement de ses actions ordinaires de l'ordre de 2 pour 1.

7. Le 30 septembre 20X7, la société a procédé à l'émission de 100 000 actions ordinaires.

8. Le 30 novembre 20X7, 500 obligations ont été converties en actions ordinaires.

9. Le 31 décembre 20X7, la société a versé un dividende global de 250 000 $.

10. Le bénéfice net de la société a été de 2 000 000 $ pour l'exercice terminé le 31 décembre 20X7.

11. Tout au long de l'exercice, des options de vente position vendeur portant sur 10 000 actions à un prix d'exercice de 14 $, compte tenu du fractionnement, sont en circulation. Le contrat prévoit un règlement net en espèces ou en actions au choix de l'émetteur. Le nombre d'actions à émettre dépendra du cours des actions ordinaires lors du règlement. La société a reçu une prime de 9 000 $ lors de l'émission des options de vente, laquelle prime figure parmi les capitaux propres.

12. Le cours moyen des actions ordinaires pour la période est de 12 $, compte tenu du fractionnement d'actions.

13. Le taux d'imposition est de 40 %.

Travail à faire

Calculez le bénéfice de base par action et le bénéfice dilué par action.

25

P 9. Les actions privilégiées participantes (40 minutes – difficile)

Le 1er janvier 20X0, le capital-actions de la société Participative ltée se composait des éléments suivants :

Actions privilégiées à dividende cumulatif de 5 $ l'action, sans valeur nominale. Nombre d'actions émises et en circulation : 20 000	1 000 000 $
Actions privilégiées participantes à dividende non cumulatif de 2 $ l'action, sans valeur nominale. Nombre d'actions émises et en circulation : 25 000	500 000
Actions ordinaires sans valeur nominale. Nombre d'actions émises et en circulation : 300 000	3 000 000

En vertu des statuts de constitution de la société, les actions privilégiées sont pleinement participantes une fois que les actionnaires ordinaires ont reçu un dividende correspondant à un rendement équivalent à celui des actionnaires privilégiés participants. Le partage du solde disponible se fait au prorata de la mise de fonds respective des deux groupes.

Au cours des trois derniers exercices, le capital-actions n'a varié qu'à la suite d'une émission de 50 000 actions ordinaires à un prix de 10 $ chacune. Cette émission a eu lieu le 1er octobre 20X1.

Au cours des exercices 20X0, 20X1 et 20X2, la société a réalisé les bénéfices et versé les dividendes suivants :

	20X0	20X1	20X2
Bénéfice net (perte nette) de l'exercice	800 000 $	(60 000) $	900 000 $
Dividendes versés aux détenteurs d'actions			
Privilégiées à dividende cumulatif	100 000 $	θ $	200 000 $
Privilégiées participantes	50 000		71 250
Ordinaires	300 000		448 750
Total des dividendes déclarés et versés	450 000 $	θ $	720 000 $

Tous les dividendes ont été déclarés et versés en décembre 20X0 et 20X2.

Travail à faire

Dressez un tableau comparatif des calculs du résultat de base par action pour les trois derniers exercices de la société Participative ltée.

P 10. Les statistiques comparatives sur cinq ans (45 minutes – difficile)

Afin de compléter la rédaction de son rapport annuel, le président de la société F ltée vous demande de préparer des tableaux statistiques de données financières de manière comparative. Votre dossier de vérification renferme les renseignements suivants :

1. La société a obtenu les résultats nets suivants au cours des cinq derniers exercices :

20X0	–	Bénéfice net de 39 960 $
20X1	–	Perte nette de 32 280 $
20X2	–	Bénéfice net de 50 310 $
20X3	–	Bénéfice net de 76 660 $
20X4	–	Bénéfice net de 91 740 $

2. Le 1er janvier 20X0, il y avait en circulation 2 000 actions ordinaires sans valeur nominale et 1 000 actions privilégiées à dividende cumulatif de 6 % ayant une valeur nominale de 50 $ chacune.
3. Le 31 décembre 20X1, la société a distribué un dividende en actions de 5 % aux détenteurs d'actions ordinaires immatriculés à cette date.
4. Le 31 mars 20X2, la société a émis 800 actions ordinaires afin d'acquérir divers éléments d'actif.
5. Le 2 juillet 20X2, la société a distribué un dividende en actions privilégiées aux détenteurs d'actions ordinaires immatriculés à cette date. Pour chaque bloc de cinq actions ordinaires détenues, la société a distribué une action privilégiée.
6. Les actions ordinaires ont été fractionnées à raison de 2 pour 1 une première fois le 31 décembre 20X3 et une seconde fois le 31 décembre 20X4.

25

7. Chaque année, sauf en 20X1, la société a versé des dividendes en espèces sur les actions privilégiées le 30 juin et le 31 décembre. Les dividendes de 20X1 ont été versés en même temps que ceux du 30 juin 20X2.

8. La société verse semestriellement des dividendes en espèces sur les actions ordinaires. Pour chacune des années en cause, nous avons mentionné les dividendes versés au 30 juin et au 31 décembre dans le tableau ci-dessous.

	30 juin	31 décembre
20X0	0,50 $	0,50 $
20X1	Aucun	Aucun
20X2	0,75	0,75
20X3	1,00	0,50 *
20X4	0,75	0,75 **

* Après le premier fractionnement 2 pour 1.
** Avant le second fractionnement 2 pour 1.

Travail à faire

Dressez un tableau statistique des données financières des cinq derniers exercices financiers. Ce tableau, qui sera inclus dans le rapport annuel préparé par le président de la société F ltée, doit renfermer au moins les trois rubriques suivantes pour chaque exercice : Bénéfice (perte) net, Bénéfice de base par action et Dividendes en espèces versés par action ordinaire. Vous devez soumettre en annexe tous les calculs qui vous ont permis de dresser le tableau statistique exigé par le président de F ltée.

P 11. Un problème synthèse
(40 minutes – difficile)

La société Compact Disque ltée (CDL) a réalisé, au cours de l'exercice terminé le 31 décembre 20X8, un bénéfice avant impôts sur le bénéfice de 7 000 000 $ et un bénéfice net de 2 800 000 $. Aucun élément extraordinaire ne figure à l'état des résultats.

La société doit se conformer aux recommandations du chapitre 3500 du *Manuel de l'I.C.C.A.* en ce qui a trait à la divulgation d'informations sur les résultats par action. À cet effet, vous avez obtenu les renseignements suivants de Mme Nathalie Aucoin Delarue, contrôleure de CDL :

1. Le 1er janvier 20X8, 675 000 actions ordinaires étaient en circulation.

2. Au début de l'exercice, des options d'achat d'actions permettant d'acquérir 100 000 actions ordinaires à un prix de 30 $ l'action étaient en circulation. Le 1er septembre 20X8, les détenteurs de 30 % des options d'achat d'actions ont exercé leur privilège.

3. Les obligations ont été émises il y a plusieurs années et leur valeur nominale totalisait alors 10 000 000 $. Les intérêts, au taux annuel de 12 %, sont payables le 1er avril et le 31 octobre de chaque année. Chaque obligation, d'une valeur nominale de 1 000 $, peut être convertie en 30 actions ordinaires. Le 1er avril 20X8, 80 % des obligations ont été converties.

4. Il y a quelques années, CDL a procédé à l'émission de 5 000 000 $ d'actions privilégiées rachetables de catégorie A, dont le dividende de 8 % est cumulatif. En 20X8, aucun changement n'est survenu dans le nombre d'actions privilégiées rachetables en circulation.

5. Le 1er juillet 20X8, le produit de l'émission de 60 000 actions privilégiées de catégorie B, à dividende non cumulatif de 10 %, s'est élevé à 6 000 000 $. Chaque action privilégiée a une valeur nominale de 100 $ et peut être convertie en cinq actions ordinaires. En 20X8, un dividende de 5 $ l'action a été versé aux détenteurs de telles actions.

6. Le 31 janvier 20X9, avant la publication des états financiers pour l'exercice terminé le 31 décembre 20X8, dont la date prévue est le 28 février 20X9, CDL a procédé à un fractionnement de l'ordre de 2 pour 1.

7. Le 15 février 20X9, la société a émis 200 000 actions ordinaires au comptant pour la somme de 4 400 000 $. Le produit de cette émission a servi à rembourser 80 % des actions privilégiées de catégorie A (voir 4. plus haut). Les actionnaires ont reçu une prime de conversion de 10 %. Ainsi, CDL a déboursé 4 400 000 $ pour le rachat d'actions privilégiées ayant une valeur nominale de 4 000 000 $.

8. Le cours moyen des actions ordinaires pour la période est de 35 $.

Travail à faire

Soumettez un dossier complet renfermant tous les calculs pertinents à la préparation des renseignements que Nathalie Aucoin Delarue devra inclure dans ses états financiers conformément au chapitre 3500 du *Manuel de l'I.C.C.A.*

25

P 12. Un problème synthèse comprenant des résultats intermédiaires

(50 minutes – difficile)

Polbec ltée est une société ouverte qui, pour la première fois, a fait un appel public à l'épargne en 20X4. Les actions de la société sont cotées en Bourse au Canada. Le président de Polbec ltée a décidé de publier dorénavant des états financiers trimestriels et il remet à l'expert-comptable chargé de la vérification des comptes l'état consolidé des résultats établi par le contrôleur.

POLBEC LTÉE
Résultats consolidés
pour le trimestre terminé le 31 décembre 20X5
(avec chiffres correspondants pour 20X4)

	20X5	20X4
Chiffre d'affaires	19 000 000 $	20 000 000 $
Charges d'exploitation	(23 000 000)	(20 000 000)
Intérêts afférents à la dette à court terme	(700 000)	(500 000)
Amortissement	(300 000)	(400 000)
Bénéfice (perte) avant élément extraordinaire et impôts sur le bénéfice	(5 000 000)	(900 000)
Élément extraordinaire		3 000 000
Bénéfice (perte) avant impôts sur le bénéfice	(5 000 000)	2 100 000
Impôts sur le bénéfice	2 500 000	(200 000)
Bénéfice net (perte nette) du trimestre	(2 500 000) $	1 900 000 $
Bénéfice (perte) par action	(5,00) $	3,80 $

Avant de publier ces résultats, le président veut que le vérificateur en fasse un examen complet et lui suggère tous les changements nécessaires à apporter à cet état trimestriel pour le rendre conforme aux principes comptables généralement reconnus.

Après s'être informé auprès du comptable de la société, le vérificateur découvre ce qui suit :

1. Au 31 décembre 20X4 et au 31 décembre 20X5, il y avait en circulation 500 000 actions ordinaires ainsi que des bons de souscription permettant à leurs détenteurs d'acheter 225 000 actions ordinaires à 7 $ chacune. Aucun dividende privilégié n'a été payé en 20X5. Au 31 décembre 20X5, il y avait un arriéré de 300 000 $ sur le paiement de ces dividendes, tandis que cet arriéré était de 250 000 $ au 31 décembre 20X4. Le cours moyen des actions ordinaires pour l'exercice 20X4 de 12 $ est passé à 16 $ en 20X5.

2. Au cours du premier trimestre de l'année 20X5, la société a changé sa méthode de calcul de l'amortissement, passant de la méthode de l'amortissement linéaire à la méthode de l'amortissement dégressif à taux constant. Par suite de ce changement, l'amortissement afférent au trimestre terminé le 31 décembre 20X5 est inférieur de 100 000 $ à ce qu'il aurait été autrement. Si la société avait toujours utilisé la méthode de l'amortissement dégressif à taux constant, l'amortissement du trimestre terminé le 31 décembre 20X4 aurait été plus faible de 50 000 $ et les impôts sur le bénéfice de ce même trimestre auraient été plus élevés de 25 000 $. De plus, les bénéfices non répartis au 30 septembre 20X5 auraient alors été inférieurs de 200 000 $.

3. Après cette longue période de récession que connaît le secteur d'activité auquel appartient la société, la direction prévoit une nette amélioration pour les trois derniers trimestres de l'exercice se terminant le 30 septembre 20X6. La société prévoit également que, pour l'ensemble de l'exercice, les résultats d'exploitation permettront à Polbec ltée de recouvrer ses frais, comme cela a été le cas pour l'exercice terminé le 30 septembre 20X5. Pour cette raison, le comptable de Polbec ltée a comptabilisé en totalité les avantages fiscaux résultant de la perte subie au cours du trimestre terminé le 31 décembre 20X5.

Les états financiers annuels de l'exercice précédent montrent un gain extraordinaire avant impôts de 3 000 000 $ provenant de l'expropriation d'un terrain. Ce gain a donné lieu à des impôts sur le bénéfice de 650 000 $, c'est-à-dire les seuls impôts sur le bénéfice effectivement payés pour l'exercice terminé le 30 septembre 20X4.

Travail à faire

Dressez, en bonne et due forme, un état consolidé des résultats pour le trimestre terminé le 31 décembre 20X5, accompagné des chiffres correspondants pour 20X4. Joignez à votre état les notes complémentaires requises.

P 13. **Les actions dont l'émission est conditionnelle**   (20 minutes – moyen)

La société Groupay ltée (GL) a 300 000 actions ordinaires en circulation le 1er janvier 20X3. Les conditions d'un accord d'émission conditionnelle d'actions conclu dans le cadre d'un récent regroupement d'entreprises prévoient les avantages suivants pour certains actionnaires de la société GL :

1. 1 000 actions ordinaires supplémentaires pour chaque nouveau point de vente au détail ouvert au cours des exercices 20X3 et 20X4 ;
2. 20 actions ordinaires supplémentaires pour chaque tranche de 10 000 $ du bénéfice net consolidé après impôts excédant 400 000 $ pour les exercices terminés les 31 décembre 20X3 et 20X4.

Le bénéfice net consolidé réalisé par GL est de 460 000 $ en 20X3 et de 600 000 $ en 20X4. La société a ouvert cinq nouveaux points de vente au détail, soit le 1er mars 20X3, le 31 juillet 20X3, le 30 novembre 20X3, le 1er juin 20X4 et le 31 octobre 20X4.

Travail à faire

Calculez le résultat de base par action pour les exercices terminés le 31 décembre 20X3 et le 31 décembre 20X4.

P 14. **Les droits de souscription**   (20 minutes – moyen)

Vous avez obtenu les données suivantes relatives à la société Souscidroit ltée (SL) :

1. Le bénéfice net consolidé réalisé par SL est de 650 000 $ en 20X4 et de 450 000 $ en 20X3.
2. Il y avait 15 000 actions ordinaires en circulation au 31 décembre 20X3 et 16 500 au 31 décembre 20X4. Il n'y a eu aucune émission d'actions en 20X3.
3. En février 20X4, SL a émis des droits de souscription à des actions ordinaires pour tous les détenteurs existants, ce qui leur permet d'acquérir 1 action ordinaire au prix de 10 $ pour chaque bloc de 10 actions ordinaires en circulation. La date limite a été fixée au 31 mars 20X4.
4. Le cours d'une action ordinaire étant de 15 $ le 31 mars 20X4, tous les détenteurs de droits ont exercé leur privilège.

Travail à faire

Calculez le résultat de base par action pour les exercices terminés le 31 décembre 20X3 et le 31 décembre 20X4.

P 15. **La valeur comptable d'une action
et le résultat de base par action**   (30 minutes – facile)

La société Laprade ltée (LL) a émis 400 000 actions au prix de 12,50 $ chacune. Voici les capitaux propres de LL au 31 décembre 20X6 :

Actions ordinaires ayant une valeur nominale de 5 $ chacune.	
Nombre illimité d'actions autorisées.	
Nombre d'actions émises et en circulation : 400 000	2 000 000 $
Surplus d'apport – Prime à l'émission	3 000 000
Bénéfices non répartis	1 000 000
Total des capitaux propres	6 000 000 $

Le 1er février 20X7, LL a racheté 20 000 de ses propres actions à 24,50 $ chacune. Le 1er novembre 20X7, la société a revendu 10 000 de ces actions à un prix total de 281 500 $, déduction faite des frais de courtage.

Au cours de l'exercice 20X7, LL a réalisé un bénéfice net de 450 000 $ et a versé un dividende de 0,50 $ l'action le 29 décembre 20X7.

25

Travail à faire

a) Passez les écritures requises pour enregistrer les opérations survenues le 1er février et le 1er novembre 20X7.

b) Calculez la valeur comptable d'une action ordinaire aux dates suivantes : le 31 décembre 20X6, le 1er février 20X7, le 1er novembre 20X7 et le 31 décembre 20X7.

c) Calculez le résultat de base par action de l'exercice 20X7.

P 16. La valeur comptable d'une action et le résultat de base par action

(20 minutes – moyen)

La société Débrouillarde ltée existe depuis deux ans seulement. Voici certaines informations extraites de la section des capitaux propres du bilan de cette société au 31 décembre 20X2 :

Actions de catégorie A sans valeur nominale	
Nombre illimité d'actions autorisées. Nombre d'actions émises	
et en circulation : 10 000	*100 000 $*

Le bénéfice net du second exercice financier est le double de celui du premier exercice. Le bénéfice de base par action de l'exercice terminé le 31 décembre 20X2 est de 5 $ et la société a déclaré un premier dividende de 2 $ l'action à la fin de 20X2. Le nombre d'actions en circulation est demeuré inchangé depuis la constitution de la société au début de 20X1.

Travail à faire

a) Calculez la valeur comptable d'une action de catégorie A au 31 décembre 20X1 et au 31 décembre 20X2.

b) Indiquez en quoi la valeur comptable d'une action de catégorie A est davantage tributaire des données passées que le chiffre du bénéfice de base par action.

P 17. La valeur comptable de plusieurs catégories d'actions

(35 minutes – difficile)

Voici la section des capitaux propres de la société Comptaplexe ltée extraite du bilan établi en date du 31 décembre 20X4 :

Capital-actions autorisé	
Actions privilégiées	
Nombre illimité d'actions privilégiées de catégorie A	
sans valeur nominale et à dividende cumulatif de 8 $	
Nombre illimité d'actions privilégiées de catégorie B	
ayant une valeur nominale de 100 $ chacune, à	
dividende non cumulatif de 10 %, rachetables à 102	
et pleinement participantes	
Actions ordinaires	
Nombre illimité d'actions ordinaires sans valeur nominale	
Capital-actions émis et en circulation	
20 000 actions privilégiées catégorie A	*2 000 000 $*
30 000 actions privilégiées catégorie B	*3 000 000*
800 000 actions ordinaires	*8 000 000*
Total du capital d'apport	*13 000 000*
Bénéfices non répartis	*9 560 000*
Total des capitaux propres	*22 560 000 $*

En vertu des statuts de constitution de la société, les actions privilégiées de catégorie B sont pleinement participantes dès que les actionnaires ordinaires ont reçu un dividende correspondant à un rendement équivalent à celui des actionnaires privilégiés participants. Le partage du solde disponible se fait au prorata de la mise de fonds respective des deux groupes.

Travail à faire

En tenant pour acquis que la société n'a pas déclaré de dividende depuis deux ans, calculez la valeur comptable de chacune des trois catégories d'actions.

C 1. La raison d'être des chiffres du résultat par action   (15 minutes – facile)

La présidente de la chambre de commerce de votre municipalité, Mme Ella Lafair, vous demande de faire une brève allocution portant sur l'interprétation de certains éléments des états financiers. Parmi ceux-ci figurent les chiffres du résultat par action.

Travail à faire

Rédigez le texte de votre allocution en expliquant la raison d'être de chacun des chiffres du résultat par action.

25

Les flux de trésorerie

26

1. À quoi sert l'état des flux de trésorerie?

2. Comment peut-on expliquer que la trésorerie et les équivalents de trésorerie découlant de l'exploitation d'une entreprise augmentent alors que les résultats d'exploitation se soldent par une perte?

3. Quelles sont les entreprises qui sont tenues de publier un état des flux de trésorerie?

4. Quelle définition le Conseil des normes comptables de l'I.C.C.A. a-t-il retenu du terme « flux de trésorerie »?

5. Identifiez et expliquez à l'aide d'exemples les principales sections de l'état des flux de trésorerie.

6. Donnez un exemple d'opérations sans effet sur la trésorerie et les équivalents de trésorerie en expliquant pourquoi ces opérations ne sont pas présentées à l'état des flux de trésorerie.

7. Énumérez trois opérations qui n'ont pas d'effet sur la trésorerie et les équivalents de trésorerie et pour lesquelles il n'est pas nécessaire de divulguer des renseignements complémentaires dans un jeu complet d'états financiers.

8. Comment doit-on présenter les variations de la trésorerie et des équivalents de trésorerie resultant des elements extraordinaires à l'état des flux de trèsorerie?

9. Comment doit-on présenter les gains et pertes résultant des abandons d'activités à l'état des flux de trésorerie?

10. Lorsqu'une entreprise rachète ses propres actions, de quelle façon ce rachat affecte-t-il son état des flux de trésorerie?

11. Expliquez pourquoi l'amortissement de la prime à l'émission d'obligations doit être présentée comme une diminution de la trésorerie et des équivalents de trésorerie dans la section des activités de financement.

12. Les variations survenues dans le poste Provision pour créances douteuses affectent-elles l'état des flux de trésorerie? Expliquez.

13. Granbien ltée prépare un état des flux de trésorerie axé sur le bilan. Doit-elle ajouter ou soustraire les éléments suivants du chiffre de bénéfice dans la section des activités d'exploitation? Expliquez.
    a) La perte sur conversion d'obligations.
    b) L'amortissement des immobilisations.
    c) La diminution du compte Clients.
    d) L'amortissement de l'escompte à l'émission d'obligations.
    e) Le gain sur aliénation d'éléments d'actif.
    f) L'augmentation des charges payées d'avance.
    g) L'augmentation du compte Fournisseurs.
    h) La diminution des salaires à payer.

14. Donnez un exemple pour chacune des opérations suivantes :
    a) Une opération qui augmente le solde du compte Caisse et qui augmente la trésorerie et les équivalents de trésorerie.
    b) Une opération sans effet sur le solde du compte Caisse et qui diminue la trésorerie et les équivalents de trésorerie.
    c) Une opération sans effet sur le compte Caisse et les comptes considérés comme des équivalents de trésorerie.

15. L'état des flux de trésorerie peut être axé sur le bilan ou sur l'état des résultats. Quelles différences y a-t-il entre ces deux modes de présentation ?

Exercices

E 1. L'effet de certaines opérations sur l'encaisse, la trésorerie et les équivalents de trésorerie et le fonds de roulement

Déterminez l'effet de chacune des opérations mentionnées plus loin sur :

– l'encaisse ;
– la trésorerie et les équivalents de trésorerie, en supposant que l'entreprise les définit comme étant l'encaisse et les placements à court terme en obligations, nets des découverts bancaires ;
– le fonds de roulement.

Présentez votre réponse sous la forme suivante :

	Effet sur		
Opérations	l'encaisse	la trésorerie et les équivalents de trésorerie	le fonds de roulement
a)	θ	θ	(2 000)

a) La déclaration d'un dividende en espèces au montant de 2 000 $ sur des actions avec droit de participation.
b) Le paiement du dividende déclaré en a).
c) La vente au comptant de 500 $ de marchandises destinées à la vente.
d) La vente au comptant de 5 000 $ d'un actif à long terme.
e) L'acquisition d'un brevet au coût de 7 000 $ financée par un emprunt bancaire à court terme.
f) L'acquisition d'un brevet au coût de 7 000 $ financée par un emprunt bancaire à long terme.
g) La radiation de 650 $ de comptes clients déjà provisionnés.
h) La radiation de 650 $ de comptes clients non provisionnés.
i) Le remboursement de 1 200 $ sur un découvert bancaire.
j) Le remboursement de 1 200 $ sur un emprunt bancaire à long terme.
k) La mise au rancart d'une pièce d'équipement totalement amortie, dont le coût d'origine était de 50 000 $ et qui ne fait pas l'objet d'un plan de sortie.
l) La vente au comptant de placements à court terme en obligations. La contrepartie reçue correspond à la valeur comptable de 1 375 $.
m) La vente au comptant des placements à court terme précédents en tenant pour acquis que l'opération entraîne un gain sur aliénation de 1 000 $.

E 2. La présentation de certaines opérations dans un état des flux de trésorerie axé sur le bilan

Expliquez brièvement de quelle façon l'état des flux de trésorerie axé sur le bilan tiendrait compte, s'il y a lieu, de chacune des opérations dont il est question à l'exercice précédent.

26

E 3. La présentation de certaines opérations dans un état des flux de trésorerie axé sur le bilan ou sur l'état des résultats

Expliquez de quelle façon, s'il y a lieu, les opérations suivantes se reflètent dans l'état des flux de trésorerie, selon que la présentation est axée sur le bilan ou sur l'état des résultats.

a) L'amortissement de l'exercice.
b) La variation du solde du compte Clients.
c) Les dividendes en actions.
d) Le gain sur aliénation d'immobilisations.
e) Le passif d'impôts futurs de l'exercice.

E 4. La présentation des opérations touchant les immobilisations dans un état des flux de trésorerie

Voici des extraits du grand livre de la société Simplex inc., après la clôture des comptes au 31 décembre 20X1 :

	Matériel				*Compte n°*

Date		Libellé	F°	Débit	Crédit	Solde
20X1						
1er	janvier	Solde d'ouverture				600 000
2	"	Mise au rancart			50 000	550 000
10	mars	Acquisition		200 000		750 000
8	septembre	Aliénation			75 000	675 000

	Amortissement cumulé – Matériel				*Compte n°*

Date		Libellé	F°	Débit	Crédit	Solde
20X1						
1er	janvier	Solde d'ouverture				335 000
2	"	Mise au rancart		50 000		285 000
8	septembre	Aliénation		43 000		242 000
31	décembre	Amortissement de l'exercice			60 000	302 000

	Bénéfices non répartis				*Compte n°*

Date		Libellé	F°	Débit	Crédit	Solde
20X1						
1er	janvier	Solde d'ouverture				60 000
31	août	Dividendes (payables le 30 septembre)		10 000		50 000
31	décembre	Bénéfice de l'exercice			38 000	88 000

Sachant que la cession de matériel survenue le 8 septembre a entraîné une perte de 2 000 $ et que les flux de trésorerie liés aux activités d'exploitation s'élèvent à 160 000 $, à l'aide d'un chiffrier, établissez l'état partiel des flux de trésorerie de Simplex inc. pour l'exercice terminé le 31 décembre 20X1 en ayant recours à la méthode directe.

26

E 5. Le calcul de la variation de la trésorerie et des équivalents de trésorerie selon différentes composantes

Lebrun inc. a préparé les états financiers suivants :

LEBRUN INC.
Bilan partiel
au 31 décembre

	20X1	20X0
Actif		
Actif à court terme		
Encaisse	9 000 $	14 000 $
Placements à court terme	60 000	60 800
Clients, montant net	164 000	150 000
Stock de marchandises	596 000	506 000
Charges payées d'avance	21 000	16 800
Total de l'actif à court terme	850 000	747 600
Immobilisations	890 600	657 200
Total de l'actif	1 740 600 $	1 404 800 $
Passif et capitaux propres		
Passif à court terme		
Emprunt bancaire	112 000 $	60 000 $
Fournisseurs	248 800	217 000
Impôts à payer	8 000	12 000
Total du passif à court terme	368 800	289 000
Passif à long terme		
Emprunts obligataires	200 000	
Prime à l'émission d'obligations	7 200	
Passif d'impôts futurs	126 000	120 000
Total du passif à long terme	333 200	120 000
Capitaux propres		
Capital-actions	124 000	106 000
Bénéfices non répartis	914 600	889 800
Total des capitaux propres	1 038 600	995 800
Total du passif et des capitaux propres	1 740 600 $	1 404 800 $

LEBRUN INC.
Résultats
de l'exercice terminé le 31 décembre 20X1

Chiffre d'affaires	1 344 200 $
Coût des marchandises vendues	(806 500)
Marge bénéficiaire brute	537 700
Amortissement	(46 000)
Autres frais d'exploitation	(393 500)
Frais financiers	(29 600)
Bénéfice avant impôts	68 600
Impôts sur le bénéfice	(20 000)
Bénéfice net	48 600 $

Autre renseignement

La prime à l'émission d'obligations a été amortie de 800 $ au cours de l'exercice.

a) En supposant que la trésorerie et les équivalents de trésorerie sont constitués de l'encaisse et des placements à court terme, quelle est la variation de la trésorerie et des équivalents de trésorerie qui sera expliquée à l'état des flux de trésorerie ?

b) Si la trésorerie et les équivalents de trésorerie sont composés exclusivement de l'encaisse, quelle est la variation de la trésorerie et des équivalents de trésorerie qui sera expliquée à l'état des flux de trésorerie ?

c) Convertissez en encaissements ou en décaissements tout poste de l'état des résultats qui s'y prête.

26

E 6. La présentation d'un état simple des flux de trésorerie

La société Somex ltée vous transmet les informations suivantes :

SOMEX LTÉE
Bilan
au 31 décembre

	20X2	20X1
Actif		
Actif à court terme		
Encaisse	35 190 $	10 710 $
Placements à court terme	16 830	15 300
Effets à recevoir	21 420	21 420
Clients, montant net	30 600	41 310
Stock de marchandises	42 840	36 720
Total de l'actif à court terme	146 880	125 460
Immobilisations		
Terrain	84 150	61 200
Immeubles	160 650	122 400
Amortissement cumulé – Immeubles	(45 900)	(30 600)
Matériel de fabrication	169 830	145 350
Amortissement cumulé – Matériel de fabrication	(45 900)	(62 730)
Total des immobilisations	322 830	235 620
Placements à long terme		24 480
Total de l'actif	469 710 $	385 560 $
Passif et capitaux propres		
Passif à court terme		
Emprunt bancaire	4 590 $	1 530 $
Fournisseurs	16 830	26 010
Dividendes à payer	3 060	12 240
Impôts à payer	7 650	3 060
Portion de la dette à long terme échéant à court terme	15 300	12 240
Total du passif à court terme	47 430	55 080
Passif à long terme		
Emprunt hypothécaire	160 650	137 700
Passif d'impôts futurs	18 360	15 300
Total du passif à long terme	179 010	153 000
Capitaux propres		
Capital-actions catégorie A	145 350	130 050
Bénéfices non répartis	97 920	47 430
Total des capitaux propres	243 270	177 480
Total du passif et des capitaux propres	469 710 $	385 560 $

SOMEX LTÉE
Résultats
de l'exercice terminé le 31 décembre 20X2

Chiffre d'affaires	290 000 $
Coût des marchandises vendues (excluant l'amortissement)	(164 860)
Amortissement	(29 835)
Autres frais d'exploitation	(36 400)
Gain sur aliénation de matériel	6 885
Gain sur aliénation de placements à long terme	3 060
Bénéfice avant impôts	68 850
Impôts sur le bénéfice	(7 650)
Bénéfice net	61 200 $

Autres renseignements

1. La trésorerie et les équivalents de trésorerie comprennent l'encaisse et les placements à court terme.

2. En 20X2, Somex ltée a vendu pour 38 250 $ des pièces d'équipements dont le coût d'origine était de 62 730 $. À la même date, elle a acquis une pièce d'équipement coûtant 87 210 $. L'amortissement pour l'équipement est de 14 535 $ en 20X2.

À l'aide d'un chiffrier, préparez l'état des flux de trésorerie pour l'exercice terminé le 31 décembre 20X2. Somex ltée a l'habitude de présenter cet état selon la méthode directe.

26

E 7. La préparation d'un état simple des flux de trésorerie dont la présentation est axée sur les résultats

La société de transport Refer ltée (RL) vous présente les informations suivantes tirées de la balance de vérification de 20X7 et de 20X8 :

REFER LTÉE
Balance de vérification
au 31 décembre

Débits	20X8 (avant clôture)	20X7 (après clôture)
Caisse	38 500 $	7 000 $
Clients	12 000	10 000
Stock de marchandises	12 000	6 000
Placements		2 000
Immeuble		29 750
Matériel de fabrication	50 000	35 000
Brevets	6 250	6 250
Coût des marchandises vendues	28 000	
Amortissement	2 250	
Frais de vente et d'administration	8 200	
Frais financiers	2 500	
Impôts sur le bénéfice	13 730	
Total des débits	173 430 $	96 000 $

Crédits	20X8 (avant clôture)	20X7 (après clôture)
Chiffre d'affaires	59 430 $	
Gain sur aliénation d'éléments d'actif	20 750	
Provision pour créances douteuses	3 000	4 500 $
Amortissement cumulé – Immeuble		11 000
Amortissement cumulé – Matériel de fabrication	2 000	4 500
Amortissement cumulé – Brevets	1 250	
Fournisseurs	5 000	3 000
Dividendes à payer		6 000
Billet à payer à court terme	3 000	4 000
Billet à payer à long terme	36 000	25 000
Capital-actions	38 000	33 000
Bénéfices non répartis	5 000	5 000
Total des crédits	173 430 $	96 000 $

Voici quelques renseignements relatifs à 20X8 :

1. RL a vendu pour 6 250 $ une pièce d'équipement coûtant 7 000 $ et amortie à 50 %.
2. RL a remboursé 5 000 $ de dette à long terme au moyen de l'émission d'actions.
3. Le seul dividende payé a été de 6 000 $.
4. Le 1er janvier 20X8, l'immeuble a été vendu au prix de 29 750 $.
5. Un gain de 7 000 $ a été réalisé au cours de l'exercice sur la vente de placements.
6. RL a acquis une pièce d'équipement pour 6 000 $ comptant.
7. Un billet à long terme de 16 000 $ a été émis pour acheter des équipements.

Préparez l'état des flux de trésorerie de RL pour l'exercice terminé le 31 décembre 20X8, selon la méthode directe.

E 8. La préparation d'un état simple des flux de trésorerie dont la présentation est axée sur le bilan

Les données suivantes sont tirées des registres comptables de la société Poppy ltée :

POPPY LTÉE
Balance de vérification
au 31 décembre

	20X5	20X4
Débits		
Caisse	16 500 $	12 000 $
Placements à court terme	20 000	22 000
Clients, montant net	43 500	13 000
Placements à long terme	10 000	58 000
Actifs immobilisés	396 000	237 000
Total des débits	486 000 $	342 000 $
Crédits		
Amortissement cumulé – Actifs immobilisés	30 000 $	40 000 $
Emprunt bancaire	25 000	30 000
Fournisseurs	10 000	2 000
Emprunt obligataire	105 000	
Capital-actions	250 000	250 000
Surplus d'apport – Bien reçu à titre gratuit	31 000	
Bénéfices non répartis	35 000	20 000
Total des crédits	486 000 $	342 000 $

Autres renseignements

1. Des actions présentées au coût de 48 000 $ le 31 décembre 20X4 ont été vendues en 20X5 pour 39 000 $. La perte a été imputée par erreur aux bénéfices non répartis.

2. Des actifs immobilisés coûtant 50 000 $ et amortis à 70 % ont été vendus 8 000 $ en 20X5. La perte a été imputée par erreur aux bénéfices non répartis.

3. Le bénéfice net inscrit aux livres pour l'exercice 20X5 a été de 45 000 $.

4. La société a versé des dividendes en espèces au montant de 14 000 $.

5. L'amortissement pour l'exercice s'élève à 25 000 $.

6. La municipalité a fait don d'un terrain à la société. Ce terrain, évalué à 31 000 $, a donné lieu à un crédit au compte de Surplus d'apport.

7. Les placements à court terme en obligations sont rapidement réalisables pour un montant connu.

Dressez l'état des flux de trésorerie de Poppy ltée pour l'exercice terminé le 31 décembre 20X5, en adoptant un mode de présentation axé sur le bilan.

26

E 9. La préparation d'un état simple des flux de trésorerie selon deux définitions du terme « trésorerie et équivalents de trésorerie »

La principale activité de Butin inc. (BI) est la distribution de divers produits de consommation courante. Voici la balance de vérification de cette société avant clôture des comptes au 31 décembre 20X2 et après clôture des comptes au 31 décembre 20X1 :

BUTIN INC.
Balance de vérification
au 31 décembre

Débits	20X2 (avant clôture)	20X1 (après clôture)
Caisse	32 760 $	
Placements à court terme, au coût	107 640	45 240 $
Impôts à recouvrer	20 000	
Clients, montant net	58 000	187 200
Stock de marchandises	249 600	223 080
Charges payées d'avance	12 480	17 940
Terrain	46 800	46 800
Bâtiments, montant net	2 238 600	2 932 800
Matériel roulant, montant net	655 200	592 800
Placements de portefeuille, au coût	471 900	280 800
Coût des marchandises vendues	200 000	
Amortissement	756 600	
Autres frais	105 000	
Impôts sur le bénéfice avant éléments extraordinaires	60 000	
Perte extraordinaire	160 000	
Dividendes	27 300	
Total des débits	5 201 880 $	4 326 660 $

Crédits		
Découvert bancaire		21 840 $
Emprunt bancaire	94 380 $	302 640
Fournisseurs	99 840	286 810
Emprunts obligataires	1 053 000	1 404 000
Prime à l'émission d'obligations	81 900	136 500
Capital-actions	1 018 875	633 750
Bénéfices non répartis	1 541 120	1 541 120
Chiffre d'affaires	1 232 765	
Impôts sur perte extraordinaire	80 000	
Total des crédits	5 201 880 $	4 326 660 $

Autres renseignements

1. La seule opération concernant les placements de portefeuille est un achat au comptant.

2. BI a fait l'acquisition au comptant de camions à un coût total de 124 800 $.

3. Le 30 juin 20X2, 351 obligations d'une valeur nominale de 1 000 $ chacune ont été converties en actions ordinaires. L'opération n'a entraîné aucun gain ou perte.

4. BI a subi une perte extraordinaire de 80 000 $, nette des impôts de 80 000 $ y afférents, découlant d'une inondation. Cette somme représente le montant que BI a dû payer pour effectuer le nettoyage complet des locaux inondés.

5. Il n'y a eu aucune cession d'immobilisation au cours de l'exercice. La seule acquisition de l'exercice, au coût de 124 800 $, est relative au matériel roulant.

a) Sachant que la société définit la trésorerie et les équivalents de trésorerie comme étant l'encaisse, préparez un état des flux de trésorerie axé sur les résultats pour l'exercice terminé le 31 décembre 20X2.

b) Reprenez le point a) ci-dessus, mais en définissant cette fois-ci la trésorerie et les équivalents de trésorerie comme étant l'encaisse et les placements à court terme, net du découvert bancaire.

E 10. La présentation d'opérations

Les opérations suivantes sont-elles inscrites dans l'état des flux de trésorerie ? Dans l'affirmative, dites de quelle façon elles sont présentées à cet état ?

a) Le recouvrement de 10 000 $ en règlement complet de souscriptions à recevoir et l'émission des actions souscrites en faveur des actionnaires.

b) La révision de la durée de vie d'un équipement. Selon l'ancienne estimation de la durée de vie, l'amortissement s'élevait à 15 000 $ alors qu'il ne sera plus que de 12 500 $ avec la nouvelle estimation.

c) L'adoption de la méthode de l'épuisement à rebours pour faire l'évaluation des stocks. L'entreprise utilisait auparavant la méthode de l'épuisement successif. L'entreprise a adopté de façon rétroactive cette modification de convention comptable.

\\\\\\\\\\\\\ **Problèmes de compréhension**

P 1. La préparation d'un état des flux de trésorerie et la présentation axée sur le bilan puis sur l'état des résultats

(45 minutes – facile)

Vous détenez les renseignements suivants concernant la société Soucy inc. (SI) :

SOUCY INC.
Bilan
au 31 décembre

	20X2	20X1
Actif		
Actif à court terme		
Encaisse	450 000 $	75 000 $
Placements à court terme	50 000	100 000
Clients, montant net	500 000	350 000
Stock de marchandises	837 000	1 275 000
Total de l'actif à court terme	1 837 000	1 800 000
Immobilisations		
Terrains	150 000	50 000
Immeubles	1 412 000	750 000
Amortissement cumulé – Immeubles	(375 000)	(200 000)
Matériel de fabrication	500 000	500 000
Amortissement cumulé – Matériel de fabrication	(375 000)	(375 000)
Brevets	45 000	95 000
Amortissement cumulé – Brevets	(8 000)	(21 000)
Écart d'acquisition	100 000	110 000
Total des immobilisations	1 449 000	909 000
Placement dans une société satellite	650 000	600 000
Total de l'actif	3 936 000 $	3 309 000 $
Passif et capitaux propres		
Passif à court terme		
Emprunt bancaire	0 $	100 000 $
Fournisseurs	87 000	209 000
Impôts à payer	30 000	
Total du passif à court terme	117 000	309 000
Passif à long terme	950 000	750 000
Capitaux propres		
Actions privilégiées	225 000	25 000
Actions ordinaires	150 000	150 000
Bénéfices non répartis	2 494 000	2 075 000
Total des capitaux propres	2 869 000	2 250 000
Total du passif et des capitaux propres	3 936 000 $	3 309 000 $

26

SOUCY INC.
Résultats
de l'exercice terminé le 31 décembre 20X2

Chiffre d'affaires		1 436 000 $
Produit tiré d'une participation dans une société satellite		75 000
Total des produits		1 511 000
Coût des marchandises vendues	563 000 $	
Amortissement – Immeubles	250 000	
Amortissement – Matériel de fabrication	15 000	
Amortissement – Brevets	7 000	
Moins-value – Écart d'acquisition	10 000	
Perte sur aliénation de brevet	10 000	
Autres charges	177 000	
Impôts sur le bénéfice	30 000	1 062 000
Bénéfice net de l'exercice		449 000 $

Autres renseignements

1. Le 15 février 20X2, SI a vendu du matériel au prix de 15 000 $. Ce matériel avait coûté 30 000 $ il y a quatre ans et était amorti à 50 %.

2. En juin 20X2, SI a acheté un brevet au prix de 40 000 $. Deux semaines plus tard, elle en a vendu un autre au prix de 60 000 $, alors que la valeur comptable de ce brevet était de 70 000 $ et l'amortissement cumulé de 20 000 $.

3. Le 30 novembre 20X2, SI a reçu 25 000 $ de dividendes provenant de la société satellite.

4. SI a emprunté 200 000 $ à 10 %. Cette dette vient à échéance le 31 octobre 20X8.

5. Le 31 décembre 20X2, SI a radié un vieil entrepôt complètement amorti, qui avait coûté 75 000 $ en 20V5.

6. Toujours le 31 décembre 20X2, SI a versé 30 000 $ de dividendes sous forme d'actions privilégiées.

7. Les seules autres opérations ayant affecté les comptes Immeubles et Matériel de fabrication sont des acquisitions effectuées en octobre 20X2.

8. Tous les placements à court terme détenus par SI sont considérés comme étant facilement réalisables pour un montant connu.

Travail à faire

a) Dressez l'état des flux de trésorerie de SI pour l'exercice terminé le 31 décembre 20X2. Adoptez un mode de présentation axé sur le bilan.

b) En choisissant un mode de présentation axé sur l'état des résultats, montrez les éléments inclus dans la section des activités d'exploitation.

P 2. La préparation d'un état des flux de trésorerie

(30 minutes – moyen)

Les états financiers de la société Mira inc. (MI) ainsi que les renseignements pertinents à la préparation d'un état des flux de trésorerie vous sont présentés ci-après.

MIRA INC.
Bilan
au 31 décembre

	20X1	20X0
Actif		
Actif à court terme		
Encaisse	59 000 $	66 000 $
Clients, montant net	104 000	51 000
Stock de marchandises	493 000	341 000
Charges payées d'avance	16 500	17 000
Total de l'actif à court terme	672 500	475 000

26

Immobilisations		
Terrains	131 500	82 000
Immeubles	262 000	262 000
Amortissement cumulé – Immeubles	(74 100)	(71 000)
Matériel de fabrication	187 000	142 000
Amortissement cumulé – Matériel de fabrication	(29 000)	(31 000)
Écart d'acquisition	10 000	10 000
Total des immobilisations	487 400	394 000
Participation dans une société satellite	18 500	15 000
Total de l'actif	1 178 400 $	884 000 $

Passif et capitaux propres

Passif à court terme		
Fournisseurs	132 000 $	131 000 $
Charges à payer	43 000	39 000
Impôts sur le bénéfice à payer	3 000	16 000
Total du passif à court terme	178 000	186 000
Passif à long terme		
Emprunt bancaire à long terme	60 000	θ
Emprunts obligataires	100 000	100 000
Prime à l'émission d'obligations	7 000	8 000
Passif d'impôts fututrs	9 000	6 000
Total du passif à long terme	176 000	114 000
Capitaux propres		
Capital-actions	247 000	88 000
Bénéfices non répartis	594 400	496 000
Total	841 400	584 000
Moins : Actions autodétenues	(17 000)	
Total des capitaux propres	824 400	584 000
Total du passif et des capitaux propres	1 178 400 $	884 000 $

MIRA INC.
Résultats et bénéfices non répartis
de l'exercice terminé le 31 décembre 20X1

Chiffre d'affaires	524 500 $
Coût des marchandises vendues	(310 000)
Bénéfice brut	214 500
Frais de vente et d'administration, y compris les amortissements	(44 600)
Autres charges d'exploitation	(12 000)
Autres produits	3 500
Bénéfice avant impôts	161 400
Impôts sur le bénéfice	
De l'exercice	47 000
Futurs	3 000
Total des impôts sur le bénéfice	50 000
Bénéfice avant élément extraordinaire	111 400
Gain sur expropriation d'un terrain, net d'impôts	8 000
Bénéfice net	119 400
Bénéfices non répartis au début	496 000
Dividendes	
En espèces	(6 000)
En actions	(15 000)
Bénéfices non répartis à la fin	594 400 $

Autres renseignements

1. MI possède 22 % des actions de A ltée. Au cours de l'exercice, MI a comptabilisé sa quote-part (3 500 $) du bénéfice net de A ltée.

2. Au cours de l'exercice, MI a acheté un terrain d'une valeur de 60 000 $ qu'elle a financé à l'aide d'un emprunt bancaire à long terme. De plus, d'autres terrains ayant une valeur comptable de 10 500 $ ont été expropriés, ce qui a procuré à MI un gain de 8 000 $, net des impôts au montant de 2 500 $.

3. Une analyse des postes Matériel de fabrication et Amortissement cumulé – Matériel de fabrication révèle les faits suivants :

26

	Matériel de fabrication	Amortissement cumulé	Gain (perte)
Solde au 31 décembre 20X0	142 000 $	31 000 $	
Achats	53 000		
Ventes	(8 000)	(2 500)	(1 500) $
Amortissement – 20X1		11 500	
Réparations majeures imputées à l'amortissement cumulé		(11 000)	
Solde au 31 décembre 20X1	187 000 $	29 000 $	(1 500) $

4. Les changements survenus dans le solde des postes Amortissement cumulé – Immeubles, Prime à l'émission d'obligations et Passifs d'impôts futurs correspondent au montant de chacun de ces postes qui figure à l'état des résultats.

5. Une analyse du poste Capital-actions indique les faits suivants :

Solde au 31 décembre 20X0	88 000 $
Émission d'actions à la suite de la déclaration d'un dividende en actions de 2 %	15 000
Émission d'actions au comptant	144 000
Solde au 31 décembre 20X1	247 000 $

Travail à faire

Dressez en bonne et due forme l'état des flux de trésorerie axé sur les résultats de l'exercice terminé le 31 décembre 20X1, en tenant pour acquis que Mira inc. présente les impôts afférents à l'expropriation du terrain dans la section des activités d'investissement.

P 3. La préparation d'un état des flux de trésorerie
(50 minutes – moyen)

Voici des informations concernant la société Robert Larousse inc. (RLI) :

ROBERT LAROUSSE INC.
Bilan
au 31 décembre
(en millions de dollars)

	20X1	20X0
Actif		
Actif à court terme		
Encaisse et placements à court terme	19 292 $	10 200 $
Clients, montant net	35 612	27 540
Stock de marchandises	8 753	5 281
Total de l'actif à court terme	63 657	43 021
Immobilisations		
Terrains	486	1 267
Immeubles, montant net	37 355	46 100
Matériel de fabrication, montant net	20 520	5 436
Matériel de fabrication loué en vertu d'un contrat de location	715	830
Total des immobilisations	59 076	53 633
Total de l'actif	122 733 $	96 654 $
Passif et capitaux propres		
Passif à court terme		
Emprunt bancaire	643 $	549 $
Fournisseurs	22 905	23 840
Dividendes à payer	1 400	
Impôts à payer		267
Portion de la dette à long terme échéant à court terme	1 601	535
Total du passif à court terme	26 549	25 191
Passif à long terme		
Emprunt hypothécaire	12 712	13 800
Emprunts obligataires, 10 %	30 000	15 000
Prime à l'émission d'obligations	380	
Obligation découlant d'un contrat de location	373	422
Passif d'impôts futurs	1 326	1 200
Total du passif à long terme	44 791	30 422

26

Capitaux propres		
Capital-actions	10 970	19 280
Bénéfices non répartis	40 423	21 761
Total des capitaux propres	51 393	41 041
Total du passif et des capitaux propres	122 733 $	96 654 $

ROBERT LAROUSSE INC.
Résultats
de l'exercice clos le 31 décembre 20X1
(en millions de dollars)

Chiffre d'affaires	214 589 $
Coût des marchandises vendues	(99 000)
Bénéfice brut	115 589
Frais de vente et d'administration	(79 500)
Frais financiers	(3 500)
Autres produits	411
Bénéfice avant impôts	33 000
Impôts sur le bénéfice	
De l'exercice	11 412
Futurs	126
Total des impôts sur le bénéfice	11 538
Bénéfice net	21 462 $

Autres renseignements

1. Les placements à court terme sont rapidement réalisables pour un montant connu.

2. Plusieurs comptes clients provisionnés ont été radiés en 20X1. Le montant s'élève à 892 000 $.

3. En octobre 20X1, la vente d'un terrain a rapporté un gain sur aliénation de 39 000 $. À cette même date, un immeuble ayant coûté 7 139 000 $ a été cédé au prix de 4 225 000 $. L'amortissement cumulé sur cet immeuble était de 3 286 000 $.

4. Au cours de l'exercice, un autre immeuble a été cédé à sa valeur comptable.

5. L'amortissement pour 20X1 se répartit ainsi :

Immeubles	680 000 $
Matériel de fabrication	611 000
Matériel de fabrication loué en vertu d'un contrat de location	115 000
	1 406 000 $

6. Il n'y a eu aucune autre aliénation de matériel au cours de l'exercice.

7. Des dividendes en espèces, d'un montant de 2 800 000 $, ont été déclarés au cours de l'exercice.

8. RLI a émis des obligations en échange de 15 400 000 $. Ces obligations portent intérêt à 10 % et viennent à échéance en 20Z1.

9. Des actions ont été rachetées et annulées en 20X1. Le prix payé par l'entreprise correspond à la valeur comptable des actions.

Travail à faire

Dressez l'état des flux de trésorerie axé sur les résultats de Robert Larousse inc. pour l'exercice terminé le 31 décembre 20X1.

P 4. La préparation d'un état des flux de trésorerie à partir des variations survenues dans certains comptes

(45 minutes – moyen)

Voici les changements survenus dans certains comptes de Solegon inc. (SI) au cours de l'exercice 20X2 :

	Débit	Crédit
Caisse	20 250 $	0 $
Placements à court terme		37 000
Clients	15 000	

26

Provision pour créances douteuses		5 250
Stock de marchandises		72 300
Terrain	78 500	
Amortissement cumulé – Immeubles		22 500
Matériel de fabrication		3 750
Amortissement cumulé – Matériel de fabrication	41 700	
Amortissement cumulé – Brevets		5 000
Placements à long terme	75 200	
Emprunt bancaire		78 750
Fournisseurs		1 500
Produits reçus d'avance	15 000	
Hypothèque à payer	20 000	
Obligations à payer	100 000	
Capital-actions catégorie A		67 500
Capital-actions catégorie B	22 500	
Chiffre d'affaires		409 650
Coût des marchandises vendues	185 000	
Frais de vente, d'administration et financiers	48 000	
Amortissement – Immeubles	22 500	
Amortissement – Équipements	3 550	
Amortissement – Brevets	5 000	
Impôts sur le bénéfice	46 500	
Perte sur aliénation de placements temporaires	4 500	
Total	703 200 $	703 200 $

Autres renseignements

1. La trésorerie et les équivalents de trésorerie sont définis comme étant l'encaisse.
2. Au cours de l'exercice, SI a acheté un terrain au prix de 78 500 $. Le paiement s'est effectué comme suit :

Émission d'actions catégorie A	45 000 $
Paiement comptant	33 500

3. Des actionnaires ont converti 5 000 actions de catégorie B en 10 000 actions de catégorie A. La valeur comptable des actions converties était de 4,50 $ chacune.
4. Au cours de l'exercice, plusieurs placements à long terme ont été effectués :
    - Achat le 15 février de 150 actions de Gélinas inc. à 12 $ chacune ;
    - Achat le 28 mars de 3 000 actions de Lapointe inc. à 20 $ chacune ;
    - Achat le 6 juillet de 500 actions de Lavallée inc. à 10 $ chacune ;
    - Achat le 12 novembre de 1 200 actions de Moulin inc. à 17 $ chacune.
5. Le 10 août, 1 000 actions de la société Charest inc. ont été vendues à 12 $ l'action. Il s'agit de la seule vente d'actions de l'exercice.
6. La politique de placement de l'entreprise est d'investir à long terme dans des entreprises fiables, afin d'obtenir des revenus de dividendes.
7. Le 12 mars, SI a acquis du matériel de fabrication à un coût de 41 500 $.
8. Le 25 octobre, SI a mis au rancart du vieux matériel de fabrication complètement amorti.
9. Les versements sur l'hypothèque se sont faits comme prévus au cours de 20X2.
10. Les placements à court terme ont été vendus avec une perte de 4 500 $.
11. Aucun dividende n'a été déclaré au cours de l'exercice.

Travail à faire

Sachant que la trésorerie et les équivalents de trésorerie au début de la période étaient de 250 000 $, établissez l'état des flux de trésorerie pour l'exercice terminé le 31 décembre 20X2. Solegon inc. préfère un état des flux de trésorerie axé sur les résultats.

P 5. La préparation d'un état des flux de trésorerie dont la présentation est axée sur l'état des résultats

(45 minutes – moyen)

26

Voici les états financiers de Consanti inc. (CI) :

CONSANTI INC.
Bilan
au 31 décembre

Actif	20X2	20X1
Actif à court terme		
Encaisse	187 200 $	183 600 $
Placements à court terme, au coût	35 100	54 900
Clients, montant net	350 100	364 500
Stock de marchandises	65 250	29 700
Charges payées d'avance	19 800	21 600
Total de l'actif à court terme	657 450	654 300
Immobilisations		
Terrain	112 500	67 500
Immeubles	1 269 000	900 000
Amortissement cumulé – Immeubles	(773 800)	(517 500)
Mobilier	86 850	58 500
Amortissement cumulé – Mobilier	(24 300)	(21 600)
Matériel roulant	54 000	63 000
Amortissement cumulé – Matériel roulant	(12 600)	(19 800)
Frais de développement capitalisés	509 400	387 000
Total des immobilisations	1 221 050	917 100
Total de l'actif	1 878 500 $	1 571 400 $

Passif et capitaux propres	20X2	20X1
Passif à court terme		
Fournisseurs	82 800 $	73 800 $
Dividendes à payer	59 400	
Total du passif à court terme	142 200	73 800
Passif à long terme		
Emprunt bancaire	67 500	62 100
Emprunts obligataires	100 500	140 000
Hypothèque à payer	427 500	450 000
Passif d'impôts futurs	30 000	40 000
Total du passif à long terme	625 500	692 100
Capitaux propres		
Capital-actions ordinaire	99 000	9 000
Capital-actions privilégié	91 500	27 000
Bénéfices non répartis	920 300	769 500
Total des capitaux propres	1 110 800	805 500
Total du passif et des capitaux propres	1 878 500 $	1 571 400 $

CONSANTI INC.
Résultats
de l'exercice terminé le 31 décembre 20X2

Chiffre d'affaires		3 780 000 $
Charges		
Coût des marchandises vendues	1 800 000 $	
Frais d'exploitation	1 080 000	
Autres frais	144 200	3 024 200
Bénéfice avant impôts et élément extraordinaire		755 800
Impôts sur le bénéfice		506 900
Bénéfice avant élément extraordinaire		248 900
Perte extraordinaire, nette d'un recouvrement d'impôts de 30 000 $		37 800
Bénéfice net		211 100 $

Autres renseignements

1. Le 1ᵉʳ janvier 20X2, CI a déclaré un dividende en actions de 10 % sur les actions ordinaires.

2. CI a capitalisé 182 400 $ de frais de développement au cours de l'exercice.

3. Au cours de l'exercice, CI a acheté un terrain au prix de 45 000 $. L'opération a été financée comme suit :

- Camion donné en échange (valeur comptable : 21 600 $; coût d'origine : 36 000 $; juste valeur : 21 600 $).

- Émission d'actions privilégiées pour 15 000 $.

- Solde payé comptant.

26

4. Au cours de l'exercice, 49 500 $ d'obligations ont été converties en actions privilégiées. L'opération n'a entraîné ni gain ni perte.

5. CI a effectué les opérations suivantes portant sur le mobilier :

Aliénations	
Prix de vente obtenu	*21 600 $*
Coût d'origine des biens cédés	*41 400*
Amortissement cumulé sur ces biens	*10 800*
Mise au rancart	
Coût d'origine des biens radiés	*13 500*
Amortissement cumulé sur ces biens	*8 100*
Acquisitions	*83 250*

6. Les dividendes à payer au 31 décembre 20X2 ont été déclarés le 20 décembre. Le solde à la fin de l'exercice comprend 19 800 $ de dividendes sur actions privilégiées.

7. CI a augmenté le solde du compte Provision pour créances douteuses de 10 800 $ au cours de l'exercice.

8. Les placements à court terme ne sont pas rapidement réalisables. Les placements vendus au cours de l'exercice n'ont généré ni gain ni perte sur aliénation.

9. Le poste Autres frais regroupe les gains ou pertes sur aliénation d'actif.

10. La perte extraordinaire découle de dommages subis lors d'un tremblement de terre. Le montant de la perte correspond aux débours faits pour réparer ces dommages.

Travail à faire

Préparez l'état des flux de trésorerie de Consanti inc. pour l'exercice terminé le 31 décembre 20X2. Adoptez la présentation axée sur l'état des résultats.

Analyses de cas

C 1. La préparation d'un bilan à partir de l'état des flux de trésorerie de l'exercice et du bilan en fin d'exercice

(70 minutes – difficile)

La société Fouillitotal ltée (FL) a perdu ses états financiers des exercices précédents. Heureusement, elle a encore les états financiers du dernier exercice terminé le 31 mars 20X2.

FOUILLITOTAL LTÉE
Bilan
au 31 mars 20X2

Actif

Actif à court terme		
Encaisse	19 800 $	
Clients, montant net	61 200	
Stock de marchandises	81 900	
Charges payées d'avance	14 400	177 300 $
Immobilisations		
Terrains	70 200	
Immeubles	1 332 000	
Amortissement cumulé – Immeubles	(396 000)	
Mobilier et agencement	61 200	
Amortissement cumulé – Mobilier et agencement	(41 400)	
Matériel de fabrication	498 600	
Amortissement cumulé – Matériel de fabrication	(30 600)	
Brevet	180 000	
Amortissement cumulé – Brevet	(90 000)	1 584 000
Placements à long terme		
Placements de portefeuille, à la juste valeur	69 300	
Participation permanente	325 800	395 100
Total de l'actif		2 156 400 $

Passif et capitaux propres

Passif à court terme		
Emprunt bancaire	261 000 $	
Fournisseurs	216 000	
Dividendes à payer	95 400	
Portion de la dette à long terme échéant à court terme	36 000	608 400 $

Passif à long terme

Emprunt à long terme	288 000	
Dû aux administrateurs	540 000	828 000

Capitaux propres

Capital-actions privilégié, 10 % cumulatif	72 000	
Capital-actions ordinaire	441 000	
Bénéfices non répartis	207 000	720 000
Total du passif et des capitaux propres		2 156 400 $

FOUILLITOTAL LTÉE
Flux de trésorerie
de l'exercice terminé le 31 mars 20X2

Activités d'exploitation

Bénéfice net avant élément extraordinaire		170 100 $
Éléments n'ayant aucune incidence sur la trésorerie et les équivalents de trésorerie		
Amortissement des immeubles	72 000 $	
Amortissement du mobilier	7 200	
Amortissement du matériel de fabrication	57 600	
Amortissement du brevet	18 000	
Perte sur rachat d'obligations	41 400	
Perte de valeur des placements de portefeuille	900	
Gain sur aliénation de terrains	(16 200)	
Gain sur aliénation de matériel de fabrication	(6 300)	
Quote-part dans le bénéfice d'une société satellite	(135 000)	39 600
Dividendes reçus d'une société satellite		43 200
Variations de certains éléments d'actif et de passif à court terme hors trésorerie et équivalents de trésorerie (note Y)		628 200
Flux de trésorerie liés aux activités d'exploitation		881 100

Activités d'investissement

Acquisition d'une usine	(765 000)	
Acquisition de matériel de fabrication	(504 000)	
Produit de la vente de matériel de fabrication	76 500	
Produit de la vente de terrains	32 400	
Flux de trésorerie liés aux activités d'investissement		(1 160 100)

Activités de financement

Produit d'un nouvel emprunt bancaire	203 400	
Produit d'un nouvel emprunt des administrateurs	432 000	
Produit de l'émission d'actions ordinaires	405 000	
Dividendes versés sur actions privilégiées	(7 200)	
Dividendes versés sur actions ordinaires	(88 200)	
Remboursement anticipé des obligations	(671 400)	
Remboursement de l'emprunt à long terme	(36 000)	
Flux de trésorerie liés aux activités de financement		237 600
Diminution nette de la trésorerie et équivalents de trésorerie		(41 400)
Trésorerie et équivalents de trésorerie au début		61 200
Trésorerie et des équivalents de trésorerie à la fin		19 800 $

Composantes de la trésorerie et des équivalents de trésorerie au 31 mars 20X2

Encaisse	
Placements à court terme	19 800 $
Total de la trésorerie et des équivalents de trésorerie	19 800 $

Note Y. Variation des éléments d'actif et de passif à court terme hors trésorerie et équivalents de trésorerie

Augmentation des fournisseurs	181 800 $
Augmentation des dividendes à payer	81 000
Diminution des clients	279 000
Diminution du stock de marchandises	84 600
Diminution des charges payées d'avance	1 800
	628 200 $

Autres renseignements

1. FL détient 28% des actions votantes de Exrangé inc., ce qui lui permet d'exercer une influence notable sur la gestion de cette dernière. Entre le 1er avril 20X1 et le 31 mars 20X2, la société satellite a réalisé un bénéfice de 482 143 $ et a versé des dividendes en espèces au montant de 154 286 $.

2. Au 31 mars 20X1, FL détenait des placements à court terme dont la valeur comptable était de 21 600 $. Ces placements ont été vendus le 1er juin 20X1 à un prix de 27 000 $.

3. Des obligations ont été rachetées par anticipation le 30 juin 20X1. Leur valeur nominale s'élevait à 630 000 $.

4. FL a pour politique de verser aux actionnaires ordinaires un dividende annuel égal à 20 % de la valeur comptable des actions.

5. Le 31 octobre 20X1, FL a procédé à un fractionnement d'actions de l'ordre de 3 pour 1. À la suite du fractionnement, la valeur au marché des actions est passée de 57,60 $ à 19,80 $ l'action.

6. Au cours de l'exercice, FL a annulé une réserve de 45 000 $. Cette réserve avait été créée en vue d'acquérir une usine.

7. Le 1er juillet 20X1, FL a vendu du matériel de fabrication qui était amorti à 50 %. Deux mois plus tard, elle mettait au rancart un autre matériel de fabrication totalement amorti, ayant coûté 43 200 $.

8. L'emprunt bancaire a augmenté de 203 400 $ entre le 1er avril 20X1 et le 31 mars 20X2.

Travail à faire

Refaites, pour Fouillitotal ltée, le bilan au 31 mars 20X1.

C 2. La correction d'un état des flux de trésorerie et l'interprétation de l'état corrigé
(40 minutes – facile)

En janvier 20X2, les administrateurs de la société Pomerleau inc. (PI) constatent avec étonnement qu'ils sont incapables de payer des dividendes aux actionnaires. Ils ne comprennent pas pourquoi le solde du compte Caisse est aussi bas, compte tenu du bénéfice net élevé du dernier exercice. Ils ont donc demandé au teneur de livres de préparer un état des flux de trésorerie, et celui-ci a finalement réussi à préparer ce qui suit.

POMERLEAU INC.
Flux de trésorerie
de l'exercice terminé le 31 décembre 20X1

Source de fonds

Bénéfice de l'exercice		70 000 $
Aliénation de terrains		111 500
Amortissement	– Brevets	1 000
	– Frais de développement	5 000
	– Escompte d'émission d'obligations	1 500
	– Immeubles	14 000
	– Matériel de fabrication	42 500
Émission d'obligations		96 000
Radiation de l'escompte d'émission d'obligations		5 000
Augmentation du compte Fournisseurs		107 300
Augmentation des autres comptes à payer		22 900
Émission d'actions privilégiées		25 500
Émission d'actions ordinaires		22 500
Total des sources de fonds		524 700

Utilisation des fonds

Augmentation des comptes clients, montant net	102 500
Augmentation du stock de marchandises	52 500
Augmentation des charges payées d'avance	7 500
Augmentation de la valeur comptable du matériel de fabrication, compte non tenu de l'amortissement	120 000
Acquisition de terrains	150 000

26

Acquisition de placements à long terme	8 500
Avance à un administrateur	12 500
Acquisition de brevets	10 000
Rachat d'obligations	50 000
Versement de dividendes	9 300
Remboursement de l'hypothèque	25 000
Total des utilisations de fonds	547 800
Diminution nette des fonds	(23 100)
Fonds au début	30 000
Fonds à la fin	6 900 $

Le teneur de livres a toutefois éprouvé des difficultés à refléter les opérations suivantes à l'état des flux de trésorerie :

1. PI a vendu des terrains dont le coût d'origine était de 111 500 $. L'opération a donné lieu à une perte de 1 500 $. Plus tard, PI a acquis de nouveaux terrains au prix de 150 000 $.
2. Une partie du matériel ayant une valeur comptable de 5 000 $, compte tenu d'un amortissement cumulé de 7 500 $, a été vendu pour 6 000 $.
3. PI a acheté du nouveau matériel au comptant au cours de l'exercice pour la somme de 125 000 $.
4. PI a vendu 100 000 $ d'obligations pour la somme de 96 000 $. Plus tard, elle a racheté à leur valeur nominale 50 000 $ d'obligations pour lesquelles le solde non amorti de l'escompte à l'émission s'élevait à 5 000 $ au 31 décembre 20X1.
5. PI a émis 500 actions privilégiées d'une valeur nominale de 50 $ chacune. Le produit de l'émission se chiffre à 25 500 $. PI a émis de plus 4 500 actions ordinaires d'une valeur nominale de 5 $ chacune, dont 2 000 servant à l'acquisition de brevets.
6. Au cours de l'exercice, PI a annulé 2 500 actions ordinaires qu'elle avait acquises en 20X0. Le rachat avait été fait à la valeur nominale des actions.
7. Voici un sommaire du compte Bénéfices non répartis :

Solde au 1er janvier 20X1	172 000 $
Bénéfice de l'exercice	70 000
Dividendes déclarés le 1er mars et payés le 30 mars 20X1	(9 300)
Dividendes payables le 1er janvier 20X2	(22 900)
Solde au 31 décembre 20X1	209 800 $

Travail à faire

a) La présentation adoptée par le teneur de livres de l'état des flux de trésorerie répond-elle aux besoins des utilisateurs ? Expliquez.
b) Après correction des erreurs, préparez l'état des flux de trésorerie de Pomerleau inc. axé sur le bilan pour l'exercice terminé le 31 décembre 20X1.
c) Expliquez aux dirigeants pourquoi la société est incapable de payer des dividendes même si elle a réalisé un bénéfice important au cours de 20X1.

C 3. L'interprétation d'un état des flux de trésorerie

(25 minutes – moyen)

Aujourd'hui, 15 février 20X3, vous assistez à titre de membre à la réunion du conseil d'administration de la société Ambivalente ltée. Certains administrateurs attendaient impatiemment cette réunion puisque le principal point à l'ordre du jour concerne la présentation des états financiers. Cet intérêt s'explique par le fait que, dans le passé, les dirigeants ont eu des problèmes relatifs à la gestion de la trésorerie. De plus, le fonds de roulement de la société au 31 décembre 20X1 était très faible.

Les discussions entourant l'état des flux de trésorerie sont engagées depuis près d'une demi-heure et les membres du Conseil ne savent toujours pas s'ils doivent se réjouir ou non de la performance de l'entreprise au cours de l'exercice terminé le 31 décembre 20X2. Connaissant votre formation d'expert-comptable, le président du Conseil vous demande votre interprétation de l'état des flux de trésorerie que voici :

26

AMBIVALENTE LTÉE
Flux de trésorerie
de l'exercice terminé le 31 décembre 20X2

Activités d'exploitation

Sommes reçues des clients	1 400 000 $	
Dividendes reçus d'une société satellite	6 000	
Sommes payées aux fournisseurs	(1 200 000)	
Frais d'exploitation payés	(400 000)	
Impôts payés	(33 000)	
Flux de trésorerie liés aux activités d'exploitation		(227 000) $

Activités d'investissement

Acquisition d'immobilisations corporelles	(800 000)	
Produit de la vente de terrains	520 000	
Produit de l'expropriation d'un terrain (gain extraordinaire)	30 000	
Flux de trésorerie liés aux activités d'investissement		(250 000)

Activités de financement

Nouveaux emprunts à long terme	800 000	
Dividendes versés	(35 000)	
Rachat d'actions privilégiées	(25 000)	
Flux de trésorerie liés aux activités de financement		740 000
Augmentation nette de la trésorerie et des équivalents de trésorerie		263 000
Trésorerie et équivalents de trésorerie au début		(90 000)
Trésorerie et équivalents de trésorerie à la fin		173 000 $

Travail à faire

Répondez au président du conseil d'administration.

C 4. La préparation d'une allocution portant sur l'utilité et l'interprétation de l'état des flux de trésorerie

(25 minutes – facile)

Le président de la chambre de commerce de votre ville vous a invité à prononcer une allocution au cours du prochain dîner de l'organisme. Une période de questions suivra votre allocution.

Sensibilisé par les problèmes entourant l'état des flux de trésorerie, vous décidez d'expliquer aux gens d'affaires qui seront présents l'utilité et l'interprétation de cet état.

Travail à faire

Préparez le texte de votre allocution, sachant que votre présentation doit durer une dizaine de minutes seulement.

26